永春县侨联志

永春县归国华侨联合会　编

海峡出版发行集团　海峡文艺出版社

图书在版编目（CIP）数据

永春县侨联志/永春县归国华侨联合会编. —福州：海峡文艺出版社，2024.10
ISBN 978-7-5550-3896-2

Ⅰ.D634.1

中国国家版本馆 CIP 数据核字第 2024EA5207 号

永春县侨联志

永春县归国华侨联合会　编

出 版 人　林　滨
责任编辑　刘徐霖
出版发行　海峡文艺出版社
经　　销　福建新华发行（集团）有限责任公司
社　　址　福州市东水路 76 号 14 层
发 行 部　0591－87536797
印　　刷　泉州聚铭印刷有限公司
厂　　址　泉州市丰泽区北峰工业区丰盛路 6 号
开　　本　889毫米×1194毫米　1/16
字　　数　580 千字
印　　张　34.5　　　　　　　　　　插页　16
版　　次　2024 年 10 月第 1 版
印　　次　2024 年 10 月第 1 次印刷
书　　号　ISBN 978-7-5550-3896-2
定　　价　188.00 元

如发现印装质量问题，请寄承印厂调换

《永春县侨联志》编纂委员会

顾　　问：吕建成　　　张照绿　　　林海鸥　　　王文杨
主　　任：王洪龙
副主任：陈佩芳　　　庄凯融　　　郭赐福
委　　员：陈志宏　　　陈珊妹　　　郑聪慧　　　林建波
　　　　　陈荣助　　　郭从愿　　　孟永刚　　　梁斌斌
　　　　　林忠祥　　　潘儒健　　　林章井　　　张一民
　　　　　黄恒鹏　　　邱筱彬　　　郭家添　　　郑明龙

《永春县侨联志》编辑组

主　　编：郭赐福
副主编：陈志宏　　　陈珊妹　　　郑聪慧　　　林建波
　　　　　陈建国
主　　笔：陈建国
编　　务：王贵星　　　吕燕琼　　　尤希圣　　　郑梓敬
　　　　　郑文生

1937年11月，新加坡"中华民族解放同盟"发起组织"南洋华侨战地记者通讯团"，回祖国采访、慰问将士，宣传和支援祖国抗战，永春籍华侨辜俊英担任记者团领队。1938年2月10日抵达延安，受到毛泽东、周恩来等的亲切接见。1938年3月，毛泽东同志两次单独接见辜俊英，并亲笔分别为南洋华侨和《南国日报》题词。两件题词一直由辜俊英保存，1977年捐献给中共中央办公厅。

毛泽东为南洋华侨题词："全体华侨同志应该好好团结起来，援助祖国，战胜日寇。共产党是关心海外侨胞的，愿意与全体侨胞建立抗日统一战线。毛泽东"

永春籍著名诗人、书法家、教育家梁披云先生的《番客谣》，是一部浓缩的华侨血泪史，内容涵盖华侨出洋背景、被卖"猪仔"的悲惨遭遇、身在海外的痛苦经历以及因排华叶落归根回到中国的整个过程。《番客谣》是梁披云先生的代表作，是一件融诗、书、华侨史于一炉的艺术佳作。梁披云先生半生漂泊，有着不平凡的海外经历，对海外华侨的艰苦生活感同身受，故而能创作出《番客谣》这样的侨史绝唱

聯系囘國僑胞

組織民主華僑聯合會

徐志荣張慶光負責籌備

（本報訊）縣城十二日消息；永春是華僑的故鄉，近來由南洋囘國的僑胞很多，我區為加強在海外華僑聯繫、並負責招待和介紹囘國僑胞踴躍參加革命工作、共同努力新民主主義事業起見，特在永春縣組織民主華僑聯合會、由徐志榮張慶光二同志負責籌備云、

1949年9月13日《解放快报》报道永春县人民民主政府委派徐志荣、张庆光负责筹组永春民主华侨联合会。同年10月23日正式成立"永春县归国华侨民主联合会"，是新中国成立后全国第一个县级侨联组织

1949年10月23日，永春县归国华侨民主联合会成立典礼留影

3

千百年来，多少永春人坐上溪洲船漂流而下，再转从泉州港、厦门港漂洋过海，前往海外谋生，在异域开辟新天地，最终赢得"无永不开市"的美誉

横跨湖洋溪面的通仙桥（东关桥），始建于南宋绍兴十五年（1145），是永春重要地标之一。无论是徒步还是行舟，东关桥都是离开家乡的游子回眸间所瞥见的最后影像。东关桥已成为永春家园守望的象征，海外永春人乡愁的寄托

马来西亚马六甲永春会馆成立于公元1800年（清嘉庆五年），是马来西亚最早的华人地缘社团之一

1958年3月，马来亚永春籍华侨林连玉代表华教总会谒见马来亚首相东姑阿都拉曼，图片摄于马来亚首相署会客室，右起沈慕羽、陈济谋、林连玉、吴志渊及温典光。林连玉毕生为争取华文学校和华语教育在马来西亚的合法地位鞠躬尽瘁，被尊称为马来西亚的"华教族魂"

1854年，在新加坡厦门街落成的萃英书院，成了华人社会启蒙教育的华文学校，由永春华侨陈金声捐赠基金创办

新加坡永春会馆创立于1867年，左图为1905年的会馆大楼，右图为1957年重建的会馆大楼

1912年3月，孙中山颁给马来亚华侨郑玉指（永春仙夹人）"旌义状"，后勒于石碑

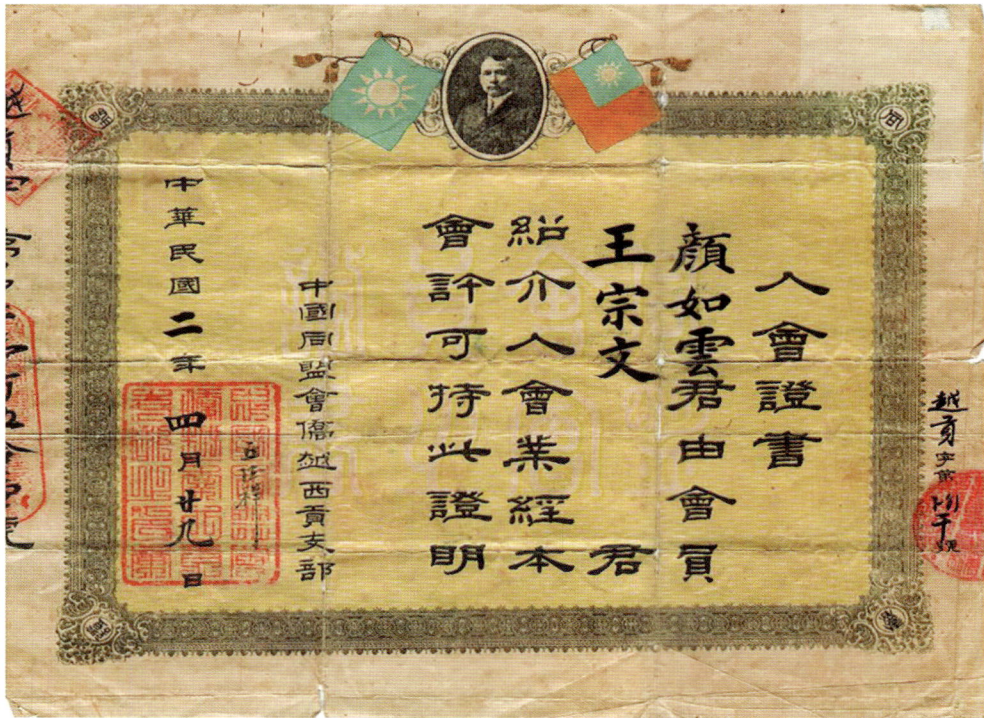

1913年4月，中国同盟会侨越西贡支部发给颜如云（永春达埔人）的入会证书

1920年，马来西亚归侨施光烈主持修建永春县城关至五里街公路3公里，路宽5米，这是永春公路史的开端。图为五里街公路旧景

1928年3月15日，永春华兴实业有限公司在虎巷茶山欢迎参观团留影。华兴公司是1917年由旅居马来亚华侨李辉芳、李载起、郑文炳等集资创办的

1929年，陈嘉庚先生邀请永春20名白鹤拳师组成"中央国术馆闽南国术南游团"，到南洋巡回表演，历时一年，扬威海外，为中国民间武术团体的第一次出访，影响深远。图为1929年11月17日，陈嘉庚同新加坡福建会馆执监委员在新加坡怡和轩俱乐部招待闽南国术团，与全体团员合影留念

1937年7月10日《崇道报》报道：永春"民众多数出洋谋生，几占全县人口三分之一（全县人口廿余万），本年来出洋者尤多，统计半年来出洋约有五六千人""以南洋为生命线的永春，入超年达三百余万，全靠华侨汇款救济"

1938年，中国国民政府主席林森为表彰麻坡永春会馆抗日义举而题赠"爱国爱乡"匾额

1939年，在"南侨总会"主席陈嘉庚先生号召下，3200多名南洋华侨青年机工组成"南洋华侨机工回国抗战服务团"，分9批回国，辗转于滇、黔、川、桂、湘以及缅甸、印度等地，在新开辟的滇缅公路上抢运世界各国援华和海外华侨支持祖国抗日的军用物资，在这条运输战线上坚持至抗战胜利。这其中就有50多名永春华侨的身影。图为孙其文所获华侨机工回国服务团荣誉纪念章和荣誉证书

1940年10月24日，永春厦大校友会欢迎陈嘉庚先生莅临永春考察留影

抗日战争时期，一大批永春华侨在中国共产党的号召下，投奔延安和苏北解放区，参加八路军和新四军，战斗在抗日战争的最前沿。图为1943年，梁灵光在江苏南通抗日根据地留影

1949年11月28日，永春县归国华侨民主联合会蓬壶分会成立典礼

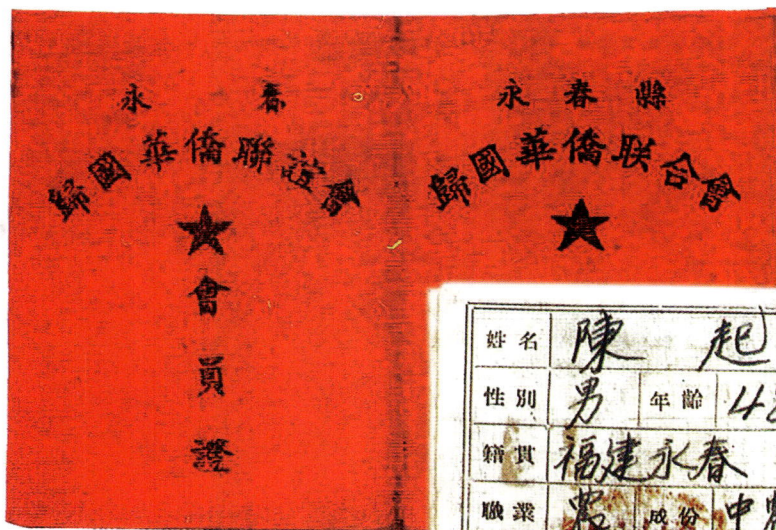

永春县侨联成立之初颁发的会员证章

永春县归国华侨民主联合会1949年成立之初租用民房办公

1952年12月7日，延清小学全体师生欢送热心乡侨尤扬祖先生出国留影纪念

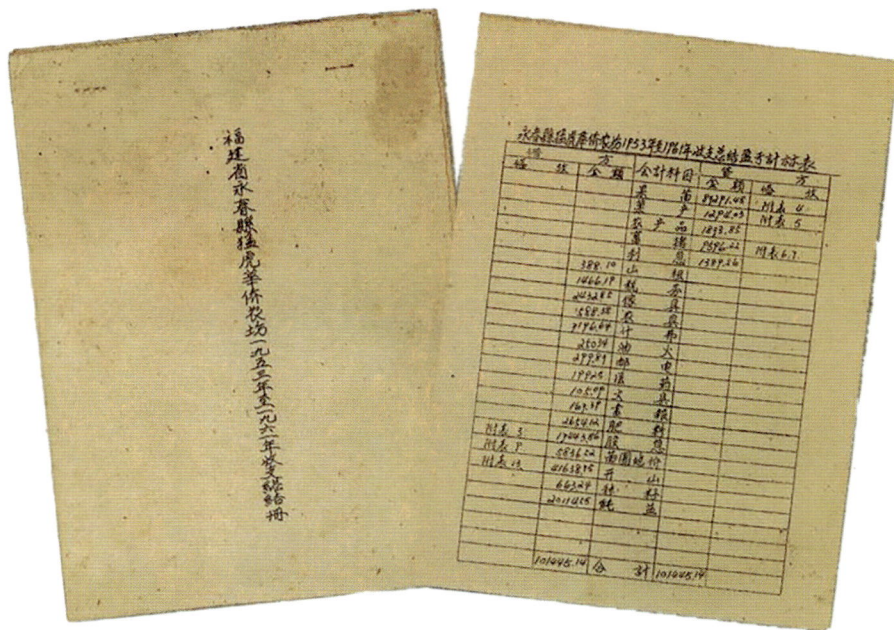

1953－1961年，尤扬祖先生创办的永春县猛虎华侨农场的收支总结册

　　永春北硿华侨茶果场：1913年开始，马来亚华侨颜穆闻在永春北硿一带兴建农场和织布厂，前后倾注10年心血和投资。1953年，省侨委拨款创办永春北硿华侨垦殖场，安置星、马归国难侨24人。此后，全国人大常务委员会副委员长何香凝先后捐赠书画稿酬7千万元(旧人民币)作为生产基金。1955年，垦殖场改为高级农业生产合作社，1957年转为北硿华侨农场，陆续安置归国难侨86户223人。1960年3月至7月间，安置被印度尼西亚迫害的归国难侨共5批2500多人。是年，湖洋仙溪农场、永春茶场、竹溪瓷厂并入该场，定名为福建省永春北硿华侨茶果场

14

1954年1月31日，爱国华侨捐建的永春湖洋龙山小学（原龙溪小学）落成留影

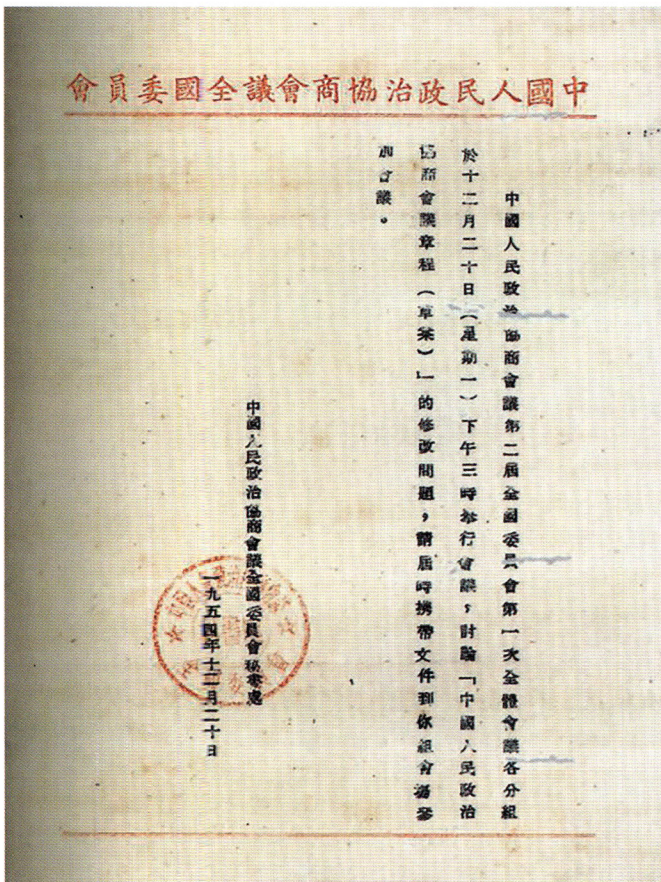

1954年12月，颜子俊先生受邀参加第二届全国政协会议的通知书

1956年8月22日，永春县各界人民庆祝华侨捐建医院落成典礼

1956年10月5日，中华全国归国华侨联合会在北京宣告成立。永春籍归侨李铁民（前排左一）、颜子俊（左二）、尤扬祖（左三）同时当选为第一届全国侨联副主席，被誉为"一乡三侨领"

1956年11月，马来亚工商业考察团的永春同乡回永探亲，并参观永春侨校（永春华侨中学前身）

1957年兴建的永春县侨联大厦（近景栏杆为云龙桥）

1958年初，永春县归国华侨联合会创办《桃源乡讯》。图为1958年10月25日《桃源乡讯》第六期

1958年归侨侨眷代表座谈会会议通知

1964年，全国人大常委会副委员长何香凝赠永春北硿华侨茶果场十周年纪念的红梅牡丹图

1964年，时任福建省省长魏金水（左一）到永春北硿华侨茶果场视察

19

"桃陵书法翘松诗词桂亭织画，三绝思前哲；姑山荔枝前溪碧桃太平紫李，上珍忆故乡。"这是被誉为马来西亚华人族魂的教育家林连玉（原籍永春）1975年为马来西亚马六甲永春会馆重修100周年纪念而撰写的对联，后来被镌刻在不少永春会馆内。该联概括了永春县的名人名产，表达了海外侨胞对故乡的眷念深情

20世纪70年代的永春侨联大厦

1980年3月23日，永春县湖洋公社侨联成立留影

1986年夏，全国侨联宣传部协同中央电视台新闻部赴闽粤侨乡拍摄专题新闻。图为摄制组在永春北硿华侨茶果场茶厂进行拍摄

1992年12月4日，永春县举办尤扬祖诞辰100周年纪念活动

1993年11月18日，为适应经济全球化发展的需要，促进全世界永春人的联系与团结，加强各地经济合作、信息交流及发展友好交往，在永春县宣告成立"世界永春社团联谊会"（简称"世永联"）

1995年，永春县侨联举行新大厦奠基仪式。广东省原省长梁灵光、新加坡永春会馆、菲律宾永春同乡会、马来西亚彭城公会、马六甲永春会馆、北马永春会馆等侨亲代表出席奠基仪式

1995年重建的永春侨联大厦

1964年10月23日，永春县归国华侨联合会成立十五周年留影

1979年7月6日，永春县第五次归侨、侨眷代表大会留影

1985年8月30日，时任新加坡文化部美术咨询委员会主席、著名画家刘抗偕夫人、女儿回永春湖洋，捧起家乡的泥土嗅闻，并把泥土带回新加坡珍藏

1993年回乡的马来西亚永春籍侨胞梁祖辉惜别亲人

2009年10月，新加坡国务资政吴作栋伉俪回乡谒祖

2004年，永春县侨联成功承办"华昇杯"福建省第十四届侨界业余羽毛球邀请赛

2014年12月，永春县侨联青年委员会成立，2016年4月，更名为永春县侨界青年联合会

2018年2月2日，中国侨联副主席、福建省侨联主席陈式海（右一）陪同美国CI公司高层调研县侨联引办的美资企业美宏科技公司项目建设进三情况

2023年12月9日晚8点，《美美与共》第三期节目在中央电视台综合频道（CCTV1）播出。节目中，永春县委书记吕建成（右一）与马来西亚鸡场街工委会主席颜天禄（右二）热情分享五里古街、鸡场街的建筑、食物、语言文化，一起向观众讲述了永春五里古街和马来西亚鸡场街两条血脉相连的老街是如何延续百年的深情厚谊

2023年4月，永春县人民政府县长张照绿（右二）调研侨批文化工作

序

恰逢中华人民共和国成立75周年之际，历经两年的努力，《永春县侨联志》终于编纂成书，现在正式出版和大家见面，这是永春侨界乃至福建省侨界的一件大喜事。它既填补了永春县侨联成立75周年的修志空白，又实现了海内外130多万永春人几代人的夙愿，不仅为全省华侨历史研究提供了详实的重要史料依据，更为全省各级侨联组织了解永春侨情提供了重要的文献参考，并将充分发挥"记载侨史、传承文化、服务侨界、垂鉴后世"的不可替代的作用。

永春县是全省重点侨乡之一，在这方山川秀丽，人文荟萃热土上，华侨历史源远流长。十几个世纪以来，从这片土地上漂洋过海的永春人，筚路蓝缕、披荆斩棘、垦殖采矿、发展商贸，在东南亚、在世界各地，自强不息、多有建树，为侨居地的经济社会发展作出重要贡献，成为永春与世界密切联系的纽带和桥梁，成为推动祖国和平统一的一支重要力量。涌现出李铁民、尤扬祖、颜子俊、陈明、梁披云、梁灵光、林一心、吴作栋等灿若群星的英才俊彦。在波澜壮阔的历史进程中，焕彩于福建，光耀着中华，影响着世界。

《永春县侨联志》，全书5篇21章74节，约58万字。全面、系统地记述了千百年来永春县华侨华人、归侨侨眷、港澳台同胞及其社团组织的历史与现状；生动还原了历史上永春华侨华人、归侨侨眷、港澳台同胞及其社团组织情系故土、造福桑梓的历史印迹；客观如实记录了永春县侨联75年如一日，认真贯彻党和政府侨务政策，团结和服务华侨华人、归侨侨眷、港澳台同胞投身改革开放和社会主义现代化建设的工作史实。全书史料丰富、数据翔实、突出时代特征和地方特色，对于全省侨界深入了解永春侨史具有较高的参考价值。品读《永春县侨联志》，将会得到许多历史的借鉴和有益的启迪。

盛世修志，鉴往知今。修志以明志，修志存高远，修志励后人。《永春县侨联志》付梓出版，有其深刻的意义和深远的影响，不仅有利于弘扬'爱国爱乡、拼搏奉献"永春华侨精神，更有利于激发永春社会各界以史为鉴，继续扩大对外交流，构建"固根、筑魂、圆梦"交流平台，开拓创新做好新时期侨务工作，更好地凝聚侨心、汇聚侨智、发挥侨力、维护侨益，以不懈的努力，为推进新时期全省侨联工作作出应有的贡献。

是为序。

福建省归国华侨联合会

福建省华侨历史学会

2024年10月1日

番 客 谣

—— 梁披云

少小离家作番客
垂老重歌歌不得
饥驱饵诱甘卖命
猪仔吞声鱼贯行
青春活力空摧折
银液金沙杂汗血
劳而不获获不劳
覆雨翻云何足异
东飘西泊年复年
相邀作活海山边
翁妪童孙齐食力
剜肉补疮凭赤手
奈何霹雳落晴天
鹰犬豺狼恣谗涎
谁教同气竞相残
是非颠倒肆咆哮
井底蛙惟美是大
群丑逆流终淘汰
鸥鸦枉自争腐鼠
明朝笑指雁来阵
父母之邦讵昔比
工农跃进更忘己
舳舻相望接南溟
落叶归根展新史
热泪夺眶君莫笑
归侨前景逾壮丽

今日还乡头已白
我家原在万山中
过海漂洋足怨恫
炎荒瘴疠无昏晓
瘦影相看肝胆裂
大厦高楼平地起
碧眼红毛擅肥美
招来挥去事寻常
苦雨凄风路几千
野店荒郊等一家
邻居相见辄相夸
柴米油盐通有无
一纸文书绝贸迁
槛车驱送赴魔谷
明眼岂容混马鹿
引狼逐客能无悔
黑盟基地终为害
荒鸡喔喔夜漫漫
一枝宁缚九霄翰
侨胞今日非孤儿
锦绣江山千万里
四海为家呼弟兄
大力迎亲从此始
我亦沐恩感激深
红旗似海涌丹心
欢声洋溢动江关

当时惯唱过番歌
租地耕田世世穷
黑奴吁天天不应
九死煎熬剩一生
橡胶菸草和泪栽
通衢达道连城市
纵横裨阖殖民地
老马良弓遂见弃
穷途赖有同里在
眠迟起早岁月赊
蝇头微利坌尘垢
民间友谊由来厚
纷纷铁骑刀枪出
夜雨昏灯泣破屋
患难深情中道抛
吸血鬼方瞰尔巢
怨潮万里腾亚非
百念千愁蓺肺肝
忽见灯花传喜信
祖国关怀何所吝
恩波弥漫海天宽
悉将骨肉委蛇豕
和平一贯百千年
乐莫乐兮鸟归林
君不见东风浩荡开新霁
天堂见在人间世

凡　例

一、《永春县侨联志》的编纂，坚持辨证唯物主义和历史唯物主义观点，以《中华全国归国华侨联合会章程》为依据，记述永春县华侨华人、归侨侨眷的历史成因和历史贡献，实事求是地反映永春县侨联组织的历史与现状，力求达到思想性、科学性的有机统一。

二、本志根据新方志详近略远及横分门类、纵观历史、纵横结合原则，采用述、志、传、图、表等体裁，以志为主，设5篇21章74节，开篇有概述、大事记。章下以节、目分层次记述，采用规范的语体文记述，以文为主，辅以图表。附录收录涉及侨联工作的重要文献6份。

三、本志为系统反映永春县华侨华人、归侨侨眷这两大群体的历史成因及历史作用，上限自五代起，下限截至2023年12月31日止。

四、永春华侨华人、归侨侨眷群体精英辈出，本志收入的人物系对本县域内各个历史时期经济社会发展有过较大影响和较大贡献的、以及在全国范围内产生过较大影响的永春县华侨和归侨侨眷代表人物。港澳特别行政区、台湾地区中的归侨侨眷和社团组织与侨联组织关系密切，对其中有较大影响，作出较大贡献者予以列入人物传、表中。人物传遵循"生不入传"原则，入传人物以生年为序排列，生年相同者，以卒年先后为序排列。人物记述采用"以人为本"原则，以事系人，人随事出。

五、本志历史纪年采用朝代年号，年份括注公元纪年，月份日期和统计数字，统一使用阿拉伯数字。中华人民共和国成立以后，概用公元纪年。

六、本志全称过长的名称，首次出现时用全称，注明后使用规范的简称，如"永春县归国华侨联合会"简称为"永春县侨联"。凡此种种涉及各级机构、党派团体的名称简称均以此类推。称谓采用第三人称。

七、为阅读方便与忠于史实，对东南亚部分国家名称变化在志中明确界定；如"马来亚"与"马来西亚"；抗日战争时期，今天马来西亚的一部分称马来亚，不包括英属新加坡、英属婆罗洲（北婆罗洲）和沙捞越。1957年8月31日马来亚独立，称作"马来亚联邦"。1963年6月19日，由马来亚联邦、新加坡、北婆罗洲（沙巴）和沙捞越组成新兴国家——马来西亚。1965年，新加坡退出马来西亚，单独建国。

八、图、表、照的选用注重全面性、典型性、科学性和资料性的统一，志首的图、照片为插页均不编号，表的序号按"篇—章—表"排列，如1.1.1表示第一篇第一章第一节表。

九、本志资料来源较广，文中不一一加注，仅在志书之末附载主要参考资料书目，资料均经考证后入志。

目　录

概　述

　　永春县是福建省著名侨乡，2023 年户籍人口 59.84 万人（其中归侨 0.10 万人、侨眷 11 万余人）。据 2019 年侨情普查资料，永春县海外侨胞 116 万余人、港澳台同胞 4 万余人，分布在世界五大洲 48 个国家及港澳台地区。历史上永春人迁徙海外，基本上都和时局动荡有直接的关联性，具有深刻的历史背景和历史成因。永春县华侨华人、归侨侨眷长期以来是推进永春经济社会发展的一支重要力量，为推进祖国完全统一，实现中华民族伟大复兴，作出重大历史贡献。永春县侨联，是中国共产党领导下由归侨侨眷组成的全县性人民团体，是党和政府联系广大归侨侨眷的桥梁和纽带。永春县侨联成立 75 年来，在依法维护侨益、引导捐赠公益事业、服务经济建设、帮扶贫困归侨侨眷、加强海内外联谊等方面，认真履职，做了大量工作。

一

　　永春县华侨华人的产生与发展，是在特殊的历史时期，特定的社会经济条件下，人口流动、移居的结果。其原因大致可归纳为四个方面，即政治、经济、地理条件和社会关系，最主要的是政治原因。

　　1. 政治原因：从元末到清末，永春县发生了多次农民起义，比较著名的有元末的陈占起义，明末的吕尚四起义，清初林日胜抗清斗争和太平天国时期的林俊农民起义等。这些农民起义最终都因统治阶级的残酷镇压而失败，参加起义的农民只得背井离乡，往海外逃生。民国初期，永春县地方军阀混战不休，他们"日为军、夜为匪"，对群众肆意烧、杀、抢、掠。据报载："永人因军匪交迫，备尝艰苦，逃往南洋者日众，几于十室九空。"第二次国内战争时期，永春县人民在中国共产党领导下，开展了东区农民运动、吾峰抗捐抗税斗争等革命斗争。国民党政府对红色苏区进行疯狂围剿和残酷的迫害，制造"无人村"，许多群众被迫外逃。抗日战

1

争和解放战争时期，国民党大肆抓丁，并对新兵进行虐待和枪杀，引起广大民众的恐惧，为了逃避抓丁而大量南渡避往海外。

2. 经济原因：唐宋以来，泉州成为世界著名商港。永春县是泉属县邑，历史上永春人以善贾闻名，有"无永不开市"传说。随着对外贸易的开展，有不少永春人前往海外经商。元、明以后，永春县农村土地兼并非常严重，许多农民破产，一些失去土地和生存条件的农民，不得不漂洋过海往外谋生。因此，随着海外交通的发展，使得大批破产农民纷纷南渡到国外谋生。

3. 地理原因：永春县位于晋江东溪上游，早在唐朝大中十三年（859），就有"凌晨而舟车竞来"的文字记载。以蓬壶马跳为界，永春分为外半县、内半县。外半县地势较为平缓，桃溪水路运输较为便捷，可直达泉州后渚港，鼎盛时期桃溪有运输船只百余艘。元、明以后，永春县已成为山区货物的集散地和中转站，泉州、南安的木船可上行至永春县的石鼓潭。大田、德化、永安等内陆山区的土特产如香菇、笋干、土纸、瓷器、铁器等物资都由人力肩挑贩运至永春县五里街的许港和溪子坂集中，然后由水路运输至泉州出国，永春县的土特产如乌龙茶、养脾散、老醋、漆篮、纸织画也畅销东南亚各地。内半县多崇山峻岭，山路崎岖难行，地广人稀，一都溪、坑仔口溪不宜航行，与外界联系管道不及东部顺畅，也较少受到土匪的侵扰。所以，尽管内半县生活条件相对恶劣，却未引发移民潮。也是时至今日内半县华侨华人、归侨侨眷较少的根本原因。

4. 社会关系原因：一些华侨在海外找到立足点后，就牵亲引朋到侨居地去垦殖、开矿。如桃城镇丰山村陈臣留，数次牵引族亲数百人到马来亚垦殖，历200余年数代奋斗，成为马六甲的望族，人口达数千人。五里街镇霞陵村人林明，率众多永春人到马来亚关丹开发锡矿，后该地发展为市镇即以林明命名。

永春县华侨在侨居地，世世代代与当地人民一道胼手胝足，辛勤劳动，艰苦奋斗，筚路蓝缕，披荆斩棘，"褴褛启山林，丘墟变城廓"，无一不渗透着永春县移民的血泪和汗水。为促进当地经济发展和社会进步，作出了重大贡献。他们与当地各族人民同仇敌忾，一起反抗殖民主义和帝国主义的压迫，支持当地人民争取国家独立、民族解放和其他各项进步事业，得到了当地人民群众的尊敬。

第二次世界大战后，东南亚各国先后取得独立，限制移民入境。中华人民共和国成立后，中国人民推翻了帝国主义、封建主义和官僚资本主义三座大山，国家政治、经济稳定，社会安定，人民安居乐业。永春县同全国一样，从根本上消除了劳动人民大批出国谋生的现象。

二

中华人民共和国成立以前，封建王朝及国民党政府腐败无能，听任华侨华人遭受殖民主义、帝国主义的压迫和欺凌，华侨华人正当权益得不到应有的保护。第二次世界大战结束后，印尼、缅甸、越南等国家，先后发生多起反华排华事件，许多华侨受歧视，受迫害。永春县华侨中的大多数人具有热爱祖（籍）国、热爱家乡、热爱中华民族的优良传统，他们和祖（籍）国人民的命运紧密相连。他们迫切希望祖（籍）国能够富强，不再遭受压迫和欺凌。百年来，永春县华侨中的一些人因各种原因回国，其中一批爱国人士、青年学生，关心祖（籍）国的兴亡安危，怀着赤忱的报国之心，积极参加辛亥革命、北伐战争、抗日战争和解放战争，以及祖（籍）国其他爱国运动和革命运动，写下了可歌可泣的光辉篇章。为永春县的经济建设和文化建设，作出重大贡献。

中华人民共和国成立后，在毛泽东主席、周恩来总理的领导下，制定了侨务工作的基本方针和一系列的政策。根据中国国情以及华侨的实际情况和利益，党和政府制定侨务政策的出发点是：鼓励华侨在当地长期生存，遵守侨居国法律，尊重侨居国民俗习惯，同居住国人民共同发展经济、文化、科学和教育事业；维护归侨、侨眷的合法权益和国外华侨的正当权益，保护和发扬他们的爱国爱乡热情，这个精神已载入中华人民共和国宪法。

永春县归侨侨眷不仅为中华人民共和国的成立作出重要的贡献，而且还是共和国建设的重要力量。他们不仅参与政权建设，而且还参与经济建设和科教文卫体建设，为国、为桑梓效力。他们当中，不但涌现出如梁灵光、林一心、陈明等省部级干部，陈其挥、李金发、刘义标、郑清贻等司局级干部；还涌现出颜子俊、李铁民、尤扬祖、陈明等担任全国侨联副主席的侨界领导人，以及在各级人大、政协中任职的归侨侨眷。同时在科学、教育、文化、医疗卫生、体育诸多领域中，不乏梁披云、刘文湖、郑金贵、林金枝、林仪媛、陈中北、林淑珍、郑文泰、洪昭光、陈秀玉、陈亚琼等一批归侨侨眷精英，创造了可载入史册的成就。

三

1949 年 10 月 23 日，永春县归国华侨民主联合会成立（至 1957 年止先后更名为永春县归国华侨联谊会、永春县归国华侨联合会），是中华人民共和国诞生后全国第一个成立的县级侨联组织。

1950—1966 年，永春县侨联组织配合政府宣传党的侨务政策，发动和引导归侨侨眷参加土地改革、抗美援朝、农村互助合作运动和私营工商业社会主义改造；贯彻保护侨汇政策；参与创办北硿华侨茶果场，妥善安置归侨、难侨；发展华侨学生教育事业，牵头创办永春县华侨子女补习学校和筹建永春华侨中学，解决归侨、侨眷子女入学难问题；引导华侨捐建医疗卫生设施，解决人民群众看病难问题；引导华侨投资工农业，为推动国民经济发展贡献力量；做好申请出入境和华侨观光旅游、寻根谒祖的接待工作；认真落实党和政府侨务政策，提前为 285 户"华侨地主"改变成分；号召归侨侨眷克服三年自然灾害带来的困难，共渡难关；发动海外侨亲募集 37490 吨化肥，2000 多吨粮油副食品支援家乡。缓解亲人困难，永春县侨联组织车辆到厦门海关运回化肥、粮油并负责分发；协助北硿华侨茶果场安置印尼归侨 5 批 642 户 2500 余人。

1966—1976 年，永春县侨联工作陷入停顿。

1978—1988 年，是侨联工作拨乱反正，步入健康发展的时期。1978 年 2 月，永春县侨联恢复活动。此后，蓬壶、达埔、石鼓、五里街、吾峰、桃城、湖洋、东平、岵山、仙夹等乡镇及北硿华侨茶果场侨联相继成立或恢复活动。永春县侨联积极协助党和政府落实侨务政策，清理退还在土改中被错征收的华侨侨产 300 多户，建筑面积 162109 平方米；回收因精简下放的归侨侨眷职工，协助做好平反冤错案和落实归侨侨眷知识分子政策工作。

改革开放以来，永春县侨联进入稳定发展的工作时期。永春县侨联通过世界永春社团联谊会（以下简称"世永联"）和各国各地区永春宗乡社团，与 120 多万旅外永春侨亲和港澳台同胞及社团组织保持着密切联系，协助各级政府和侨务部门、涉台部门做好海外侨亲回乡探亲谒祖、参观考察、投资创业、捐赠公益等的接待服务工作；广泛开展与海外侨亲的联谊工作，增进桑梓情谊；做好引导侨界群众投身经济社会建设和维护侨益、脱贫攻坚工作；采取各种形式传承弘扬中华民族优秀文化，开展爱国主义教育活动，弘扬永春县华侨"爱国爱乡、拼搏奉献"精神；参加社会主义法制建设，组织侨界人大代表、政协委员，提交议案提案，反映侨情民意，履行参政议政、政治协商、民主监督职能，依法维护海内外侨界合法权益。

　　永春县第十一次、第十二次侨代会以来，永春县侨联以习近平新时代中国特色社会主义思想为指导，深入学习贯彻党和政府在新时期的侨务政策，各项侨务工作取得新成绩。成立永春县侨联法律顾问工作委员会（简称法顾委）、永春县侨界青年联合会（简称侨青联）、侨界扶贫基金，把为侨服务，维护侨益的范围延伸至海外；在 12 个乡镇成立 158 个村级侨联小组，成立永春侨中侨务小组，不断完善侨联工作网络建设；开展新一轮侨情和港澳乡情普查，建立侨情资料数据库；挂动成立加拿大永春同乡会，英国永春同乡会，成立柬埔寨永春华侨联合会（简称柬永华侨联合会），进一步拓展海外联谊；创建"三侨领纪念馆""披云灵光家国情故事馆""仙夹侨史馆""桃城侨史馆"，修葺爱国侨领尤扬祖故居及建设尤扬祖爱国事迹馆，打造卿园"登进堂华侨文化交流基地"，弘扬根亲文化；举办"海外永春社团青年精英研习班""'与世界对话'英语夏令营""亲情中华、为您讲故事"夏令营、为海外侨亲"固根、筑魂、圆梦"搭建平台；开展"百侨帮百村·共建美丽乡村""以侨帮侨、精准扶贫"活动；配合政府开展招商引资、招才引资活动，服务经济发展；深化改革创新，推进侨联大厦走上市场化专业化轨道，取得明显社会效益和经济效益；协助党和政府投入抗疫斗争，慰问援鄂医护人员家属和永春县一线抗疫人员，发动海外侨亲募集医疗物资，取得阶段性成果。守望相助，组织向海外同乡会捐赠医疗物资；加强侨联组织建设，侨联组织吸引力、凝聚力和影响力不断增强，成为党和政府联系归侨侨眷和海外侨胞的桥梁和纽带。

　　永春县侨联成立 75 年来，先后荣获"全国侨联系统先进基层组织""福建省侨联系统先进集体""福建省'侨胞之家'示范点""泉州市侨联 2011—2014 年度信息工作先进集体""永春县 2008—2010 年度文明单位""永春县 2014—2016 年度文明单位"等 27 项集体荣誉，展示了侨联组织的良好形象。

大 事 记

后汉

乾佑二年（949），永春县桃城留安人留从效任南唐清源军节度使，累封鄂国公、晋江王。任内开展对外贸易，陶瓷铜铁畅销外国，其嗣子居道，曾至交趾（今越南）经商，为永春县最早有文字记载的旅越商人。

宋

南宋中期，永春县达埔镇人颜必和迁居金门，其曾孙十六郎从金门渡海移居南洋。

元

宋末元初，永春县有颜姓者，因参加抗元斗争失败，兄弟 3 人中有 2 人改姓连、邢，先逃至广东潮州、海南岛等地，后逐渐移居至安南（今越南），今越南有颜连邢宗亲相济总会。

元初至元十七年（1280），尤永贤（达埔蓬莱人）任占城（今越南）、马八儿国（今印度南部）宣慰使。航行一年半到达马八儿国，至元十九年（1282）返抵占城，适遇占城内乱，尤永贤及副使等 30 人皆遇害。

明

明嘉靖二十一年（1542），岵山陈氏有族人往吕宋谋生。

明万历二十一年（1593）以后，永春人往南洋者渐多，东山颜氏万历年间出国有 3 人，崇祯年间出国有 4 人。

清

清康熙二十三年（1684）稍开海禁，永春人开始成批到海外谋生。

清乾隆二十二年（1757），桃城丰山村人陈臣留往马六甲谋生，用所学中草药治病技艺，为当地苏丹（官员称谓）妻治好乳痈，获赠大片山地开垦，臣留先后引领族亲数百人前往垦殖。

清咸丰三年（1853）的林俊起义；十一年（1861）代理知州陶绥锦在百向（今仙夹）被灾民误杀；清同治四年（1865）永春州州民抗税烧毁税馆，均遭清政府残酷镇压，永春人大批出国。

民国

民国元年（1912）

3月，永春县旅马华侨郑玉指、郑成快因支持辛亥革命有功，分获孙中山颁予临时大总统旌义状和二等有功奖章。

民国2年（1913）

是年，永春县旅马华侨郑成快支持讨袁斗争有功，获云南省都督府颁发"拥护共和"纪念章和国民政府财政部授予"热心爱国"三等奖章。

民国3年（1914）

是年，永春县首批民办侨信局吉兴、同兴和万泉源成立，从事侨汇解送业务。

民国4年（1915）

是年，南洋各埠永春县华侨纷纷集会，反对袁世凯与日本签订卖国条约（即二十一条），开展抵制日货活动。

民国5年（1916）

是年，永春县旅马华侨干德源先后创办麻坡国术体育社、马六甲国术馆、新加坡国术馆、南宁医学研究社，传授五祖拳术，为群众治伤医病，蜚声马来半岛。

民国6年（1917）

是年，永春县旅马华侨李辉芳等23人，集资2万余银圆回乡创办太平华兴公司，在东平乡（今东平镇）虎巷山设立垦殖场，生产"虎巷佛手"名茶，畅销东南亚。旅菲华侨黄祖林、黄振明集资在石鼓乡（今石鼓镇）醒狮山创办发兴茶山公司，设云屯茶庄。

民国 7 年（1918）

是年，永春县旅马华侨郑成快捐资 1 万银圆创办桃城桃东鹏翔小学。

民国 8 年（1919）

是年冬，回乡投资的永春县旅马归侨颜穆闻所创办的北硿垦殖场，被当地宗族势力以山地产权纠纷为借口，烧毁成片茶园，织布厂、水电站均遭破坏，财产被洗劫一空。

民国 9 年（1920）

是年，永春县中华革命党人王荣光任护法军副司令兼军长，委任旅马归侨施光烈为工务局局长，主持修建永春县城至五里街公路，长 3 公里，路宽约 5 米，创永春县公路修建之先河。

民国 10 年（1921）

是年，因地方不靖，民军蜂起、军匪一体，敲诈勒索、烧杀抢掠，民众难以安身立命，纷纷逃往南洋，永春县出现自清末林俊农民起义以来的第二次民众大批出国高潮。

民国 11 年（1922）

6 月，民军吴威、陈国辉、卢兴邦等部设联合指挥部于永春县，共同抵御北洋军。派田亩捐数万银圆以充军费。民众无力缴交，纷纷逃往南洋。

民国 12 年（1923）

2 月 25 日，永春县基督教会在永春县城创办《崇道报》，经费由永春县华侨赞助，报纸 80%销往南洋各埠。民国 31 年（1942）太平洋战争爆发，华侨经费来源断绝而停刊。

11 月，永春县同兴侨信局因经营不善宣告倒闭。

是年，永春县旅新华侨李俊承遵母命，独资修葺东关桥。

民国 13 年（1924）

1 月，县长周祖武怕影响派款，出令禁止民众出洋。

民国 14 年（1925）

2 月，永春县旅新华侨李俊承和地方人士郑翘松、王荣钦等倡修《永春县志》。成立县志局，郑翘松、王石峰等负责编纂，1930 年刊印，李俊承独力承担《永春县志》印刷费用。

是年，永春县民众无惧民军吴威、尤赐福禁令，相率逃往南洋人数达 6000 余人。

是年，永春县米价飞涨，民众苦不堪言，永春县华侨筹款回永平粜。

民国 15 年（1926）

4 月，永春县旅马归侨郭其祥等人在厦门组织永春县旅外联合会，出版《迫击报》，揭露民军祸永事实，反对民军统治。

8 月，地方军阀吴威、尤赐福成立永春县华侨联合会，委任归侨郑成勋为会长。

11 月，永春县旅马归侨颜步青在永春县东区建立第一个农民协会并任主席。旅马归侨林诗必，以国民党福建省党部特派员身份回永春，与共产党地方组织合作，共同领导东区农民运动。

民国 16 年（1927）

2 月，永春县政务委员会成立，旅马归侨颜步青担任委员。

3 月 13 日，旅马归侨颜步青、邱廉回、林诗必等人组织东区农协会 1000 余人抬棺到县城游行示威，抗议民军涂飞凤部士兵强征烟苗捐，打死寡妇邱爱婶的罪行。

是年，华侨捐资创办南湖初级中学，郑锡堂任校长。

民国 17 年（1928）

3 月 10 日，南洋各埠永春会馆在新加坡开会，决定成立南洋永春同乡总会。并推选王肃丹、李铁民、郑兼三、李家耀为代表，回国向福建省政府请愿，促派正规军到永剿匪（李铁民因事未能成行）。

9 月 24 日，陆军第四独立师张贞派黄克绳偕永春县旅马归侨郭其祥抵永，组建永春县民团总局。林妙庆任局长，郭其祥、刘子宽（旅马归侨）任副局长。

11 月 9 日，刘子宽率湖洋民团包围东区农民协会，捕去农民协会骨干 9 人，旅马归侨颜步青、邱廉回被解送漳州监狱。旅马归侨林诗必被迫远遁南洋。东区农民运动遭受严重挫折。在社会各界和华侨团体强大压力下，遭受严刑拷打的旅马归侨颜步青虽获释出狱，终因伤重不治去世。

民国 18 年（1929）

是年，永春县印尼华侨尤扬祖独资在达埔蓬莱老家创办五保小学。

年底，永春武术界应南洋侨领陈嘉庚邀请，组织闽南武术团赴新加坡、马来亚巡回表演，历时 8 个多月。

民国 19 年（1930）

5 月 3 日，民军陈国辉部 1000 多人围剿吾峰区苏维埃，吾峰人民在中共永德县委领导下，英勇抗击一昼夜，终因众寡悬殊而失利。陈其挥幸免于难避往南洋。

9 月，永春县旅越归侨李南金被中共福建省委指派代理中共永春县委书记。

10 月 6 日，永春县城最大的钢筋混凝土大桥动工兴建，桥长 120 米、宽 8 米，2 台 12 墩 13 孔、民国 21 年（1932）竣工通车。永春县华侨捐款 7 万银圆（其中李俊承捐 1 万银圆）。

民国 20 年（1931）

9 月 18 日，日寇侵占东三省，永春县成立救国会。永春县旅越侨领颜子俊在"九一八"事变后曾一次性捐款 100 万元，并发动越南华侨募捐飞机 10 架支援祖国抗战。

民国 21 年（1932）

1 月，安南永边区党组织创始人之一，永春县仙夹夹际育才小学党支部书记、旅马归侨郭节（原籍安溪），在带领群众抗捐斗争中被捕，4 月 20 日，在安溪县城英勇就义。

3 月 22 日，永春县旅越归侨、中共安南永临时中心县委书记李南金在执行任务中为掩护战友脱险不幸被捕，4 月 20 日在安溪县城英勇就义。

6 月 8 日，十九路军十一师进驻永春县，民军陈国辉部调往莆仙。永春县侨胞纷纷函电十九路军控告陈国辉祸永罪行，陈旋被十九路军拘捕，12 月 23 日在福州东湖被执行枪决。

民国 22 年（1933）

3 月，永春县旅菲华侨陈清机、吴增炎等人集资银圆 25 万元，成立安南永公司，计划开采天湖山煤矿。终因交通不便，匪祸频仍，未能实现，后转投资广西开采金矿。

10 月 5 日，马来亚闽侨考察团团员何葆仁、刘维明、李铁民、黄肖岩抵永考察，永春县各界组织欢迎。

民国 23 年（1934）

是年，十九路军"闽变"失败后，永春县旅外联合会结束。成立永春县旅厦同乡会，永春县归侨郭其祥任常务理事。

民国 24 年（1935）

3 月 29 日，厦门《华侨日报》披露，永春县全年捐税多达数十种，总金额达 20 多万元，民众不堪重负，无力缴交者避往南洋。

10 月，永春县海外华侨协会成立，林传织任会长。达埔乡设侨联会，潘怀谨等 5 人负责。

民国 25 年（1936）

是年，永春县华侨投资在晋江东石创办的利群布厂，被当局以抗战为主机器迫迁永春县后因原料不济而停产。

民国 26 年（1937）

4 月 1 日，黄蕴山、余望三等人在永春县县城创办《华侨报》。

第二次国内革命战争时期，国民党政府对安南永德红色区域进行多次围剿，实行白色恐怖，民众被逼逃往南洋。7 月 10 日《崇道报》报道，上半年永春人民出洋者高达 6000 余人，形成永春人民第三次出国高潮。

是年，永春县归侨郑玉书任国民政府海外劝募救国公债专员，在印尼侨界募得法币 989 万元。此后参与组织菲港闽侨救济会，任会长。收容东南亚沦陷后逃港难民 2217 人。募款购运大米 9 万余包回闽平粜，向印尼侨胞募集奎宁药品入闽施济，治疗疟疾患者。

民国 27 年（1938）

3 月，《泉州日报》载，永春县民众因逃避抓壮丁，拟逃出洋男女滞留厦门者达数千人，客栈人满为患。

18 日，中共中央主席毛泽东在延安会见永春县旅马华侨辜俊英为副团长的华侨战地记者通讯团和马来亚华侨抗敌后援会，并为代表团题词。

11 月，永春县救济难民会委派李汉青前往南洋募捐，募得法币 15 万元。

民国 28 年（1939）

是年，爱国侨领陈嘉庚组织"南侨总会"，动员 3192 名华侨机工和司机回国参加滇缅公路运输抗日物资工作，其中有永春县华侨机工 52 名。

是年，根据省政府十三县华侨出国登记统计，永春县该年出国华侨 7977 人，共有 4654 户，男 6844 人（其中 20 岁至 44 岁的 5025 人）、女 1133 人（其中 20 岁至 44 岁的 798 人）。从年龄分析，70% 为青壮年。

民国 29 年（1940）

5 月，永春县发生粮荒，斗米法币 17 元，为全省粮价之冠。南洋各埠永春县华侨捐款 10 万元设立平粜会，购粮平粜。

10 月 23 日，著名侨领陈嘉庚率华侨慰问团抵永，各界开大会欢迎，陈嘉庚、李铁民先后在会上发表演说。

民国 30 年（1941）

12 月 8 日，日本发动太平洋战争，香港及南洋各埠相继沦陷，侨汇断绝达 3 年之久（仅泰国、越南仍有少量侨汇汇入），永春县归侨、侨眷因此挣扎在饥饿线上。

民国 31 年（1942）

是年，为解决归侨、侨眷生活困难问题，永春县旅越侨领颜子俊投资法币 8 万元，创办达埔华侨实业社。投资法币 20 万元创办达埔达理农场、石鼓洑江农场、凤美农场。

是年，林祖培、林庶应等人创办永春毓斌中学（今永春三中），华侨捐资助建，林鹤龄任校长。

民国 32 年（1943）

6 月 1 日，福建省赈济会在永春县设立的第四公典局开业，专供侨眷典当。

民国 33 年（1944）

秋，湖洋创办私立力行中学（今永春四中），华侨捐资助建，刘向仁任校长。

11 月，永春县行政区划调整为 8 乡、2 镇、127 保、1589 甲。共有 26697 户、205025 人（其中侨户 5703 户、38238 人）。

民国 34 年（1945）

9 月 28 日，永春县与马来亚侨汇复通，侨属欢腾。

民国 35 年（1946）

1 月，侨汇复通，县府下令清理各民信局在太平洋战争期间扣压的侨汇，规定每银圆兑付法币 200 元，限 2 月 15 日前兑清。

是年，永春县旅马归侨陈式皋在高垅村建成一座 32 千瓦水电站，供五里街及永春中学用电。

是年，永春县旅马归侨、福建省教育厅长梁披云，倡修五里街埔头经蓬莱巷和蓬壶线公路，全程 18 公里，历时一年多，未通车，1966 年，人民政府续建社汤线。

1968 年竣工通车。

民国 36 年（1947）

是年，闽粤两省水灾，粮荒。永春县旅越侨领颜子俊发起成立旅越华侨救济乡灾委员会，募集大米 5750 包运往厦门，该批大米拨给晋江、南安、安溪、永春四县 1400 包。颜子俊任驻厦监赈团主任。

民国 37 年（1948）

是年，永春县旅越侨领颜子俊为避南越当局迫害，回国定居，中华人民共和国成立后参与政权建设。

抗战胜利后，国民党政府发动内战，加紧征兵、征粮、征税。永春县人民为抵制"三征"，不愿充当炮灰，纷纷外逃南洋，出国青壮年达 2—3 万人，形成永春人民大批出国的第四次高潮。

民国 38 年（1949）

9 月 21 日—30 日，永春县李铁民以华侨代表身份到北京出席中国人民政治协商会议第一届全体会议。

是年，永春县旅越侨领颜子俊及李尧南等人创办永春达理中学（今永春五中），李世山任校长。

中华人民共和国

1949 年

10 月 1 日，中华人民共和国成立。

22 日，永春县旅新归侨李铁民任中央人民政府华侨事务委员会（简称中侨委）副主任。

23 日，永春县归国华侨民主联合会成立，为中华人民共和国成立后第一个县级侨联组织。

11 月，永春县归国华侨民主联合会在东平、达埔、蓬壶成立分会。

1950 年

1 月 25 日，省人民政府公布《侨汇暂行处理办法》和《管理侨汇业务暂行办法》。

是年，岵山旅外侨胞陈体研、陈甘杞、陈永镇、陈超群等 16 人捐资创办私立永春新星中学（今永春六中），陈克抟任校长。

是年，永春县侨联在岵山、湖洋、福阳（今介福）成立分会和城关办事处。

1951 年

1月，中国人民政治协商会议（简称全国政协）副主任陈嘉庚到永视察侨务工作。

5月，中侨委副主任庄希泉和省侨委主任王宣化到永考察侨务工作。

12月，永春县侨联设立华侨服务站，负责办理华侨福利事务。

1952 年

5月，永春县侨联会所从五里街迁到城关，租用823东路197号民房办公。

1953 年

2月，永春县侨联决定撤销分会，改在岵山、东平、达埔、五里街等主要侨乡设立办事处，并在全县100多个乡（相当于现在的村）成立华侨工作委员会。26日，永春县政府设立侨务科（简称县侨务科）。

11月，永春县印尼归侨尤扬祖投资创办猛虎华侨垦殖场。

冬，省侨委拨款4亿元（旧人民币），支持创办北硿华侨垦殖场。

是年，永春县人民银行办理清偿中华人民共和国成立前华侨存款汇款1万多笔，计清偿人民币150亿元（旧币）。

1954 年

1月，永春县侨联配合省侨委、县政府、县侨务科实地踏勘，选定北硿山创办北硿华侨垦殖场。

3月，永春县侨联为加强领导，决定撤销办事处，会务由永春县侨联统一管理。

8月，永春县侨联牵头创办永春县华侨子女补习学校。

是年，永春县归侨尤扬祖、邱清秀、郑金崇、陈宝瑾等人集资创办天马山华侨垦殖场，发展山地柑橘生产；归侨尤扬祖、邱清秀等人集资创办侨新酒厂（今永春酿造厂），生产永春老醋。

是年，永春县开展第一次侨情普查工作。

1955 年

6月3日，永春县召开第一次侨务工作会议，贯彻落实国家侨务政策，提前改变华侨地主成分201户。

是年，印尼归侨尤扬祖与其他海外侨亲共捐资人民币35万元兴建永春县医院门诊楼、妇产科楼。

1956 年

6 月，永春县归侨运动员林小玉在第一届全国羽毛球赛中荣获女子单打冠军。

8 月 22 日，永春县华侨李延年、林邦玲、李家耀等率星马工商考察团一行 9 人到永参观考察，并参加永春县医院门诊楼落成庆典。

10 月 5 日，中华全国归国华侨联合会（简称全国侨联）成立，永春县达埔乡归侨尤扬祖、李铁民、颜子俊当选为副主席。

11 月 7 日，县侨务科改为县侨务局。

11 月 30 日，全国侨联副主席李铁民在京病逝，享年 58 岁，葬于八宝山革命公墓。

1957 年

4 月 12 日，永春县归侨尤扬祖、颜子俊被国务院任命为中侨委委员。

6 月 16 日，由永春县华侨捐资的华侨中学校舍动工兴建。

是年，永春县华侨李延年、郑仓满，归侨尤扬祖等人捐资人民币 3.78 万余元在永春县城云龙桥头购地，兴建一座土木结构二层楼房作为永春县侨联会所。

是年，永春县归侨尤扬祖当选为福建省副省长。

1958 年

4 月 20 日，永春县侨联创办《桃源乡讯》。

是年，永春县归侨尤扬祖捐资港币 20 万元，从香港购买 14 台机床，赠送永春县通用机器厂，改进该厂水轮机生产。

是年，咕山、仙夹华侨捐资、群众投工投劳建成峰夹线公路，全长 16.74 公里，四级路标准，1959 年竣工通车。

1959 年

2 月 5 日，全国侨联副主席颜子俊在永春县医院病逝，享年 72 岁。

4 月 1 日，永春县第一次归侨侨眷代表大会（简称侨代会）召开，会议表彰 214 名各条战线上的归侨、侨眷积极分子。

10 月 1 日，湖洋印尼归侨刘向仁获邀赴京参加国庆 10 周年观礼。是月，永春县侨联举行 10 周年庆典活动，全国人大常委会副委员长、中侨委主任何香凝书题"永春县归国华侨联合会"牌匾，侨领尤扬祖亲临大会指导。

11 月，永春县归侨、侨眷李金叶、郑美贤、张金贤、陈敬烦、陈金钟、叶琼生、蔡贞鼎、郑友擎共 8 人，赴京出席全国侨联第一届第三次委员扩大会议暨全国归侨侨眷社会主义建设先进工作者大会。

是年，永春县组织开展第二次侨情普查工作。

1960 年

3 月 15 日，永春县在北硿华侨茶果场安置首批印尼归难侨 580 人；至 7 月 6 日，共安置 5 批，计 2500 多人。

4 月底，永春县归侨刘子军、郑泽民、刘锦英、刘龙固、萧定妹、彭甲胜共 6 人赴京参加庆祝"五一"国际劳动节活动，并到唐山等地参观考察。

9 月，永春县第二次侨代会召开。

11 月，中侨委副主任方方、黄长水，全国侨联副主席尤扬祖到北硿华侨茶果场视察；最高人民检察院检察长张鼎丞到北硿华侨茶果场视察。

1961 年

4 月，永春县第三次侨代会召开。

10 月，著名侨领梁披云到北硿华侨茶果场视察。

1962 年

1 月 19—25 日，永春县侨联副主席郑德郁在晋江专区第一次归国华侨代表大会（简称侨代会）上当选为第一届委员会委员、常委、副秘书长。

2 月，永春县第四次侨代会召开。

是年，永春县侨联落实县委、县政府部署，宣传党和国家争取侨汇、化肥和进口物质侨务政策。至 1964 年，发动华侨共进口粮油副食品 2000 余吨、化肥 37690 吨、外汇 597.98 万元。

1963 年

11 月 15 日，县侨务局又改为侨务科。

12 月 22 日，省政协二届二次会议增选永春县归侨尤扬祖为省政协副主席。

是年，永春县侨联在会所西侧扩建石木结构二层楼房及食堂。

1964 年

2 月 20—23 日，北硿华侨茶果场举行建场 10 周年庆祝活动。

9 月，永春县侨联召开侨信回文代书座谈会，在全县范围内形成为归侨和侨眷服务的代书网。

10 月 23 日，永春县侨联举行成立 15 周年庆祝会。

是年，省长魏金水到北砼华侨茶果场视察。

1965 年

5 月，全省华侨农场茶叶生产经验交流会在北砼茶果场召开。

9 月底，归侨青年梁汉和应邀赴京参加国庆观礼。

1966—1976 年

永春县侨联停止活动，会所被挤占。

1978 年

2 月，永春县侨联恢复活动。

4 月，晋江地委召开侨务工作座谈会，全面开展落实各项侨务政策工作。

12 月，全国第二次侨代会在京举行，永春县归侨尤扬祖当选为副主席。

1979 年

5 月 20—23 日，晋江地区第二次侨代会召开，永春县侨联副主席郑德郁当选为第二届委员会委员、常委、副秘书长。

7 月，永春县第五次侨代会召开。

是年，东平、五里街、岵山、桃城、吾峰、仙夹侨联恢复活动。石鼓、达浦两个乡镇成立侨联。翌年，湖洋、蓬壶两个乡镇成立侨联，1997、2004 年，介福乡、东关两个乡镇先后成立侨联，实现外半县侨乡全覆盖。

1980 年

1 月，国务院侨务办公室副主任、党组副书记林一心到永检查侨务工作。

4 月 30 日，晋江地区侨办与侨联联合举办侨乡建设座谈会，永春县归侨梁披云应邀参加会议。

1981 年

12 月 16 日，永春岵山美国侨眷、中国女排主力队员陈亚琼，在获世界女子排球赛冠军后返乡，全县军民 5000 余人在体育场集会欢迎。

是年，永春县归侨、国家运动健将陈秀玉与队友邱玉芳合作，获 1981 年国际羽毛球邀请赛女子双打冠军。

是年，永春县组织开展第三次侨情普查工作。

1982 年

5 月 17 日，著名爱国侨领尤扬祖在北京病逝，享年 90 岁，骨灰安放在八宝山革命公墓。

11 月，永春县第六次侨代会召开，聘请归侨梁披云为名誉主席。

1983 年

5 月 26 日，永春县旅马归侨、陕西省人大常委会副主任、陕西省侨联主席陈明，到永参观水电建设。

是年，永春县归侨、澳门归侨总会会长梁披云，被特邀为全国政协委员。

1984 年

4 月 11—17 日，全国第三次侨代会召开，永春县旅马归侨、陕西省人大常委会副主任、陕西省侨联主席陈明当选为全国侨联副主席。

28 日，香港永春同乡会成立，颜彬声任首届同乡会理事长，代理县长刘孔永、政协主席余金象率领庆贺团赴港庆贺。

9 月 20 日，中断 20 年的《桃源乡讯》复刊。

10 月，北硿华侨茶果场被评为全国华侨企业科技先进单位。

1985 年

2 月 12 日，永春县北硿华侨茶果场侨联会成立，郑奇泽任主席，叶祖璋任名誉主席。

4 月 7 日，副省长黄长溪，晋江地区副专员沈慧，永春仙夹侨眷、全国著名跳高运动员郑达真出席侨捐夹际中学校舍落成典礼，黄长溪代表省人民政府向该校校董会颁发"乐育英才"金质奖章和奖状，郑达真将她 1978 年破女子跳高全国纪录获得的金牌赠送该校作为纪念。

5 月，永春旅马华侨郑文尧捐资 100 万新币，设立郑信顺夫人奖学金，将每年利息奖励永春县初中以上优秀学生。

6 月 6 日，国务院侨办副主任、党组副书记林一心为永春县医院侨捐"延年楼"落成剪彩。

10 日，港澳同胞颜彬声、梁披云、陈吴爱惜捐建的留安塔竣工典礼举行。

28 日，胡平省长为永春一中侨捐工程"郑信顺纪念堂"落成剪彩。

1986 年

3 月 1 日，永春县侨联接待菲律宾南音代表团。

12 月 31 日，侨捐花石大桥通车剪彩。

1987 年

3 月 15 日，侨领梁披云回乡考察。

9 月 18 日，永春县侨联举办颜子俊 100 周年诞辰座谈会。

是年，永春县组织开展第四次侨情普查工作。

1988 年

9 月 27 日，永春县第七次侨代会召开。

10 月 14—16 日，泉州市第三次侨代会召开，梁披云、颜彬声被聘为顾问。

12 月 6—7 日，全国人大华侨委副主任梁灵光到永春县视察侨务工作。

1989 年

10 月 24 日，永春县侨联举行成立 40 周年庆典系列活动。国务院侨办副主任林一心等海内外嘉宾 500 多人参加，同时举办 6 项侨捐工程竣工剪彩仪式。庆典期间，举办永春县侨乡建设 40 周年成就展览馆。海内外参观人数达 6300 多人次。

1990 年

4 月 2 日，副省长刘金美到永春县调研华侨捐资办学情况。

9 月 7 日，《中华人民共和国归侨侨眷权益保护法》颁布实施。

1991 年

3 月 2 日，全国侨联副主席王汉杰到永春县视察侨联工作。

8 月 27 日，补选郑梓敬为永春县侨联第七届委员会委员、常委、副主席。

11 月 18 日，永春县举办首届芦柑节，数百海外侨亲参加。

27 日，国务院原副总理、原外交部长姬鹏飞陪同夫人许寒冰（归侨、中国外交学会原副会长、祖籍永春），回永春县石鼓镇石鼓村寻根谒祖。

30 日，永春县侨联会所产权收回。

1992 年

5 月 23 日，马来西亚雪兰莪永春公所成立 100 周年，永春县庆贺团前往祝贺。

8 月，永春县侨联在原有华侨服务社基础上创办永春县侨联旅行社。

12 月 3 日，永春县举办第二届芦柑节暨纪念尤扬祖 100 周年诞辰及永春三中 50 周年校庆系列活动，数百海外侨亲参加。

1993 年

6 月 16 日，马来西亚拿督、局绅郑文尧追悼会在桃城镇卧龙村举行，永春县侨联领导参加追悼会。

7 月 19 日，国务院颁发《中华人民共和国归侨侨眷权益保护法实施办法》。

11 月 18—20 日，世界永春社团联谊会（简称"世永联"）首届会员大会在永春县举行，选举马来西亚永春联合会会长林国璋为首届会长。

是年，永春县举办第三届芦柑节，数百海外侨亲参加。

1994 年

1 月，永春县侨联七届七次全委会选举陈友经为永春县侨联第七届委员会委员、常委、主席。增聘郑永仁为名誉主席。

4 月 8—9 日，国务院侨办原副主任、党组副书记林一心到永春县考察侨务工作。

6 月 14—18 日，全国第五次侨代会召开，"全国侨联"改称"中国侨联"。

10 月 23—24 日，永春县第八次侨代会召开，同时开展庆祝永春县侨联成立 45 周年系列活动。

1995 年

8 月，在马来西亚马六甲召开"世永联"第二届会员大会，选举新加坡永春会馆主席林曼椿为会长。

11 月 26—28 日，永春县举办第四届芦柑节，数百海外侨亲参加。

是年，由菲律宾永春同乡会捐资人民币 146 万元兴建的永春大桥竣工（县城桃溪），桥长 90 米，宽 16 米，梁披云题写桥名。

是年，永春县侨联动工兴建六层侨联大厦。

1996 年

6 月 9 日，菲律宾永春同乡会第 31 届理监事就职，永春县组团前往菲律宾祝贺。

8 月 23 日，福建省委副书记习近平出席棣兰体育馆奠基仪式。

是月，补选梁黎玲为永春县侨联第八届委员会委员、常委、副主席。

10月，永春县侨联受托代管梁披云教育扶贫基金和颜秀兰教育扶贫基金，截至 2023 年，已颁发 27 届、发放扶贫助学金 234.1 万元，受助师生 5381 人次。

1997 年

1 月 1 日起，北硿华侨茶果场下放给永春地方政府管理。

7 月 17—18 日，泉州市第四次侨代会召开，永春县澳门同胞梁仲虬当选为市侨联副主席。

10 月，在新加坡召开"世永联"第三届会员大会，选举台北永春同乡会会长黄金如为会长。

1998 年

2 月，补选潘长安为永春县侨联第八届委员会委员、常委、副主席。

5 月 3 日，省侨联副主席江宏真及市侨联领导一行 8 人到永，前往蓬壶镇于展"侨台合一"发展经济专题调研。

9 月 1 日，省民政厅批准设立东关镇，辖原北硿华侨茶果场（其中原属茶果场的垵口管理区划归湖洋镇管理）和从东平镇划出的东关、溪南、美升、东关、外碧 5 个行政村。

28 日，永春县侨联大厦（主楼 1—6 层）竣工。

10 月 2 日，中国侨联副主席、省侨联主席李欲晞到永春县视察侨联工作。

23 日，永春县组团赴菲律宾参加菲律宾永春同乡会成立 50 周年庆典活动。

1999 年

1 月 8 日，副省长汪毅夫率队到东关镇慰问特困归侨、侨眷职工。

6 月 27 日，县委书记张贻伦率领的永春县庆贺团前往马来西亚，参加吉隆坡永春会馆成立 75 周年庆典活动。

9 月 7 日，市侨联邀请永春县澳门同胞梁仲虬作迎澳门回归报告。

2000 年

3 月 1 日，省侨联组织人事部部长杨石到永春县调研侨联工作。

6 月 13 日，永春县侨联建设侨联综合楼（翻建永春县侨联大厦右前侧旧餐厅为综合楼），2002 年 12 月 2 日竣工交付验收。

7 月 1 日，蓬壶镇侨联主席吕孝仁参加在广州举行的全国基层侨联先进单位工作会议并作经验介绍。

2 日，永春县第九次侨代会召开。

4 日，永春县侨联副主席潘长安应邀出席新加坡武术体育会成立 12 周年庆典。

28 日，永春县侨联举办"永春县乡（镇）侨联主席培训班"，邀请市委统战部副部长魏献国授课。

8 月 24 日，县人大华侨委、县政协三胞委、县侨办、县侨联、致公党永春县委会联合举办《归侨侨眷保护法》颁布 10 周年座谈会。

9 月 6 日，县委书记张贻伦率领的永春县庆贺团，前往马来西亚参加马六甲永春会馆成立 200 周年庆典。

11 月 15—17 日，"世永联"第四届代表大会在永春县召开，选举菲律宾永春同乡会会长陈建安为会长。

2001 年

3 月 30 日，中国侨联副主席、省侨联主席李欲晞参加永春六中 60 周年校庆。

4 月 28 日，中国侨联副主席、省侨联主席李欲晞率福建省华侨摄影学会闽南采风团访问永春。

9 月，旅港同胞颜宝玲当选中国侨联青委会首届副理事长。

2002 年

3 月 16—28 日，县委书记潘燕燕率领的永春县访问团，出访马来西亚、新加坡和香港。

4 月 27—29 日，第四届泉州旅游节在永春县召开，来自 24 个国家和地区的海外侨亲数百人参加。

31 日，福建省侨联副主席江宏真到永春县进行新移民专题调研。

6 月 25 日，永春县侨联召开基层侨联工作会议。

7 月 4 日，泉州市侨联主席工作会议在永春县召开。

23 日，中央财政部、中国侨联、省财政厅侨联资产界定调研组来永调研。

8 月 25 日，永春县侨联九届三次全委会补选苏丽玲为第九届委员会委员、常委、副主席。

9 月 5 日，泉州市第五次侨代会召开，永春县旅港同胞颜纯炯、旅澳同胞梁仲虬当选为市侨联副主席。

10月12日，省侨联、省民政厅到永为4名永春县大学生颁发"福彩归侨侨眷子女助学金"，每人3000元，共计人民币12000元。

20日，第五届"世永联"代表大会在菲律宾世纪大酒店举行，选举香港永春同乡会会长陈荣助为会长。

31日，全国政协副主席罗豪才率全国政协委员视察团一行40多人到永春县视察侨捐工程。

11月9日，"侨乡情"大型歌舞晚会在永春县棣兰体育馆举行。全国侨联副主席、省侨联主席李欲晞，市政协副主席、市侨联主席陈秋菊等领导出席。

11日，马来西亚青年永春冬令营开营，马来西亚永春联合会总会长郑福成、马来西亚永春联合会青年团团长郑金团一行25人到永参加冬令营活动。

31日，县"五侨"会议暨永春县侨联基层工作会议在仙夹侨联召开。

2003年

1月16日，市政协副主席、市侨联主席陈秋菊到永春县慰问归侨贫困户。

2月13日，全国政协副主席罗豪才，中国侨联主席林兆枢到东关镇慰问贫困侨，并视察永春县侨联、展览馆、体育馆等市政工程和侨捐工程。

17日，永春县侨联与陕西省渭南市侨联结成"为西部大开发战略服务"对子。

5月23日，市人大常委会主任、市侨联名誉主席薛祖亮率市直有关单位到东关镇开展帮扶工作。（扶助20名初中生、10名小学生）

6月29日，永春县侨联基层工作会议在五里街镇侨联召开。

2004年

1月8日，国务院侨办主任陈玉杰到永春县东关镇慰问贫困归侨并进行调研活动。副省长王美香，省侨办主任黄少萍，市委副书记、纪委书记林荣取，副市长曾华彬等参加活动。

6月16日，印尼永春同乡联谊会在印尼首都雅加达成立，县长陈泽荣率领永春县庆贺团赴雅加达参加庆典活动。

9月29日，"世永联"第六次代表大会在香港会展中心举行，选举马来西亚永春联合会会长郑福成为会长，县人大副主任辜希平率团祝贺。

10月11日，永春县侨联召开九届五次全委会，陈发源当选为永春县侨联委员、常委、主席。

23—24 日，泉州市侨联和永春县侨联承办"华昇杯"福建省第十四届侨界业余羽毛球邀请赛。

2005 年

1 月，印度洋海啸致灾，永春县侨联致电各有关宗乡团体表示慰问，并捐资救灾。

3 月，永春县侨联主席陈发源率团出访马来西亚和新加坡。

6 月 24 日，《桃源乡讯》文章《澳洲外交官的白鹤拳情结》荣获泉州市对外好新闻三等奖。

8 月 25 日，永春县侨联潘长安、郑永仁、郑志南出访马来西亚。

9 月 17 日，澳大利亚永春同乡会成立。

10 月 2 日，印尼茂物永春同乡会成立。

2006 年

1 月 19 日，市侨联副主席张梓教到永春县慰问贫困归侨。

3 月 2 日，梁灵光追悼会在吾峰召开，永春县侨联领导参加追悼会。

4 日，新加坡华侨颜彣桦返乡，捐献永春县侨联商务车一部。

24 日，旅菲侨亲陈建绪返永，被聘为永春县侨联名誉主席。

9 月 20 日，全国人大华侨委副主任王建双到北硿华侨农场调研。

23 日，"世永联"第七次代表大会在马来西亚吉隆坡举行，选举印尼同乡会会长陈秀明为会长。县委书记陈庆宗率领永春县庆贺团到会祝贺。

12 月 25 日，永春县第十次侨代会召开。

是年，永春县组织开展第五次侨情普查工作。

2007 年

1 月 16 日，马来西亚柔佛州发生严重水灾、永春县侨联向马来西亚柔佛州永春会馆致慰问电。

3 月 3 日，泉州市侨联青年委员会成立，永春县侨联副主席苏丽玲当选副秘书长，陈达毅任常委，陈金龙任委员。

23 日，永春县基层侨联工作会议在蓬壶召开。

7 月 24 日，永春县侨联会议决定，《桃源乡讯》从 81 期起与县政协三胞委联办。

8 月 1 日，永春县侨联邀请华侨大学旅游学院院长、博士生导师郑向敏教授来会授课。

31 日，永春县侨联举行侨联大厦装修开业庆典。

9 月 8 日，泉州市第六次侨代会召开，永春县旅港同胞颜纯炯、陈荣助，旅澳同胞梁仲虬当选为市侨联副主席。

9 月 12 日，永春县政协副主席、侨联主席陈发源参加闽粤 6 市侨联经验交流会。

2008 年

1 月 1 日，永春县政协副主席、侨联主席陈发源赴深圳参加达埔商会成立大会。

11 日，市侨联主席陈小钢、副主席王巧丽到永春县慰问特困归侨。

4 月 3 日，永春县统战工作会议召开，县、乡（镇）侨联主席参加会议。

5 月 17 日，永春县侨联举行捐赠汶川地震灾区仪式，捐资总额 60935 元。

7 月 8 日，泉州市侨联主席会议在永春县召开。

8 月 29—9 月 6 日，永春县侨联尤希圣、刘金杯赴马来西亚参加新加兰永春会馆成立 80 周年，湖洋彭城公会成立 50 周年庆典活动。

10 月 18 日，"世永联"第八次会员代表大会在印尼首都雅加达举行，远举新加坡永春会馆会长郑桂发为会长，县长叶一帆率团祝贺。

11 月 10 日，永春县侨联基层工作会议在介福乡召开。

12 月 3 日，永春县侨联大厦晋升为三星级涉外酒店，列入永春县纳税大户。

2009 年

1 月 21 日，省侨联副主席谢小健等到东关镇开展扶贫工作。

2 月 28 日，永春县侨联组织旅行社员工进京学习考察。同月，香港永春同乡会举办第十届理监事就职典礼，永春县侨联副主席苏丽玲随团赴港祝贺。

3 月 2 日，澳门永春同乡会举行成立大会，梁仲虬任首届会长。

4 月 16 日，永春县永台民间交流协会成立，永春县侨联主席陈发源兼任协会理事长。

6 月 4 日，市侨联主席陈小钢到永春县调研侨联工作。

7 月 19 日，旅港同胞林孝首追思会在香港举行。

8 月 16 日，香港永春同乡会青年夏令营开营。

10 月 23—25 日，永春县举行庆祝永春县侨联成立 60 周年系列活动。编纂出版纪念专刊《六十芳华谱新章》。

是年，永春县侨联被中国侨联授予"全国先进基层组织"荣誉称号。

2010 年

1 月 20 日，永春县侨联基层工作座谈会在湖洋镇侨联会召开。

2 月 26 日，县委召开全县统战工作会议。

3 月 4 日，省侨联到永春县调研"创家交友"工作。

6 月 10 日，永春县侨联组织党员到结对子单位——陕西省侨联、渭南市侨联、延安市侨联参观学习。

8 月 12 日，省侨办主任曾晓民到永春县调研机构设置及华侨扶助工作。

10 月 19—21 日，"世永联"第九次代表大会在新加坡名胜世界大酒店举行，推选台北永春同乡会理事长陈银枝为会长。县人大主任林金星率团庆贺。同年 11 月，理事长黄金豹接任会长。

2011 年

1 月 11 日，永春侨联结对子单位、武夷山市侨联主席吴晓丹一行访永。

1 月 17 日，澳门议员陈明金到永春参观考察。

3 月 12 日，香港永春同乡会举行第十一届理监事就职典礼，县政协主席周亚明率团庆贺。

5 月 1 日，永春县侨联组织 19 部 345 册族谱参加"泉台百家姓族谱巡展"，5 月 1 日在高雄开幕。

4 日，省委、省政府下达《关于进一步加强和改进新形势下侨联工作的意见》（闽委 2011—16 号）。

9 月 20 日，市侨联副主席王巧丽到五里街、湖洋、仙夹调研侨联工作。

12 月 7 日—13 日，马来西亚华裔青少年"寻根之旅"冬令营在永春县开营。

2012 年

1 月 1 日，县委宣传部接办《桃源乡讯》。

2 日，永春县旅马华侨、丹斯里拿督李深静率家族访问团回乡省亲考察。

8 月，永春县第四届青少年海外文化交流团一行 32 人到马来西亚交流访问。

11 月 27 日，新加坡永春会馆"中国寻根之旅"海外华裔青少年冬令营在永春二中举行开营仪式，近百名新加坡华裔青少年与永春二中学生开展学习交流活动。

12月19日，泉州市第七次侨代会召开，永春县旅港同胞陈荣助、颜纯炯当选为市侨联副主席。

2013 年

2月2日，永春县侨联十届七次全委会选举周少华为第十届委员会委员、常委、主席，增聘陈发源为名誉主席。

3月19日，香港永春同乡会第十二届理监事暨香港永春同乡福利基金会第九届董事就职典礼在香港九龙湾展贸中心举行，县委书记林锦明率团庆贺。

4月18日，由省侨联主办、永春县侨联承办的福建省侨联系统组织建设现场会在永春召开，省、市、县侨联，全省各地级市侨联、重点侨乡侨联领导100多人出席。永春县侨联和达埔镇侨联在会上做典型发言。

5月13日，吾峰镇披云灵光家国情故事馆正式落成并举行开馆仪式。

20日，永春县侨联网站开通。设"侨界动态""侨联工作""政策咨询""基层组织""维护侨益"等10多个栏目。海内外侨亲可通过侨联网站了解家乡最新情况。

6月16日，永春县第十一次侨代会召开。

7月7日，新加坡永春县著名侨领、实业家、慈善家郑仓满逝世，享年98岁。

8月13日，永春县侨联在全省县级侨联中率先成立侨联法律顾问工作委员会。

10月17日，县委、县政府出台《关于进一步加强和改进新形势下侨联工作的实施意见》。省侨联将该意见转发全省各地侨联。

12月2日，第九次全国侨代会在京举行，县政协副主席、侨联主席周少华当选为中侨委委员；仙夹镇侨联被评为"全国侨联系统先进组织"。

2014 年

3月23日，永春县侨联副主席郑聪慧参加永春庆贺团赴菲出席菲律宾永春同乡会第四十届理事长就职典礼暨"世永联"十届理事会。

4月6日，香港泉州同乡会回乡恳亲团100多人在永春县举行慈善捐资活动，共捐资近百万元。

5月9日，永春县侨联召开乡镇侨联财务培训工作会议。

6月23日，泉州市侨联、华侨历史学会到东关镇北硿华侨农场调研。

7月7日，永春县侨联与永春二中联合举办的2014年台湾地区青少年"中国寻根之旅"夏令营福建永春营开营仪式在永春二中举行。

8月6日，泉港区侨联来永参观侨史馆，交流华侨馆所建设工作经验。

8月8日，永春县侨联与香港大学、永春一中联合举办的首届"与世界对话"海内外青少年英语夏令营在永春一中郑信顺体育馆开营。

10月6日，永春县侨联副主席郑志民参加由县委书记林锦明带领的庆贺团，赴加拿大多伦多出席加拿大永春同乡会成立大会。该会系北美地区成立的第一个永春同乡会，首任会长陈丙丁。

同月，湖洋镇侨联编纂出版《侨之桥——湖洋镇侨联纪事》。

11月30日，永春县组团赴印尼参加印尼永春同乡联谊会创会67周年纪念、复会10周年庆典暨理监事就职典礼活动。

12月2日，永春县侨联青年委员会（简称侨青委）成立。张少波担任会长。

是年，永春县侨联编辑出版《海外永春人》文集，《百侨帮百村、共建美丽乡村》画册。

2015 年

1月，国务院侨办授予桃城镇丰山村2014年"全国社区侨务工作明星社区"称号。

3月20日，加拿大永春同乡会会长陈丙丁《追求公平》首发售书捐赠仪式在永春侨中举行。

3月21—22日，"世永联"第十一次代表大会暨理事就职典礼在永春举行，选举香港永春同乡会会长陈章明任会长。会议期间举行"世永联"大厦奠基仪式。

25日，宁德市侨联来永交流学习。

5月15日，市侨联副主席王巧丽到永春县为"对台文化交流示范点"授牌。

5月27日，中国侨联办公厅到永春县召开调研座谈会。

是月，中央电视台《闽南望族》栏目组来永春拍摄涉侨栏目。

6月18日，2015年马来西亚华裔青少年"中国寻根之旅"夏令营福建永春营在桃城中心小学开营。

9月9日，马来西亚吉隆坡暨雪兰莪中华总商会访问团到永春县参观考察。

11月，余光中文学馆在永春正式开馆，省委常委、宣传部部长李书磊和余光中为文学馆揭碑。

11月6日，巴布亚新几内亚访问团到访永春县侨联。

23—24 日，全省"百侨帮百村，共建美丽乡村"工作交流会暨福建省侨联主席工作务虚会在永春县召开。永春县侨联在会上做典型发言。

26 日，马来西亚青少年"中国寻根之路"冬令营在永春二中开营。

12 月 15 日，全市社区乡村侨务工作座谈会在永春县召开。

19 日，2015 年"海丝缘，永春情"海外华裔暨港澳台地区青少年"中国寻根之路"冬令营——福建永春集结营在余光中文学馆开营。

2016 年

1 月，泉州市侨联调研员陈海涛到永春县慰问贫困归侨。

5 月 9 日，龙岩市新罗区东肖镇侨联来永考察交流。

5 月 28—6 月 1 日，县政协副主席、县侨联主席周少华率县侨务代表团赴马来西亚，参加峇株巴辖永春会馆成立 98 周年、新厦落成暨历史文馆开馆典礼等系列庆典活动。

6 月 8 日，马来西亚马六甲永春会馆访问团回乡考察交流。

7 月 12—13 日，永春县侨联协办的"海峡两岸（永春）青少年余光中诗文朗诵邀请赛"在余光中文学馆开赛。

8 月 2 日，泉州市安溪县侨联来永春参观交流。

13 日，永春县侨联协办的港澳台地区青少年"中国寻根之旅"夏令营福建永春集结营在余光中文学馆开营。

9 月 8 日，永春县侨办、永春县侨联联合举办的首届"海外永春社团青年精英研习班"开班，参加研习班的 17 位马来西亚社团精英、企业家受聘为首批"海外商务联络员"。

9 月 13 日，马来西亚丹斯里拿督李深静率教育发展代表团到永春县交流访问。

10 月 14 日，马来西亚丹斯里拿督陈志远率家族回乡省亲谒祖。

10 月 28 日，菲律宾世界福建青年联合会到永春县访问交流。

11 月 6 日，第十二届全国人大港区代表颜宝玲率家族回乡省亲谒祖。

11 月 26 日，纪念孙中山 150 周年诞辰——孙中山与华侨华人学术研讨会在永春县侨联举行。

2017 年

3 月 23 日，永春县侨联十一届五次全会选举黄万民为第十一届委员会委员、常委、主席。增聘周少华为名誉主席。

同日，县委宣传部命名达埔镇"三侨领"纪念馆、仙夹镇辛亥革命纪念馆为新一批永春县爱国主义教育基地。

27—29 日，"世永联"第十二届会员代表大会在澳门举行，选举澳门永春同乡会会长张志民为会长，县委书记蔡萌芽率团祝贺。

9 月 14 日，永春县侨联和台资企业永春叙柑园果业有限公司联合创办"闽台青年创新创业基地"。县委副书记高金全，县政协副调研员、县侨联主席黄万民为基地揭碑、授牌，并举行签约仪式。

11 月 26—12 月 2 日，永春县侨联与县侨办联办第二届海外永春社团青年精英研习班，聘请 28 位参加研习班活动的马来西亚社团精英、企业家为永春县海外商务联络员。

12 月 22 日，泉州市第八次侨代会召开，永春县旅港同胞郑文红当选为市侨联副主席。

是年，永春县侨联组织开展侨情和港澳乡情普查，选择 5 个乡（镇）作为普查试点单位。

是年，永春县侨联大厦改变经营模式，以向社会公开招标租赁经营，深圳鸿丰有限公司中标经营、租赁经营期限 10 年。

2018 年

1 月 8 日，永春县侨联举办林世哲追思会，县政协副调研员、侨联主席黄万民致悼词。

1 月 11 日，晋江市侨联到永春参观调研并开展侨爱公益慈善活动。

2 月，中国侨联副主席、省侨联主席陈式海莅永慰问贫困侨。

3 月 24—27 日，县政协副调研员、侨联主席黄万民率庆贺团一行 4 人赴菲律宾，参加菲律宾永春同乡总会成立 70 周年暨第 42 届职员就职典礼活动。

29 日，省侨办主任冯志农率队到永春县仙夹、岵山调研侨务工作及侨乡文化名镇名村试点创建工作。

5月25日，致公党福建省委专职副主委吴棉国带领调研组到苏坑中小学和东关北硿华侨农场开展座谈调研，并举行爱心助侨捐资仪式。

30日，中国侨联副主席、省侨联主席陈式海到达埔镇"闽台青年创新创业基地""三侨领纪念馆"调研。

8月17—19日，香港永春同乡福利基金会慈善访问团到永春开展活动，中国侨联副主席、省侨联主席陈式海参加活动。

8月18日，旅港同胞黄少江奖教奖学颁奖仪式在永春侨联大厦8楼举行，黄少江为5名录取清华、北大永春优秀学子颁发奖金共人民币25000元，同时捐赠永春一中、文明中学人民币各6万元，新溪小学人民币9600元。

10月15日，永春县侨联召开工作会议，对从2018年10月—2019年6月在全县全面开展侨情与港澳台情普查工作进行具体部署。

10月21日，英国永春同乡会举办成立暨首届理事会就职庆典活动，陈良才任首届会长。县委副书记高金全率团前往祝贺，县政协副调研员、侨联主席黄万民随团参加庆典活动。

11月13日，马来西亚沙巴永春会馆到访永春县侨联。

12月3日，新加坡永春会馆到访永春县侨联。

12月18日，永春县港永幼儿园举行建园10周年庆祝大会暨成立港永幼儿园董事会。全国侨联副主席、省侨联主席陈式海莅会指导，香港永春同乡会永远荣誉会长陈荣助一行30多人参加庆典活动。

12月20日，2018年海外华裔及港澳台地区青少年"中国寻根之旅冬令营"——福建永春营在余光中文学馆开营。

是月，永春县侨联获评"全省侨联系统先进集体"。

2019年

2月，永春县侨联副主席郑志民随县代表团出访马来西亚。

4月18日，山西省长治市侨联党组书记唐庆坤、主席刘莉带领该市各县、区统战、侨联干部组成考察团，在市侨联调研员陈海涛陪同下到永春县考察交流基层侨联组织建设、侨情普查、招才引智等项工作。

4月15日，马来西亚沙巴亚庇华人同乡联合会组团到永访问交流。

5月2日，马来西亚昔加末永春会馆访问团到访永春县侨联。

5月23日，省侨联主办、市侨联承办、永春县侨联协办的"记住乡愁——海内外南音汇唱"活动在岵山北溪举行。

6月30日，中国侨联"侨爱心——送温暖"医疗队到东关镇开展义诊活动。

7月22日，省侨联主办、市侨联承办、永春县侨联协办的"诗词连两岸、丹青描乡愁"两岸乡愁笔会暨书画作品展在北溪文苑举行。

8月21日，永春县侨联华侨农场干部培训班在永春县党校开班，省侨联副巡视员林建华、市侨联副主席钟文珍莅会指导。

9月16日，马来西亚哥打丁宜福建会馆访问团到访永春县侨联。

11月25日，永春县第十二次侨代会召开，并举办庆贺永春县侨联成立70周年庆典活动。中国侨联副主席、省侨联主席陈式海，省侨联副主席、市侨联主席陈晓玉及县委、县政府领导莅会指导。

12月10日，马来西亚新山永德会馆到访永春县侨联。

12月18日，马来西亚雪兰莪立法议会黄瑞林议长率团到访永春县侨联。

12月19日，马来西亚鹏翔郑氏家族会到访永春县侨联。

是年，永春县侨联编纂出版《永春南洋机工》文史资料集；编纂出版《乡情应似桃溪水》《永春县第十二次侨代会暨永春县侨联成立70周年纪念专刊》画册；与县电视台合作拍摄《永春人》专栏片，宣传永春县华侨爱国爱乡事迹。

是年，永春县侨联主席黄万民倡修尤扬祖故居暨建设爱国事迹馆，得到海内外侨界拥护与支持，共筹资人民币116万元，翌年竣工。

2020年

1月18日，披云灵光家国情故事馆开馆暨碧山寨广场启用仪式在吾峰镇举行，省委原常委、秘书长黄文麟、市人大原主任傅圆圆、市人大原副主任潘燕燕、县长吕建成、县人大主任康思坚等参加活动。

1月19日，市侨联调研员陈海涛带队走访慰问困难归侨侨眷。

26日，全省首个地方性新华侨联谊会——永春柬永华侨联合会在永春县侨联成立，中国侨联副主席、省侨联主席陈式海到会祝贺。

28日，永春县侨联获得2019年度全省侨联交流信息传播工作先进集体三等奖。

4月14日，永春县侨联参与建设的石鼓镇桃场社区永春抗战历史纪念馆完成布馆。

5月1日，祖籍永春县东关镇旅居柬埔寨一对新侨不幸遇害，留下年迈的母亲及三个未成年子女、永春县侨联、东关镇侨联除给予慰问、帮扶外，发动社会各界捐资人民币24多万元帮助受害人家属度过难关。

7月14日，永春县侨联获得全市侨联系统2019年度信息传播工作先进集体三等奖。

是年，永春县侨联全力投入新冠防控工作，第一时间发动海外乡亲筹集48.8万个口罩及1050套防护服，缓解永春县抗疫初期医疗物资紧缺状况；发动侨界捐款人民币7.1万元，慰问永春县2名援鄂医护人员家属及122名奋战在抗疫一线的医护人员；为返乡集中隔离作医学观察的侨亲提供暖心服务；向马来西亚、柬埔寨、印尼、菲律宾、美国、加拿大同乡会捐赠口罩11.87万只。

是年，中国侨联副主席、省侨联主席陈式海率海外侨领一行21人前来永春参观考察。

是年，永春县侨联成立委员联络组，为委员参政议政、服务大局提供平台；组织委员赴永泰学习文化遗产保护、赴宁德学习侨企对接、华侨农场建设先进经验做法。

是年，永春县、乡（镇）两级侨联组织克服疫情影响，争取港胞陈少煋捐建永六中西区综合大楼、磻溪幼儿园等项目人民币2280万元；陈荣助捐建埔下村老年活动中心人民币300万元；旅马侨胞李耀昇捐建永八中塑胶跑道、外碧村旅游中心人民币408万元。

2021 年

2月24日，市侨联党组书记温锦辉、副主席钟文玲一行到永春县调研基层侨联工作。县政协四级调研员、县侨联主席黄万民陪同调研。

3月31日，永春县侨联与侨企永春聚富果品有限公司共建"侨界创新创业示范基地"。县委常委、统战部部长王超万，县政协四级调研员、永春县侨联主席黄万民为基地揭牌，该场当年首次实现永春芦柑产品进入美国市场。

6月28日，永春县侨联十二届三次全委会补选陈志宏、陈珊妹为第十二届委员会委员、常委、副主席。林建波为委员、常委。

8月19日，中国侨联副主席、省侨联主席陈式海率省、市调研组到永春县开展侨乡文化调研和"党建聚侨心、双联双帮"助力乡村振兴专项调研活动。

10 月 26 日，永春县侨联与永春县人民检察院成立"检侨工作站"，聘任 7 名公益诉讼观察员，出台《关于加强协作配合凝聚涉侨公益领域保护合力的意见》

11 月 10 日，永春县侨青联召开第二届会员大会，张少波连任会长。

11 月 26 日，永春县侨联与石鼓镇政府签订登进堂华侨交流基地建设协议。

12 月 16 日，中国侨联法顾委副主任，省侨联法顾委主任方忠炳，省侨联副主席翁小杰率队到永春县开展"检侨合作"工作调研活动。市侨联主席温锦辉陪同调研。

是年，永春县侨联成功承办永春县侨联与马来西亚永春联合会青年团"亲情中华，为您讲故事"网上夏令营，119 名马来西亚华侨青少年参加。

是年，永春县侨联妥处仙夹镇燃气管道施工中出现损害归侨侨眷权益问题；争取省侨联拨款 10 万元解决北硿华侨茶果场坡口管理区部分归侨侨眷老旧房屋维修遗留问题。

是年，永春县侨联成立永春侨中华侨小组，实现"侨联组织进校园"。

是年，永春县侨联协助美宏、美律等侨企、台企解决疫情期间遇到的实际困难。

是年，永春县侨联筹资人民币 200 万元完成永一中梁披云楼重建，激励学子传承弘扬"爱国爱乡，拼搏贡献"华侨精神；与石鼓镇签订打造卿园"登进堂"华侨文化交流基地协议书。

是年，吾峰镇侨联编纂出版庆祝该镇侨联成立 60 周年纪念专刊《天马山下乡情浓》。

是年，永春县侨联荣获中国侨联授予"2018—2020 年度全国侨联系统优秀'侨胞之家'"称号。

2022 年

2 月 20 日，永春县侨联副主席陈珊妹录制庆贺视频，应邀网上参加永春县各学校菲律宾校友联谊会庆祝成立 10 周年暨第 6 届职员就职典礼。

2 月，永春县侨联与县公安局出入境管理大队共建警侨常态化联系联络工作机制，为外企提供服务与便利，得到省侨联肯定。

3 月 16 日，永春县侨联、侨青联组织侨界志愿者前往化龙社区核酸检测点慰问防疫一线医护人员和志愿者。

5 月 24 日，市侨联一级调研员陈海涛率队到永开展慰问侨界失依儿童活动。

5月25日，泉州市"侨爱联心"自动体外除颤器公益项目暨侨界志愿者应急救护培训活动在东关镇举行。

6月4日—13日，永春县侨联承办与马来西亚永春联合会、菲律宾校友联谊会"亲情中华，为您讲故事"网上夏令营，共组织100多名华裔青少年营员参加，参营人数位居全市当期各团组中第一名。

7月28日，永春县侨青联在达埔延清中学开展奖教助学活动，颁发奖教助学金10000元。

8月16日，中国侨联副主席、省侨联主席陈式海一行6人到永春县商讨"侨家乐·福建省华侨美食风情文化节"筹备情况、以及在永春县"惠侨通"医疗为侨服务事宜（省侨联联系铸正机器人有限公司拟向永春县医院捐赠1台机器人手术设备）。

9月7日，永春县侨联十二届四次全委会选举郭赐福为第十二届委员会委员、常委、主席。增聘黄万民为名誉主席。

9月9日，东关镇举办华侨美食风情文化节活动。省侨联四级调研员陈育良率华侨摄影学会一行13人到东关镇开展侨乡摄影采风工作。

15日，县侨联、东平侨联开展"知侨法、护侨益、聚侨心、促和谐"活动。

27—28日，永春县侨联协办第二届海外华裔（小语种国家）跨境电商培训暨寻根之旅夏（冬）令营回营活动。

10月18日，2022年"永春县林世哲辅助贫困学生教育发展协会"助学金暨"梁披云、颜秀兰基金"资助款发放仪式在永春一中举行，共有51名品学兼优困难学生受到资助。

是月，永春县侨联与马来西亚永春联合会居銮永春公会发动马来西亚居銮中华中学组织华人学生、永春一中学生参加"第二十三届世界华人学生作文大赛"，共选送102篇优秀文章，获得一等奖2名、二等奖7名、三等奖7名。

11月10日，县委书记吕建成带队到县侨联调研侨务工作。

是年，县乡两级侨联做好疫情防控工作，捐资人民币45100元，捐赠口罩40000个、防护服100套、隔离衣及隔离面罩300套等抗疫物资。并向香港永春同乡会捐资人民币10万元，以实际行动驰援旅港同胞有效应对疫情。

2023年

1月18日，东平镇举办"云游东平、侨见乡情"海内外乡亲迎新春活动。

1月20日，仙夹镇侨联获评为2012—2022年度全国侨联侨胞之家典型选树单位。

2月4日，侨家乐·福建省华侨美食风情文化节永春东关专场活动在东关举行。

2月5日，吾峰镇开展"云咏乡愁，侨连四海"活动。

2月5日，湖洋镇开展"云闹元宵，侨见乡情"云直播晚会，连线马来西亚柔佛州峇株巴辖永春会馆分会场，与海外侨亲共享带有浓郁乡情的元宵"夜宴"。

3月6日，全市基层侨联干部履职班在永春县岵山北溪开班。

3月8日，马来西亚登进堂家族会黄春祥会长率团回乡考察。

4月3日，世永联永远名誉会长陈荣助携家人参加港永幼儿园参加"桑梓情、暖港永"联谊活动，捐资人民币10万元助力港永幼儿教育事业发展。

4月10日，连江县琯头镇到仙夹侨史馆参观交流。

4月26日，泉州市侨批主题广场揭牌暨泉州侨批馆永春分馆开馆。

5月5日，江西黎川县侨联来永学习考察。

5月12日，永春六中举行第十一届董事会就职典礼暨部分侨捐工程启用仪式。

5月23日，永春县侨联、永春县税务局到美律科技、国泰公司开展"侨税e家亲"主题沙龙活动。

6月15日，永春县侨联组织侨青联成员与马来西亚永春联合会青年团总团长郑敬祥、马来西亚峇株巴辖桃源俱乐部女团团长林慧诗，在湖洋鼎和莲"海外青年创新创业示范基地"开展侨界人才交流活动。

6月24日，永春县侨联副主席陈珊妹随永春县招商团前往新加坡、马来西亚、印尼考察交流，参观华侨代表企业、洽谈项目投资事宜，参加世永联第十四次代表大会，世永联新届理事就职暨成立三十周年庆典活动。

7月24日，马来西亚中国公共关系协会副会长、马六甲历史城区（鸡场街）工委会主席、拿督威拉颜天禄带队回乡考察交流、促成永春五里街镇与世界文化遗产马六甲鸡场街结成友好街区。

8月16—18日，永春县政协副主席、永春县侨联主席郭赐福出席省第十一次侨代会。

8月18日，永春县侨联荣获"全国侨联系统先进组织"。

8月31—9月3日，永春县政协副主席、永春县侨联主席郭赐福出席第十一次全国侨代会。

9月28—10月6日，永春县举办福建省华侨美食风情文化节永春五里街专场活动。

9月30日，县委书记吕建成会见回桃城花石社区祭祖的马来西亚华侨郑金赞、丹斯里郑文记、拿督郑建福、拿督郑文吉兄弟一行。

10月6日，第十一届、第十二届全国人大代表、第十三届香港全国政协委员颜宝玲、颜禧强伉俪到访永春。

10月28日，华侨大学侨联与永春县侨联签署"缔结侨联校地共建协议"。

11月11日，县长张照绿接见香港福建商会参访团，并为永春县旅港乡贤周公甫女儿、参访团团长周娟娟女士颁发"香港福建商会100周年纪念牌匾"，县委常委、统战部部长陈佩芳，县政协副主席、永春县侨联主席郭赐福陪同。

11月16—17日，永春县侨联举办侨联系统学习贯彻习近平新时代中国特色社会主义思想读书班暨乡镇侨联班子履职提升培训班。

11月19日，马来西亚摩托车商总会署理总会长、拿督陈添财太平局绅带队来永考察。

11月30日，"黄仲咸侨爱心书屋"开馆仪式在永春桃溪小学举行，市侨联党组书记、主席温锦辉，福建省黄仲咸教育基金会副理事长、秘书长刘清影，永春县政协副主席、永春县侨联主席郭赐福出席开馆仪式。

11月30日，马来西亚峇株巴辖永春会馆访问团到访永春县侨联。

11月30日，福建省委书记周祖翼到桃城镇花石社区余光中文学馆调研，泉州市委书记张毅恭，永春县委书记吕建成陪同。

12月20日，马来西亚丹斯里郑福成暨吉隆坡永春会馆访问团到访永春县侨联。

12月23日，2023年"中国寻根之旅"冬令营——福建永春营开营仪式在永春二中举行。来自马来西亚40位华裔师生相聚永春，开启为期9天"探索非遗文化，走进桃源永春"的中国文化之旅。

12月23日，马来西亚新邦令金永春会馆访问团到访永春县侨联。

12月29日，马来西亚丹斯里陈国华携家眷回岵山镇龙阁村寻根谒祖。

是年，永春县侨联与马来西亚居銮永春公会发动马来西亚居銮中华中学组织华人学生参加"第二十四届世界华人学生作文大赛"，共选送49篇优秀文章，获一等奖1名、二等奖4名、三等奖4名。

第一篇　永春华侨华人

华侨华人的产生与发展，有着极其深刻的社会背景与迁徙历史动因。一部永春县华侨华人史，正如永春县著名侨领、教育家梁披云所作《番客谣》中描述的，无一不渗透着永春县移民的血汗与泪水。一部永春县华侨华人史，既是一部创业奋斗史，他们筚路蓝缕、披荆斩棘、艰苦创业、坚韧不拔，是住在国经济社会建设的重要力量。也是一部中华文化传播史，他们以中华文化为根基，不断汲取住在国文化因素，促进了中外文化交流，同时，又是一部爱国爱乡史，他们与祖（籍）国一路同行，作出了不可磨灭的历史贡献。

第一章　移居国外

第一节　出国

永春人的出国历史，可追溯至五代。后汉乾祐二年（949），永春县桃城留安人留从效任南唐清源节度使时，发展对外贸易。其嗣子居道，曾至交趾（今越南）经商。明嘉靖三十九年（1560）至明隆庆元年（1567），8年内倭寇5次窜犯永春，2次攻陷县城，最长一次抢掠30余日，永春人民深受其害，明嘉靖四十年（1561），永春蓬壶吕尚四率众起义，至明嘉靖四十六年（1566）宣告失败。时局动荡，战乱不断，灾荒饥馑，农民破产，永春人逃生海外日众。永春县《永春小岵南山陈氏谱志》和桃城《鹏翔郑氏族谱》均记载了族人在嘉靖、隆庆、万历年间往日本、吕宋等地的情况。

清初实施的"海禁"和"迁界"政策，造成福建沿海地区人民流离失所的惨剧，濒海船户、渔民、商贾，或随郑成功东渡台湾，或辗转流寓南洋。康熙二十二年（1683），清军收复台湾，一部分郑成功旧部不愿返回内地，相继乘船赴小吕宋或爪哇、马六甲等地。翌年，"海禁"解除。此后，经桃溪水路顺流而下直达泉州后渚港经厦门、澳门、广州往国外的永春人，累见于侨乡各姓族谱中的记载。如永春县《东山鲁国颜氏族谱》，就有族人往吕宋、暹罗、巴城、安南、日本、文莱、柔佛等地的记载，永春县《留安刘氏族谱》也有该族从康熙到嘉庆年间，50余人在南洋去世的记载。族谱史料记载佐证了永春人南渡东南亚的迁徙史实。

永春人成批前往海外谋生，大规模的移民潮发生在鸦片战争以后，计有4次移民高潮，直至中华人民共和国成立以后，因时局稳定，人民安居乐业才停止。

一、第一次出国高潮

清咸丰三年（1853）发生的永春州林俊农民起义；清咸丰十一年（1861）代理知州陶绥锦在西向被灾民误杀；同治四年（1865）永春州州民反对征收"厘金"焚烧税馆事件，均招致清政府统治阶级派兵残酷镇压。霞陵、云峰、西向、桃场、东山、社山、石鼓等村先后被围剿，民众被迫大批逃往海外。林俊儿子观麟、观柔和部将姚元章等一起逃往印尼；随同林俊一道起义的陈湖牺牲后，龙头乡陈姓族亲逃往星马，至2023年人口已达5000多人。

鸦片战争以后，中国沦为半殖民半封建社会，外强欺凌，内政腐败。西方殖民主义者在东南亚各国加紧掠夺，需要大量廉价劳动力，殖民主义者开始在厦门、金门等地干起拐卖"契约华工"（俗称"猪仔"）的罪恶勾当。时年永春县农村土地兼并严重，许多破产农民成为西方殖民者拐卖出国"契约华工"的主要来源之一。厦门成为西方殖民主义势力掠卖"契约华工"中心之一，设有合记、德记、瑞记、怡和四家"卖人行"，他们将从福建各地拐掳来的华工囚禁在"猪仔馆"中，强迫他们签订卖身契约，然后运往海外贩卖。人贩子以3到5元价购买一个华工，转手以100至500元卖出，从中牟取暴利高达几十倍甚至一百倍。永春县蓬壶破产农民林有宝、吕荣元、吕文活、吕方、吕孙文、林担、林多雅、吕联等人就是被人贩子潘万箱拐骗经厦门卖至马来西亚彭亨当"猪仔"的。华工一旦沦为"猪仔"，即任人宰割，毫无人权可言。大量死于非命，死亡率高达30%以上，永春县故有华侨出国"三存六亡一返乡"之说。

二、第二次出国高潮

辛亥革命推翻帝制,建立共和,但国家统一局面很快就被军阀割据、混战所代替,中央权威不彰,对地方控制力度大为减弱。而地方政府无力维持社会治安问题,地方民间势力兴起,组建民军,军匪一体,敲诈盘剥、鱼肉百姓,人祸猖獗,天灾频仍。民国7年(1918)正月初三地震;民国12年(1923)大旱闹饥荒;民国15年(1926)虎患兼鼠疫流行;湖洋、达埔、仙夹等侨乡,单单2月份就发生绑劫案件50余起,7月因鼠疫附城十里内死亡近千人。永春人民处于水深火热之中,为了求生,铤而走险出逃南洋者日见增多。据民国10年(1921)9月9日《奋兴报》载"吾永……近来政变,地方骚乱,匪徒蜂起,遂相率遁逃,挈妻携孥,偏安海外,此吾邑年来所以十室九空也。"民国13年(1924)《崇道报·永春十八年来大事记》2月条:"永人因军匪交迫,备尝艰苦,逃往南洋者日众,几乎十室九空。周知事(周祖武)恐影响派款,出示禁止。"民国14年(1925)12月条:"永(春)德(化)民众苦于军匪,相率渡洋,虽吴(威)尤(赐福)恐居民逃走,军饷无所出,乃严禁出口,但五个月来,偷渡出洋者达六千余人。"仅永春县吾峰乡横山柳坑这个边远山区小角落,一天内就有18名青壮年逃亡海外。

三、第三次出国高潮

土地革命战争时期,以蒋介石为代表的国民党右派,在帝国主义和封建势力的支持下,建立了反共反人民的政权,福建各地的政权也被蒋介石的新军阀所把持。永春县人民在中国共产党的领导下,先后开展东区农民运动、吾峰抗捐抗税斗争、建立安(溪)南(安)永(春)德(化)红色区域开展三年游击战争。中央苏区红军长征后,国民党从闽西调李延年部第九师二十六旅谢辅三部三个团,连同地方武装近万人,多次疯狂"围剿"安南永德苏区,实施白色恐怖。短短3年内,永春县苏区被杀害干部群众409人,被掳1379人,被烧房屋2523座,由此引发饥饿疾病而死亡达8597人,2083人往海外逃亡。蓬壶党团骨干林士带、林刚中躲过敌人追捕,南渡马来亚,抗战爆发后又回国参战。

四、第四次出国高潮

抗日战争和解放战争时期,国民党大肆抓丁打内战,抓壮丁先是"抽长子",接着"三抽二""二抓一",一去就杳无音信。老百姓不能坐以待"抓",逃往南洋者众多,这个时期的永春县,全县出国青壮年达2—3万人,及至1949年10月

1日中华人民共和国成立时，全县人口仅有 192608 人，其中男丁 96303 人。

史载，从清道九年至中华人民共和国成立的 1949 年共 120 年内，永春县人口减少 10 多万人，主因在于鸦片战争后，西方资本主义入侵，南洋各埠开发对劳工需求，西方殖民势力掠夺"契约华工"，以及家乡战乱频仍，天灾人祸所致。永春人大量移居东南亚，又不断再移民，海外永春人分布的地域范围进一步拓展至世界各地。

二战结束以后，东南亚各国相继独立，对外国人入境作了种种限制，永春人往海外定居，主要是同亲人团聚和继承产业。据不完全统计，从 1950 年至 1987 年，全县出国人数为 5005 人，其中 1950—1966 年出国的 4246 人，1976 年后至 1987 年间出国的 759 人。

中华人民共和国成立后，中国政府鼓励海外华侨加入居住国国籍，90%以上的东南亚各国华侨先后成为外籍华人，仅与祖籍地保存若干亲缘关系。

第二节　分布

永春县是福建著名的侨乡，华侨历史源远流长。清末民初，社会动乱，百姓生活困难，三餐不继，衣不蔽体，怀揣着借来或变卖家当的几块大洋，提着几件破旧衣裳，启程漂洋过海到异地谋生，这种艰辛与今日乡亲欢欢喜喜出国镀金或探亲继承产业完全是两码事。永春县海外华侨华人已有 116 万人，分布在世界五大洲 48 个国家，其中 98%居住在东南亚各埠，又以马来西亚、印尼、新加坡、泰国、菲律宾、越南为多，这 6 国华侨华人 112.2 万人，占总数 97%（2019 年侨情普查数据）。

表 1.1.1　　　　　　　　　**2019 年永春华侨华人分布表**

侨 居 地		分布人数（人）
洲　别	国　家	
亚　洲	马来西亚	701000
	印　尼	275000
	新加坡	60000
	泰　国	48000

续表 1.1.1

侨居地		分布人数（人）
洲　别	国　家	
亚　洲	菲律宾	11300
	越　南	27000
	孟加拉	22
	文　莱	250
	缅　甸	5500
	柬埔寨	2000
	印　度	48
	日　本	500
	以色列	3
	约　旦	2
	韩　国	2
	斯里兰卡	5
	也　门	50
美　洲	美　国	13000
	加拿大	5000
	巴　西	30
	阿根廷	28
	巴拿马	20
	乌拉圭	30
	多米尼加	1
	苏里南	3
大洋洲	澳大利亚	10000
	新西兰	130
	巴布亚新几内亚	4
	密克罗尼亚	6
欧　洲	英　国	250

续表 1.1.1

侨居地		分布人数（人）
洲　别	国　家	
欧　洲	德　国	250
	法　国	180
	意大利	10
	荷　兰	170
	希　腊	2
	西班牙	38
	匈牙利	2
	挪　威	30
	瑞　典	8
	丹　麦	2
	瑞　士	140
	南斯拉夫	3
	捷　克	20
	摩尔多瓦	1
非　洲	南　非	2
	马达加斯加	3
	多　哥	30
	乌干达	1
合　计		116.007 万人

　　据调查统计，永春县有新华侨华人（改革开放后出国已加入他国国籍的称为新华人，尚未加入他国国籍的称为新华侨）逾 5000 人，分布在马来西亚、新加坡、印尼、菲律宾、澳大利亚、美国、加拿大等 30 多个国家。20 世纪 80 年代末至 90 年代初出国的新华侨华人，出国时不少人已受过高等教育，有较高的学历和技术，出国后很快在国外站稳脚跟，并融入当地社会，个别事业有成的，大部分在创业发展阶段。

永春海外华侨华人在居住地艰苦创业，勇于开拓，涌现出一批在海外政治上有地位、经济上有实力、学术上有造诣、社会上有影响、对家乡有重大贡献的重点人士，也出现一批攻读成才、科技文化素质较高、融入当地社会、在各个领域创出佳绩的华侨华人新生代优秀人才，成为侨界精英。

据调查统计，永春县海外重点人士和新生代优秀人才有2160人，其中政治上影响较大的有几十人，即新加坡前总理吴作栋、新加坡教育人力部政务部长颜金勇、菲律宾外交部副部长周清琦、马来西亚首相政治秘书林建德、柔佛州行政议员兼国际贸易及工业、能源、水务及通讯委员会主席陈国煌，沙巴州旅游部长章家杰，马六甲州行政议员颜文龙、颜炳寿父子等。马来西亚陈清水、郑福成、李深静、陈志远、陈志成、方天兴等7人受封丹斯里勋衔；陈莲花、卢诚国当选国会议员；林辉明、陈书兆、林昌焕等16人当选州议员。另外，菲律宾中国商会会长郭从愿等在当地社会上颇具影响力，经济上有较大实力的乡贤有近千人。新华侨华人和华侨华人新生代中取得硕士学位的有上千人。

第二章　在居住地

第一节　在马来西亚

马来西亚是由马来半岛上的11个州（原马来亚联合邦，海峡殖民地）和加里曼丹岛北部（沙捞越和沙巴2个州，简称东马）组成的。马来西亚是个多民族的国家，主要民族有马来族、华族和印度族，总面积为32.9万平方公里，首都吉隆坡位于马来半岛西南部森美兰州境内。

马来亚从16世纪开始相继遭受葡萄牙、荷兰等国殖民者的侵略，19世纪50年代逐步沦为英国殖民地，第二次世界大战中，马来亚、沙捞越、沙巴都先后被日军占领。民国34年（1945）8月15日，日本投降后，英国又恢复了对它的殖民统治。1948年2月1日成立马来亚联合邦，1957年8月31日宣布独立。1963年9月16日，由马来亚联邦、新加坡、沙巴和沙捞越组成新兴国家——马来西亚。1965年，新加坡退出马来西亚，单独建国。

一、移居

马来西亚的马六甲，曾是明永乐年间郑和（三宝太监）6 下西洋，5 次造访之地，并曾在马六甲三保山麓设立官厂（仓库），囤放粮食、货物，并作为维修船只的根据地。由于郑和多次在此居住，其封号原为"三宝太监"，所以华侨便将该山称为"三宝山"。

马六甲是早期永春人进入马来亚的重要通道和聚居地，马六甲永春会馆建于清嘉庆五年（1800），在马来亚永春族群中历史最为悠久，最具盛名。馆内珍藏有一方清光绪三年（1877）《修馆碑记》："……我等籍隶桃源，桴浮烟海，后之寻踪谜至者，既待渡而问津；引类前来者，更摩肩而接踵，或远方服贾，来往懋迁；或闹市通财，循环贸易；或则占大有而叫丰享，在此宜其家室；或则率同人而偕萃聚居，然翕如弟兄，衣冠齐整，迥殊外国规模；第宅辉煌，宛有中华气象，此固吾人之庆，亦吾永之光也……"。就形象说明永春人南渡马六甲，辛勤打拼，聚而居之，成家立业，从事贸易，事业有成的状况。马六甲三宝山上有 12500 余座华侨坟墓，其中有有名有姓，安葬年份清晰，保存完好的永春县华侨坟墓 7 座。马六甲永春会馆的建成以及三宝山上保存完好的华侨坟墓，充分印证了早在鸦片战争前，永春县华侨已在马六甲世代交替。

表 1.2.1　　　　　　　　1840 年前三宝山之永春籍坟墓表

序号	墓　主	安葬年份	资　料　来　源
1	陈柔　陈燕	1774	黄文斌《马六甲三宝山墓碑集录》页 57
2	陈宗燕	1774	
3	吴门陈完娘	1783	
4	林传水	1801	黄文斌《马六甲三宝山墓碑集录》页 76 页
5	郑安昌	1817	
6	李门刘氏	1838	《马六甲三宝山抄碑资料》，整理者为一群华校教师
7	杨慈慎	1840	

据载，在葡萄牙殖民者占领期间，马六甲已拥有相当大的中国村，地点大约在今日马六甲的赌间口，豆腐街和甲板街一带。

19世纪中叶，由于中北马锡矿业的大肆开采，种植业的大量发展，加上新加坡由莱佛士开辟为主要商港后，影响了马六甲在商业贸易的有利地位，马六甲开始从繁荣的巅峰逐渐滑落，失却往日的光彩，加上经济萧条，许多年轻有为的华侨，纷纷移居新加坡发展。如陈金声、陈若锦等永春县华侨先贤，就是在移居新加坡后，努力拼搏成为当时新、马两地的大富豪。

18世纪末叶以前，在马来亚的永春县华侨，大多居住在马六甲。葡萄牙及荷兰殖民者对华侨的管理采用华人甲必丹制度，即华人管理华人。在荷兰殖民者统治马六甲180年间，先后委任了13任（一说为14任）甲必丹，据考证所有甲必丹均由闽南人担任。

清道光四年（1824），英国殖民者占领马六甲，废除甲必丹制度。青云亭成为华侨活动中心，青云亭主成为华侨领袖。清道光四年（1824）至民国4年（1915）的6任青云亭主中，有4任由永春人担任。分别是陈金声（1847—1864年），金声之子宪章（陈明水，1864—1884年），宪章之弟笃恭（陈明若，1884—1893年），宪章之子陈若淮（1893—1915年）。

英国殖民者占领期间，为了将马来亚变为原料供应地和商品销售市场，急需大量劳力。他们采用招募、拐骗"契约劳工"的方式，诱使大批永春人漂洋过海前往马来亚。随着永春人源源不断涌向马六甲、槟城、柔佛等地，又沿着海岸线、河流向雪兰莪、森美兰、霹雳（吡叻）等地迁移，开辟了一系列新村、集镇。

18世纪后期，永春县华侨人口迅速增加。逐步从马六甲、丁加奴、吉兰州等州扩展到北马和沙捞越其他地区。至18世纪末，永春县华侨已扩展到马来亚各邦，成为南洋各国永春县华侨聚居数量最多的地方。2023年，聚居在马来亚的永春县华侨华人已有70多万人。比永春本土现有人口还多。

民国10年（1921）中国共产党成立以后，加入共产党的永春县青年归侨学生回乡宣传革命，开展农民运动和建立安（溪）南（安）永（春）德（化）红色苏区，开展三年游击战争，均招致国民党政府残酷镇压。永春县东区农民运动领导人、旅马归侨颜步青牺牲后，其妻李乘携子颜文殊逃往马来亚。另二位领导人林诗必、邱廉回也先后前往马来亚避难。东山村颜奇资因参加农会被迫与同村10余人避居马来亚。一批党团骨干、知识分子如李秋萍、李晓山、黄一鸣、曾诏舜、林怀才、陈其挥、林刚中、林土带、郑光华、郑炯山、郑昭基、郑植基、林东汉、颜超雄、李紫云、余丽水等人，就是在这个时期被迫出国的。嗣后的抗日战争及解放战争，永春县人民为躲避国民党抓"壮丁"，2—3万名青壮年移居国外，其中前往马来亚居多。

二、职业与经济

大批赤手空拳来到马来亚的永春县华侨，在荒山野岭中搭窝棚，种杂粮，风餐露宿，开荒垦殖，生活十分贫困、艰苦。作者佚名的《槟榔屿游记》中描述："有田千顷，遍种蔗、椰二物，雇用园工数百人，印民十之一，华民十之六七，皆有工头管住。"说明当时广大华工并无人身自由，饱受殖民者的欺凌压迫，也从侧面印证旅马永春县华侨绝大部分都是劳动人民。根据民国20年（1931）统计数字，在马来亚华侨中，从事农业和渔业的有29万多人，从事农业者多半是橡胶园工人；从事矿业的有7万多人，多半是锡矿工人；从事手工业者的有10万多人；从事小本生意的商业人员14万多人。永春县华侨中尽管也出现过陈金声、陈宪章、陈笃恭、陈敏政为首的陈丰兴家族，李桂林、李清渊为首的李振裕家族富商；谢后炎、黄重吉等著名实业家，但绝大部分永春县华侨商人都靠做小本生意为生。由于那时的华侨商业经济尚未自成系统，独立存在。他们多是充当中介商的角色，一方面替英商推销来自西方的日用百货，卖给市民百姓，一方面收购土产和原料卖给英国大商行。那时的华侨商店东主，伙计都是同亲、同族、同乡，经营管理办法也是封建家长式的。

19世纪末至21世纪初，永春县旅马华侨经过一个多世纪的艰辛努力，具备了一定经济实力。不少华侨在种植业、采矿业、建筑行业、商业等领域取得了显著的成绩：

种植业：永春县石鼓镇卿园村华侨黄振清，拥有橡胶园3万英亩；永春县桃城镇桃东村华侨郑成快，在柔佛河及其支流开辟泉兴山和泉成山两大橡胶园，种植橡胶42492亩，种植木薯园和油棕园各1万亩，永春县桃城镇桃东村华侨郑晋悚、郑景新父子在马来西亚东海岸开发大量油棕园；永春县石鼓镇卿园村华侨黄振秀，在柔佛、森美兰及雪兰莪等地大量购买橡胶园；永春县石鼓镇卿园村华侨黄宣吉，拥有占地5400多亩的农、茶果场；永春县东关镇外碧村（原属东平镇）华侨李深静，其创立的大马 IOI 集团，拥有 250 万公顷的油棕园，成为马来西亚最大的上市种植业集团。

采矿业：永春县五里街镇霞林村华侨林明，率众多永春华侨在马来西亚关丹开发锡矿，后该地成为集镇后以林明命名；永春县五里街镇华侨邱祥织父子经营新阳锡业有限公司；永春县桃城镇桃东村华侨郑晋棣在万挠步入锡矿业，开采锡矿。

建筑行业：永春县桃城镇桃东村华侨郑晋棣，涉足房地产业，马来亚首都吉隆坡市中心著名的中南区商业区就是他开发的；桃城镇丰山村华侨陈振南，是"陈与陈发展有限公司"及怡保花园（ICB）机构的创办主席，是开创现代房地产业的发展商。著名建设项目具有在新加坡建设的香格里拉大酒店和百汇广场购物中心，以及维多利亚女王大厦等；永春县桃城镇仑山村华人陈志成，在柔佛州新山创办英达企业有限公司，首创度假式生活的住宅；永春县华侨黄美才。其创设的 NBC 集团，是巴生首个提供电梯的发展商；永春县石鼓镇华侨郑福成，是马来西亚建筑巨头高峰集团执掌人，承建建筑工程项目有耗资 3500 万马币的梳邦国际机场跑道延长工程和耗资 7200 万马币的士拉央公路交叉枢纽工程、大马南北大道北段 2 亿多马币工程；永春县桃城镇仑山村华人陈志远创办的马来西亚成功集团与中国南京政府合资 32 亿元修建的南京长江第二长江大桥，是继日本多多罗大桥、法国诺曼底大桥之后的第三大桥。

商业：永春县桃城镇桃东村华侨李延年，二战后成立李延年集团有限公司，是马来西亚最先进行多元化发展的工商巨子；永春县石鼓镇卿园村华侨黄永嫩、黄展铭父子，是黄振清后裔，组建永联企业集团；永春县桃城镇卧村村华侨郑文尧，在商业领域事业有成，成为大马知名工商巨子；永春县石鼓镇卿园村华侨黄重吉，是 20 世纪 50 年代的马来亚、泰国及福建厦门知名的商界奇才，业务领域包括橡胶制造、棕油、酿酒、锯木、饼干、鞋业、农场等；永春县桂洋镇茂春村华人张送森，创立宝利集团，创办 BOMA 品牌、拥有 1254 家零售店、185 家专卖店，成为市值 4.5 亿的跨国企业，是大马时尚传奇缔造者；马来西亚永春联合会第四任会长林国璋，创办义利集团有限公司，担任集团董事经理。创办必胜有限公司，担任董事主席，经营业务为食油提炼及超酥油制造、天然矿泉水及瓶装饮料、高气压铁罐、宝特瓶和盖、瓦楞纸箱、乳胶手套等。

三、文化教育

（一）华文教育

永春县华侨在新马地区华文教育界具有重要地位，扮演着重要角色。

著名爱国侨领陈嘉庚曾经说过："民国未光复前，南洋华侨无所谓教育。"面对西方国家富强先进与中国积贫积弱的强烈反差，永春县华侨深知华教的重要性，传承与弘扬中华优秀文化传统日益迫切。尽管在家乡由于生活的贫困，初到侨居地深感谋生的艰辛，自然秉持着克勤克俭的传统精神，然而在兴学办教方面从不落人后，永春县华侨在马来亚各地办学精神，是马来亚华侨华人传承、弘扬中华优秀文化的缩影。

永春县华侨对兴办全马各邦的华人学校居功厥伟，从民国元年（1912）至1951年，在吉隆坡、马六甲、巴生、麻坡、居銮、怡保、槟城各地创办华文中小学校（女校）数十所。黄重吉、王叔金、张子宇、陈世宗、蔡维衍、陈志明等华侨为创办华文学校及促进教育事业作出积极贡献。至民国29年（1940），马来亚华文教育体系逐渐完善。永春县华侨创办的华文中学增设高中，吉隆坡尊孔中学在校长沐珠光（永春人）主持下，还创办简易师范，并增设幼稚园。

民国30年（1941）底，日军侵占马来半岛及东马，各地华校校舍被侵占，教员多遭屠杀，永春县华侨苦心经营的华校大多遭到严重破坏。战后，马来亚华文学校陆续复办。

吉隆坡尊孔中学，侨领黄重吉任董事长，战后聘请蓬壶华侨精英林连玉为校务委员会主席，黄重吉并捐资5000元作为该校复办经费。柔佛龙引战前4所小型华校并立，战后合并组成龙引中华学校，下设3个分校，公推永春县湖洋华侨郑振中为董事会主席。民国36年（1947），祖籍永春的吕士埔等人发起创办巴兰兴华中学，附设小学。1951年，新加兰、文律、龙引三区华校组成联合董事会，推举郑振中任董事长，正式创办新文龙中华中学。

永春蓬壶旅马华侨、教育界精英林连玉，民国38年（1949），推动吉隆坡教师公会成立。1951年推动全马教师总会（教总）成立，并且在1954年正式出任教总主席，领导教总达8年之久。林连玉由于反对当局"巴恩报告书"与争取华语列为官方语文，因捍卫华文教育与华人权益从而触怒当局竟被褫夺公民权、吊销教师证。

1985年12月18日，林连玉在吉隆坡病逝，马来西亚15大华人团体为追念其功绩，组成联合治丧委员会，其灵柩破例被安放在雪兰莪中华大会堂大厅，设灵堂致祭吊唁。出殡之日，街头万人执绋，极尽哀荣。及后，马华校董会、教总两会发起创办"林连玉基金会"，将其逝世日定为"华教节"，尊称其为"华教族魂"。如今，从幼儿园到大学，马来西亚华侨华人能够拥有独立的华文教育，这一成果的取得，林连玉居功至伟。

黄丽绥，女，祖籍永春县，出生于吉隆坡，马来西亚拉曼大学创校校长，杰出的华裔女性教育家。1972 年从美国回到马来西亚，入拉曼学院任教，1991 年升任副院长，1996 年擢升为院长。她担任拉曼学院院长期间。该校增设霹雳、柔佛、彭享及沙巴 4 所分校。课程由原有 33 项增至 110 项，学生人数从其初任院长的 7200 名增至 2002 年的 30000 多名，还增设了运动场所、宿舍等设施。

2002 年，黄丽绥出任拉曼大学第一任校长，成为马来西亚第一位女性校长。任内全力建设中国研究中心、经济研究中心、教导与学习中心，短短 6 年内，校园从原有一栋楼层，发展到八打灵再也、文良港、双溪龙镇、金宝四大校区。学生由第一年的 411 名飙升至 16572 人，任内总共培养了 9151 名学士、硕士，开办的学士与硕士、博士、研究生课程多达 60 项，成为马来西亚成长最快的大学之一，成为年轻学子热衷的选择。黄丽绥以其卓著贡献赢得侨界尊重，2007 年，福建会馆授予其"十大杰出女性奖"，2008 年荣获 50 大福建杰出奖。2011 年，马来西亚政府妇女、家庭及社会发展部颁授第一届大马杰出女性（教育学术）巾帼奖。

（二）华文报刊

《益群报》 主要创办人为永春县华侨陈澎相、黄重吉，这是永春人在吉隆坡办报的初始记录。民国 7 年（1919）陈澎相被推举为《益群报》首任正总董，相当于董事主席的职务。民国 20 年（1931）洪进聪也进入董事局，首任编辑吴纯民也是永春人。《益群报》因遇上经济萧条，广告客户减少，报馆收入因竞争而下降，民国 24 年（1935）1 月 2 日终告停刊。同年 8 月 1 日，大矿商陈占梅重整旗鼓，特聘梁披云担任编辑主任，仅一年又宣告停刊。

《中国报》 主要创办人为黄重吉、李孝式，在当时永春县华侨创办的报刊中最具盛名。

《钟声报》 永春县华侨周瑞标所创，翌年，又创办《马来西亚通报》，初为3 日刊，1968 年改日报。1979 年，社长一职由周瑞标儿子周宝华接任，周仍任董事长。1981 年，该报转售给马华公会所属华仁控股公司。1986 年，周瑞标购下由林添良、黄茂桐等人经营的《中国报》，出版早、晚报，周任社长，其子周宝华任总经理。在周瑞标领导下，《中国报》短期内即转亏为盈，跃居大马第三大报，每日报份达 6 万。此外，周氏家族的生活报有限公司还办有《新生活报》《风采》《先生》以及《新潮》等华文报刊。

《南洋商报》　原为新加坡《南洋商报》吉隆坡版，1965 年后名为（马）《南洋商报》，独立出版。永春县华侨李延年从 1975 年 3 月到 1983 年 3 月 7 日逝世上，一直担任《南洋商报》主席。

此外，还有永春县华侨陈期岳、宋廷滨等人创办的《新力报》，王振相自办的《联邦日报》，许生理创办的《新生报》等。

除了经营管理层之外，永春县华侨在报业的编写方面也颇有贡献。陈玉水先后出任《南洋商报》采访主任、新闻编辑、副总编辑。陈见辛曾任《星州日报》总主笔及执行总编辑，过后曾任《中国报》总编辑。林金树、叶水源两位南洋大学经济系毕业生，前者在《星州日报》担任主笔高职，后者出任国际版编辑。

（三）文学艺术

近代，马来亚涌现不少华侨艺术家，著名的有：

李家耀，桃城人，著名画家，为刘海粟大师高徒。李家耀自幼随其父（曾仁德化县丞）研习丹青，醉心于书画的李家耀先在上海美专学习书画，因其父被土匪杀害而被迫携家人迁徙到马来亚。过后为肃清家乡匪患，积极奔走南洋各地，结合东南亚永春华侨力量迫使福建省政府发兵剿匪。生活安定后专心作画，曾出版《家耀书画集》等一系列书画集。一生作画无数，却从不卖画，1970 年将 1400 余件珍贵画作捐给南洋大学李光前文物馆。其画作已位列大师级作品，其墨宝则常见于大马各地永春会馆。

许清昌，永春人，民国 26 年（1937）厦门大学毕业后南渡，在大马各报发表大量作品，为老一辈作家。

颜龙章，永春人，南渡后常在报刊发表新诗、古诗、散文，国际桂冠诗人协会曾选其古体诗、新诗 20 首在《桂叶诗刊》发表。

陈洛汉，永春人，民国 9 年（1920）抵达马来亚。虽因社会环境上条件限制，陈洛汉无缘接受正统音乐教育，但却依靠自学成才。民国 28 年（1939），陈洛汉开始进行作曲，西马及沙巴、香港一些学校校歌出自他的手笔。无师自通的陈洛汉，耗费 4 年时间，终于在 1971 年完成轻歌剧《汉丽宝》的所有曲子创作，该剧在吉隆坡市政厅大礼堂一连 9 晚进行公演，场场爆满，乐坛人士对陈洛汉的作品予以极高的评价。1973 年，陈洛汉又完成另一部巨著《寡妇山》。1997 年，陈洛汉获追颁"薪传奖"，肯定了他对社会、对音乐的贡献。

陈达真，女，祖籍永春县，雪兰莪音乐学院负责人，出生于巴生。经历过日据时代，在国民小学毕业后进入坤成女中，高师班毕业后即留校执教。因自幼喜欢音乐，与音乐结下不解之缘，因为在推动音乐教育上不遗余力，而被美国一所大学授予音乐荣誉博士学位。陈达真有感于本地音乐只有英语教学，因而在接手雪兰莪音乐学院之后，就致力于教学媒介语的改革，她长期为精武合唱团伴奏，并于 1992 年推动中国北京交响乐团到马来西亚演出，在推动音乐交流活动方面作出不懈努力，为马来西亚音乐发展树立良好榜样，作出贡献。

第二节　在印度尼西亚

印度尼西亚共和国（简称印尼），位于亚洲南部，由地跨赤道的 1.3 万个大小岛屿组成，主要岛屿有爪哇岛、苏门答腊岛、苏拉威西群岛和西伊里安（位于加里曼丹岛西部），总面积为 194.4 万多平方公里，是东南亚面积最大的国家，首都雅加达位于爪哇岛西北部。

15 世纪末期，印尼群岛地区出现了许多伊斯兰教封建王国。16 世纪末沦为荷兰殖民地，民国 31 年（1942）被日本帝国主义占领，民国 34 年（1945）日本投降后于 8 月 17 日宣布独立，1963 年收复了被荷兰侵占的西里伊安。

一、移居

印尼是永春人移居海外人数仅次于马来西亚的国家之一。16 世纪末，荷兰殖民者入侵印尼。明万历四十七年（1619），荷兰东印度公司为筹建巴达维亚城（雅加达），采取让华商到中国沿海招募农民，手工业者和商人往巴城的措施，原籍泉州的曾聪系当时巴城著名的劳力经纪人，每年从闽南地区招募大量华工用帆船运到巴城。这个时期，许多永春人被诱使移居巴达维亚。荷兰殖民者为了巩固其统治，采取"以华制华""分而治之"的方针，并通过一系列措施加强对华侨的控制。他们推行"甲必丹"制度，负责组织管理有关华侨事务。能担任甲必丹的一般都是华侨富商，且又是社交能力较强的人。如蓬壶仙岭籍的沈愈及其子景昆、松茂曾在巴城相继担任甲必丹一职。

荷兰当局为驱赶因贫病而丧失劳力的华侨，成批地逮捕他们流放到锡兰去服苦役，在航行途中把重病号抛入大海，这些惨无人道的行径，激起华侨的反抗。荷兰当局于清乾隆五年（1740）10月9日发动一场有组织有计划的大屠杀，上万名无辜华侨死于非命，这便是震惊世界的"红溪惨案"。这场浩劫后，闽粤人相诫不到印尼。巴城人口锐减，各行各业陷入萧条境地。为挽救颓败的经济，荷兰殖民者于清乾隆七年（1742）又派人到闽南一带劝诱中国船去巴城经商，并实行优惠免税。清乾隆八年（1743）起，又有商船从厦门及附近港口驶往巴城。

清嘉庆四年（1799）至清嘉庆十七年（1815），印尼先后沦为法国、英国殖民地。在英国殖民统治期间，实行比较宽松的政策，前往印尼的永春县华侨再次增多。清咸丰三年（1853）林俊起义失败后，其2个儿子及部将一批人逃往印尼。清光绪三年（1877），永春县霞陵人林庆吉率闽粤乡亲抵达印尼勿里洞，历经艰难，开采锡矿，将一个遍地荆棘、猛兽出没的荒岛建成拥有10万人口的市镇。

鸦片战争后直到民国年间，由于西方列强的侵略和国内天灾人祸频仍，永春县出现持续向印尼移民的高潮。民国31年（1942），日军占领印尼期间，大肆逮捕、迫害华侨和华侨领袖，永春县岵山侨领陈兴砚及其他侨领被囚禁，直到日本投降才出狱，时间达3年6个月。对于入侵日军的暴行，永春县华侨与当地人民奋起反抗，先后参与组建"民族抗日解放大同盟""华侨抗日协会""苏东反法西斯总同盟"等华侨抗日社团，对日本法西斯统治进行不屈不挠的斗争。

永春县华侨主要集中在雅加达、泗水、棉兰、直落勿洞、望加锡（即锡江、乌戎潘当）等5个城市及郊区，次为爪哇的井里波、三宝垄、日惹、玛琅、万隆，苏门答腊的巨港、先达、占碑、日里丁宜，加里曼州的三马林达、巴厘巴板、马辰、苏拉威西的万雅佬，马古鲁的安汶、巴厘等一系列城市和郊区。永春县达埔著名侨领尤扬祖，曾先后在安汶、万鸦佬、望加锡等地定居并从事商业活动。

二、职业与经济

早期的印尼永春县华侨，大都是从事海上贸易而渐次移居当地的，当时他们从事的经济活动一般以商业为主，经营的是小本生意。

荷兰殖民者入侵印尼后，为开发和掠夺印尼的自然资源，这时就有许多永春人被诱使到巴达维亚开港口，建城池、街道和住房，并有一些人到苏门答腊种植园和邦加、勿里洞的锡矿当苦力。在荷兰殖民主义者统治下，荷印公司从华侨手中买下一小块一小块的土地，辟为经济种植园。而这些华侨出卖耕地后，大都转行经营商业。当时永春县华侨在商业活动方面，主要是从爪哇输出糖、烟，再从中国输入茶叶、丝绸、食品等。一些从事零售的永春县华侨，常年奔走在乡村之间，经营方式也灵活多样，赊售国外进口的布匹、小五金和日用百货，待农民在作物收成后以烟叶、椰干、胡椒等土产偿还。

这段时间里，永春县华侨的经济活动，只能限制在传统小种植业、零售商、及中介商的范围内。清咸丰三十年（1850），荷印政府废除税收承包制度。清同治九年（1870），全面取消原来对华侨经营工商业的各种限制，印尼开始进入资本主义竞争阶段。初期，华侨经济处于幼弱状态，根本无法与资本强大的荷兰、英国企业竞争。清光绪九年（1883），原籍同安的黄仲涵率先把建源公司扩充为在闽南同乡中发行股票的有限公司，突破了荷印公司对糖业的垄断，通过密布乡村的零售商业网点控制了全部蔗糖销售业，永春县从事零售商的华侨从中得益。

第一次世界大战期间，西方资本主义忙于战争无暇东顾，永春县华侨在这期间得到一定程度发展。20世纪20年代，永春县华侨职业已由早年的农渔、手工业、中介商、小商贩为主，转为以经商、办工厂，包括零售商、中小企业主为主，出现了一批中产者，以及少数资本较大的企业家及企业。

民国18年（1929）至民国22年（1933），出现世界性经济危机，日本向印尼大量倾销商品，欧洲出入口商为掠取高利润，把商品直接卖给零售商，这对许多从事中介商的永春县华侨打击不小，而随着日本占领印尼，华侨经济遭到空前浩劫。

印尼独立后，永春县华侨经济经历了从恢复到发展的变化，出现了一些富商。陈兴砚拥有大量房地产，经营土产和咸鱼加工出入口业，在中国香港及新加坡合资设公司，在印尼还拥有快乐世界、中华游泳池、5家电影院、纺织厂和橡胶园。尤扬祖经营土产收购和出口业务，成为西里伯岛北部经营土产输出的首户。后又到印尼万雅佬开设协丰公司，经营进出口贸易，进口西贡大米，香港什货，出口椰干等。民国31年（1942），日本占领万雅佬，以尤扬祖曾从事抗日活动为由，将协丰公司全部资产悉数没收，公司经理潘世湖被捕入狱。尤扬祖因听从亲友劝告，提前携眷回国，幸免于难。民国 35 年（1946）尤扬祖重返印尼，恢复协丰公司。后又集中协丰、永成太、益兴、英洛、大成、锦兴等 6 家企业的资本，成立协丰永乐公司，总行设在望加锡，主营椰油厂、汽水厂，并收购椰干等土特产出口。

民国 37 年（1948），尤扬祖又与郑仓满等人合作创办华兴公司，总行设在望加锡，分公司设在雅加达，经营进出口贸易，以后又在香港及新加坡设立成丰公司。

20 世纪 60 年代后期，印尼政府采取有利于发展经济的政策。1972 年，原在印尼经营面粉加工进出口业的永春县仙夹籍侨亲郑仓满，20 世纪 60 年代因印尼政权更迭已移资新加坡的他又重回印尼投资，经印尼政府工商部批准引进先进技术设备，在锡江开设日产 2000 吨面粉的面粉分厂，占领了除爪哇岛以外的市场。印尼根扎那集团为了避免商业上的竞争，于 1982 年以 3500 万美元买下面粉分厂，郑仓满才再度移资至斯里兰卡办厂经营。

1977 年，印尼政府明文规定，自 12 月 31 日起，禁止非印尼籍人从事外贸商业活动。紧接着印尼政府又放宽加入当地国籍的政策，许多华侨加入当地国籍，或将企业交由已入印尼籍的子女经营，华侨经济演变为华人经济，成为当地民族经济的一部分。

20 世纪中期，永春县岵山镇塘溪村华侨陈秀明与其三兄陈秀峰、侄儿陈锡石在印尼创办"双珠有限公司"，从经销日本染料到自己办厂生产助染剂，供纺织行业染布之用。继之创办海鲜加工，出口西欧等地区。20 世纪末至 21 世纪初，瞄准印尼丰富旅游资源，开始发展房地产开发和酒店经营，旗下所属万豪大酒店和五星级丽嘉大酒店，是椰城知名度和房价最高的酒店。

20 世纪 90 年代，祖籍岵山镇文溪村的印尼华人许世经，历经艰苦奋斗，他掌门的经泰集团旗下已有国际金融、银行、证券、摩托车制造与销售、贸易、房地产、金属和非金属各矿业开采冶炼等各领域几十家公司，经泰集团在他的带领下，逐渐发展成为多元化、集团化、国际化的大公司。他个人也成为印尼著名企业家。

第三节　在新加坡

新加坡共和国（简称新加坡），位于亚洲大陆马来半岛南端，太平洋和印度洋航运要道马六甲海峡出口处。

清道光 4 年（1824）8 月 2 日，新加坡沦为英国殖民地。民国 31 年（1942）日本占领新加坡，将新加坡改名为昭南岛。民国 34 年（1945）8 月 15 日日本宣布投降，英军重新占领新加坡。民国 35 年（1946），英国将新加坡划为"直辖殖民地"，1959 年 9 月 2 日英殖民当局被迫同意新加坡成立自治邦，1962 年 9 月 16 日新加坡加入马来西亚联邦。1965 年 8 月 9 日，新加坡退出马来西亚联邦，建立新加坡共和国。

一、移居

新加坡是永春人移居海外人数占第 3 位的国家。新加坡原本人烟稀少，清嘉庆二十五年（1819）仅有 150 名居民，其中华侨 30 名。在清道光元年（1820）增至 15000 名，其中大部分是华侨。新加坡开埠头几年，永春县不少华侨从马六甲、槟城和印尼寥内移居该地，祖籍永春县的陈淑送（1763—1836），成为新加坡第一代华侨领袖之一。

清道光四年（1824）8 月新加坡沦为英国殖民地后被辟为自由港，采取对大部分货物免征进出口关税，允许商人自由买卖的政策，原先住在马六甲的一些永春县小商贩先后移居到新加坡。祖籍永春县桃城丰山，出生于马六甲的陈金声（1805—1864）便是在新加坡开埠后不久，和一批富有冒险精神的闽籍富商，冲破荷兰舰队的封锁线和海盗横行的区域，到新加坡创业的，构成新加坡开埠初期财力雄厚的海峡侨生集团。

鸦片战争后，由于西方殖民者对"契约劳工"需求急剧增加，英殖民者从马六甲、福建沿海、广东等地拐骗大量"契约华工"，参加修建港口、码头、船坞、兴建城市。与此同时，新加坡成为转运华工最大的中心。据清光绪三十二年（1906）清朝政府驻新加坡总领事孙士鼎给外交部的报告估算，每年从香港、厦门、汕头、海口等地运到新加坡的华人约有 10 万人，其中 70% 是"契约华工"。而据英国海峡殖民当局的统计数字，从清光绪七年至民国 19 年（1881—1930），经新加坡转运到其他国家的"契约华工"就有 500 万人。

清光绪二十年至民国 19 年（1894—1930），由于新加坡经济复苏，各行各业急需劳力，永春人移居新加坡的人数又迅速增加。日军占领新加坡后，对华侨进行血腥大屠杀。杀害华侨 4 万余人，泉属各县籍华侨被害逾万人。

民国 35 年至 38 年（1946—1949），永春县青壮年 2—3 万人为躲避抓壮丁形成新的移民潮，但大部分是经新加坡后转赴马来亚各地。1957年以后，有不少永春人从印尼、马来西亚移居新加坡。

1965年新加坡独立后，祖籍永春县的华侨除个别人外，都成为新加坡公民。

二、职业与经济

新加坡自清嘉庆二十四年（1819）开埠后，永春人以农民、工人、手工业者、小商贩为主，成为富商的为数不多。清道光二年（1822），只有陈叔送等个别人。到了19世纪后期，永春华侨中的著名富商有陈金声、陈明水、陈若锦家族；李桂林、李清辉、李清渊家族。

19世纪末，永春华侨以经营出入口商、杂货商、中介商、小商贩和土产加工业为主。从事出入口生意较有成就者有陈承丕、陈义明、李尚维、邱瑞颇、陈泰美、张添尧、陈新图、陈振蕊、陈维垣、郑振树、黄明江、郑金水、李国、许明德、林云实、梁剑云、许金发、周大教等人。

民国31年（1942）2月，日军占领新加坡后，华侨经济蒙受巨大损失，永春华侨亦不例外。

新加坡独立后，政府在大规模引进资金发展工业化的同时，一方面大力扩建港口、交通设施，继续发挥其贸易口岸的作用。一方面加速发展装配加工、旅游、金融等业。这段时间，从事工贸结合较为有名的企业有郑仓满的百龄集团，主营日产700多吨的面粉厂，兼营饲料加工和食品、海运、金融等业；原华侨银行副董事长李俊承之子李粽经营的大丰饼干厂；主营纺织品进出口业务的新加坡布行商务局名誉主席的颜有政等多家企业。

20世纪末至21世纪初，祖籍永春县湖洋镇溪西村侨亲郑建成，已成为新加坡保险业的龙头老大，1995年在仰光路自置大厦，子公司分布马来西亚、新加坡和中国台湾等地。在保险业务走上轨道后，他又成立"得集团投资有限公司"，将公司业务推向多元化，投资房地产和酒店生意，旗下有马里酒店和马六甲的胡姬酒店。

祖籍永春县达埔镇侨亲颜彣桦，1976年开始创立新加坡新东洋集团，8年内，将其打造成上市公司。20世纪末至21世纪初，他在新加坡，马来西亚、印尼、内蒙古、澳大利亚南澳、悉尼、越南胡志明市、河内、泰国、巴基斯坦、迪拜和中国香港、深圳、上海、武汉、江阴、芜湖等地创办32个工厂，集团业务走向国际化。

三、文化教育

（一）华文教育

新加坡是华族占多数的国家，华文教育占有重要地位，永春县华侨在参与建设华校中作出了积极的贡献。

新加坡最早的华文学校是永春县华侨陈金声等筹集资金在天福宫西侧兴建的启蒙学馆"崇文阁"，后改为崇福女校。清咸丰四年（1854），天福宫会长陈金声又带头捐资买地，创办启蒙私塾性质的华英书院，该院（校）直到1954年才停办。

清光绪七年（1881），左秉隆任清朝驻新加坡总领事，积极提倡开办义学。永春县华侨为主创办的学校有：清光绪十一年（1885），李清渊创办凤裕义学，并资助颜永成创办颜永成义学（又称培养书室，清光绪十九年（1893）改名英华义学），广收平民子弟。清光绪十五年（1889），陈若锦、陈金钟、陈武烈等在保赤宫创办毓兰书室（后改称保赤学校）。

19世纪末，康有为等保皇党人在南洋各地提倡"兴文教、开民智"，华侨深受其影响。福建会馆发动福建各地110多名热心教育人士捐资，先后兴办道南学堂（后改称道南学校），爱同学校，崇福学校。永春县华侨创办鼎新学校，俊源学校。

民国16年（1927），侨领陈嘉庚联络闽南籍华侨创办的16所学校的董事总理，向各同乡会馆及侨领募捐近50万元，兴办新加坡第一所新式华文中学——新加坡南洋华侨中学；民国30年（1941）又创办南侨师范学校。第二次世界大战后，闽籍华侨纷纷复办因日本发动侵略战争而停办的各华文学校。

民国38年（1949），永春县华侨积极捐款支持创办新加坡马来亚大学（后改名新加坡大学）。至20世纪50年代，新加坡已有道南学校、养正学校、中正学校、育英学校、中华学校、南洋女子学校、崇福女校、南洋工商补习学校等12所华文学校。

1953年1月，永春县华侨响应福建会馆倡议，踊跃捐款兴建新加坡第一所华文高等学校——新加坡南洋大学。1956年3月，新加坡南洋大学正式开学，1960年首届毕业人数439名，1965年毕业生已有2422名。1980年3月，新加坡南洋大学并入新加坡大学，改称新加坡南洋理工学院。

1987年起新加坡实行双语教育，把英文作为学校第一语文，华文作为第二语文。

（二）华文报刊

新加坡华文报刊出版历史较长，永春县华侨文化精英在办报，以及担任报刊编辑方面作出贡献。

《叻报》 系漳、泉海峡侨生薛有礼于1881年创办的，是新加坡华文报纸的鼻祖。民国17年（1928），永春县华侨李铁民出任该报总编辑。该报发行达51年之久，民国21年（1932）3月因亏损过大而停刊。

《南洋商报》 民国12年（1923）由陈嘉庚创办，候西反任总经理。民国21年（1932），该报由林庆年、李光前、叶玉堆、李玉荣（李光前之弟）等人募股组成南洋商报有限公司，脱离陈嘉庚公司。李铁民任督印人，主管编辑部，后改任副刊编辑。

《消闲钟》 民国12年（1926）由李铁民主编，三日报，民国20年（1931）李铁民主编《民众报》。

辛亥革命后，在新加坡创办的华文日报共有30多家，期刊100家以上，但维持最长的只有陈嘉庚于民国12年（1923）创办的《南洋商报》和胡文虎于民国18年（1929）创办的《星洲日报》。

日军占领新加坡后，各华文报刊均停刊。

第二次世界大战后，各华文报刊纷纷复刊，并出版一些新的报刊，永春县华侨李铁民担任《南侨日报》督印人；宋廷滨担任《新力报》社长；李文学在《星洲日报》任职逾廿年，先后担任新马新闻编辑和其他副刊主编，1983年起，编联合早报"商余"副刊，后为新闻编辑。

（三）华文文艺

新加坡是马华文化中心。19世纪80年代，新加坡华人社会涌现不少诗人，《叻报》成为发表诗作的重要园地。祖籍永春的李清辉、林景波都是当时著名的诗人，诗坛有"会贤社""会吟社"等。

民国8年（1919）以后，由于国内新文学作者南渡及受中国"五四"新文学影响，马华旧文学开始向新文学过渡。《新国民日报》社的《新国民杂志》已刊载新文学作品。20世纪20年代中期，《新国民日报》副刊《南风》和《叻报》副刊《星光》的诞生，为新加坡马华新文学的发展奠定了基础。永春人郑文通就是这一时期著名诗人、作家。

民国 26 年至 31 年（1937—1942），抗日救亡成为这一时期马华文学作品的主题。小说、诗歌、戏剧、音乐也逐渐大众化。歌仔戏、南音也在抗日救亡潮流中获得迅速发展。这一时期永春县华侨著名文化人有诗人郑文通、散文作家郭松云、评论及纪实文学作家李铁民。

日军占领新加坡后，马华文学销声匿迹。

民国 34 年（1945）9 月至 1965 年 8 月，新加坡独立前永春作家、画家有：

林金拉，永春人，生于新加坡。在新、马以诗作评论著称，已出版著作有《永恒的记忆》（散文集），《并蒂莲》（诗集）等。李金再，永春人，生于马来亚麻坡。著有中长篇小说《浮动地狱》《翻云覆雨》等。李文学，永春人，生于马来亚彭亨，擅长小说、散文，已出版短篇小说集《飘》《长恨》等。

刘抗，祖籍永春湖洋锦凤村，新加坡著名画家。6 岁随父母旅居马来亚柔佛州麻坡，中学毕业后就到中国上海美专专攻绘画，成为名闻遐迩的艺术大师刘海粟的得意门生。民国 17 年（1928）毕业于上海新华艺术大学，民国 22 年（1933 年），应聘中国上海美专，担任西洋画教授。民国 29 年（1940）后，定居新加坡，创办新加坡艺术协会，任会长（1968—1979），新加坡文化部美术咨询委员会主席（1978—1981 年）。出版过《刘抗画集》。1970 年，为表扬他对新加坡美术的特殊贡献，新加坡总统颁赐他公共服务星章一枚。

第四节　在泰国

泰国位于中南半岛的中部，介于印度洋与太平洋之间，东部同老挝相连，东南部与柬埔寨接壤，南部与马来西亚相邻，西北部与缅甸毗邻，北部隔着缅甸的掸邦与我国云南相连，西南临暹罗湾和安达曼海。土地面积 51.4 万平方公里，全国分为 72 个府，首都曼谷。

泰国原名暹罗，民国 25 年（1936）6 月 24 日改名泰国；民国 35 年（1946）又改名暹罗，民国 38 年（1949）5 月再恢复国名为泰国。

一、移居

泰国与泉州地区的经济交往由来已久。明嘉靖年间，移居泰国境内已有按滇、粤、闽等省籍划分的华侨聚居区。明末清初，郑芝龙、郑成功、郑经三代经营东西洋贸易，郑经之子郑克塽降清后，不少部属在暹罗定居，绝大多数为泉、漳人。

康熙二十三年（1684），厦门设立海关，至18世纪中期，中暹贸易迅速发展。泉州一向缺粮，海商多往暹罗贩粮，许多永春人随船前往泰国谋生。直到近代，仍有不少永春人从马来西亚、印尼等地移居泰国。

1952年7月，永春县民政科对本县6个区（缺7个乡，即现在的7个村）的不完全统计，共有泰国华侨8612户，49221人。

据1990年泰国华人社团资料表明，泰国有泉籍华侨、华人近30万人，以县（区、市）分，晋江有10万人，南安有7万多人，其次为永春、惠安、安溪、鲤城、石狮、金门、德化。主要居住在曼谷、宋卡、陶公、北大年、攀牙、董里、普吉、素叻等10多个府20多个县（埠），95%以上已加入泰国籍。据永春县2019年侨普数据，永春县旅泰人数4.8万人。

二、职业与经济

早期前往泰国的永春人有农民、工匠和商人。大多数集中在泰国南部与北马交界的半岛地区，以经营锡矿、种植（橡胶、胡椒、水果、蔬菜）、五金、饲料、中药、养殖业为主。

第二次世界大战造成泰国及华侨经济的急剧衰退。1956年，泰国放宽加入当地国籍条件，华侨加入泰国国籍的人数大量增加。不少永春县华侨放弃传统经营的行业，转向投资金融、机械制造、塑料制造、成衣厂、棉纺厂、食品加工、旅游服务等行业。

三、文化教育

泰国永春县华侨、华人居住分散，学生数量少，因而未在外埠另行创办华文学校。福建会馆于民国3年（1914）在曼谷创办培元学校，采用华语教育，学生从数十名增至300多名，至民国11年（1922）改为同乡子女可免费入学的义务学校。义校曾多次参加当地及祖国救灾扶贫运动，得到当地华侨的称赞。民国22年（1933），世界经济危机，侨商自顾不暇，义校因经费无着一度停办。民国34年（1945），永春县华侨发起创办勿洞中华中学，永春桃城桃东侨亲郑德郁参与该校筹建工作，民国35年（1946）应聘为该校教师，两年后出任校长。因从事进步活动，遭当地反动势力迫害，回国后曾任永春县侨联副主席、主席，县人大副主任、县政协副主席。

第五节 在越南

越南位于中南半岛东海岸，领土轮廓中间细，两头宽，北从河江省的同支，南到薄寮省的金瓯角，长达1600公里，中间最窄的腰部在广平省的洞海市与嘎莱之间，东西距离仅50公里，北部和西部背依大陆，东部与南部面临海洋，为南海所环抱。海岸线长3260公里，隔着北部湾，与雷州半岛和海南岛遥遥相望，是通往东南亚地区的主要门户。北部陆疆与云南、广西接埌，边界线长1150公里，大部分是崇山峻岭和低缓的丘陵。越南是一个多山的国度，土地和高原占全国面积的四分之三。只有红河三角洲与湄公河三角洲两大平原，为越南著名粮仓。

一、移居

宋末元初，永春县有颜姓者，因参加抗元斗争失败，兄弟3人中有2人改姓连、邢，先逃往广东潮州、海南岛等地，后移至安南（今越南）定居，今越南有颜、连、邢宗亲相济总会。

元17年（1282），永春县达埔人尤永贤任占城（今越南）、马八儿国（今印度南部）宣慰使，航行一年半到达马八儿国。19年（1284）返抵占城。适遇占城内乱，尤永贤及副使等30人皆遇害。

明初，一些永春人随郑和往占城，居留其地。清末民初，不少永春人由亲友牵带前往越南谋生，永春县达埔人颜子俊，于清光绪二十八年（1902）经同乡吴青云牵引前往越南谋生，后为著名侨领。

民国27年（1938），越南华侨人口达19万人，其中有4万福建人，而以泉州人居多。抗战期间，有76名永春县归侨取道长汀、赣州、曲江、东兴前往越南。

抗战胜利后，有682名回国避难的越南华侨向厦门侨务局申请重返越南，其中申请往西贡有606人，当中亦有部分永春人。据厦门《星光日报》报道，民国36年（1947）从厦门往越南的有2306人，民国37年（1948）有1272人，两年出入国对抵，净增出国数1327人，目的地主要是西贡。

1955年，旅越华侨150万人，闽籍华侨约30万人，60%以上为泉籍人。多数居住在南越的堤岸、西贡和迪石等地。1956年，南越吴庭艳政权曾强迫华侨加入当地国籍。

1975 年越南统一前夕，越南华侨上层纷纷移居美国、法国，其中泉籍（永春）华侨有数千人。1978 年，越南政府掀起排华浪潮，百万华侨、华裔成为难民离开越南流向世界各地。2019 年，永春县侨情普查，越南永春县华侨 2.7 万余人，且多数加入当地国籍。

二、职业与经济

永春人往越南，多为手工业者与小农园主及雇工，部分人从事商业。事业无成者往往转赴他埠，稍有成就者，则父业子承。近代，永春人在越南逐步形成以经营茶业、米谷、橡胶、布匹、五金、金融（典当、汇兑、银行等）、水陆运输、零星杂货商、小农园主、地产商的格局。其中也有部分人在同乡的商店、企业中为佣工。发达成为巨富者虽不多，但在越南华侨经济中也占有一定地位，产生较大影响者有：郑昭明，永春人，早年往新加坡，后在越南堤岸经营万联酒饷于新大市东门旷场，为清末五大福建帮之首，清光绪三十年（1904）出任南圻中华总商会首届总理。颜子俊，永春县达埔人，清光绪二十八年（1902）往越南，当过小贩，店员及经理。后自开布店，进而发展经营百货、陶瓷、土产、电影院、戏院等多家企业，经济上颇具规模。后又投资纺织工业，并向国内的上海、福州、厦门、泉州投资商业。民国 2 年（1913）加入同盟会，民国 15 年（1926）出任越南中华总会会长。

1956 年，南越政府开始限制华侨经营 11 种传统行业，以强迫华侨加入当地国籍，不愿加入当地国籍的华侨店铺被迫纷纷停业。嗣后，华侨商业资本纷纷向现代工业转移，并迅速步向现代化、多元化经营。

1975 年越南战争结束后，越南政府对华侨经济强制实行"社会主义改造"。1978 年 3 月起，越南反华排华。大批倾家荡产的华侨为谋生计而被迫逃亡。永春县华侨同样未能幸免于难。

1986 年 10 月以后，越南政府允许华侨经营工商业，并采取退还没收的部分华侨房产等措施，鼓励外逃的华侨回越南投资，华侨工商业进入逐步恢复阶段。

三、文化教育

民国 12 年（1923），由于设在霞漳会馆的闽漳学校校舍不足，霞漳会馆与温陵（泉州）会馆联合择地兴建福建学校，民国 13 年（1924）完工。民国 29 年（1940）增办中学，民国 37 年（1948）改为福建中学，将小学改为附小。1956 年，该校及附属民众夜校计有 8 班。该校全盛时，日夜校学生总数达 1.1 万人，教职员 350 人。

永春县华侨参与创办的著名学校有：西贡的集友学校，城志中学，清源高级职业学校，东川的中华学校，芹宜的全民学校等。

颜子俊担任过越南《匡庐报》社长，《全民日报》董事。

第六节　在菲律宾

菲律宾共和国（简称菲律宾）位于亚洲东南部、太平洋西部，由7000多个大小岛屿组成，全国土地总面积为30万平方公里。吕宋岛是最大的岛屿，有10.7万平方公里，约占全国土地总面积的35%；第二大岛屿是棉兰老岛，有9.7万平方公里，占全国土地总面积的32%。首都马尼拉，位于吕宋岛中部。

16世纪中叶，菲律宾有不少地区已进入初级的封建社会，在苏禄群岛和棉兰老岛出现过一些比较发达的封建王国。明嘉靖四十三年（1565）西班牙殖民者占领了菲律宾，在西班牙殖民统治的300多年期间，菲律宾人民进行了无数次的反抗斗争。清光绪二十四年（1898）菲律宾人民摆脱了西班牙的殖民统治，建立了菲律宾历史上第一个共和国。同年美国通过美西战争占领了菲律宾，菲律宾又沦为了美国殖民地。民国31年（1942）日本帝国主义占领了菲律宾，菲律宾人民进行了英勇的抗日战争，第二次世界大战以后，美国又重返菲律宾恢复其殖民统治。民国35年（1946）7月4日，菲律宾宣告独立。

一、移居

《永春小岵南山陈氏谱志》记载，明嘉靖年间（1542），就有族人前往菲律宾苏洛谋生。嗣后，仙夹、石鼓、桃城也陆续有人移居菲律宾。但早期人数不多，旅菲永春县仙夹人陈承佐曾记述："邑人来菲谋生廖廖可数，集岷里拉、怡朗、宿务、苏洛、三宝颜各大都市计，总数不逾200人，且居于苏洛者较多。"以后，旅菲永春县华侨渐次增多。

明万历三十一年至清乾隆二十九年（1603—1764）5月，西班牙殖民者对旅菲华侨进行5次大屠杀。清乾隆三十一年（1766）4月起，又驱逐数千华侨。此后数十年间，殖民者对华侨经商实行严格控制。为了生存，永春县华侨与当地人通婚数量增多。清道光二十八年（1848）以后，随着菲律宾种植园经济的发展，西班牙殖民者放宽对华侨入境的限制，促使永春县一些破产农民通过"契约劳工"或亲友资助向菲律宾移民。

清咸丰十一年（1861），马尼拉华侨获得选举华人甲必丹的权利，华侨处境的改善，刺激赴菲华侨人数的增长。

清光绪二十四年（1898），美国取代西班牙成为菲律宾的新殖民者，不少永春县华侨离开菲律宾，转赴他埠。加上殖民当局于清光绪28年（1902）开始实施《禁止中国劳工入菲法令》，至清光绪29年（1903）人口普查，华侨仅剩41035人。

民国7年（1918），永春县战乱、灾荒频仍，人们纷纷变卖财产出洋谋生。根据菲当局允许女眷及14岁以下子女申请往菲团聚的规定，永春县华侨纷纷把自己的家人接往菲律宾，泉州各县出现少小离乡移居菲律宾的浪潮。至民国28年（1939），菲律宾华侨增至30万余人。

民国31年（1942），日军侵占菲律宾，烧杀奸淫，无恶不作，永春县华侨华人与菲人同样遭殃。在日军占领菲律宾的三年中，华侨被杀戮达数千人。日军的暴行，激起永春县华侨奋起反抗，仙夹华侨陈光、陈大明、周清贻先后参加菲律宾抗日除奸团、华侨民族武装自卫队、劳联会等抗日组织，为抗击侵略者作出贡献。后又回国参加解放战争，1949年后参与人民政权建设。

第二次世界大战后，因战乱回国的华侨纷纷返菲。此时，菲律宾政府开始实施限额移民政策，每年只准许500多名中国人移居菲国。1950年后，禁止中国大陆移民入境，但每年都有数量不等的永春侨眷为了与亲人团聚，从香港等地以游客、探亲者身份入境。这些游客直到1975年中菲建交前夕才获得居留权。

1975年4月至1976年12月，菲政府先后发布3个总统令，逐渐放开华侨加入当地国籍的限制。1980年12月以后，菲律宾允许公民前往探亲、旅游，1988年8月至1989年8月，根据菲律宾阿基诺总统签署的移民局《非法外侨合法化方案》（第324总统令），有3100多人获得合法居留权，成为新一代华侨。此后，又有一些永春人获准以投资移民形式移居菲律宾。据2019年永春侨普数据，永春县旅菲华侨1.13万人。

二、职业与经济

早期旅菲永春县华侨以商人和小商贩居多，也有从事垦殖和裁缝、鞋匠、锁匠、金银首饰、雕刻、油漆、泥水、织布等手工业的农民和手工业者。华侨把中国的制糖、炼铁技术和犁、耙、牛耕等农耕技术传入菲律宾，为当地的社会经济发展作出贡献。而西班牙殖民者原先恐惧西班牙人与华侨人数比例悬殊而几次滥杀驱除华侨，都导致马尼拉经济受到严重影响，商品缺乏，连鞋子都买不到。面对现实，他们不得不承认"当时没有理发师、没有裁缝、没有鞋匠、没有厨师，也没有农夫和牧人"，殖民者多次试图想用当地人取代华侨，但却难以实现。为此，殖民当局不得不调整政策，允许在菲律宾保持一定数量的华侨，以满足当地社会经济生活的需要。

永春县旅菲华侨人数虽不多，但遍及菲华社会的工商、金融、实业界，且团结拼搏，事业有成。清末民初，永春县仙夹华侨郑崇璧在岷市设立布业入口商行，合资经营兴华行等公司，其仲兄郑崇玉亦来岷市设立东和行、南通行，亦经营布业进口。久而久之，永春县华侨从事布匹经营者越来越多，布业自进口商至批发商（二盘）到零售商（三盘）都有永春县华侨参与。

此期间永春县华侨拥资百万者甚少，唯独石鼓卿园华侨黄振明例外。他侨居怡朗市，开设文明行，经营土产砂糖并自雇轮船远销欧美，成为巨富。民国17年（1928）在故乡曾捐建文明小学校舍，在鹭门百家村置有大厦。

永春县仙夹华侨陈尼高又名陈礽蒲，为人慷慨好义且善与当地官吏相处。美国殖民菲律宾之初，限制华工进口甚为严厉。永春人偶有从仙打根偷渡入境者，遇上困难无法解脱求援，他都尽力帮助使其不至于受到拘禁或遣送出境。永春人深为感恩戴德，民初曾受国民政府委任为当地名誉领事。

旅居苏洛华侨仙夹人陈承国，经营布匹、土产珍珠，颇有成就，深得侨心，被拥为侨领。他热心爱国，对社会公益事业尽心尽力参与，抗战期间发动当地侨团抵制日货，并捐赠飞机一架用以抗日。

周卿云，永春县桃城桃溪村人，旅居菲律宾第二大城市宿务，为菲律宾著名实业家，有"慈善老人"之誉，曾获宿务市议会授予"义子荣誉"，其住宅街被当地政府命名为"周氏街"。周卿云治家教子有方，一门出了三位外交家。其四子周清远任菲律宾驻斯里兰卡总领事，六子周清瑜任菲律宾驻比利时名誉领事。五子周清琦早年曾被选任宿务中华商会会长，蝉联16年。1986年菲律宾总统阿基诺委任周清瑜为驻新加坡大使，又先后出任菲律宾驻巴西、加拿大大使。2005年12月2日，就任菲律宾外交部副部长。

民国30年（1941）冬，日军攻占菲岛，华侨经济受到战争破坏和侵略者毫无人性的掠夺，永春县华侨几乎全部破产或半破产，直至第二次世界大战结束后，马尼拉光复才告一段落。

郑崇仰，永春县仙夹人，旅菲初期在南通行任职，后自营威灵顿内衫厂，战后经营布业入口批发，业务蒸蒸日上，曾任布业进出口商同业公会理事长。嗣后创设威灵顿实业公司、威灵顿面粉厂等企业。

陈敬志，永春县岵山乡人，在岷市中路区达摸拉杨戈布市场经营布业零售，战后组织东兴商业有限公司，专营欧美布匹入口批发，大有成就。继而创办织造厂、线厂等工业企业。

永春县仙夹人陈承礼、陈传词、郑鸿善、郑启芬、郑耀楷、郑碧璇、郑启芳、郑泗强等在菲经营布业商贸、创办织布厂、印染厂等方面成就显著，陈文山在菲开设世华商业，专营渔网及渔船用品，创办渔网厂、渔货加工厂、业务发达成为渔网界翘楚。陈文伊于民国 37 年（1948）创设文记丝带公司，创办塑胶厂、拉链厂、进口各国花边丝，在商界上独树一帜。岵山人陈经略经营绣花厂，一枝独秀。

抗战胜利后，菲律宾政府先后颁布《公共菜市菲化法》《木业菲化法》《零售商菲化法》《劳工菲化法》《米黍菲化法》等一系列菲化法律。《菜市菲化法》的实施使数以百计的永春县华侨被赶出菜市。《劳工菲化法》使数以千计永春县华侨工人被解雇。《零售商菲化法》规定外侨零售商个人死后六个月必须歇业。因此，华侨零售商逐渐被淘汰。为了谋求生存，不少华侨小本生意人和略有积蓄的职工开始集资办工厂、商行、航运业和水产捕捞业。部分劳工则转入种植业或经营禽畜养殖场，经营饮食服务业的人数也迅速增多，菲律宾华侨职业结构产生较大变化。

在菲律宾华侨社会逐渐向当地华族社会转化以前，永春县华侨中已涌现一批成功的企业家，其中较为著名的有：

郑少坚，永春县仙夹镇夹际村人，1962 年在其父郑崇仰支持下，与章肇鹏等人集资合创拥资 52 亿菲币的首都银行。至 1975 年已成为分行遍及关岛和美国加州国际银行的跨国银行集团。同时，集团业务不断向多元化发展，相继进入汽车制造、房地产开发、保险、医院、教育、电力、饭店和旅游业等领域，并在这些领域占据龙头地位。1992 年，首都银行集团在上海设立办事处。2010 年在南京成立首都银行（中国）有限公司。2012 年，在泉州成立首都银行（中国）泉州分行。

陈建绪，永春县仙夹镇龙美村人。4 岁随父陈传拔赴菲谋生。初起协助父亲经商，后自立门户经营饲料行业，拥有自己的码头、仓储，并投资房地产业，20 世纪 40 年代，在厦门设立亚农公司。

郭从愿，永春县仙夹镇龙水村人，1986 年只身前往菲律宾马尼拉投靠亲戚，初起在一家钢铁厂打工，1990 年创办钢铁贸易公司。专门从事二等钢材买卖，1999 年一跃成为菲律宾最大的钢铁贸易商。2008 年，金融海啸，他及时调整投资策略，投资房地产，抓住机遇成立金字塔房地产集团公司。此后，又投资养猪、采矿业、饮食业等多个领域，投入资金达几十亿菲币。

三、文化教育

（一）华文教育

在西班牙统治菲岛的整个时期，菲律宾没有正规的华人学校。永春县华侨子女或送回国内接受华文教育，或延聘国内塾师到菲居家授业。

美国统治菲律宾期间，把教育作为统治当地的一种重要手段。华侨社会日益感到对子女教育的重要性，于是华侨学校应运而生。清光绪二十五年（1899），在清朝驻菲律宾首任领事陈纲支持下，菲律宾华侨善举公所在领事馆（原甲必丹衙署）内办起第一所新式华文学校——小吕宋华侨中西学校。

民国元年（1912），华侨在怡朗创办商业学校。民国 3 年（1914），华侨教育会在马尼拉成立，民国 4 年（1915）宿务市永春华侨参与创办中华学校（东方学院的前身），至 20 世纪 20 年代，华侨教育会筹资创办的学校已有 6 所，学生 2000 余人。

民国 12 年（1923），华侨集资创办马尼拉华侨中学，历任董事长均为泉籍华侨。华侨学校属私办性质，菲律宾政府不给予任何资助，经费全靠侨界捐款，办学成为一种慈善事业。所以早期的侨校由马尼拉最大的华侨慈善机构善举公所管理，由善举公所聘请教职员和拨充经费。后来华文学校才独立出来，由学校成立董事会管理，董事会由热心教育人士组成，常年捐助经费。部分华文学校教员从永春聘请，其中多是有经验的教育人士，教材一般采用中国的中华书局和商务印书馆出版的统一教材，从教学内容到学级规定，均参照中国国内的条例进行。

民国 15 年（1926）起，菲律宾华校从小学一年级起开始试行普通话教学，开展推广华语运动。民国 23 年（1934），马尼拉华侨中学增设高中部，成为菲华最高学府。民国 24 年（1935），菲律宾苏洛侨领陈承国（永春县仙夹人），创立苏洛华侨教育会，自任会长，创办苏洛当仁学校，聘泉州通政巷人傅三依（傅振通）为校长。民国 26 年（1937）6 月，新校舍落成，学生从租用的"本头公"（随郑

和下西洋，留居在苏洛）的木楼搬入新校舍上课。国民政府首任教育总长蔡元培曾
题词"当仁不让"给该校。日寇占领苏洛后，从事抗日宣传工作的当仁校长傅三依
被日寇逮捕入狱，他宁死不屈，竟被日军活埋而英勇牺牲。民国27年（1938），
华侨创办马尼拉中正中学。至民国29年（1940），全菲有华校124所，学生1万
余人。日军侵占菲律宾后，华校停办。

抗战胜利后，菲律宾华侨兴学之风大盛，永春县华侨积极参与办学。据1957
年不完全统计，全菲学校共160多所，师生4.77万余人，全菲52个省、27个市中，
除9个因华侨数量少未创办学校外，其余都有华文学校。1956年，菲律宾政府成
立了"监督华侨学校委员会"，强迫华侨学校削减华文课程。此后，华校英文、菲
文课程陆续增加，华文课时逐步减少，华校经济负担也日益加重。

为了加强对全菲100多所华校的控制，1973年4月，菲律宾政府颁布总统第
176号法令，决定对华校实施"菲化"，规定从1974—1975年为华校"菲化"的
过渡时期。菲化后的华校，华校财产菲人财产应占60%以上，华侨不得担任校务
委员会主席，中文教材和教学计划均须经菲律宾教育文化部批准，外籍学生不得超
过学生总数1/3。1976年菲律宾教育文化部还规定，中文课每周不得超过12课时。
从此，菲律宾华文学校均转为兼授华文的当地学校。

二、华文报刊

菲律宾最早出版的华文报纸是清光绪十四年（1888）创刊的《华报》。据不完
全统计，从清光绪十五年（1889）到第二次世界大战前，由泉籍华侨参与创办的报
刊达25家，但大部分因销路问题，出版仅数月或一、二年即停刊，出版时间较长
且有影响的报刊，首推清宣统三年（1911）春创办的《公理报》，后成为菲律宾中
国同盟会、中国国民党驻菲总支部机关报。民国8年（1919），傅无闷主编的《平
民日报》问世，该报辟有福建新闻版、资料丰富，印刷清晰，很受华侨欢迎。同年
12月，小吕宋中华商务总会会长李清泉先后创办《华侨商报》《新闻日报》，注
重经济信息，开展建设新福建，救乡运动宣传，经常报道泉州侨乡状况，成为菲律
宾销售量最多的华文报纸。日军侵占菲律宾后，各报均被迫停刊。

日本占领时期，菲华抗日团体创办一系列半公开或"地下"报刊，主要有劳联
会创办的《华侨导报》，华商抗日反奸同盟主办的《华侨公报》，华侨抗日反奸大
同盟主办的《工作与学习》，华侨抗日游击支队主办的《华侨之光》以及《南岛日

报》《群星壁报》《战讯》《自由报》《解放报》等小报，这些抗日报刊及编辑人员，大多数是泉（永）籍华侨。

民国34年至38年（1945—1949），先后复刊，创办的华文报刊有27家，大部分是泉（永）籍华侨主办。

1973年以后，永春县华侨参与创办的华文报刊主要有：《联合日报》《世界日报》《菲华时报》《商报》等。

第三章　社团

第一节　永春主要海外社团

永春县海外华侨华人不仅历史悠久，而且人数众多。由此以地缘、血缘、商缘、文缘等各种缘由组建形成的同乡会、宗亲会、联谊会、商会，行业社团、慈善公益社团已达118个。

永春县华侨社团，始终秉持"敦亲睦族、团结互助、维护权益、共同发展、爱国爱乡、情系桑梓"的基本宗旨。在联络乡情，积极融入住在国社会，共谋社会福利，为同乡人寻找职业，排忧解难，推动住在国与祖国的友好往来，关心家乡的社会经济发展，传承中华民族传统文化，支持祖国统一大业等方面，作出了突出贡献，产生了巨大影响。

海外永春县华侨聚居较多的地方先后设有永春同乡会、永春公会或永春会馆组织，居住较为分散、人数较少的地方，不具备设立同乡会条件的永春县华侨则参加福建社团组织。

永春县主要海外宗乡社团名称及成立时间：

一、世界性永春社团（1个）

1. 世界永春社团联谊会（1993）

二、亚洲地区永春社团（57个）

1. 马来西亚永春联合会（1957）（39个）

（下属会馆会员单位30个，桃源俱乐部8个）

2. 马六甲永春会馆（1800）

3. 纳闽永春会馆（1890）

4. 雪兰莪永春会馆（1892）

5. 巴冬永春会馆（1892）

6. 麻坡永春会馆（1894）

7. 森美兰永春会馆（1895）

8. 瓜拉庇朥永春会馆（1910）

9. 峇株巴辖永春会馆（1920）

10. 马六甲桃源俱乐部（1921）

11. 柔河永春公会（1922）

12. 丹绒马林永春公会（1922）

13. 昔加末桃源俱乐部（1923）

14. 霹雳永春公会（1925）

15. 东甲永春会馆（1925）

16. 麻坡桃源俱乐部（1927）

17. 吉隆坡永春会馆（1928）

18. 新加兰永春会馆（1928）

19. 马日丹娜桃源俱乐部（1928）

20. 文冬永春会馆（1930）

21. 北马永春会馆（1932）

22. 居銮桃源俱乐部（1932）

23. 新山永德会馆（1938）

24. 居銮永春公会（1938）

25. 新文龙永春会馆（1938）

26. 昔加末永春会馆（1952）

27. 雪兰莪桃源俱乐部（1956）

28. 柔佛州永春总会（1956）

29. 东甲桃源俱乐部（1964）

30. 吉兰丹永春会馆（1965）

31. 笨珍永春会馆（1966）

32. 关丹永春会馆（1971）

33. 峇株巴辖桃源俱乐部（1979）

34. 上霹雳永春公会（1983）

35. 沙巴永春会馆（1996）

36. 雪兰莪万挠永春会馆（2009）

37. 新邦令金永春会馆（2012）

38. 沙巴斗湖永春会馆（2015）

39. 沙白安南永春会馆（2020）

印度尼西亚（9个）

1. 棉兰永春公会（1919）

2. 苏甲巫眉永春公所（1927）

3. 雅加达永春公会（1947）

4. 印尼永春同乡联谊会（2000）

暂缺资料的永春印尼社团（5个）

5. 巴东华侨公会（？）

6. 展玉永春会馆（1953）

7. 茂物永春同乡联谊会（2005）

8. 望加锡永春公会（？）

9. 三马林达永春公会（？）

新加坡（1个）

1. 新加坡永春会馆（1867）

菲律宾（2个）

1. 菲律宾永春同乡会（1930）

2. 永春县各学校菲律宾校友联谊会（2012）

越南（2个）

1. 越南永春同乡会（1970）

2. 越南胡志明市永春友爱相济会（1973）

泰国（1个）

1. 泰国永春同乡会（2009）

柬埔寨（1个）

1. 柬埔寨永春华侨联合会（2020）

三、大洋洲地区永春社团（1个）

1. 澳大利亚永春同乡会（2005）

四、美洲地区永春社团（1个）

1. 加拿大永春同乡会（2014）

五、欧洲地区永春社团（1个）

1. 英国永春同乡会（2018）

第二节　社团选介

本节社团选介：一是世永联及其9个海外国家团体成员。二是马来西亚永春联合会所属30个同乡社团。三是永春县各学校菲律宾校友联谊会。四是近年新成立的柬埔寨永春华侨联合会，共计42个。

一、世永联及其海外主要国家团体成员

（一）世界永春社团联谊会

为适应全球性形势的发展，促进全世界永春人的紧密联系与团结，加强各地经济合作的信息交流，谋求共同发展。由马来西亚永春联合会发起，倡议成立一个世界性的永春同乡组织，得到世界各地永春县华侨宗乡社团积极响应。永春县人民政府给予大力支持，由永春县政府侨务办公室负责具体筹备和联络工作，会同马来西亚永春联合会共同草拟世永联章程草案。1993年11月18日在永春县召开首届代表大会，出席会议来自世界各地46个社团代表400多人，宣告成立"世界永春社团联谊会"，马来西亚永联会会长林国璋被推举担任第一任"世永联"会长。

创会宗旨：增进世界各地永春宗乡社团的联系，敦睦乡谊；弘扬中华文化，促进会务、文化、体育交流；互通商务资讯，加强经济合作。

2014年3月，"世永联"第十届第一次常务理事会决定在家乡永春县建设"世永联"大厦，得到永春县委、县政府大力支持，项目由永春县政府无偿提供建设用地（估价约1500万元），地处永春县桃源南路与南环路交界处的永春县榜德工业

区中心地段,规划用地面积 5873 ㎡,建筑规模 16 层,建筑总面积 3996.89 ㎡,主体工程建设费用 4233.9052 万元人民币。"世永联"各会员单位和海外侨亲共同筹捐建设资金。"世永联"大厦于 2017 年 9 月 10 日正式开工建设,2018 年 10 月 29 日封顶,目前正在装修。该大厦投用后将成为海内外永春人共同的家,成为海外社团、旅外乡亲联谊交流、对接合作、宣传展示、慈善公益的新平台。

历任会长:林国璋(马来西亚)、林曼椿(新加坡)、黄金如(台北)、陈建安(菲律宾)、陈荣助(香港)、郑福成(马来西亚)、陈秀明(印尼)、郑桂发(新加坡)、陈银枝〔(2010.10—2010.11)、黄金豹(2010.11—2012.09)、台北〕、郭从愿(菲律宾)、陈章明(香港)、张志民(澳门)、许世经(印尼)、郑瑞开(马来西亚)。

"世永联"历经三十载,已经在中国、马来西亚、印尼、新加坡、菲律宾 5 个国家和港澳台 3 个地区举办过 14 届代表大会,(其中因疫情影响,13 届代表大会在印尼以线上会议召开),轮值乡团从成立时的 5 个国家、3 个地区发展壮大到现在的 8 个国家、3 个地区,团体会员从成立时的 5 个发展到现在的 13 个,董事成员也从开始的 100 位发展到现在的 480 位,"世永联"从以联络乡谊为主要内容,发展为有主题、有交流、互通信息、增进了解、寻求合作的大舞台。

"世永联"现有马来西亚永春联合会、印尼永春同乡联谊会、新加坡永春会馆、菲律宾永春同乡总会、泰国永春同乡会、越南永春会馆、澳洲永春同乡会、加拿大永春同乡会、英国永春同乡会共 9 个海外国家团体成员,依序分而述之。(港澳台 3 个地区同乡会另章记述)

(二)马来西亚永春联合会

创立于 1957 年,1959 年 4 月 7 日获准正式注册,名称为"马来亚永春联合会";1963 年 6 月 19 日,马来亚联邦、新加坡、北婆罗洲(沙巴)和沙捞越组成新兴国家——马来西亚。1964 年 8 月 20 日,该会改名为"马来西亚永春联合会";1965 年,新加坡退出马来西亚,单独建国。该会于 1967 年 8 月 19 日易名为"马来西亚新加坡永春联合会";1974 年再次改回原名"马来西亚永春联合会",成为马来西亚永春社团组织最高机构。

该会创会宗旨:联络、团结各地乡会,增进乡谊;继承和发扬民族传统文化;共谋乡亲福利,提高永春人的经济地位。

该会成立以来，会务活跃。1958 年设立大学奖学金，致力于资助家境清贫、学业成绩优良且有志向学业同乡子女。1975 年 8 月 7 日成立青年团，推举林源瑞任团长，随后由郑孝洁、郑金送、王成宗、黄声江、施澹北、郑金财、陈振福、刘建万、吕贵进、王文海、李德华、郑敬梓接任团长。青年团致力于培养接班人，积极推广有益身心健康的文教、体育活动。目前固定的活动有"丹斯里李延年博士杯"乒乓球锦标赛，全国华文书画比赛，全国华语演讲赛等；举办嘉华年会，组织访问团访问各地乡会，以及组织领袖训练营等活动；1982 年出版成立 25 周年银禧纪念特刊；1986 年成立社会、经济、教育及文化 4 个小组，参加马来西亚全国华团华教活动。是 1985 年全马华团联合宣言 27 个签名团体之一；1986 年参与设立"林连玉基金会"；1994 年 5 月 29 日成立妇女组。首任主席蔡淑芬，第二任主席吴秀芹，第三任主席陈月馨，第四任主席郑素芬，第五任主席许香雪，第六任主席林雅伴。

该会是"世永联"发起单位之一。1993 年，该会会长林国璋当选为"世永联"第一任会长，郑福成接任"世永联"第 6 届会长之职。两届秘书长、财政均由尤培胜、林云南担任。郑瑞开接任"世永联"第 14 届会长。第 14 届秘书长吕贵进，财政陈体运。在马六甲、吉隆坡及布城承办第二届、第七届、十四届"世永联"代表大会。

历任会长：李延年、周瑞标、黄美才、林国璋、郑孝洁、郑福成、郑永传、林云南、郑瑞开等。

截至 2023 年 12 月，马来西亚永春联合会拥有永春会馆会员单位 30 个、桃源俱乐部 8 个、家族会 22 个。

马来西亚永春联合会及其属会与家乡保持紧密联系，对家乡公益事业不遗余力予以支持，1978 年以来捐资 213.521 万元支持永春县侨联会所建设。

（三）印尼永春同乡联谊会

2004 年 6 月 16 日创立。创会宗旨：团结乡亲、联系乡情，服务地方，繁荣经济。1946 年，印尼已经成立"印度尼西亚椰城永春公会"及苏甲巫眉、展玉、棉兰、锡江、三马林达等地永春同乡组织。1967 年，因时局因素，印度尼西亚椰城永春公会和其他华族社团尽遭印尼当局解散。2000 年，印尼各华人社团相继恢复活动。经过 3 年多的精心筹备，全印尼的永春同乡联谊会得以正式成立。首任会长陈秀明。在陈秀明会长带头捐资下，印尼永春华侨慷慨解囊，热心捐资在雅加达繁华市区购置地皮新建一幢建筑面积700多平方米的三层会所，是社区中最新最具特色的建筑，会长陈秀明还捐赠自己珍藏的十几幅中国古代著名书画布置会所。

该会成立以后，秉承宗旨，服务社会，造福人群，在世界华联大团结的原则下，积极融入当地社会与当地民众共同合作。除了增强乡亲间的友谊互助、团结和凝聚力，谋求共同福利外，加强与印尼各社团的联系与交流，为促进世界各地永春同乡的友好联系和合作，为促进印尼民族和睦与文化、经济等建设努力作出贡献。侨亲在事业成功，经济改善之余，不忘热心公益，积极参与各项慈善事业，对侨居地的贡献及对家乡的捐赠，不遗余力，不落人后。2007年12月6日在北京人民大会堂召开第三届杰出华商大会，印尼华裔总会总主席许世经出席成立大会，并在开幕上发布"全球华商500强印尼行"活动新闻。2008年，该会主办"世永联"第八届会员代表大会。2014年，该会隆重举行创会67周年，复会10周年及新任理监事就职典礼，同时举办经济交流论坛。永春县政协主席康思坚率团祝贺。

历任会长：陈秀明、许世经等。

2021年，因疫情原因，该会线上主办了第十三届"世永联"代表大会。

（四）新加坡永春会馆

清同治六年（1867）创立，为新加坡历史最久远社团之一，发起人为侨亲陈明水等人。创会宗旨：互爱互助，联系乡情。振穷救乏，排难解纷，举办慈善公益事业等。

该会馆自创立以来，致力会所建设。清光绪十四年（1888），购买美芝路457号店屋作为会址，并推举陈馨先、李清池、李登坚、陈应权、陈佑、林缘、黄悟等人为产业信托人。清光绪三十一年（1905），原址房屋狭窄不敷使用，会馆发动筹款募捐购买厦门街105号现址，修葺一新后迁入办公，并举行落成典礼，勒碑留念。1957年重建四层楼新会所，一、二楼出租增加收入。2015年投入新币150万元翻新会馆大厦，增添电梯及太阳能发电，创本地社团绿能供电之先例。2019年设立会馆维修基金，确保会馆基业永固。

该会馆自创立以来，重视华文教育。清光绪十三年（1885），乡贤李清渊、李俊源父子创办凤裕义学和俊源学校。进入20世纪初期，会馆在会所内创办鼎新学校，解决永春侨亲子女接受华文教育问题。1954年，会馆设立教育福利基金，2017年设立"永春会馆大学助学金"，惠及侨亲品学兼优学子，激励他们激励上进。

该会馆自创立以来，弘扬会馆文化。1987年筹办会馆成立120周年纪念大典，出版图文并茂精装版纪念专刊。1992年，筹办会馆成立125周年纪念庆典。2007年会馆庆祝成立140周年庆典。2012年会馆成立新春合唱团。2017年，举办会馆成立150周年庆典活动，出版《永日长春》纪念专集。2022年，举办会馆成立155周年庆典活动，与桃源俱乐部共同汇编《世伴乡缘》专辑。

该会馆自创立以来，完善机构建设，1962年成立互助会。1995年改革会务，修改入会条例、降低入会费，取消年捐制，把招募对象扩大到原籍永春新移民，1996年一年内便招收了200余名新会员。2014年1月1日成立青年团，5月25日成立妇女组。协助母会开展各项有益活动。

该会馆自创立以来，坚持民族大义。辛亥革命时，响应民主革命先行者孙中山的号召，发动旅新永春侨亲捐款捐物支持辛亥革命。民国17年（1928），反对永春民军残暴统治，致函南洋各地永春会团，齐聚新加坡商议救乡良策，议后成立南洋永春救乡总会，推举代表回国促请省政府派兵入永剿匪。致电国民政府十九路军，历数悍匪陈国辉祸永罪行。陈匪终被拘押枪决。抗战期间，会馆发动侨亲参加救国活动，捐款捐物支援祖（籍）国抗战，参与组织52名永春县华侨机工到滇缅公路支援抗战，抢运兵员和物质。

该会馆自创立以来，加强联谊工作。组团走访马来西亚、印尼、菲律宾、泰国各地永春乡会。支持成立"世永联"，是"世永联"创始会员之一，主办第三届、第九届"世永联"代表大会。加强与祖（籍）国联谊联络活动，向中国大陆水灾、四川汶川地震灾区捐款捐物。加强与祖（籍）地永春县联谊联络，邀请永春县白鹤拳师赴新授艺、邀请永春县青少年文化交流访问团赴新参观访问、主办旅游探亲团回家乡寻根谒祖、捐款支持永春县侨联大厦建设，疫情期间捐赠医用物资驰援家乡抗疫，发动旅新永春县华侨捐款支持永春县各项公益事业。

历任会长：李清渊、陈辉相、李俊承、李有福、王声世、陈义明、陈新荣、林曼椿、郑炳贤、郑建成、颜迄桦等。

（五）菲律宾永春同乡会

成立于民国19年（1930）。创会宗旨：联络乡谊，患难相扶，团结互助。主要发起人为陈礽石（岵山人），郑崇仰、郑崇玉、郑世贞（夹际人），郑万牟、郑世华（桃城人），陈承佐（仙夹人），黄祖迈（卿园人）。

该会初成立时人数不逾二百人,第一届理事长郑崇仰。然立会十几年,已有独特表现。日军南侵占领菲岛后,会务停顿,会务资料毁于兵燹,无片纸只字可稽,为该会历史上一大憾事。

1948年复办,第二十九届理事长陈文成倡建新会所,建筑面积200平方米,共四层钢筋水泥大楼,位于(扶西阿襖山度示)大街2024至2030号原会所旧址。

该会为团结乡亲,联络乡谊以及促进中菲友谊开展多项活动。祖(籍)国改革开放后,频频组团回乡寻根谒祖,参加家乡芦柑节,组织二、三代青年寻根,使年轻一代数典不忘祖,增强对祖(籍)国的向心力。同时,组织旅菲侨亲捐资兴建永春大桥、捐资参与修建永春县岵山到南安华美水泥路,组织捐资重建仙夹中学教师宿舍,扩建永春二中学校,捐资支持"世永联"大厦,捐资参与兴建永春侨联大厦等公益事业。捐资总额达到人民币2300多万元,其中侨亲陈建绪捐建永春二中1000多万元,郭从愿会长捐建仙夹教师宿舍重建、世永联大厦、岵华公路改造等项目870万元,周清琦家族捐献300万元,为促进家乡永春经济社会发展作出贡献。

该会注重培养年轻一代,长江后浪推前浪,青年俊彦不断涌现,事业发展欣欣向荣,生机勃勃。在旅菲华侨社团中,菲律宾永春同乡会人数虽不占优,但却不甘人后;在关心乡亲,关爱桑梓,服务社会等作出的贡献有目共睹。

历任理事长:郑崇仰、陈敬志、陈承礼、黄成阶、陈传词、郑鸿善、陈世华、郑启芬、陈经略、郑耀堦、郑碧旋、陈文伊、郑启芳、陈文成、郑泗强、郑克敏、陈锦成、郭从愿、陈建安、郑泗维、陈建东、孟永刚及现任会长郭从旺等。

该会是"世永联"团体会员,主办过第四、十届代表大会。

(六)泰国永春同乡会

旅泰永春县华侨因居住过于分散,历史上没有单设永春同乡组织,参与的会馆组织是福建会馆,该会馆在泰南各地设有联络站。永春县桃溪人周昌江拿督曾任泰国福建会馆副理事长。

1980年,永春人聚居较多的泰国勿洞县成立勿洞福建会馆,首任理事长由周昌江担任。由于得到大家信任与支持,周昌江连续担任十届理事长,历时20年。

2009年10月,泰国永春同乡会在勿洞县成立。以促进永春县华侨后裔对家乡寻根谒祖及加深正确的认识为宗旨。该会成立后即申请加入并参与"世永联"轮值,获"世永联"第八届代表大会批准成为"世永联"团体会员。在成立典礼上，北马永春会馆丹斯里陈坤海现场见证。

首任会长由拿督周昌江担任。

（七）越南永春会馆

清末民初，永春县华侨移居越南陆续增多，先辈们为照顾新来乡亲，并使其稳定生活和创业，民国7年（1918）在越南西贡郊区购买一座农庄以建立永春祠堂。祠堂里安置旅越先故友灵牌，免费安葬同乡故人。祠堂每年春秋两祭掷杯选炉主以保持传统祭拜，会聚乡亲共同进餐。直至2008年，越南政府为环保事宜，规划地域为建设无污染美观都市，永春祠堂需拆迁，在许永成会长暨理事会的力争下，越南政府补偿11亿越币，因此，永春祠堂被迁至离市区四十公里外的隆安省，另建一座新祠堂。政府准予已故永春县华侨火葬安置骨灰在祠堂内，至于土葬要有攻府许可证才能安置。新祠堂已于2011年竣工完成。

越南永春会馆原名"越南永春同乡会"，于1970年成立，1975年越南统一，1978年排华，同乡会停止活动。直至1985年才恢复活动，同乡会也易名为"永春友爱相济会"。

该会拥有完整章程，对社团活动与宗旨组织权利和义务，敬老奖学以及其他事宜作了详尽的规定，有完善的组织机构，目的在于管理好祠堂。理事会每届3年，可连选连任。

理事会每年正月初二举行团拜会，每年两次在祠堂举行春秋之祭，全体理事都应参加，并协助做好各项工作，青年乡亲都可以参加友爱相济会。理事会对同乡老人给予敬重、祝福，对同乡子弟学习优异者给予奖励，对同乡丧逝者给予关怀，对需要帮助者给予力所能及的帮助，理事会对祠堂加以保管和维护。

2011年，正式成立乡会，仍然维持先辈宗旨不变，不负乡亲们的关怀，乡亲如遇喜事邀请理事会参加，乡会理事必定到场祝贺；如遇丧事告知理事会，乡会理事必定到场扶助拜祭。

2012年，"永春友爱相济会"更名为"越南永春会馆"。

历任会长（理事长）：李宝魁、吴祖裁、洪生财、林立园、黄国璋、许永成等。

该会是"世永联"的团体会员。

（八）澳洲永春同乡会

2004 年 3 月，澳洲著名侨领邱维廉，原福建会馆主席叶式礼暨数十位旅澳永春侨亲倡议并筹备成立永春同乡会，以改变永春县华侨没有同乡社团的现象。经向澳洲政府申请获批准成立。澳洲永春同乡会章程由魏荣明主笔草拟，经四次修改，2005 年春节举行新春联欢晚会上表决通过，并同时投票选举，魏荣明当选为首届会长。梁文杰、陈红勇、尤进旺、林文卿当选为副会长。张良颖当选为监事长，吴少杰任秘书长。澳洲中国和平统一促进会会长邱维廉为永远名誉会长。

2005 年 9 月 19 日在悉尼举行澳洲永春同乡会成立大会暨第一届理监事就职典礼，时任永春县人民政府县长陈泽荣率团赴澳庆贺。

2007 年中秋换届，魏荣明连任会长，张良颖连任监事长，尤进旺、林文卿、梁文杰、陈红勇连任副会长。李清湖新当选副会长。邱庭坚新当选为副监事长。吴少杰连任秘书，周毅新任副秘书长。

2009 年春节换届，林佐然新当选为第三届同乡会会长，李清湖、尤进旺、陈红勇、梁文杰连任副会长。吴少杰新当选为副会长，李天送新当选为监事长，林文卿、李筱华当选为副监事长。魏荣明当选为永远荣誉会长，张良颖为荣誉会长。周毅为秘书长，李晓喻和汤宏伟当选为副秘书长。

2011 年春节换届，尤进旺新当选为第四届同乡会会长。李清湖、林文卿、陈红勇、吴少杰、李少华、陈智明、薛裕生当选为副会长、梁文杰为监事长，邱庭坚、郑正坚当选为副监事长。邱维廉、魏荣明为永远荣誉会长，林佐然、尤志丰、张良颖、林许国、李天送、洪永裕、刘双在、郑墘坤为荣誉会长。永春县县长蔡萌芽率团赴澳祝贺。

该会是"世永联"团体会员。

（九）加拿大永春同乡会

2014 年 10 月 15 日，加拿大永春同乡会在加拿大第一大城市多伦多市隆重成立，这是北美地区成立的第一个永春县华侨同乡社团。

加拿大永春同乡会总部设于加拿大安大略省多伦多市，首届创会会长陈丙丁。叶美幼、陈炳树、郑振勇、颜福华、黄树仁、郑秀明担任副会长，张传炯任秘书长，李婉霞任财务，并聘请詹文义、林立、魏成义、张桂芳、陈章明、洪天国为顾问。

在举行庆典大会时，中共福建泉州市常委陈沈阳，永春县委书记林锦明，香港永春同乡会会长陈章明分别率领庆贺团专程到场祝贺。中国驻多伦多总领馆房利总领事应邀出席成立大会，钟洪糯领事陪同。加拿大联邦参议员胡子修、安大略省议员黄素梅、包坚信、万锦市市长斯皮长蒂和市议员李振光、赵善江、陈志辉，多伦多华联总会主席魏成义及各界嘉宾、侨胞 300 多人出席。

加拿大永春同乡会的成立，为旅居加拿大的永春县华侨华人建立了一个互相联络、增进乡谊、促进家乡社会经济发展和发扬中华特色文化传统的平台，同时为增进加中友好合作交流事业作出贡献。

该会是"世永联"团体会员。会长陈丙丁荣任"世永联"名誉会长，9 位会员荣任理事。自加拿大永春同乡会成立以来，先后派出代表团参加"世永联"第十一届、十二届、十三届、十四届代表大会，增进与海内外永春乡亲乡谊和友好往来，并为"世永联"大厦筹建认捐 20 万人民币。

2015 年 9 月 2 日、2017 年 10 月 28 日，加拿大永春同乡会分别举行成立一周年、三周年庆典活动，时任永春县县长蔡萌芽、副县长周少华分别率领庆贺团前往庆贺。三周年庆典活动中，加拿大永春同乡会增选张宝忠为名誉会长；尤裕生、黄陈英鸾、潘文革、潘滋东、余玉群为副会长；郭惠丽、郑子山、张峥嵘、张佳铿、尤龙斌、施桂花为理事。

2019 年，加拿大永春同乡会成立"加拿大永春白鹤文化社"，为加中文化交流搭建一个新的平台。

加拿大永春同乡会增强与家乡联络联谊，疫情期间，黄树仁副会长特地捐款 1000 加元购买防疫口罩支持家乡抗疫工作。

（十）英国永春同乡会

2018 年 10 月 21 日，英国永春同乡会举办成立暨首届理事会就职庆典活动，陈良才任首届会长，永春县政协四级调研员、侨联主席黄万民参加由县委副书记高金全率领的永春县庆贺团前往祝贺。

英国永春同乡会是旅居欧洲的永春侨亲第一个成立的宗乡社团，实现了在欧洲地区永春同乡会零的突破，具有深远的意义。

英国永春同乡会自成立以来，秉承宗旨，致力维护旅英永春侨胞的利益，推动积极融入当地社会与当地民众共同合作，致力于推动中英友好联系与合作，申请加入"世永联"，成为"世永联"团体成员，会长陈良才还担任"世永联"副会长。

英国永春同乡会自成立以来，注重加强与祖（籍）国的联络联谊工作。不断促进与家乡永春的联谊交流，除了与家乡侨务部门保持密切沟通联系外，2023 年 1 月 24 日，会长陈良才返乡参加岵山镇举办的海峡花卉产业园招商推介会，为家乡经济发展出谋献策。

二、知名永春宗乡社团

（一）马六甲永春会馆

成立于清嘉庆 5 年（1800），创会宗旨：联络南来邑人，以睦乡情；发动邑人贤达，出钱出力；声力相投，守望相助；共谋桑梓福利；发展民族教育，培养学子。

清光绪元年（1875），该馆重修落成，一度因创立年代已不可考，众乡贤皆以会馆重修年定为创会年，约定俗成。直至发现《福建省志》记载该馆在清嘉庆 5 年（1800）成立，才就此确定具体创馆时间为清嘉庆五年（1800），创馆发起人为李桂林、陈宪章等。

该会成立后，在联系同乡、捐资兴学、举办福利事业以及协助寻找职业等方面作出成绩。创办育民小学，服务乡侨。日本南侵，马六甲沦陷，会务陷于停顿。光复后会务进入正轨。育民小学发展尤快，增办中学部、师范班，后又增设高中部，兴建中学部校舍、礼堂。1971 年成立青年团，1995 年成立妇女组。

1975 年举行 100 周年会庆，有铜军乐队大游行体育活动，出版重修会馆 100 周年纪念特刊等。1995 年 8 月 26 日举行会馆重修 120 周年纪念活动，同时由马来西亚永春联合会主办，举行第 2 届"世永联"代表大会，选举新加坡永春会馆主席林曼椿为会长。

历任会长：（二战前）李桂林、李庆烈、姚金水、陈思宋（1936 年改任主席）；（二战后）郑奕略、刘两、陈清水、林源瑞、宋德祥、颜贞强等。

会馆会务活跃，与祖籍国保持紧密联系，1992 年 5 月 28 日，属下"永春企业有限公司"与来访的永春县代表团中的外贸公司签订贸易总经销永春土产与特产合作意向书；2007 年 7 月 29 日接待来访的永春县青少年文化交流团一行 21 人；2008 年 6 月拨出马币 10000 元赈济汶川地震灾区，会馆职委、青年团及妇女组理事另捐马币 10000 元；多次接待家乡来访团组，敦睦乡谊；多次组织寻根之旅访问团，为家乡公益事业及永春县侨联会所建设贡献力量。

2000 年 9 月 6 日，举行 200 周年会庆，永春县委书记张贻伦率团祝贺。

（二）纳闽永春会馆

纳闽永春会馆的前身是永春乡联社，成立于清光绪十六年（1890），纳闽乡联社的创办人为张滋吉、张滋端、洪长树和李德民（时任当时纳闽华人甲必丹）。成立乡联社主要目的是照顾从中国来的同乡，提供暂时住所和工作，团结乡亲，协助办理白事如葬礼等，以及与当地政府沟通等事宜。会址设在纳闽永春祠堂附近，后改名为永春会馆。

第二次世界大战期间，日军南侵占领纳闽岛，大部分商店、建筑物尽遭日军摧毁。直至日军投降，联军回到纳闽，商业才开始复苏。人们开始大兴土木，医治战争创伤。乡贤张仕林再次连同张隋邹、林圣诞和张文旭，重新成立永春会馆筹委会，张仕林被选担任九届16年的会馆主席。纳闽永春会馆在张仕林领导下，得到来自纳闽、沙巴、文莱、新加坡等地的永春同乡慷慨乐捐，集合大家财力并向银行贷款买下现在的角落间两层店屋，正式拥有自己的会所。

1959年纳闽永春会馆新会所正式启用。于1966年5月16日正式获得马来西亚政府注册局批准。为了照顾同乡会员的福利提升同乡子弟的学业，以再穷不能穷教育的理念，相信只有通过教育才能改进个人的生活和命运，1972年开始设立会员子女奖励金。1972年第一届会员子女奖励金发放邀请到当年大马驻纳闽空军司令孙年青乡贤主持领奖礼。

1988年该会馆成立青年团和妇女组，协助母会开展体育运动，传承中华文化和开展其他各项运动。

会馆历届会长：张仕林、张徕福、林梅芳、陈俊豪、孙文华、张传万、张詠翔、张合源、孙玉庭、黄金泰、吴奕铭等。

会馆积极组织和推动与祖籍国交流联谊活动，亦对永春县侨联会所建设作出贡献。

（三）雪兰莪永春会馆

该会馆创立于清光绪十八年（1892），原名永春公司，拥有亚巴屋数间，借以联络乡情，患难以共。

创会宗旨：联络乡情、团结互助、发展教育、共谋同乡福利。

清宣统二年（1910），鉴于原会所不能适应会务要求，故乡贤议决翻修会所、募集资金动工翻建三间两层新的店屋。民国元年（1912）广招会员，修订章程，民国4年（1915）易名为"雪兰莪永春会所"。民国17年（1928）改总理制为委员制，受当地政府华民政务司委托，处理同乡种种纠纷之事，因调解公平，受政府当局重视。民国22年（1933），会所免费供给共和学校作为校舍，长达10多年。日军南侵时会务陷于停顿。民国34年（1945）8月15日日军宣布无条件投降后会馆恢复活动。民国35年（1946）改订会馆章程，重新注册，增设互助部。1969年筹建新址，1972年举行庆祝建所80周年纪念活动。1976年建成会所大厦，1992年再次定为今名。

该会设有青年团、妇女组、福利组、经济组等机构，拥有会员5000多名，设有大专贷学金，资助会员子女，会务蒸蒸日上。1992年5月23日举办100周年纪念大游行和盛大宴会以示庆祝。该会除了照顾会员福利外，举凡赈贫恤老、社会慈善、教育事业等等，莫不尽力而为。

历任会长（主席）：李文槟、林汝谦、颜泽枯、郑天祥、黄文汉、陈有光、陈佐炮、陈德水、黄锦标、颜玉玲、林玉静、黄美才、林进金、吕士森、李平福、黄华民、林金保、吕贵进等。

该会会务活跃，与祖籍国保持着紧密的联系，多次组团回乡寻根谒祖以及参加侨捐工程庆典等活动，亦对永春县侨联会所建设作出贡献。

（四）巴冬永春会馆

巴冬永春会馆成立时间有二说，一说成立于清光绪十八年（1892），另一说根据郑名烈所著"拓荒、扎根"一系列武吉巴西永德公塚与地方拓殖史所载，巴冬永春会馆成立于清光绪八年（1882）年。

创会宗旨：联络乡谊，为同乡谋福利。

巴冬系当时柔北区的行政中心和首府，直到清光绪十一年（1885）爪哇人进入，进行耕荒，到清光绪二十三年（1877）统一麻坡后，才逐渐向麻坡倾斜，遂改称巴力爪哇，不过华人社会仍习惯称巴冬。

据先辈反映，会馆即公所，为南来北往的乡亲或则家乡南来的新客提供驿站，歇脚之地，继而为他们寻找族亲、住宿、工作生活的安排，对南来移民华工开疆拓土，扮演了极大的社会功能。

1957年在余其昌会长带领下，募集资金，位于巴冬大街堂2楼新会所落成，时任麻坡局绅余金鉴主持剪彩开幕。

1965 年林礼道任会长，会务活跃，会员增至 500 多名。1977 年成立青年团，拥有实力强大的羽毛球队，曾荣获柔佛州总球类赛羽球组数届冠军。会馆又设立中小学奖励金，鼓励学业成绩优良的会员子女。

林礼道出任会馆主席至 2004 年荣休卸任，前后 40 年，为会馆出钱出力，建设会馆经济基础，打下坚实基础，居功至伟。

2005 年林金保出任会馆主席，于 2008 年 4 月购买两幢相连店屋，底层出租，楼上辟为新会所和活动中心。2009 年成立妇女组。

会馆关心华校教育事业发展，周围地区数所华小重建、中华中学百年校庆等一系列活动，会馆共捐出建校基金 500 万元令吉。

会馆加强与祖籍国及家乡永春联谊交流活动，2008 年汶川大地震，会馆和众乡亲捐资人民币 12000 元赈济灾区。

（五）麻坡永春会馆

创立于清光绪二十年（1894），由乡贤李庆烈等发起创立。创会宗旨：联络同乡感情，并为南来同乡安排工作，沟通消息，谋求出路，互相扶助，开办学校。清光绪三十一年（1905），会所采用总理制。民国 16 年（1927）由刘贝秀、郑文炳等乡贤发起组织桃源俱乐部。民国 21 年（1932）1 月 1 日新会馆落成，并定此日为纪念日。另购置 7 英亩土地，供同乡建筑住房与烟房。

"七七事变"后，日本入侵中国，华侨爱国心切，颜迥华、郑文炳、郑文专、林杉卿、林太宗、郭诗善、李尚贤等乡贤，出面领导侨众，成立救济祖国难民委员会，发动捐款献衣，救济祖国难民，征集永春华侨机工 52 名，由刘贝锦带队回国效劳，奋战在滇缅运输线上，浴血奋战，作出贡献。南京国民政府主席林森亲笔题赠"爱国爱乡"牌匾一方，悬挂于该会礼堂内。民国 28 年（1939），会馆集资组织永利种植有限公司，垦荒种植橡胶与木薯，在日军占领时期，对解决麻地粮荒起了很大作用。日军占领期间，特务及其走狗，怀恨麻坡人民曾为抗日出钱出力，会馆领导人郑文炳、颜迥华等人惨遭杀害，会务停顿。

民国 34 年（1945）日本投降，翌年会馆复办，大力支持华文教育，先后设立小学助学金和中学奖、助学金，资助家境贫困会员子女。捐助南洋大学、中化中学，参加筹募马来西亚永春联合会大学奖、贷学金等。1967 年组织百人铜乐队，蜚声全马。1968 年组织青年团，培养接班人。1969 年，筹募修建会馆，使之焕然一新。

1989 年，成立"永春教育基金委员会"，策划成立大学贷学会。1993 年 5 月 23 日，妇女组召开组员大会，成立首届理事会。2010 年，修改章程以董事制取代执监事制。2014 年，举办会馆成立 120 周年纪念活动。

历任主席（会长）：郑文炳、刘在川、颜通闻、林振水、刘国七、余金鑑、郑蜊、刘金钟、刘庆礼、郑孝清、刘金新、林尊生、颜保强等。

会馆与祖籍国保持良好联谊关系，对家乡和永春侨联会所建设亦作出贡献。

（六）森美兰永春会馆

清光绪二十一年（1895），森美兰州芙蓉市区扩大，永春乡亲所供奉之张公法主公宫庙需要拆迁。乡贤李祚、李光慎、李俊恩等人推动筹募资金，于清光绪 21 年（1895）建成森美兰永春会馆馆所，后座供奉张公圣君，并购置店屋生息，为经常费用作长久之计。

创会宗旨：联络乡人、聚会联谊、共谋同乡福利。

第二次世界大战，日军南侵致会务停顿，且痛失建馆历史资料。日军无条件投降后，会务转趋正常，并进入发展期。1976 年会馆筹集资金，购置胶园产业，并于 1992 年扩建新会所，随后成立青年团、妇女组等机构，开展乒乓球赛等各项文体活动。

历任会长（主席）：李章申、李文彬、林鸿鸿、陈永明、蔡文送等。

该会积极推动与祖籍国联谊交往活动，2011 年 6 月，组织回乡旅游省亲团一行 84 人，回永春探亲访问，故乡之行，让侨亲们留下深刻印象。亦对日后捐资家乡公益事业及永春县侨联会所建设作出贡献。

（七）瓜拉庇朥永春公所

该公所成立于宣统二年（1910），创始人为陈章溜、李克甘和李载等乡贤。

创会宗旨：照顾南来同乡，为他们介绍职业，提供安居，医疗照顾及返乡等，联络乡谊，为同乡谋福利。

民国 9 年（1920），筹款购得力士打律门牌 89 号双层店屋为会所。

民国 14 年（1925），公所重视教育，开办一所初级小学（一至四年级）让来瓜拉庇朥的永春子弟求学，一切教师薪金和行政费用由公所负责，是庇朥开埠第一间华文小学，华教的先驱。民国 18 年（1929）由初小扩展到高小，民国 24 年（1935）进一步开办初级中学。

民国 30 年（1941）太平洋战争爆发，庇朥被日军占领长达 3 年 8 个月。会所被征用辟为"维持会"办事处，会务完全停顿，公所文件资料、历史文件被毁得荡然无存。

1964 年 3 月 15 日，由李玉泰等人召开会员特别大会，决定广招会员，修改章程，租赁会所。会务进入发展期，先后成立青年团、妇女组，会务蒸蒸日上。

1988 年，筹募资金 30 万元令吉，购下前慈善社旧店，动工兴建新会所，1990 年完工。一座四层楼富丽堂皇之瓜拉庇朥永春大厦，屹立在严端街头，从此奠定永固基业。

历任会长：李玉泰、颜金水、林俊传、林金石、林国仲、郑顺智、施澹北、颜瑞文等。

2007 年 11 月 29 日至 12 月 7 日，瓜拉庇朥永春公所举办寻根之旅，参加者为三机构理事及家眷，受到永春县人民政府及侨联热情接待，瓜拉庇朥会所热心家乡公益事业，亦对家乡侨联会所建设作出贡献。

（八）峇株巴辖永春会馆

民国 9 年（1920），时年峇株永春侨亲陈云有、李振平有意组织会馆，以联络乡谊。获侨亲郑玉圈、陈奕真、余令礼、鲍仁送等同意为发起人，继而再获得刘筑候、郑奕良、刘汉德、黄典礼、李俊君、颜声初、范海进、颜清闻、张金墙、陈礽唐、永成栈与永成兴负责人相继赞成。遂开会议定成立募捐委员会募集建馆资金，向当局申请注册获准后，成立董事部处理建馆有关事宜。

民国 31 年（1942）间，日军大举南侵，英军战败撤退，马来亚及新加坡全部沦陷，会馆中的一切器物文件，尽被劫掠一空。

光复后，郑振中、陈礽唐、陈奕真等邀集众董事及众乡亲，筹备复办永春会馆。于是召开邑侨大会，公决重新建造会馆。1954 年获准动工，数月后竣工。

后来，由于会员增多，原有会所不能适应会务所需，1974 年，募集资金 190000 元令吉，重建会所，1977 年 8 月大厦落成。

1975 年，会馆设奖助学金，资助品学兼优家境清寒学子。1994 年开始设立大专贷学金，凡在大学、南方学院、新纪元学院、拉曼学院与韩江学院就读之学子，家境清寒者，均可于每年 6 月 1 日至 6 月 30 日止，向会馆申请贷学金。

会馆先后成立青年团、妇女组。引导青年、妇女从事有益身心的学艺、体育、康乐等活动。

历任会长：陈云有、李振平、刘章僻、陈礽唐、郑振中、郑振经、陈招扬、陈联科、潘天降、李龙标、范国诏、林志杰、周文阔、李天恩、郑国陞、陈安业、盛添寿等。

会馆亦注重与祖籍国的联谊交流活动，不仅组团回乡寻根谒祖，还捐资支持永春县侨联会所建设。

（九）昔加末桃源俱乐部（永春会馆）

民国9年（1920），旅居昔加末永春侨亲郑美撕、郑亦进、郑世双、郑金有、郑开杉、郑银福、陈云旋、陈木、陈利那、颜文使、李尚三、彭登仕、林世明等人倡导，于昔加挽民述街门牌7号2楼设立桃源俱乐部。

俱乐部自设立之后，不但照顾乡亲权益不遗余力，还对公益、教育事业出钱出力，不甘人后。

七七事变，为支持祖国抗战，俱乐部组织侨亲筹款汇回国内，还有若干乡亲、郑伯仲等人华侨机工，回国直接参加抗日战争。

民国30年（1941）日军南侵，星马沦陷后，俱乐部亦告停歇，此段黑暗时刻，直至民国34年（1945）8月15日，日本宣布无条件投降后，星马光复后才告结束。

二战结束，昔加末庆获重光，侨亲皆认为俱乐部应予重启。后经侨亲陈松年、陈木、陈乃源、郑金友、颜文使、李尚三、郑世双、郑金垂、郑银福、郑开杉、陈修扳、彭江海、郑文爽、陈永来、李奎扶、谢后炎等筹备下，于民国35年（1946）在阿旺街星合楼上注册成立。

1952年，俱乐部部友陈松年、彭江海、彭燧火等35人发起创立昔加末永春会馆，并公推郑开杉、李尚三2位侨亲为召集人。同年1月30日召开同乡大会，并由俱乐部捐资6000元令吉用于购置会馆，成立筹备委员会负责建设会馆一切事宜。

1955年秋末会馆大厦落成，同时，俱乐部迁入亚罗拉街会馆二楼。

历任会长：陈松年、郑开杉、彭江海、陈利那、陈贞能、谢后炎、刘敬春、郑大清、李沉豹、林平国、林家全。

俱乐部（会馆）与祖籍地永春保持紧密联系，组团回乡探亲谒祖、敦睦乡谊，捐资支持永春县侨联会所建设等公益事业。

（十）丹绒马林永春公会

民国11年（1922），旅居丹绒马林永春侨亲已有相当人数，为了联络乡谊，守望相助，乡贤积极号召同乡组织公会。初创时租赁本坡大御门牌 35 号 2 楼为会所，会务蒸蒸日上，遂于民国 24 年（1935）募集资金购买张亚炳街 10 号为永久会所。

民国 31 年（1942），日军南侵，会所不幸遭日机轰炸夷为平地，会所所有存款，也被日军以奉纳金之名强行掠夺，会务停顿。民国 34 年（1945）日本战败，侨亲遂有重办会所之意。

1952 年正式动工在原址重建会所，1953 年落成，同年 7 月举行落成庆典并选举复兴第一届理事会。

1980 年公会开始颁发会员子女教育奖励金，迄今从不间断，深受侨亲赞许。

1978 年成立青年团，2008 年成立妇女组，协助公会开展青年，妇女工作。

2002 年，鉴于原会所面积过于狭窄，不能适应会务发展需求，乃在会员大会中提议另建一栋新会所。提案通过后，先贤在旧巴士站路遗留的一段店屋地支派上用场。在募集资金过程中，承蒙永联会总会长郑福成慷慨捐资 50000 元令吉，率先打响募集资金第一炮。筹募工作顺利进行，新会所于 2003 年 6 月动工，2004 年 3 月竣工，并于 2004 年 10 月 9 日邀请大马永联会总会长郑福成主持新会所落成开幕及礼堂揭幕式。

历任会长：陈进登、陈世添、陈世禄、郑世蓝、郑金锭、周启炳、陈丽芬等。

（十一）柔河永春公所

柔河永春公所筹委会成立于民国 11 年（1922）。由先贤颜声泗、刘奕尚、陈云宝、陈开树、刘玉、吴肇初、陈曾等组成。创设公所之宗旨，乃为照顾当时背井离乡，南渡谋生之同乡，让他们有一处落足栖身之所，同时作为同乡业余活动及联络乡谊之场所，当时会员约有 100 多人。

民国 12 年（1923），在市中心购置一间亚答屋作为同乡活动及联络乡谊之场所。民国 15 年（1926），创办柔河育才学堂，招收华族学子就学，后因学生激增，校舍不足容纳，遂于民国 19 年（1930）发动侨亲募款另行建筑一座新校舍，即现在的育才华文小学。

民国 30 年（1941），日军南侵，所到之处，生灵涂炭，一切会务活动，均告冻结。

至 1979 年，侨亲林万坛、颜东员、陈元萍等发起重组柔河永春公所筹委会，着手重建公所。1980 年获得注册批准，1986 年完成建馆工作，柔河永春公所，终于矗立于柔河市中心。

1998 年 3 月 8 日，柔河永春公所举行新厦落成典礼，马来西亚永春联合会会长林国璋主持开幕式。获永联会赠送匾额一面，以资纪念，同日柔河永春公所青年团及妇女组成立。

历任会长：颜荣矿、陈元萍、林松江等。

（十二）霹雳永春公会

该会前身为永春县旅居怡保乡贤创办的小桃源俱乐部，因人少，经费困难而停办。后侨亲郑尔琬、方夏国、尤钞、郑奕定等人于 1925 年创办霹雳永春公会。

创会宗旨：联络团结乡情，增进感情，为乡亲谋福利。

民国 14 年（1925）9 月 10 日以 3500 元令吉购买位于罗素街其中一间双层店屋做会所。

民国 24 年（1935），郑奕定接任会长，认为应利用会所办学，以培养同乡子弟，定校名为"怡保小学"，并租会所邻屋作教室，于民国 26 年（1937）春开学。

民国 30 年（1941）日军南侵，星马沦陷，会馆及怡保小学所有家私荡然无存。民国 34 年（1945）8 月 15 日，日军投降。民国 35 年（1946）春，公会及怡保小学得以复办。

1968 年秋召开特别会员大会，议决购置新会所。

1970 年，购置位于国民届第 4 层 2 间毗邻的会所，1971 年 3 月迁入新会所。

1976 年公会设立中小学奖励金，成立青年团；1978 年成立妇女组。

1989 年，再新建一座三层新会所，1991 年 6 月 1 日由会长林国璋与永联会会长黄美才联合开幕。

1998 年公会设大专贷学金；2008 年设立中学华文特优奖；2014 年设立大专助学金。

2015—2021 年，拥有会员 1000 多人。

历任会长：尤钞、郑奕定、洪禄宽、郑世美、郑兴宗、杨火星、郭玉堂、林国璋、郑兴鑑、林星、刘春雨、张钧伟、陈鸿裕、黄美强、余宝姗等。

公会与祖籍国保持联谊交流活动，捐资支持永春县侨联会所建设。

（十三）东甲永春会馆

民国 14 年（1925），旅居东甲永春侨亲为互相照应，敦睦乡谊，筹集资金购买巴也挽路一片馆址共同组建永春会馆，侨亲郑世长献捐馆址毗连地段及亚答厝全座，一座双层砖壁瓦顶之两层馆宇遂于民国 16 年（1927）落成，初奠会馆基业。

民国 27 年（1938），旅居东甲永侨日益增多，为了方便永侨子女知书识字，先贤克服重重困难，建成育英学校。

民国 30 年（1941），日本南侵，东甲被日军占领，馆宇被侵占，馆内家私文件悉数遭到破坏，荡然无存。

民国 34 年（1945）日本投降后，复兴华校成为当务之急。育英学校并入启明学校，会所腾作启明学校教师宿舍，直至 1955 年启明新校舍建成开课为止。

1954 年，馆务开始步入正轨，1954 年组织铜乐队。1962 年扩建右畔之馆宇，翌年竣工，馆务日益发展。1963 年筹组桃源俱乐部，1964 年获当局批准，部所设于永春会馆左畔 2 楼。

1968 年，联合桃源俱乐部设立"会员、部友子女学业成绩优良奖励金"。鼓励侨亲子女努力向学。1977 年成立东甲永春会馆青年团，1997 年成立妇女组，专司馆内有益青年身心健康活动。

会馆历任会长：张文照、汤荣华、蔡庆泰等。

会馆秉持"爱护桑梓、敦睦乡谊、发展公益教育事业，共谋同乡福利"宗旨，加强与祖籍国的联谊交流活动，对家乡永春经济社会发展和永春县侨联会所建设作出贡献。

（十四）新加兰永春会馆

新加兰永春会馆前身是"新加兰桃源俱乐部"，成立于民国 17 年（1928）春。创立宗旨：联络同乡、共谋福利、守望相助、排解纠纷、敦睦乡谊、团结奋斗。发起侨亲为：黄挺、颜声初、刘奕添、皇榜、李款、林庶蕉、黄典礼、郑奕效、刘缨相、吴文滨、陈云命、郑德学、郑作徐等人。

部址原设在旧电影院旁（今阿布巴卡路口），因其地址不适于俱乐部之用，翌年迁来赁今之部址（今马来西亚路旁）。民国 31 年（1942）日本南侵马来亚期间，部址中所有物品均被掠夺殆尽，部址亦被占据作为伪华侨公协会所，部务被迫停顿，陷于瓦解。

民国 34 年（1945）日本投降，筹备复办俱乐部提上议事日程，奈何日寇蹂躏之下，元气大伤，心有余而力不足。直至 1953 年，在原址复办成功。并商酌购得现今会址之地皮，以备作建会所之用。

1979 年，成立筹建委员会，公推李龙标为主席，积极开展募捐工作。1979 年 2 月 8 日大厦动工，预定在 1981 年 2 月完工。未料途中建筑商遇特别变故，未能如期竣工。幸本部理事等人，辅佐匡扶，1982 年春耗资 83526.60 元令吉之三层楼会所大厦，终告落成。1983 年 3 月 6 日，柔佛州永春总会会长邱文玉主持新厦落成开幕典礼。

1983 年秋，本部开始颁发奖励金，同年 9 月，成立青年团，推动有益于青年的健康文娱活动。

1998 年 12 月 31 日召开的第 9 次理事会议中，时任主席郑国陞提议为配合马来西亚永春联合会之组织源流运作，建议将本部之名改称新加兰永春会馆。1999 年 2 月 10 日召开的第 10 次理事会一致通过改名提案，2 月 27 日会员大会一致赞成改名方案，8 月 5 日，正式获批更改名称为"新加兰永春会馆"。

2006 年 1 月 7 日第 3 次理事会正式成立妇女组。

历任会长：李龙海、郑国陞、颜永泰、郑敬祥等。

新加兰会馆注重与祖籍地永春加强联谊交流，亦对永春县侨联会所建设作出贡献。

（十五）吉隆坡永春会馆

该会由陈日墙、陈澎相、颜滂祐、黄重吉、洪进聪、陈仁墺、林邦玲、黄振秀、林世吟、郑卿显、杨廉溪、张喜琴等 12 位侨亲于民国 9 年（1920）发起组织永春会馆，借用福建街泉丰公司二楼设临时办事处。民国 14 年（1925）春筹募建馆基金，获得当时许多富绅与殷商热烈响应，民国 17 年（1928）12 月 2 日正式成立。创会宗旨：联络、团结乡亲、共谋福利。

1954 年在林连玉建议下，董事部通过创办桃源夜校，收容失学及职业青年，为社会培育人才。

1979 年 6 月 24 日成立青年团，林维和任首任团长，致力于推动健康文教体育活动。

1987 年起，开始颁发会员子女学业奖励金，以鼓励同乡子女努力向学，力求进步。

1998 年新会所落成，耗资马币约 400 万令吉，并于 1999 年 6 月 27 日举行开幕仪式，同日举行 75 周年会庆暨青年团 20 周年纪念活动。

2000 年 3 月 20 日，开始每年出版会讯，通过会讯传播本会的活动讯息。开始联合青年团、妇女组之机构举办新春团拜、中秋晚会聚餐，与会员同乡联谊，共叙乡情。

2001 年 2 月 4 日，妇女组成立，首任主席为潘爱丽担任。

2002 年 1 月 12 日，该会获得社团注册局颁发卓越奖状。

历任会长：陈日墙、洪进聪（先后二度出任）、陈云祯、颜滂祜（先后三度出任）、林世吟（先后三度出任）、黄重吉、郑部、黄振秀、李延年（先后六度出任）、林邦玲（先后二度出任）、郑晋棣（先后五度出任）、林维德（先后二度出任）、周光前（先后二度出任）、李深静（先后五度出任）、郑景新、郑福成、尤培甡、陈松青、陈金地。

会馆与祖籍国联谊活络，亦对家乡公益事业和永春侨联会所建设作出贡献。

（十六）文冬永春会馆

民国 18 年（1929）秋，旅居文冬侨亲陈炼（陈煅相）发起组织成立文冬永春会馆，并捐资 1000 元，随后陈云经、陈科相、黄宣棋、林有财、陈坐、陈毕村、陈言贵、周卿燧、陈玉相、陈礽甘、陈坪相、郑肯、林万里、黄铅等侨亲呼应，并发起组织筹募会所基金委员会。翌年购置文冬辛炳街 40 号为馆址。在得到同乡支持下，文冬永春会馆于民国 19 年（1930）5 月 18 日正式成立并举行开幕典礼。在首任会长陈煅相领导下，会务蒸蒸日上，造福同乡。

创会宗旨：缅怀先贤、敬恭桑梓、共谋同乡利益与福利，关注发展华文教育。

民国 31 年（1942），日军南侵，会所被日军占用，一切会务全部停顿。民国 34 年（1945）日本投降，马来亚光复，各地社团纷纷复办。文冬永春会馆已于民国 35 年（1946）间复办，黄铅任会长。翌年召开会员大会，议决向政府申请注册，获批准后重新登记会员，积极展开会务，会员参加者日众，会务走上轨道。

1960 年，周启明发动乡亲捐资 30000 元扩建会所后楼，解决会所不敷应月问题。1964 年开始，设立会员子女学业优良奖励金，每年于会庆日举行颁奖礼。

1989 年陈金钧任会长，修改章程，增设永久会员，发动重建会所，1989 年 3 月建成。2005 年成立青年团和妇女组，会务活动活跃。

2007 年陈体运接任主席，在会馆经营方面以楼下 2 层出租以充养会经费，3楼作为会员活动中心，并实施全面冷气化，会所内设冷气图书馆与电脑室，并为乐龄会员提供电视节目，平时有书法班及卡拉 OK 歌咏队，公开给各界人士参加。

会馆除照顾同乡福利、联络乡谊外，也关注华文教育之发展，举凡全马各地各华校或教育机构来函征求基金者，会馆均有拨款捐助之。

历任会长：陈煅相、黄铅、陈科相、陈仁清、郑英宣、周启明、陈荣年、郑瑞成、黄金水、黄清云、陈金钧、陈体运等。

（十七）新山永德会馆

新山永德会馆前身为柔佛桃源俱乐部，柔佛桃源俱乐部成立于民国 14 年（1925）之前，当时部址租在新山黄树芬大厦左边一间店层之楼上（现已拆除），创立人为黄结佳、苏概、黄慈烧、李炒、黄谦、黄洞、李案、黄灶、黄天助、黄注、黄坚、陈金针、黄金瑛、吴朴等人。

桃源俱乐部成立目的除了促进同乡团结、联络感情外，主要的是照顾远地会员或亲友来新山做买卖生意，提供免费留宿之用。

由于居住在新山的福建永春与德化的乡亲不多，因此有人提议组成永德两县同乡会馆，经过数次商讨，顺利通过。民国 18 年（1929），黄结佳、刘冷候、郑荆伦、黄贻丹、郑荆召等人领导下组成柔佛永德会馆筹委会。民国 23 年（1934），黄结佳、刘冷侯、郑荆伦、黄贻丹、郑荆召等人认为柔佛桃源俱乐部会所过于狭小，拟迁新址，永德会馆计划自置会所。

民国 24 年（1935）召开大会议决以 4000 元令吉购置新山沙玉街门牌 4 号之双层楼为会所。同年柔佛桃源俱乐部正式迁入新会所楼上，而柔佛新山永德会馆则设于新会所楼下。

民国 27 年（1938）7 月 31 日，柔佛新山永德会馆正式宣告成立，首任总理为黄结佳。

民国 30 年（1941），日军南侵，新山沦陷，会务停顿。民国 35 年（1946），黄结佳、郑荆伦于 5 月 30 日召开复兴会议，同年 7 月 2 日选出复兴首届职员，募捐经费，重新登记会员。

战后，新山福建会馆、新山树胶商会、新山中华公会及洽声书报社也曾暂借沙玉街 4 号永德会馆为会所。

1952 年 2 月，新山永德会馆获准注册，并取消柔佛桃源俱乐部组织。

1963 年设立永德会馆会员子女学业奖励金；1972 年增设中学助学金；1974 年 5 月 31 日，永德会馆会员子女奖励金易名为"永德会馆黄庆云奖励金"，以纪念已故黄庆云对会馆之贡献。

1977 年 3 月 28 日，鉴于永德会馆面积较小，不敷使用，理事会讨论欲以市价变卖，另置面积较大新会所，后因地契问题而搁置。1992 年，永德会馆因城建而面临政府拆迁，赔偿款为 23 万多令吉。9 月 6 日，理事会议由郑萃厚、李修群及陈朝远与政府土地局官员洽商征用会所事宜。1994 年物色到大马花园惹兰吉利士之店屋，售价 42 万元，因拆迁资金未到位、购置新会所因资金问题一再拖延。1995 年 3 月 3 日召开理事会，李观进、苏炳秋两位乡贤极力主张购买该店屋作为新会所，并提议由郑萃厚、李观进各先借出 1.4 万元令吉，苏炳秋、吴锡水各借出 0.7 万元令吉，合计为 4.2 万元令吉支付 10% 之定金，玉成其事。同年 12 月，新会所购置移交手续办妥、正式迁入楼上办公。楼下店层出租。

1997 年刘水钦接任会长（第 25—26 届），2001 年林奕钦接任会长（第 27—28 届），2005 年苏炳秋接任第 29 届会长；2007 年张宝文接任第 30 届会长，第 31 届会长张西岷，现任会长陈洺臣。

会馆注重敦睦乡谊，对家乡永春公益事业及永春县侨联会所建设作出贡献。

（十八）北马永春会馆

北马永春会馆创立于民国 21 年（1932），由于年代已久，资料缺失，创会发起人名字已无从考究。只凭口述获悉时年旅居北马一批乡贤为互相联合与守望相助，先在槟榔律一同乡药店设立一个临时联络站，10 年后进行筹募资金而成功购置一间坐落于五条路门牌 99 号的房屋创立会馆。后在一批从泰国勿洞迁居槟城的热心同乡殷商如郑德谓、郑美经、林采锦和林邦凤等的加入，会务开始显著发展。

民国 30 年（1941）日军南侵东南亚，北马地区沦陷，会务活动被迫停止。民国 37 年（1948），在李成兴、李淇滨、周文炳、林邦凤、林纲针等乡贤积极推动下，停顿 7 年的会馆得以重新恢复活动，会务发展蒸蒸日上。

1973 年，以周文炳为首的执监会通过购买新会所的决定，成立筹建会。经数年努力，觅得坐落于槟城四坎店门牌 731 号的一栋三层楼（即会馆现址），于 1977 年 10 月 16 日举行开幕典礼，从此会务发展更上一层楼，青年团和会员子女奖学金也先后成立。

2007 年陈坤海接任主席以来，先后成功展开多项重大计划，其中包括会所全面整修，冷气化和电脑化，成立妇女组，在槟城城市海湾酒店承办马来西亚永春联合会、永联青暨永联会妇女组代表大会。

现任会长：郑家财。

北马永春会馆注重与祖籍地联谊交流活动，组团中国永春寻根之旅，助力家乡公益事业和永春县侨联会所建设。

（十九）居銮永春公会

该会前身是民国 21 年（1932），由侨亲张贵传、黄朝廷、薛水诸等为联络乡谊，倡议组织的"桃源俱乐部"。民国 27 年（1938），侨亲薛兆裕倡议组织永春公会，获得侨亲张秀科、吴金和、张贵传等热烈响应，每人各捐献 1000 元令吉作为建馆基金，并获得侨亲陈在贵、李克佳、郑尔爱等赞同，于是发起成立永春公会，并委托先贤薛兆裕负责一切有关事宜。民国 28 年（1939）筹得建筑资金数千元令吉。侨亲颜迎年捐献南峇街 29 号店一段为会址，遂开工兴建，工程将近完成时，不料太平洋战争爆发，日军南侵，居銮失陷，乡人四散，工程因此停顿。

民国 34 年（1945），日本投降，马来亚光复，众乡贤重整会务，以谋同乡之福利。1975 年把位于伊斯迈街的基业修为会所。经一年多努力，终于迁入崭新会所内办公。

公会会务活跃，设有青年团、妇女组、国卫团舞狮队；设有奖助学金，还设有幼稚园。公会除照顾同乡福利外，也全力关照华文教育之发展，尤其是居銮中华独立中学之发展，曾于 1976 年主办"南州诗社"书画义卖会，共筹得 4 万多元令吉作为銮中基金。

历任会长：张秀科、李克佳、张子宗、刘金德、吴东土、王成荣、郑于谨、陈诗圣、李茂林、颜福友、林绅文、陈永裕等。

公会注重与祖籍国及家乡永春的联谊交流活动。2002 年 8 月初，家乡永春遭受特大洪灾，损失惨重，公会领导第一时间致电永春县领导和侨联等有关部门表示慰问，全体同仁并捐资 2.5 万元人民币赈灾。

（二十）新文龙永春会馆

新文龙永春会馆前身为文律永春会馆。民国 28 年（1939）购买现成二层楼板层一间于市区港边（靠近旧巴杀），并申请注册获得批准成立文律永春会馆，第一任会长张燕，秘书张社垄。

民国 30 年（1942）日本占领马来亚，实行大屠杀，文律区被日军杀害 1000 人以上，会长张燕也惨遭日军杀害。会馆内文件及家具被洗劫一空，会务停顿。

直至民国 35 年（1946），马来亚恢复民政后，陈有紫等众乡贤集议恢复会务，以便登记会员、选举职委，重新注册，恢复活动。

民国 38 年（1949），因文律市级建设需要，会馆迁至惹兰惹豹门牌 30 号。

1950 年，遵照当地政府安排，在惹兰惹豹兴建一座木屋作为会所，1951 年迁入新会所。

1970 年，议决重建新会所，因多种原因，迟迟未获政府批准，公所建设拖延。

1975 年，经多方募捐，并获巴生、麻坡、东甲、巴冬、峇株、昔加挽、居銮、新山、笨珍等地乡团鼎力相助，耗资 26000 元令吉的半永久性新会所建成投入使用。

1975 年，会馆会务进入活跃期，教育界侨亲傅振中担任会馆秘书，开始颁发奖励金给会员子女，从不间断，初始每年颁发 600 元令吉，后逐年增加至 6000 元令吉。同时推动书法、演讲、乒乓、羽毛球、篮球等有声有色比赛活动。

1977 年，会长颜金壹决定将活动地区扩展到龙引及新加兰。因此，将会馆注册为"新文龙永春会馆"，会员人数增至 200 余人。并先后设立青年团、妇女组。

2014 年，因会所现址是临时用地，地方政府通知收回。因事关重大，3 月 19 日召开理事会议，议决重新购置一间三层楼店面，作为新会所，2012 年 11 月 17 日新会所举行落成开幕典礼。

历任会长：张燕、黄起瑜、曾玉登、施金文、颜金壹、陈金锡、余进成、黄清送、颜亚健等。

公会与家乡永春保持紧密联系，2002 年 8 月家乡永春县遭受特大洪灾，公会迅即致电家乡领导、侨联等有关部门表示慰问，并着手募捐赈济灾区。

（二十一）吉兰丹永春会馆

1964 年，旅居吉兰丹永春侨亲宋炳兰、陈得爵、周贻言、许朝辉等在东友号店内座谈，商议筹组吉兰丹永春会馆，并着手租赁督亚金街门牌 3651 号 3 楼（南益大厦）作会所。

1964 年 7 月 17 日在华商俱乐部召开第一次筹备会议，出席者有 28 人，推举王超章为临时主席，产生筹备委员。1965 年 3 月 2 日注册获准，4 月 23 日召开会员大会，选举宋炳兰为首届主席，王超章为副主席。

创会宗旨：敦睦乡谊，团结乡亲，共谋同乡福利，发展民族教育等公益事业。

随后加入马来西亚永春联合会，成为团体会员，积极推动会务发展，先后成立青年团、妇女组、教育组、福利组等机构，每年颁发会员子女奖励金，从不间断；举行会庆及元旦会员联欢宴会等，借以联络乡情，敦睦乡谊。

1976年10月召开会员大会，决定筹建会所，1984年4月建成，1985年1月1日迁入新会所办公。

（二十二）笨珍永春会馆

笨珍永春会馆成立于1966年10月，会所初时租赁打协街门牌2号2楼，1970年拟建新馆，乡贤郭德赐贡献出位于香山一块屋地作为建馆之用，1974年，会所迁至亚沙哈街门牌250号仁爱街俱乐部楼上，重建委员会为争取时间，早日实现会所愿望，经商讨后放弃自建会所计划，改为以38000令吉订购打协街新建之店屋，门牌676号，1975年新会所如期完成，并于9月迁入。

创会宗旨：联络乡谊，进而襄助社会慈善公益事业，促进文化教育的发展，通过小团结达到大团结，集中力量，为建设国家作贡献。

会馆成立后，先后加入柔佛州永春总会及马来西亚永春联合会，成为团体会员。

会馆设立会员子女学业奖励金，成立青年团、妇女组，开展华语歌唱比赛，乒乓球赛等多项文体活动。

历任会长：李柱、颜崇图、李福忠、陈金锯、周日请、郑华春、陈振福、郑棋强、陈德玉等。

会馆注重与祖籍国及家乡永春保持紧密的联谊交流，不仅接待祖籍地永春县政府代表团来访，还组织寻根之旅参访团多次造访家乡永春。

（二十三）关丹永春会馆

关丹是彭亨州首府，也是马来西亚东海岸三州的重镇，马来西亚独立之后，许多永春侨亲陆续前来关丹工作置业，并在此地定居。永春乡亲为了在这陌生的土地守望相助，为同乡谋福利，遂萌生筹组同乡会之念头。

1968年间，曾瑞埔、曾福星、方金定、周宜读、郑萃梓、陈国豹、刘江岸等侨亲发起筹组关丹永春会馆，经草拟章程，招收会员，租赁会所，申请注册，历3年努力，终于在1971年2月获准注册。

1971年7月25日，关丹永春会馆正式宣告成立，租赁哈芝阿都亚集路一店屋2楼作为会所。

1973年会馆理事认为租赁会所并非长远之计，遂议决筹建新会所，共筹款10余万元令吉，于1975年6月购置位于黄亚养路门牌10号的双层店屋充作会所，并于1976年7月25日举行新会所落成开幕典礼，由关丹福建会馆主席林振辉主持开幕。

会馆设有青年团、妇女组、福利组、教育组等机构，协助母会开展许多有益工作。

战前，旅居关丹的永春乡亲，有供奉张公圣君的民间信仰，并在本坡武吉乌美律打名山处建有桃源殿，一度香火鼎盛。后因日寇南侵，兵荒战危，人民遭难，避之不及，庙宇破损，圣像不知所终，人迹鲜至，致成荒地。

关丹永春会馆成立以来，倡议重建桃源殿，以供善信膜拜，并兴建新会所大楼及礼堂。重建计划耗资巨大，需从长计议募集款项。会馆先是于1993年8月14日，邀请中国辽宁芭蕾舞团在莫迪拉马哥达镇多元用途馆呈献《梁山伯与祝英台》，筹得20余万令吉资金；继之配合《南洋商报》于1999年2月5日联合主办十大歌星慈善演唱会，筹得30余万令吉资金；2001年举办千人宴，又筹得一笔款项。经各界鼎力捐献，关丹永春会馆共筹得资金100万令吉，重建桃源殿、行政大楼及礼堂资金有了保障。

1974年桃源殿重建落成，4月23日举行开光典礼，关丹县长东姑裕美主持开幕仪式，各社团领袖驾临礼佛。2003年新的行政楼及锦机大礼堂竣工。2006年，值关丹永春会馆成立35周年，主办大马永联会第25届第2次会员代表大会之机，隆重举行桃源殿及锦机大礼堂开幕典礼。

至此，关丹永春会馆会务进入发展新阶段。

历任会长：曾瑞埔、郑瑞埔、方天兴、曾玟祯、孙诗传等。

（二十四）上霹雳永春会馆

1955年，旅居上霹雳乡亲倡议筹组永春会馆。1956年，永春侨亲集资购下位于宜力大街一段地皮拟建会所，因同时福建公会也在筹建会所，故永春乡亲兼让先建福建公会，后建永春公会。

1982年5月14日正式成立筹委会，进行筹组"上霹雳永春公会"，1933年2月10日获准注册，选举李金声为首届主席，陈章坤、陈孔九为副主席。

1985年5月31日会员代表大会，一致通过售卖上述宜力大街空置的地皮，购买一间位于宜力美哈花园门牌12号之现成大厦作为会所，1999年9月9日，邀请马来西亚永春联合会名誉会长林国璋为会所主持开幕。

（二十五）柔佛州永春总会

1956年，旅居柔佛州永春乡贤倡议组织柔佛州永春总会，推举郑振中、余金鉴、孙文同等人负责起草章程。

6月17日在峇株永春会馆举行联席会议，讨论章程，推选彭江海、李尚三、黄庆云、郑振中、陈礽唐、陈致远、郑章露、陈孝才、刘国七、颜通闻、郑夏、余其昌、张文照、李龙标、傅振中、余金鉴、张子宗、孙文国、李克佳等19人为筹备委员。

7月8日召开第一次筹委会议，选举郑振中任会长，刘国七、李克佳担任副会长。

总会成立后开展了许多文体活动，有力增进了各属会间的联系和团结，如由各属会轮流举行球类团体常年杯赛，同乡子女国语华语演讲比赛、华文书法比赛、学艺比赛等，该会还发动同乡集资，成立了桃源实业控股有限公司，属下的青年团，还成功地举办了1993年度世界永春高尔夫球锦标赛。

总会于1981—1982年度加入马来西亚福建社团联合会，成为团体会员。

历任会长：郑振中、余金鉴、张子宗（连任5届）、刘金钟（连任3届）、邱文玉（连任2届）、黄起陆、刘庆礼、郑孝洁（连任3届）、王成宗（连任2届）、李沅豹、刘水钦、李天恩、郑华春、李茂林、张西崐、郑声泰、陈明光等。

（二十六）沙巴永春会馆

早年，旅居沙巴永春侨亲众多，但分散于沙巴州各地，为联络乡亲情谊及密切乡亲联系，有必要建立同乡会组织。

1994年10月14日，侨亲李玉清、郑晋卓、陈国瑞、李良田、颜见财在亚庇梅村咖啡屋聚集共商成立"沙巴永春会馆"筹备委员会。

1995年5月5日提出注册申请，同年10月获准注册。1996年3月9日，沙巴永春会馆在路阳达迈商业区沙巴留台同学会会所举行第一届会员大会，选举郑晋卓任首届会长。当晚在亚庇路阳新皇常楼举办首届"沙巴永春同乡会联欢晚会"。席间乡贤蔡云程当众宣布捐献位于路阳达迈商业区的一个单位给沙巴永春会馆作会所，仁风义举获得出席会议侨亲热烈响应，纷纷捐助装修费与会馆基金。

1996 年 9 月 14 日晚在亚庇中学大礼堂举办第一届（1996—1997）理事宣誓就职典礼及庆祝丙子年中秋联欢晚会。马来西亚首相署助理部长兼沙巴永春会馆法律顾问章家杰、本州首席部长杨德利为联欢会开幕嘉宾，还邀请到纳闽永春会馆、新加坡永春会馆、大马永春联合会各属会、永春县政府代表团参会。

同年 9 月 20 日成立青年团及妇女组，协助母会举办许多有益青少年身心健康活动，联络乡谊外又惠及社会。

1998 年又成立教育组及福利组，从 1999 年 5 月 30 日第一次颁发会员子女学业优良证书，以鼓励子弟积极向学，将来学成造福同乡社稷。福利组则每年联合其他乡会、社团、卫生机构、医院举办爱心捐血运动，募得数千包救人活命之血。

侨亲黄安荣就任第四届主席时，鉴于原会所不够宽敞。乐捐达迈广场一个单位，但因离原会所距离较远，遂与黄安荣商议同意售卖该单位，所得款项与侨亲蔡云程购买现有会所隔壁房屋，打通后形成如今宽敞明亮舒适之会所，如今会所一力命名为黄安荣厅，一边为蔡云程堂。

2008 年会馆组成沙巴永春舞蹈团，2013 年组织沙巴永春歌友团。舞出具有较高水准的民族舞，时常为会馆庆典增添精彩节目；举办过卡拉 OK 歌唱比赛及培训出许多业余歌手。

2010 年郑伟强主席等人举办圣诞舞会筹获资金 20 万元令吉，设立永春子弟助学金，供家境清寒永春子弟继续升学。

2012 年 2 月 5 日承办亚庇区七大福建同乡会馆新春联欢晚会，当晚筹得 90000 元令吉充为购买新会所基金。

2012 年本馆永久名誉主席郑晋卓捐献 2 万元令吉充作奖励金，凡于独中就读，学年总成绩居全年级第一名，品行乙等以上，获校长推荐即可申请。

历任主席：郑晋卓（连任 2 届）、黄文麟、黄安荣（连任 2 届）、郑晋山（连任 2 届）、郑伟强、李观福（连任 2 届）等。

会馆注重与祖籍地永春联谊交流，2010 年郑伟强会长率理事乡亲 28 人访问团莅永寻根谒祖，受到永春县委、县政府、侨办、侨联热情接待。

（二十七）雪兰莪万挠永春会馆

早年，许多永春人离乡背井远渡南洋谋生。其中有一批永春先民落脚马来亚雪兰莪州万挠埠，披荆斩棘，从事锡矿业与种植业工作，随后有人携妻带子移居于此。

也有人就地成家立业，落地生根，建立新家园。

100年前，旅居万挠的永春同乡为了发扬慎终追远和奉守孝道的中华传统美德，以及联络旅居此地的福建人的乡谊所需，成立"福建公司秋祭胜会"，每年供奉祭品，膜拜先人，以祈国泰民安。

数年后，惜当时合作共事人意见不合，难以合作共事，遂各立门户，旅居万挠的永春县同乡就自己组织"永春公司秋祭胜会"。即便如此，胜会每年七月五日举办普度胜会时，仍然得到不同籍贯的男女善信踊跃参加，共同庆祝这个节日。

20世纪70年代，永春县旅居万挠同乡人数不多，约有20—30家的户口，当时负责执行普度胜会职位的侨亲共有12位，其中当年担任胜会负责人（头家）有4位，其余8位则抽签选出翌年担任负责人4位，以后每年都以此类推进行选举，每年举办胜会所有筹获的经费，如有入不敷出，则由负责人补贴，凡此出钱出力之事，令侨亲赞赏有加。

20世纪70年代，由于时代变化，胜会功能单一，已不能适应时代维护侨益、敦睦乡谊之需求。侨亲郑金存为首的筹委会成立"万挠永春同乡会。"20世纪80年代则选李金来接任，20世纪90年代接任者为郑金鹏。这3位侨亲在位多年都获得全体理事们的精诚合作，得到旅居万挠永春县侨亲的拥护与支持。

2007年，筹委会为了推广会务和招收会员，特由该会的11名发起人郑金鹏、郑江水、庄大鹏、陈清泉、郑万友、庄岩坤、余虎、盛光叻、盛光成、郭天日及郭兴召集全体万挠永春同乡，在万挠福善公会举行座谈会，商讨申请注册成为合法团体。会上成立专案小组，积极展开等备工作，随即向当局提出申请注册，并委托律师陈辉泉处理申请建会事宜，2009年6月18日，申请注册获得当局批准，定名为"雪兰莪万挠永春会馆"。

会馆成立以来，会务活跃，购置会所，颁发会员子女品学兼优奖励金，布施弱势团体，举办胜会等会务工作开展的有声有色。

会馆注重与友会乡团和本地社团互动，组织福建省寻根探亲团，密切与祖（籍）国及家乡永春县的联络联谊关系。

会员队伍不断壮大，拥有永久会员323名。

（二十八）新邦令金永春会馆

新邦令金永春会馆是当地华社的第一个华人地缘组织，于2012年成立，首任主席郑声泰。

新邦令金是个开发较迟的城镇，人口大约2万人，市区以华裔人数居多，郊外多为巫族，印裔不多。最初，新邦令金到处是客语，后来永春人从其他地区陆续迁移到此地购置产业，主要是油棕园，接着自己经营。迁徙到新邦令金的永春人，不仅奋力拼搏，还很重视子女教育，这里的端本华小是较大规模的华文小学。新邦令金永春学子均能享有良好的教育。

新邦令金永春会馆一经成立，立即购买会所，成为新邦令金永春县乡亲重要活动场所，逢年过节，乡亲都在这里聚会。事关全体乡亲的重大事项也在会馆里商议，会馆成了侨亲利益的维护者。

新邦令金会馆成立以来，在教育旅居新邦令金华侨子弟认识和了解祖籍地，加强与祖籍地联络联谊；加强与旅马各地社团的联系与交流，促进当地经济发展和社会进步；推动一系列侨史资料研究、永春人对当地建设其开拓的历史研究等项会务都有建树。

新邦令金永春会馆是马来西亚永春联合会第50个附属会员。

（二十九）沙巴斗湖永春会馆

沙巴斗湖虽是马来西亚边陲小镇，但几乎有来自西马各州的永春同乡，他们在此艰辛奋斗，开拓出一片新天地。但在2015年前，却未有永春同乡会组织，缺乏联系乡谊的空间和平台。

2013年，在马来西亚永春联合会诸位董事尤其是总会长林云南的鼓励下，2015年1月中旬，沙巴斗湖永春侨亲成立筹委会，成员包括：主任李维回，副主任黄维宁，秘书王凌峰，财政陈青煌、总务颜保罗、康乐林展吉、查账李平阳。

3月2日（农历新年大年十二）于金都酒店举行新春团聚晚会，共度新春佳节，与会者包括拿笃、古纳及仙本那的乡亲。当晚，永联会总会长林云南及教育主任陈金地专程从吉隆坡远道而来参加会议，本地拿督张公贤局绅、拿督方金花和黄永华主席也到会表示支持，让晚会场面热闹非常。马来西亚永春联合会会长林振南在致词中也阐明建立沙巴斗湖会馆的重要意义：在亚庇和纳闽已有永春会馆组织的情况下，斗湖还没有自己的会馆。与其由亚庇永春会馆的理事做为斗湖的联络员，不如在斗湖成立一个同乡会较为现实，而且拿笃也有许多永春乡亲。因此，成立沙巴斗湖永春会馆完全必要。林振南会长热情洋溢的讲话在与会众乡亲中产生共鸣。

在筹委会全体同仁努力下，2015年4月22日取得马来西亚社团注册局发出的注册准证，5月20日举行成立大会，广招会员，当场接受88位乡亲申请入会。会馆成立后，同时申请加入马来西亚永春联合会，成为第55个附属会员。

沙巴斗湖会馆成立后，注重加强与马来西亚各地同乡会的联系互动，亦注重加强与祖（籍）地永春县的联络联谊工作。

（三十）沙白安南永春会馆

沙白安南永春会馆于2020年12月16日取得马来西亚社团注册局发出的注册准证，正式成立。首任会长林赞发、总务李德显，妇女组组长李秀菊。

2023年11月27日，举办乔迁新会所庆典仪式，马来西亚永春联合会总会长郑瑞开为会馆主持开幕式，及悬挂会馆牌匾。庆典活动隆重热烈，沙白安南永春同乡欢欣鼓舞。

沙白安南永春会馆成立后，随后申请加入马来西亚永春联合会，于2023年8月27日被接纳成为附属会员。拥有会员360位。

沙白安南永春会馆成立以后，积极推动会务发展，并展开各项活动，与各地各会做联络交流、互通信息，与全马乡亲会友好往来，亦加强与祖（籍）地联络联谊活动。

三、永春县各学校菲律宾校友联谊会

永春县各学校菲律宾校友联谊会（简称永春校友会），于2011年由时任菲律宾永春同乡总会理事长郭从愿和许天明发起组织，参加发起人还有黄福清、郑泗湖、洪世昌、孟永刚、郭从旺等侨亲。在中国驻菲律宾大使馆领事陈美銮的鼓励和指导下，在祖（籍）地永春县各级政府和永春县教育局的支持下，2012年12月12日在菲律宾马尼拉成立、首届理事长由侨亲孟永刚担任。

创会宗旨：旨在增强永春校友间互相联系，互相帮助，激发校友爱国爱乡爱校的情感，促进各校友、侨亲们在菲律宾传承和发扬中华优秀文化，增进永春华侨精神文明的情谊，同时为菲律宾永春同乡总会的发展培养接班人。

校友会自创立以来，秉承爱国爱乡的情怀，与故乡永春县及各校保持着紧密的联系，为旅菲校友们与故乡的经贸合作，营造投资环境、创造了有利的交流平台，同时为母校的教育事业作出了很大的贡献。

校友会组织青少年"寻根之旅"冬令营返乡寻根谒祖,参加中国侨联创办的"亲情中华,为你讲故事"网上夏令营活动,读好中国书、讲好中国故事,传承与弘扬中华优秀传统文化。校友会会务活跃,每年春秋,都举办迎新春、庆中秋、交友暨眷属联欢会,增强校友间的亲密联系,敦睦乡谊;每年暑期、中秋佳节,举办奖励优秀学子活动,激励学子勤勉上进。校友会注重培育精英人才,为菲律宾永春同乡总会的永续发展做了大量工作,源源不断输送侨社各团体的优秀领导者,有力促进华社事业发展。

历届理事长:孟永刚、郭从旺、颜进沛、陈华强等。

四、柬埔寨永春华侨联合会

2020 年 1 月 26 日,柬埔寨永春华侨联合会(简称柬永华侨联合会)在永春县侨联正式成立,旅柬华侨张家才担任首届会长。中国侨联副主席、省侨联主席陈式海莅会庆贺。

柬永华侨联合会是由工作、生活在柬埔寨的华侨、侨眷自愿组成的联谊性民间社团,旨在加强旅柬人员及其亲属之间的友谊,增进与住在国社会各界的友好往来,促进中柬友谊,增强与祖(籍)国及家乡永春联谊联络;为促进家乡各项事业发展作出贡献。

柬永华侨联合会成立时间虽短,但会务活跃,在维护侨益、敦睦乡谊、文化交流、教育培训、慈善事业等方面作出亮眼成绩,发挥积极作用。

2020 年 2 月 6 日,协助家乡成功采购 40 万个口罩,有力缓解抗疫初期医用物资供应紧张问题,善举得到家乡党政和人民高度好评。

同年,旅居柬埔寨西哈努克省的一对永春华侨夫妇不幸遇害,遗留居住在家乡永春的年迈母亲及其三个未成年的儿女,突如其来的横祸,使其一家陷入绝境。联合会当即将案情通报家乡各级侨联外事和公安部门,敦促柬埔寨警方抓紧破案,并组织在柬乡亲先后募捐善款十多万人民币,帮助遇难者家属度过难关。

2022 年 9 月,联合会组织会员参与石狮市举办的海外华裔青年跨境电商培训开班启动仪式,致力于提升华侨青年的职业技能。

2023 年 6 月,联合会出席在马来西亚召开的第十四届"世永联"代表大会,加强与世界各地永春乡会联谊交流活动。展示在国际舞台上的影响力。

2023 年 9 月,联合会在柬埔寨紫胶县举行慈善活动,向该县贫困群众捐赠物资,以实际行动展示联合会对社会责任的承担和对弱势群体的关怀，促进中柬人民友谊。

五、宗亲社团

海外宗亲社团历史悠久，人数众多，以马来西亚为例，各类姓氏宗亲社团上千个，形成了姓氏宗亲团体的网络。宗亲社团多称为某姓宗亲会、宗族会、家族会、联谊会、堂公会、公所等，且大多数冠以籍属地名。

宗亲社团的兴起与发展，有着其深刻的历史原因，为了壮大海外家族会组织及家族会发展，联络同姓族亲，传承发扬中华民族文化，维护固有道德，移风易俗，排忧解难，报本追源，寻根谒祖，各宗亲社团为此做了大量工作。

各姓宗亲社团对家乡的贡献不胜枚举，难免挂一漏万，本节仅以受省、市、县各级人民政府表彰为例予以介绍。

（一）省级表彰（1949—1996）

海外宗亲社团捐资家乡公益事业荣获省政府授予"热心家乡公益事业"表彰芳名录：

金质奖章、奖匾、荣誉证书获得者：仙溪郑氏宗亲会、鹏翔郑氏家族会、宋氏宗族会、马来西亚肇永公李氏家族会。

银质奖章、奖匾、荣誉证书获得者；吴氏海外宗亲会、旅菲夹际郑氏宗亲会。

铜质奖章、奖匾、荣誉证书获得者；邱肇基公会、花石郑氏家族会、马来西亚李氏宗亲会、马来西亚大丘头林氏公所、郑氏家族会、马来西亚东关陈氏公会、马来西亚郑氏家族会、旅菲陈氏宗亲会。

1994年以来海外宗亲社团捐资家乡公益事业荣获省政府授予"福建省捐赠公益事业贡献奖"芳名录：

银质奖章、奖匾和荣誉证书获得者：海外庄氏宗亲会、叶立贻基金会、马来西亚肇永公李氏家族会、马来西亚雪兰莪叶氏福卿公家族会、溪西颜氏海外联谊会、加州永春叶氏联谊会。

铜质奖章、奖匾和荣誉证书获得者：陈氏伟公公会、马来西亚彭城（刘氏）公会、菲律宾陈氏宗亲会。

（二）市级表彰（1949—1996）

海外宗亲社团捐资家乡公益事业荣获泉州市政府授予"热心公益事业"奖章、奖匾和荣誉证书表彰芳名录：

仙溪郑氏宗亲会、鹏翔郑氏家族会、宋氏家族会、马来西亚肇永公李氏家族会、吴氏海外宗亲会、旅菲夹际郑氏宗亲会、邱肇基公会、花石郑氏家族会、马来西亚李氏宗亲会、马来西亚大丘头林氏公所、马来西亚东关陈氏公会、马来西亚郑氏家族会、旅菲陈氏宗亲会等。

（三）县级表彰（1978年以来）

海外宗亲社团捐资家乡公益事业荣获县政府"热心公益事业"表彰芳名录：

金牌奖　永春梅镜海外宗亲会、旅菲夹际郑氏宗亲会、马来西亚宋氏宗亲会、马来西亚肇永公家族会、鹏翔郑氏家族会等。

银牌奖　仙溪郑氏宗亲会、湖洋海外吴氏宗亲会、马来西亚大丘头林氏公所、上沙邱肇基公会、陈云宇基金会、马来西亚大羽郑氏家族会、郑玉冰基金会、旅菲仙乡陈氏宗亲会、马来西亚永春东关陈氏公会、马来西亚黄埕郑氏家族会等。

2006年以来海外宗亲在社团捐资兴办公益事业荣获得县政府表彰芳名录：马来西亚肇永公李氏家族会、海外庄氏宗亲会、叶立贻基金会、雪兰莪叶氏福卿公家族会、溪西颜氏海外联谊会、加州永春叶氏联谊会、陈氏伟公公会、菲律宾陈氏宗亲会、马来西亚扬美家族会、马来西亚龙津家族会、叶成章堂、新加坡颜氏公会、马来西亚郑氏宗亲会、蓬壶海外尤氏宗亲会、潘氏金守面堂海外宗亲会、前锋张氏海外联谊会、叶美安堂、马来西亚洋尾公所等。

第四章　建设侨居地

第一节　垦殖开矿

永春县华侨不辞其遥，去乡万里，他们艰苦奋斗、坚韧不拔、垦殖山林、矿山开采，用辛勤的汗水促进了住在国的繁荣发展。

18世纪以前，马来亚大多数地区还是荒芜之地。自丰山陈臣留率族亲数百人垦荒种植外，开始有成批永春人前往马六甲、吉兰丹、丁加奴等地。18世纪中叶，较早移居马六甲的永春县华侨以船舶和牛车为主要交通工具，沿着海岸线抵达叻务真那、宁宜河，择地筑舍。继而沿河逆水而上，至宴斗、瓜拉沙花、双勾芙蓉、亚沙、丹绒、四道坪等处，披荆斩棘，辛苦打拼，促进了当地经济社会的发展。

清光绪二十四年（1898），永春县华侨李俊源、陈若锦等人合资创办联华橡胶公司，建成马来亚最早的橡胶种植园；此后，永春县华侨桃城人郑成快率同乡在柔佛纳美云垦荒 7000 英亩，种植橡胶；永春县东山华侨颜克奇，弱冠时到马来亚文冬、东甲为佣工，稍有积蓄，即购置山地垦荒种植木薯、橡胶，逐渐发展成为拥地千亩的殷商。

据 1966 年马来西亚麻坡的调查，该坡有 100 英亩以上的大胶园主 81 名，其中永春县华侨占 21 名，最大的橡胶园主是永春县卿园人黄振清，有胶园 3 万英亩。不到 100 英亩的中小园主 790 人，其中永春县华侨 334 人。

清咸丰、同治年间，永春县五里街镇霞陵人林明带领永春县乡亲到马来亚关丹开发锡矿，后该地发展为以林明命名的市镇，现在关丹林明镇林明山已是马来半岛观云海、看日出的著名旅游胜地；清光绪三年（1877），另一位霞陵人林庆吉带领族人乡亲，乘船远赴印度尼西亚的勿里洞拓荒开矿，将一个猛兽出没、荒无人烟的荒岛逐步发展成为人口逾 10 万的市镇。

远涉重洋的永春人，筚路蓝缕，披荆斩棘，运用中国传统的耕作技术和采矿经验，成为侨居国早期开发的拓荒者。艰难困苦，历尽坎坷，为当地的开发和建设，建立了不可磨灭的功绩。

第二节　发展商贸

永春人初到侨居地，大部分做苦力。他们历经艰辛，克勤克俭，稍有积蓄，即转为小商小贩。第一次世界大战期间，西方资本主义国家忙于战争无暇东顾，永春县华侨在这段时间得到一定程度发展，职业也从早期的以农渔、手工业、中介商、小商贩为主，转为以经商、办工厂、包括零售商、中小企业主为主。20 世纪 20 年代，出现一批中产者，少数有成就的，逐步成为实业家、企业家。

永春县岵山华侨陈兴砚，经营土产和咸鱼加工出入口业，拥有大量房地产，在印尼拥有快乐世界、中华游泳池、5 家电影院、纺织厂和橡胶园，在中国香港和新加坡合资设公司，连任巴城中华总商会多届主席。

永春县夹际华侨郑仓满，创办新加坡百龄麦有限公司，1963 年在新加坡创建东南亚最大的日产 700 吨的百龄面粉厂，后设立跨国企业百龄集团，任董事长。20

世纪 70 年代又在印尼锡江及斯里兰卡科伦坡创办两间面粉厂，这两间面粉厂的日产量分别为 1100 和 2500 吨，其子郑志光任两厂总经理；郑崇仰在菲律宾创办内衫厂、造纸厂和面粉厂。其子郑少坚，1962 年在父亲支持下，与章肇鹏等人集资合创拥资 52 亿菲币的首都银行。至 2012 年，已成为分行遍布中国大陆及台湾和香港地区、关岛、美国纽约、旧金山、休斯敦的跨国银行集团；郑耀揩在菲律宾创办庆士印染厂、纺织厂；郭从愿，旅菲新侨，1986 年赴菲，初始从事钢材边角料回收再利用，后一跃成为菲律宾最大的钢铁贸易商，并走上多元发展道路，投资房地产、养猪场、钢铁厂、矿业、饮食业等多个行业，投资金额高达几十亿菲币。2007 年担任菲律宾中国商会首届会长。

永春县桃城华侨陈金声，清道光六年（1826）创办金声公司，在马六甲设分行，在上海设分公司，主营出入口，兼营房地产业、侨批业，至 19 世纪 40 年代成为新加坡最富有两名富商之一。其子陈明水、孙陈若锦不断拓展经营范围，承包开采冶炼锡矿；永春县化龙华侨李桂林、李清辉、李清渊兄弟，先后创办振裕公司、振丰公司、清渊公司。至 19 世纪 60 年代均成为大型进出口商行，同时兼营侨批。其后，李清渊还投资金融和房地产业，与陈若锦、章芳琳、颜永成等闽南籍富商合股创办海峡轮船公司；永春县桃城华侨李延年在吉隆坡创办万利公司，经营橡胶业，后经营范围逐渐扩展到房地产、出入口贸易、旅游业、锡矿和办工厂，建立李延年集团公司，在新、马、香港拥有 14 家公司、商行，成为著名的亿万富豪。

永春县五里街华侨李俊承等发起创办新加坡和丰银行；桃城华侨李俊源等创办华商银行。民国 18 年至 22 年（1929—1933）世界性经济危机，对新加坡经济产生巨大影响，华侨李俊承、李光前、林庆年等人于民国 21 年（1932）力促华侨、和丰、华商 3 家银行合并，改组为新的华侨银行，增资为叻币 1000 万元，华侨徐垂青、李俊承先后出任董事主席。民国 23 年（1934）随着世界上橡胶、锡价格上扬，新加坡经济恢复活力。

永春县石鼓卿园华侨黄重吉，创办吉隆坡黄重吉有限公司，到 20 世纪 40 年代，已拥有各类工厂 10 多家，以及占地 5400 多亩的农、茶场，成为巨富。华侨郑文炳与他人合资创办杂货店，生意发达，成为当地有名人士和侨领。

永春县东平外碧华侨（今属东关镇）李深静，涉足种植业、棕油业、油脂化学工业、炼油工业、房地产业、娱乐休闲业，创立马来西亚 IOI 集团，任总裁。旗下

IOI 集团每年棕油产量占世界棕油产量 3%，每年为世界 1.3 亿人口提供棕油产品。名列大马十大富豪榜，获马来西亚最高元首赐封"丹斯里"勋衔，雪兰莪苏丹授予拿督勋衔。

永春县达埔华侨尤扬祖，民国 10 年（1921）与同乡合资在印尼万鸦佬设协丰公司，经营进出口贸易，任经理。因善于经营，数年后成为当地经营土产输出首户，并兼营椰园，任望加锡中华总商会主席。

颜子俊初起在越南西贡创办启华英布店，后发展为商行，又投资工业和文化事业，开办纺织厂、印染厂、中国国货公司、陶业商行、鼎新布商、堤郡中国大戏院、越南《匡卢报》社等，担任越南中华总商会主席。

华侨经济，促进了当地的发展。1982 年，柔佛苏丹在一次讲话中动情地说："倘柔佛没有华侨，断不能有今日之繁荣。"

第三节　兴办公益

清道光 30 年（1850），陈臣留之孙陈金声出资建造横跨新加坡河的"金声桥"，铺设大世界游艺场前的"金声路"，清咸丰七年（1857）捐资 3.1 万叻币，给当地政府兴建自来水库，解决新加坡饮水困难问题。清光绪八年（1882），新加坡政府在福尔墩广场建一座陈金声喷水塔，并立铜像纪念他。

永春县华侨参与创办或赞助的医疗机构，早期有陈金声捐助创办的陈笃生医院〔前身为平民医院，成立于清道光二十五年（1845）〕，李清渊、陈丰兴家族捐助创办的同济医社，清光绪十八年（1892）同济医社筹建新大厦改为同济医院时，永春县华侨纷纷捐款。清光绪三十年（1904），陈金声之孙陈若锦发动侨捐 8.7 万元赠给爱德华七世医学院。

永春县华侨兴办的中小学有怡保的育才学校和丰兴学校、麻坡的中华学校、马六甲的育民学校和培风学校、红毛丹的达才学校、实吊远的南华学校、安顺的培华学校、吉隆坡的尊孔学校和中华学校、瓜拉庇朥的中华学校、居銮的培英学校、望加锡的中华学校、安波的培德学校、万鸦佬的中华学校、茂物市、苏甲巫眉市的华侨公学，展玉的侨众中小学，龙目岛的中华学校，敦化国民型华文学校。以及郑世兰在菲律宾创设的教育奖助基金，林连玉教育基金等等。

第五章　反帝反殖

第一节　反抗日本侵略者斗争

抗日战争是整个中华民族反对侵略的战争，在这场浩浩荡荡的抗日救亡运动中，永春县华侨华人捐赠财物支援祖国抗战，甚至毁家纾难，纷纷回国参战，有的甚至英勇捐躯。除此之外，他们与住在国人民一道奋起反抗日本侵略者，谱写了可歌可泣的历史篇章。

民国 30 年（1941），太平洋战争爆发，日军大举南侵，南洋诸岛相继沦陷，铁蹄所至，血流成河，永春县华侨与当地人民群众奋起反抗日本法西斯侵略者．成立抗日救国团体，捐款捐物支持抗日斗争，参加抗日游击队，坚持三年多的战斗。旅马侨领黄重吉，在日寇占领马来亚期间，捐款资助抗日斗争达 1300 余万令言。民国 33 年（1944）12 月 7 日，不畏风险，掩护秘密空降联军伞兵 4 人，队长为美国 404 军队比杜斯中尉。民国 34 年（1945）3 月，又救获美国空军 3 人。本人在日军统治时期，曾遭受多达 28 次威逼利诱式审问，被严厉监视及欲予加害情况下仍坚贞不屈。其弟重玉、堂弟重涵、长子双镜、三子光源、亲属世积等人也积极参与情报搜集，资助游击队等各种抗日活动。永春县华侨的抗日活动，引起日寇及其走狗的怀恨，日军曾公开宣布，每一名日军士兵的伤亡，需要 3 名当地人（含华侨）的生命作为补偿。日军残杀当地人及华侨的手段令人发指，或死于刀枪子弹、或碎脑割腹，或囚禁一室然后纵火烧死，罪恶行径罄竹难书。民国 31 年（1942）1 月 15 日，马六甲沦陷不久，日军在马六甲市两度检举（搜捕）时，曾枪杀华侨 300 多人，连同郊区如亚沙汉、马接峇汝、野新亚逸班那，丹绒等地华侨千余人为国捐躯。五里街仰贤村人王宝兰，侨领，曾任马六甲北区抗日筹赈会主席，民国 31 年（1942）3 月 16 日被日军残酷杀害。五里街大羽村人郑学琛，侨领，曾任南峤筹赈总会委员，马六甲筹赈委员会宣传委员，民国 34 年（1945）2 月 7 日被日军抓捕，9 月 5 日被害。民国 37 年（1948），马六甲华侨华人在三宝山宝山亭旁侧修建抗日义士纪念碑，以纪念华裔同胞为了抗日而殉难的烈士，共收集了 700 余具抗日志士遗骸（其中不少是永籍华侨）葬于此处。每年清明节，马六甲各社团都举行盛大而隆重的公祭殉难烈士仪式，籍表纪念，以慰英灵。

在日军占据时期，南洋各埠人民惨遭日军大屠杀及血腥统治，南洋各埠进入一个史无前例的黑暗时代。据不完全统计，东南亚各国的永春县华侨，支持与参加抗日战争被日军杀害的在千人以上。其中麻坡永春会馆领导人郑文炳、颜迥华、罗文渔、林太宗、林杉卿、郑友专、郭诗善、郑明月、郑金龙等及百余华侨惨遭杀害。永春县华侨余天送、林盛谋、陈崇智、梁元明等参加抗日军某部队（即中英联合军团），林盛谋被捕牺牲。在新加坡的李秋萍（即李世淮），巴力三弄的永春县侨领吴先沛、槟城抗日积极分子郑德滑、印尼高茅的陈展、万鸦佬的李贞禄、李德仁父子、菲律宾苏洛的陈柔宝、陈大万、陈承国等，都因抗日而遭杀害。郑文炳、林杉卿、郑友专、郭诗善等均全家罹难，无一幸存。苏洛侨领陈承国一家8口及3个佣人被日军拘捕残杀，仅幼子及怀遗腹孙的儿媳幸免于难。新加坡被日军残酷杀害人数超过10万人。人民流离失所，永春县华侨李俊承收容难民500人，又在兴楼农场安置失业侨胞1万人。战后印尼在泗水阿仑建立一座英雄纪念碑、新加坡在美芝律建立日本占领时期死难人民纪念碑、菲律宾在华侨义山建立菲律宾华侨抗日烈士纪念碑，华侨社团均在清明时节举行公祭仪式。

第二节　反抗殖民主义侵略者斗争

抗日战争胜利以后，永春县华侨又和当地人民一起反抗殖民主义侵略者的斗争，在马来亚、永春县达埔东园村人吴先力、东平冷水村人曾绍舜夫妇先后为马来亚民族独立和解放而英勇牺牲。当荷兰殖民主义者卷土重来占领印尼时，印度尼西亚人民奋起反抗荷兰殖民主义者统治，永春县华侨从各方面予以大力支持。华侨颜裕发不但解囊资助苏门答腊棉兰地区的反荷游击队，而且参加游击队的武装斗争。华侨陈金安千方百计运送粮食救济游击队和被荷兰殖民主义者拘禁在西伊里安附近荒岛上后来担任总统的苏加诺。民国36年（1947）秋，荷兰殖民主义者从茂物进攻苏甲巫眉和展玉两埠，印尼守军进行抵抗，得到永春县华侨的支持，因而永春县华侨聚居的渔干街，也在炮火中全部化为灰烬，永春县华侨付出财产的巨大损失，不少侨胞沦为难民。印尼永春公会联合总会捐款捐物，参加救济难民工作。在越南，永春县旅越侨领颜子俊积极支持胡志明领导的革命斗争，支持越南人民反对法国殖民者所扶持的保大傀儡政权，并掩护解救越南的革命者，为越南的革命斗争作出了贡献。

第六章　支援祖国革命

第一节　辛亥革命

清宣统三年（1911）10月，孙中山领导的辛亥革命爆发，推翻了清王朝的统治，建立了中华民国，结束了2000多年的君主专制制度。开创了完全意义的近代民族民主革命，打开了中国进步的闸门，传播了民主共和理念、极大推动了中华民族思想解放，以巨大的震撼力和影响力推动了中国社会变革。辛亥革命期间，旅居南洋各地的永春华侨作出积极贡献。

清光绪三十一年（1905），孙中山及其委派的革命党人先后到南洋各地筹建中国同盟会组织。永春县旅马华侨郑成快（桃城桃东村人）等人发起组织中国同盟会马六甲分会，惠安人沈鸿柏任会长，郑成快任副会长。

清光绪三十二年（1906），旅居马来西亚槟榔屿的华侨郑玉指（永春仙夹东里村人），参加中国同盟会槟榔屿分会的筹建工作，该会于9月成立，第一批会员中有永春县华侨林亮组、林泉仁、林有则、陈栋梁、林光挺、郑玉指、颜国隆、颜国年，颜焕昌、叶立贻、黄富引、林传织等。

清光绪三十三年（1907），孙中山到越南西贡，并在西贡、河内设立同盟会分会。颜子俊、颜如云等华侨接受孙中山的爱国民主思想。民国二年（1913）颜子俊加入同盟会，与颜如云等人成为中国同盟会西贡分会骨干，积极募款支持孙中山的革命活动。

清宣统二年（1910），孙中山眷属到槟榔屿避难，郑玉指与当地华侨予以多方照顾，并负责其全部生活费用，使时赴美国从事革命活动的孙中山免除后顾之忧。翌年，广州"三二九"起义前夕，孙中山为筹款购买武器和运输方便，将起义的准备会议，选择在福建华侨最为集中的槟榔屿召开，得到当地华侨的积极支持。

永春县旅马华侨郑玉指参加中国同盟会槟榔屿分会的组建，并踊跃为革命筹资献款，孙中山于民国元年（1912）3月颁发临时大总统优等旌义状表彰郑玉指的功绩。永春县旅马华侨郑成快为辛亥革命捐助革命经费达 5—6 万叻币，民国成立后，孙中山授予郑成快二等有功奖章。永春县旅马华侨林光挺（永春五里街人）是中国同盟会马来亚瓜拉庇朥分会首批会员和重要骨干，积极为辛亥革命捐输经费，民国 13 年（1924），孙中山亲自到瓜拉庇朥授予林光挺二等"嘉禾"奖章。

清宣统三年（1910）10 月，辛亥革命武昌起义，旅日归侨、中国同盟会员宋渊源（永春五里街仰贤村人），奉派回闽协助孙道临、彭寿松等光复闽省。11 月 19 日在福州举义，擒杀清将朴寿成。福州光复后，任都督府参事，共理闽政。后奉派到厦门、漳州、泉州、惠安、南安、安溪、永春等地，安抚军民以巩固辛亥革命成果。

据不完全统计，永春华侨参加同盟会人数达 30 多人。

第二节　讨袁护国

民国元年（1912），北洋军阀首领、大地主大买办阶级的代表袁世凯窃取辛亥革命的果实，建立北洋军阀的独裁统治。

民国 2 年（1913），孙中山发动"二次革命"，先后派人到南洋筹集革命经费，策动讨袁斗争。永春华侨颜子俊时任越南南圻华侨总商会会长，他四处奔波，宣传革命，筹集款项，支持讨袁斗争。永春旅马华侨郑成快积极捐款，支持国内讨袁斗争，获云南都督府颁发"拥护共和"纪念章和国民政府财政部授予"热心爱国"三等奖章。

民国 2 年（1913）秋，孙中山在日本成立中华革命党。委任归侨叶青眼为中华革命党福建支部长，留学日本的余逢时（永春人）为副支部长兼军事联络员（一说为独立军司令），与留学日本的王荣光（永春人）回国策动讨袁斗争。先后英勇就义。

民国 4 年（1915）、袁世凯窃国称帝，密谋与日本秘密签订"二十一条"卖国条约，以换取日本对其复辟帝制的支持。孙中山、蔡锷分别在上海、云南发动讨袁护国斗争。南洋各埠永春县华侨积极响应讨袁护国斗争，声讨袁世凯卖国罪行，菲律宾永春县华侨参加 3 月 11 日晚举办的华侨善举公会集会，推举石狮人蔡联芳为临时主席，通过成立华侨救亡团、发动捐款、筹组敢死队回国参加讨袁斗争、通电政府和南洋各地华侨团体共同声讨袁世凯卖国罪行、武装反抗日本帝国主义的无理要求等决议。会议起草致北京政府、闽粤政府电文，表明菲律宾华侨反对"二十一条"的决心："日无理要求，请拒绝。宁战勿让，侨誓以生命财产为后盾"。此后，永春县华侨响应菲律宾抗日救亡团的号召，踊跃捐款，以挽救祖国和家乡免被沦亡，永春县华侨聚居人数较多的宿务市，短期内就捐款 2.6 万比索。永春县华侨丕参与轰轰烈烈的抵制日货活动。

民国 2 年（1913），李烈均在江西发动"二次革命"，时任福建省议会议长、国会议员的永春县归侨宋渊源响应讨伐袁世凯斗争。"二次革命"失败后，宋渊源离开福州，转赴南洋各地，发动讨袁，并在香港成立讨袁军事统筹部。同年秋　回闽参加领导讨袁斗争，并担任中华革命党福建支部政委。闽省反袁斗争失败后，宋渊源转赴上海、香港等地、图谋再举。

民国 2 年（1913），袁世凯窃国，下令缉捕革命领袖，革命党人黄兴、午崇智等数十人到马六甲避难。永春县华侨郑成快不畏风险，让他们在自己的泉兴山橡胶园避居一个多月，并设法向日本领事馆申请护照，让黄兴、许崇智等人安全离开，转赴日本。

第三节　北伐战争

民国 5 年（1916），袁世凯病死，北洋军阀分为直、皖、奉三系。以段祺瑞为首的皖系，依仗日本帝国主义的支持，不仅掌握北京的中央政权，而且统治山东、河南、安徽、福建、浙江等省，袁世凯的嫡系军阀李厚基统治福建达 9 年之久。自辛亥革命果实被军阀攫取之日起，永春县社会处于政局混乱、军阀混战、盗匪蜂起、民不聊生的困境之中，永春县人民、归侨侨眷备受兵燹摧残之害。

民国 15 年（1926）7 月，国民革命军兵分三路誓师北伐。北伐战争的直接打击目标是帝国主义支持的北洋军阀，主要是吴佩孚、孙传芳、张作霖 3 支势力。北伐战争是在中国共产党提出的反对帝国主义、反对军阀的口号下进行的，深受永春县华侨欢迎与拥护。东南亚各埠永春县华侨纷纷参加北伐后援会，积极展开捐款捐物援助北伐工作，短短数日，菲律宾华侨就捐款 10 万余比索汇回祖国。不少永春县华侨加入北伐队伍。

民国 15 年冬，何应钦率领东路北伐军入闽，马来亚归侨颜步青（永春东平东山村人）随北伐军入闽后，建立永春第一个赤色农会，拥有会员 2000 余人，并担任农会主席和永春县政务委员会委员。马来亚归侨林诗必（永春东区人）以国民党福建省党部特派员身份随北伐军入闽后，回永春县与共产党永春地方组织合作，共同领导东区农民运动。印尼归侨辜仲钊（永春人）随北伐军入闽后担任兴泉永政治监察署农工指导员，参与组织工会、农会。越南归侨王裕昆（永春人）、回国后参加许崇智部队东征，以后在汕头的革命刊物《韧晨报》工作，随北伐军入永后，担任永春县政务委员会委员。菲律宾华侨郑玉书（永春仙夹人），北伐战争时任福建北伐军军医长、随军驻上海、烟台。归侨宋渊源向何应钦提议改编各地民军为福建国民军，参加北伐。何采纳其建议，并设参谋团负责统筹接应，委宋渊源为参谋团主任。

民国 16 年（1927）4 月 12 日，蒋介石公开反共，实行清党、国共合作分裂，大革命失败。11 月 14 日，王裕昆被暗杀。次年 11 月 9 日，刘子宽率湖洋民团包围东区农协会，捕去农协会骨干颜步青等 9 人，林诗必、邱廉回避往南洋，颜步青为革命而献身。宋渊源在北伐军统领闽省后、即辞去军旅职务，就任国民政府委员，民国 17 年（1928 年）兼任侨务委员会常务委员。抗战开始，由上海辗转经香港至新加坡，抗战胜利后回上海定居。郑玉书于民国 15 年（1926）秋，即脱离军旅生活，在福州与其弟、侄经营工商业。1957 年往菲律宾定居。

第四节　土地革命

民国 16 年（1927）8 月 7 日，中共中央在湖北汉口秘密召开紧急会议（八七会议）。会议确定了土地革命和武装反抗国民党政府的总方针。在中国共产党领导下，创建了安（溪）南（安）永（春）德（化）边区。永春华侨中的一些青年俊彦从南洋回国，加入土地革命行列。

民国 19 年（1930）7 月，永春县旅越归侨李南金（永春达埔岩峰人），大学毕业后，接受党组织委派回永开展革命工作，担任中共永春县委宣传部部长，负责在永春县城关建立活动据点。他利用与国民党永春县建设局局长黄文标的同学关系，在建设局任职员。他在社会上广交朋友，培养积极分子，秘密发展党员。东平的李晓山、李永康，蓬壶的林多奉、夹际的郭节（原籍安溪）都是在此时被吸收入党的。年底，李南金担任中共永春县委书记。他建立一支有 40 多人，用土枪火炮武装起来的游击队，创立以佛仔格为中心的安南永特区，并兼任特委书记。后调往漳州又再担任厦门中心市委特派员。

马来亚归侨郭节（原籍安溪）、历任永春县夹际育才小学党支部书记、中共安南永特委宣传委员、佛仔格游击队队长，民国 21 年（1932）与李南金在开展革命斗争中分别不幸被捕，4 月 20 日在安溪县城英勇就义。

民国 19 年（1930），旅越侨眷李剑光（永春达埔岩峰人）经李南金介绍加入共产党，很快成为革命骨干。这年冬天，李剑光率领一支三四十人的游击队、成功奇袭了国民党驻守东溪的部队，揭开了安南永游击战的序幕。翌年他被选派到漳州游击队学习，回永春后，在开创游击区的斗争中，面对强大的敌人，屡次克敌制胜，成为出色的军事领导骨干，在特委书记李南金因身份暴露调往漳州工作时，剑光接任特委书记。

民国 20 年（1931），中共福建省委决定开辟安南永游击根据地。翌年 4 月，成立安溪县委，剑光任书记。11 月，厦门中心市委决定成立安溪中心县委、领导安溪、南安、永春、德化 4 县游击战争，剑光担任中心县委书记。民国 22 年（1933）8 月，改任安溪、南安、永春苏维埃主席。9 月，中心县委个别领导在贯彻厦门中心市委关于争取土匪工作指示时，急于求成，丧失警惕，置李剑光劝告于脑后，未能识破安溪土匪头子王观澜制造假收编的诡计，结果造成发生"青云楼事件"的严重错误，李实（中心县委书记）、陈鸿伍（红二支队政委）、李进全（红二支队支队长）等 12 人遭逮捕杀害。事变后，敌人气焰嚣张，对东溪根据地进行 8 路围攻。危急时刻、李剑光召开中心县委扩大会议，重新组建领导机构，他临危受命、代理中心县委书记和红二支队政委，采取对策，挫败敌人围攻，扭转"青云楼事件"后的危急局势。

民国 23 年（1934），红二支队粉碎国民党中央军和地方武装的反复"围剿"、革命队伍日益壮大，已发展为 4 个大队 500 多人，开辟了 3000 平方公里，拥有 30 多万人口的游击根据地。

民国 24 年（1935）3 月，李剑光与支队长尹利东在执行战斗任务后回撤安南永根据地时，途经梧峰龙根山顶，叛徒苏天时假装腹痛，发难不走，拉长了行军距离，李剑光从队伍前头折返欲查看究竟，不幸被叛徒苏天时开枪击中，壮烈牺牲。

第五节　抗日战争

民国 20 年（1931），"九一八"事变发生后，南洋各地华侨纷纷成立救国会。在越南，永春侨领颜子俊组织成立越南经济联合后援会，曾一次捐款 100 万元，支持东北抗日义勇军，并发动越南华侨募捐飞机 10 架献给祖国。新加坡永春侨领李俊承首倡抗日赈难捐款，新、马华侨 8 个月内捐款 100 万银圆，一半汇回上海赈济难民，另一半汇给东北抗日义勇军。

民国 21 年（1932）1 月 28 日，十九路军在上海奋起抗击日本侵略军，史称"一二八"事变，得到华侨全力支持。永春侨领李俊承在新加坡成立救济上海伤兵难民筹赈委员会；旅越侨领颜子俊发起组织越南南圻抗日救国赈济会、越南抗日救国航空委员会、越南华侨抗日救国联合会、发动越南华侨捐献、筹集数百万元巨款及40 箱衣服、药品，分别寄给十九路军和上海救济总会，捐给十九路军飞机 2 架，军长蔡廷锴亲笔专函致谢；印尼侨领尤扬祖担任万鸦佬筹赈会主席；民国 26 年（1937）"七七事变"后的一周，马来亚麻坡永春会馆召集永春华侨，组织"救济祖国难民会"，发动华侨募捐 2 万多元叻币于 1937 年 7 月 15 日汇交当时国民政府财政部，这是麻坡华侨首批汇抵祖国的义举。麻坡永春会馆这"一马当先"的义赈消息在星州各报发表后，麻坡其他侨团如漳泉公会、广东会馆等也急起直追，发动各属乡侨进行募捐活动，并将义款汇往祖国。因此，麻坡获得"筹赈模范区"的美誉。

民国 27 年（1938）成立南洋华侨筹赈祖国的难民总会（简称南侨总会），永春县侨领李俊承、李铁民、颜子俊被推选为执行委员，黄重吉任财政委员。

抗战初期，国民政府发行"救国公债"，永春仙夹乡夹际村人郑玉书出任国民政府海外募债专员，前往印尼募集法币 989 万元。

民国 27 年（1938）3 月，永春县旅马华侨辜俊英参加华侨战地记者通讯团和马来亚抗敌后援会代表团（任副团长）到延安访问，3 月 18 日，毛泽东主席会见代表团全体成员并题词；民国 29 年（1940）3 月，著名侨领陈嘉庚率南洋华侨慰问团到全国各地慰问，在慰问团成员中，永春华侨占了四分之一，著名的有李铁民、梁披云、林珠光、林杉卿、叶票琪、李尚国等。

抗战爆发后，一大批永春华侨回国参战，陈明、陈沫、李金发、刘义标、林刚中、林士带等人在抗战中英勇奋战，逐步成长为我党我军抗战骨干，林刚中、林士带英勇献身；刘瑞济等 52 名南洋机工回国参战，奋战在滇缅运输线上，在敌机空袭频繁情况下风餐露宿，与饥饿、疾病、死亡顽强斗争，驾车奔驰在长达 1100 多公里的滇缅公路及粤、桂、黔、滇、川、鄂各地，抢运军用物资和兵员，为抗战的胜利作出积极贡献。

第六节　解放战争

民国 35 年（1946）6 月底，蒋介石发动全面内战。新加坡 216 个华侨团体于 9 月 27 日举行盛大集会，大会一致拥护陈嘉庚谴责美国援助蒋政府的通电，支持陈嘉庚的爱国主张，决定组织海外华侨促进祖国和平民主联合会。同年，中国民主同盟南方总支部在南洋组织民主同盟，永春华侨李铁民是新加坡民主同盟领导人之一。同年 10 月 27 日，民主同盟在新加坡召开各界华侨大会，宣布成立促进祖国和平民主联合会（简称"民联会"），陈嘉庚被推为主席，李铁民参加领导工作。

民国 36 年（1947）5 月 30 日，新加坡"民联会"召开各界华侨代表大会，声援在国民党统治区学生发起的"反内战、反饥饿、反独裁"运动。会上提出"打倒蒋介石、建立联合政府"的口号，并发表通电谴责国民党当局，声援祖国学生运动。

民国 35 年（1946）至民国 38 年（1949）三年解放战争，永春华侨、归侨侨眷作出了积极贡献。永春华侨郑士美资助家乡的中共游击队和中共地下组织活动经费，归侨梁灵光（永春吾峰吾顶村人）在解放战争中已是中国人民解放军第二十九军参谋长，军党委常委，率部解放福建后出任厦门市第二任市长、市委书记。归侨陈沫（永春石鼓人）历任中国人民解放军第一野战军大队长、大队党委书记。解放战争时期，随部队从山西临汾出发向大西南进军，参与解放四川之战，屡立战功。归侨李金发（永春桃城镇外垵村人），历任解放军西北野战军第一纵队独立第一旅营救导员，团政治部副主任、解放军第一军第二师政治部组织科科长等职。随部参加延安保卫战和解放大西北之战，还曾在青海、宁夏边境参加剿匪反霸和镇压暴乱等重大战斗，战功累累。归侨刘义标（永春桃城南星村人），历任新四军二师四旅团部参谋、营部文书、连副指导员，华东二纵二师四旅四团政治处宣传股副股长等职。参与渡江战役身受重伤，伤愈归队又跟随陈毅、粟裕转战南北、荣立一等功。

菲律宾归侨陈光、陈大明、郑清贻回国参加解放战争，陈光担任"闽粤赣边区纵队闽南支队"第 19 团团政委，先后参加解放厦门、漳州战役。陈大明、郑清贻则参加地方工作，为建设人民政权作出贡献。

民国 37 年（1948）6 月，马来亚殖民当局发布"紧急命令"，出动成千上万警察搜捕马来亚共产党、民主同盟、新民主主义青年团干部，强行遣返回国。郑仕照（永春湖洋龙山人），抗日战争时期在马来亚人民抗日军第四独立大队 20 中队第 3 分队担任分队长兼指导员。被遣返回国后联络已返乡的原马共抗日军郑亚天、郑新华、郑山斗、郑既明、潘清芹、陈水龙、邱瑞志等难侨，先是组建仙溪革命小组，后成立中共闽西南地下党永春东区仙溪党支部，郑仕照任党支部书记。随之组建永春游击大队龙山民兵游击队，开展反"三征"（征粮、征兵、征税）斗争。原马共人民抗日军成员黄慈西、汤亚明、汤添元、苏碧水等人也在东平冷水村成立革命小组，民国 38 年（1949）8 月 23 日，参与解放永春县城。原马共人民抗日军成员康良石、王国伟、郑联春等人，回国后为永春西部基地的开辟和发展作出贡献，郑联春在革命斗争中献出了自己宝贵的生命。

第七章　参与家乡建设

第一节　投资

民国 38 年（1949）以前，一些爱国华侨为振兴中华、改变家乡面貌，曾回乡创办工厂和农垦事业。据清同治十年（1871）到民国 38 年（1949）的不完全统计，永春县华侨在国内投资总数达 298.87 万元（折合人民币）。民国 29 年（1940）报载：永春县有华侨投资的小工厂数家，农场 12 处；资本在 30 万元以上的 3 家、20 万元以上的 2 家、10 万元以上 4 家。

一、投资办工厂（1949 年前）

宣统三年（1911），永春旅马华侨颜穆闻在家乡东平北硿山创立永春北硿种植公司，并筹建水电站、布厂，机械设备全从国外运进。

民国 2 年（1913），永春县华侨参与投资，在泉州筹办电气股份有限公司. 民国 16 年（1927）9 月正式营业。

民国 20 年（1931），永春县石鼓卿园旅菲华侨黄振焕、旅印尼安班兰华侨张逊璟先后在晋江东石设立民星、利群纺织厂。民星纺织厂系黄振焕投资创办。利群纺织厂的股东多系在海外的永春县华侨，其中最大的股东是永春县旅居印尼安玨兰华侨张逊璟，实际投资 2 万元，抗战期间机器被当局迫迁至永春县后停办，抗战胜利后该厂转卖给石狮旅菲华侨蔡孝忍续办。

抗战期间，永春县华侨投资工业处于低潮，投资创办工厂企业甚少，全县只有永春县南洋华侨实业社 1 家。

民国 35 年（1946）10 月，永春县石鼓卿园旅马华侨黄重吉在厦门设立办事处，策划将吉隆坡的 13 家企业（包括维修、运输企业）的设备迁移厦门办厂。他从海外带来 30 多名技术人员，于民国 36 年（1947）初雇专船将各厂设备及两部载重汽车运抵厦门，备受刁难，汽车被海关扣留，机器及设备堆放码头。经多方疏通，11 家工厂陆续建立，但能勉强开工的仅 7 家，其后有 5 家工厂因外汇、原料等问题旋即停产。重吉烟厂、重吉电池厂先后于民国 37 年（1948）和民国 38 年（1949）3 月停产。黄重吉不得不筹款遣返聘请的华侨技术人员。在短短的三年多时间内，重吉各工厂亏损的流动资金达港币 100 万元，被扣留的汽车直至厦门解放后，由人民政府发还。

表 1.7.1　　1949 年以前永籍华侨在福建创办的部分主要工厂一览表

单位：万元

创办年份	企业名称	主要投资人			资本额	其中侨资	币 种	附　　注
		姓名	祖籍	侨居国				
1931	民星纺织厂	黄振焕	永春	菲律宾	15	15	银圆	1937 年抗战期间从晋江东石迁入永春
1933	利群纺织厂	张逊琛	永春	印尼	12	12	银圆	抗战期间从晋江东石迁入永春
1942	集美实业公司制皂厂	陈济侯	永春	新加坡	——	——		址设永安，1947 年迁入厦门

续表   单位：万元

创办年份	企业名称	主要投资人			资本额	其中侨资	币 种	附 注
		姓名	祖籍	侨居国				
1943	永春南洋华侨实业社	颜子俊	永春	越南	40	40	国币元	——
1946	永春高垅水电站	陈式皋	永春	马来亚	2.07	2.07	——	供应五里街及永春中学用电
1947	厦门重吉锯木厂	黄重吉	永春	马来亚	1.47	1.47	折人民币元	1949年10月1日前未开工
1947	厦门重吉电池厂	黄重吉	永春	马来亚	0.85	0.85	折人民币元	资本港币14万港元，1949年3月停业
1947	厦门重吉罐头厂	黄重吉	永春	马来亚	2.94	2.94	折人民币元	1949年10月1日前未开工
1947	厦门重吉汽水厂	黄重吉	永春	马来亚	4.38	4.38	折人民币元	1949年3月停业
1947	厦门重吉酒厂	黄重吉	永春	马来亚	4.38	4.38	折人民币元	——
1947	厦门重吉油厂	黄重吉	永春	马来亚	2.94	2.94	折人民币元	1949年10月1日前未开工
1947	厦门重吉铁工厂	黄重吉	永春	马来亚	1.47	1.47	折人民币元	1949年10月1日前并入重吉机器厂
1947	厦门重吉橡胶厂	黄重吉	永春	马来亚	7.35	7.35	折人民币元	1949年10月1日前未开工
1947	厦门重吉烟厂	黄重吉	永春	马来亚	2.4	2.4	折人民币元	1948年停产
1947	厦门重吉肥皂厂	黄重吉	永春	马来亚	0.284	0.284	折人民币元	原资本额1亿港币
1947	厦门重吉糖果饼干厂	黄重吉	永春	马来亚	0.57	0.57	折人民币元	原资本额2亿港币

二、投资交通运输业（1949 年前）

民国 19 年（1930）年，永春旅外华侨郑玉书、郑揆一、林士瑾、郑荣瑜等投资 10 万银圆，在福州创办福峡长途汽车股份公司。永春县西上村旅菲华侨陈礼波在厦门创办南通汽车公司，颜子俊等人参与陈嘉庚发起成立的华侨航业股份有限公司，抗战胜利后迁厦门开展业务。

三、投资农垦企业（1904—1949 年前）

永春华侨投资农垦事业，始于清末，兴于民国期间，在全省中还是比较突出的。

表 1.7.2　　　　　　　1904—1949 年永春华侨投资农垦企业一览表

单位：万元

创办年份	企业名称	行业	主要投资人		资本额			演变情况
			姓名	侨居国	总额	其中侨资	币种	
1904	永春大溪杉山林场	林业	邱廉耕	新加坡	6	6	银圆	
1917	永春北硿种植公司	综合	颜穆闻	马来亚	3	3	银圆	民国 8 年（1919）遭恶意焚毁
1917	永春发兴茶叶公司	茶业	黄祖林等	菲律宾				早年荒废，1956 年归侨集资垦复
1917	永春华兴种植公司	茶油杉	李辉芸等	马来亚	2.8	2.8	银圆	1956 年申请公私合营，1960 年并入北硿华侨茶果场
1918	永春石竹棋垦殖公司	茶杉	谢初实	南洋				创办不久荒废，1956 年华侨投资垦复
1931	永春官林垦殖公司	茶、林	李姓侨亲集资	南洋				1956 年狮峰村接办
1931	永春石齿茶场	茶业	东门郑氏侨亲	南洋				
1937	永春华侨实业有限公司	——	星洲永属会馆	新加坡	10	10	国币	
1938	永春太平种植公司	茶果林牧渔	李汉青	马来亚	10	10	国币	1960 年并入北硿华侨茶果场

续表　　　　　　　　　　　　　　　　　　　　　　　　　　单位：万元

创办年份	企业名称	行业	主要投资人		资本额			演变情况
			姓名	侨居国	总额	其中侨资	币种	
1938	永春民发农场	农业	潘和友	马来亚	2.1	2.1	国币	
1939	永春闽南实业有限公司	农业	郑玉书 李汉青	菲律宾 马来亚	170	170	国币	
1940	永春山母头垦殖场	林油茶	郑玉书	菲律宾	200担	200担	大米	荒废后，1955年村集资垦复
1940	永春雪峰垦殖公司	农垦	吴祖献	南洋	——	——	——	
1942	永春达埔达理农场	林业茶果	颜子俊	越南	2	2	美元	荒废后垦复为镇办大吕场
1942	永春石鼓洑溪农场	茶果	颜子俊	越南	1	1	美元	荒废后，1958年华侨集资垦复
1942	永春石鼓凤美农场	茶果	颜子俊	越南	1	1	美元	乏人管理，荒废
1945	永春猛虎山林场	林业	尤扬祖	印尼	2	2	国币	1953年献给尤氏族亲
1949	永春外美果场	农业	林姓侨亲集资	南洋	——	——	——	
1949	永春三有实业公司	——	余姓侨亲集资	南洋	——	——	——	
1949	永春东平冷水垦殖场	林茶	李正宗	南洋				

第二节　捐资

一、捐资兴办学校（1949年前）

清光绪三十二年（1906），华侨郑安邦捐银1000元，并向海外华侨募捐，在永春五里街梅峰书院创办永春州中学堂并附设师范简易科。同年，华侨宋子靖集资创办新智小学。光绪三十四年（1908），旅居马来亚的颜氏宗亲捐资兴办上场、社山鲁国小学。到清宣统三年（1911）永春县华侨捐资创办、合办的中小学共 15 所。

民国时期，永春县华侨捐资，先后创办鹏翔、南湖、养贤、登进、仁庄、启新、育英、前溪、民智、蒙养、培英、伍堡、鼎新、开明、启蒙、华岩、永西、霞林、启明、希贤、渊如、振东、培贤、夹际等 30 多所小学。民国 16 年（1927），上场郑姓旅外华侨捐资创办南湖中学。20 世纪 40 年代，蓬壶、湖洋、达埔的华侨资助创办毓斌中学、力行中学、达理中学。

表 1.7.3　永春县 1949 年前主要侨办、侨助中小学校一览表

（一）中学

校名	地址	创办年份	创办人	现在名称	备注
永春州中学堂	五里街	1906	郑安邦、郑翘松	永春一中	侨助
南湖中学	桃场	1927	郑氏侨亲	——	侨办，1933 年停办
永春崇实初级中学	五里街	1937	刘家祥等	永春崇贤中学	侨助
永春毓斌中学	蓬壶	1942	林祖培等	永春三中	侨助
永春力行中学	湖洋	1944	刘向仁	永春四中	侨助
永春达理中学	达埔	1949	颜子俊、李尧南等	永春五中	侨助

（二）小学

校　名	地　址	创办时间	现在名称
文明小学	五里街	1906	华岩小学
新智小学	儒　林	1906	儒林小学
鲁国小学	桃　场	1908	鲁国小学
鲁国小学	社　山	1908	鲁国小学
前溪小学	桃　溪	1908	桃溪小学
培英小学	塘　溪	1909	塘溪小学
霎林小学	霞　林	1910	霞林小学
培贤小学	东　里	1911	东里小学

续表

校　名	地　址	创办时间	现在名称
南湖小学	桃　星	1911	南湖小学
福阳小学	洋　上	1911	洋上小学
登进公学	卿　园	1916	文明小学
民智小学	冷　水	1916	冷水小学
永西公学	石　鼓	1917	石鼓中心小学
仁庄小学	凤　美	1917	凤美小学
鹏翔小学	桃　东	1918	鹏翔小学
华岩小学	五里街	1920	实验小学
进化小学	吾　顶	1921	南阳小学
鼎新小学	达　中	1921	校舍被烧后停办
启明小学	和　林	1921	岵山中心小学
蒙启小学	南　幢	1925	南幢小学
启文小学	南　幢	1925	南幢小学
明新小学	南　石	1925	南石小学
仙龙小学	龙　山	1925	龙山小学
玉成小学	坑仔口	1926	坑仔口中心小学
泗滨小学	东　山	1926	东山小学
启贤小学	东　山	1926	东山小学
留安小学	留　安	1926	留安小学
仙溪小学	仙　溪	1926	溪西小学
蒙养小学	仰　贤	1927	仰贤小学
开明小学	狮　峰	1927	狮峰小学
文明小学	卿　园	1928	文明小学
颂德小学	半　岭	1929	半岭小学
五堡小学	延　清	1929	延清小学
梅林小学	梅　林	1930	梅林小学

续表

校　名	地　址	创办时间	现在名称
磻溪小学	磻　溪	1931	磻溪小学
孔里小学	孔　里	1932	孔里小学
丽里小学	丽　里	1932	丽里小学
醒民小学	洑　溪	1932	洑溪小学
渊如小学	夹　际	1933	夹际小学
真理小学	丰　山	1933	丰山小学
振东小学	夹　际	1933	夹际小学
蓉镜小学	培　民	1934	培民小学
马峰小学	马　峰	1936	马峰小学
育三小学	达　德	1938	溪西分校
正诚小学	枣　岭	1938	吾峰中心小学
启新小学	塘　溪	1942	塘溪小学
东园小学	东　园	1946	东园小学
夹际小学	夹　际	1946	夹际小学

二、捐资修桥造路（1949年前）

清光绪年间，永春县华侨李士祚捐资重修通仙桥（即东关桥），他的儿子李俊承于民国12年（1923）再重修1次。清朝末年，永春县蓬壶旅马华侨捐资重修蓬壶水尾壶口桥，并建石栏杆、桥亭、塔。民国19年（1930），以李俊承为首华侨共捐资银圆7万多元，兴建永春最大的钢筋水泥结构大桥——云龙桥。中华人民共和国成立前，永春县华侨捐资兴建的桥梁还有东山桥，社山的广济桥（即牛鼻桥）等。

三、捐资其他公益事业（1949年前）

文化　民国14年（1925），永春县旅新华侨李俊承捐助编印《永春县志》全部费用。永春县华侨还捐资赞助《崇道报》《永声报》《永春日报》经费。

民国26年（1937），黄蕴山、余望三在永春县创办《华侨报》，也得到华侨捐资赞助。

医疗卫生　光绪三十年（1904），永春县医院接受华侨捐资，扩建楼房 4 幢，安装电灯和自来水。民国 18 年（1929）起，该院经费除由泉州惠世医院每月津贴 150 元银圆外，不敷之数均由华侨资助。

民国 20 年（1931）以后，达埔连续数年鼠疫流行，永春县旅越侨领颜子俊捐资购买预防疫苗，免费供乡亲注射。抗战期间，疟疾为灾。仙夹侨胞郑玉书两次向印尼侨胞募捐金鸡纳霜（奎宁）入永施赠。

名胜景观　自民国 12 年（1923）以后，永春县华侨先后捐资修缮蓬壶普济寺、桃场魁星岩、五里街华岩室及城关桃源殿等名胜古迹景观。

赈灾救济　清末至民国期间，永春县华侨先后办过 3 次平粜米，第 1 次是在清光绪年间永春县闹饥荒时；第 2 次是在民国 13 至 14 年（1924—1925），因连年匪乱和旱灾而造成饥荒，华侨筹款由厦门采购大米 2939 石（每石 75 公斤）回永春县平粜；第 3 次是民国 30 年（1941），粮价暴涨，新、马华侨募款法币 9.55 万元，采购泸米 1733 包回永春县平粜。此外，马来亚华侨林多地汇款法币 1 万元，救济蓬壶地区的鳏寡孤独；民国 29 年（1940）永春县霍乱流行，华侨王声世汇款给贫困户买棺材。

第八章　侨批

第一节　"水客"和侨汇业的形成

永春县地方方言中所指的侨批是侨信、侨汇的俗称，侨批业是兼有金融和邮政双重职能的，为华侨、侨眷汇款送信的特殊行业。它是华侨华人旅居国外之后产生的，是社会发展在特定历史条件下的必然产物，唯福建、广东、海南所特有。侨批既是永春县华侨华人的历史记忆，也是海上丝绸之路的重要历史见证。

永春县华侨寄钱赈养家眷已有 300 多年历史。他们以侨批这种特有的信、款合一的方式，与家乡和亲人保持着密切的经济与情感联系，一封封侨批，既寄托着海外永春县华侨华人浓浓的亲情、乡情，又反映了侨居国的政治、经济、文化、社会生活、风土人情。

侨批业这一兼有金融和邮政双重职能的特殊行业,在永春县乃至闽南具有历史悠久,从业人员多,业务量大,涉及面广等特点。侨批业的形成,完善具有一个历史过程,为永春人民作出了历史性的贡献。

早期,尚无邮政,又无银行,华侨寄钱赈养家眷往往碰到同乡回国托他带钱带信,颇有不便。后来永春人出国人数逐渐增多,于是就有老洋客和华侨小商贩经营解送侨汇的生意,这些人被称为"水客"或"搭头"(俗称走水),"水客"到永春,来时带"批银"(即信与钱),去时带回文和带新客往南洋。

早时航海靠帆船,航行靠风力,受季候风限制,秋去春回。永春县旅居印尼干那低(地名)的侨属中有"干那低、干那低,三年一张批"的顺口溜,意思是说从印尼干那低开始收批银,经安汶、望加锡,再到新加坡回国,需要一年时间。抵达永春后,把信、银分送到侨眷家中,然后收回文再到南洋交给汇款人,时间多的送三年。

永春县华侨在南洋首先经营侨批者为祖籍永春县桃城镇丰山村人陈臣垦,他在清乾隆二十二年(1757),就在马来亚马六甲经营商店陈丰兴号,兼营侨批。其次是祖籍永春县桃城镇化龙村大路头人李侃,他于乾隆四十三年(1778)到新加坡、马六甲经营商店李振裕号,兼营侨批。其时永春县民间有"南洋最富,一丰兴,二振裕"的说法。这两家均不时由南洋寄巨款(白银)回家。其时,永春县已有水客可寄钱寄批。清道光二十八年(1848),桃城丰山人陈应谋为马六甲华侨递送批银,每年往返一次。同治年间,华岩李勇、李显,街尾宋勘、丰山陈汉、湖堀王高、大路头李智堂等人,先后为华侨解送批银。他们从南洋购回土特产到国内出售,得款后解送侨款。宋勘为侨商送书信,不论路途远近,必亲送其家,深得侨眷信赖。清光绪二十六年(1900),厦门有邮轮行驶,快捷便利,水客则每年收汇三次,有时带货物回国出售,有时从新加坡汇丰银行汇款至厦门,再转泉州兑取白银,雇工挑运,每趟6至8担,每担1000个银圆,一天赶到永春,解讫后随带回文返南洋交给汇款人。

到光绪末年,永春经营侨批业的水客有60多人,其中来往于新、马的有陈应谋、陈汉、王高、黄振同、李智堂、李勇、宋勘、李显、黄振谈、辜泗、郑旺、陈棣相、辜招、洪松林、林金俊、陈秀亭、黄振敏、陈致渊、辜标等;来往于印尼的有陈元燕、郑同、陈云团等;来往于菲律宾的有黄振明、黄振成等。这些人,除了解送侨汇外,经常沟通海内外情况,深受永春海外华侨和归侨侨眷的欢迎。(详见表1.8.1)

表 1.8.1　　　　　　**水客一览表**（清末民初公元 1848—1910 年）

姓　名	地　址	开业年份	收汇地域	备　注
陈应谋	丰山乡	1848 年	马六甲	清道光二十八年
陈　汉	丰山乡	1862—1874 年	新、马	清同治元年至清光绪元年
王　高	湖堀乡	1862—1874 年	新、马	清同治元年至清光绪元年
黄振同	卿园乡	1862—1874 年	新、马	清同治元年至清光绪元年
李智堂	大路头	1862—1874 年	新、马	清同治元年至清光绪元年
李　勇	华岩乡	1870 年	新、马、印尼	清同治九年
宋　勋	街尾乡	1873 年	新、马	清同治十二年
李　显	华岩乡	1873 年	新、马、印尼	清同治十二年
黄振谈	卿园乡	1876—1878 年	新、马	清光绪二年至清光绪四年
陈元燕	丰山乡	1876—1878 年	印尼	清光绪二年至清光绪四年
辜　泗	后扁乡	1878 年	新、马	清光绪四年
郑　旺	街尾乡	1884 年	新、马	清光绪十年
陈棣相	岵山乡	1886 年	新、马、印尼	清光绪十二年
郑　同	城关	1886 年	印尼	清光绪十二年
陈　帛	丰山乡	1886 年		清光绪十二年
邱　墙	洛阳乡	1886 年		清光绪十二年
辜　招	后扁乡	1886 年	新、马	清光绪十二年
陈云团	丰山乡	1886—1890 年	印尼	清光绪十二年至清光绪十六年
洪松林	街尾乡	1902 年	新、马、印尼	清光绪二十二年
黄振明	卿园乡	1890—1906 年	菲律宾	清光绪二十六年至清光绪三十二年
黄振成	卿园乡	1890—1906 年	菲律宾	清光绪十六年至清光绪三十二年
林金俊	丰山乡	1890—1906 年	新、马	清光绪十六年至清光绪三十二年
陈　拱	五里街	1896—1902 年		清光绪二十二年至清光绪二十八年
陈秀亭	街尾乡	1896—1902 年	新、马	清光绪二十二年至清光绪二十八年
黄振敏	卿园乡	1892—1907 年	新、马	清光绪十八年至清光绪三十三年
柯长绵	城关	1892—1907 年		清光绪十八年至清光绪三十三年

续表

姓　　名	地　　址	开业年份	收汇地域	备注
陈礼书	城关	1892—1907 年		清光绪十八年至清光绪三十三年
陈致渊	城关	1892—1907 年	新、马	清光绪十八年至清光绪三十三年
郑孙江	城关	1892—1907 年		清光绪十八年至清光绪三十三年
辜　标	后庙乡	1905—1910 年	新马	清光绪三十一年至清宣统二年

第二节　民信局的形成

随着永春县华侨出国日益增多，侨汇数量也随之增加，原来的水客和兼收侨汇的商户，逐渐形成专门为侨胞解送侨汇的民信局。并在银行、邮电的兴起同步发展。清光绪三年（1877），永春人黄日兴在厦门开设第一家民信局，民国 3 年（1914），石鼓乡卿园人黄振坤等组织吉兴民信局、印尼华侨陈云团在五里街发起成立万全源民信局、同兴民信局也在当年成立。次年孙辉显等人在厦门成立南通民信局，在五里街开设丰记民信局，并于民国 23 年（1934）起同马来亚吧生等地建立起透汇关系。至民国 26 年（1937），全县民信局增至 20 多家。较有名的有瑞记、新德顺、春记、新永兴、侨通等。

海外华侨黄振坤、黄振铭、林攀高于民国 3 年（1914）发起组织成立海外第一家民信局——吉兴信局（设在新、马），民国期间，中央权威不彰、民军匪乱、地方不靖，民信局的发展并非顺利。民国 7 年（1918）永春县印尼华侨黄典记集资大洋 20 万元在厦门创立同英信局，由于受不了明捐暗抢、敲诈勒索而停业，不仅资本亏尽，还要从南洋汇回 5 万银圆来清偿债务；同兴信局因在南安九都货被抢劫，损失数万元而停业；民国 14 年（1925），万全源信局由泉州运白银来分发侨汇，途中被劫数千元；民国 15 年（1926）益兴信局信差颜蒲携款千余元至小边，竟被三名军人持枪抢劫一空；丰记信局 20 多年来被劫 50 多次，白银被窃 2 万多元，派送员 2 人被害，有的被打成重伤。鉴于社会治安状态堪忧，民信局对山区或比较偏僻的地方，不再派送现金，改发小票（又称山票），凭票可到民信局各分支机构领取现金，也可到村中杂货店购买物品。

表 1.8.2　　　　　　　　　**1877—1950 年民信局一览表**

信局名称	类型	开业年份	地址	经营地域	备注
黄日兴	头二盘	1877 年	厦门	新、马	永春侨胞在厦设立第一家民信局
吉兴	头盘	1914 年	南洋	新、马	海外永春华侨第一家民信局
同兴	头二盘	1914 年	五里街	菲、印尼	
益兴	头二盘	1914 年	五里街	菲、印尼	
万全源	二三盘	1914 年	五里街	印尼、新马	
南通	二盘	1915 年	厦门	新、马	永春人在厦设南通，在永春设丰记
同英	头二盘	1918 年	厦门	印尼	印尼永春华侨在厦设立
新德顺	头二盘	1919—1922 年	城内	新、马	
丰记	二三盘	1924 年	华岩	新、马	
瑞记	二三盘	1925 年	五里街	南洋各埠	
石福	三盘	1928 年	五里街	新、马	
古源成	三盘	1928—1932 年	五里街	印尼、新、马	
和通	三盘	1928—1932 年	五里街	菲、港	
福成	三盘	1928—1934 年	五里街	新、马	
和盛	头二盘	1928—1932 年	五里街	新、马	
新瑞丰	三盘	1922—1935 年	五里街	新、马	
春成	三盘	1932—1936 年	五里街	新、马	
永顺	三盘	1932—1936 年	五里街	新、马	
春记	三盘	1936 年	五里街	新、马	
庆和	二三盘	1936 年	城内	新、马	
合昌	二盘	1938 年	五里街	菲、新、马、印尼、缅甸、越南	中国银行承办执照
新永兴	二三盘	1940 年	五里街	新、马	
建德	三盘	1944 年	五里街	新、马	
侨通	二三盘	1945 年	五里街	新、马、港	
源利	三盘	1945 年	五里街	新、马	
达丰	三盘	1946 年	五里街	新、马	

续表

信局名称	类型	开业年份	地址	经营地域	备注
南友	三盘	1948 年	五里街	新、马	
侨友	二三盘	1950 年	五里街	新、马、菲、印尼、港	
瑞和	三盘	1950 年	五里街	菲、港、新、马	

说明：南友、源利于 1950 年停业，瑞记、丰记、春记、侨通、和盛、新永兴于 1952 年停业，1950 年设立的瑞和、侨友信局于 1974 年办理结束。

第三节　金融机构解付侨汇

民国 27 年（1938），国民政府中国银行在五里街设立分行，雇信差（派送员）直接解送侨汇，并承办"合昌信局"执照，海内外民信局委托中国银行解送侨汇者达数十家。邮政储金汇业局亦办理解付侨汇，雇信差专人派送，即便是边远山区一都侨户比较零星亦专人送至侨眷家中。官办金融机构、邮汇局办理侨汇后，发展甚快，安全亦有保障，大有超过民信局，取而代之态势。此后，福建省银行、交通银行、集友银行相继办理侨汇。民国 35 年（1946），永春县银行成立后，在新加坡、中国香港设有机构并承办"庆和信局"执照解送侨汇。至此，私营民信局逐渐减少。至中华人民共和国成立时，全县私营民信局从 20 多家锐减至 8 家，1952 年全部停业。

永春侨汇，鸦片战争后每年约在 10 万银圆以上，清光绪三十一年起至民国 3 年（1905—1915），每年在 30 万至 40 万银圆之间，民国 14 年（1925）为法币 370 万元，仅次于晋江、南安，居全省第三位，民国 28 年（1939）为法币 1682 万元，29 年（1940）为法币 4993 万元，30 年（1941）为法币 2360 万元。

民国 30 年（1941）12 月，日军南侵南洋诸岛，侨汇中断。中国银行、邮政汇兑局因邮路中断，汇款在途中，华侨汇票尚未寄到国内，积压未解的侨汇 2300 多万元，直至 1954 年人民币币值稳定才清理偿还。

1950 年，永春县成立侨友和瑞和 2 家民信局，至 1974 年，侨汇由中国银行直接办理，民信局人员转为中国银行职工。

中华人民共和国成立至 1987 年，永春的侨汇总数为人民币 11600 万元，平均每年 305 万元人民币。

第四节　依法保护侨汇

中华人民共和国成立以后，党和人民政府先后制定侨务政策和侨汇政策。1953年2月，政务院公布"中华人民共和国成立前银钱业清偿存汇款及给付办法"，中华人民共和国成立前存款、汇款将得到人民政府偿还，海外华侨和归侨侨眷得到清偿消息，欢欣鼓舞，拥护人民政府爱护人民的政策。县人民银行在县委领导下，永春县侨联及有关部门配合组织了永春县清偿中华人民共和国成立前存汇款办公室，办理清理登记工作。海外华侨寄来数千封信和存款存单汇票办理登记，经过清理8家银行和侨批业，自1953年下半年开始审查，付给中华人民共和国成立前存款和汇款。政务院公布规定登记至6月2日，以后延至1954年10月底止。按照法币贬值递减率，折人民币偿付。在南洋各埠永春同乡会，县内各侨务组织支持配合下，至1954年10月31日止，全县共接受登记6394笔，其中定期、活期存款4534笔。折合人民币81.6万元；侨汇1860笔，折合人民币25.47万元，共偿还人民币107.07万元。

1950年2月，政务院发布了《关于贯彻保护侨汇政策的命令》，永春县针对民国时期侨汇被侵吞、冒领的现象，一经发现有此现象就严加追究，从1953年到1955年短短3年中，就处理了侵吞侨汇、私营信局积压侨汇5起，计折合人民币7.7万元。1953年，私营民信局春记、新永兴、侨通等积压港币8万元，县人民银行限期全部清还。1955年8月，一都乡（今一都镇）一商人偷刻印章，冒领侨汇46元，被县人民法院依法判处五年徒刑，并退还冒领的侨汇。

第九章　永春归侨侨眷

第一节　回国

近代以来，外强欺凌，内政腐败，中华民族危机深重。辛亥革命期间，孙中山在海外宣传革命主张，唤醒海外华侨华人的民族意识和爱国热忱、团结和发动华侨华人投身民主革命。永春县宋渊源、王荣光、余逢时等人在日本参加孙中山创办的中国同盟会、中华革命党，立志推翻帝制，建立共和。从日本归国参加光复闽省、讨袁护国、北伐战争。担任福建护法军第二军军长的王荣光、担任革命党的福建支部副支部长兼军事联络员的余逢时在民主革命斗争中英勇献身。

民国初年，军阀混战，地方不靖，民军蜂起，派饷派捐，敲诈盘剥，鱼肉百姓，永春县民众生活在水深火热之中。永春县旅马华侨林祖培、郭其祥回国发起救乡活动。民国15年（1926）郭其祥、李家耀、郑世鼎、郑兼三等人在厦门组织永春旅外联合会，出版《迫击报》，揭露民军祸永罪行，反对民军统治。民国18年（1929），祸永民军尤赐福被驱逐出境，县里一时无人主政，永春县各界公推林祖培归国担任县长一职，主政得人心。12月15日，南安民军陈国辉攻占永春县，林祖培率部属退守湖洋与之对抗，并向省府求援，当时省府鞭长莫及，湖洋被陈国辉攻陷，林祖培悲愤辞职，重返南洋。直至十九路军入闽建立人民政府，永春县海外华侨团体纷纷函电控诉陈国辉祸永罪行，民国21年（1932）6月，陈国辉在福州被十九路军拘押执行枪决。永春县华侨救乡活动初见成效，但肃清匪患的愿望直至中华人民共和国成立后始得实现。

第二次国内革命战争时期，永春县归侨数十人参与其中，坚定迈开了红色革命的步伐。在永春东区农民运动、吾峰抗捐抗税斗争和安（溪）南（安）永（春）德（化）红色苏区三年游击战争中，英勇无畏，前仆后继。旅马归侨，永春第一个赤色农会主席颜步青；旅越归侨、安南永特区创始人，中共永春县委书记、特区区委书记李南金；旅越侨眷、安南永德中心县委书记、苏维埃主席、红二支队政委李剑光；旅马归侨、中共永春县委委员颜国泰；旅越归侨，参加过北伐东征，后回永春担任政务委员的王裕昆，均在红色革命斗争中英勇就义。

抗日战争时期，梁灵光、陈明、陈沫、李金发、刘义标、林士带、林刚中等一批热血归侨青年，参加中共领导的八路军、新四军和党的革命工作，驰骋沙场，浴血奋战，林士带、林刚中先后壮烈牺牲。刘贝锦、孙其文、刘瑞济等52名永春县南洋华侨机工，在祖国抗战进入最艰难时刻，义无反顾回到祖国，在滇缅公路运输线上冒着漫天战火，夜以继日抢运军需辎重及兵员。李儒、郑光前、林财壮烈牺牲在滇缅公路上。

解放战争时期，一批从东南亚各埠回国的永春县归侨陈光、陈大明、郑清赆等，参加中国人民解放军和中共领导的游击队，为解放福建和家乡永春县作出重要贡献。旅菲归侨陈光，任闽粤赣边区纵队第 8 支队 19 团团政委，率部先后解放龙岩、平和、南靖、漳浦、云霄、华安等市、县；马共成员康良石、王国伟、郑联春等人，为永春西部革命基地的开辟和发展作出较大贡献，郑联春在革命斗争中英勇就义；郑仕照等 10 余位旅马归侨参加党组织，在永春湖洋开展革命工作，配合解放军于民国 38 年（1949）8 月 23 日解放永春县城；民国 38 年（1949）已担任人民解放军第 10 兵团第 29 军参谋长的永春县旅马归侨梁灵光，在福建解放后出任厦门市第 2 任市长、市委书记。

中华人民共和国成立时期，旅越侨领颜子俊、旅新侨领李铁民、印尼侨领尤扬祖先后回国，参与社会主义建设和人民政权建设。陈式皋、林东汉、郑德郁、郑永仁等归侨先后在永春县侨联担任领导职务。一大批归侨知识分子刘文湖、陈中北、林仪媛、刘兴土、郑文泰、林淑珍等人在科技文卫领域作出贡献，获得祖国和各级政府的表彰。

第二节　安置救济

太平洋战争爆发后，侨汇断绝，永春县侨眷生活陷入困境。有变卖家具、典当衣服首饰、卖房卖地的；也有卖儿卖女、改嫁、当乞丐、上吊跳河自杀的，苦不堪言。民国 31 年（1942），福建省政府召开侨民生产建设会议，决定利用国民政府发给侨眷的"赈款"和"侨贷"、接办已陷于停顿的侨办农场、工厂。"收容归侨、侨眷为公司员工"，"以发展生产代替救济"，开展"生产自救"。永春县越南归侨颜子俊当即发起创办归侨生产合作社，总社设在永安，并在永春、晋江、南安、惠安、福清、仙游、莆田等地设立分社。资金来源除社员少量股金外，先后向银行借出侨贷三批，共计法币 431.6 万元。其中转贷晋江、永春各 60 万元，南安、福州各 30 万元，惠安、同安等县各 20 万元。颜子俊发起组织成立永春县归侨产销合作社。开办时，募得股金法币 10 万元，在永春县玉坑乡焦地办纸厂，在桂洋乡办炼油厂、炼铁厂，在达理、凤美、湫江开办农场。此外，仰贤林姓归侨在外山美创办农场，黄声碧在湫溪办垦殖场，尤扬祖创办猛虎山林场等，这些措施对解决归侨侨眷的就业和生活困难，起了一定作用。

民国 32 年（1943），福建省救济会在永春县等县设立公典局，这是一个专办归侨侨眷财产典当的机构，由国民政府拨给本省侨民生产事业贷款项下拨借法币

600万元，另外中央拨发福建省侨眷急赈款法币500万元，利率8厘。民国33年（1944），省赈济会为救济归侨侨眷，从上述侨贷中拨给永春县法币40万元，作为设立公典局的资金。典质的抵押品，包括动产和不动产。10口以上的侨户，每户最高可典2000元，10口以下的不得超过700元，期限一年，届时如侨汇仍未恢复，可延期半年，利息8厘，保管费8厘。

民国32年（1943），省赈济会拨稻谷2000担，委托颜子俊平粜救济永春县贫难侨，除分配各乡镇外，尚余200担拨付县归侨产销合作社，以平价粜给社员。

中华人民共和国成立后，人民政府对无经营能力的鳏寡孤独、病残老弱归侨户给予定期补助；对有一定经营能力的给予一次性扶持，省、市侨联每年都拨付给各县侨联扶持贫困归侨专项资金。

1949年10月到1953年10月，被新、马英国殖民当局遣送回永春县置的难侨843人，加上中华人民共和国成立以前的195人，共1038人，根据量才录用、面向农村的精神，作了妥善安置。其中参加土地改革，参加各种以工代赈的临时工200多人，少数人当教员、司机。6490户归侨、侨眷分得土地14008亩，农具2038件，耕牛551头。

1953年，省侨委拨款4亿元（旧人民币）创办永春县北碇华侨垦殖场，安置星、马归国难侨24人。嗣后，全国人大常委会副委员长、中侨委主任何香凝先后捐赠书画稿酬7千万元（旧人民币）作为生产基金。1955年，垦殖场改为高级农业生产合作社。1957年转为北碇华侨农场，陆续安置归国难侨86户223人。1960年3月至7月期间，安置被印尼当局迫害的归国难侨共5批642户2500余人。同年，湖洋仙溪农场、永春茶场、竹溪瓷厂并入该场，定名为福建省永春北碇华侨茶果场。1962年3月，东平公社（今东平镇）的内碧大队和湖洋桃美大队所属的南村、塔尾、后垵等五个生产队划归茶果场管辖，茶果场由省侨办主管。1998年9月，改制建镇，成立东关镇，茶果场成建制并入该镇。

除搞好难贫侨安置救济工作外，永春县侨联于1979—1982年间对永春县1949年后回国的归侨情况进行调查，除了集中安置在北碇华侨茶果场的归侨外，全县还有零星回国探亲定居的归侨2000余人，除少数是回国就学或就业的青年学生外，大部分是年老体弱者，回乡安度晚年。2019年永春县归侨人数1031人（侨普数据）。

第三节　参与政权建设

中华人民共和国成立后，永春县归侨积极参加国家的政权建设，在各级人民代表大会、政治协商会议中都有归侨的代表、委员，有些归侨还担任中央、省、市、县各级党政机关和人民团体职务，发挥参政议政积极作用。

马来亚归侨梁灵光，永春县吾峰镇吾顶村人。1949 年以后历任厦门市市长、市委书记；福建省副省长、省委书记处书记；国家轻工部部长；广州市市长、广东省委书记、暨南大学校长。曾历任全国人大代表、全国人大常委会常委；中央十二大、十三大代表和十二届中央委员。

马来亚侨眷林一心，永春县蓬壶镇西昌村人，1949 年后历任中共厦门市委第一任书记；福建省委副书记，省检察院检察长，省政协副主席，省纪委书记；中侨委党组副书记、副主任（部长级待遇），中纪委委员等职。曾任全国人大一至三届代表，第五届全国政协常委，中国侨联顾问，中国海外交流协会常务理事。

新加坡归侨李铁民，永春县达埔镇岩峰村人。原新加坡新闻工作者、作家。民国 38 年（1949）9 月回国出席全国政协第一届全体会议。中央人民政府成立后，任中侨委副主任；1956 年 10 月当选为第一届全国侨联副主席；二届全国政协委员。

越南归侨颜子俊，永春县达埔镇达中村人。1954 年 10 月当选为全国政协委员、1955 年任福建省华侨事务委员会（简称省侨委）副主任；1956 年当选为第一届全国侨联副主席；1957 年任中侨委委员。

印尼归侨尤扬祖，永春县达埔镇蓬莱村人。1954 年当选为第二届全国政协委员；1956 年当选为第一届全国侨联副主席；1957 年当选为福建省副省长。1959—1982 年，历任二届、三届、四届福建省政协委员，1962—1982 年历任二届、三届、四届福建省政协副主席。

马来亚归侨陈其挥，永春县吾峰镇侯龙村人。1957 年任致公党福建省工作委员会办公室主任。1968 年后，历任五届、六届全国政协委员，四届福建省政协委员、全国侨联委员；致公党七届中央委员、致公党福建省委员会副主委、主委；福建省人大常委会委员，福建省教育工会主席。

马来亚归侨梁披云，永春县吾峰镇吾顶村人。著名侨领、报人、教育家、社会活动家。1968 年任澳门归侨总会主席，连任终身。先后担任澳门特别行政区筹备委员会委员、澳门特别行政区第一届政府推选委员会委员、澳门各界庆祝澳门回归祖国活动委员会主席团副主席。1983 年至 1998 年 3 月，历任六届至八届全国政协委员，中国侨联顾问。

马来亚归侨刘文湖，永春县湖洋镇人。历任福建省师大物理系普通物理教研室副主任，省教育工会主席、全国教育工会委员；中国光学学会全息和光信息处理专业委员会委员、中国光学学会基础光学专业委员会委员；致公党委员会福建省主委、致公党中常委；全国侨联第四届委员会委员；全国政协第六、七届委员。

马来亚归侨林多速，永春县蓬壶镇人，历任永春县人行副行长兼党支部书记。县委统战部副部长、宣传部副部长、部长；惠安二中党支部书记；晋江地区第二医院党支部书记、革委会主任，福建医学院附属二院党委书记、侨联主席；泉州市政协第六届常务委员。

马来亚归侨林东汉，永春县蓬壶镇美山村人。1950 年 10 月当选为永春县归国华侨联谊会副主席，永春县工商联专职主委；1956 年 8 月至 1958 年 5 月担任县首届政协副主席，县人民政府委员会委员；福建省工商联常委及执委，省政协委员，永春县一至九届政协委员。

泰国归侨郑德郁，永春县桃城镇桃东村人。1951 年 11 月当选为永春县归国华侨联谊会副主席，1959 年 3 月至 1968 年 5 月，任永春县侨联一、二、三、四届副主席，1979 年 7 月至 1988 年，任永春县侨联第五、六届主席。此外，还担任永春县人大副主任、县政协副主席；泉州市政协委员、泉州市侨联常委、福建省政协常委、顾问。

马来亚归侨郑永仁，永春县桃城镇卧龙村人。永春县粮食加工厂工程师，省劳动模范。1982 年 11 月任永春县侨联副主席，1988 年 9 月任永春县侨联第七届主席。此外，还担任过县人大副主任、县政协副主席；泉州市政协委员、泉州市政协常委。

马来亚归侨陈式皋，永春县介福乡龙津村人。1949 年 10 月当选为永春县归国华侨民主联合会副主席，1950 年 10 月当选为永春县归国华侨联谊会主席；县首届人代会代表、县工商联筹委会主任；县电力公司经理。

此外，还有许多永春县归侨在其他各省（市）各地党政机关和人民团体中担任领导职务。其中比较知名的有：

马来亚归侨陈明，永春县苏坑镇嵩山村人。历任中共中央党校俱乐部主任、中共固林县委宣传部部长、中共延属地委委员、中共咸阳地委宣传部部长；陕西省委政策研究室副主任、陕西省统计局局长、陕西省地震局局长、陕西省计委副主任；陕西省副省长、陕西省人大副主任、西安统计学院院长；陕西省侨联主席、中国侨联副主席。

马来亚归侨陈沫，永春县石鼓镇人。历任八路军 120 师参谋、副官、科长，人民解放军晋绥军区副处长、中国人民解放军大队长、大队党委书记；四川省人民政府科长、处长、办公厅副主任，对外友协办公室主任；中国驻缅甸大使馆政务参赞、临时代办，外交部归国华侨联合会主席；1956—1960 年任成都市政协委员、归侨通讯联络组负责人；全国侨联第一、第二届委员，正司级待遇。

马来亚归侨李金发，永春县桃城镇外坵村人。历任八路军冀中武工队队长、八路军第一二〇师独立第一旅第一团第一二营第五连副排长、团生产股股长、团军需股股长。解放军西北野战军第一纵队第一旅营教导员、团政治处副主任，解放军第一军第二师政治部组织科科长；志愿军总部政治部组织科科长；原广州军区联络部副部长，副军级待遇。

菲律宾归侨郑清赌，永春县仙夹镇夹际村人。历任香港中共华南分局统战支部委员、广东省财政厅人事科科长、地方财政科科长；沈阳第一机床厂会计科科长，一机部二局财务计划处副处长、一机部财务司处长、一机部材料公司办公室主任、一机部机床工具工业局财务处长。司局级待遇。

马来亚归侨许寒冰（女），永春县石鼓镇石鼓村人。历任新四军军部后方医院会计、苏北军区司令部副股长；外交部人事司科长、外交部干部司处长、专员、副司长、外交部非洲司、领事司副司长、中国人民外交协会副会长。

第四节　从事经济和科技文卫体建设

一、参加经济建设

（一）工业

民国 30 年（1941），侵占越南的日寇威逼旅越侨领颜子俊，要他以旅越华侨名义通电拥护汉奸汪精卫，允诺如肯合作，将给予三井、三菱公司在越南的总代理权，铁限三日内答复。颜子俊严守民族大义，坚决拒绝，但他深知日寇凶残，为避免受害，第二天在友人翁典南帮助下，伪装成水手，离开居住 40 年的西贡，取道香港回国。回国后投资 8 万法币在永春县达埔乡成立华侨实业社、生产肥皂、蜡烛等日用品。投资法币 10 万元设立永春归侨生产社、办造纸厂和炼油（松泊）厂。

归侨颜神祐也集资法币 7.5 万元在达埔乡创办归侨生产社分社；归侨陈式皋创办高垅一座装机 32 千瓦的水电站，供五里街镇及永春中学用电。1954 年，归侨尤扬祖、邱清秀创办侨新酒厂，生产永春老醋；1958 年，归侨尤扬祖捐资 20 万港币从香港购进 14 台机床赠送水轮发电设备厂，为该厂发展成为专业的水电设备厂打下良好基础；归侨李尧南在达埔狮峰创办裕生织布厂；归侨郑武略、陈礼任在岵山创办永春侨兴粮食加工厂。

（二）农业

1952 年，归侨尤扬祖投资人民币 3 万元创办永春猛虎山华侨农场，次年春，从漳州、广东引进柑橘良种，聘请技术员指导种植管理，成为永春最早的大面积山地柑橘种植园。1965 年该场由省农业厅接办，改名为永春猛虎柑橘场，种植柑橘与茶叶。

1955 年，归侨尤扬祖、邱清秀、郑金案、陈宝谨等人投资人民币 3 万元创办永春天马山华侨农场，种植山地柑橘，1965 年该场由省农业厅接办，改名为天马山柑橘试验场。

二、从事科教文卫体事业

在中国科学技术、文化教育、医疗卫生、体育等领域里，也有一批永春归侨知识分子，为祖国社会主义事业作出可喜成绩，获得祖国的嘉奖和表彰。

煤电能源专家陈中北（女），祖籍永春县介福乡龙津村。1931 年出生于新加坡，移居马来亚、印尼万隆，16 岁回国与其二哥参加闽中游击纵队，后转入区公所工作。1957 年毕业于哈尔滨工业大学，毕业后留校任教，1963 年起在北京机械学院、一机部教材编辑室工作。历任山西省科技情报研究所副研究员、山西省科学技术委员会工交处主任工程师、山西省科技发展战略研究所研究员、《山西能源》杂志主编，发表过《能源基地经济结构与水资源关系的探讨》等 6 篇论文。被评为山西省三八红旗手，优秀共产党员。

历史学家林金枝，祖籍永春县蓬壶镇美中村，1932 年出生于马来亚。1956 年厦门大学历史系毕业。历任厦门大学南洋研究所历史研究室主任、所学术秘书、学术委员会委员、教授、硕士生导师；《南洋问题》杂志编委、中国东南亚学会副会长、中国华侨历史学会、中外关系史学会、福建省华侨历史学会常务理事。长期从事华侨史、南洋诸岛史、中外关系史和东南亚史研究，著有《近代华侨投资国内企业史》《祖国的南疆——南海诸岛》等10多部专著和资料选辑，多次荣获国务院侨办和福建省社科优秀著作（论文）奖。业绩载入《中国当代经济科学学者辞典》，享受国务院特殊津贴。

热压型焦专家林仪嫒（女），祖籍永春县蓬壶镇美中村。1933年生于印尼西里伯岛。18岁回国，1951年就读于浙江大学化工系，1955年大学毕业后历任冶金工业部鞍山热能研究所主任、院副总工程师、技术顾问、鞍山市侨联主席等职，她主持使用新配方制造碳酸化料球炼铁、热压型焦新工艺科研项目取得成功，为我国热能冶金事业作出重大贡献。1978年至1998年，光荣当选为辽宁省第五届全国人大代表；第六、七、八届全国人大归国华侨代表。

水文水资源专家刘健民，永春县湖洋镇桃源村人，1936年生于万鸦佬，印尼归侨。水利部南京水文水资源研究所第二研究室副主任，教授级高级工程师；国家级中青年有突出贡献专家；中国水利经济研究会、中国水利学会规划研究会系统工程学组副组长；南京永春经济发展促进会第一届、第二届理事；永春县"科教兴县"专家顾问团农业经济专家组副组长。主要从事水文计算及水库调度研究。1961年，在国内首创将运筹学应用到水文水利计算领域。1962年起在国内外发表学术论文20多篇，共获国家、部、省级科技进步奖7项，1987、1990年被江苏省侨办、侨联授予优秀归侨、侨眷知识分子称号，1990年，被国家人事部评为中青年有突出贡献专家；1992年起，享受国务院特殊津贴。

农业生态专家刘兴土，永春县湖洋镇清白村人，1936年生于马来亚。马来亚归侨，历任中国科学院东北地理与农业生态科研所研究员、博士生导师；中国科学院湿地研究中心副主任、全国湿地调查专家委员会主任；中国科学院农业研究委员会、国土与环境专家委员会委员；1988年被评为国家级有突出贡献的中青年专家，1989年被评为全国优秀归侨知识分子，1991年荣获国务院特殊津贴，1996年荣获国家"八五"科技攻关先进个人表彰，1998年被吉林省评为首批省管优秀专家，2001年荣获国家"九五"科技攻关先进个人表彰。关心家乡永春农业生态建设，担任永春县"科教兴县"专家顾问团农业经济专家组副组长，当选为中国工程院院士后，在永春设立院士工作站，为永春农业生态建设建言献策。

健康教育专家洪昭光，永春县东平镇太平村人。民国 28 年（1939）生。马来亚侨眷。著名心脑血管病专家，卫生部首席健康教育专家。全国优秀科技工作者、联合国国际科学与和平周"和平使者"。历任首都医科大学附属安贞医院副院长、中华糖尿病协会副会长、中国老年保健协会副会长、卫生部心血管病专家咨询委员会副主任、全国心血管病防治科研领导小组组长。20 世纪 80 年代，先后参加世界卫生组织"莫尼卡方案""中国——北京心血管监测""中国心血管病危险因素及流行病学研究"等研究课题，获卫生部科技进步二等奖两次。

洪昭光教授大力倡导"防重于治"及国内大众健康科普教育，成效巨大。他主编或专著的健康科普读物，如《登上健康快车》《健康快乐一百岁》等七、八种读物，内容通俗易懂，脍炙人口，多家出版社竞相出版。

热带雨林植物专家郑文泰，祖籍永春县仙夹镇夹际村，1945 年生于印尼。1963 年考入华侨大学，就读于亚热带经济作物系，毕业后分配海南万宁兴隆农场。1972 年考入香港大学土木建筑系，毕业后在海南从事酒店业和房地产业，迅速成长为广东一代富豪。20 世纪 90 年代，旗下总资产在广东排到第 5 位。为抢救热带雨林生态，他变卖资产，截至 2013 年，共投入资金 5 个亿，建设万隆热带花园，热带雨林植物面积从最初的 5000 余亩扩大到 1.2 万亩，拥有 4000 多个特有物种，珍稀濒危品种 65 个。郑文泰毕生倾其所有建设热带雨林植物园的举动，得到党和国家领导人的充分肯定和高度评价。

2009 年，郑文泰被评为全国归侨侨眷先进个人；2013 年，获评中国"乔界杰出人物"；2014 年，当选"感动万宁——2014 十大年度人物"；2015 年，获评敬业奉献"中国好人"；2018 年，当选"感动海南"十大年度人物。

杰出教育工作者林淑珍（女），祖籍永春县蓬壶镇丽里村，1946 年生于越南。中华人民共和国成立后，归国迁居广东海口。1963 年毕业于广东琼台师范，历任广东省珠海市香洲区第一小学副校长、特级教师、中学语文高级教师；广东省人大代表、全国优秀教育工作者；广东省"南粤杰出教师"、广东省"五一劳动奖章"获得者、广东省劳动模范、广东珠海功勋教师、珠海市香洲区德育教研会副会长；中共珠海市第三次代表大会代表。从教 35 年，颇有成就，著述，获奖甚多。1996 年 9 月，珠海市香洲区委、区政府发文号召全区人民向林淑珍学习。

著名农学家郑金贵，永春县仙夹镇东里村人，民国 38 年（1949）生，印尼侨眷。福建农林大学校长、研究员、博士生导师;福建省人大常委、福建省科协副主席;福建省优秀专家,福建省有突出贡献农技人员;国家政府突出贡献中青年科技专家;中国遗传学会理事、福建省遗传学会理事长;福建省农学会副会长;福建省食物营养咨询委员会副主任,享受国务院特殊津贴。郑金贵在农业科技方面的贡献卓著,他主持的冬季农业开发成果,研究出可在冬闲田生产的 7 类 133 种作物特性和栽培要领,在南方 10 个省区大面积推广运用,产生的经济效益超过 10 亿元,荣获国家科技进步奖;在谷秆两用水稻的育种及其稻草的利用方面,有着独到的建树,该项目荣获 2002 年度福建省科学技术一等奖。郑金贵学术论著颇丰,在国内外各学习刊物发表学术论文 80 多篇。主编出版《福建冬季农业开发》等科技专著 4 部,共 244 万字,其中亲自撰写的达 153 万字。

羽毛珠运动健将陈秀玉(女),印尼侨生。1960 年归国,安置在北硿华侨茶果场。1974 年进入福建省羽毛球队,国家运动健将。与队友丘玉芳合作,1979 年获第四届全国运动会女子羽毛球双打冠军。1981 年获国际羽毛球邀请赛女子双打冠军。

排球名将陈亚琼(女),美国侨眷,永春县岵山镇塘溪村人,1956 年生于岵山塘溪。父母和兄弟姐妹分别居住在美国和中国香港,中国女排主力队员、省劳动模范。1980 年 11 月 16 日晚在日本举行的世界女子排球锦标赛、1983 年在秘鲁举行的世界杯女子排球赛中,与队友顽强拼搏,荣获团体冠军。退役后移居香港,任新华社香港分社宣传文体部副部长。

跳高名将郑达真(女),马来亚侨眷,永春县仙夹镇夹际村人。1978 年在泰国曼谷参加第八届亚洲运动会,以 1.88 米成绩获女子跳高第一名,1980 年当选亚洲田径明星。1983 年,以 1.93 米成绩两破亚运会女子跳高纪录,同年,再次获亚洲田径明星称号。

第五节　侨史研究与馆所建设

一、侨史研究

1956—1957 年,厦门大学南洋研究所到永春调查华侨史;1958—1962 年到永春开展华侨投资专题调研;1960—1963 年到永春北硿华侨茶果场开展契约劳工专题调查。调研期间,永春县侨联和茶果场提供资料及线索,协助开展工作。为永春县旅马归侨、历史学家、厦门大学南洋研究所教授林金枝所著《近代华侨投资国内企业史》等多部专著提供素材。

1958 年 4 月 20 日，永春县华侨联谊会创办《桃源乡讯》，开始整理华侨、归侨、侨眷人物先进事迹及侨乡建设资料，发行海内外。

1962 年 12 月，永春县政协《永春文史资料》（1999 年改版更名为《永春文旦》）创刊，1966—1981 年期间停刊。1981 年 12 月复刊，至 2018 年共编纂 34 辑，收录各类史稿 820 篇。永春县侨联组织归侨、侨眷踊跃投稿，被采录涉及侨港澳台文章 247 篇，占总篇数的 30.1%。

1962 年，永春县人民委员会编纂《永春县志·华侨志稿》。（未刊发）

1987 年 4 月，泉州华侨历史学会成立，永春县侨联林士琦、黄永源、黄宝玲、黄温秋担任理事；2005 年 6 月 15 日，永春县侨联潘长安担任泉州华侨历史学会第二届理事。会员黄温秋主笔《永春县志·华侨卷》。1990 年 10 月，《永春县志》正式出版，内设卷二十四华侨志，为永春县历史上首设华侨志。

2008—2010 年，泉州市侨联编写《泉州侨联志》，永春县侨联尤希圣整理永春县侨史资料上报汇总，该志于 2012 年 9 月正式出版。

2009 年 12 月，永春县侨联编印庆祝成立 60 周年纪念专刊《六十芳华谱新章》，主编尤希圣。

2014 年 12 月，永春县侨联、永春县政协台港澳侨与民宗办联合编印《世界永春人》、编印《百侨帮百村，共建美丽乡村》画册，主编尤希圣。

2015 年，泉州华侨历史学会组织编写《泉州市华侨农场史》，东关镇侨联参与编写《永春北硿华侨茶果场》篇章，主撰陈建情。

2016 年 10 月，湖洋镇侨联编写《侨之桥·湖洋侨联纪事》，系统记述该镇华侨史料。

2017 年 12 月，泉州华侨历史博物馆编写《根脉寻踪——泉籍海内外乡亲寻根故事录》，永春县东平镇侨联会提供的《故人入梦境，令我长相忆——"肉骨茶"寻亲记》一文入选，为全县唯一一篇入选文章。

2019 年 10 月，永春县侨联编印《永春南洋机工》，主笔孙建斌。

2019 年 11 月，永春县侨联编印纪念成立 70 周年纪念特刊《乡情应似桃溪水》。主编陈珊妹。

2021 年 10 月，吾峰镇侨联编印庆祝 60 周年纪念专刊《天马山下乡情浓》，执行主编郑文生、林联勇。系统记述该镇华侨史料。

2023 年，永春县侨联组织力量编纂《永春县侨联志》。主笔陈建国。

二、举办涉侨知名人士纪念活动

1987 年 7 月，泉州华侨历史学会与永春县侨联联合举办"颜子俊 100 周年诞辰"纪念活动。

1992 年 11 月，泉州市侨联与永春县举办"永春县第二届芦柑节暨尤扬祖 100 周年诞辰"纪念活动。

2016 年 11 月 26 日，永春县侨联承办纪念孙中山 150 周年诞辰——孙中山与华侨华人学术研讨会。

三、馆所建设

2013 年，建设仙夹镇东里村辛亥革命纪念馆，传承弘扬华侨爱国精神。

2014 年，建设达埔镇达中村"三侨领"纪念馆、传承弘扬李铁民、尤扬祖、颜子俊"一乡三侨领"爱国爱乡精神。

同年 10 月，桃城丰山村侨史馆建成。

2017 年，仙夹东里村辛亥革命纪念馆、达埔达中村"三侨领纪念馆"，上述两馆被县委宣传部命名为"永春县爱国主义教育基地"。

2018 年，建设吾峰镇披云、灵光家国情故事馆，次年建设吾峰镇碧山寨广场，缅怀、追思、学习、弘扬梁氏兄弟为国家、为民族、为人民不懈奋斗的崇高品德和忠贞不渝的革命精神，成为华侨文化交流基地、永春县传统革命和青少年德育教育基地。

2022 年，建设石鼓镇卿园"登进堂"华侨文化交流基地。建成泉州侨批馆永春分馆，建成泉州侨批主题广场，精心植入侨批故事、侨批印章、侨批信局、侨批邮路、侨批精神等元素，以雕塑、地雕、墙绘、金属造型等当代艺术形式，将侨批文化与宗祠文化融为一体，展现升华华侨文化价值。

2023 年，建设仙夹镇侨史馆、桃城镇侨史馆、展现华侨"爱国爱乡、拼搏奉献"精神，系统展示两镇华侨奋斗史。

此外，12 个乡镇侨联会相继建成乡镇侨联侨史馆、侨情展示馆、侨捐项目展示馆、华侨事迹博物馆等 28 处。

第二篇　港澳台地区归侨侨眷和社团组织

香港、澳门、台湾地区，一向为永春人在国内的聚居地，历史上永春人通过港澳台地区移居海外以及回流定居的人数众多。步入现代，港澳台地区在其发展中逐渐形成别具特色的归侨侨眷群体及社团组织。改革开放以后，由于地理、历史等因素，加上香港、澳门的回归及"小三通"的实现，加强同港澳台地区的归侨侨眷及其社团的紧密联系，支持他们为香港、澳门长期繁荣稳定发挥作用；推动两岸和平发展，为实现祖国完全统一贡献力量，是《中华全国归国华侨联合会章程》赋予各级侨联的重要任务。

第一章　港澳地区归侨侨眷和社团组织

第一节　香港地区

香港，一向是永春县归侨侨眷在国内聚居地之一。2019 年永春侨普数据表明，香港永春县归侨侨眷。旅港乡亲共有 23984 人。香港同胞与家乡关系密切，有着源远流长的历史渊源。民国 30 年（1941），日寇南侵东南亚，许多永春华侨为避战乱，大量涌入香港，永春人郑玉书担任会长的香港难民救济会，收容东南亚难民2217 人。抗战胜利后，一些东南亚国家实行排华政策，不少永春县华侨移居香港，加上永春县一些归侨侨眷申请往香港定居，逐渐形成了香港永春县归侨侨眷群体，其中部分归侨侨眷在香港永春同乡会中担任要职。

郑清治，永春县桃城镇桃城社区人，侨眷，祖父及父亲均侨居马来西亚。他自20 世纪 70 年代携家眷从永春到香港定居，从一个打工者做起，做过服装加工、房地产代理。20 世纪 80 年代创建属于自己的房地产公司，事业有成后热心社团工作，先后担任香港永春同乡会永远名誉会长、香港慈善基金副会长、泉州市政协委员等社团要职，历年捐献永春教育事业；宗教场所建设；宗亲会事业；县政协大厦、侨联大厦建设等公益事业逾 500 万人民币。并投资数百万元在其曾经插队落户的上西坑开发数百亩茶园，成立金山寨茶叶公司，任董事长，推动家乡茶叶产业发展。

郑德郁，永春县桃城镇桃东村人，泰国归侨。其祖父及父亲均侨居马来西亚。他于民国 32 年（1943）前往泰国勿洞投奔兄长郑德铸。从事华文教育，曾任勿洞中华中学代校长、校长之职，因从事爱国活动而遭迫害，1951 年归国，历任永春县侨联副主席、主席；县政协委员、常委、县政协副主席；县人大代表，县人大副主任；致公党永春县支部主委，泉州市政协委员等社团要职，1986 年定居香港后，热心社团工作，历任香港永春同乡会副监事长、监事长、总顾问、名誉会长等职。任内为推动香港永春同乡会事业发展，助力家乡经济社会发展不懈努力。

1949 年以前，香港同胞被视为华侨。中华人民共和国成立以后，对香港同胞不再视为华侨，但除香港同胞子女升学、就业和知识分子政策，回内地定居的香港同胞安置救济，以及香港同胞眷属出国、往港探亲等方面未予另外照顾外，其他方面均适用于现行侨务政策。

自鸦片战争后，作为国际金融、航运、贸易和旅游中心，香港一直是永春归侨侨眷居住地和移民中转站。中华人民共和国成立伊始，尚未与东南亚各国建立外交关系，华侨欲回乡探亲，存在许多困难，回乡探亲手续大都通过福建旅港同乡会予以代办，深受侨亲欢迎。

香港永春社团组织有：香港永春同乡会、香港永春同乡福利基金会；宗亲社团有：香港梁氏宗亲会、香港仙乡陈氏宗亲会；校友会有：香港永春一中校友会、香港永春三中校友会、香港永春华侨中学校友会、香港永春五中校友会、香港永春六中校友会、香港永春文明中学校友会等。

1983 年 7 月，时任永春县县长苏中亚一行赴香港参观考察。在港期间，广泛接触归侨侨眷、旅港同胞，推动成立香港永春同乡会。归侨梁披云、梁清辉及旅港乡贤周守仁、颜彬声、林孝首、陈其聪等人积极响应，四处奔波，多方协调。周守仁主持召开座谈会，顺利成立由 17 人组成的筹备机构。推举周守仁、颜彬声、林孝首、陈其聪、梁清辉、张石麟、陈汉明等 7 人为常务委员，陈其聪兼任召集人，负责筹备工作。归侨梁清辉、陈吴爱惜及旅港乡贤周守仁、林孝首、张石麟、周林淑懿等乡贤捐赠 21 万港元作为筹备经费。并着手筹款购买位于香港英皇道 390 号亚洲大厦 2/FC 座，面积 800 平方米，作为会所。1984 年 4 月 28 日，香港永春同乡会正式成立，颜彬声担任首任会长。

鉴于旅港归侨侨眷，旅港乡亲大都集中在九龙深水涉一带以布业从商者居多，为方便同乡联谊聚会，1993 年，香港永春同乡会又决定购置深水涉汝洲街 214—218 号长安大厦一楼 D 座为会所。

香港永春同乡会作为永春县旅港归侨侨眷、旅港同胞与家乡沟通的桥梁，自成立以来，就与家乡各级领导，永春县侨务部门保持着密切的联系，并为家乡经济社会的发展作出积极贡献。2001 年，应泉州市政协邀请，香港永春同乡会组织访问团回家乡参观访问，受到时任泉州市委书记刘德章、市长施永康、市人大主任薛祖亮、市政协主席傅圆圆等市领导的亲切接见及热情招待。陈荣助会长当时就捐资人民币 20 万元支持助建泉州市政协大厦。此后，香港永春同乡会与家乡的联系越来越紧密，积极参与家乡各级政府举办的各种活动，如应邀组团参加永春县侨联成立 50 周年、60 周年、70 周年庆典；泉州市侨联成立 40 周年庆典；泉州市第四、五届旅游节，第四届福建省同乡恳亲会等活动，均受到家乡各级领导及侨务部门的热情接待。

香港永春同乡会对家乡公益事业作出积极贡献。1978 年以来，香港永春同乡会组织和发动香港永春归侨侨眷、香港永春乡亲捐资人民币 402.6072 万元，用于建设永春侨联大厦及购置办公设施、交通车辆和资助《桃源乡讯》经费；1984 年至 2007 年，理事长（会长）颜彬声、颜金炜、陈荣助分别捐资 20 万元、100 万元、20 万元助建泉州黎明大学校舍；2000 年至 2007 年，颜金炜、陈荣助分别捐资 100 万、200 万元助建泉州师院新校区；2005 年，香港永春同乡会捐资人民币 212 万元、会长陈荣助捐资人民币 50 万元建设永春港永幼儿园。2015 年，香港永春同乡会会长郑文红捐资人民币 100 万元，用于永春县医院建设后勤综合楼——慈心楼。

香港永春同乡会积极参与家乡救灾赈济活动。2002 年，永春县遭受特大洪灾，香港永春同乡会发动旅港归侨侨眷、永春乡亲筹款人民币 47.55 万元救灾，并由会长陈荣助、副会长刘正庆、郑谦裕等组成慰问团回乡深入灾区赈灾；2003 年春夏，"非典"肆虐，香港永春同乡会捐赠一部救护车给永春县中医院；同年，会长陈荣助率交流访问团一行 37 人返乡到外山、吾峰、桂洋等地扶助贫困学生，捐资人民币 10 万元设立永春县侨联侨爱心扶贫基金会；2016 年，"莫兰蒂"台风肆虐，具有 800 多年历史的永春县东关桥成了断桥，修复期间，香港永春同乡会捐资人民币 37.74 万元。

香港永春同乡会致力于发展会务，广泛联系旅港归侨侨眷和团结同乡，群策群力，同心同德，坚决贯彻基本法，旗帜鲜明反对"港独"。弘扬爱国爱港精神，为振兴中华、为香港的经济繁荣、社会稳定，为支持家乡经济建设和各项事业的发展做出了重大贡献，赢得"小乡会做大事"的美誉。

历任理事长（会长）：1984 年 4 月 28 日，颜彬声任首届理事长；1992—1999 年，颜章根连任二至四届理事长；1999 年，颜金炜任五届理事长；2001—2005 年，陈荣助连任六至八届会长（第六届开始改称理事长为会长）；2007—2009 年，刘正庆任九届会长；2009—2011 年，刘本全任十届会长；2011—2013 年，郑志强任十一届会长；2013—2023 年，郑文红连任会长。

香港永春同乡会是"世永联"团体会员，主办过"世永联"第六届代表大会。

1997 年 11 月香港永春同乡会成立香港永春同乡福利基金会有限公司。成立之时募得善款 200 万港元，并逐年有所增加。基金会章程完善，架构建全，福利基金按章程规定，每年给同乡 80 岁以上长者发 500 元（2014 年 80—90 岁增至每人 1000 元，90—99 岁每人 2000 元。百岁及以上每人 5000 元）的敬老尊严水果金；奖励当年各位升读大学及会考 3 A 以上优秀学子每人 1000 元（2014 年增至 2000 元）。基金会还根据需要、拨款救助灾区和贫困归侨侨眷及旅港贫困同胞。2015 年，香港永春同乡会福利基金会捐资港币 500 万元，用于兴建永春县医院后勤综合楼——慈心楼。

第二节　澳门地区

澳门是著名的国际商埠，也是海内外移民迁徙聚居之地。抗日战争时期，葡萄牙宣布中立，澳门始终未被日军占领，一些东南亚永春华侨为避战乱，纷纷移居澳门。居住在澳门的永春人不多，根据泉州市侨务办公室 1986 年 6 月至 1988 年 6 月调查数据，泉州市各县（区、市）旅居澳门的人数为 3.55 万人，其中永春人约为 0.1 万人，多数是 20 世纪 60 年代至 70 年代，因印尼、缅甸、越南等一些东南亚国家先后排华而移居澳门的归侨侨眷。2019 年永春侨情普查，旅居澳门永春人为 1194 人，至 2023 年，整体数量变化不大。

1949 年以前，澳门同胞被视为华侨。中华人民共和国成立以后，对澳门同胞不再视为华侨。但除澳门同胞子女升学、就业和知识分子政策，回内地定居的澳门同胞安置救济，以及澳门同胞眷属出国、往澳门探亲等方面未予另外照顾外，其他方面均适用于现行侨务政策。

澳门永春社团组织有澳门永春同乡会。此外，澳门还有归侨侨领梁披云担任主席、连任终身的澳门归侨总会，梁披云担任会长的澳门福建同乡会。

20 世纪 60 年代中期起，大批印尼、缅甸、越南归侨涌入澳门后，为协助归侨侨眷度过语言、工作生活难关。1967 年，澳门归侨梁披云、赵宣扬、陈若之等归侨中的知名人士发起，于 1968 年初成立澳门归侨总会筹委会，同年 6 月 2 日，举行第一次会员大会，6 月 23 日，正式成立澳门归侨总会。

永春县归侨、侨领梁披云因众望所归，被公推为总会主席，连任终身。总会在 20 多年间卓有成效开展了一系列联谊、文化、教育、文娱、体育、互助福利活动，办有年讯会刊，成为澳门最大社团之一，设有侨总青委会和联络、文教、财务、福利、康乐、妇女等部门。

1989 年。因应形势发展需求，永春县归侨梁披云、梁仲虬、洪国显、庄文才、陈伟生、王彬成和陈炳铨（福州人）、张明星、王清洁、赵汝祥（闽侯人）、吴在权（厦门人）、李成佳（鲤城区人）、叶作兰（女，鲤城区人）、许光荣（莆田人）、余日玺（石狮人）、王凤玉（女，漳州人）等一批泉、厦、漳、莆、福州籍知名人士，在筹办福建学校的同时，发起组织澳门福建同乡会筹备处，经过一年多的酝酿，于 1990 年 12 月召开大会，正式成立澳门福建同乡会，梁披云任会长。

2009 年 3 月，澳门永春同乡会成立。创始人为梁仲虬、张志民、陈竞红、陈利群、张志强、尤裕质等 10 多位热心人士。筹备工作中，得到澳门永春归侨侨眷、澳门同胞的拥护与支持，得到家乡政府和归侨侨领梁披云的关心和支持，得到全国政协委员、全国青年副主席、澳门立法委员陈明金的鼎力支持。梁仲虬任首届会长，张志民任首届理事长，尤裕质任首届监事长。

2014 年 1 月，在澳门永春同乡会理监事全体会议上，张志民当选为第二届会长，尤裕质任理事长，陈竞红任监事长。2017—2023 年，张志民连任会长。

2014 年 1 月 8 日，第八届"世永联"常务理事会在新加坡举行，澳门永春同乡会申请加入"世永联"组织并加入轮值，经会议批准成为"世永联"团体会员。2014 年 8 月，在第十届"世永联"第二次常务会议上被确认为第十二届"世永联"的轮值主办会馆。2017 年 3 月 27—29 日，"世永联"第十二届会员代表大会在澳门举行。

澳门同乡会成立以来，秉持爱国爱澳爱乡精神，加强闽澳两地经济、文化、教育、学术等之交流及合作，共同为福建省和澳门特别行政区发展作出贡献的创会宗旨，广泛联络澳门永春县归侨侨眷及旅澳同胞自觉融入澳门社会，为建设澳门付出辛勤劳动和智慧，经历过风风雨雨，饱尝回归前治安不靖和经济低迷的苦，同乡会及澳门归侨侨眷，澳门同胞见证澳门的回归，享受"一国两制"、澳人治澳、经济腾飞的喜悦，为祖（籍）国和澳门的建设与繁荣稳定竭忠尽智，为家乡的繁荣发展贡献力量。

第三节　参与家乡建设

1979 年后，港澳同胞率先回永投资创业，带来资金、技术、人才和先进管理经验，开展"三来一补"（即来料加工、来样制作、来件装配和补偿贸易）等业务，创办"三资"（即合资经营、合作经营、独资经营）企业，拉开港澳同胞参与家乡建设的序幕，有力促进永春经济社会的发展。

1984 年香港永春同乡会、2009 年澳门永春同乡会分别成立后，发展会务，加强沟通，增进乡情乡谊，组织和发动旅居港澳归侨侨眷、旅港同胞捐资兴办家乡公益事业，投资办厂、经济贸易，促进家乡外向型经济发展。

一、捐赠教育事业（1979—2016 年）

（一）捐资县级教育事业

永春师范学校　旅港同胞捐资 350 万元，建设雪茹楼、洪进聪教学楼、陈祥音乐楼、林连玉大楼、梁怡恩大楼，建设面积 5494.5 平方米。

永春职业中专学校　旅港同胞捐资 60 万元，建设颜秀兰大楼，建筑面积 1670 平方米；捐资 30 万元，分别设立助学金、奖教基金。

永春一中　旅港同胞捐资504.65万元，建设披云楼、鸿钩楼、一中校友楼、新聚青楼、武中楼、锡雍楼、综合楼一层、学生宿舍1号楼；南大门、西校门、梅镜亭、梅镜广场、梅峰广场等，建筑面积114389平方米；捐资161.55万元设立助学、奖教、教育基金；捐资73万元用于永春一中110周年校庆。

永春华侨中学　旅港同胞捐资877.3万元，建设永春侨中周公甫纪念堂、爱国楼、礼堂、张献其科学楼、尤扬祖大楼、校门楼、陈其聪大楼、郑苍亭大楼、修拱楼、梁披云科学楼、梁绳基大楼、梁披云大楼、阅览厅、梁良斗体育场等，建筑面积17497平方米；港澳乡贤捐资237.9万元，设立陈文彬、郑秀英奖教奖学基金，陈章明、郑亚钦奖学奖教基金、梁良斗奖教奖学基金、陈少煌体育奖教基金、永春侨中奖教金等；设立（留本捐息）基金500万元。

永春三中　旅港同胞捐资734.11万元，建设永春三中鸿标楼、桂芳楼、大礼堂、孝首科学楼、培绸楼、司令台、科学楼、孝首楼、校友艺术馆、孝首教师套房、孝首培绸楼、纪念亭等，建设面积19093平方米。捐资50.89万元，设立永春三中奖教奖学基金。

永春四中　旅港同胞梁良斗及部分侨亲共捐资11.14万元，建设永四中新教学校；捐资9万元用于奖教奖学。

永春五中　旅港同胞捐资444.5万元，建设让成楼教师宿舍第4层、尊师宿舍楼、达理教学楼、李铁民图书馆、颜子俊科学楼、梁绳基大礼堂和校门、科嵩楼、颜纯炯教学楼、世山教学楼、华利大楼、世山广场、校园道路等，建筑面积13065平方米；捐资3万元用于扶助贫困学生。

永春六中　旅港同胞捐资1449.0937万元，建设南校门及接待室、新民科学楼、体美音馆、东校门、西校门、北校门、围墙、明石教学楼、图书馆、香港校友大楼、世经义明大楼、扩建体美音馆、升旗台、翻建永六中礼堂、学生宿舍楼装修、新校门、新星广场、颜玉雪橡胶运动场，建筑面积16779.23平方米；捐资197.9046万元人民币、港币15万元设立陈吴爱惜奖教基金、颜章根、陈丽春奖学基金、永春六中奖教奖学金、永春六中校董奖教奖学金。

永春实验小学　旅港同胞捐资60万元，建设实验小学彬声楼、逸夫综合楼等，建筑面积4029平方米；捐资6万元，设立奖教奖学金。

永春实验幼儿园　旅港同胞捐资95万元，建设绵仁夫人楼、绵仁楼、扩建工程及附属设施，建筑面积 3227 平方米。

永春港永幼儿园　旅港同胞及香港永春同乡会捐资 360.3868 万元，建设港永幼儿园主体建筑、操场、户外活动设施及附属设施建设。

（二）捐赠乡镇教育事业

蓬壶镇　旅港同胞捐资 551.026 万元，建设丽里小学教学楼、丽里小学孝首教学楼、孝首楼食堂、汤城中学教学楼、尤奎楼、军兜小学益谦楼、八乡小学桂芳楼、壶中小学教学楼、高峰小学教学楼、壶中小学教学楼及附属设施等，建筑面积 6382 平方米；捐资 13.63 万元设立丽里小学"孝首奖教奖学基金"、军兜小学"吕益谦教育基金"、壶中小学奖教奖学金。

达埔镇　旅港同胞捐资 98.6075 万元，建设达埔中心讓成楼（二层）、良斗楼、金星小学教学楼及附属设施。汉口小学华安楼、达埔中心小学综合楼等；捐资人民币 15.93 万元，港币 7.3 万元，用于达埔中心小学建校 100 周年校庆。

介福乡　旅港同胞捐资 0.8 万元，助建龙津村后泽分校教学校。

吾峰镇　旅港同胞捐资 196.5 万元，建设南阳小学武中楼、光辉楼、梅镜楼、大堂、吾峰中学教学楼、蓉镜小学光深楼、凉素楼、张光深纪念堂、南阳学园操场硬化、蓉镜小学操场硬化、南阳中学校门及围墙、吾峰中学校门及围墙等，建筑面积 4100 平方米；捐资 2.4 万用于南阳中学中考奖学。

石鼓镇　港澳同胞捐资 328.0615 万元，建设社山鲁国小学校舍、半岭村御兰小学（分班）校舍、半岭村南德小学校舍、大卿村小学教学楼、石鼓小学教学楼、东安村小学校舍、桃场鲁国小学颜彬声教学楼、桃场鲁国幼儿园大楼、吾江小学麟美室、社山颜秀兰幼稚园、文明中学篮球场、马峰幼儿园、马峰小学操场硬化、凤美小学围墙、文明中学郑秀英教学楼、鲁国小学球场、文明中学香港校友楼、体育运动场、校门及围墙、石鼓中心幼儿园，建筑面积 7596 平方米；捐资 219.2 万元设立文明中学奖教奖学基金、石鼓中心小学、鲁国小学华绣奖学奖教基金、东安小学奖教奖学金。

五里街镇　港澳同胞捐资 733.92 万元，建设崇贤中学崇贤楼、辉显楼、振声楼、国基楼、育贤楼、崇实楼、育德楼、崇德楼、梁灵光礼堂、文伊楼、校门楼、麟美综合楼、水泥路、蓬莱广场、金峰广场、慈孝亭、崇贤路、埔头小学、仰贤小学渊清楼、儒林新智幼儿园，建筑面积 17066 平方米；捐资 87.56 万元用于奖教奖学及校庆经费。

桃城镇　旅港同胞捐资542.1万元，建设桃溪小学教学楼（幼儿园）、花石小学教学楼（刘序瑞纪念堂）、德风小学教学楼和幼儿园、环翠小学教学楼、办公楼、鹏翔小学教学楼、鹏翔小学郑奕定科学楼、桃溪小学如德综合楼及校门、和平小学食堂、济川幼儿园等，建筑面积9378平方米。

东关镇　港澳同胞捐资32.5万元，建设东关镇中心幼儿园基础设施，东碧中学校园文化建设。

岵山镇　港澳同胞捐资90.315万元，建设磻溪小学教学楼、塘溪小学育贤楼、磻溪幼儿园、岵山中心小学"阅读园"，建筑面积1295平方米。

仙夹镇　旅港同胞捐资93.2758万元，建设德田小学教学楼、龙湖小学教学楼、龙水小学校舍、东里小学教学楼、夹际中学郑文辉体育器材室、东里小学牌楼、围墙、仙夹中学校舍建设，建筑面积3298平方米。添置龙美小学、东里小学、夹际小学、仙夹中学课桌椅、多媒体教学设备等。

其他乡镇　2010年，旅港同胞陈华助、杨华阳，香港泉州慈善促进总会捐资25万元，建设玉斗镇中心小学综合楼，建筑面积838平方米；香港福建同乡会捐资30万元，建设锦斗镇珍卿希望小学校舍。

2011年，旅港同胞杨华阳捐资15万元，建设锦斗镇中心幼儿园；香港永春同乡会、旅港同胞陈荣助捐资10万元，建设桂洋中学运动场。

2014年，澳门同胞张金海、张志民父子捐资100万元，建设苏坑镇中心幼儿园。

改革开放以来，永春中小学校是港澳同胞在乡捐资办学的主体，数量众多，遍布侨乡各地，无论是边远山区，还是繁华市镇，都可见到这些犹如繁星闪烁的希望之所，他们薪火相传，是家乡教育、人才培养的根本。

二、捐资医疗卫生事业（1979—2016年）

（一）捐资县级医疗卫生事业

港澳同胞、香港永春同乡会、澳门永春同乡会捐资县级医疗卫生事业744.642万元。其中颜彬声乡贤捐资28万元，建设中医院综合楼；陈金炎乡贤捐资10万元，用于永春医院添置手术台；郑文红乡贤捐资100万元、香港永春同乡福利基金会捐资港币500万元，建设永春县医院后勤综合楼——慈心楼；陈荣助捐资16.462万元、黄鹏耀捐资10万元、陈墩厚捐资5万元、郑国栋捐2万元、澳门同胞尤裕质捐资3万元，合计捐款36.462万元，用以安康医疗事业；澳门永春同乡会捐资25.03

万元，用于永春县医院医疗卫生事业；香港泉州慈善促进总会、旅港同胞郑亚鹏、陈享利、陈孝殷、李培基等共同捐赠 10 台血透机给永春医院。

（二）捐资乡镇医疗卫生事业

蓬壶镇　旅港同胞捐资 28 万元，用于蓬壶医院添置医疗救护车 3 部。

吾峰镇　旅港同胞捐赠吾峰卫生院日产丰田救护车 1 部。

桃城镇　旅港同胞捐赠城郊卫生院日产丰田小霸王汽车 1 部。

岵山镇　旅港同胞黄跨助捐资 6.2 万元，用于岵山卫生院添置心电图机及检验室设备；陈荣助同胞捐资 235 万元，建设岵山卫生院医技楼，建筑面积 1323.8 平方米，修建卫生院水泥路及围墙，添置 B 超机、X 射线摄影系统 DR、全自动生化分析仪各 1 台。

三、捐赠文化事业（1979—2016 年）

旅港同胞捐资 643 万元，用于恢复文物古迹，重修永春文庙、修建永春城隍庙古迹景观等。

四、捐赠基础设施建设（1979—2016 年）

港澳同胞捐资 295 万元，建设留安塔、留安山公园、环岛城雕、象山古寨南门景观、县城新街心公园、永春县老年人公寓。

五、捐赠乡镇公益事业（1979—2016 年）

蓬壶镇　港澳同胞捐资 267.5 万元，建设丽里村部与柑场、铺设蓬壶丽里、孔里水泥路。建设丽里 3 所老年人活动中心；修建蓬壶幢山庵景观、中苍古迹景观 2 处；捐赠蓬壶镇政府、蓬壶镇侨联日产工具车各 1 部，捐赠蓬壶苗圃、镇侨联会小车各一部。

达埔镇　港澳同胞捐资 525.64 万元，铺设新溪水泥路、修建新溪田中桥亭、拓宽改建湫溪义方桥、铺设汉口苏坑角落水泥路；建设溪西、达中、新溪、岩峰、汉口等 8 处老年人活动中心，建设聚龙桥、溪西水泥路，建设"一乡三侨领"纪念馆；修建惠仙岩风景区、竹林室景观、延寿寺景观等。

吾峰镇　港澳同胞捐资 1192.37 万元，建设吾顶村办公楼、小水电站 1 座、加工厂 2 座、社汤公路岭头亭养路班；铺设培民村垅头至御栏水泥路、吾顶村岭边角落水泥路、吾顶村怡恩大道水泥路（岭头亭至草埔尾）、灵光大道水泥路（西墘至坝尾）、及谦大道（虎厨格至重卿堂、对面山）、第思大道水泥路（大坂至坑边山道路及妈养广场）、披云大道、水泥路（岭头亭至石对角落）、绳基大道水泥路（大坂至下寮角落）、普童街道水泥路、三潭公水泥路（灵光大道至义房祖）、绳池大道水泥路、良斗大道水泥路（社汤公路吾顶、梅林、培民路段）、第熙大道水泥路（吾顶村至石鼓东安村）、陈娥陈恬纪念大道水泥路；建设培民、吾顶计6处老年人活动中心、2处老年人协会；建设培民龙头后庵宫、东兴宫，岭头亭宫、园明岩、吾西水源聚仙宫等古迹景观；修建候龙书院、梁披云故居公益文化设施；建设吾顶基督教开放性活动场所、建设培民村敬老院等。

石鼓镇　港澳同胞捐资1082.5万元，铺设石鼓东安村前田自然村水泥路、半岭村御兰水泥路、马峰村竹林畲水泥路、1组2组水泥路、马峰乡村水泥公路、万兴水泥路、马峰至吾顶村水泥路、凤美村水泥路、云居岩水泥路、东安村半山自然村水泥路、石鼓社区荣钦路、助建社汤线水泥路；重建石鼓镇桃星社区大溪桥，修建石目桥，吾江村石拱桥，凤美村鲁南桥；修建镇侨联大厦、鲁国联谊大厦、桃星村综合楼、凤美村综合楼、社山社区综合楼及电梯、建筑面积6024平方米；修建石鼓魁星岩景区正殿、乡贤祠、"百魁园"景观、观音园、仙马岩、梦仙居、通宝殿、魁星雕像、"十全十金"石雕、瑞基楼等景观，修建半岭瑞峰岩、桃场关帝庙、凤美水吼宫、石鼓亭、上场城石大将军、石鼓社区竹林堂、桃城社区鼠母宫、御园村大善寺、菩提宫、六福宫、吾江村灵岩、社山柳树宫、马峰村祖师公宫、桃星社区常丰宫、儒林将军爷宫等古迹景观；建设老年人活动中心、老年人活动场所14处；捐赠丰田货车2部给桃星大队（今桃星村）、捐赠丰田旅行车一部给镇侨联使用。

五里街镇　港澳同胞捐资227.271万元，铺设埔头村3组水泥路、万春寨道路、许港水泥路、仰贤村水泥路、修建埔头水电站、吾东岭格水尾桥；修建万春寨、真武殿、凤龙殿、义烈殿、辜氏祖宇——辜德祠（县文物保护单位）、胡坂宫、湖安岩、村村宫等古迹景观；修建老年人活动中心3处。

桃城镇　港澳同胞捐资417.9万元，建设桃城居委会会址、桃城镇侨台联大厦；修建桃溪化龙、花石老人协会大楼，德风社区老年人活动中心；助建花石、留安大桥、修建大坪公路、德风社区从环岛到桥洋水泥路、助建城关天禄岩水泥路、龙山岩山门水泥路；环翠7组水泥路、上沙水泥路；修建永春开元寺、桃源殿开放性寺庙活动场所、助建大鹏岩、上沙西庵、桃溪毗蓝岩、龙山岩、仑山龙山、长安天禄岩、卧龙福田寺、德风镇永宫、留安石玉洞等古迹景观；助建桃溪、德风、洛阳、外垅、上沙等 5 处老年人活动中心；捐赠桃城镇侨联丰田旅行车 1 部、捐赠桃东村、桃溪村日产五十铃货车各一部。

东平镇　旅港同胞邱祥坤捐资 33 万元，建设花云公路；澳门同胞捐资 4.1 万元，建设文峰村水泥路。

东关镇　旅港同胞捐资 260.07 万元，建设东华社区"老人之家"活动中心，重建溪南村吉祥庵古迹景观，修复东关桥，用于东关镇扶贫项目，添置东美村老人协会桌椅及敬老慰问经费等。

岵山镇　港澳同胞捐资 1330.0845 万元，助力铺设塘溪水泥路、和林村金龙针织厂水泥路、磻溪村沥青路、和塘水泥路、草埔城脚水泥路、铺下村部至 206 线水泥路、龙阁村塘龙水泥路、龙阁村红岭格到白云岩水泥路、仙硿岩水泥路、铺下村中心水泥路、和林村池陈水泥路等；建设文溪村中巷惠德桥、深瓮溪桥、文溪水库大侨，铺下大桥、磻溪金美桥、南石永久桥等；修建草埔城饮水工程、安装文溪村程控电话、架设文溪村基兜角落路灯等；修建文溪村、茂霞村等 6 处老年人活动场所；参与修建磻溪村黄墘岩、茂霞村石城寨、文溪村林兜、文章庵、铺上南山庵、和林吾峰岩、龙阁白云岩古迹景观及修建岵山仙硿岩景区等。

仙夹镇　港澳同胞捐资 230.56 万元，建设东里村中路水泥路及牌楼、东里村顶池水泥路、池头水泥路、德田村水泥路、夹际村崇洌水泥路（温良桥至通德侨）、仙乡林厝水泥路、东里村 2 房水泥路、东里石林水泥路、蔡头岭仔水泥路、山后村水泥路、夹际春桂水泥路、美寨村庙路口水泥路、建设仙乡亭、仙乡寨后南庵真人路、门楼；建造德田村水尾德福桥、东里村水尾坝、美寨村溪尾桥及桥廊；建设仙乡义德、德田村、美寨溪尾、寨后头埔泥埔、东里村、龙美村杜安堂、美寨村成德堂 7 处老年人活动中心；修建龙美岭头寒婆、德田村美坂等古迹景观；捐赠仙夹乡政府丰田小轿车 1 部、镇侨联丰田小车 2 部、添置司法所、派出所、警用摩托车 2 部、夹际村委会巡逻摩托车 2 部；另外捐资与其他侨亲建设乡村水泥路 10 条，建设县道岵山至仙夹 4.9 公里水泥路，建设夹际村通德廊桥；建设镇政府办公大楼、镇侨联大厦，建设龙美村部、龙水村部、美寨村部；建设东里村仙灵、仙乡瑞灵宫、仙乡深山、夹际西村、昭灵、美寨水美等古迹景观；建设老年人活动中心、老年人协会活动场所 20 处，建设仙夹基督教开放性活动场所。

湖洋镇　旅港同胞与其他侨亲捐资 567.173 万元，兴建湖洋镇侨联大楼，建筑面积 1180 平方米；建设湖洋镇雁塔济美大桥；修建锦绣山、西峰寺、鼎仙岩、清泉岩、张坂宫、桃源祖殿等古迹景观；修建蓬莱老年人活动中心、永春湖洋基督教开放性活动场所等。

　　其他乡镇　旅港同胞张石麟捐资 2.5 万元助建桂洋镇岐山大白岩风景区；林昌辉伉俪捐资 5 万元助建锦斗镇乌髻岩景亭景观；郑王翔鹏乡贤捐资 23 万元，翻建外山基督教开放性宗教活动场所等。

　　改革开放以来，港澳同胞在捐资家乡公益事业作出了巨大贡献，捐资公益事业达千万元以上的港澳乡贤有：梁良斗、陈少煌、颜彬声、郑文红、颜金炜、陈荣助、黄国琛、林孝首、黄少江、陈章明。捐资 500 万至 1000 万元的有：梁祖辉、梁清辉、颜章根、陈丽春等。1999—2012 年间荣获省政府立碑表彰的有：梁良斗颜秀兰伉俪、颜彬声、陈荣助、林孝首。2006 年至 2016 年荣获市政府立碑表彰的有：陈荣助、梁祖辉、梁清辉、林孝首、黄少江。

第二章　台湾地区归侨侨眷和社团组织

第一节　归侨侨眷在台湾地区

　　台湾地区自古以来是中国领土，永台关系源远流长、有着地缘、血缘、文缘、神缘、法缘（简称五缘）的密切关系。元、宋年代，"泉州人稠山谷瘠，虽欲就耕无所辟"，永春人在移居国外的同时，则开始东渡台湾和澎湖谋生。明末至清朝，曾发生三次移民潮，移民数量以泉州府最多，永春人亦不在少数。

　　清顺治十九年（1662）12 月，郑成功驱逐荷兰殖民者收复台湾，随郑成功入台的 2.5 万名将士，多为漳州、泉州人，其部下武将林日胜率领的藤牌兵多系永春人。

　　康熙二十二年（1683），清政府平定台湾后，一部分永春郑成功部众不愿回内地，乘船离开台湾移居东南亚。民国 38 年（1949），余超英等一批永春归侨国民党军政人员撤退至台湾。1949 年 10 月后，台湾海峡处于军事对峙状态，台湾政治地位动荡不定。20 世纪 70 年代以后，台湾有 100 多万人移居美国、加拿大等国家、地区，有海外关系的约占台湾人口的 49%，其中也有不少永春人。

此外，永春印尼华侨林金钞、马来亚华侨刘自明等一批教育、文化艺术界精英相继移居中国台湾，林金钞曾任南非约翰内斯堡华侨国定中学训导主任。移居台湾后，历任台湾交通大学副教授兼主任秘书、教授、台湾大学教授兼台湾空中教学新竹学习指导中心主任。著有《闽南语探源》《闽南语研究》等专著，前者曾获台湾优良著作奖。

刘自明，自马来西亚移民中国台湾后，担任台湾协和工商学校美工科教员，致力于推广版画、艺术教育创作和舞台设计，其版画作品多次在中国台湾、美国获奖。

1956 年永春台情普查，永春去台人员 1216 人，台属 6000 余人。1996 年统计，永春旅台同胞 1.79 万人；2007 年增至 2 万多人，2019 年永春侨情普查，旅台同胞 2 万多人。旅台永春同胞中形成了归侨侨眷群体，具有"侨中有台、台中有侨"的特点。

旅台归侨侨眷与旅台同胞一道，与家乡永春县保持着密切联系，民国 36 年（1947），永春县归侨，海疆学校校长梁披云曾赴台收集海疆资料，并考察战后台湾教育状况，受到永春旅台归侨侨眷的热烈欢迎。翌年夏天，海疆学校组织教育考察团赴台考察，归来后还编辑《台湾教育》一书，评述台湾教育优劣，呈送教育部作为改进台湾教育参考。

1953 年 5 月，旅台永春县归侨余超英及旅台同胞等 17 人，代表联署发起申请筹组台北市永春同乡会，同年 7 月 18 日下午 2 时，举行成立大会，台北市永春同乡会宣告正式成立。永春旅台归侨侨眷纷纷参加同乡会。

1979 年以来，永春县旅台归侨侨眷、旅台乡亲取道其他国家和香港、澳门返乡探亲、寻根谒祖逐渐增多。1987 年 11 月起，台湾当局正式开放民众到大陆探亲，永春县旅台归侨侨眷，旅台乡亲在台北市永春同乡会组织下，纷纷回乡寻根谒祖，同家乡人一道修建祠堂、修葺祖坟、续修族谱，为子孙后代寻亲谒祖留根。

第二节　台湾地区永春社团

一、同乡社团

永春人在台社团组织，初为雍正、乾隆年间（1723—1795），开辟闽台对渡后，以商人为主导的带有行业公会性质的商业团体。次为道光年间（1821—1850）出现的以南音为代表的文艺团体，如台北三重市的永春馆。

1953年5月，旅台永春县同胞余超英、周达民、林文庆、陈玉相、潘世燕、潘世艳等17人，代表联署发起申请筹组台北市永春同乡会。1953年7月18日"台北市永春同乡会"成立。会址原设在台北天水路51号2楼，后迁至迪化街一段32巷22号，现会址设在台北市西宁北路78号5楼，建筑面积约470平方米。

同乡会设有《永春山庄》《永春祠堂》基金会，开展救灾扶助，奖励、接待侨亲活动。永春山庄位于新店市，面积11309平方米，早已辟为永春墓园。南港山庄，系理事长郑义燕捐献，面积2公顷，计划开发为第二永春墓园。1966年，在新店市的永春山庄建设永春祠堂，供奉永春各姓先祖神位，1979年增设骨灰位。祠堂和公墓园使永春居台乡亲老有所终，长眠有地。同乡会还设置奖助贷基金，鼓励学子向学，奖励学子奋发向上，迄今已有数千学子受益。另设立仁爱基金会，每年发放补助款给予贫苦同乡。此外，山庄产业基金及敬老基金会，每年重阳节，免费邀请70岁以上老人聚餐。并致赠礼品等。

同乡会创设旅台同乡大专、侨生同学会，每年邀请海外来台就读的侨生学子聚会餐饮，逢年过节在永春乡亲家中共度佳节，使其感到乡情温馨，宾至如归。

物质建设之余，在精神方面，同乡会还发行《永春文献》，对家乡历史文化以及先贤事迹，都有深入的介绍，旅台同乡会各项活动发展，都有详尽的记述。同时，注重乡谊联络，推动促进海峡两岸和平发展，为大陆乡亲协助寻找亲友、沟通信息做出努力，为助力家乡经济社会发展作出贡献。

同乡会成立以来已历经十六届，历任理事长：余超英、潘世燕、王超英、郑义燕、黄金如、尤清祖、陈银枝、黄金豹、林金炉、王国栋等乡贤，其中余超英连任四届（1953.2—1963.2）。

台北市永春同乡会是"世永联"团体会员，主办过第四届（在永春举办）、第十届代表大会（在台北举办）。

二、其他社团

永春同胞在台湾其他社团中担任要职的有：

周剑光，永春人，担任台北市影片商业同业公会理事长，台湾区电影制片工业同乡公会理事长。

黄金如，永春人，担任台北市烹饪商业总会理事长，台北市建国同济会会长，桃园县砂石商业同业公会理事长。

郑玉丽,女,祖籍永春,担任台北市妇女会理事长,台湾地区妇女会理事长。

施宪章,永春人,担任台北市施姓宗亲会第十、十一届理事长。

邱巧珠,永春人,担任云林县福建同乡会理事长。

黄金春,永春人,担任新北市福建同乡会理事长。

许思政,永春人,担任台湾华大校友会会长。

林纪炳,永春人,担任宜兰县闽南同乡会会长。

第四节 参与家乡建设

自 1979 年元旦,全国人大常委会发布《告台湾同胞书》以及国家领导人提出"一国两制"、和平统一台湾的构想后,台湾当局于 1987 年 11 月正式开放民众到大陆探亲以来,永台两地交流不断增多,长期饱受孤悬海岛与家乡隔离之苦的永春县台胞及旅台归侨侨眷,纷纷踏上"人寻根、神(佛)寻祖"之路,在台北市永春同乡会组织发动下,积极捐资家乡公益事业,参加家乡建设。

一、投资创业

1988 年,台胞合资兴办广丰阳遮厂,总投资 670 万元,其中台资 70.08 万美元。

1993 年,台胞林惠生投资 1300 多万元建设永壶开发区,建筑 1.8 万平方米商住楼和 5000 平方米工业大楼。1994 年,台湾新百货企业股份有限公司独资兴办的冠华服务发展有限公司在留安开发区奠基。8 月,大阳瓷业有限公司、三普、富兴、广丰等台资公司名列"1994 年度福建省乡镇企业 300 大",大阳瓷业名列榜首。

2005 年 2 月 8 日,台商企业泉州锦林环保高新材料有限公司注册 400 万美元,正式投入生产。

截至 2007 年,全县有台资企业 22 家,投资总额 25604 万元,合同利用外资 1871 万美元,主营纺织品、精制瓷土、服装伞业、雨衣包装、竹塑建材、运动器材、树脂工艺品、生物有机肥、工艺美术陶瓷等。其中台商直接投资企业 18 家,经第三地投资的企业 4 家,规模以上企业 9 家(洋兴工艺品、万兴陶瓷、锦林环保材料、苓保塑料、立成生物、福龙塑料、福臻陶瓷、金裕盛体育用品、永嘉木业)进驻县工业园区,投资总额逾 1 亿元,注册资金 2830 万元,2007 年创产值 2 亿元,上缴税收 320 万元。洋兴工艺品有限公司年纳税 123.56 万元,年纳税 50 万元—100 万元的4家（三鼎窑业、大阳瓷业、大顺瓷业、万兴陶瓷）。进入泉州市泉台产业对接专项规划支撑项目的有4类11个，包括御汉芳生物科技、良鑫生物科技、制药厂扩建、植入型控缓释抗肿瘤制剂、茶多酚纯化技术、水溶性壳多糖生产技术、吉安堂健脾散7个生物医药企业；笋菜深度加工、毅成农业开发2个农业项目和蓬壶农副产品物流仓储配送中心、泉州市苓保塑胶司塑胶、毅成农业开发等多个项目落地并相继投产。

二、捐赠公益

1988—2016年，永春县台胞累计捐资7121.47万元，主要用于家乡教育、文化、体育、医疗、卫生、道路桥梁、文物古迹、寺庙景观、老年人活动中心等项目建设，其中捐资较多、公益影响较广的项目有：

（一）县级公益项目

1990年，旅台同胞郑义燕等8人捐资港币43.7万元，建设永春五中德智教学楼，建筑面积1561平方米。

台北市永春同乡会黄金如等42位同胞捐资港币55万元，建设永春县儿童医院病房楼，建筑面积1849平方米。

1991年，旅台同胞黄金如捐资40万元，建设永春伟伦游泳池，建筑面积3500平方米。

1992年，旅台同胞黄瑞德捐资150万元，用以永春县文化技术学校建设；王振文捐资12.5万元，用于永春县佛教协会活动经费及购置电脑，助建小开元寺；林多钊捐资35万元，建设永春三中培平图书馆，建筑面积1272平方米。

1993年，旅台同胞余流水捐资33.9万元，7月于永春医院添置1台全自动血球计数分析仪，1台纤维胃镜。

1994年，旅台同胞余流水周淑安伉俪捐资40万元，建设永春医院传染病房，建筑面积860平方米；王超英捐资60万元，建设永春侨中英兰图书馆，建设面积700平方米。

1995年，旅台同胞林世哲捐资120万元，建设世哲幼儿园01教学楼，建筑面积2250平方米。2002年又捐125万元，建设永春世哲幼儿园02教学楼，建筑面积1648平方米。建设围墙及门房，建筑面积389平方米。2005年再捐55万元，用于世哲幼儿园添置户内外环境设施、教育教学和办公设备。2011年捐资6万元，用于添置该幼儿园教学设备。

（二）乡镇公益事业

1988年，旅台同胞黄金如捐资80万元，修建梅林村蕉林兜淑勤公路、如意桥、永辉亭。1998年捐资30万元，铺设淑勤路水泥路面。捐资20万元，建设吾峰梅林小学，建筑面积500平方米。

旅台同胞邱淑霞捐资12万元，建设东平镇云美村小学教学楼，建筑面积250平方米。

1989年，旅台同胞潘世艳、潘世佳夫人、潘世燕、潘克表等人捐资26.12万元，建设延寿小学教学楼，建筑面积460平方米。

旅台同胞梁桂如、沈传奇、沈美华、沈金华等捐资32.3万元，建设仙岭小学教学楼，建筑面积400平方米。

旅台同胞林玉书廖花香伉俪捐资21.5万元，建设蓬壶仙洞真宝殿、书香亭景观。

旅台同胞林孝渭牵头集资31万元，建设丽里乡路；台胞陈银枝、陈进策捐资10万元，建设岵山镇台联活动中心。

1990年，旅台同胞林玉书捐资158.3万元，建设普济寺。捐资20.3万元，铺设蓬壶美普路（美山至普济寺）。

旅台同胞尤清祖捐资47.1万元，用于修桥造路；台胞潘金木捐资24.62万元，建设达埔延寿小学。

1991年，旅台同胞林玉书捐资30万元，修建蓬壶书香桥（原九板桥）。

旅台同胞黄瑞德捐资30万元，建设达埔新溪小学教学楼及附属工程，建筑面积1008平方米；张维哲捐资14万元，建设前锋小学；尤清祖等捐资17.85万元，建设蓬壶魁园小学，建筑面积300平方米。

旅台同胞郑义燕等10人捐资17.6万元，建设达埔卫生院病房楼，建筑面积1200平方米。

1991—1995年旅台同胞林玉书廖花香伉俪捐资92.34万元，建设蓬壶医院书香楼、崇安楼等，捐资60张病床。

旅台同胞柯达尊捐资10万元，用于坑仔口电网改造。

1990—1992年，旅台释传斌法师捐资100万元，建设呈祥雪山岩；王振文法师捐资27.26万元，用于建设苏坑桥、修建上洋路等。

旅台同胞邱淑霞捐资 22 万元，建设云峰小学；黄金如、施宪章捐资 12.5 万元，建设吾峰供电所。

1993 年，旅台同胞王淑珍捐资 58.5 万元，建设蓬壶镇文化中心世燕楼，建筑面积 1200 平方米，林玉书廖花香伉俪捐资 163.3 万元，建设蓬壶中学书香综合楼、校门等，建筑面积 1200 多平方米。其中 25 万元，用以添置教学设备及奖学金。

1994 年，桃城洋上村旅台同胞捐资 50 万元，建设洋上小学及修建乡村公路；乡贤林玉书捐资 41.8 万元，修建达埔达理岩。

1995 年，旅台同胞林玉书捐资 50 万元，建设蓬壶中学育德楼，建筑面积 500 平方米，捐资 90 万元，建设崇贤中学行瑞综合楼，建筑面积 1434 平方米。

旅台同胞林惠生捐资 40 万元，建设蓬壶幼儿园配套设施，捐资 18 万元，修建蓬壶中兴街壶美桥；尤清祖捐资 10 万元，修建蓬壶魁园桥；萧思田捐资 15 万元，用于建设玉斗镇坑柄小学校舍及设立坑柄育才基金奖励学生。

旅台同胞郑朝胜捐资 100 万元，建设桃城镇卧龙村秋华幼儿园，建筑面积 960 平方米；余流水周淑安伉俪捐资 53 万元，建设洋上学寓。

旅台同胞陈金柿捐资 15 万元，修建候龙村金梅路；王超英牵头筹资 25 万元，建设洋上老人活动中心；林玉书捐资 12 万元，铺设蓬壶无极殿水泥路；捐资 735.3 万元，建设蓬壶仙洞旅游景区（天后宫、无极殿、山门楼、慈孝殿、龙升殿）等景观。

1997 年，旅台同胞黄金如捐资 10 万元，铺筑梅林水泥路。

旅台同胞林世哲捐资 120 万元，建设五里街中心小学教学楼，建筑面积 3040 平方米。

1998 年，旅台同胞尤清祖捐资 30 万元，建设蓬壶魁园振荣桥；林孝渭等 8 位同胞捐资 12 万元，修建八乡道山岩古迹景观。

1999 年，旅台同胞林玉书捐资 20 万元，建设蓬壶中学校门；乡贤林世哲捐资 40 万元，建设后厝林老年人活动中心。

2001 年，旅台同胞王竞新等 10 人捐资 21 万元，修王氏姓氏史志；乡贤王良凯与旅马侨亲王成宗捐资 40 万元，建设石鼓小学综合楼，建设面积 1410 平方米。

2002 年，旅台同胞林玉书捐资 65 万元，建设净化堂。

2005 年，旅台同胞林世哲捐资 80 万元，建设五里街中心小学林行瑞综合楼，建筑面积 2967 平方米。

2006 年，旅台同胞林世哲捐资 35 万元，用于建设五里街中心小学"双语"室，电脑教室，军乐队等。

2008 年，旅台同胞林世哲捐资 400 万元，建设五里街林世哲教育基金大楼，建筑面积 3700 平方米；从 2009 年起林世哲教育基金每年出资 10 万元，用于永春一中、崇贤中学、永春实验小学、五里街镇中心小学、幼儿园奖教奖学。

2011 年，旅台同胞林世哲又再捐资 1000 万元，建设 12 层，建筑面积 11787.7 平方米，位于桃城南星社区的第 2 座林世哲教育基金大楼；2014 年成立林世哲扶助贫困学生教育发展协会，将大楼租赁收入永久性用于扶助品学兼优的永籍贫困学生。

同年，林世哲捐资 15 万元，用于五里街中心小学配置电化教育设备。

2012 年，旅台同胞黄金豹捐资 36.5 万元建设湖洋镇蓬莱村隘门。

旅台同胞热心家乡公益事业，成效显著。得到各级人民政府的表彰：

1993 年，永春县一批旅外团体、乡亲获省政府"兴医利民"奖章，其中台北市永春同乡会获金质奖章；旅台同胞林玉书、余流水获银质奖章。

1995 年 11 月，旅台同胞林玉书获福建省政府表彰的"乐育英才"奖匾；县政府颁发"热心公益事业"奖匾（特别奖、金奖、银奖）表彰 26 名旅台乡贤。

1988—2011 年，旅台同胞林世哲累计捐资公益事业 2130 万元，荣获永春县政府"热心公益事业金牌奖"；泉州市政府授予"捐资兴办公益事业"奖匾和荣誉证书，在世哲幼儿园内给予立牌表彰；福建省人民政府授予捐资办学金奖奖章、荣誉奖状、荣誉证书，并在五里街中心小学校园内给予立牌表彰。

第三篇　组织机构与资产管理

永春县侨联是中国共产党领导的由全县归侨、侨眷组成的全县性人民团体，是县委、县政府联系广大永春县归侨、侨眷和海外侨胞的桥梁和纽带。依据《中华全国归国华侨联合会章程》规定，永春县侨联组织机构中设置经由归侨、侨眷代表大会选举产生的委员会。全委会闭会期间，由专职主席、副主席、秘书长组成主席办公会议，处理日常工作。设有办事机构、工作机构和其他机构。党的组织结构中设有党组、机关党支部和县纪律检查委员会（简称县纪委）派驻侨联纪检组（2011—2018.12），下属 12 个乡镇侨联，县——乡（镇）——村（居）三级侨联组织网络健全。县乡两级侨联组织拥有合法资产、依法管理、使用、保护所拥有的资产。

第一章　组织机构与归侨侨眷代表大会

第一节　永春县侨联组织机构

一、组织沿革

1949 年 10 月 23 日，永春县成立归国华侨民主联合会，为中华人民共和国成立后第一个县级侨联组织。1950 年，根据福建省华侨事务委员会的指示，更名为永春县归国华侨联谊会。1957 年，依据全国侨联章程的规定，又再更名为永春县归国华侨联合会，这一名称延续至今未变。

1949 年 11 月，永春县归国华侨民主联合会在东平、达埔、蓬壶成立分会。

1950 年 8 月，永春县侨联在福阳（今介福乡）、岵山、湖洋成立分会和城关办事处。

1951年成立永春华侨服务站，负责办理华侨福利。

1953年4月，永春县侨联召开第一次会员代表座谈会。会议决定撤销分会，改在岵山、达埔、东平、五里街等主要侨乡设立办事处，并在全县100多个乡（相当于现在的村）成立华侨工作委员会。

1954年3月，为加强领导，决定撤销办事处，会务由永春县侨联统一管理。

1966—1976年，永春县侨联工作停顿，会所被挤占。1978年2月永春县侨联恢复活动。此后，蓬壶、达埔、石鼓、五里街、吾峰、桃城、湖洋、东平、岵山、仙夹及北碇华侨茶果场侨联相继成立或恢复活动。

1953年4月1日至2019年11月26日，永春县侨联共召开二次会员代表座谈会；十二次归侨侨眷代表大会。选举产生主席12名（第七届、第九届、第十届、第十一届、第十二届届中调整主席5名），副主席34名，常务委员187名，委员439名。

二、历届委员会

1949年10月23日，永春县归国华侨民主联合会成立，设主席1人，副主席1人。

1950年8月，更名为永春县归国华侨联谊会，1950年10月至1953年，设主席1名，副主席2人。

1953年2月，永春县归国华侨联谊会召开第一次会员座谈会，选举产生主席1名，副主席4名。

1957年3月15日，永春县归国华侨联谊会召开第二次会员座谈会，选举产生主席1名，副主席3名。

1959年1月30日至2023年12月31日，永春县侨联经历一至十二届（未届满）委员会。

首届委员会（1959.1—1960.9）。1959年1月30日，永春县第一次归侨侨眷代表大会召开，出席会议代表373名。选举主席1名，副主席3名，秘书长1名，常务委员11名，委员31名。李华鼎当选主席。

二届委员会（1960.9—1961.4）。1960年9月，永春县第二次归侨侨眷代表大会召开，出席会议代表240名。选举产生主席1名，副主席3名，秘书长1名，常务委员11名，委员31名。李华鼎当选主席。

三届委员会（1961.4—1962.2）。1961年4月，永春县第三次归侨侨眷代表大会召开，出席会议代表309名。选举产生主席1名，副主席3名，秘书长1名，常务委员11名，委员31名，李华鼎连任主席。

四届委员会（1962.2—1968.5）。1962年2月，永春县第四次归侨侨眷代表大会召开，出席代表365名。选举产生主席1名，副主席3名，秘书长1名，常务委员15人，委员32人。李华鼎连任主席。

1966—1976年期间，永春县侨联工作陷于停顿，会所被占他用。1978年2月永春县侨联恢复活动。

五届委员会（1979.7—1982.11）。1979年7月，永春县第五次归侨侨眷代表大会召开，出席会议代表302名。选举产生主席1名，副主席1名，秘书长1名，常务委员17名，委员37名。郑德郁当选主席。

六届委员会（1982.11—1988.9）。1982年11月，永春县第六次归侨侨眷代表大会召开，出席会议代表428人，选举产生主席1名，副主席2名，秘书长1名，常务委员17名，委员37名。郑德郁连任主席，聘请梁披云为名誉主席。

七届委员会（1988.9—1994.10）。永春县第七次归侨侨眷代表大会召开，出席会议代表269人。选举主席1名，副主席2名，秘书长1名，常务委员21名，委员45名。郑永仁当选主席。1991年8月27日届中补选郑梓敬为第七届委员会委员、常委、副主席。1994年1月，永春县侨联七届七次全委会选举陈友经为第七届委员会委员、常委、主席，增聘郑永仁为名誉主席。

八届委员会（1994.10—2000.7）。1994年10月23日，永春县第八次归侨侨眷代表大会召开，出席会议代表204名。选举产生主席1名，副主席2名，秘书长1名，常务委员17名，委员45名。陈友经当选主席。1996年8月补选梁黎玲（女）为第八届委员会委员、常委、副主席，1998年2月补选潘长安为第八届委员会委员、常委、副主席。

九届委员会（2000.7—2006.12）。2000年7月，永春县第九次归侨侨眷代表大会召开，出席会议代表160人。选举产生主席1名，副主席2名，秘书长1名，常务委员17名，委员35名。颜华煜当选主席。聘请梁披云、颜纯炯、鲍德新、郑德郁、郑永仁、陈友经为名誉主席，郑少坚等173名乡贤为顾问。2002年8月25日，永春县侨联九届三次全委会补选苏丽玲（女）为第九届委员会委员、常委、副主席。2004年10月11日，永春县侨联九届五次全委会选举陈发源为第九届委员会委员、常委、主席。增聘颜华煨为名誉主席。

十届委员会（2006.12—2013.6）。2006年12月25日，永春县第十次归侨侨眷代表大会召开，出席会议代表158人。选举产生主席1名，副主席2名，秘书长1名，常务委员14名，委员32名。陈发源当选主席。聘请陈友经、陈荣助、陈建绪、郑永仁、梁披云、颜华煨、颜彣桦、颜纯炯为名誉主席，郑少坚等227位乡贤为顾问。2013年2月2日，永春县侨联十届七次全委会选举周少华为第十届委员会委员、常委、主席。增聘陈发源为名誉主席。

第十一届委员会（2013.6—2019.11）。2013年6月16日，永春县第十一次归侨侨眷代表大会召开，出席代表161人。选举产生主席1名，副主席2名，秘书长1名（副主席兼任），常务委员14名，委员36名。周少华当选主席。聘请郑永仁、陈友经、颜华煨、陈发源、陈荣助、陈建绪、颜纯炯、颜彣桦为名誉主席、郑少坚等212位乡贤为顾问。2017年3月23日永春县侨联第十一届五次全委会选举黄万民为第十一届委员会委员、常委、主席。增聘周少华为名誉主席。

第十二届委员会（2019.11—未届满）。2019年11月26日，永春县第十二次归侨侨眷代表大会召开，出席代表161人，选举产生主席1名，副主席9名（其中兼职副主席7名），常务委员22名，委员42名。黄万民当选主席。聘请许世经、张石麟、陈义明、陈少煌、陈丙丁、陈发源、陈建绪、陈荣助、陈章明、周友智、郑文红、郑永仁、郑福成、郭从愿、黄少江、颜华煨、颜彣桦、颜纯炯、颜金炜为名誉主席。王国栋、许永成、李清湖、张志民、张家才、陈良材、陈建东、周昌江、郑瑞开、颜仕林为顾问。

2021年6月28日，永春县侨联十二届三次全会补选陈志宏、陈珊妹（女）为第十二届委员会委员、常委、副主席。补选林建波为第十二届委员会委员、常委。

2022年9月7日，永春县侨联第十二届四次全委会选举郭赐福为第十二届委员会委员、常委、主席。增聘黄万民为名誉主席。

表 3.1.1　　　　　**1949—2023 年永春县侨联历届领导任职时间表**

名　称	届　别	时　间	主席	副主席	备　注
永春县归国华侨民主联合会		1949.10–1950.6	徐志荣		
		1949.10–1950.6		陈式皋	
永春县归国华侨联谊会		1950.7–1957.3			
		1950.7–1957.3	徐志荣		外调德化任县长
		1950.7–1950.10		陈式皋	
		1950.10–1951.7	陈式皋		
		1950.10–1951.6		颜子俊	
		1950.10–1957.3		林东汉	
永春县归国华侨联谊会		1951.7–1953.7	蔡荣丰		
		1951.7–1951.11		颜志浩	
		1951.11–1957.3		郑德郁	
第一次会员代表座谈会		1953.2–1957.3	李华鼎		
		1953.2–1957.3		姚珠允	
		1953.2–1957.3		陈振设	
第二次会员代表座谈会		1957.3–1959.4	李华鼎		第二次会员代表会议正副主席改称主任
		1957.3–1959.4		郑德郁	
		1957.3–1959.1		林士琦	
		1957.3–1959.4		陈振设	
永春县归国华侨联合会	第一届	1959.4–1960.9	李华鼎		
		1959.4–1960.9		郑德郁	
		1959.4–1960.9		林士琦	
		1959.4–1960.9		郑世贞	
	第二届	1960.9–1961.4	李华鼎		
		1960.9–1961.4		郑德郁	
		1960.9–1961.4		林士琦	
		1960.9–1961.4		郑世贞	

续表

名　称	届　别	时　间	主席	副主席	备　注
永春县归国华侨联合会	第三届	1961.4–1962.2	李华鼎		
		1961.4–1962.2		郑德郁	
		1961.4–1962.2		林士琦	
		1961.4–1962.2		郑世贞	
	第四届	1962.2–1968.5	李华鼎		1968年起"文革"停止活动
		1962.2–1968.5		郑德郁	
		1962.2–1968.5		林士琦	
		1962.2–1968.5		郑世贞	
	第五届	1979.7–1982.11	郑德郁		
		1979.7–1982.11		林士琦	
	第六届	1982.11–1988.9	郑德郁		
		1982.11–1988.9		郑永仁	
		1982.11–1988.9		林士琦	
	第七届	1988.9–1994.10			
		1988.9–1994.1	郑永仁		
		1988.9–1994.10		林士琦	届满退休
		1988.9–1994.10		颜一鹏	
		1991.8–1994.10		郑梓敬	届中增选
		1994.1–1994.10	陈友经		届中改选
	第八届	1994.10–2000.7			
		1994.10–2000.7	陈友经		届满回政协任职
		1994.10–1998.2		颜一鹏	1998.2调商会任职
		1994.10–1996.8		郑梓敬	
		1996.8–2000.7		梁黎玲(女)	届中增选
		1998.2–2000.7		潘长安	届中增选

续表

名　称	届　别	时　间	主席	副主席	备　注
永春县归国华侨联合会	第九届	2000.7–2006.12			
		2000.7–2004.10	颜华煨		2004年退休
		2000.7–2002.8		梁黎玲(女)	2002.8调县外侨办
		2000.7–2006.12		潘长安	
		2002.8–2006.12		苏丽玲(女)	届中增选
		2004.10–2006.12	陈发源		届中改选
	第十届	2006.12–2013.6			
		2006.12–2012.2	陈发源		
		2006.12–2011.11		潘长安	2011.11调文联
		2006.12–2011.9		苏丽玲(女)	
		2013.2–2013.6	周少华		届中改选
	第十一届	2013.6–2019.11			
		2013.6–2017.3	周少华		2017.3调任副县长
		2013.6–2019.11		郑志民	
		2013.6–2019.11		郑聪慧(女)	
		2017.3–2019.11	黄万民		届中改选
	第十二届	2019.11–(未届满)			
		2019.11–2022.5	黄万民		届中退休
		2019.11–2021.6		郑志民	调县侨办
		2019.11–2021.6		郑聪慧(女)	
		2021.6–(未届满)		陈志宏	届中增选
		2021.6–(未届满)		陈珊妹(女)	届中增选
		2022.9–(未届满)	郭赐福		届中改选

表 3.1.2　　　　1959—2019 年永春县侨联历届委员会构成情况表

届别	召开时间	代表数	委员	常委	主席	副主席	秘书长	名誉主席	顾问
一	1959.4	373	31	11	1	3	1	——	——
二	1960.9	240	31	11	1	3	1	——	——
三	1961.4	309	31	11	1	3	1	——	——
四	1962.4	365	32	15	1	3	1	——	——
五	1979.7	302	37	17	1	1	1	——	——
六	1982.11	428	37	17	1	2	1	——	——
七	1988.9	269	45	21	1	2	1	——	——
八	1994.1	204	45	17	1	2	1	——	——
九	2000.7	160	35	17	1	2	1	6	173
十	2006.12	158	37	14	1	2	1	8	227
十一	2013.6	161	36	14	1	2	1	8	212
十二	2019.11	161	42	22	1	9(兼职7名)		19	10
合计		3130	439	187	12	34	11	41	622

三、永春县侨联机关

（一）机关编制

1957 年 6 月 3 日，省编委《关于侨联编制的通知（57）编行字第 42 号》文下达全省各县（区）侨联编制，永春县侨联编制 4 名，自 1957 年 6 月起执行。

1996 年机构改革，经县委编委会核定（永委办〔1996〕104 号），永春县侨联行政编制 4 名，事业编制 1 名。

2017 年 11 月 20 日，经县委编委会核定，永春县侨联行政编制 3 名。

2021 年 6 月 28 日，经县委编委会核定，永春县侨联行政编制 4 名。

（二）办事机构

办公室

永春县侨联设办公室，承担永春县侨联秘书、参谋、管理、协调、服务、宣传和海内外联络联谊等具体工作，并负责处理永春县侨联常务委员会、主席办公会议的日常会务工作。

174

（三）下属事业单位

1. 永春侨联旅行社

永春县侨联旅行社是侨联下属自收自支事业单位，事业编制 10 人。是永春县侨联的经济实体，其全部资产属永春县侨联所有，永春县侨联委派专门业务班子进行具体经营，郑梓敬、刘金杯先后任经理。

1992 年 9 月成立以来，在历届永春县侨联领导班子精心指导下，从无到有，从小到大，从单一客房到各种经营，从一般招待所到配套齐全的三星级酒店，成为永春县委、县政府，永春县侨联接待海外侨亲及来永视察工作各级领导的重要基地。2000 年 8 月被评为永春县二星级酒店，2008 年 12 月晋升为三星级涉外酒店，成为永春县对外窗口之一。先后被泉州市人事局、旅游局评为"泉州市旅游系统先进单位""优质服务旅行社示范单位"；先后获"泉州市侨联系统先进集体""永春县纳税大户"荣誉称号。

永春县侨联旅行社经营管理经历过自主经营、局部承包经营、租赁经营等阶段。2017 年经公开竞标，深圳鸿丰集团有限公司以承租永春侨联大厦形式成立泉州市永春鸿丰侨联大酒店有限责任公司。2017 年 12 月 18 日正式签订租赁合同，租赁期限 10 年，即从 2018 年 1 月 1 日至 2027 年 12 月 31 日止。2020 年，中共永春县委机构编制委员会永委编〔2020〕5 号文撤销永春侨联旅行社，人员并入新成立的永春县华侨服务联谊中心。

2. 永春县侨联服务联谊中心

2020 年 6 月 6 日，根据县委办、县政府办《关于规范县级事业单位调整工作的通知》（永委办〔2019〕16 号）文件精神以及省、市事业单位改革有关要求，中共永春县委机构编制委员会经研究同意永春县侨联设立永春县华侨服务联谊中心。该中心为股级事业单位，划为公益一类，核定事业编制 3 名，经费形式为财政核拨。同时，撤销"永春侨联旅行社"，原 8 名工作人员成建制划转到永春县华侨服务联谊中心，其自收自支身份保持不变，实行专项管理，工作安排及待遇按永春县侨联与泉州市永春鸿丰侨联大酒店有限责任公司签订的《永春侨联大厦租赁合同书》的约定保持不变。

2021 年 7 月 6 日，经永春县侨联党组研究决定（永侨联党组〔2021〕∠号），任命陈珊妹（女）为永春县华侨服务联谊中心法定代表人（副主席兼任）。

（四）直属组织

1. 永春县侨联法律顾问工作委员会

2013 年 8 月 13 日，永春县侨联在全省率先成立法律顾问工作委员会（简称法顾委），由县人民法院副院长黄武忠出任首届法顾委主任，县人民法院民一庭庭长刘正灿、县司法局副主任科员郑志高、永春县侨联副主席郑志民担任副主任。委员尤希圣、郭雅怀、陈金杰、赵柳生。永春县侨联法顾委并逐步在重点侨乡成立"侨联法律服务联系点"和村（社区）一级的"侨益维护岗"。2016 年，仙夹镇侨联法律服务点升格为涉侨纠纷调解服务站。

永春县侨联法顾委先后出台《永春县侨联法顾委章程》《法律服务联系点工作职责》《侨益维权岗工作职责》等文件，并与永春县法院联合出台《关于建立涉侨侵权工作衔接互动机制的实施意见》，该实施意见由泉州市侨联转发全市各级侨联予以推广，法顾委的工作逐步走上规范化、制度化、常态化。2014 年永春县侨联把维权队伍延伸至海外，聘请马来西亚大法官刘国民、大律师郑永传、加拿大著名大律师陈丙丁等乡贤为永春县侨联法顾委海外顾问，协助做好住在国侨亲维权工作。2017 年 5 月 16 日，省侨联法顾委莅永调研，肯定并推广永春县侨联法顾委维护侨益法律服务实践经验，并收录《福建省侨联法顾委十年》一书。

2. 永春县侨界青年联合会

2014 年 12 月 2 日，永春县侨联青年委员会成立。选举产生会长 1 名，名誉会长 4 名，常务副会长 3 名，副会长 3 名，秘书长 1 名，副秘书长 5 名，常务委员 5 名，委员 12 名。张少波出任首任会长。

2016 年 4 月 20 日经永春县民政局审核，登记并更名为永春县侨界青年联合会（简称"侨青联"）。

创会宗旨：广泛联系和团结归侨、侨眷、海外侨胞、港澳台同胞、留学回国的青年一代，通过引进资金、技术、项目和人才，广泛开展海内外文化交流与合作，发挥侨界青年独特作用。

2021 年 11 月 10 日，永春县侨青联换届选举，选举产生会长 1 名，名誉会长 3 名，监事长 1 名，监事 2 名，常务副会长 6 名，副会长 10 名，理事 14 名，秘书长 1 名，副秘书长 2 名，海外会员 14 名，张少波连任会长。

表 3.1.3　　　　　　　　**2014—2021 年永春县侨青联组成情况一览表**

时　间	届　别	职　务	任　职　人　员			
2014.12.2	第一届	名誉会长	许思政	刘添泉	林文溪	颜禧萱
		会　长	张少波			
		常务副会长	郑聪慧(女)	林渊源	黄琛鹏	
		副会长	李小龙	林华伟	戴志刚	
		秘书长	陈金龙			
		副秘书长	刘文福　黄顺峰	林章井	张少铭	张智伟
		常　委	方莉梅(女)　吴金城	刘文森	陈志辉	陈新隽
		委　员	吴旭萍(女)　郑伟炫　郑智高	李宏毅　郑志达　洪　岩	陈义全　郑财宝　程晓雨(女)	陈程光　郑晓敏(女)　颜梦佳(女)
2021.11.10	第二届	名誉会长	林文溪	洪得志	周超颖	
		监事长	陈新集			
		监　事	方莉梅(女)	陈逸梅(女)		
		会　长	张少波			
		常务副会长	叶长城　刘元平	颜聪法　苏轩仪	郑伟煌	潘金枫
		副会长	黄琛鹏　陈思铭　郑明龙	吕冠贤　林海宗　吴荣生	颜晓倩(女)　颜学锋	吴金城　江　山
		理　事	梁霖程　郑云程　陈秀玲(女)　郑安生	陈贞育　李宏毅　尤东伟　黄坤烨	郑振怀　黄瑞庆　陈珊婷(女)	陈婷嬉(女)　程晓雨(女)　周　骏
		秘书长	陈丽明(女)			
		副秘书长	陈燕萍(女)	康庆平		
		海外会员	郑文炜　潘滋东　陈建业　陈金引	郭荣坚　郑其冠　张信达　吴辉灿	孟永刚　陈伟汉　郭桂遵	孙卓西　郑敬祥　郭桂枝

（五）其他机构

1.《桃源乡讯》

1958年4月20日，永春县归国华侨联谊会创办《桃源乡讯》，刊号〔CN-35（Q）第0012号〕，为八开版双月刊或单月刊。主编林士琦、陈文敬。每期印发1000份，发往东南亚各地和本县各有关部门、乡镇侨务委员会、村侨务小组。1962年因全省调整乡讯而停刊。1984年9月复刊，主编郑双喜、郑光苗、黄温秋。至1986年计出版9期。1986年8月，颜宝琼任主编。改为八开四版，印发2000份，对外发往东南亚15个国家和地区，对内发往省外及本省各县侨联，各有关部门，赠送归国探亲华侨。内容主要为宣传党的侨务政策，报道侨乡建设新貌，华侨捐资义举，介绍乡土人情，风俗习惯等。一版为本县要闻，二版为侨乡建设情况，三版为文教卫生事业发展情况，四版为文艺作品。

1997年改为彩色制版印刷，至2003年，主编郑流年、潘长安。2007年起尤希圣担任主编。2012年1月1日起由县委宣传部接办。

《桃源乡讯》辟有"桃源短波""桃源文苑""桃源探幽""五湖四海永春人""服务指南"等栏目，寓知识于趣味，籍文章抒乡情，让海外新生代了解乡情乡音，让老一辈侨胞慰藉思乡情怀。乡讯社还发挥自身优势，帮助海外社团编辑、出版纪念特刊。配合县委、县政府中心任务，宣传改革开放方针政策，促进永春县经济与社会各项事业的发展。

在2002年全省侨刊乡讯评比中，《桃源乡讯》被评为"质量、影响、效果比较好"的29家乡讯之一，荣获2003年泉州市印刷协会包装印刷产品质量评比优质奖及第八届泉州市对外好新闻三等奖。

《桃源乡讯》自1984年9月20日复刊至2011年12月31日止，共出版98期，发往海外30多万份。乡讯成为旅外永春县乡亲热切盼望的"家书"，成为海内外永春乡亲沟通的纽带，在海外乡亲中有着较大影响力。

2. 永春侨联扶贫基金

2019年1月，为践行"取之于侨，用之于侨"的原则，永春县侨联设立全省首个县级侨联基金——"永春侨联扶贫基金"。专款用于扶助国内贫困归侨侨眷及海外贫困永春县华侨。至2023年，接受海内外侨亲及社会团体捐赠共计3721445.21元，资金主要用于扶助慰问贫困归侨侨眷、新冠疫情抗疫等。

四、基层侨联组织机构

永春县有 22 个乡镇，设有基层侨联组织的有东平、五里街、岵山、桃城、吾峰、仙夹、石鼓、达埔、湖洋、蓬壶、介福、东关 12 个乡（镇），主要集中在外半县。其余乡镇或归侨侨眷人数太少，或没有未能成立侨联组织，主要是内半县。

基层侨联组织机构有个逐步完善的过程，1966 年前成立侨联的只有东平、五里街、岵山、桃城、吾峰、仙夹 6 个乡镇，组织形式均经历分会、办事处、侨务小组、侨联过程。1966 年至 1976 年中县乡（镇）两级侨联组织均停止工作。1978 年 2 月永春县侨联及原有 6 个乡镇侨联开始恢复活动。

1979—1985 年，中共十一届三中全会召开后，开始拨乱反正。遵照中共中央、国务院的指示精神，永春县乡两级侨联组织积极协助党委、政府及有关部门落实侨务政策，加强维护侨益工作，使侨务工作重新走上正常发展轨道。

1979 年 9 月至 1985 年 2 月，国家进入改革开放时期，侨务工作围绕国家经济建设中心工作的任务日渐繁重，而随着海外侨亲及港澳同胞大量返乡寻根谒祖，侨联组织建设被摆上重要议事日程。这期间，石鼓、达埔、湖洋、蓬壶、北硿华侨茶果场等 5 个乡（镇、场）相继成立侨联。

1997 年 11 月，介福乡侨联成立。1998 年 9 月，经省民政厅批准，永春北硿华侨茶果场完成改制，与原东平镇管辖的东关、东美、美升、外碧、溪南 5 个村组成新的行政镇——东关镇。2004 年 6 月 13 日成立东关镇侨联，召开第一次侨代会，选举产生第一届委员会，吴国柱为主席。原北硿华侨茶果场侨联并入东关镇侨联，完成其历史使命。

至 2004 年，永春县侨联基层侨联增至 12 个，涵盖永春外半县侨乡（不含外山乡）。其组织机构沿革情况依成立时间先后依次分述如下：

表 3.1.4　　　　1949—2022 年东平镇侨联历届委员会一览表

时间	届别	主席	副主席	永远荣誉主席	秘书长	备注
1949.11—1979	第一届	李银汉	李保定	——	陈忆志	1949 年 11 月，永春县归国华侨民主联合会东平分会成立，1953 年 2 月撤销分会改为办事处，会务由永春侨联统一管理，后设侨务小组至 1979 年正式成立侨联会。
1979—1981	第二届	李银汉	李正宗 李保定	——	陈忆志	

续表

时间	届别	主席	副主席	永远荣誉主席	秘书长	备注
1981—1986	第三届	李正宗	李保定	——	陈忆志	
1986—1994	第四届	李保定	李锦水	——	陈忆志	
1994—2000.6.15	第五届	李锦水	陈 欣 李新民	——	李鸿恩	
2000.6.15—2006.10.26	第六届	李新民	李文柱 李炳根	——	李锦义	
2006.10.26—2011.11.29	第七届	李新民	李文柱 李炳根	——	颜东普	
2011.11.1—2016.11.30	第八届	李锦义	林雪英(女) 邱美雅	——	李国柱	2013年4月9日，林雪英（女）任常务副主席
2016.11.30—2022.7.11	第九届	林雪英(女)	颜建华 李兴城	——	李国柱	
2022.7.14—（未届满）	第十届	孟永刚	巫俊华 颜建华 李兴城 李宏毅	林雪英(女)	李宏毅(兼)	

表 3.1.5　　**1950—2022 年五里街侨联历届委员会一览表**

时间	届别	主席	副主席	名誉主席	会务顾问	秘书长	备注
1950.10.12—1979	第一届	汤亚明	邱大雅	——	——	——	1950年10月，永春归国华侨联谊会五里街分会成立。1953年2月撤销分会设立办事处，会务由永春侨联统一管理。
1979—1988	第二届	林金德	陈良廷	——	——	——	
1988—1994	第三届	林梓明	陈良程 洪培贤	——	——	——	
1994—2000.1.23	第四届	方其锦	陈良程 陈福坤	——	——	——	
2000.1.23—2005.6.30	第五届	方其锦	陈良程 洪培贤 陈福坤	——	——	陈良程 陈福坤(兼)	

续表

时间	届别	主席	副主席	名誉主席	会务顾问	秘书长	备注
2005.6.30—2011.12.15	第六届	方其锦	尤希圣 陈福坤	方其锦	林华墩 洪培贤	尤希圣(兼)	
	届中调整	尤希圣				林章笃	
2011.12.15—2016	第七届	尤希圣	宋廷欣 张少铭 陈福坤	——	——	林章笃	
2016—2022.1.27	第八届	洪星辉	张文杉 张少铭	尤希圣	——	林章笃	
2022.1.17—（未届满）	第九届	张一民	张文杉 张少铭 辜锡海 林国清	陈章明 洪文良 颜佳志 颜聪法 蔡树林 刘生泉 李春林 林添新 张雅东	洪一彬 尤希圣 洪星辉	林国清(兼)	张文杉为常务副主席

表 3.1.6　　　　**1951—2022 年岵山镇侨联历届委员会一览表**

时间	届别	主席	副主席	名誉主席	名誉副主席	秘书长	备注
1951.4—1954	第一届	陈振设	陈家溪	——	——	——	
1955—1979	第二届	陈荣秋 陈承宝	陈家溪 刘诗耳	——	——	——	20世纪60年代陈荣秋逝世，陈承宝继任主席
1979—1988	第三届	陈惠疆	陈家溪 陈义贵	——	——		
1988—1994	第四届	陈惠疆	陈义贵 陈贞岳	——	——	陈贞岳	
1994—2000.5.19	第五届	陈惠疆	陈义贵 陈贞岳	——	——	陈贞岳	

续表

时间	届别	主席	副主席	名誉主席	名誉副主席	秘书长	备注
2000.5.19—2005.1.19	第六届	陈惠疆	陈贞岳 陈德宗 郑胜利 陈金黎	——	——	陈耀辉	
2005.9.17—2011.11.29	第七届	陈惠疆	陈德宗 陈耕爱 郑胜利 陈南田	——	——	陈耕爱(兼)	
2011.11.29—2016.12.24	第八届	陈惠疆	陈德宗 陈耕爱 郑胜利 陈南田	——	——	陈耕爱(兼)	陈耕爱为常务副主席
2016.12.24—2022.12.31	第九届	陈耕爱	郑胜利 陈南田 陈森洲 陈培植	——	——	陈培植(兼)	
2022.12.31—（未届满）	第十届	陈荣助	陈金树 陈培植 陈南田 郑胜利	陈耕爱	陈森洲 吴致雨	陈天培	陈金树为常务副主席

表 3.1.7　　　　　1979—2022 年桃城镇侨联历届委员会一览表

时间	届别	主席	副主席	荣誉主席	顾问	秘书长	备注
1979—1981.	第一届	张鸿儒	黄国栋 郑双穗 周添秀 王庆民	——	——	——	1952年成立永春县归国华侨联谊会城关办事处,苏德谦为负责人。1954年办事处撤销后改为侨务小组、会务由永春侨联集中管理。1979年正式成立桃城侨联会召开第一次侨代会,选举产生第一届委员会。
1981—1986	第二届	张鸿儒	黄国栋 郑双穗 周添秀 王庆民	——	——	——	

续表

时间	届别	主席	副主席	荣誉主席	顾问	秘书长	备注
1986—1994	第三届	张鸿儒	黄国栋 郑双穗 周添秀 王庆民	——	——	——	
1994— 2000.3.23	第四届	张鸿儒	黄国栋 郑双穗 周添秀 王庆民	——	——	——	
2000.3.23— 2005.6.25	第五届	郑志南	张祖凉 郑国相	——	——	郑国相(兼)	
2005.6.25— 2011.11.25	第六届	郑志南	张祖凉 郑国相	——	——	郑国相(兼)	
2011.11.25— 2016.12.3	第七届	郑志南	张祖凉 郑国相	——	——	郑国相(兼)	
2016.12.30— 2021.12.23	第八届	郑志南	张祖凉 郑国相	——	——	郑水生	
2021.12.23— （未届满）	第九届	郑建发 邱筱彬 (届中调整)	刘友标 郑金莲(女) 郑财宝	——	郑国相 张祖凉	郑财宝(兼)	刘友际为 常务副主席

表 3.1.8　　　**1961—2022 年吾峰镇侨联历届委员会一览表**

时间	届别	主席	副主席	名誉主席	秘书长	备注
1961.10.16— 1981.5.19	第一届	陈其留	施活文	——	——	1961 年 10 月 16 日正式成立吾峰侨联会召开第一次侨代会，选举产生第一届委员会。
1981.5.20— 1988.12.20	第二届	陈其留	施活文	——	陈青叶	
1988.12.21— 1994.9.24	第三届	陈其留	施活文	——	陈光前	

续表

时间	届别	主席	副主席	名誉主席	秘书长	备注
1994.9.25—2000.1.26	第四届	陈其留	施活文	——	张礼鲁	
2000.1.26—2006.8.8	第五届	陈其留	梁自然 黄圣狮	——	张礼鲁	
2006.8.8—2013.1.23	第六届	陈敏政	梁自然	——	张礼鲁	
2013.1.24—2017.1.5	第七届	梁少伟	施振成 张忠堎 陈昌樟	——	梁德传	施振成为常务副主席
2017.1.5—2022.7.29	第八届	郑文生	施振成 张忠堎 陈昌樟 梁景业	——	梁德传 梁淑真(女)	施振成为常务副主席(镇侨联党支部书记)
2022.7.29—（未届满）	第九届	梁斌斌	陈立榜 施振成 张忠堎	郑文生 梁 雁(女)	梁淑真(女)	陈乾宇、梁黎玲(女)为顾问。施振成兼任镇侨联党支部书记。

表 3.1.9　　**1961—2021 年仙夹镇侨联历届委员会一览表**

时间	届别	主席	副主席	荣誉主席	秘书长	备注
1961—1979	第一届	陈世问	郑焕钊	——	——	1961年前仙夹未独立设乡时，8个村设有侨联小组，归属永春归国华侨联谊会岵山分会领导。1961年正式成立仙夹乡侨联会，召开第一次侨代会，选举产生第一届委员会。
19779—1985	第二届	郑双喜	许淑玲	——	——	
1985—1991	第三届	陈光针	郑双喜 郑修历 陈家善 郭金座	——	——	

续表

时间	届别	主席	副主席	荣誉主席	秘书长	备注
1991— 2000.4.26	第四届	陈家森 陈文波	陈志强 陈文波 郑修历 郑双喜	——	——	届中调整，陈家森往港定居，补选陈文波为主席
2000.4.26— 2005.9.19	第五届	郑梓敬	陈文波 郑双喜 郑修历 郑玉霖	——	陈财旺	郑双喜病故，届中补选郑玉霖为副主席
2005.9.19— 2011.10.15	第六届	郑梓敬	陈文波 郑玉霖 郑修历 郭志煌	——	陈财旺	
2011.10.15— 2016	第七届	郑梓敬	陈文波 郑玉霖 郑修历 郭志煌	——	陈向仁	
2016— 2021.12.30	第八届	郑梓敬	陈文波 郑卯忠 郭志煌 陈文德 郑慧民	——	陈向仁	
2021.12.30— （未届满）	第九届	郭从愿	郑卯忠 郭志煌 陈永言 陈振志 郑福金	郑梓敬 (永远荣誉主席) 陈文波 陈文德 郑慧民	陈向仁	

表 3.1.10　　　　**1978—2022 年石鼓镇侨联历届委员会一览表**

时间	届别	主　席	副主席	荣誉主席	秘书长	备注
1978.9.17— 1988.8	第一届	蔡荣丰	颜木林	——	——	

续表

时间	届别	主 席	副主席	荣誉主席	秘书长	备注
1988.8—1994.8	第二届	颜木林	黄光尧 颜文锥	——	——	
1994.8—2000.1.20	第三届	颜木林	黄少华 黄光尧 颜文锥 颜振洪	——	——	
2000.1.20—2005.5.17	第四届	颜成池	黄光尧 黄少华 颜振洪	——	黄金印	
2005.5.17—2012.7.11	第五届	颜国宁	黄清对	——	王伟琦	
2012.7.11—2017.8.29	第六届	郑起铭	黄清对 颜添福	——	黄顺峰	
2017.8.29—2022.10.8	第七届	郑起铭	黄顺峰 颜福泽	——	黄顺峰(兼)	
2022.10.8—（未届满）	第八届	黄恒鹏	颜福泽 黄顺峰	——	郑少强	

表 3.1.11　　**1979—2021 年达埔镇侨联历届委员会一览表**

时间	届别	主席	副主席	荣誉主席	顾问	秘书长	备注
1979.12—1988.9	第一届	潘家钦	陈玉泉 潘瑞鑨 李世山	——	——	——	1949 年 11月 27 日永春归国华侨民主联合会达埔分会成立，1953 年 2 月永春县归国华侨联谊会召开第一次会员代表座谈会，会议决定撤销分会，设立达埔办理处。1954年 3 月又撤销办事处，会务由县侨联统一管理。1958 年由林百璜、郭修文（女）
1988.9—1994.9.10	第二届	刘连登	潘瑞鑨 潘朝枝 李世山 李荣枝 郭修文(女) 陈玉泉	——	——	——	
1994.9.10—1999.12	第三届	潘崇双	李世山 潘智渊	——	——	潘志汉	

续表

时间	届别	主席	副主席	荣誉主席	顾问	秘书长	备注
1999.12— 2005.9.19	第四届	叶沧江	刘正迪 潘智渊 林民权 刘月丽(女)	——	——	吴修饰	负责侨务工作，1979 年 12月正式成立达埔侨联会，召开第一次侨代会，选举产生第一届委员会。
2005.9.19— 2011.10.16	第五届	叶沧江	刘月丽(女) 林民权	——	——	吴修饰	
2011.10.26— 2018.12.24	第六届	叶沧江	吴修饰 林民权	——	——	吴修饰	
2018.12.24— 2021.12.31	第七届	潘儒健	潘文能 林耿明 颜学锋	颜纯炯等 10 位乡贤	颜禧强等 21 位乡贤	林耿明(兼)	
2021.12.31— （未届满）	第八届	潘儒健	颜学锋 潘文能 林耿明	颜纯炯等 10 位乡贤	颜禧强等 21 位乡贤	林耿明(兼)	

表 3.1.12　　　　**1980—2021 年湖洋镇侨联历届委员会一览表**

时间	届别	主席	副主席	荣誉主席	秘书长	备注
1980.3— 1988.9	第一届	郑金星	黄家栗 郑求东 郑启存	——	郑天采	1950 年永春归国华侨民主联合会湖洋分会成立。1953 年 2 月永春归国华侨联谊会召开第一次会员代表座谈会、会议决定撤销分会，会务由永春侨联统一管理。1980 年 3 月，正式成立湖洋侨联会，召开第一次侨代会，选举产生第一届委员会。
	届中 调整	郑天采	黄家栗 郑求东 郑启存 黄乃熙 刘文锦 刘梦龙	——	黄乃熙(兼)	
1988.9— 1994.6.28	第二届	郑天采	刘国瑞 黄开云 刘金柱 郑道善 黄飞上 刘裔万	——	黄乃熙	

续表

时间	届别	主席	副主席	荣誉主席	秘书长	备注
1994.6.29—2000.3.23	第三届	黄飞上	刘国瑞 郑振昭 郑学剑 刘金柱	郑天采	黄乃熙	
2000.3.24—2005.6.23	第四届	黄飞上	刘金柱 郑振昭	郑天采	刘道生	
2005.6.23—2005.12.16	第五届	黄飞上	郑金柱 黄声阔	郑天采	郑金柱	
2005.12.17—2011.11.7	届中调整	刘锦城	郑金柱 黄声阔	郑天采	郑金柱(兼)	
2011.11.8—2016.12.27	第六届	刘锦城	郑金柱 黄声阔	郑天采	黄声阔(兼)	
2016.12.27—2021.12.28	第七届	刘锦城	郑金柱 黄声阔 郑明龙	——	黄声阔(兼)	2020年9月刘锦城病逝，郑明龙任湖洋镇侨联副主席（主持工作）
2021.12.28—（未届满）	第八届	郑明龙	刘文聚 黄阳泽	郑天采 黄声阔 郑金柱(顾问)	郑志宙	

表 3.1.13　　**1980—2022 年蓬壶镇侨联历届委员会一览表**

时间	届别	主席	副主席	荣誉主席	顾问	秘书长	备注
1980.4.20—1988.8	第一届	林华培	林东汉 吕孝仁	——	——	林文雷 吕金阶	1949年11月28日永春归侨民主联合会蓬壶分会成立。1953年永春归国华侨联谊会召开第一次会员代表座谈会，会议决定撤销分会，1980年4月正式成立蓬壶侨联会，召开第一次侨代会，选举产生第一届委员会。
1988.8—1994.8.24	第二届	吕孝仁	林东汉 林纪海	——	——	吕金阶	
1994.8.24—1999.8	第三届	吕孝仁	林东汉 林纪海	——	——	吕金阶	
1999.8—2005.6.23	第四届	吕孝仁	林东汉 林纪海	——	——	吕金阶	

续表

时间	届别	主席	副主席	荣誉主席	顾问	秘书长	备注
2005.6.23—2012.6.7	第五届	吕孝仁	林东汉 林纪海	——	吕金阶	林文雷	
2012.6.7—2019.5.9	第六届	吕孝仁	林忠祥 张智伟	——	——	林文雷	
2019.5.9—2022.1.14	第七届	林忠祥	吕海澄 张智伟	——	——	郭庆忠	
2022.1.14—（未届满）	第八届	林忠祥	吕海澄 张智伟 尢成本 林春明	郭鸿图	林基凯 王连金	郭庆忠	

表 3.1.14　　　**1954—2022 年介福乡侨联历届委员会一览表**

时间	届别	主席	副主席	秘书长	名誉主席	顾问	备注
1954—1986	第一届	郑大案 (组长)	——	——	——	——	1950 年，永春归国华侨联谊会褔阳（今介福）分会成立。1954 年分会撤销后成立侨务小组。1997 年 11 月正式成立介福乡侨联会，召开第一次侨代会，选举产生第一届委员会。
1986—1992	第二届	郑文辉 (组长)	——	——	——	——	
1992—1997.11	第三届	陈良泉 (组长)	——	——	——	——	
1997.11—2000.4.26	第四届	郑军	陈良泉 郑镇辉 郑名井	陈金清	——	——	
2000.4.26—2005.10.18	第五届	郑名潭	郑军 陈良泉	陈金清	——	——	
2005.10.18—2012.4.26	第六届	郑名潭	郑兴枝	郑兴枝(兼)	——	——	

续表

时间	届别	主席	副主席	秘书长	名誉主席	顾问	备注
2012.4.26—2016.12.21	第七届	林章井	郑兴国	郑兴国(兼)	郑名潭	林金恩 郑志强 郑德明 陈雅烈	
2016.12.21—2022.1.11	第八届	林章井	郑兴国	郑兴国(兼)	郑名潭	林金恩 林云南 郑声泰 郑德明 陈建才	
2022.1.11—（未届满）	第九届	林章井	郑兴国	陈碧莲(女)	——	陈维尧 郑名萍 林国垅	

表 3.1.15　　　　2004—2022 年东关镇侨联历届委员会一览表

时间	届别	主席	副主席	名誉主席	秘书长	备注
2004.6.13—2009.11.25	第一届	吴国柱	郭家添 陈忠庆 李江中	——	——	1998 年 9 月，永春北碇华侨茶果场改制，与原东平镇管辖的东关、东美、美升、外碧、溪南 5 个村组建成新的行政镇——东关镇，2004 年 6 月正式成立东关镇侨联会，召开第一次侨代会，选举产生第一届委员会。 2013 年 5 月 14 日，东关镇党委决定停止李建新镇侨联会主席职务，由郭家添席主持镇侨联日常工作。
2009.11.25—2015.12.15	第二届	李建新 郭家添 (届中调整)	郭家添 李圳德 陈忠庆	——	李圳德	
2015.12.15—2022.1.17	第三届	郭家添	李俊德 李金木 陈建情	——	陈建情(兼)	
2022.1.17—（未届满）	第四届	郭家添	陈天生 陈建情	吴国柱 陈金钗	陈建情(兼)	

表 3.1.16　　**1949—2004 年永春县乡镇侨联及村居侨联小组简表**

（按乡镇侨联成立时间顺序排列）

单位名称	成立时间	现任届别	侨联小组数（个）
东平镇侨联	1949.11	第十届	9
五里街镇侨联	1950.10	第九届	11
岵山镇侨联	1951.4	第十届	11
桃城镇侨联	1952	第九届	22
吾峰镇侨联	1961.1	第九届	8
仙夹镇侨联	1961	第九届	8
石鼓镇侨联	1979.9	第八届	13
达埔镇侨联	1979.12	第八届	22
湖洋镇侨联	1980.3	第八届	17
蓬壶镇侨联	1980.4	第八届	22
介福乡侨联	1997.11	第九届	3
东关镇侨联	2004.6	第四届	12
合计			158

五、永春县村级侨联小组（按乡镇侨联成立时间为序）

1．东平镇侨联（9 个）

霞林侨联小组　　东山侨联小组　　冷水侨联小组　　云美侨联小组
太山侨联小组　　文峰侨联小组　　鸿安侨联小组　　太平侨联小组
店上侨联小组

2．五里街镇侨联（11 个）

吾边侨联小组　　高垅侨联小组　　仰贤社区侨联小组　　蒋溪侨联小组
埔头侨联小组　　儒林社区侨联小组　　吾东侨联小组　　大羽侨联小组
西安社区侨联小组　　五里街镇居委会侨联小组　　华岩社区侨联小组

3．岵山镇侨联（11 个）

龙阁侨联小组　　铺上侨联小组　　岭头侨联小组　　磻溪侨联小组
铺下侨联小组　　塘溪侨联小组　　南石侨联小组　　茂霞侨联小组
文溪侨联小组　　和林侨联小组　　北溪侨联小组

4．桃城镇侨联（22个）

桃居侨联小组	德风侨联小组	卧龙侨联小组	大坪侨联小组
环翠侨联小组	张埔侨联小组	桃东侨联小组	留安侨联小组
丰山侨联小组	姜莲侨联小组	南星侨联小组	上沙侨联小组
桃溪侨联小组	榜头侨联小组	洛阳侨联小组	仑山侨联小组
济川侨联小组	化龙侨联小组	花石侨联小组	洋上侨联小组
外垵侨联小组	长安侨联小组		

5．吾峰镇侨联（8个）

吾西侨联小组	枣岭侨联小组	择水侨联小组	吾中侨联小组
梅林侨联小组	培民侨联小组	吾顶侨联小组	后垅侨联小组

6．仙夹镇侨联（8个）

夹际侨联小组	东里侨联小组	龙水侨联小组	龙湖侨联小组
德田侨联小组	山后侨联小组	美寨侨联小组	龙美侨联小组

7．石鼓镇侨联（13个）

石鼓侨联小组	半岭侨联小组	凤美侨联小组	大卿侨联小组
桃联侨联小组	社山侨联小组	马峰侨联小组	洑江侨联小组
桃星侨联小组	吾江侨联小组	卿园侨联小组	东安侨联小组
桃场侨联小组			

8．达埔镇侨联（22个）

新溪侨联小组	洑溪侨联小组	光烈侨联小组	金星侨联小组
东园侨联小组	岩峰侨联小组	汉口侨联小组	洪步侨联小组
达德侨联小组	狮峰侨联小组	新琼侨联小组	达中侨联小组
达理侨联小组	楚安侨联小组	建国侨联小组	前峰侨联小组
延寿侨联小组	溪源侨联小组	乌石侨联小组	达山侨联小组
蓬莱侨联小组	回族侨联小组		

9．湖洋镇侨联（17个）

吴岭侨联小组	溪西侨联小组	桃美侨联小组	湖城侨联小组
蓬莱侨联小组	白云侨联小组	上坂侨联小组	溪东侨联小组
清白侨联小组	高坪侨联小组	玉柱侨联小组	石厝侨联小组

龙山侨联小组　　桃源侨联小组　　美莲侨联小组　　锦龙侨联小组
锦凤侨联小组

10．蓬壶镇侨联（22个）

孔里侨联小组　　魁园侨联小组　　仙岭侨联小组　　汤城侨联小组
魁都侨联小组　　高丽侨联小组　　美山侨联小组　　八乡侨联小组
高峰侨联小组　　西昌侨联小组　　美林侨联小组　　联星侨联小组
丽里侨联小组　　壶南侨联小组　　鹏溪侨联小组　　观山侨联小组
南幢侨联小组　　军兜侨联小组　　东星侨联小组　　壶中侨联小组
美中侨联小组　　都溪侨联小组

11．介福乡侨联（3个）

福东侨联小组　　紫美侨联小组　　龙津侨联小组

12．东关镇侨联（12个）

溪南侨联小组　　东华侨联小组　　南美侨联小组　　外碧侨联小组
龙坑侨联小组　　东美侨联小组　　东关侨联小组　　内碧侨联小组
北硿侨联小组　　美升侨联小组　　山城侨联小组　　金冬洋侨联小组

13．永春侨中（1个）

永春侨中侨联小组

第二节　中国共产党永春县侨联组织机构

一、永春县侨联党组

为加强党对侨联工作的领导，县委决定于2017年12月20日成立永春县侨联党组，永春县侨联党组是县侨联组织的领导核心，肩负着实现党对侨联组织领导的重要任务。永春县侨联党组书记由侨联党员主席担任，党组成员由党员副主席担任，均由县委直接任命。

2017年12月20日，县委决定成立永春县侨联党组。侨联党组设书记1名，黄万民任党组成员、书记。设党组成员2人，郑志民、郑聪慧（女）任党组成员。

2021年5月23日，县委决定，因人事调整。陈志宏任永春县侨联党组成员，郑志民不再担任永春县侨联党组成员。

2022年5月31日，县委决定，郭赐福任永春侨联党组成员、书记。黄万民已到退休年龄，不再担任永春县侨联党组成员、书记职务。

二、永春县侨联机关党支部

1990年，建立永春侨联机关党支部。（至2009年支部班子变动情况资料缺失）

2009年10月28日，永春县侨联机关党支部换届选举，陈发源任支部书记，潘长安任支部副书记、陈金龙任党支部组织委员、郭志刚任党支部宣传委员、刘金杯任党支部纪检委员。

2013年4月16日，永春县侨联机关党支部换届选举，周少华任党支部书记、潘黎生任党支部副书记、陈金龙任党支部组织委员、刘金杯任党支部纪检委员。

2014年11月20日，郑志民任县侨联党支部书记。

2016年7月10日，永春县侨联机关党支部换届选举，郑志民任党支部书记、刘文福任党支部组织委员、郭志钢任党支部宣传委员、刘金杯任党支部纪检委员。

2019年9月10日，永春侨联机关党支部换届选举，郑志民任党支部书记、刘文福任党支部组织委员、李俊杰任党支部宣传委员、郑雄婷（女）任党支部纪检委员。

2022年9月16日，永春侨联机关党支部换届选举、陈志宏任党支部书记、李俊杰任党支部组织委员、刘文福任党支部宣传委员、郑雄婷（女）任党支部纪检委员。

三、县纪委派驻侨联纪检组

2011年8月31日，县委决定成立县纪委派驻侨联纪检组。2013年12月31日，刘宝凤（女）任永春县纪委派驻永春侨联纪检组组长。2017年9月，县纪委派驻县委统战部纪检组成立。驻侨联纪检组不再单设，工作职能划入县纪委派驻县委统战部纪检组。

第三节　归侨侨眷代表大会

自1953年4月1日至2019年11月26日，永春县共召开2次会员代表座谈会，12次归侨侨眷代表大会。

1953年2月8日，永春县侨联召开第一次会员代表座谈会。

1957年3月15日，永春县侨联召开第二次会员代表座谈会。

1959年4月1日，永春县第一次侨代会召开。

1960年9月，永春县第二次侨代会召开。

1961年4月，永春县第三次侨代会召开。

1962年2月，永春县第四次侨代会召开。

1979年7月，永春县第五次侨代会召开。

1982年11月，永春县第六次侨代会召开。

1988年9月，永春县第七次侨代会召开。

1994年10月，永春县第八次侨代会召开。

2000年7月，永春县第九次侨代会召开。

2006年12月，永春县第十次侨代会召开。

2013年6月，永春县第十一次侨代会召开。

2019年11月，永春县第十二次侨代会召开。

各次会员代表座谈会概况详见表3.1.17、3.1.18。

一至五次侨代会概况资料缺失，六至十二次侨代会概况详见表3.1.19—表3.1.24。

表3.1.17　1953年永春县归国华侨联谊会第一次会员代表座谈会一览表

主　席	李华鼎
副主席	郑德郁　林东汉　陈振设　姚珠允
常　委 （13名）	李华鼎　郑德郁　郑求东　李文太　陈修炽　林东汉　陈振设　姚珠允 陈蒨菁(女)　颜良清　邱清秀　李银汉　林应佰
委　员 （37名）	林东汉　郑友擎　邱清秀　林应佰　颜良法　黄恒焕　颜华寅　郑德郁 郑学保　陈修炽　陈蒨菁(女)　姚珠允　李于新　李华鼎　叶立锦 郑锅承　陈世堪　林有泽　颜金裕　林士琦　张庆光　李清岩 李玉梅(女)　李文太　李银汉　汤清海　颜奇资　郑求东　郑啟存 吴双科　郑金缕　陈金汤　陈承香　陈盛琰　陈世绵　林士在
秘书长	郑德郁
组织股	李文太　颜良法

续表

财务股	陈修炽　郑学保
宣教股	林东汉　林士琦
侨眷服务处	陈蒨菁(女)　林金汤
福利委员会	邱清秀　郑求东

表 3.1.18　**1957 年永春县归国华侨联谊会第二次会员代表座谈会一览表**

主　席	李华鼎
副主席	郑德郁　林士琦　陈振设
常　委 （19 名）	陈振设　郑世贞　郑秀亮　刘诗耳　郑德郁　林士琦　苏德谦　郑朝炳 刘淑英(女)　郑学保　许　敏　李银汉　邱清秀　周志统　李华鼎 颜世萱　吕敦券　郑求东　林东汉
委　员 （37 名）	陈振设　林大楣　郑世贞　郑焕创　郑秀亮　刘诗耳　黄志德 李碧珠(女)　陈荣鍪　李华鼎　刘修文　黄爱国　林士琦　林东汉 吕敦券　周志流　叶立锦　郑德郁　苏德谦　郑学保　郭文煎　许　敏 李银汉　郑朝炳　王可才　颜世萱　邱清秀　李乘时　陈世堪　张庆光 刘淑英(女)　颜群受　张金海　郑求东　郑启存　余自墙　李俊锦
秘书组	郑德郁　许　敏
组织组	苏德谦　李银汉　周志统
宣教股	林士琦　郑求东　郑秀亮
接待股	林东汉　邱清秀　郑世贞
财务股	郑学保　郑朝炳　刘诗耳
福利股	颜世萱　吕敦券　刘淑英(女)

永春县第六次归侨侨眷代表大会

1982 年 11 月 30 日，在县人民会场召开永春县第六次归侨侨眷代表大会。出席会议代表 428 人。

永春县县长苏中亚主持开幕式；县委书记林士堷莅会作讲话，他肯定永春县侨联第五届委员会的工作成绩，提出希望和要求；县委副书记余金象在会上作《认真贯彻十二大精神，努力做好侨务工作》的讲话；县委常委、副县长陈赞良作《全县归侨、侨眷动员起来，为全面开创永春社会主义现代化建设新局面贡献力量》的报告；永春县侨联主席郑德郁作第五届侨联会工作报告。永春县侨联副主席林士琦主持闭幕式。

会议选举产生永春县侨联第六届委员会，会议选举郑德郁为主席、郑永仁、林士琦为副主席，聘请梁披云为名誉主席。选举产生37名委员，17名常务委员。

常委、委员名单（缺）

永春县第七次归侨侨眷代表大会

1988年9月27—28日，在永春宾馆六楼会议室召开永春县第七次归侨侨眷代表大会，出席会议代表269人。

永春县侨联副主席林士琦致开幕词；县委副书记谢雪芳在会上讲话，肯定永春县侨联第六届委员会工作成绩，提出希望和要求；郑永仁代表永春县侨联第六届委员会作工作报告。他总结了持续争取侨资兴办公益事业，并把工作重点转移到经济建设上来；努力维护归侨侨眷和海外侨胞的正当、合法权益，坚持全心全意为归侨、侨眷和海外侨胞服务；做好联络、接待工作；重视对外宣传工作，认真做好对归侨侨眷和台属工作等四个方面工作成绩，并提出今后工作意见；一是要组织全体乔联工作人员和广大归侨、侨眷认真学习、宣传党的十三大精神；二是进一步把侨联工作重点落实到为发展侨乡经济、振兴永春服务上；三是要切实维护侨胞、归侨和侨眷正当合法的权益；四是在党的领导下，加强侨联的自身建设、提高工作人员的政治素质和业务水平；五是以庆祝中华人民共和国成立40周年和永春侨联成立40周年为契机，扩大对外宣传；六是关心侨乡两个文明建设。

会议选举产生了永春县侨联第七届委员会，郑永仁当选为永春县侨联主席、林士琦、颜一鹏当选为永春县侨联副主席，颜纯治当选为秘书长，选举产生45名委员，21名常务委员。

县长林玉璧出席闭幕式并讲话，他希望永春县侨联充分发挥优势作用，要把工作重点落实到以经济建设为中心，辅导引进海外资金、人才、技术、设备和管理上来，为侨胞的根本利益服务，为发展侨乡经济建设服务。

永春县侨联副主席颜一鹏主持闭幕式。

1991年8月27日补选郑梓敬为永春县侨联第七届委员会委员、常委、副主席。1994年1月，郑永仁调任他职，侨联七届全委会选举陈友经为永春县侨联委员、常委、主席。

10月24日，举办庆祝永春县侨联成立40周年庆典活动。

表3.1.19　　　　　**1988年永春县侨联第七届委员会一览表**

主　席	郑永仁
副主席	林士琦　颜一鹏
秘书长	颜纯治
常　委 （21名）	王大贞　吕孝仁　刘连灯　李玉掞(女)　李保定　张鸿儒　张建光 陈光针　陈其留　陈惠疆　林士琦　林东汉　林梓明　郑天采　郑文辉 郑永仁　郑泽民　洪金娘(女)　颜一鹏　颜木林　颜纯治
委　员 （43名）	王大贞　叶金英　吕孝仁　刘连灯　刘裔万　孙玉英(女)　李玉掞(女) 李世山　李保定　杨碧棠　吴金顺　邱瑞礼　张桂芳(女)　张鸿儒 张建光　陈其留　陈巨水　陈惠疆　陈南灿　陈贞岳　陈光针　陈和治 陈富挨　陈良廷　林士琦　林东汉　林梓明　周尔泰　郑天采　郑泽民 郑梓敬　郑贻君　郑月娇(女)　郑文辉　郑永仁　郑双喜　郑双穗 洪金娘(女)　郭修文(女)　黄光尧　黄少华　颜一鹏　颜木林　颜金珍 颜纯治
海外聘请 名誉主席	梁披云
顾　问 （30名）	颜彬声　陈文伊　陈义明　林孝首　陈其聪　梁清辉　张石麟　周守仁 邱世清　郑德郁　陈宝谨　陈荷平　黄祖甲　梁良斗　陈汉明　吕建渊 郑金案　周文贡　陈传晋　李德华　陈联炳　陈铁城　陈宗岳　郑荣顺 颜其星　李多森　黄凉素(女)　郑宗明　王翔鹏(女)　陈家庆

永春县第八次归侨侨眷代表大会

1994年10月22—24日，在永春宾馆六楼会议室召开永春县第八次侨代会，出席会议代表204人。

永春县侨联副主席颜一鹏主持开幕式；县委副书记许昆贞在会上讲话；永春县总工会主席杨文城代表人民团体致贺词。县政协副主席、侨联主席陈友经代表永春县侨联第七届委员会作工作报告，他总结了坚持经济建设为中心，为我县繁荣作出积极贡献。贯彻落实侨务法规，维护归侨、侨眷和侨胞的合法正当权益。扩大宣传联谊，对外联络工作有新突破。加强侨联干部队伍建设，提高为侨服务的工作效率等四个方面成绩。提出了今后的工作意见：一是贯彻落实侨联章程，增创侨联工作新优势。二是团结广大归侨、侨眷和海外侨胞，发扬艰苦创业精神，为永春的发展建功立业。三是发挥参政议政作用，依法保护归侨、侨眷和海外侨胞的合法权益。四是做好基础工作，进一步开展为外联络。五是大力加强侨联的自身改革和建设。

会议选举产生了永春县侨联第八届委员会。陈友经当选为永春县侨联主席、郑梓敬、颜一鹏当选为永春县侨联副主席，郑流年当选为永春县侨联秘书长，选举产生 45 名委员，17 名常务委员。

永春县侨联副主席郑梓敬主持闭幕式。

1996 年 8 月补选梁黎玲（女）为永春县侨联第八届委员会委员、常委、副主席、1998 年 2 补选潘长安为永春县侨联第八届委员、常委、副主席。

表 3.1.20　　　　　　1994 永春县侨联第八届委员会一览表

主 席	陈友经						
副主席	郑梓敬　颜一鹏						
秘书长	郑流年						
常 委（17 名）	王大贞 陈其留 潘崇双	方其锦 陈家森	吕孝仁 陈惠疆	李锦水 林辛夷	宋伟平 郑双穗	张建光 郑其岳	张清杰 黄飞上	张鸿儒 颜木林
委 员（45 名）	王大贞 邱瑞木 陈良泉 林辛夷 郑其岳 黄光尧	方其锦 张建光 陈武村 林国忠 郑怡忠 颜一鹏	吕孝仁 张清杰 陈其留 林彩恋(女) 郑振昭 颜木林	伍慰梅 张鸿儒 陈金钗 周尔泰 郑流年 颜振洪	李世山 陈友经 陈家森 周秀丽(女) 郑梓敬 颜爱珠(女)	李新民 陈文波 陈惠疆 郑双喜 郑淮良 潘崇双	李锦水 陈贞岳 林川水 郑双穗 黄飞上	宋伟平 陈良庭 林玉堂 黄少华

永春县第九次归侨侨眷代表大会

2000 年 7 月 2 日，在建行四楼会议室召开永春县第九次侨代会，出席会议代表 160 人。

县委副书记张忠义主持开幕式；全国侨联副主席、福建省侨联主席李欲晞出席会议并致辞；泉州市政协副主席、县委书记张贻伦在会上讲话；共青团县委书记余庆新代表人民团体致贺词；泉州市政协委员、香港棋联有限公司董事长陈传晋代表永春海外三胞致贺词；县政协副主席、侨联主席颜华煨代表永春县侨联第八届委员会作工作报告。他总结了努力引资、推进侨联经济工作；增进交往、多渠道、发展海内外宣传联谊工作；维护侨益、熟悉侨情、为侨办实事；思源思进，提高参政议政水平等方面工作成绩。提出今后工作意见：一是深入理论学习，加强自身建设。二是增强服务意识，搞好交往联谊。三是办好《桃源乡讯》，抓好基层建设。

会议选举产生了永春县侨联第九届委员会。颜华煨当选为永春县侨联主席、梁黎玲、潘长安当选为永春县侨联副主席，郑流年当选为秘书长，选举产生 35 名委员，17 名常委。聘请梁披云、颜纯炯、鲍德新、郑德郁、郑永仁、陈友经为名誉主席，郑少坚等 113 名乡贤为顾问。

永春县侨联主席颜华煨主持闭幕式。

2002 年 8 月 25 日，永春县侨联九届三次全委会补选苏丽玲（女）为第九届委员会委员、常委、副主席。

2004 年 10 月 11 日，永春县侨联九届五次全委会选举陈发源为第九届委员会委员、常委、主席，增聘颜华煨为名誉主席。

表 3.1.21　　　　　　**2000 年永春县侨联第九届委员会一览表**

主　席	颜华煨						
副主席	梁黎玲(女)　潘长安						
秘书长	郑流年						
常　委 （17名）	方其锦	吕孝仁	叶沧江	陈惠疆	李新民	林辛夷	郑双穗 郑志南
	郑怡中	郑流年	郑梓敬	黄飞上	梁黎玲(女)	颜成池	颜华煨
	潘长安	潘宛南(女)					
委　员 （35名）	方贞群	方其锦	王群生	吕孝仁	叶沧江	刘锦城	张月霞(女)
	张建光	陈玉才	陈东海	陈武村	陈金钗	陈敏政	陈惠疆 李新民
	林观生	林辛夷	郑文兴	郑双穗	郑名潭	郑志南	郑怡中 郑忠南
	郑流年	郑梓敬	郑新丁	黄飞上	梁黎玲(女)	傅美金(女)	蔡一心
	颜成池	颜华煨	潘长安	潘亚狮	潘宛南(女)		
海外聘请名誉 主席（6名）	梁披云	颜纯炯	鲍德新	郑德郁	郑永仁	陈友经	

续表

顾　问 （173名）	**菲律宾：** 郑少坚　郑耀垲　郑碧璇　郑泗强　陈玉成　陈建安　郑克敏　陈锦成 陈建绪　陈建猷　陈金炉　周清梅　周清琦　郑鸿善　陈王家玉(女) 郭洪碧珠(女)　陈志强　陈新场　陈传任　陈建源　郑少卿 陈洪丽华(女)　陈郑素华(女) **新加坡：** 陈新荣　陈义明　郑仓满　郭瑾向　林曼椿　颜章湖　颜挺节　颜挺宽 陈龙铨　张添尧　郑义坤　周炯良　李玉胜　林云实　刘　抗　刘太格 刘荣华　黄明江　郑振树　陈敬贤　邱瑞颇　陈连钩　陈美宝　陈振蕊 颜诗琴(女)　郑建成　林秀英(女)　林建仁　郑金水　梁文恒　梁剑云 **马来西亚：** 林玉静　郑景新　林国璋　李深静　黄美才　吴秀群(女)　刘文丰 陈孙铅　吴东土　郑孝洁　黄国墙　郑永传　刘庆礼　郑金赤　吴国基 陈金龙　周隆典　郑伟智　郑继石　郑两承　郑兴鑑　郑大清　陈淯水 郑子瑾　黄声江　梁祖辉　刘水钦　梁建中　李天恩　郑福成　李亓豹 林　峇　王成宗　林进金　吕士森　陈燕欣 **印尼：** 陈秀明　陈锡石　颜添福　颜培椿　许世经　王永桑　许世良 **美国：** 潘耀南　林文隆　叶克奏　潘沧海　陈时景 **日本：** 郑葆仁 **澳大利亚：** 颜清煌　叶式礼　刘双在　徐会春　陈智雄 **香港：** 林孝首　张石麟　陈开淮　梁良斗　陈吴爱惜(女)　刘淑美(女)　陈传晋 颜章根　陈家强　陈荷平　陈章辉　李多森　邱健雄　吕健洲　陈敦厚 陈少煌　郑清治　李德华　颜金炜　郑双庆　郑秀英(女)　林台生 黄跨助　黄祖甲　陈宝瑾　颜华寅　张恒山　郑金樟　陈茂林　张庆斯 陈敏生　陈联炳　颜曜中　陈章森　林明灯　王翔鹏(女)　张伯隆 颜其星　邱祥坤　陈公诚　张忠智　周安达源　郑琪伟　颜禧湖 郑宗明　林耀阁　陈宗能　陈宗狮　颜宝玲(女)　颜禧强　林振发 郑建辉　李玉庆　陈荣助　薛远征　陈旋波　陈笃恭　陈丽春(女) 陈文闪　林育红　陈清文(女) **澳门：** 梁仲虹 **匈牙利：** 颜士林 **国内顾问：** 周友智　孙彩喜

永春县第十次归侨侨眷代表大会

2006 年 12 月 24—25 日，在县人民会场召开永春县第十次侨代会，出席会议代表 158 人。

县委副书记林育明主持开幕式；中国侨联副主席、福建省侨联主席李欲晞出席会议并致词；县政协助理调研员、县科协主席梁文光代表人民团体致贺词；香港永春同乡会会长、香港瑞荣工程有限公司董事长陈荣助代表永春海外乡亲致贺词；县委书记陈庆宗莅会并讲话，肯定了永春县侨联第九届委员会工作成绩，提出希望与要求；县政协副主席、侨联主席陈发源代表永春县侨联第九届委员会作工作报告，他从坚持党委领导，搞好自身建设；招展海外联谊、致力凝聚侨心；发挥独特优势、服务经济建设；坚持为侨服务、依法维护侨益；办好桃源乡讯，传递乡情乡谊；积极参政议政、履行民主监督等 6 个方面总结了 6 年来的工作成绩，并提出今后的工作意见：一是坚持正确的政治方向，开拓侨联工作新思路；二是大力拓展海外联谊，主动服务经济建设；三是切实维护侨益，凝聚侨心侨力；四是加强自身建设，提高队伍素质。

会议选举产生了永春县侨联第十届委员会，陈发源当选为永春县侨联主席，潘长安、苏丽玲当选为永春县侨联副主席。潘长安兼任秘书长。选举产生委员 37 名，常委 14 名。聘请梁披云、颜纯炯、郑永仁、陈友经、颜华煨、陈建绪、颜彣桦、陈荣助为永春县侨联名誉主席、聘请郑少坚等 227 名乡贤为顾问。

永春县侨联副主席潘长安主持闭幕式。

2013 年 2 月，永春县侨联十届七次全体委员会选举周少华为第十届委员会委员、常委、主席，增聘陈发源为名誉主席。

表 3.1.22　　　　　　2006 年永春县侨联第十届委员会一览表

主　席	陈发源
副主席	潘长安　苏丽玲(女)
秘书长	潘长安(兼)
常　委 （17 名）	方其锦　尤希圣　叶沧江　吕孝仁　刘锦城　李新民　陈发源　陈敏政 陈惠疆　苏丽玲(女)　吴国柱　郑双穗　郑名潭　郑志南　郑梓敬 潘长安　颜国宁

续表

委　员 （37名）	陈发源　潘长安　苏丽玲(女)　刘锦城　吴国柱　郑梓敬　叶沧江 吕孝仁　尤希圣　郑双穗　陈惠疆　郑志南　方其锦　李新民　颜国宁 陈敏政　郑名潭　陈东海　陈永彬　梁黎玲(女)　陈燕青　黄建明 吴旭菁(女)　李祥永　潘亚狮　陈武村　颜禧聪　张月霞(女)　张少铭 陈玉才　林辛夷　郑忠南　周尔泰　郑文兴　陈南田　林芳迁　林文良
名誉主席 （8名）	陈友经　陈荣助　陈建绪　郑永仁　梁披云　颜华煨　颜彭桦　颜纯炯
顾　问 （227名）	**菲律宾**（21名） 　陈王家玉(女)　陈玉成　陈世华　陈传任　陈志强　陈金炉 　陈郑素华(女)　陈洪丽华(女)　陈建安　陈建源　陈建猷　陈锦成 　陈新场　郑少坚　郑少卿　郑克敏　郑泗强　周清琦　周清楠　郭从愿 　郭洪碧珠(女) **新加坡**（33名） 　刘文良　刘太格　刘荣华　刘桑峰　邱瑞颇　李玉胜　陈义明　陈连钩 　陈美宝　陈超阳　陈敬贤　陈新荣　张添尧　郑仓满　郑志光　郑金水 　郑建成　郑美乐　郑桂发　林云实　林秀英(女)　林建仁　林建兴 　林普宁　林曼椿　周炯良　郭瑾向　梁文垣　梁剑云　黄明江 　颜诗琴(女)　颜挺尧　颜章湖 **马来西亚**（60名） 　王成宗　尤金振　尤培胜　刘文丰　刘文炳　刘水钦　吕士森　陈元萍 　陈月馨(女)　陈安业　陈孙铅　陈金龙　陈诗圣　陈振福　陈清水 　陈燕欣　李文彬　李天恩　李元豹　李剑鸿　李济静　邱汀春　苏炳秋 　吴东土　吴国基　张合源　郑子谨　郑天送　郑永传　郑华春　郑孝洁 　郑兴鉴　郑两承　郑国良　郑国陞　郑晋灿　郑金炼　郑继石　郑敬赞 　郑景新　郑福成　郑瑞源　林平国　林嵒　林进金　林金保　林金思 　林国璋　林奕钦　林振南　林鸿志　周隆典　施澹北　梁建光　黄亚丰 　黄光顺　黄安嵘　黄国墙　黄美才　黄清送 **印尼**（10名） 　王永桑　许世良　许世经　陈秀明　陈志强　陈金惯　陈茂源　陈锡石 　陈精平　颜培椿 **美国**（4名） 　陈时景　林文隆　潘沧海　潘耀南 **日本**（1名） 　郑葆仁 **澳大利亚**（12名） 　尤进旺　叶式礼　刘双在　陈红勇　陈智雄　邱维廉　郑玉堂　林文卿 　徐会春　梁文杰　颜清煌　魏荣明

续表

顾 问（227名）	匈牙利（1名）
	颜士利
	巴布亚新几内亚（1名）
	方志昌
	英国（1名）
	林其东
	越南（1名）
	许永成
	香港（72名）
	王翔鹏(女)　刘本全　刘正庆　刘淑美(女)　吕建洲　李玉庆　李多森
	李瑞金　李德华　邱星源　邱祥坤　邱健雄　陈文闪　陈文渊　陈少煌
	陈公诚　陈月琼(女)　陈永友　陈传民　陈传晋　陈丽春(女)　陈宗能
	陈宗狮　陈宝瑾陈茂林　陈家强　陈笃恭　陈荷平　陈章明　陈章森
	陈雪美(女)　陈敏生　陈敦厚　陈榕华　张石麟　陈庆斯　张伯隆
	张忠超　张恒山　郑双庆　郑志强　郑丽萍(女)　郑秀英(女)　郑国栋
	郑国基　郑金樟　郑建辉　郑炳辉　郑剑舞　郑清治　郑谦裕　郑琪伟
	郑翘楚　林汀铧　林台生　林多地　林振发　林耀阁　周安达源
	梁良斗　黄少江　黄祖甲　黄跨助　颜华寅　颜宝玲(女)　颜其星
	颜金炜　颜章根　颜禧湖　颜禧强　颜曜中　薛远征
	澳门（2名）
	张志民　梁仲虬
	台湾（4名）
	陈银枝　黄金如　黄金奋　黄金豹
	国内顾问（4名）
	陈春草　郑文红　周友智　颜聪华

永春县第十一次归侨侨眷代表大会

2013年6月15—17日，在县人民会场召开永春县第十一次侨代会。出席会议代表161人。

县委副书记郑显章主持开幕式，中国侨联副主席、省侨联主席李欲晞出席会议并致辞；县委书记林锦明莅会并讲话，肯定永春县侨联第十届委员会工作成绩，提出希望与要求；永春县总工会常务副主席吕秋燕代表人民团体致辞；世永联永远荣誉会长、香港永春同乡会永远荣誉会长陈荣助代表海外嘉宾致辞；县政协副主席、侨联主席周少华代表永春县侨联第十届委员会作工作报告。他总结了切身加强自身建设，"创家交友"成效显著；拓宽渠道加强联谊，凝心聚力服务发展；维护侨益为侨服务、凝聚侨心促进和谐；发挥优势引资引智、捐赠公益造福桑梓；开展三富多彩活动，深化海内海外互动等五个方面工作成绩。提出今后五年的工作意见：一是加强理论学习，坚定政治方向；二是发挥侨联优势，服务跨越发展；三是切实维护侨益，构建和谐社会；四是拓展内外联谊、加强交流合作；五是搞好自身建设，提升"五有"水平。

大会选举产生永春县侨联第十一届委员会。周少华当选为永春县侨联主席，郑志民、郑聪慧当选为永春县侨联副主席，郑志民兼任秘书长。选举产生 36 名委员、14 名常委，聘请郑永仁、陈友经、颜华煨、陈发源、陈荣助、陈建绪、颜纯炯、颜彪桦为名誉主席，郑少坚等 227 位乡贤为顾问。

永春县侨联副主席郑聪慧主持闭幕式。

2017 年 3 月 23 日，永春县侨联第十一届五次全委会选举黄万民为第十一届委员会委员、常委、主席，增聘周少华为名誉主席。

表 3.1.23　　　　　　**2013 年永春县侨联第十一届委员会一览表**

主　席	周少华						
副主席	郑志民　　郑聪慧(女)						
常　委 （14 名）	尤希圣	叶沧江	吕孝仁	刘锦城	苏丽玲(女)	李锦义	陈惠疆
	林章井	郑双穗	郑志南	郑起铭	郑梓敬	梁少伟	郭家添
委　员 （36 名）	尤希圣	叶沧江	吕孝仁	方莉梅(女)	朱美兰(女)	刘锦城	苏丽玲(女)
	余松青	李少萌	李新民	李锦义	周少华	周尔泰	郑双穗　郑志民
	郑梓敬	郑聪慧(女)	梁黎玲(女)	李祥永	陈　弘	陈南田	林方迁
	林章井	张宇人	张秀丽(女)	郑志南	郑起铭	郑晓敏	洪　岩
	梁少伟	郭家添	黄亚丰	戴志刚	陈玉才	陈惠疆	洪珍兰(女)
名誉主席 （8 名）	郑永仁	陈友经	颜华煨	陈发源	陈荣助	陈建绪	颜纯炯　颜彪桦
顾　问 （212 名）	**马来西亚**（56 名）						
	王成宗	尤金振	吕士森	陈元萍	陈月琴(女)	陈安业	陈孙铅
	陈金龙	陈诗圣	陈振福	陈燕欣	陈文丰	刘文炳	刘水钦　苏炳秋
	李文彬	李天恩	李元豹	李剑鸿	邱汀春	张合源	林　峇　林云南

续表

顾　问 （212 名）	马来西亚（56 名）
	林平国　林进金　林金思　林金保　林国璋　林奕钦　林振南　林鸿志
	周良记　周隆典　郑天送　郑永传　郑华春　郑兴鉴　郑孝洁　郑两承
	郑怡平　郑国良　郑国陞　郑晋灿　郑金炼　郑继石　郑敬贤　郑瑞源
	施澹心　黄亚丰　黄光顺　黄安荣　黄国墙　黄美才　黄清送　梁建中
	颜悠廷
	印尼（9 名）
	王永桑　许世良　许世经　陈志强　陈金惯　陈茂源　陈锡石　陈精平
	颜培椿
	新加坡（33 名）
	刘文良　刘太格　刘荣华　刘桑泽　李玉胜　邱瑞颇　张添尧　陈义明
	陈连钧　陈美宝　陈超阳　陈敬阳　陈新荣　林云实　林秀英(女)
	林建兴　林曼椿　林普宁　周炯良　郑志光　郑金水　郑建成　郑炳贤
	郑美乐　郑桂发　郭瑾向　黄明江　梁文垣　梁剑云　颜文福
	颜诗琴(女)　颜挺尧　颜章湖
	菲律宾（13 名）
	陈玉成　陈志强　陈传任　陈郑素华(女)　陈洪丽华(女)　陈建安
	陈建源　陈建猷　陈新场　陈锦成　周清楠　郑克敏　郭洪碧珠(女)
	台北（5 名）
	张鸿铭　陈银枝　黄金如　黄金奋　黄金豹
	香港（69 名）
	王翔鹏(女)　吕建洲　刘本全　刘正庆　刘淑美(女)　李玉庆　李多森
	李瑞金　李德华　张石麟　张庆斯　张伯隆　张忠超　张恒山　邱昆源
	邱祥坤　邱健雄　陈文渊　陈少煌　陈公诚　陈月琼(女)　陈永友
	陈传民　陈传晋　陈丽春(女)　陈宝瑾　陈茂林　陈家强　陈笃恭
	陈春草　陈荷平　陈章明　陈章森　陈雪美　陈敏生　陈敦厚　陈榕华
	林汀桦　林台生　林多地　林振发　林耀阁　郑文红　郑双庆　郑志强
	郑丽萍(女)　郑秀英(女)　郑国栋　郑国基　郑金樟　郑建辉　郑炳辉
	郑剑舞　郑清治　郑谦裕　郑琪伟　郑翘楚　黄少江　黄祖甲　黄跨助
	颜华寅　颜宝玲(女)　颜其星　颜金炜　颜章根　颜聪华　颜禧强
	颜曜中　薛远征
	澳门（2 名）
	张志民　梁仲虬
	越南（1 名）
	许永成

续表

顾　问 （212名）	澳大利亚（12名） 　尤进旺　叶式礼　刘双在　陈红勇　陈智雄　郑玉堂　林文卿　徐仝春 　梁文杰　颜清湟　魏荣明　林佐然 泰国（1名） 　周昌江 美国（3名） 　陈时景　林文隆　潘耀南 日本（1名） 　郑葆仁 匈牙利（1名） 　颜士利 巴布亚新几内亚（1名） 　方志昌 英国（1名） 　林其东 国内顾问（4名） 　林文溪　周友智　颜天生　颜禧聪

永春县第十二次归侨侨眷代表大会

2019年11月25—26日，在县人民会场召开永春县第十二次侨代会。出席代表161人。

县委常委、统战部部长王超万主持开幕式，福建省侨联副主席、泉州市侨联党组书记、主席陈晓玉受省侨联主席陈式海的委托在会上致辞；县委书记蔡萌芽作重要讲话；永春县总工会常务副主席陈丽红代表人民团体致辞；澳大利亚华侨尤赟万代表海外侨亲致辞；香港永春同乡会会长、永春县侨联名誉主席郑文红代表港澳台同胞致辞；县政协四级调研员、永春县侨联党组书记，主席黄万民代表永春县侨联第十一届委员会作工作报告。他总结了坚持政治引领、把牢履职方向；坚持服务大局、助推经济社会发展；坚持"两个并重"，拓宽侨界联络渠道；坚持服务理念，认真维护侨益；坚持文化自信，弘扬中华优秀传统；坚持自身建设，不断提高履职水平等六方面工作情况。提出今后五年的工作计划，一是在把握侨联工作时代主题上聚共识；二是在助推永春经济社会发展上添合力；三是在打造侨界联络联谊平台上下功夫；四是在强化为侨服务维护侨益上谱新章；五是在提升各级侨联履职能力上做实功。

大会选举产生永春县侨联第十二届委员会。黄万民当选永春县侨联主席、郑志民、郑聪慧、尤裕质、郑宇朋、张宝忠、陈华亮、张少波、颜聪华、刘光淮当选为永春县侨联副主席。选举产生42名委员、22名常委。聘请许世经等19名名誉主席、王国栋等10名顾问。参见表3.1.24。

永春县侨联第十二次归侨侨眷代表大会结束后，举行永春县侨联成立七十周年庆祝大会。中国侨联副主席、福建省侨联主席陈式海出席会议表示祝贺并致辞；永春县县长庄永智作重要讲话，加拿大永春同乡会会长、永春县侨联名誉主席陈丙丁代表旅居海外120多万华侨华人致辞；县政协四级调研员、侨联主席黄万民致辞，向参加庆祝大会的各位领导、嘉宾及侨亲表示热烈欢迎，衷心感谢广大归侨侨眷和海外侨亲，港澳台同胞对家乡事业的大力支持，期盼携手前行，为实现中华民族伟大复兴而努力奋斗。庆祝大会还举办了一场名为《踏着共和国脚步》的文娱晚会。

2021年6月28日，永春县侨联十二届三次全会补选陈志宏、陈珊妹（女）为委员、常委、副主席，林建波为委员、常委。

2022年9月7日，永春县侨联第十二届四次全委会选举郭赐福为委员、常委、主席，增聘黄万民为名誉主席。

表3.1.24　　　　　**2019年永春县侨联第十二届委员会一览表**

主 席	黄万民						
副主席 （9名）	郑志民 颜聪华	郑聪慧(女) 刘光淮	尤裕质	郑宇朋	张宝忠	陈华亮	张少波
常 委 （22名）	黄万民 张少波 林章井	郑志民 颜聪华 洪得志	郑聪慧(女) 刘光淮 施由森	尤裕质 陈珊妹(女) 郑明龙	郑宇朋 叶长城 黄武忠	张宝忠 陈燕萍(女) 郭家添	陈华亮 林忠祥 潘儒健　颜聪法
委 员 （42名）	黄万民 张少波 林章井 王再强 张实英 黄全业	郑志民 颜聪华 洪得志 郭文珍 李宏毅 黄顺峰	郑聪慧(女) 刘光淮 施由森 陈丽明(女) 李泽斌 郭志煌	尤裕质 陈珊妹(女) 郑明龙 吴旭萍(女) 陈培植 辜一斌	郑宇朋 叶长城 黄武忠 郑 丹(女) 周丽情 戴志刚	张宝忠 陈燕萍(女) 郭家添 黄沧慧 洪星辉	陈华亮 林忠祥 潘儒健　颜聪法 郑安生 郑文生　郑紫阳

续表

名誉主席 （19名）	许世经 陈章明 颜尨桦	张石麟 周友智 颜纯炯	陈义明 郑文红 颜金炜	陈少煌 郑永仁	陈丙丁 郑福成	陈发源 郭从愿	陈建绪 黄少江	陈荣助 颜华煨
顾　问 （10名）	王国栋 郑瑞开	许永成 颜仕林	李清湖	张志民	张家才	陈良材	陈建东	厓昌江

第二章　会所建设与资产管理

第一节　永春县侨联会所建设

一、租（借）用民房办公阶段

1949年10月23日永春县侨联成立，租用五里街民生路民房办公。1952年5月会所从五里街迁至城关，租用823东路197号民房办公。

二、侨捐兴建会所阶段

1957年，永春县旅外侨亲李延年，郑仓满、归侨尤扬祖及其他侨亲慷慨捐资人民币3.78万多元，在云龙桥头购地兴建一座土木结构的二层楼房为会所。1958年，为更好地为海外乡亲和归侨侨眷服务，永春县侨联在新落成的侨联会所内开设永春侨联服务社（即侨社），备有少量客房以方便返乡探亲的侨亲入住。1963年，永春县侨联在会所西侧扩建石木结构二层楼房及食堂。

1966—1976年，永春县侨联停止活动。其接待基地，先由县招待所接管，改为第二招待所。以后新成立的永春中旅社也在侨联会址内经营业务，并进行部份翻建和新建，导致原本清晰的侨联财产与中旅社财产产生混淆。

1978年2月永春县侨联恢复活动，1979年中共十一届三中全会召开后，拨乱反正，各地抓紧落实党的侨务政策。1982年第五届全国人大常委会制定的《中华人民共和国宪法》规定："保护华侨的正当权利和权益，保护归侨和侨眷的合法权利和利益。"1991年，《中华人民共和国归侨侨眷权利保护法》《中华人民共和国归侨侨眷保护法实施办法》颁布实施，标志着侨务工作走上法制化轨道。

为维护侨益，永春县侨联提出索回县侨联会所产权的正当合理要求。经县政府协调，永春县侨联补偿中旅社经营期间翻建扩建侨联部分楼房款人民币 70 余万元。在旅外侨亲的大力支持下，永春县侨联如期交清补偿款，中旅社于 1992 年 7 月 1 日迁出，永春县侨联索回全部产权并于 1992 年 9 月成立永春县华侨旅游社，设有客房、餐厅、旅游部、小卖部、舞厅，正式对外营业，后更名为永春县华侨旅行社。1994 年，永春县侨联购买相邻原食品一厂部分厂房，砌筑了溪岸。

三、后续翻建会所阶段

这个阶段，历经主体大楼，多功能厅、加层装修提升三个建设阶段。

1. 侨联大厦建设（主楼一至六层）

1995 年，为适应改革开放形势需要，改变华侨旅行社接待能力不足的状况，1995 年 4 月 20 日上午，县委副书记许昆贞在永春侨联二楼会议室主持召开了翻建侨联大厦协调会议。决定拆除占地 1043.34 ㎡、建筑面积 1553.84 ㎡ 的原有建筑，自筹资金（以侨捐为主）建设新的侨联大厦（酒店）。邀请西安市建筑设计院设计，主楼设计为 9 层；邀请闽东南地质勘察公司进行地质勘察。因筹建资金不足原因，永春县侨联大厦（酒店）一期工程建设决定先建 6 层，建筑规模 3330 平方米，投资额 500 万元，另外 3 层待筹足资金续建。1996 年 2 月，经公开招标并由县公证处公证，永春县第六建筑工程公司中标承建。

1998 年 9 月 28 日，永春县侨联大厦（酒店）一期工程（主楼 1—6 层）竣工。2001 年 1 月 17 日，办理房屋所有权证（永房权证〔桃城〕字第 188 号）。

2. 综合楼（多功能厅）建设

2000 年 6 月 13 日，永春县侨联提出建设侨联综合楼立项请示，将新侨联大厦右前侧旧餐厅翻建成较为科学合理的以餐饮为主的综合楼，建筑面积 1800 平方米，投资额人民币 110 万元，资金以侨捐为主，自筹为辅。2000 年 6 月 20 日，县计经局〔2000〕92 号文下达《关于批准永春县 2000 年第六批固定资产投资项目立项的批复》，同意永春县侨联立项建设综合楼；根据捐资侨亲建议，永春县侨联向县建设局提出采取议标方式选择承建公司。2001 年 12 月 12 日，永春县建设工程招标投标领导小组办公室发出《永春县建设工程议标中标通知书》，批准永春县第五建筑公司为议标中标单位，承建该工程。2003 年 6 月 20 日，办理房屋所有权证（永房权证〔桃城〕第 0897 号）。此后，永春县城实行大规模立面装修工程，县政府同意并出资加盖永春县侨联综合楼（多功能厅）第三层。

3. 加层及装修提升工程

2017年，永春县侨联大酒店管理模式改革，经公开招标，深圳鸿丰有限公司中标，永春县侨联大酒店步入市场化专业化经营轨道。为进一步提升酒店生态景观和客房容量，提升接待海内外侨亲能力和水平，永春县侨联分别向县发改局、县住建局提出《关于侨联大酒店主楼加层的立项报告》《关于侨联大酒店主楼加层的报告》，要求在侨联大酒店主楼续建加盖一层360平方米。2018年3月16日，县发改局、县住建局分别以永发改审〔2018〕11号函、永建函〔2018〕45号文同意该项目建设。2018年，永春县侨联大酒店改造提升工程列入县重点工程建设项目，并明确建设时序进度，同年竣工交付使用。

第二节　各乡镇侨联会所建设

一、岵山镇侨联会所建设

1951年，永春县归国华侨联谊会第五区（岵山、仙夹）分会成立。初始，租用塘溪村一店铺为办公会所；1956年，通过集资与岵山原信用社在茂霞村合建一座二间土木结构的简陋楼房，结束租用民房办公的历史。

1989年，旅马侨亲陈孙铅捐赠人民币35万元，在乌石岭下建成"克和楼"，作为岵山镇侨联办公楼；1998年台胞陈进策、陈银枝带头捐资并募集人民币30多万元，建成"台胞联谊会活动中心大楼"，两楼毗连成片，占地面积1977平方米，建筑面积1677平方米。

二、五里街镇侨联会所建设

1950年8月，永春县归国华侨民主联合会五里街镇分会成立，长期租用民房作为办公会所。20世纪80年代，在海外侨亲的支持下，筹资兴建侨联大厦，但由于资金不足，获镇政府支持出面调换，调拨823中路347号一幢五层楼房作为会所。占地面积75平方米，建筑面积300平方米。

三、达埔镇侨联会所建设

1949年11月27日，永春归侨民主联合会达埔分会成立，其会所原设在达中村。1985年，海外侨亲捐建三层楼房的498平方米作为办公会所。1995年，镇政府重新投资在岩峰村兴建"达埔侨台大厦",占地面积2098.8平方米,建筑面积2174平方米,总造价117.8万元。

四、仙夹镇侨联会所建设

1961年,仙夹从岵山析出单独设乡,正式成立仙夹乡侨联会,初始阶段借用民房办公,后乡政府安排政府大院内一间房屋办公。1986年,在海外侨亲及港胞支持下,建成一座占地面积650平方米、建筑面积540平方米的三层会所一座;2002年投入21万元重新装修并完善各项设施。

五、蓬壶镇侨联会所建设

1949年11月29日永春侨联蓬壶分会成立,1980年4月蓬壶镇侨联会成立,会址设在蓬达路县公产13号店楼。1982年开始筹建会所,侨胞林匡国捐资2万港币、港胞林孝首、吕益谦各捐3000元人民币给侨联在双溪口购置建设用地。蓬壶镇第二次侨代会后,着手兴建侨联会所,期间计有三胞147人捐资55万元人民币。1988年动工,1990年3月竣工,建筑面积1500平方米。大厦设侨乡招待所、办公室、会议室、接待室、活动室等,成为设施比较完善、功能比较齐全的侨胞之家。2019年蓬壶镇第七次侨代会后,投资12万元对大厦重新装修改造,面貌焕然一新。

六、湖洋镇侨联会所建设

1949年11月,永春县归国华侨民主联合会湖洋分会成立,没有办公场所。1980年3月,湖洋侨联成立,办公场所在乡政府内安排一间办公室。1990年,湖洋台胞集资建"湖洋迎宾大厦"第一、二层。1996年,星马侨亲捐资加盖三、四层,合计1180平方米的侨联迎宾大厦建成。2007年,湖洋侨联集资25万元、购买大厦756平方米空地,建成有围墙的融健身、文体、休闲为一体的文化广场。

七、石鼓镇侨联会所建设

1979年9月4日,石鼓镇侨联成立。初时租赁会所办公,后暂借石鼓信用社二楼和镇政府四楼办公。1992年6月,在镇党委、政府和海外侨亲的支持下,镇侨联筹资61.59万元人民币,建成4层半面积1124平方米的侨联大厦,外交部原部长姬鹏飞为大厦题字。

八、桃城镇侨联会所建设

1952年,永春县归国华侨联谊会桃城办事处成立,1979年城关公社(今桃城镇)侨联成立。1995年,在镇党委、政府和海外"三胞"支持下,镇侨联集资31

万多元人民币，建成用地面积 240.86 平方米，建筑面积 547.47 平方米的侨台大厦，作为办公、会议、接待场所。2011 年因拆迁安置在永春县桃城镇桃东社区温泉小区，2023 年 10 月 1 日搬迁至温泉小区 4 号楼二单元 2105—2017 室作为会所，并建成桃城镇侨史馆（含港澳台），总面积 333.17 平方米。

九、东平镇侨联会所建设

1949 年 11 月，永春县归国华侨民主联合会东平分会成立，成立后长期借用华侨房屋办公。1996 年，马来西亚 IOI 集团总裁、丹斯里拿督李深静博士（东平镇外碧村人，1998 年外碧划归东关镇管辖）捐资 70 万元，兴建占地面积 900 平方米、建筑面积 700 平方米的大厦，供东平镇侨联作为会所。

十、介福乡侨联会所建设

1949 年 11 月，永春县归国华侨民主联合会福阳（今介福）分会成立，长期没有独立办公场所。2000 年，在乡党委、政府及海外侨亲支持下，乡侨联筹集 30 多万人民币，动工兴建占地面积 700 平方米二层会所。2002 年竣工交付使用，设有办公、会议室及客房，侨联办公条件得以改善，同时方便返乡侨亲入住。

十一、吾峰镇侨联会所建设

1989 年，吾峰海外"三胞"捐资 3 万元给镇侨联建会所，款由镇政府代管，镇政府在大楼一层划出 3 间办公室交付侨联作为办公场所；2015 年，镇政府无偿拨付吾峰路 98 号楼房 4—5 层（约 250 平方米）房屋供镇侨联作办公、接待场所。

十二、东关镇侨联会所建设

2004 年 6 月 14 日，东关镇侨联会成立，没有单独的办公场所，镇政府拨付 1 间办公室供侨联作为办公场所。2016 年，镇政府将已停用的汽车运输站二层楼房无偿划拨给镇侨联使用，占地面积 350 平方米，建筑面积 338 平方米。

第三节　侨联资产经营管理

永春县乡（镇）两级侨联资产主要以物业为主，其实物形式为会所、大厦（酒店）、店面、土地，也包括一些办公器具及侨捐交通工具等。主要是县乡（镇）两级侨联通过接受捐赠及自筹资金等获得收益而形成的非国有资产。

2013 年以前，永春县 12 个基层侨联一无编制、二无经费，工作经费大都依靠侨捐或会所出租经营收入。2013 年，县委、县政府加强侨联工作领导，决定给予每个乡镇侨联每年拨付 3 万元经费，给予每个乡镇侨联主席每月 500 元人民币补贴，所需全年共 43.2 万元经费列入财政预算。2018 年，县级侨联项目活动经费由每年 2 万元增至 17 万元。2021 年，乡镇侨联每年经费由 3 万元增至 5 万元，侨联主席每月补贴由 500 元增至 1000 元，所需全年经费共 74.4 万元纳入财政预算。有力保障侨联工作健康发展。

侨联资产的经营管理是侨联工作的重要内容，能起到补充工作经费不足，安置归侨侨眷，扶助贫困归侨家庭的作用。

长期以来，永春县乡（镇）侨联积极探索侨联资产的经营管理，努力盘活资产，提高经济效益和社会效益，其经营管理模式包括自主经营、租赁经营、承包经营等。

自主经营　2018 年以前，永春县侨联大厦就是采用自主经营模式，除餐厅、小卖部、承包经营外，酒店、住宿、旅行社业务均为自主经营，侨联作为资产所有者，又作为管理者，独立经营，自负盈亏。

租赁经营　将部分会所、店面、空地租给他人经商、办厂，接双方签订的协议收取租金，这是许多具备条件乡镇侨联普遍实行的经营管理模式，如蓬壶、达埔、石鼓、岵山、桃城、东平、仙夹、介福等乡镇侨联，均采用此种经营方式。

承包经营　随着改革开放和市场经济的深入发展，自主经营管理模式不能适应激烈的市场竞争和社会需要，为推动事业发展，提高服务质量，加强经营管理，办好经济实体，转变经营理念和经营模式，破解经营管理难题。按照所有权与经营权分离的原则，把侨联资产按协议价格承包给他人经营，由承包人自负盈亏。永春县侨联大厦就是采用这种模式。2017 年底，永春县侨联转变经营模式，以向社会公开招标的方式改变经营管理难题，深圳鸿丰有限公司中标，承包经营期限 10 年，每年上缴承包款 90 万元。中标公司投入 2000 多万元对侨联大厦进行全方位升级改造装修，经营六年多来，侨联大厦接待侨亲能力得到显著提升，侨联资产保值升值。

长期以来，全国各地侨联资产未予界定，产权不明，造成经营管理困难，甚至发生资产被平调、占用及拆迁后未予安置的情况。1995 年，省侨联及侨联界全国政协委员在全国政协委员会议上提出"侨联资产不应界定为国有资产"提案，引起中央有关部门的重视，国有资产管理局答复暂定为"待界定资产"。1997年中国侨联、国有资产管理局联合到广东调研侨联资产问题。2002年中国侨联、财改部条法司及省侨联一行到泉州进行专题调研。7月23日，抵永调研，永春县侨联召集郑梓敬等熟悉情况的老侨联工作者向调研组反映情况，提出建议并形成《永春县侨联关于侨联资产界定及管理的调研报告》，2003年2月财政部出台《侨联资产界定与管理暂行办法》（财法〔2003〕3号），明确把海外乡亲、港澳同胞捐赠所形成的资产界定为侨联资产，解决了侨联组织系统中长期悬而未决的问题，为维护侨联合法正当权益提供政策依据。

中国侨联于2003年10月下发《关于贯彻落实财政部〈侨联资产界定与管理办法〉若干意见》（中侨发〔2003〕72号），市侨联专门召开会议，提出贯彻落实具体措施，创设管理规范、决策民主、监督有效的管理机制，依法维护侨联资产的权益。

2004年5月，永春县侨联依照上级要求，对县、乡两级侨联资产做了调查统计，永春县侨联及各乡镇侨联资产详细情况参见表3.2.1。（其中各乡镇侨联会所依建筑时间为序排列，表中吾峰、东关为2004年调查后新增）。

永春县侨联及各乡镇侨联会资产管理中还有一些历史遗留问题未获解决，一是与当地政府合建，产权没有划分清楚，侨联只有使用管理权。二是个别乡镇侨联会所与所在地村委会存在土地所有权纠纷尚待妥善解决。三是由于种种原因，一些会所产权证尚未办妥。四是当地政府没有出台对侨联资产界定和管理的规定。

表 3.2.1　　　　　**2004 年永春县侨联及下属乡镇侨联会资产**

及管理情况调查统计表

项目\单位	侨联资产					资产形成	
	用地面积（㎡）	建筑面积（㎡）	建筑造价（万元）	其他资产（万元）	总资产（万元）	资产来源	使用方式
县侨联	3800	6496.97	800.4	303.6	1104	三胞捐献企业盈余银行贷款	办公租赁
岵山	1977	1677	72.85	1	73.25	三胞捐献	办公租赁
五里街	75	300	40	0.2	40.2	三胞捐献	办公
达埔	2098	2174	117.86	18.2	136.06	三胞捐献政府拨款	办公租赁
仙夹	650	500	34	2	36	三胞捐献	办公活动
蓬壶	700	1500	50	18	68	三胞捐献	办公活动客房接待
湖洋	1300	1180	70	2	72	三胞捐献	办公活动客房接待
石鼓	354	1124	61.59	1	62.59	三胞捐献	办公租赁
桃城	240.86	547.47	31	4	35	三胞捐献	办公出租
东平	900	700	60	10	70	华侨捐款	办公出租
介福	700	700	37.5	0.3	37.8	三胞捐献政府拨款	办公出租
吾峰	125	250	不详			政府调拨	办公
东关	350	338	不详			政府调拨	办公
合计	13269.86	17487.44	1375.2	360.3	1735.5		

表 3.2.2 　　　　**2004 年永春县侨联及下属乡镇侨联会资产**

及管理情况调查统计表

项目\单位	资产账目		产权登记	所属企业经营情况			接受侨胞捐赠资产情况	资产管理体制方式	有否产权纠纷	对资产界定及管理有无规定	其他说明
	会计账目	资产账目		独立法人	组织形式	赢利情况					
县侨联	有	有	有	有	集体	略有盈余	有	集体	无	无	
岵山	有	有			集体		有	集体	部分产权有纠纷	无	
五里街	有	有	无		集体		有	集体	无	无	
达埔	有	有	镇政府下文		集体	略有盈余	有	集体	用地问题尚未解决	无	
仙夹	有	有	无		集体		有	集体	无	无	
蓬壶	有	有	无	有	集体	略有盈余	有	集体	无	无	
湖洋	有	有	无		集体		有	集体	无	无	
石鼓	有	有	无		集体		有	集体	无	无	
桃城	有	有	无		集体	略有盈余	有	集体	无	无	
东平	有	有	无		集体	略有盈余	有	集体	无	无	
介福	有	有	正在报批		集体		有	集体	无	无	
吾峰	有	有	无		集体		有	集体	无	无	
东关	有	有	无		集体		——	集体	无	无	

第四篇　侨联事务

　　侨联组织是开展侨联事务的重要机构，被誉为"归侨侨眷之家"和"侨胞之家"。在县委、县政府领导下，侨联组织围绕中心工作，发挥独特优势，起到不可替代作用。75年来，参加各项政治活动，参政议政，主动反映侨情民意；贯彻党和国家侨务政策，排忧解难，依法维护侨益；发挥优势服务经济建设，服务大局，促进外向型经济发展；引导华侨、港澳台同胞投资捐赠，促进发展，共同建设繁荣昌盛美丽侨乡；组织爱国主义教育活动，凝聚侨心，弘扬华侨"爱国爱乡、拼搏奉献"精神；开展海内外联谊交流活动，敦睦乡谊，携手共图中华民族复兴伟业。

第一章　参政议政

第一节　担任人大代表、政协委员

一、担任全国人大代表、全国政协委员

（一）担任全国人大代表

1953年2月11日，中央人民政府委员会第二十二次会议通过的《中华人民共和国全国人民代表大会及地方各级人民代表大会选举法》第23条规定："国外华侨应选全国人民代表大会代表30人"。据此，全国人大一至五届均设有华侨人民代表，六届起改为归侨人民代表。二届全国人大华侨人民代表实际上是从归侨中选举产生的，一至四届华侨人民代表均为30名。五到七届华侨（归侨）人民代表分别为35名、40名、49名，均在归国华侨中选举产生。

在一、二、三、五、六、七、八、十二、十三届全国人大会议中，永春县归侨、侨眷、港澳同胞代表名录：（按姓氏笔画为序）

1. 首届（1954.9—1958.2）（1名）

林一心

2. 二届（1959.4—1964.11）（3名）

尤扬祖、林一心、梁灵光

3. 三届（1965.1—1974.12）（2名）

尤扬祖、林一心

4. 五届（1978.2—1983.5）（3名）

尤扬祖、林仪媛（女）、梁灵光

5. 六届（1983.6—1988.4）（2名）

林仪媛（女）、梁灵光

6. 七届（1988.3—1993.3）（1名）

林仪媛（女）

7. 八届（1993.3—1998.3）（1名）

林仪媛（女）

8. 十二届（2013.3—2018.3）（1名）

颜宝玲（女）

9. 十三届（2018.3—2023.8）（1名）

颜宝玲（女）

（二）担任全国政协委员

1949年6月15日，新政协筹备会通过的《新政治协商会议筹备会组织条例》将"海外华侨民主人士"列为23个参加单位之一。同年9月29日，中国人民政治协商会议第一次全体会议通过的《中国人民政治协商会议共同纲领》把"国外华侨民主人士"作为全国政协组织成分，由华侨小组选出莅会15名正式代表和2名候选代表。永春县李铁民为正式代表。

从第二届全国政协开始，"国外华侨民主人士"不再作为参加单位。第二至四届全国政协改为"华侨界"，第五至第七届全国政协改为"归国华侨界"。第六届全国政协增设"港澳同胞界"（44名），其中永春县人士1名。第七届港澳同胞界（67名），其中永春县人士3名。第八届分为香港同胞（79名）、澳门同胞（19名）两个界别，其中永春县人士5名。

1991年1月，七届全国政协常委会第12次会议作出决定，把过去"归国华侨界"改由"中华全国归国华侨联合会作为全国政协组成单位"即为"中国侨联界别"。

第六届全国政协特邀港澳同胞（42名），其中永春县香港同胞颜彬声1名，第七届港澳同胞华侨界（76名），其中永春县香港同胞颜彬声、颜章根，澳门同胞梁仲虬共3名。第八届特邀港澳同胞112名，其中永春县港胞陈章辉、陈联炳、颜纯炯、颜章根，澳门同胞梁仲虬共5名。第九届特邀香港人士122名，澳门人士27名。

历届永春县侨界全国政协委员名录：（按姓氏笔画为序）

1. 一届全体会议（1949.9.21—1949.9.30）（2名）

李铁民（华侨代表）陈沫

2. 二届（1954.12—1959.4）（4名）

尤扬祖　李铁民　陈沫　颜子俊

3. 五届（1978.3—1983.6）（2名）

陈其挥　林一心

4. 六届（1983.6—1988.4）（4名）

刘文湖　陈其挥　梁披云　颜彬声（特邀）

5. 七届（1988.4—1993.3）（6名）

刘文湖　陈其挥　梁披云　梁仲虬（特邀）

颜彬声（特邀）　颜章根（特邀）

6. 八届（1993.3—1998.3）（6名）

梁披云　陈章辉（特邀）　陈联炳（特邀）

梁仲虬（特邀）　颜纯炯（特邀）　颜章根（特邀）

7. 九届（1998.3—2003.3）（2名）

周安达源　梁仲虬

8. 十届（2003.3—2008.3）（3名）

陈伟明　邱维廉　周安达源

9. 十一届（2008.3—2013.3）（3名）

陈伟明　邱维廉　周安达源

10．十二届（2013.3—2018.3）（2名）

邱维廉　周安达源

11．十三届　（2018.3—2023.3）（2名）

陈式海　周安达源

12．十四届（2023.3—未届满）

陈式海　颜宝玲（女）

二、担任福建省人大代表、福建省政协委员

（一）担任省人大代表

1949年，中央人民政府颁布《省各界人民代表会议组织通则》规定，代表名额由各省决定，包括人民团体在内的6个类别，分别采用选举、推选和邀请的办法选出代表。福建省首届人民代表会议代表519人，其中侨界代表16人，（永春县侨联1名）。

根据1953年颁布的《选举法》的规定，省人大代表名额分配主要根据选举单位的人数和城市领导农村的原则，其候选人人选，由各级党政、团体联合或者单位推荐，与各方面协商后提出初步人选，而后按照自下而上，上下结合方式，确定代表候选人。省第一至三届人民代表大会均采用等额选举办法。

1968年8月—1976年10月，福建省实行军事管制。1968年8月，设立福建省革命委员会，省四届人大未设华侨界别。1979年，从第六届省人大开始实行差额选举，候选人名额依法多于应选名额1/5—1/2，侨界人大代表比例有一定回升，体现人大代表具有广泛的代表性，为侨联组织履行参政议政、政治协商、民主监督职能提供平台。

历届省人大中，永春县侨界几乎都有代表参加。

历届永春县侨界省人大代表名录：（按姓氏笔画为序）

1．首届各界人民代表会议（1名）

李华鼎

2．一届（1954.8—1959.1）（2名）

尤汤祖　梁灵光

3．二届（1959.1—1964.9）（1名）

梁灵光

4．三届（1964.9—1968.8）（1名）

梁灵光

5．四届（1968.8—1976.10）（1名）

梁灵光

6．五届（1977.12—1983.4）（1名）

陈德丰

7．六届（1983.4—1988.1）（2名）

李仁实　郑永仁

8．七届（1988.1—1993.1）（2名）

刘其吹　郑永仁

9．八届（1993.1—1998）（1名）

郑永仁

10．九届（1998—2003.1）（1名）

傅美金（女）

11．十届（2003.1—2008.1）（1名）

陈志聪

12．十一届（2008.1—2013.2）（1名）

陈志聪

13．十二届（2013.2—2018.1）（1名）

陈志聪

14．十三届（2018.1—2023.1）（1名）

李幼红（女）

15．十四届（2023.1—未届满）（1名）

郭志煌

（二）担任省政协委员

1951年12月15—25日，福建省首届各界人民代表会议选举产生省协商委员会53名委员。在普选的省人大召开前，由省协商委员会代行政协地方委员会职权，参与协商和决定全省政治、经济生活中的重大事项。

1954年8月2日召开第一届人大会、省协商委员会职能终止，但仍作为人民民主统一战线的地方机构，进行统一战线工作。

1977年开始，四、五届省政协开始增补港澳委员，第六届增设港澳同胞界别（42名），永春县港澳同胞1名当选省政协委员。1991年4月14日召开的省政协六届十三次常委会决定，"华侨界"改由"省侨联"作为政协组成单位。

省政协第七届委员会，将"侨联界"中海外华侨划出与港澳同胞一起组成"港澳同胞华侨界"；1995年3月22日召开的省政协七届十二次常委会决定，将澳门委员和华侨委员从港澳同胞、华侨界中划出，单独设立"澳门同胞、华侨界"，将原"港澳同胞、华侨界"（76名），更名为"香港同胞界"。永春县4名港澳同胞当选省政协委员。

八届省政协根据中共中央统战部1997（036）文件精神，不再单独设立香港同胞界和澳门同胞界、华侨界，改设特邀（二）界（112名），6名永春县港澳同胞当选为省政协委员。

永春县归侨尤扬祖在第二届、第三届、第四届省政协担任副主席职务。

永春县历届省政协港澳台侨委员名录：（按姓氏笔画为序）

1．首届（1955.1—1959.1）（3名）

陈大明　林珠光　辜仲钊

2．二届（1959.2—1964.9）（4名）

尤扬祖　林一心　林珠光　郑士美

3．三届（1964.9—1977.12）（4名）

尤扬祖　林一心　林珠光　辜仲钊

4．四届（1977.12—1983.4）（6名）

尤扬祖　孙玉瑛（女）　陈其挥　林一心　林珠光　梁披云

5．五届（1983.4—1988.1）（5名）

邓泗候　郑达真（女）　林珠光　颜爱珠（女）　颜彬声

6．六届（1988.1—1993.1）（3名）

周尔泰　林珠光　颜彬声

7．七届（1993.1—1998.1）（6名）

陈章辉　周尔泰　郑素文　梁仲虬　颜章根　颜彬声

8．八届（1998.1—2003.1）（7名）

刘建标　陈章辉　陈联炳　邱祥坤　梁仲虬　颜纯炯　颜章根

9．九届（2003.1—2008.1）（4名）

刘建标　邱祥坤　颜纯炯　颜金炜

10．十届（2008.1—2013.1）（6名）

陈荣助　郑福成　潘安源　颜纯炯　颜金炜　颜禧强

11．十一届（2013.1—2018.1）（3名）

郑志强　潘安源　颜纯炯

12．十二届（2018.1—2023.1）（3名）

尤裕质　郑文红　郑志强

三、担任泉州市人大代表、泉州市政协委员

（一）担任市人大代表

1985年以前，晋江专署作为省权力机构的派出机关，不设人民代表大会。1985年5月，撤销晋江地区，泉州市升格为地级市，原泉州市（县级）改设鲤城区。同月召开泉州市第十届人民代表大会〔原泉州市（县级）已召开过9次人民代表大会，其届次按泉州市人大序列延续计算〕。

1986年—2023年，共召开8届泉州市人民代表大会。市人大常委会将代表名额分配到各县（市、区）及驻军部队进行选举。各届均有设置归侨侨眷界别，永春县从市人大第十届开始，选出侨界代表参加。

永春县侨界市人大代表名录：（按姓氏笔画为序）

1．第十届（1986.1—1991.3）（6名）

陈永彬　陈光针　陈南超　吴素华（女）　杨韵聪（女）　林东汉

2．第十一届（1991.3—1996.3）（4名）

张传统　陈南超　郑明伦　林雪英（女）

3．第十二届（1996.3—2001.3）（4名）

郑子琪　郑福南　潘宛南（女）　颜一鹏

4．第十三届（201.4—2007.1）（2名）

郑子琪　梁黎玲（女）

5．第十四届（2007.1—2012.1）（3名）

刘建标　苏丽玲（女）　潘安源

6．第十五届（2012.1—2017.1）（2名）

刘建标　苏丽玲（女）

7．第十六届（2017.1—2022.2）（2名）

刘建标　苏丽玲（女）

8．第十七届（2022.2—未届满）（1名）

刘建标

（二）担任泉州市政协委员

1986年以前，晋江专署作为省派出机关，不设人民政协机构。1985年5月，经国务院批准撤销晋江专区，实行市管县的行政机构改革，原泉州市（县级）改为鲤城区，根据省政协常委会决定，泉州市政协提前换届选举，其届次接原泉州市政协序列延续计算。1986年1月，成立泉州市政协第六届委员会，其中"归侨侨眷界"委员34名，为历届侨界委员之最。本届首设港澳同胞界。

1991年3月泉州市政协第七届委员会将"归国华侨界"改为"侨联界"。1991—2023年期间，共召开8届政协大会。

永春侨界从市政协第六届开始，选出侨界委员参加会议。

永春侨界泉州市政协委员名录：（按姓氏笔画为序）

1．六届（1986.1—1991.3）（2名）

林士琦　郑德郁

2．七届（1991.3—1996.3）（7名）

张石麟　吕孝仁　张恒山　宋佛平　陈章辉　郑永仁　郑德郁

3．八届（1996.3—2001.4）（9名）

张石麟　吕孝仁　宋佛平　陈传晋　陈章辉　陈联炳　郑德郁
颜纯炯　颜禧强

4．九届（2001.4—2006.12）（9名）

刘正庆　吕孝仁　陈传晋　陈荣助　陈敏生　郑清治　潘亚狮
颜金炜　颜禧强

5. 十届（2006.12—2012.1）（8名）

刘正庆　陈传晋　陈南田　陈荣助　陈敏生　邱淮廉　郑清治　颜禧强

6. 十一届（2012.1—2017.1）（6名）

张志民　邱昆源　陈章明　郑文红　郑志强　潘安源

7. 十二届（2017.1—2022.1）（5名）

尤裕质　张志民　陈华亮　郑文红　颜如意

8. 十三届（2022.1—未届满）（5名）

尤裕质　张志民　陈华亮　郑文红　梁斌斌

四、担任永春县人大代表、永春县政协委员

（一）永春侨界县各界人民代表会议代表

中华人民共和国成立初期，人民群众还没有充分组织起来，不能立即实行建立在普选基础上的人民代表大会制度。根据《中国人民政治协商会议共同纲领》和中央人民政府颁布的《各界人民代表会议通则》的规定，永春县在解放初期实行了各界人民代表会议（以下简称人代会）制度。

县各界人代会是人民管理政权的初级形式，它担负起动员和团结全县人民开展剿匪反霸、减租支前、民主建政、夏征秋征、土地改革、抗美援朝、镇反普选、发展生产、巩固政权等方面工作，发挥了重要作用，为以后实行人民代表大会制度奠定了基础。

1949年12月5日，永春县成立各界人代会会议筹备会。1950年1月至1953年11月，共召开两届14次各界人代会。1952年12月县二届一次各界人代会代行县人民代表大会（以下简称县人大会）职权，选举产生县人民政府委员会。

永春县首届各界人代会共召开10次会议，其中侨界代表名额分别为一次8名、二次8名、三次8名、四次8名、五次8名、六次8名、七次5名、八次7名、九次5名、十次6名，共71名。

首届县各界人民代表会议1—5、10次会议侨界代表名单缺，其余各次会议侨界代表名录：（按姓氏笔画为序）

1. 首届六次人代会（1951.4.23—25日）（8名）

李于新　李文滚　李华鼎　陈甘礼　陈式皋　陈振设　吴遵择　林士琦

2. 首届七次人代会（1951.7.29—31日）（5名）

李于新　李华鼎　陈　福　林月珠（女）　颜玉玺

3．首届八次人代会（1951.11.10—13日）（7名）

李于新　李华鼎　李赞成　陈呈祥　陈家溪　林月珠（女）　周维福

4．首届九次人代会（1952.3.36—28日）（5名）

李华鼎　陈成器　陈家溪　林月珠（女）　郑德郁

二届人代会共召开四次会议，侨界代表名单缺，仅收录二届一次人代会华侨代表团正副首席代表及小组正副负责人名单：

华侨代表团：

正首届代表　李华鼎

副首席代表　郑德郁

华侨代表小组：

正负责人　廖珠生　颜奇资

（二）永春侨界县人大代表

1953年1月13日，中央人民政府委员会通过《关于召开全国人民代表大会及地方各级人民代表大会的决议》；2月11日，中央人民政府委员会通过《中华人民共和国全国人民代表大会及地方各级人民代表大会选举法》；4月，中央发出基层普选工作的指示，正式开展各级人民代表大会代表选举。1953年7月，永春开始进行第一次基层普选工作，至1954年3月底，全县141个乡镇基本完成．分别召开第一届人民代表大会，选举产生各乡（镇）政府委员会。同年6月，由乡镇人民代表大会选举出县人民代表大会代表211名。1954年6月25日—28日永春县第一届人民代表大会第一次会议在县城隆重召开，标志着永春县正式开始实行人民代表大会制度。

1954年至2023年，永春县共召开19届人民代表大会。不再单独设立华侨界别。

永春归侨侨眷县人大代表名录：（按姓氏笔画为序）

1．首届（1954.6—1956.12）（5名）

汤亚明　邱清秀　林东汉　林多速　郑德郁

2．二届（1956.12—1958.5）（10名）

李世山　李华鼎　李银汉　陈世问　邱清秀　郑世贞　郑双喜　郑德郁
林东汉　林多速

3．三届（1958.5—1961.12）（12名）

孙玉瑛（女）　李世山　李华鼎　李银汉　陈世问　陈荣鍪　邱清秀　林士琦
郑世贞　郑双喜　郑德郁　潘嘉钦

4．四届（1961.12—1964.2）（名单缺）

5．五届（1964.2—1966.3）（14名）

孙玉瑛（女）　李华鼎　李银汉　刘良槐　张鸿儒　陈世问　陈家溪　邱清秀
苏德谦　林士琦　郑双喜　郑朝炳　郑德郁　潘嘉钦

6．六届（1966.3—1968.5）（16名）

孙玉瑛（女）　李华鼎　李银汉　陈世问　陈其留　陈家溪　邱清秀　苏德谦
林士琦　林东汉　林华培　郑双喜　郑明辉　郑朝炳　郑德郁　潘家钦

7．七届（1968.5—1978.3）（名单缺）

8．八届（1978.3—1980.12）（20名）

古智明　孙玉瑛（女）　吕孝仁　李保定　李银汉　陈世问　陈其留　陈家溪
陈德宗　林士琦　林东汉　林华培　郑双喜　郑求东　郑金树　郑其豹
郑德郁　周尔泰　洪金娘（女）　颜木林

9．九届（1980.12—1984.11）（12名）

孙玉瑛（女）　李玉揿（女）　刘其吹　苏德谦　郑双喜　郑德郁　林华培
黄飞上　洪金娘（女）　蔡荣丰　潘家钦　颜爱珠（女）

10．十届（1984.11—1987.10）（8名）

李世山　刘其吹　陈光针　陈南超　陈惠疆　林华培　郑国相　郑德郁

11．十一届（1987.10—1991.1）（5名）

陈友经　郑天采　郑永仁　郑国相　郑梓敬

12．十二届（1991.1—1994.1）（6名）

张传统　刘声冶　陈南超　郑永仁　林东汉　林雪英（女）

13．十三届（1994.1—1999.1）（7名）

张传统　刘声冶　刘锦城　郑子琪　郑国相　郑福南　颜一鹏

14．十四届（1999.1—2004.1）（9名）

张一民　张传统　吴国柱　郑子棋　郑亚婷（女）　郑国相　郑福南
梁黎玲（女）　颜一鹏

15．十五届（2004.1—2006.12）（6名）

张传统　陈文波　郑明辉　郑福南　郭家添　颜一鹏

16．十六届（2006.12—2009.2）（5名）

刘双标　郑明辉　郑福南　颜一鹏　颜松龄

17．十七届（2009.2—2015.）（6名）

李建新　陈发源　郑秀丽（女）　郑英伟　郭赐福　颜松龄

18．十八届（2015—2021.12）（8名）

陈发源　陈振玉　邱筱彬　郑大权　郑英伟　郑明辉　潘文能　颜松龄

19．十九届（2021.12—未届满）（6名）

刘友标　刘光淮　郑大权　郑　州　郑英伟　潘文能

（三）永春侨界县政协委员

1956年以前，永春县各界人代会性质为地方性的人民政治协商会议。1956年县政协成立，8月23日召开首届一次会议，标志着县各界人代会完成历史使命。

1956年—2023年，永春县政协共经历16届委员会，每届均设有华侨界别，华侨界别委员履行政治协商、民主监督、参政议政职能，为推动永春经济社会发展作出贡献。

县政协历届委员会侨界委员名录：（按姓氏笔画为序）

1．首届（1956.8.23—1959.8.29）（10名）

李玉掞（女）　李华鼎　李乘时　苏德谦　郑世贞　郑奕雨　郑德郁　林东汉
林多速　潘嘉钦

2．二届（1959.8.29—1961.12.19）（12名）

叶素静（女）　李华鼎　苏德谦　陈义桂　陈金镭　郑世贞　郑奕雨　郑德郁
林士琦　林东汉　林玉庆　林振国

3．三届（1961.12.19—1964.2.5）（16名）

叶素静（女）　李华鼎　苏德谦　陈义桂　陈金镭　郑世贞　郑朝炳　郑德郁
林士琦　林东汉　林玉庆　林振国　林鸿谋　黄怀信　傅子滚　潘嘉钦

4．四届（1964.2.5—1966.3.29）（14名）

叶素静（女）　李华鼎　苏德谦　陈义桂　陈金镭　郑朝炳　郑德郁　林士琦
林东汉　林振国　林鸿进　黄怀信　傅子滚　潘嘉钦

5. 五届（1966.3.29—1968.5.17）（14名）

王可才　叶素静（女）　李华鼎　苏德谦　陈金镭　吴　镇　林士琦　林东汉
林振国　郑朝炳　郑德郁　黄怀信　傅子滚　潘嘉钦

6. 六届（1980.12.17—1984.11.17）（19名）

叶阳诚　叶素静（女）　李玉揆（女）　李正宗　李银汉　陈义桂　陈金镭
吴全顺　苏德谦　郑双喜　郑其渊　郑智辉　林士琦　林东汉　林华培
林振国　梁华光　蔡荣丰　潘嘉钦

7. 七届（1984.11.17—1987.10.22）（21名）

叶阳诚　古华新　李玉揆（女）　李正宗　汤亚明　陈义桂　陈金镭　邱大雅
吴全顺　吴　镇　苏德谦　郑双喜　郑其渊　郑智辉　郑德郁　林士琦
林东汉　林华培　洪金娘（女）　蔡荣丰　潘嘉钦

8. 八届（1987.10.22—1991.1.20）（20名）

古智明　李玉揆（女）　李保定　吕孝仁　陈光针　陈良庭　陈其留　吴全顺
苏百华　郑双穗　郑天采　林士琦　林云缔　林东汉　林华培　洪金娘（女）
潘清波　颜木林　颜爱珠（女）　颜华煨（增补）

9. 九届（1991.1.20—1994.1.20）（27名）

吕孝仁　吕金阶　张鸿儒　张清杰　苏百华　陈永彬　陈光针　陈传晋
陈良庭　陈其留　吴全顺　郑天采　郑双穗　郑怡中　林心宽　林云缔
林东汉　周添秀　黄凉素（女）　梁良斗　梁黎玲（女）　颜一鹏　颜木林
颜华煨　颜清波　颜爱珠（女）　郑永仁（增补）

10. 十届（1994.1.20—1999.1.5）（27名）

尤希圣　古智明　许礼鸿　吕孝仁　吕金阶　张清杰　陈友经　陈少煌
陈传晋　陈其聪　邱尚绅　苏百华　郑大专　郑大华　郑秀英（女）　郑梓敬
林云缔　林玉堂　林台生　林伟民　周守仁　黄祖甲　黄跨助　梁良斗
颜一鹏　颜木林　颜华煨　颜金炜

11. 十一届（1999.1.5—2004.1.3）（21名）

尤希圣　许礼鸿　吕孝仁　李新民　陈少煌　陈文波　陈玉才　陈达毅
陈武林　陈春草　陈家强　陈墩厚　郑文兴　林玉堂　林台生　周守仁
黄飞上　梁黎玲（女）　潘长安　颜仕灿　颜金炜

12．十二届（2004.1.3—2006.12.15）（24名）

刘正庆　许礼鸿　张志民　李新民　陈少煌　陈玉才　陈永强　陈敏生

陈墩厚　邱昆源　吴旭菁（女）　苏丽玲（女）　郑文兴　郑国栋　郑丽萍（女）

郑翘楚　林振发　黄少江　黄丽春（女）　康彩虹（女）　梁黎玲（女）

潘长安　潘安源　颜宝玲（女）

13．十三届（2006.12.15—2011.12.17）（27名）

尤裕质　刘本全　许礼鸿　张志民　李新民　吴旭菁（女）　苏丽玲（女）

陈少煌　陈文渊　陈永强　陈墩厚　邱昆源　郑国栋　郑志强　郑丽萍（女）

郑建辉　郑剑舞　郑翘楚　林多地　林振发　黄少江　黄丽春（女）　郭志刚

康彩虹（女）　梁黎玲（女）　潘长安　颜国宁

14．十四届（2011.12.17—2016.12.11）（27名）

尤裕质　刘本全　张少铭　张志民　陈少煌　陈文渊　陈永山　陈华亮

陈利群　陈南田　陈竞红　郑志强　郑国栋　郑建辉　郑丽萍（女）　郑剑武

郑振维　郑联春　郑翘楚　郑聪慧（女）　黄少江　黄丽春（女）　洪文良

康彩虹（女）　潘黎生　颜国宁　颜聪华

15．十五届（2016.12.11—2021.12.21）（24名）

尤裕质　张少波　张少铭　刘雅玲（女）　许锦忠　陈文仁　陈少煌　陈永山

陈华墩　陈秀华（女）　陈利群　陈婷婷（女）　陈竞红　陈德杰　林章井

林德成　郑建辉　郑振维　郑联春（女）　郑锦鸣　郑聪慧（女）　洪得志

潘宏志　颜冬梅（女）

16．十六届（2021.12.21—未届满）（16名）

张少波　张敬文　陈永山　陈利民　陈珊妹（女）　陈竞红　陈德杰　郑君如

郑智伟　林章井　林铮铮　林德成　黄升贵　洪得志　颜冬梅（女）

颜婷婷（女）

注：因资料收集不全，未能完整收录侨界各级人大、政协委员名单。

第二节 担任市侨联委员

一、晋江专区第一次侨代会

1961年，晋江专区成立侨联会，以协调各县（市）侨联工作，加强海外联谊，服务归侨侨眷。

1962年1月19—25日，晋江专区第一次侨代会召开。大会选举产生晋江专区侨联第一届委员会。

永春县归侨侨眷代表李华鼎、郑德郁任委员；郑德郁任常委、副秘书长。

二、晋江专区第二次侨代会

1979年5月20—23日，晋江专区第二次侨代会召开。大会选举产生晋江专区侨联第二届委员会。

永春县归侨侨眷代表林土琦、郑德郁、洪金娘（女）任委员；郑德郁、洪金娘（女）任常委；郑德郁任副秘书长。

三、泉州市第三次侨代会

1988年10月14—16日，泉州市（1986年晋江专区侨联会改称为泉州市侨联会）第三次侨代会召开。选举产生泉州市侨联第三届委员会。

永春县归侨侨眷代表陈其聪、郑文兴、郑永仁、郑德郁、洪金娘（女）、颜纯炯任委员；陈其聪、郑文兴、郑永仁、郑德郁、洪金娘（女）任常委；陈友经任委员、常委（1995.1增补）。

梁披云、颜彬声被聘为顾问。

四、泉州市第四次侨代会

1997年7月17—18日，泉州市第四次侨代会召开。选举产生泉州市第四届委员会。

永春县归侨侨眷代表陈义明、陈友经、陈金钗、郑双穗、郑文兴、郑怡中、梁仲虬、梁黎玲（女）、傅美金（女）、颜纯炯、颜金炜任委员；陈友经、郑双穗、郑文兴、梁仲虬、颜纯炯、颜金炜任常委；梁仲虬任副主席。

陈荣助、梁披云、颜彬声被聘为顾问。

2000.9增补颜华煨为委员、常委。

2001.3增补吕孝仁为委员，增聘颜禧强为顾问。

五、泉州市第五次侨代会

2002年9月5—6日，泉州市第五次侨代会召开。选举产生泉州市侨联第五届委员会。

永春县归侨侨眷代表，港澳代表张月霞（女）、陈义明、陈金钗、郑文兴、郑志南、郑怡中、梁仲虬、潘长安、潘亚狮、颜华煨、颜纯炯、颜碧莲（女）任委员；郑志南、梁仲虬、颜华煨、颜纯炯任常委；梁仲虬、颜纯炯任副主席。

刘正庆、张石麟、陈传晋、颜禧强被聘为顾问；陈荣助、颜金炜被聘为名誉主席。

2005.3增补陈发源为委员、常委。

六、泉州市第六次侨代会

2007年9月7—8日，泉州市第六次侨代会召开。选举产生泉州市侨联第六届委员会。

永春县归侨侨眷代表，港澳代表吕孝仁、陈发源、陈荣助、苏丽玲（女）、郑志南、郑梓敬、梁仲虬、潘长安、潘亚狮、颜纯炯任委员；陈荣助、郑志南、梁仲虬、颜纯炯任常委；陈荣助、梁仲虬、颜纯炯任副主席。

颜金炜被聘为名誉主席，许世经、刘正庆、陈义明、陈传晋、陈秀明、黄少江、颜华煨、颜禧强被聘为顾问。

七、泉州市第七次侨代会

2012年12月18—19日，泉州市第七次侨代会召开，选举产生泉州市侨联第七届委员会

永春县归侨侨眷代表、港澳代表尤希圣、叶秀丽（女）、张月霞（女）、苏丽玲（女）、陈小书、陈荣助、郑志南、郑梓敬、潘黎生、颜纯炯任委员；尤进旺、王全春、孟永刚、林建南任海外委员；陈荣助、颜纯炯任常委、副主席。

颜金炜被聘为名誉主席。

许世经、刘正庆、张志民、陈义明、陈传晋、陈章明、郑志强、郑桂发、周清琦、郭从愿、黄少江、黄金奋、黄金豹、梁仲虬、颜华煨、颜禧强被聘为顾问。

八、泉州市第八次侨代会

2017年12月21—22日，泉州市第八次侨代会召开，选举产生泉州市侨联第八届委员会。

永春县归侨侨眷代表，港澳代表尤裕挚、陈华亮、陈建全、陈竞红、郑文红、郑志民、郑志成、郑晓燕（女）、洪欢妹（女）、傅美金（女）、黄万民、黄少江、黄全业、黄武忠、颜聪华任委员。

李德华、李耀升、林志铭、郭荣贤、潘小东任海外委员。

张志民、许世经、陈少煌、陈丙丁、陈荣助、陈章明、郑建成、郑福成、周昌江、郭从愿、颜纯炯等人作为海外特邀人士和港澳人士被聘为顾问。

九、泉州市第九次侨代会

2023年9月26—27日，泉州市第九次侨代会召开。选举产生泉州市侨联第九届委员会。

永春县归侨侨眷代表张一民、张少波、刘光淮、吴美红（女）、陈志宏、陈烽艺、郑宇朋、郑明龙、郑晓燕（女）、郭赐福、梁斌斌任委员。

第三节　参与政治协商

一、发挥侨联界别作用

1949年10月23日永春县侨联成立以来，县乡侨联主动协助党委、政府推荐德才兼备、有一定参政议政能力和社会影响力的侨界优秀人士，作为侨界人大代表和政协委员人选，发挥侨联界别作用，履行参政议政职责，主动反映社情、侨情、民意。

永春县委、县政府、县人大、县政协重视安排侨界人士代表和侨联界政协委员。永春县侨联作为县政协重要参加单位，历届县政协均配属1名以上侨界副主席，永春县侨联主要领导均为各级人大代表或政协委员，多数还兼任人大或政协领导职务。

二、建言献策服务发展

1998年省人大九届一次会议上，永春侨界人大代表傅美金（女）参与连署的《关于尽快制定福建省华侨投资保护条件》建议案，被省人大常委会作为立法项目之一，省人大九届六次会议审议通过《福建省保护华侨投资若干规定》。

1998年，永春侨界市人大代表、政协委员参与提出扶持华侨农场实施"侨建造福工程"的议案，提案被采纳。连续6年列为泉州市为民办实事项目。1999年，东关镇政府开始实施"侨居造福工程"，至2008年，解决北硿华侨茶果场职工的住房问题。

2011年永春县政协第十四届委员会设立港澳台侨委员会,调动侨界委员参政议政积极性,用好侨界参政议政话语权。侨界委员先后提交《统筹协调做好大侨务工作》《关于进一步加大对华侨聚居地开展招商引资活动的建议》《关于深入实施"回归工程"、鼓励侨胞、乡贤回乡投资创业的建议》《关于打造一批华侨文化交流基地的建议》《关于打造"登进堂"华侨文化交流基地、搭建海内新生代联谊桥梁助推乡村振兴的建议》《关于稳妥推进永春北碎华侨茶果场历史遗留问题解决的建议》等涉侨提案64件,其中《关于加快永春老醋产业园建设的建议》《统筹协调做好大侨务工作》列入年度重点提案,并开展督办活动。

2012年底,侨界委员提出《关于要求落实归侨离退休职工生活补贴的建议》提案,引起县政府高度重视。12月3日,县政府召开落实归侨离退休职工生活补贴问题会议,形成会议纪要,全县未发放或未足额发放生活补贴的相关企事业单位的归侨离退休职工生活补贴,按每人每月100元标准发放,补贴渠道分门别类按规定执行。县财政每年补助茶果场10万元用于落实归侨离退休职工生活补贴,不足部分由东关镇政府自筹解决。

1993年,为鼓励委员提出情况真实准确,分析透彻有道,建议切实可行的高质量提案,增强履职能力,县政协决定开展评选"优秀提案"活动,至2018年,评选出优秀提案118件(其中党派团体提案48件,个人提案70件),侨界委员个人作为第一提案人或参与连署获评为优秀提案表彰的有8件,占个人提案总数的11.4%。

表 4.1.1　　　1994—2018 年县政协侨界委员优秀提案表情况

年份	优秀提案名称	提案人
1994年	《加强对青少年进行爱国主义思想品德教育》	吕金阶、林云缔、林心宽、陈进财、林玉堂
1995年	《在县城区严禁燃放烟花爆竹》	王大贞、李维群、陈友经、郑永仁、吕孝仁、李仁实、郑小楠、郑雨师、林观生、陈江淮、林开煌、吴金棋、黄怀远
1998年	《加强农村种子、化肥和农药市场的管理工作》	郭鸿图、吕孝仁、林玉堂
2005年	《关于永春柑橘黄龙病有效防控》的建议	颜禧童、潘长安、尤裕质、钟金炼、兰志明、郑振荣、陈玉才、苏丽玲、李新民、黄宏旭

续表

年份	优秀提案名称	提案人
2012 年	《关于创新和健全农村土地流转机制、促进农民增收的建议》	陈金杰、姚建春、李德皓、潘黎生、林猛泉、潘非鸣、黄宏旭
2017 年	《关于全力将永春陶瓷产业打造成为"十三五"期间永春新的经济增长点的建议》	陈维尧、陈祺祥、林章井、陈荣春
2018 年	《关于加大对苦寨坑原始瓷窑址保护和开发利用的建议》	曾汉祥、陈维尧、林铭东、郑龙目、黄勤泽、刘志军、钟红星、陈祺祥、方碧双、苏君毅、薛远萍、孟丽清、林章井、陈荣春

三、深入调研参政议政

2002 年，永春县侨联组织力量进行专题调研，形成《永春县侨联关于侨联资产界定及管理的调研报告》，提交给前来永春专题调研的中国侨联、财政部条法司及省侨联调研组，并召集熟悉情况的老侨联工作者向调研组反映具体情况，引起中央有关部门重视。2003 年 2 月，财政部出台《侨联资产界定与管理暂行办法》（财法〔2003〕3 号），明确把海外乡亲、港澳同胞捐赠所形成的资产界定为侨联资产，解决了侨联组织系统中长期悬而未决的问题。为维护侨联合法正当权益提供政策依据。

2016 年 7 月，永春县侨联牵头组织专题调研，形成《关于做好介福商周时期原始青瓷窑址的保护和开发利用的建议》调研报告，得到时任县委书记林锦明批示肯定。永春县邀请国内 20 余位古陶瓷专家举办"永春苦寨坑原始青瓷窑址考古发现专家座谈会"，肯定永春县苦寨坑原始青瓷窑址为商朝晚期、西周早期的古窑址，将福建陶瓷制造史向前推进千年，填补了中国原始瓷考古发掘史上的空白。

2017 年，永春县侨联牵头组织专题调研，形成《关于推动永春老醋产业发展壮大的思考和建议》调研报告，全面分析永春老醋产业发展中存在的短板问题，提出推动永春老醋产业发展壮大的意见建议。调研报告提交县委后，县委书记蔡萌芽在调研报告上作出批示："调研建议不错，政府可着手专研，外出学习，政策支持，用地保障，资金引入等等都可以考虑。"2017 年《永春调研》第 4 期、《泉州通讯》第 9 期分别刊发调研报告。调研报告刊发后，引起县委、县政府及相关部门高度重视，县政府出台"醋十条"扶持产业发展措施，永春老醋有限公司、津源醋厂等醋企完成技改，侨新醋业项目成功落地石鼓镇。有关职能部门在永春老醋产业扩大产能、扩张市场、加大科研力度，加强科技创新，致力品牌建设和市场营销等方面强化要素保障，推动永春老醋产业创新绩。

2010年以来，永春县侨联还根据侨联工作的实际情况，进行调查研究，先后撰写了《加强"五缘"文化交流，促进祖国和平统一》《关于进一步加强乡村（社区）侨务工作的探索》《关于加强我县侨乡文化建设的思考》等调研文章，体现了侨联组织参政议政的时代特色。

四、发挥政治协商作用

2000年以来，参与县政协常委会就"推动永春老醋产业发展"议题与县政府进行的专题协商会；参与县政协召开的"推动健全乡村社区侨务组织机构和工作网络，建立归侨侨眷便民服务机制"对口协商会；开展"助推侨资企业加快结构调整、技术创新、产业转型升级""建立健全企业服务联系点、助推台港澳侨资企业"专题视察协商活动；参与《关于加快永春老醋产业园建设的建议》《统筹协调做好大侨务工作》等重点提案督办工作。推荐郭家添、林章井、颜聪法、叶长城、李宏毅、陈丽明、陈燕萍等7名侨委担任永春县人民检察院公益诉讼观察员。

2000年以来，永春县侨联48次参与各级组织的视察、调研、以及执法检查活动，内容涉及侨捐工程建设、侨法执法检查、华侨农场改制、侨居造福工程、侨居企业生产、散居归侨帮扶情况、基层侨联建设、"侨友之家"创建、侨捐基金管理、华侨文化基地建设、华侨史馆建设等诸多方面。

第二章　维护侨益

第一节　贯彻执行涉侨法律法规

1949年10月—1966年6月，是侨务法制建设的初创期。这个时期，各地开展侨务工作，基本上是以党和国家制定的侨务方针政策为依据，主要有：妥善安置归难侨政策；保护侨汇收入政策；土地改革的涉侨政策；提前改变华侨、港澳地主成份的政策；华侨捐资兴办公益事业的政策以及对归侨侨眷实行"根据特点、适当照顾"方针等。

与此同时，国家制定50多部侨务规范性文件，内容涉及华侨和归侨侨眷参政议政、华侨地主土地财产处理、侨汇收入与使用、华侨工商业社会主义改造、华侨出租房屋处理、辅导华侨投资国营企业和开发荒山荒地、鼓励华侨捐资兴办公益事业、安置归国华侨、归侨侨眷参加合作社、归侨侨眷职工劳动就业及精简处理等10多个方面。其中由全国人大常委会批准通过的侨务法律是：《华侨申请使用国有的荒山荒地条例》《关于华侨投资于国营投资公司的优待办法》《华侨捐资兴办学校办法》等。

永春县侨务科、永春县侨联在贯彻执行涉侨法律法规方面取得了明显成效，体现在：

土地改革中，有6490户归侨、侨眷分得土地14008亩、农具2032件、耕牛551头；1954年，归侨尤扬祖、邱清秀等人创办侨新酒厂（今永春酿造厂），1956年公私合营，生产永春老醋；至1958年，全县创办11个华侨农场；1950—1966年17年中，侨汇总数3928.93万元，年均231.11万元；1951年至1960年，全县侨捐建设新星中学（今永六中）、华侨中学、永春七中、文明中学（永春九中）、东区中学（今永春八中）、永春九中（今夹际中学）、永春十中（今南阳中学）；岵山群力小学、和林幼儿园、永春实验幼儿园、南阳幼儿园等。

1966年5月至1976年10月，是侨务法制建设的调整期。这一时期，侨联组织处于瘫痪状态，侨务法制建设遭受严重破坏，侨务工作改由外交部、公安部负责。由于毕竟有华侨华人及归侨侨眷两大群体的客观存在，许多问题需要有相应的政策法规进行调整，如国务院批转，制定《关于华侨学生上山下乡问题的请示报告》《关于华侨、侨眷出入境审批工作的规定》等，在永春县得到贯彻执行。

1979年，中共十一届三中全会召开以后，拨乱反正，侨务法制建设进入发展完善期。国家开始着手制订侨务工作的主要任务、基本方针和政策，构成较为完整的国内侨务政策体系。如：落实党的各项侨务政策，恢复和健全侨务机构以及加强为经济建设服务，加强保护归侨合法权益，加强侨务对台工作等。

1979—1989年期间，全国人大常委会制定宪法、民法通则、刑法、刑事诉讼法等基本法律，颁布实行"三资"企业法，《关于鼓励外商投资的规定》《关于鼓励华侨和香港澳门同胞投资的规定》《中华人民共和国国籍法》等。

永春县侨联在学习、贯彻执行上述涉侨政策、法律法规过程中，针对本地实际、1982年指导仙夹公社夹际大队（今仙夹镇夹际村）制定《关于保护华侨房屋、祖坟，以及社员申请盖房、觅地定茔的规定》的乡规民约，这项践行拨乱反正的创举不仅得到省侨办的充分肯定，批转全省各地侨务系统学习推广，还获得海外侨亲支持与拥护，赢得了侨心。（详见附录文献6）

1990—2007年，国家先后颁布实施《中华人民共和国归侨侨眷权益保护法》《中华人民共和国归侨侨眷权益保护法实施办法》《中华人民共和国公益事业捐赠法》《关于鼓励外商投资的规定》《关于鼓励华侨和香港澳门同胞投资的规定》《侨联资产界定与管理暂行办法》等涉侨法律法规。福建省出台《福建省华侨捐赠兴办公益事业管理条例》《福建省实施＜保护法＞办法》《福建省鼓励归侨侨眷兴办企业的若干规定》《福建省保护华侨投资权益的若干规定》等地方性侨务法规，初步形成比较完善的侨法体系。1991年《中华人民共和国归侨侨眷权益法》的颁布实行，标志着侨务工作走上法制化轨道。

2013年8月13日，永春县侨联在全省率先成立县级侨联法律顾问委员会，并逐步在重点侨乡成立7个"侨联法律服务联系点"，在15个"美丽乡村"示范村成立"侨益维权岗"。并先后出台了《永春县侨联法顾委章程》《法律服务联系点工作职责》《侨益维权岗工作职责》等文件，并与县法院联合出台《关于建立涉侨维权工作衔接互动机制的实施意见》（该实施意见由泉州市侨联转发全市各地侨联予以推广），使法顾委工作逐步走向规范化、制度化、常态化。

2014年，县侨联把维权队伍延伸到海外，聘请马来西亚永籍大法官刘国民、大律师郑永传、加拿大著名律师陈丙丁等为永春县侨联法顾委海外顾问，协助做好居住国侨益维权工作。如马来西亚鹏翔郑氏家族会的个别成员上诉，要求得到永春县郑氏家族会部分财产一案，由于各持己见，僵持日久，未获解决。县法顾委成立后通过海外顾问从法律角度、宗族角度，深入细致地做好海外郑氏宗亲的工作，海外宗亲也深明大义，问题得到妥善解决。不仅促进海内外郑氏家族的团结，也保护了郑氏先贤留下的财产完整。

永春县有100多家侨企，过去是侨企反映什么问题，永春县侨联帮助解决什么问题。法顾委成立后，在利新德等6家侨企设立"侨联法律服务点"，每月固定深入侨企了解情况，力争及时给予帮助，及时维护侨企合法权益。

2016年，重点侨乡仙夹镇侨联法律服务点升格为仙夹镇涉侨纠纷调解服务站，成员由镇司法办、派出所、侨联等单位人员组成，站址设在镇侨联，成立以来已成功调解较大涉侨纠纷7起。

《中华人民共和国归侨侨眷权益保护法》《中华人民共和国归侨侨益保护法》颁布实施后，永春县召开涉侨部门及侨界人士座谈会，认真学习"两法"，县分管领导发表电视讲话、提出贯彻执行意见。

2017年5月16日，省侨联法顾委莅永调研，永春县法顾委《涉侨纠纷调解见成效，美丽侨乡建设展新姿》的经验总结得到省侨联肯定和推广，收录入《福建省侨联法顾委十年》一书。

2021年，永春县侨联与永春县检察院建立检侨联合护航侨乡发展机制，联合出台《关于加强协作配合凝聚涉侨领域公益保护合力的意见》，成立全省第一家"检侨工作室"。邀请熟悉侨情民意，热心为侨服务的归侨侨眷担任公益诉讼观察员，对接归侨侨眷具体法律需求，多措并举维护侨益。先后妥处仙夹夹际村侨产"夫妻树"枝干被人为焚烧；桃城洋上村旅台同胞余光中故居五棵荔枝树未经公布认定古树名木进行挂牌保护引发产权纠纷；著名华侨抗日志士辜俊英古厝周边环境劣化整治等问题。

2022年，永春县侨联与县公安局出入境管理大队共建警侨常态化联系联络工作机制，为外企、侨企提供服务与便利，得到省侨联肯定。

第二节　协助落实各项侨务政策

一、提前改变华侨地主、富农成分

土地改革中，由于执行政策出现偏差，一大批侨户被错评为华侨地主、富农成分。全县评为华侨地主的228户，华侨富农的78户，华侨工商业699户。

1953年3月26日，晋江专区召开第一次侨务工作会议，传达省委第一次侨务工作会议精神，讨论处理"土改"遗留问题等事宜。根据会议精神，永春县侨联积极配合有关部门进行"纠偏"工作。1954—1956年中，提前改变华侨地主成分285户（包括土改后分户），华侨富农72户，债利生活者9户，其他14户，共380

户。并纠正李俊承、颜子俊等著名侨领等 6 户在土改中被错划的成分，退还被错没收的房屋 5 座 55 间。

1966—1976 年中，提前改变侨户成分的政策一度被全盘否定，有的还被加上种种莫须有的罪名。1979 年重申原来提前改变侨户成分是正确的，同时又增加改变成分 30 户，并重新办证。

二、落实华侨私房政策

1983 年 10 月，永春县成立以县政协主席余金象为组长的落实政策检查组。从 1983 年开始按政策归还土地改革时被错没收的华侨私房。至 1987 年底，全县已归还华侨房屋产权 513 户面积 16.67 万平方米，上级拨给土改时分得侨房户补助款 325 万元，帮助分房户重建新房；已退还使用权的 11.88 万平方米。落实华侨私房政策，深受海外侨胞欢迎与拥护，蓬壶乡（今蓬壶镇）人民政府所在地系旅居美国路易斯安那州南方大学林振述教授的楼房，当得知政府归还其私房后，特地叫其儿子林文隆不远万里回国向政府表示感谢；达埔乡（今达埔镇）政府所在地"德辉楼"属侨胞潘泽徽所有，由于 30 多年来乡政府在其周围增加了不少建筑物，原房归还有困难，经与原房主协商取得其同意，按原有模式、面积在附近择地易建新楼偿还。

此外，1966—1976 年中被占用的永春县侨联会址，侨捐仙夹农业中学校舍，都在 1982 年底前全部退还。

三、平反、纠正冤假错案

1979 年，中共十一届三中全会以来，全县复查平反了归侨侨眷的冤假错案 62 起。同时复查纠正了一大批归侨侨眷处理不当的案件（复查 761 件，849 人，改判 189 件，189 人）。县政府重申 20 世纪 50 年代提前改变华侨地主、富农成分的决定有效，经过复查为 409 户，重新颁发了改变成分通知书。复查一般刑事案 11 件，地下党 14 件，都给予平反恢复名誉，享受应享受的待遇。原永春县第二任侨联主席、县工商联主任、归侨陈式皋，因被诬陷为"地主资本家""海外特务"而蒙冤入狱，1980 年县法院撤销原判决书，宣告陈式皋无罪，同年县政协恢复其政协委员政治待遇；原永春县侨联副主席，首届政协委员、常委，首届县政协副主席林东汉，于 1958 年被错划为"右派"，撤销职务，1984 年予以平反；原永春中学（今永春一中）校长，归侨曾天民，在教育界享有一定声誉，1954 年以历史问题被判刑 20 年，1984 年经复查改判无罪。至 1986 年，全县收回被精简下放的归侨 61

人、侨眷 5 人，其中重新安排工作的 9 人，办理退休 36 人，退职 19 人，增补连续工龄的 2 人。

四、落实归侨、侨眷知识分子政策

1983 年，根据《全国归侨、侨眷知识分子工作座谈会纪要》和闽委〔1982〕64 号文件精神，永春县侨联参与对归侨侨眷知识分子进行专项调查工作。调查数据表明，归侨侨眷知识分子在历次政治运动中，大多因所谓的"海外关系"而受冲击，政治上受歧视、工作上未合理使用、生活上得不到照顾。他们心灵上受到创伤，不少人为报效祖国，远离亲人，抛弃舒适的海外生活条件，只身回国，却得不到应有的尊重和待遇，挫伤了他们的积极性，一些人申请出境。

以县政协主席余金象为组长的落实政策检查组及时发现了问题，引起县委、县政府的高度重视，采取一系列措施解决归侨侨眷知识分子问题。1985 年，解决归侨侨眷知识分子夫妻两地分居 21 对，解决住房困难 15 户，解决专业对口 2 人，吸收入党的 32 人，提拔为县、科局级领导 35 人。原永春县粮食加工厂工程师，省劳动模范，永春县侨联副主席、主席，归侨郑永仁被提拔担任县人大副主任，县政协副主席；侨眷知识分子、省劳动模范、农艺师刘孔永被提拔担任永春县委副书记、代理县长，并选送到中央党校学习深造；侨眷刘声洽被提拔担任县政协常委、县政协副主席、副县长；台胞王志英担任县人大常委会委员。

落实各项华侨政策，得到了广大归侨侨眷和侨胞的热烈拥护，在海外产生了积极的影响。进一步激励了广大侨胞爱国爱乡的热情。永春县侨联成立 40 周年时曾做过调查统计，自 1949 年至 1988 年，侨胞、港澳同胞、台湾同胞捐资兴办公益事业的金额达 2823.28 万元。

第三节 协助安置救济归国难侨

一、第一阶段（1950—1960 年）

20 世纪 50 年代接待安置被英国殖民当局驱赶回国的新、马难民 843 名，加上中华人民共和国成立前的回国难侨 195 人，共 1038 人，根据"量才录用、面向农村"的精神，作了妥善安置。其中参加土地改革分到土地的 724 人，安排到北硿华侨垦殖场的 247 人，参加各种以工代赈的临时工 200 多人，还有少数录用为教员、司机。

1950年，中侨委在归难侨入境的口岸广州市、设立归侨处理委员会。1952年10月25日，该委员会在福州、晋江设立分处，在厦门、漳州设立接待站。永春县侨务科、永春县侨联认真执行中央关于"好好安置难侨，不使一人流离失所"的指示，热情接待和妥善安置归侨、难侨。

1953年，永春县侨务科、永春县侨联组织新加坡、马来西亚难侨24人，在已故华侨颜穆闻创办过，其后已荒废的北硿山垦殖场旧址，组成互助组开展生产自救。

1954年初，永春县侨联配合省侨委、县政府、侨务科选址创办永春北硿华侨垦殖场。嗣后，时任全国人大常委会副委员长、中侨委主任何香凝先后捐赠书画及稿酬7000元作为生产基金。1957年该场改为永春北硿华侨茶果场，陆续安置归难侨86户223人。

二、第二阶段（1960—1998年）

20世纪60年代协助接待安置印尼归难侨5批642户2500余人。1959年11月8日，印尼政府颁布"第10号总统法令"，推行歧视、排挤华侨的政策，不少地区还发生殴打华侨事件，致使大量华侨小商贩丧失生计，流离失所。在组织侨界群众举行集会、支持中国政府的严正声明和撤侨决策，抗议印尼当局反华排华暴行的同时，按照上级政府、侨联的部署，成立印尼难侨安置小组，参与安置、救济难侨相关工作。

1960年1月，市、县均成立"接待和安置归国华侨委员会"，贯彻执行"集中安置为主，分散安置为辅"的方针。在省侨委拨款支持下，扩建北硿华侨农场。3月15日，首批印尼归难侨580人抵达永春，永春县组织5000余人欢迎归难侨。让他们深深感受到祖国的温暖。同年5批642户2500余人印尼归难侨全部安置在北硿华侨农场。

以建设华侨农场的形式，集中安置印尼归难侨，是具有浓厚的中国特色、世界少有的安置方式，充分体现了党和人民政府对归难侨的亲切关怀，以事实充分证明了祖国是海外侨胞强大的靠山。在国营永春北硿华侨茶果场的建设过程中，它所拥有的"侨"的优势受到各级政府领导的重视。自1953年起至1992年，国家累计投资茶果场2426.18万元，建成一个小企业大社会，各类民生设施较为齐全的华侨农场，生活其中的2700余名归难侨，他们怀着对祖国的无限热爱与深厚感情，发扬自力更生、艰苦奋斗精神，以自己的聪明才智，把北硿华侨茶果场建设成茶果飘香、安乐祥和的新故乡。

1995 年，根据《国务院办公厅转发国务院侨务办公室关于深化华侨农场经济体制改革意见的通知》（国发办〔1995〕61 号）和《福建省人民政府办公厅转发省侨办关于我省华侨农场领导体制改革意见的通知》（闽政办〔1996〕227 号）的精神，1997 年起，华侨农场实行体制改革，划归所在地县（市、区）管理。

1998 年 9 月 1 日，福建省民政厅批复，同意设立永春县东关镇。新设立的东关镇以国营永春北硿华侨茶果场的区域为东关镇的行政区域，其中垵口管理区划归湖洋镇管辖，其茶果场等资源权属及企业管理仍属北硿华侨茶果场；从东平镇划出东关、溪南、美升、东美、外碧 5 个村委会，归东关镇管辖。设立东关镇后，实行镇管村、居委会体制。东关镇与国营永春北硿茶果场政企明确分开，国营永春北硿华侨茶果场作为东关镇企业，归属东关镇人民政府管理。

第四节　为侨排忧解难

一、信访工作

1950—1962 年，信访内容主要集中于土改遗留问题、改变成分、难侨安置、升学就学、出国（境）事务、财产纠纷、侨汇等方面。仅 1950—1955 年间，就收到海内外华侨及归侨侨眷来信 700 余封，来访 5000 多人次。对于侨界群众反应比较强烈的出国（境）事务，从 1951 年 4 月起。根据专署侨务科的意见，永春县侨联全面开展为归侨侨眷出国（境）服务工作。1951 年，根据上级指示，归侨侨眷出国（境）由县（市）侨联代办出国通行证，直到 1962 年以后才由各县（市）公安局华侨办事处直接办理。永春县侨联就信访反映的出国（境）事务问题，全部由永春县侨联承办，其余问题转交给有关部门处理答复，并派出工作小组深入侨区，协助处理土改遗留问题和华侨产权纠纷。如茂霞乡（当时的乡即现在的村）归侨陈桂林与侨眷陈烧妩悬而未决的财产纠纷，就是在侨联工作组的耐心说服调解下获得妥善的解决；又如铺上乡（今铺上村）侨眷郭旺要求侨联代为查询失联多年丈夫信息，丰山乡（今丰山村）陈枫妩要求协助寻找多年失联儿子下落，永春县侨联通过各种途径查询，终于找到他们的下落，得悉一人准备启程回国探亲，一人寄钱回国报平安，求助侨眷喜极而泣，连声称赞县乡两级侨联组织为她们做好事。

改革开放后，永春县、乡两级侨联围绕经济建设中心工作，开展招商引资工作，参与落实各项侨务政策、热情接待海外乡亲和港澳同胞、台湾同胞。此阶段的信访工作量大事杂，主要集中在落实政策、寻根谒祖、拆迁安置、寻找亲人、祖坟、祖厝保护等方面。1979年—1988年，回乡探亲"三胞"达到24937人次，信访件数年均超过千余件。落实华侨私房政策、平反冤假错案、落实归侨侨眷知识分子政策等维护侨益方面所取的成效本章第二节已有专门记述，本节不再重复。

2013年8月13日永春县侨联法顾委成立，在上级侨联指导下，在永春县司法部门密切配合下，以"崇尚宪法、尊重法律、维护法制"，"预防为主、诉讼为辅、防诉结合、依法维权"为宗旨，积极有效化解涉侨纠纷，依法开展维权活动，取得了一定成效，得到海外侨亲和归侨侨眷的肯定。

2013年—2014年，法顾委办公室收到侨界来信来访共29件，已妥善处理27件，尚有2件因当事人提供依据不足延后办理，依法维护海外侨亲、归侨侨眷的合法权益。例如，马来西亚永春联合会青年团总团长王文海反映"其家族位于达埔镇洪步村九组的祖坟因乡村公路扩建将遭铲除之厄运"。接信后，法顾委、县、镇侨联干部深入该村，邀请镇、村干部、工程队、当事人亲属等人到现场协商，双方都作了合情合理的让步，事情得到圆满解决。既维护了扩建公路的大局，又维护了侨益；湖洋镇石厝村村民邓文峰反映，其代管的侨产被该村村民冒名上报拆除复垦，复垦补偿金也被冒领。法顾委接访后，要求郑文峰提供委托书，备足相关证据，陪同邓文峰到镇司法所要求调解。最后，经过镇司法所的两次调解，邓文峰终于得到18000元的复垦补偿款。此外，法顾委在双方当事人到庭的12个涉侨案件中，经调解后撤诉的有9件，占全部可调解案件的75%，归侨侨眷的合法权益得到及时保护。

2013年东关镇印尼归侨廖汉谋、朱月兰夫妇，均属古稀之年，产生婆媳争房纠纷。缘由是朱月兰于1995年由居住在香港的女儿出资购买位于县城823中路的一套房子，其儿子与儿媳婚后育有一女，老人听闻以后房子继承过户需要缴交遗产税，出于疼爱孙女的心理，将房子赠予孙女廖宇晨。但由于儿媳夫妻二人不和，濒临离婚。过后两位老人担心一旦儿媳离婚、孙女极为可能随儿媳生活，而儿媳利用老人不识字，欲将房产过户。这样，香港女儿不同意，担心一旦形成事实，老人将无家可归。镇侨联知悉此事，立即将情况反映到法顾委，永春县法院了解详情后，与房管、税务等部门进行协调，及时对该房产过户手续进行冻结。并耐心做其婆媳工作，历经半年调解工作，一家人终于体谅，达成调解协议，不仅使归侨侨眷的合法权益得到保护，更使和谐社会所倡导的道德风尚得到传播。

2013年11月，马来西亚杨美公所主席郑志强发函至县侨联、介福乡党委政府、乡侨联。反映桃城镇八一林场引办熊场，建设场地开发诸多土方车违规超载，致使介福海外侨亲郑友铭父子捐资24万元修建的紫福水泥路遭受大面积损坏。接函后，县侨联即会同法顾委实地了解情况，协调桃城、介福两乡镇进行妥善处理，并将处理意见函告郑志强，维护了侨益。

2013年，永春县乡两级侨联还协调有关部门处理东关"钟玉堂"、桃城"五落厝"、介福"郑仓颉祖厝"等因拆迁引起的纠纷。2014年，妥善处理著名侨领李铁民故居《芳园堂》的拆迁赔偿问题。

仙夹镇涉侨纠纷调解服务站成立以来，成功调处建设仙夹文化公园用地纠纷、燃气管道施工损坏华侨坟墓案件，既确保建设项目顺利施工，又确实维护了侨益。

二、协助侨亲寻根谒祖

2006年5月25日，岵山镇印尼侨生陈丽花，通过县侨联要求协助寻找其同父异母兄弟，但她仅能提供其父姓名及在印尼去世的残缺信息，岵山镇侨联派专人查阅族谱，又打电话给印尼同乡会联络部主任陈金贯查问陈丽花其父是否还有其他名讳，据陈金贯提供的信息，再查阅族谱，最后在塘溪德春寻找到其亲人，并电告陈丽花。5月29日陈丽花在其夫兄珠海市侨联主席林先生陪同下来到岵山镇侨联，随后见到异母兄弟，她十分感动，同来的林先生十分赞赏岵山侨联会的办事效率和认真负责工作作风。

2007年，岵山镇马来西亚局绅陈尚成，多年寻找亲人未果，求助镇侨联帮忙寻找，镇侨联从2010年其带回来一条信息"他家房屋门口有根旗杆"中分析，门口竖旗杆的是清末中过举人、秀才才有，遂在全镇中排查，一连走了4天，终于在磻溪溪埔因下厝找到其寻找多年的亲人。对于一时半会暂时无法找到的请他们留下联系方式，平时注意寻找，一旦找到再联络，如印尼侨亲陈群元，就是通过这种方式帮助他找到在南石村的亲人。

2013年12月，介福乡旅英侨胞陈秀蓉，委托县、乡侨联寻找她在介福乡龙津村的亲人。由于她能提供的信息十分有限且不完整，寻找过程一波三折，在查阅族谱资料及广泛了解的基础上，终于帮助她找到了自己的亲人，她激动地说："终于圆了父亲百年寻根梦，看到亲人感觉回到家一样。"有感于县乡侨联为她寻亲付出的艰辛努力，得知介福乡建设中心幼儿园资金不足的情况，陈秀蓉当即慷慨捐资人民币 350 万元支持建设介福中心幼儿园，同时，捐资 50 万元修建"光垂堂"祖厝。

2013 年 3 月 19 日桃城镇一位 86 岁的女侨胞陈宝珠，凭着只知道自己是县城附近人这一信息，委托泉州晚报社帮她寻找在永春桃城镇的老家祖厝及亲人，泉州晚报社派了一部车，带了二位记者石伟琴、张君琳来永春寻找无果后，通过永春县委宣传部打电话给镇侨联，要求尽力协助。接到求助电话，桃城镇侨联迅速启动侨联网络渠道，在不到半小时内就帮她找到了祖籍地洋上村的亲人，并指派专人带路。回泉州前，他们特地到镇侨联表示感谢，过后还在《泉州晚报》上报道，再次表示感谢。

东平镇店上村有位姓郑的侨亲，116 年前其祖父出国谋生，历经艰辛，临终前再三嘱托子孙一定要寻找到祖居地。他牢记祖父的嘱托，4 次回永寻查未果，主因在于先辈所能提供的信息十分有限。第 5 次回乡参加"世永联"大会期间，他委托东平镇侨联帮助查寻，但他所能提供的只有"姓郑""店上""下厝"等有限信息。望着他焦急而又渴望的神情，东平镇侨联领导分工协作，驱车 10 多公里山路，分头联系村干部，拜访上了年纪的老人，找来《郑氏族谱》认真寻查校对，终于帮助他寻查到失联 116 年的祖居地，这位侨亲面对祖先牌位长跪不起，喜极而泣。至今还经常来电致谢。

2015 年 5 月 22 日，东平镇太山村山后角落旅马侨亲李传德。这位已是第 5 代侨生的侨亲，在泉州办完商务，风尘仆仆驱车来到东平镇侨联要求帮忙寻亲谒祖。镇侨联凭着他提供的有限信息，先带他到外碧村寻找无功而返后，劝慰急于赶往机场，一脸焦虑的他留下联系方式和家庭成员资料，承诺尽力帮他寻找到祖居地和亲人。历尽周折，终于查找到李传德的祖居地在东平镇太山村山后角落、属于长房田墘的"忍善堂"，其先祖李岸生于清光绪年间，前往南洋谋生，其祖父李文地是马来西亚吧生"肉骨茶"的创始人。至今李传德兄弟数人也都在马来西亚经营"肉骨茶"生意。

著名的"肉骨茶"系李文地以几味地道的中药材配以排骨及猪腿肉炖熟后，加入胡椒、老醋等调味品，别有风味，食客一边吃肉，一边品茶，加上售价合理，颇受乡亲欢迎。久而久之，老顾客昵称李文地为"肉骨地"，闽南方言中，"地"与

"茶"发音相近,后就叫成"肉骨茶",这道美食传到南洋后,经一代代人不断改良发展,成为当地华侨华人喜爱的一道美食。

李传德寻亲寻到"肉骨茶"发源地的,收录泉州市华侨历史博物馆主编的《寻根故事录》一书。

1987年改革开放以来,大批永春县华侨纷纷返乡寻根谒祖,部分华侨持有的寻亲信息残缺不全,对家乡行政区划的认知依然停留在已沿袭近千年的五乡十七里二十五都上,与家乡自民国以来行政区划、地名变迁情况相去甚远。寻亲未果的华侨往往将希望寄托在县、乡两级侨联上,永春县侨联针对这一情况,注重发挥已经退下来的老一辈侨联工作者对县情、乡情、侨情比较熟悉,工作认真负责的优势,协助出生在马来亚华裔、宝利集团掌门人张送森寻找到桂洋镇茂春村祖籍地;疫情期间,协助吾峰镇旅马侨亲张玉爱寻找到失散36年之久的弟弟张贞成,并安排姐弟俩视频通话。类似帮助侨亲解决寻亲过程中的疑难问题超过百例。

据统计,2006年以来,永春县县乡(镇)两级侨联及退休老侨联工作者共帮助2108名侨亲圆了寻亲梦。

三、为侨界群众排忧解难

(一)落实归侨离退休职工生活补贴

2012年8月,北硿华侨茶果场退休职工李黎明来信反映因为该场离退休职工多,没有能力全额发放生活补贴问题,永春县侨联将其反映诉求提请县领导予以协调解决。

2012年12月3日下午,县领导在县政府四楼会议室召开有县政府办、财政局、国有资产管理中心、外事侨务办公室、经贸局、供销联社、城镇集体工业联合社、东关镇、大鹏城市建设发展有限责任公司、桃溪水利建设发展有限公司、国有资产投资经营有限公司、永春化肥厂等单位负责人参加的会议。会议就提高和落实归侨离退休职工生活补贴问题进行研究讨论,形成会议纪要,会议明确:

1. 因企业改制、关停、严重亏损或其他特殊情况未发放生活补贴的五里街供销社、永春木器社,分别由县供销联社、城镇集体工业联合社对符合申领条件的归侨离退休职工,按照每人每月100元标准足额发放。

2. 未全额发放补贴的永春水泥厂、永春酿造厂、永春水电设备厂、永春电机厂和永春味精厂及其他原县经贸局所属国有企业、永春化肥厂归侨离退休职工生活补贴按照每人 100 元标准发放，不足部分由单位每年按照隶属级别关系，向外事侨务办公室申报补助，外事侨务办公室每年审核汇总后向财政局申领专项经费，并列入年度预算。

3. 北硿华侨茶果场归侨离退休职工多，没有能力全额发放生活补贴，县财政每年再补助 10 万元用于提高归侨离退休职工生活补贴，不足部分由东关镇政府自筹解决。

（二）帮助解决侨领后裔生活困难问题

永春县著名侨领尤扬祖，曾任中国侨联副主席、福建省副省长、省政协副主席，生前罄尽家资兴办家乡医院、学校、交通等公益事业，捐资总额位列时年全县第一，为发展农业、手工业作出重要贡献。1978 年，已患病卧床的他，仍决定将在福州三处房产尽数捐给家乡延清小学。他曾经富有，但却未给儿女留下家产。一个儿子因出生时医疗事故导致终身残障，一个儿子患上精神疾病。1982 年尤扬祖在京逝世后，两个儿子全靠长女尤木兰照顾。为给弟弟治病，尤木兰无奈卖掉在京唯一一套四合院，搬进敬老院，全家生活十分困难。2013 年，年已 82 岁的尤木兰照料两个年事已高的弟弟已感力不从心，遂找到中国侨联主席林军反映困难情况，希望组织上伸出援助之手帮他们一把。永春县侨联接到市侨联转来中国侨联主席林军致省委书记尤权的信后，迅即向县领导汇报，县领导认为一个无私奉献的爱国侨领后裔遇到如此困难情况，理应特事特办予以帮扶。

2013 年 4 月 9 日，根据县委书记林锦明、县长蔡萌芽的批示精神，县侨联、县慈善总会、达埔镇筹集慰问金 5 万元，由达埔镇汇给尤木兰，先行解决燃眉之急。8 月 27 日，经省政府协调：省民政厅、省残联、省侨联每年各出 1 万元，省政协每月 1050 元，全年出资 4.26 万元；永春县侨联、慈善总会、达埔镇每年各出 1 万元，总计每年 7.26 万元，2014—2021 年，共计拨付 57.58 万元，有效解决了尤扬祖后裔生活困难问题。帮助尤扬祖后裔排忧解难的做法在海内外侨亲、归侨侨眷中引起了强烈的反响。

（三）合力帮扶在柬遇害新侨家属

2020 年，旅柬新侨、祖籍东关镇的彭志明、陈叶青夫妇二人在柬不幸遇害，留下居住在东关镇年迈的母亲黄柚及三个未成年的儿女。突如其来的横祸，致使黄柚一家陷入困境。永春县侨联、东关镇侨联立即做好慰问帮扶工作，并协调外事办、公安部门沟通上级主管部门督促柬埔寨警方尽快破案;并联系发动柬永华侨联合会捐款 8 万余元,东关镇侨联向社会和侨亲发出倡议书,呼吁筹集慰问金。香港永春同乡会对受害者大儿子(香港籍)给予 5 万元慰问金,会长郑文红个人捐款 1 万元。东关镇、民政局、慈善总会等有关部门纷纷伸出援助之手,林世哲教育扶贫基金将受害人的女儿(16 岁,时年上初三)纳入帮扶对象,将对其从初三到大学进行帮扶。短短一个多月,社会各界共捐资 24.32 多万元,合力帮扶在柬遇难新侨家属,《桃源乡讯》作了专题报道。

四、加大侨界扶贫济困力度

(一)"侨居造福工程"

北硿华侨茶果场是归侨侨眷较为集中的聚居地,20 世纪 50 年代、60 年代为安置归难侨所建的土木结构平房历经沧桑,多数成为危房。1998 年省、市"两会"期间,泉州市侨界人大代表、侨联界政协委员提出扶持华侨农场实施"侨居造福工程"的议案、提案均被采纳。1999 年起,永春县、镇两级侨联配合东关镇政府实施"侨居造福工程"。至 2006 年,新建住房 171 套,2994 ㎡,解决 643 人住房问题;改造旧房 18393.42 ㎡,改善 1365 人居住条件;2007—2008 年,共投入 3885 万元新建侨居房、廉租房、改造旧房 425 套,解决 425 户 1553 名归难侨及其子女的居住问题。

(二)扶持贫困,特困归侨

据 2012 年统计,永春县归侨人数为 2062 人,其中东关镇为 909 人,蓬壶镇为 105 人,达埔镇为 212 人,石鼓镇为 162 人,五里街镇为 125 人,吾峰镇为 65 人,介福乡为 46 人,桃城镇 175 人,湖洋镇 83 人,仙夹镇 30 人,岵山镇 113 人,东平镇 37 人。

永春贫困、特困归侨情况详见表 4.2.1。

表 4.2.1　　　　2012 年永春县贫困、特困归侨一览表　　　　单位:人

乡镇名称	贫困归侨	特困归侨	备注
蓬壶镇	6	2+1	
达埔镇	25	11	"+"后为非低保,但有突出困难
石鼓镇	20	6	
五里街镇	34	7+1	

续表　　　　　　　　　　　　　　　　　　　　　　　　　　单位：人

乡镇名称	贫困归侨	特困归侨	备注
吾峰镇	10	5	
介福乡	9	1	
桃城镇	17	3+1	
湖洋镇	15	3	
东平镇	15	3	"+"后为非低保，但有突出困难
东关镇	16	4	
岵山镇	20	6	
仙夹镇	5	2+2	
合计	192	58	

具体帮扶措施：

2013年6月16日至2019年1月26日，永春县侨联第十一届委员会配合政府解决散居贫困侨安居房21户，每户给予2万元补助资金，共42万元；资助贫困归侨335人次，14.36万元；资助贫困归侨眷子女及贫困学生1171人，47.97万元。

2019年1月26日以来，永春县侨联第十二届委员会积极开展侨界精准扶贫，坚持每年帮扶160多人次贫困侨户，争取中央、省、市各级帮扶资金100多万元，帮助他们解决生产、生活、就医、就业、入学、住房等困难，早日脱贫致富。2019年创立全省首个县级侨联扶贫基金，接受海内外侨亲及社会团体捐赠总额为372.1445万元，专款用于扶助县内贫困归侨侨眷和海外因灾致贫的永春县侨胞；管好用活梁披云、颜秀兰教育基金、林世哲教育基金，2019年起逐年提升奖励助学金及增加奖励内容。组织或配合省、市侨联开展奖教助学、扶贫济困、送医送药、救灾抢险、慈善公益等活动，着力为贫困归侨、特困归侨排忧解难。

五、开展义诊活动

永春北硿华侨茶果场系国家安置归难侨单位。改革开放以后，归侨侨眷生活水平不断提高，但由于基础较为薄弱，医保社保问题直至2007—2008年期间才获解决，农场在册职工1383人才全部纳入社保和医保体系，901名归侨侨眷加入新农合保险。1990—2019年，中国侨联、省侨联、市侨联及福医大第二医院侨联、永春县侨联先后组织8场义诊活动，为3980名归侨侨眷送药治病。详见表4.2.2。

表4.2.2　　　　　　1990—2019年各级侨联开展义诊活动情况表　　　　单位：人

时间	组织单位	活动地点	诊疗人数	备注
1990.11	泉州市侨联、二院侨联	北硿华侨茶果场	350	发放"一法一例"材料
1998.11	泉州市侨联、永春县侨联、二院侨联	北硿华侨茶果场	800	
2000.11	泉州市侨联、永春县侨联、二院侨联	永春县东关镇	400	
2001.11	泉州市侨联、永春县侨联、二院侨联	永春县东关镇	380	发放侨法宣传材料
2004.8	泉州市"五侨"单位	永春县东关镇	320	发放侨法宣传材料
2011.11	泉州市侨联、永春县侨联	永春县仙夹镇	420	
2016.3	福建省侨联、永春县侨联	永春县东关镇	450	
2019.6	中国侨联、福建省侨联、泉州市侨联	永春县东关镇	860	

2017年以来，与福建爱尔眼科医院联合开展"侨爱心光明行"活动，为全县500多例的归侨侨眷白内障患者实施免费复明手术。

第三章　服务经济建设

第一节　组织归侨侨眷发展生产

1949年10月1日中华人民共和国成立以后，经过土地改革，没收全部封建公田和地主富农出租的土地，消灭封建土地制度。全县无地少地的农民分得土地12万亩；6490户归侨、侨眷分得土地1.4008万亩；全县8275户归侨、侨眷，土改后的土地总量比土改前增加30%。

1953 年，中共福建省委召开第一次侨务工作会议，号召归侨侨眷参加互助合作社，发展农业生产。永春县侨联通过各种形式宣传发动归侨侨眷参加农业生产合作社，根据 1954 年 10 月统计，永春县侨联会员 80% 以上加入农业互助合作社。

1954 年，政务院颁发《关于华侨申请开垦荒山荒地条例》后，激发华侨、归侨侨眷创办农垦企业的热情，永春县侨联鼓励华侨、归侨侨眷上山垦荒，开辟果林场。印尼归侨尤扬祖、邱清秀、郑启存、陈兴枝等乡贤以独资和合资的形式，先后创办猛虎山、天马山、石竹箕、山姆头、石鼓尖、龙华、醒狮等 7 个华侨农场。尤扬祖成为永春成功在山地大规模种植芦柑第一人。著名教育学家梁披云曾撰诗赞曰："柑橘成林，开山治圃；首创者谁？实尤扬祖；著绩炎州，输财故土；爱国爱乡，百年万古。"

1956 年，永春县侨联配合政府有关部门和乡（相当于现在的村）干部，教育引导归侨侨眷逐步树立劳动光荣的新风尚，岵山镇茂霞乡（今茂霞村）644 名侨眷，有劳动能力而没有参加劳动的仅 12 人。

1960 年—1962 年三年自然灾害困难时期，永春县侨联推动侨界群众响应党和国家关于争取侨汇、化肥、副食品的号召，争取海外侨亲支持，争取数百万元侨汇、数万吨化肥、数千吨副食品，共克时艰。促进农业生产的发展，缓解侨眷属的生活困难。

1964 年，永春县侨联动员归侨、侨眷以人力、物力、财务支持农业生产，作出贡献。

1985 年，五里街镇侨联副主席邱大雅的侄儿邱瑞裕在纽约世界银行任职，负责农林水方面的贷款工作，邱瑞裕曾于 1984 年 4 月、1985 年 5 月两度来闽考察。时逢永春县柑橘生产处于发展却缺乏资金投入阶段，邱大雅以叔侄关系的有利条件，协助县政府做了耐心细致的思想工作，永春县柑橘生产项目获得世界银行批准立项，争取到无息贷款 2614 万元，新发展柑园项目 53 个，面积 1427 公顷，有力推动了永春县柑橘产业的发展。

永春北硿华侨茶果场是归侨侨眷最为集中的地方。该场自 1960 年成立以来，就确定了以发展茶叶、水果生产为主，同时发展亚热带作物、畜牧业、林业和农产品加工业的办场方针。永春县侨联协同有关部门帮助该场归侨侨眷发展生产。至 1990 年，该场拥有茶园 6102 亩，茶叶产量 386.4 吨；果园 4586 亩，水果产量 1892 吨，其中柑橘面积 4044 亩，产量 1856 吨，工农业产值 996.6 万元。该场成为全县柑橘生产规模最大的农场。

1995 年，旅台同胞王超英获悉海峡两岸即将实施农业技术合作项目，认为家乡永春芦柑生产具备开展两岸合作的条件与优势，一方面与县侨联、县对台办联系通报，一方面与时任中国台湾财团法人农村发展基金会执行长的好友王友钊（祖籍泉州）协调沟通，在县委、县政府支持下并通过王超英邀请台湾省专家莅永考察。1996 年，"福建省永春县芦柑生产技术综合改进计划"获两岸有关部门批准，于1997—1999 年组织实施，成为海峡两岸首批开展农业技术合作的五大项目之一。

项目实施期间，永春县侨联引导归侨侨眷果农参加技术讲座、现场示范等，借鉴学习台湾果业生产中优质化、省力化栽培等方面成功经验，推动永春柑橘生产登上新台阶。

2017 年 10 月 14 日，永春县侨联与台资农业企业——永春叙柑园果业有限公司共同创建"闽台青年创新创业基地"，基地纳入全省"闽台基地创业园"，在永春县侨联和有关部门指导和扶持下，纳入省水利厅高效节水灌溉项目，并争取到上级补助资金人民币 100 多万元，支持其引进柑橘新品种及研发创新栽培技术，提升永春柑橘产业的市场竞争力。永春县侨联多次组织全体侨委、侨青联委员、归侨侨眷果农到基地参加培训交流，接待省、市侨联领导莅场考察。目前，经永春县侨联多年努力，该基地已成为台湾青年在大陆创业创新的重要载体，拥有栽培春香、爱媛、丑八怪等柑橘新品种 650 多亩果园，成为海峡两岸青年互学互鉴、相知相亲的重要平台。

"闽台青年创新创业基地"的建设，不仅弘扬了永春县著名侨领尤扬祖生前倡导的"发展柑橘、造福百姓"的精神，还带动湖洋镇侨联与马来西亚青年侨亲共建栽培有柑橘优良品种 320 亩的"湖洋鼎和莲海内外青年创新创业基地"。

2021 年，永春县侨联与侨企永春县聚富果品有限公司共建"侨界创新创业示范基地"。该基地以种植永春芦柑、爱媛 38 号、不知火（丑八怪）、沃柑、茂谷柑、大雅一号等优良柑橘品种进行创意化特色开发，打造集生产、销售、采摘、旅游观光为一体的农业综合体。

是年，该基地首次实现永春芦柑进入美国市场。

第二节　牵线搭桥促进经济发展

一、协助争取侨汇

侨汇是旅居国外华侨从事各种职业所得，用于赡养、扶助国内亲属的汇款。中华人民共和国成立初期，由于帝国主义对中国实行经济封锁，加上一些东南亚国家采取一系列限制、排挤华侨的经济政策，不少国家甚至禁止华侨汇款。而国内由于医治战争创伤，恢复经济成为当务之急，争取侨汇工作成为时年各级侨联的一项重要工作。

省政府于 1950 年 1 月公布《福建省侨汇暂行处理办法》《福建省管理侨汇业暂行办法》。1955 年 2 月，国务院颁发《关于贯彻保护侨汇政策的命令》。1964 年 9 月，永春县侨联召开侨信回文代书座谈会，在全县范围内形成代写侨信网络，广大归侨侨眷通过各种渠道，向海外侨亲宣传国家的侨汇政策，鼓励他们汇款国内投资储蓄、认购国家建设公债、兴建房屋和兴办公益事业。

中华人民共和国成立至 1987 年，永春县侨汇总数为人民币 11600 万元，平均每年为 305 万元。详见表 4.3.1。

表 4.3.1　　　　　　**永春县（1950—1987）年侨汇总额一览表**　　　单位：万元

年份	金额	年份	金额	年份	金额	年份	金额
1950	205.5	1960	252.9	1970	207.4	1980	549
1951	375.1	1961	128.2	1971	211.4	1981	524
1952	323.6	1962	76.2	1972	214.34	1982	620.66
1953	220.2	1963	185.08	1973	265	1983	618
1954	211.1	1964	208.44	1974	32.4	1984	509
1955	255.2	1965	234.2	1975	323.46	1985	372
1956	296.3	1966	195.71	1976	360.6	1986	347
1957	324.8	1967	173.66	1977	400.2	1987	366
1958	261.2	1968	195.02	1978	440.3		
1959	175.2	1969	203.2	1979	470.99		

1981 年以后，外币自由市场买卖开始活跃，每百元人民币比正常汇款要高出百分之二十左右。所以，不少侨汇以现钞在自由市场出卖，以往侨胞回乡探亲、旅游都把款汇到国内支取兑换券或人民币，有的带国际旅行支票到国内支取。1981年以后大多带现钞，有些捐建公益事业的侨汇，也以外钞在自由市场出卖，故 1985年后，侨汇又比 1977 年以来有所下降。

二、引导侨汇投资入股福建华侨投资公司

为了引导华侨、归侨侨眷和港澳同胞投资本省地方工业和其他建设事业，1952年 7 月 20 日福建省成立公私合营性质的"福建华侨投资股份有限公司"，并在厦门、晋江、龙溪 3 个地区（市）设立办事处。1957 年 8 月，国务院公布《华侨投资于国营华侨投资公司的优待办法》后，该公司改为"国营福建省华侨投资公司"，仍实行年息 8 厘，12 年还本的办法。该公司于 1967 年下半年停止吸收华侨资金，1969年 4 月予以撤销，发放和补发股息及业务移交中国银行福州分行及各所属支行办理。

1956—1966 年，永春县华侨（含港澳同胞）的投资基本上集中投向福建省投资公司。福建省华侨投资公司从成立至 1967 年 6 月底停止募股的 15 年中，共吸收华侨（含港澳同胞）投资资金 7250 万人民币。其中 1952—1965 年晋江专区华侨（含港澳同胞）投资数共为 1974.585 万元（包括莆田、仙游两县数字），占同期省华侨投资公司的 34.8%。永春县华侨（含港澳同胞）投资总额 199.595 万元，占同期晋江专区华侨（含港澳同胞），投资数的 10.1%。

据福建省华侨投资公司 1965 年 6 月统计，从 1952 年起，该公司在全省各地投资新办和扩建 47 家工矿企业，其中在晋江专区有 18 家，永春县占了 5 家，成为当时永春县的工业骨干企业。

表 4.3.2　　　　1952—1965 年福建省华侨投资公司在永投资情况表

单位：万元

企业名称	投资金额	备注
永春酒厂	4.27	新建
永春天湖山煤矿	7.8	新建
永春瓷厂	1.3	新建
永春化工厂	10.18	新建
永春化肥厂	不详	新建

1979 年后，随着改革开放政策的深入发展，永春县政府成立对外经济贸易委员会（简称外经委），主管华侨投资工作。

第三节　招商引资推动改革开放

一、协助引进"三来一补"企业

改革开放初期，永春县侨联则因势利导，牵线搭桥，配合县委、县政府做好招商引资工作，主要是在引进"三来一补"（来料加工、来料制作、来料装配和补偿贸易）、"三资"（合资经营、合作经营、独资经营）企业上下功夫。

1980 年开始承接来料加工。至 1986 年，先后对外承接加工装配的项目有：男女西裤、人造革童鞋、针织毛衣；珠绣、航空恤衣、游水镜、塑料玩具、猩猩熊猫鞋等。履行合同的有 21 家。

表 4.3.3　　永春县 1980—1986 年"三来一补"企业一览表

香港来料加工企业	永春加工签约单位	经营项目
香港都发贸易公司	永春一都中学	加工男女西裤
香港永发贸易公司	城关镇服装厂	加工男女西裤
香港长龙公司	城郊侨联服装厂	加工男女西裤
香港学鹏贸易公司	城关镇服装厂	加工男女西裤
香港雅丽贸易公司	城郊侨联服装厂	加工男女西裤
香港永发贸易公司	外贸局永联服装厂	加工男女西裤
香港集富针织厂	外贸局永联服装厂	加工针织毛衣片
香港源美织造厂	石鼓针织服装厂	加工针织毛衣片
香港集富针织厂	城关镇针织厂	加工针织毛衣片
香港福兴制衣厂	城关镇服装厂	加工航空恤衣
香港长兴实业公司	岵山侨联毛衣加工厂	加工毛衣钉珠、钉花
香港合益制衣厂	外贸局服装厂	加工西装裙

续表

香港来料加工企业	永春加工签约单位	经营项目
香港集富针织厂	外贸局织造厂	加工针织毛衣片
香港锦多玩具公司	县塑料厂	加工玩具大猩猩针织布鞋
香港集富针织厂	永联加工装配总厂	加工装配游水镜
香港和兴贸易公司	达埔侨联服装厂	加工男女西裤
香港春港工艺美术公司	五里街镇春港工艺美术社	加工油画、国画、喷漆画、织画
香港嘉艺公司	岵山侨联工艺美术社	加工油画、国画、水彩画、织画
香港长兴实业公司	县对外加工装配公司	加工手织羊毛衣
香港亚洲织造厂	岵山侨联织造厂	加工针织毛衣片
香港安顺企业公司	华岩针织厂	加工公子衫、鞋垫

上述"三来一补"企业中，履约最好的是永联针织厂。自 1981 年 4 月 15 日建厂以来，共加工各种毛衣片 6.15 万打，收取工缴费 145 万港元，年增长率达 20%，拥有针织机械 150 台，工人 150 人。

补偿贸易方面，1985 年县土产公司同香港厦图有限公司签订快餐筷补偿贸易合同，外商投资 4.24 万美元，进口机械设备，生产快餐筷出口，合同期限补偿 3 年。

二、协助引进"三资"企业

1979 年以来，港商、侨商和外商前来洽谈投资的项目，有煤炭、瓷土、柑橘、茶叶、松香、麻笋、铁沙、中药材和多种加工业等几十项。1984 年，首办永林联合企业有限公司生产配合饲料。1985 年创办永发出租汽车公司、源发塑料制品有限公司、岵侨建筑装饰工程公司、兴利拉链服装配件公司，1986 年创办永益塑料电线电缆厂。

香港武夷企业公司和县汽车运输公司合资经营的永发出租汽车公司，购进丰田牌空调音响旅行车 30 辆，总投资 200 万元，其中外资美元 21.30 万元，1986 年正式开业，两年营业额 198 万元，利润 40 万元。

香港华发贸易公司和县塑料厂合资经营永春源发塑料制品有限公司，生产塑料玩具和塑料制品，总投资 150 万元，其中外资港币 97 万元。1986 年 1 月正式投产，产品外销逐年增长。其中电子玩具"熊猫爬云梯"和"智力算盘"、在省级玩具产品评比中，双双获奖，远销美国、意大利等国家和港澳地区。两年间营业额达 301 万元，出口 50 万元，利润 54 万元。

香港闽侨国际企业公司和岵山企业公司合办永春岵侨建筑装饰工程公司，经营建筑装修业务。总投资 220 万元，其中外资港币 50 万元，该公司在泉州设有办事处。

香港光明有限公司和县劳动服务公司合作经营永春兴利拉链服装配件公司，生产拉链和服装配件。总投资 202 万元，其中外资港币 151 万元。

香港益群企业贸易公司和县电机厂合资经营永益塑料电线电缆厂，生产塑料电线电缆，投资总额 50 万美元，外资占一半。

上述"三资"企业是以外币投资结算的。此外，还有的是以人民币分红的。如 1984 年新加坡文祥机械（私人）有限公司和岵山企业公司合作创办岵山北溪电站有限公司，装机容量 150 千瓦，总投资 21 万元，其中外商投资 10 万元。1985 年，港商颜彬声和石鼓乡（今石鼓镇）合办石鼓茶叶精制厂、精制乌龙茶出口，总投资 50 万元，其中港商占一半，当年投产获利润 4 万元。

至 1987 年底，全县"三资企业"投资总额 775 万元，其中外资约占 50%。由县外经贸委负责合同审批和办理进出口机械设备、产品出口等手续。

1984 年，台海紧张局势趋缓，两岸人员往来频繁，借助改革开放东风，永春各级侨联协同县委台办等部门，积极引导台胞投资创业，参与家乡建设：

1988 年，台胞合资兴办广丰遮阳厂，总投资 620 万元，其中台资 70.08 万美元。

1993 年，蓬壶侨联会争取台胞林惠生投资 1300 万元建设永壶开发区，建筑 1.8 万平方米商住楼和 5000 平方米工业大楼。

1994 年 5 月 25 日，台湾立新百货企业股份有限公司独资兴办的冠华服装有限公司在留安工业区奠基。

8 月，台资企业大阳瓷业有限公司、三普、富兴、广丰等公司名列"1994 年度福建省乡镇企业 300 大"，大阳瓷业名列榜首。

2005 年，台商企业泉州锦林环保高新材料有限公司注册 400 万美元，正式投入生产。

截止到 2007 年，全县有台资企业 22 家，投资总额 25604 万元，合同利用外资 1871 万美元。主营纺织品、精制陶瓷、服装伞业、雨衣包装、竹塑建材、运动器材、树脂工业品、生物有机肥、工艺美术陶瓷等，其中台商直接投资企业 18 家，经第三地投资的企业 4 家，规模以上企业 9 家（洋兴工艺品、万兴陶瓷、锦林环保材料、苓保塑料、立成生物、福龙塑料、福瑧陶瓷、金裕盛体育用品、永嘉木业）进驻县工业园区，投资总额逾 1 亿元。注册资金 2832 万元，2007 年创产值 2 亿元，上缴税收 320 万元。祥兴工艺品有限公司年纳税 123.56 万元，年纳税 50－100 万元的 4 家（三鼎窑业、大阳瓷业、大顺瓷业、万兴瓷业）。进入泉州市泉台产业对接专项规划支撑项目的有四类 11 个，包括御芳若生物科技、良鑫生物科技、制药厂扩建、植入型控缓释抗肿瘤制剂、茶多酚纯化技术、水溶性壳多糖生产技术、吉安堂健脾散等 7 个生物医药企业；笋菜深度加工、毅成农业开发和蓬壶农副产品物流仓储中心、泉州市苓保塑胶实业有限公司塑胶项目。其中御汉芳生物科技、良鑫生物科技、蓬壶农副产品物流仓储配送中心、苓保塑胶司塑胶、毅成农业开发等项目落地并投产。

20 世纪 90 年代，全国改革开放步伐加快。澳门同胞也开始投资家乡建设。国营北碚华侨茶果场加入改革开放行列，逐步在管理区实行联产承包责任制，允许职工自种茶果，引资招商，小规模、小范围逐步推行体制改革。1994 年 5 月 31 日，经省侨办批准，将北碚管理区的资产、土地与澳门王命福创设中外合资企业"永春太阳大农业科技有限公司"，1995 年 1 月 19 日经省侨办批准，撤销北碚管理区；经省侨办批准，1995 年 12 月 21 日，以小湖洋管理区资产与土地，与澳门张志民创设中外合资企业"泉州新世纪农业开发有限公司"，1996 年 1 月 2 日，撤销小湖洋管理区。至此，北碚华侨茶果场已拥有北碚、小湖洋两个合资企业，五家三资企业：永春太阳大农业科技有限公司、泉州新世纪农业开发有限公司、宝华实业有限公司、三晶玻璃制品有限公司、东盛瓷业有限公司；1 家合作企业：东益瓷业有限公司。

1992 年，香港祥业投资有限公司投资 500 万元，签约成立盘龙山矿泉水开发公司。

9 月 28 日，香港聚恒兴有限公司签订总投资 1000 万元经营永春大酒店股份合同。

1994 年，永春县侨联第八次侨代会明确提出：要主动参与招商工作，发挥侨的优势，服务经济建设。发动归侨侨眷向海外亲友写信，传递投资信息，取得良好成果。蓬壶镇侨联引导台胞林惠生投资兴建农业大观园。2000 年，又牵线搭桥引进"福建省永春信裕丰电子有限公司""泉州市永春联盛纸品有限公司"2家外商投资企业，投资总额4438万元，合同利用外资536万美元，新批"大阳瓷业有限公司石鼓分厂"。

1999年，永春县侨联引导颜士灿投资老醋产业科技开发，其产品顺德堂醋豆胶囊打入美国市场，并在澳洲设立办事处。

1999年，永春县工业园区经福建省政府批准设立，2000年7月国家发改委审核通过，总体规划1000公顷，实施"一区多园"战略，规划设立探花山工业园、榜德工业园、轻纺鞋服园、生物医药产业园、苏坑陶瓷园、蓬壶农副产品加工园、岵山高新科技园等。永春县侨联牵线搭桥，发动侨界响应县委、县政府关于走出去招商引资的号召，2001年配合有关部门五进深圳，二赴港澳、星马，成功招商吴榕怀独资1200万元人民币兴办恒晖工艺品有限公司，高辉集团独资350万美元兴办农副产品加工企业；2006年，与东平镇侨联配合有关部门引进马来西亚侨亲投资1亿元人民币兴办福建利新德塑胶制品有限公司；2017年以来，主动为侨企牵线搭桥，促进深圳前海随身宝科技有限公司与永春县锦林环保箱包有限公司合作，促进前海GPS高新技术成功嫁接锦林箱包；成功引进美国CT公司彩色碳粉项目落户永春工业园区，投资1.2亿元。投产后年可上缴税利1000万元。

做好入住工业园区近百户侨企，港澳台企的服务工作，成立侨企维权联系点，每年召开侨企、港澳台企座谈会，帮助排忧解难。

第四节　创办侨联企业

1979年以后，永春县基层侨联先后创办了城郊乡（今桃城镇）侨联服装厂；岵山乡（今岵山镇）侨联毛衣加工厂、工艺美术社、织造厂；达埔乡（今达埔镇）侨联服装厂，与港商对接开展"三来一补"加工业务。创办生产型，外向型小型企业。

1990年3月，根据各地侨联创办企业的实际情况和特点，全国侨联又向国务院呈报了《关于侨联团体开办公司若干问题的意见》，并得到同意复函（国办函〔1990〕23号），为侨联团体开办公司（企业）提供政策和法规的依据，指明侨联自办企业的发展方向。

1995年，《福建省鼓励归侨侨眷兴办企业的若干规定》出台后，永春县侨联还参与中国侨联、省侨联、市侨联开展立法调研活动，反映侨属企业存在的困难并提出建议，调动归侨侨眷用足用活侨务政策的积极性。

1958年，永春县侨联在新落成的会所开设永春侨联服务社，备有少量客房。1966—1976年永春县侨联工作停顿，该社被接管改为永春县第二招待所。1992年落实政策收回产权，同年9月成立永春县华侨旅行社，总资产73万元。经营场所面积400多平方米，主营客房、餐厅、小卖部及代售车票等业务；1995年在海外侨亲、港澳台同胞支持下，兴建建筑面积3330平方米的永春侨联大厦；2007年又再投资近300万元，营业场所面积增至5329平方米，内设电梯、中央空调、客房、餐饮、会议室、旅游部、美容厅、咖啡厅、歌舞厅、商务中心、车队等配套设施。旅游服务中心也从单一代售机票发展到代理国内机票及往广东惠华大巴票，开辟国内游、境外游线路，为客户提供食、住、行、娱、购、游一条龙服务。2000年8月被评为永春县二星级酒店，2008年12月晋升为永春县三星级酒店。此外，永春县华侨旅行社曾参与牛姆林风景区管理。

2002年—2007年间，永春县华侨旅行社每年接待海内外宾客逾4万人次，代办赴海外及港澳台探亲旅近千人次，上缴税收80万元，2007年固定资产1400多万元（不含升值部分）成为为侨服务和为经济服务有机结合的工作载体。先后被泉州市人事局、旅游局评为"泉州市旅游系统先进单位""优质服务旅行社示范单位"，并荣获"永春县纳税大户"称号。

随着市场经济的发展，竞争日趋激烈。2007年以后，永春县侨联旅行社也逐步走上局部承包、全部租赁经营的道路，形成了侨联企业的特色。

第四章　引导捐赠公益事业

第一节　引导捐办教育事业

一、捐资县级中小学及幼儿园

1949年，中华人民共和国成立初期，国家百废待兴，西方列强企图扼杀新生政权于摇篮之中。南洋部分国家严格控制华侨汇款等多种因素影响，造成大部分侨办学校经费拮据，有些学校甚至经费来源断绝。人民政府不得不接办经费断绝的学校，并对一些经费困难的学校进行合并，改为公立侨助，由于接办学校，更改原校名。尽管遇到种种困难，然而永春县华侨深知"教育为立国之本，兴学乃国民天职"的道理，对于发展家乡教育不改初衷，始终如一。

20 世纪 50 年代至改革开放前，永春县华侨、归侨捐资助办或新办的中、小学校，主要有：

1950 年，印尼华侨尤扬祖，参与捐建永春达理中学（今永春五中）校舍，后又独资兴建延清小学，并负责延清小学学生（共 5 个村）学杂费至 1960 年止。

1950 年秋，永春县岵山乡旅居印尼侨亲陈体研、陈甘杞、陈永镇、陈超群等16 人捐资创办永春新星中学（今永春六中）；1951 年，永春县吾峰乡旅居马来西亚华侨张儒谔、张儒梯等人捐资助建吾峰蓉镜小学校舍；永春县仙夹乡旅外侨亲陈世绵、陈礽瀛、陈世华、陈家扦等人捐资兴建仙夹中心小学；1952 年，旅港同胞周公甫、周卿章、周卿森等人捐资建设桃溪小学校舍。

1953—1957 年，国务院和福建省省委、省人委开始着手纠正侨务工作中"左"的偏差，陆续颁布《关于保护侨汇政策的命令》《华侨捐资举办学校办法》等一系列保护华侨、归侨、侨眷正当权益的政策、法规，大大调动了华侨捐资办学的积极性。

1954 年，永春县侨联成立以颜子俊为名誉董事长，尤扬祖为董事长，周公甫、郑德郁、林珠光、李华鼎、郑奕雨为副董事长的校董会。同年 10 月 25 日在永春五里街创办永春华侨子女补习学校，设初中预备班 2 班，高中预备班 1 班，共有 160多名学生，21 名教职员工。

1955 年该校改名为永春华侨子女中级文化学校。1957 年，尤扬祖、周公甫到香港、澳门、新加坡、马来西亚等地募捐建校经费。同年夏天，选择县城北门外环翠山坡建设新校舍，经省教育厅批准命名为"永春华侨中学"。1958 年春，学校迁入新址并增办高中。办学期间，永春县侨联历任主席均兼任校董会常务副董事长。

1954 年—1956 年，旅马侨亲黄燕玉等人捐资建设吾峰梅林小学；旅马侨亲李尚维、邱廉耕、陈鉴筹等人捐资建设和平小学校舍；旅马李氏宗亲捐资建设太平小学山顶教室；旅马侨亲李成兴、李华国、李洋水等人捐建太平幼儿园。

1957 年—1960 年，旅马侨亲郑明炽、郑松树、郑明蒲、郑良池夫人、郑庆业夫人等捐资建设大坪小学校舍；旅港乡贤梁清辉捐建南阳小学校舍。

1961 年—1966 年，永春县旅外侨亲陈超群、扁妩、文水、联昭、荣墙、朝森、良维、金桥、陈清松等人捐资建设岵山铺上村群力小学教学楼。

从 1950 年至 1990 年 40 年中，永春县华侨捐资办学达人民币 2418.8 万元，其中捐资 200 万元以上的有永春南阳学校（中、小学）、华侨中学等。

改革开放以后，1980 年至 2017 年，永春县华侨华人捐资中小学校、职业学校、呈现出了捐资规模巨大、办学层次分明、分布齐全和形式多样以及捐资范围广泛等新特点。至 1990 年，永春县侨建、侨助学校达到 74 所。其中侨建中专 1 所、侨建职业中专 1 所；侨建中学 4 所、侨助中学 13 所；侨建小学 18 所、侨助小学 37 所。华侨助学对永春县教育事业的发展起到了巨大促进的作用，至 2020 年，永春一中列为省一级达标高中，永春三中、永春侨中、永春六中、美岭中学列为二级达标学校，永春五中、永春二中列为三级达标学校、永春职专列为国家级重点职业学校、实验小学列为省级示范小学、实验幼儿园、仓满幼儿园、世哲幼儿园、港永幼儿园、邦大第一幼儿园列为省级示范幼儿园。

1987 年，争取菲律宾永春同乡会原会长周卿云，马来西亚叻叻州美罗福建公会原会长、名誉会长周江津等侨亲捐建桃溪小学大礼堂和砌筑溪岸数百米，创立桃溪小学奖学奖教基金会。

1988 至 1996 年，引导争取港胞梁良斗捐资 210 万元，加上县政府加大教育投入、发动社会多渠道集资办学，帮助 70 所小学、分班、幼儿园解决"一无两有"（校校无危房，班班有教室，人人有课桌椅）问题，参见表 4.4.1。

1992 年邓小平南方谈话后，永春县侨胞捐赠公益事业呈现"井喷"现象，根据永春县侨捐项目汇编（第一辑）（第二辑）资料表明，仅县级教育（学校）接受侨捐就逾 1.2 亿元（1950—2016 年），以上参见表 4.4.2。

表 4.4.1　**1988—1996 年梁良斗捐助全县小学、分班、幼儿园一览表**

乡镇名称	受捐学校、分班、幼儿园名称（共 70 所）
一都镇	高格小学、鲁山小学、龙卿小学、林山小学、大坂小学、黄沙小学、黄田小学、玉地小学、玉三小学、吾殊小学
横口乡	横口中心小学、云贵小学、姜埕小学、宅内小学、金山寨小学、环峰小学、福中小学、福联小学、贵德小学、福德小学、上西坑小学、下西坑小学、横口中心幼儿园

续表

乡镇名称	受捐学校、分班、幼儿园名称（共70所）
玉斗镇	红山小学、凤溪小学、炉地小学、云台小学、新珩小学
下洋镇	涂山小学
坑仔口镇	魁斗小学、福地小学
锦斗镇	洪内小学、长坑小学、珍卿小学、云路小学
桂洋乡	岐山小学
呈祥乡	东溪小学、马跳分班
苏坑乡	苏坑中心小学、嵩溪小学、光明小学、东坑小学、熙里小学、华光幼儿园、院后坑幼儿园
蓬壶镇	壶中小学、观山小学、高丽小学、联星小学、联星万代分班
达埔镇	达埔中心小学、金星小学、乌石小学、乌石富厚分班、乌石白芒坑分班、达山桂地分班、狮峰芹菜垅分班
石鼓镇	大卿小学、吾江小学
介福乡	龙津后泽分校
吾峰镇	择水小学
五里街镇	仰贤小学
桃城镇	南星小学
岵山镇	岭头小学
仙夹镇	龙湖小学
东平镇	文峰小学、东美小学
湖洋镇	石厝小学
外山乡	福溪小学、草洋小学

表 4.4.2　　　　1950－2016 年县级教育（学校）接受侨捐一览表

单位：万元

校　名	地　址	币种						
		人民币	港币	马币	澳币	新币	台币	美元
永春师范	永春桃城	1510.4						
永春职专	永春桃城	272						
永春一中	永春五里街	1604.25						2
永春二中	永春桃城	980.73						
永春三中	永春蓬壶	1002.23	1.2				25.3	0.28
永春四中	永春湖洋	196.62						
永春五中	永春达埔	1139.42	53.73	1.5				
永春六中	永春岵山	1955.23	69.32			1.63		2.367
永春侨中	永春桃城	2232.87	84.8		2			3
永春实验小学	永春五里街	233.4	50					
永春实验幼儿园	永春桃城	100						
永春仓满幼儿园	永春桃城	420						
永春世哲幼儿园	永春五里街	306						
永春港永幼儿园	永春桃城	360.41						
永春特教学校	永春桃城	10						
永春桃溪实验小学	永春桃城	50						16
合　计		12373.56	259.05	1.5	2	1.63	25.3	23.647

二、捐资高等院校

（一）泉州黎明职业大学

1984 年，福建省人民政府批准成立黎明职业大学，时任晋江地区侨联顾问、永春县归侨梁披云出任董事长兼校长，向海外及港澳乡亲筹资 500 万元建设校舍，永春港胞梁良斗就捐了 100 万元。1989 年筹建新校区，永春乡贤纷纷慷慨捐资。参见表 4.4.3。

表 4.4.3　　　2004—2007 年捐资泉州黎明职业大学永春乡贤芳名录

单位：万元

捐赠者	捐赠数	币种	祖籍地	旅居地	备注
梁良斗	522	人民币	永春吾峰	香港	该校自建校至 2007 年共接受 4000 多万人民币捐款，永春县乡贤捐资占比接近 1/4
陈义明	202	人民币	永春岵山	新加坡	
颜金炜	100	人民币	永春石鼓	香港	
梁披云	81	人民币	永春吾峰	澳门	
颜彬声	20	人民币	永春石鼓	香港	
陈荣助	20	人民币	永春岵山	香港	
合计	945				

（二）泉州师范学院

2000 年，泉州师范专科学校升格为泉州师范学院，并着手建设东海新校区。泉州市侨联名誉主席、永春县旅港同胞颜金炜慷慨捐资 100 万元人民币，副主席陈荣助慷慨捐资 200 万元人民币，合计 300 万元人民币。

（三）捐资侨心工程

2001 年，为贯彻中央西部大开发和科教兴国的策略，中国侨联向各级侨联发出"发挥优势、群策群力、为西部大开发作贡献"的号召，倡导"捐建百所侨心学校，资助千个科技项目，扶助万名贫困学生"为主要内容的"百、千、万侨心工程"活动。

同年，永春县侨联与陕西省渭南市侨联结为帮扶对子。永春县侨联着手多渠道引导海外侨亲、港澳同胞参与建设"侨心工程"活动。旅居澳大利亚侨亲、澳洲中国统一促进会创会会长邱维廉，个人捐助 600 多万元，为西部贫困地区捐建 20 所小学，2 所中学，其中捐资 40 万元在渭南建立 2 所小学；永春县旅港著名实业家颜纯炯先后捐资 60 万元，在陕西省渭南市华县、陕西省麟游县、陕西省宝鸡市 3 地各捐建 1 所侨心小学。

至 2004 年，永春县侨联引导侨胞、港胞在陕西渭南捐建侨心小学 5 所、捐资金额 100 万元人民币。

为表彰海外侨亲、港澳同胞对教育事业的贡献，1984年8月省侨办、省教育厅联合颁发《关于华侨捐资办学奖励的实施办法》，决定对1949年后在福建省捐资办学的华侨、港澳同胞颁奖。规定凡个人或团体捐资在人民币50万元以上者，30万元（1985年表彰时为25万元）以上不足50万元者，由省人民政府分别授予金质、银质奖章、荣誉奖匾。1990年改授荣誉奖匾为荣誉奖状、荣誉证书。

1985年，晋江地区行政公署《关于颁发华侨捐资办学奖章、奖状的通知》规定：凡个人或团体捐资在人民币10万元以上不足30万元者，由地区行政公署授予铜质奖章、荣誉证书。1991年改授荣誉奖状为奖匾，捐资10万元以下者由县（市、区）政府给予表彰。

1985—1986年，省、市、县三级人民政府为引导捐资办学贡献突出的各地侨联委员、归侨侨眷颁发倡导奖。永春县侨联名誉主席、归侨梁披云获省政府颁奖。1987年，省政府作出今后倡导奖只授予港澳同胞，不再授予归侨侨眷的决定。

永春华侨、港澳台胞捐资教育事业获得省、市、县各级政府表彰者众多，详情请参阅本章第7节捐资公益事业荣誉榜。

第二节　引导捐赠其他公益事业

一、捐资县级卫生医疗事业

中华人民共和国成立后，永春县华侨、港澳台同胞捐资县级卫生医疗事业，始于20世纪50年代，发展于改革开放时期。主要体现在：

（一）捐资卫生医疗基建项目

1954年，永春县印尼归侨尤扬祖和印尼华侨郑仓满所属华兴公司，捐资人民币35万元建设永春县医院门诊楼，妇产科楼。

1956年，旅马华侨李延年捐资人民币13.5万元兴建永春县医院"宜守楼"，作为内科、外科、小儿科病房；1981年，又捐资100万元人民币建设永春县医院"延年楼"（综合楼）。

1990年，台北永春同乡会黄金如、郑义燕、黄瑞德等42名同胞捐资港币55万元，建设永春县儿童医院病房楼；港胞颜彬声捐资28万人民币兴建永春县中医院综合楼。

1994年，旅台同胞余流水捐资人民币40万元，建设永春县医院传染病房。

1996年，新加坡永春会馆30名侨亲捐资人民币30万元，建设永春县中医院住院大楼。

1997年，马来西亚李延年基金会捐资港币150万元，重新建设永春县医院"宜守楼"。

2000年，旅新华侨郑仓满捐资人民币250万元，建设永春县医院铭善综合楼。

2010年，旅新华侨郑仓满、郑志光父子捐资美元260万元，用于永春县医院新址建设。

2015年，旅港乡贤郑文红捐资人民币100万元，香港永春同乡福利基金会捐资港币500万元，用于建设永春县医院后勤综合楼——慈心楼。

（二）捐赠医疗设备

1980年，旅港苏应潮、郑清杉、方孝瑜、邱清灿等4位同胞共捐资人民币5.7万元，用于永春县医院添置西德产前列腺切除器。

1992年，旅居印尼华侨陈秀明、陈锡石捐资港币18万元，用于永春县医院添置500毫安遥控X光机。

1993年，台胞余流水捐资人民币22.5万元。用于永春县添置全自动血球计数分析仪1台。

同年，台胞余流水、周淑安伉俪捐资人民币11.4万元添置日产纤维胃镜1台；旅马郑元墩、郑黎德侨亲捐资人民币14.1万元，用于永春县医院添置油棕病床垫400条、枕头250个。

1995年旅新华侨郑仓满捐资人民币206.88万元给永春县医院添置医疗设备。

2001年，旅港同胞郑清治、黄跨助捐资人民币1.31万元，用于永春县医院添置日产心电图仪器1件。

2003年，旅港同胞陈金炎捐资人民币10万元，用于永春县医院添置手术台。

2005年，旅港同胞赵雪捐资人民币10万元，2011年旅新华侨郑建成伉俪捐资人民币10万元，用于永春县医院添置设备。

2015年，旅新华侨陈义明捐资人民币41.2万元，用于永春县医院添置碎石机、B超机等设备。

同年，旅菲华侨郭从愿捐资人民币22万元，用于永春县医院添置医疗设备。

2015 年，新加坡永春会馆捐资人民币 85.2 万元，用于永春县医院添置心电监护仪、呼吸机、综合手术床等医疗设备；澳门永春同乡会捐资人民币 25.43 万元，用以添置永春医院医疗设备。

2015 年，旅港同胞陈荣助捐资人民币 16.462 万元、黄鹏耀捐资人民币 10 万元、陈墩厚捐资人民币 5 万元、郑国栋捐资人民币 2 万元、旅澳同胞尤裕质捐资人民币 3 万元，合计 36.462 万元，用于安康医院添置医疗卫生设备。

2016 年，香港泉州慈善促进总会、旅港同胞郑亚鹏、陈享利、陈孝殷、李培基等团体和个人向永春医院捐赠 10 台血透机。

从 1959 年至 2016 年，郑仓满、陈锡石、颜再福、周楚卿、郭从愿等侨亲及台北永春同乡会、香港永春同乡会向永春县医院先后赠送 7 部救护车。

表 4.4.4　1954—2016 年永春医疗卫生系统（县级）接受侨捐情况表

单位：万元

名称	地址	币　种			备注
		人民币	美元	港元	
永春县医院（含儿童医院）	永春桃城	1151.53	260	705.28	已迁入新址（石鼓镇）
永春中医院	永春五里街	58		12.5	已迁入原永春医院旧址
永春安康医院	永春石鼓	36.42			已迁入永春桃城新址
合　　计		1245.95	260	717.78	统计数字截止于 2016 年

二、捐赠县级文化体育项目

（一）捐赠文化项目

1958 年 4 月 20 日，永春县侨联创办《桃源乡讯》。主要内容为宣传党和国家的侨务政策，报道侨乡建设新貌，加强海内外联谊工作，对外发行到东南亚 15 个国家和地区的永春宗乡社团和重点侨界人物。从 1958 年至 2012 年县委宣传部接办长达半个世纪中，海外华侨给予经费赞助。

1986年，旅马华侨郑晋棣捐资港币160万元，建设永春文化中心大楼（郑世炎大楼），建筑面积2364.01平方米；2010年旅马华侨郑景新捐资人民币60万元用以修缮永春文化中心大楼。

1991年，郑晋棣捐资人民币10万元，用于永春县图书馆购置丰田车一部；另捐资港币30万元，设立永春图书馆"棣兰图书基金"。

1994年，旅马华侨郑景新捐献港币40万元，建设永春县图书馆综合楼、建筑面积1044.72平方米；1995年捐资人民币33万元，建设永春县图书馆附属楼。

1994—1999年，港胞颜彬声捐赠人民币406万元，用于恢复文物古迹，重修永春文庙等。

1994年，旅居印尼华侨陈秀明、陈锡石捐资人民币157万元，用以建设永春县南音大楼。

1988—1998年，港胞颜彬声捐资人民币225万元，用于永春城隍古迹景点建设等。

2002年台胞尤清祖召集台北同乡会乡亲捐资人民币4.7万元，林惠生捐资人民币10万元，陈家佃捐资人民币0.5万元，合计人民币15.2万元，赞助永春县举办旅游节活动。

2013年，港胞刘正庆捐资人民币2万元，用于永春白鹤拳史馆经费。

2013年港胞孟智辉捐资人民币3万元、2014年港胞陈荣助捐资人民币60万元、旅菲华侨郭从愿捐资人民币15万元、2016年港胞陈章明捐资人民币10万元、港胞邱昆源、陈华亮、台胞黄金奋，旅新华侨陈超歇、颜章湖、陈福裕各捐人民币5万元、梁德才、潘金财各捐2万元人民币、郑建成捐1万元人民币，王春涌、姚瑞森各捐人民币0.5万元，郑祥林、李亚明、周秀丽各捐资人民币0.1万元，合计捐资人民币123.7万元，用于重建环翠亭。

2016年，旅马、旅菲华侨郑福成、郑克敏，港胞郑志强、郑清治等27人共捐资人民币39.4万元，用于永春郑成功学习研究会活动经费。

（二）捐赠体育项目

1991年，旅台同胞黄金如捐资港币40万元，建设永春伟伦游泳池，建筑面积3500平方米。

1997年，旅马华侨郑景新捐资人民币800万元，建设棣兰体育馆，建筑面积7581平方米；2002年再捐资人民币30万元建设棣兰广场。

2002年，旅马华侨郑仓满捐资人民币750万元，建设仓满体育场，建筑面积35000平方米。

2002年，旅新华侨郑仓满捐资人民币60万元，建设永春县城中心广场运动场，建筑面积8000平方米。

2008年以来，港胞陈达毅捐资12万元，用于赞助永春乒协乒乓球赛活动。

2011年，旅新华侨郑仓满、郑志光父子捐资人民币806万元，用于提升改造仓满体育场。

（三）捐赠基础设施项目

1984年，旅居香港澳门的颜彬声、吴爱惜、梁披云捐资人民币10万元，建设留安塔。

1995年，菲律宾陈礽瀛基金会、郑玉冰基金会、陈文成基金会、陈文伊、陈世华、郑耀堦、郑碧璇、陈经略、陈志强、郑鸿善、郑少卿、陈新场、郑启芬、郑启芳、陈永和、陈锦成、陈礼涓、郑锥地、郭志群、陈文正、陈明哲、陈荐夫人、郭从愿、陈新燃、郑世成、郑秀年、陈传模、陈传沧等团体和个人共捐资人民币146万元，建设永春大侨。

同年，马来西亚永春联合会，新加坡永春会馆捐资人民币50万元，建设永春县城街心公园。

1997年，旅居美国的郑德森，旅港颜纯炯捐资人民币30万元，建设留安山公园。

1999年，旅居马来西亚的郑景新捐资人民币50万元，建设永春县城云龙桥。

2000年，旅居香港的颜纯炯李秀兰伉俪捐资人民币100万元，用于永春县城环岛城雕建设；捐资人民币5万元，建设象山古寨南门景观。

2006年，旅居香港的颜宝玲捐资人民币100万元，建设永春县老年人公寓。

2011年，旅居台湾的林世哲捐资人民币1000万元，建设第二座林世哲教育基金大楼，同时设立林世哲扶助贫困学生教育发展协会，将大楼每年租金收入用于全县奖学助学。

2014年3月23日在菲律宾举行的"世永联"第十届一次常务会上，议决在家乡永春建设世永联大厦。截至2017年10月31日，世永联大厦获得捐赠（含认捐）金额人民币2755万元，英镑0.5万元，新台币10万元。捐赠文化体育、基础设施具体情况参阅表4.4.5。

表 4.4.5　1958—2016 年永春县文化体育、基础设施项目侨捐情况表

单位：万元

项目名称	币　　种				备注
	人民币	港币	英镑	新台币	
文化项目	1083	285			因受疫情等因素影响，尚有部分世永联侨捐资金未到账。
体育项目	2486				
基础设施项目	4296		0.5	10	
合　计	7865	285	0.5	10	

第三节　引导捐资侨联会所建设

一、捐建永春县侨联会所

1957 年，旅居东南亚各地的侨胞、港胞、归侨侨眷李延年、尤扬祖、郑仓满、李尚维、李克浅、周公甫、林邦玲、黄金陵、李家耀、郑揆一、颜启明、邱瑞颇、陈承丕、郭太祜、陈江海、陈玉英、潘世湖、陈礽通、黄祖望、林秀娇、刘　埃、郑养婶、郭智星、陈添福、柯少洪、郑世贞、吴遵泽、黄则宝、林有满、林伯汤等及新德顺宝号，共捐资人民币 3.7872 万元，在永春县城云龙桥头购地兴建一座土木结构的二层楼房供永春县侨联作为会所，从此结束永春县侨联长期租用民房办公的历史。

1966—1976 年，永春县侨联停止活动，会所被挤占。1992 年，永春县侨联索回产权，重建永春侨联大厦。这段时期内，旅外侨胞、港胞予以大力支持，慷慨捐助。

1978 年以来旅居香港的颜纯炯、张石麟、刘淑美、黄凉素、颜金炜、李德华、陈荣助、苏丽玉、郑秀英、陈开淮、林月英、林孝首、郑清治、林振发、陈墩厚、陈敏生、黄少江、颜章根、薛远征、郑金樟、陈素娥、颜华寅、黄跨助、陈宝珠、刘正庆、郑宗明姑、颜彬声、陈璇波、郑亚南、郑德郁、洪好卿、颜谦裕、郑美华、吴爱惜、陈宝瑾、陈宗狮、陈联炳、梁清辉、陈宗能、陈章辉、郑炳辉、陈文闪、张伯睦、张伯强、张伯泉、郑琪伟、陈伟晋、周友智、邱美琴、林耀阁、陈章森、陈笃恭、陈少煌、陈章明、叶辅翼、颜玉雪、廖琴英、林淑懿、郑翘楚、陈永友、郑建辉、陈建德、邱昆源、郑双庆、郑国栋、陈榕华、邱健雄、梁良斗、陈传民、

张大陆、陈其聪、张忠超、颜曜中、王翔鹏、郑国基、郑丽萍、刘其吹、周贻福、何玉珍、郑克胜、郑建平、黄祖望、颜禧湖、郭良章、陈文渊、洪文良、颜聪华、李文梯、颜其星、吕建洲、陈清文、刘碧娥、李玉庆、张得胜、颜来天、黄祖甲、梁　雁、尤忠华、郑焕钊、郑泗正、陈志明、郑崇强、颜文祥、潘秀华、陈金阔、郑国暖、颜文滚、吕珠玑等及亿裕公司、联城公司、新中行、达丰棉业、香港永春同乡会，捐资人民币402.6072万元，用于建设永春县侨联大厦（面积6496.97平方米）及装饰、添置附属办公设施及丰田旅行车、轿车和资助《桃源乡讯》出版经费。

1978年以来旅居菲律宾的郭从愿、郑泗强、陈建绪、陈世华、郑耀堦、陈文成、郑启芳、陈文伊、郑碧璇、陈玉成、陈传拔、陈传词、郑鸿善、陈志强、陈建安、陈锦成、陈礼涓、郑启芬、陈新场、郑克敏、陈经略、郑少坚、陈永和、洪碧珠、陈金炉、郑建猷、郑秀年、郑少卿、郭从旺、陈文正、郑锥地、郑泗湖、郑泗维、郑泗杰、陈传任、郭志群、陈建揪、陈建椿、陈传语、陈伟利、陈维爽、郑伯辉、郑光舜、陈建强、陈传模、陈传沧、潘嗣赋、陈建源、陈绳润、黄振彰、周卿云等侨亲及菲律宾永春同乡会，洪门吕宋支社，捐资人民币75.84万元，用于支持永春侨联会所建设，添置丰田车等附属办公设施。

1978年以来，旅居新加坡的颜彭桦、梁文桓、陈义明、陈新荣、陈龙铨、梁进益、林秀英、林云实、张添尧、林建仁、郑桂发、郑建成、颜章湖、颜挺尧、林曼椿、郑金水、黄明江、梁剑云、林阿礼、张天保、郑振蕊、颜拱枫、鲍德新、颜文祥、谢玉冰、林启发、张金明、郭瑾向、颜挺节、林秀爱、刘荣华、林普龙、陈东源、郑振树、郑联财、颜亚弟、陈梓桐、郑金发、郑东维、鲍　龙、陈家耀、盛光尧、盛光杉、盛光新、陈雪兰、孙一尘、林光泉、李文彬、陈南星、林炳贤、林炳顺、林建兴、林克尚、刘抗等侨亲及新加坡永春会馆，捐资人民币68.118万元，0.03万新币，油画一幅，用于支持永春会所建设、添置旅行车辆及附属办公设施。

1978年以来旅居印尼、美国、巴布亚新几内亚、英国、澳大利亚、文莱、法国、德国、泰国、澳门地区、台湾地区的王永桑、陈秀明、陈锡石、许世经、许世良、郑硕敦、林文隆、郑慈念、郑揆一、辜奋成、洪星昌、刘亚猛、潘沧海、郑文翰、方志昌、林其东、王笃辉、林纪炳、郑玉堂、徐会春、魏荣明、尤进旺、尤志丰、林佐然、潘慨、陈玉策、吕月英、张祖铄、林文、颜斤、周昌江、郑义燕、潘明霞等乡贤及台北市永春同乡会、澳门永春同乡会、捐资人民币17.7235万元，用于添置附属办公设施等，支持永春侨联会所建设。

1978年以来，旅居马来西亚的郑景新、郑福成、郑文尧、李深静、郑永传、陈孙铅、郑天送、吴东土、郑子瑾、黄亚丰、林金思、郑敬賫、陈燕欣、郑清波、王成宗、郑敬文、刘金德、邱志鸿、刘文炳、刘端端、郑孝洁、吴国基、刘庆礼、邱订春、刘文财、刘容华、郑金赤、李天思、郑百川、吴开明、吕士森、陈清水、郑金榜、颜培井、李礼爽、邱金森、颜文龙、王绸娘、郑永棉、陈金龙、陈乐平、李光兴、刘锡忠、黄玉味、刘金盾、郑拔嘉、郑伟智、周良记、陈江海、吴秀芹、郑玉针、刘世福、黄国墙、郑元墪、郑梨花、林源瑞、颜金辍、李炎辉、郑两德、邱宜宣、刘文丰、林国汶、周文阔、蔡庆文、吴作霖、陈诗圣、陈玉备、潘　港、颜水松、宋德权、周福祥、郑　发、林家松、陈金炉、颜永兴、吴开允、林东岳、郭金凤、刘国民、刘文权、刘文棋、林进金、黄美才、周玉林、黄文质、陈金地、刘水钦、刘佳境、郑国良、汤良标、李光城、黄光顺、颜文炯、郑德明、张云景、郑如意、颜显和、宋德泰、颜金标、颜芳安、林泗池、辜仁胜、郑志强、盛俊幸、蔡清正、李金坡、李玉杰、郑文科、林平国、方荣辉、李思华、郑连藩、王文炉、黄明治、林国强、刘诗温、黄联略、郑世正、郑金添、辜应昌、陈贻川、郑瑞开、徐贵志、余天送、郑明蒲、郑秀莉、姚清达、周文炳、颜崇图、林金保、张合源、张进华、郑怡怡、林成祝、郑景裕、薛炯煌、陈月嫦、刘金泰、林栋宇、汤荣华、郑文财、颜良鸿、李金星、薛振寰、黄玉书、陈春暇、陈百桑、周良绥、陈正志、陈国忠、林家松、魏金渊、陈玉麟、李保证、郭炬克、黄全成、汤永民、郑元孟、李　丑、颜再福、黄茂圣、郭正祥、颜化南、刘金瑞、林玉珍、郭水池、刘成发、陈友声、陈金花、潘玉美、骆丽蓉、吴雅琳、林松柏、颜景南、尤兴吉、周成隆、郑元央、方少喻、黄安荣等侨亲及马来西亚永春联合会、瓜拉庇勝永春公所、峇株巴辖永春会馆、昔加末永春会馆、雪兰莪永春会馆、森美兰永春会馆、麻坡永春会馆、雪兰莪潘氏族亲会、大马永春湖洋彭城公会、吉隆坡永春会馆、新加兰桃源俱乐部、东甲永春会馆、新山永德会馆、马六甲永春会馆、"马永联"妇女组、吉隆坡永春会馆妇女组、马永联青年团、大马霞陵林氏家族会、北马永春会馆、吡叻州永春会馆、纳闽永春会馆、东甲桃源俱乐部、郑奕定基金会、芙蓉永春会馆、大马黄氏登进家族会等捐资人民币213.521万元，用于支持永春县侨联会所建设及添置附属办公设施及交通车辆。

二、捐助侨联其他事业

2009年，台北永春同乡会捐资人民币1万元，作为永春县侨联成立60周年庆典活动经费。

2013年，香港永春同乡会捐资人民币5万元，2015年旅居印尼的许世经侨亲捐资人民币3万元，2016年菲律宾乐善堂捐资人民币10万元，合计捐资人民币18万元，用于永春侨联"侨爱心工程"。

2013年，旅新、旅马、旅菲、旅澳、旅泰侨亲陈义明、陈福裕、郑建成、潘金财、潘开、林云南、周良记、郭从愿、郑玉堂、郭大自、周昌江、港胞陈荣助、陈章明、陈传晋、刘本全、洪文良、刘正庆、郑志强、苏其敏、郭志福伉俪、王翔鹏、陈榕华、陈传民、谢冬梅、姚瑞森、张石麟、郑双庆、旅居澳门同胞陈利群、张志民、陈竟红、旅台同胞陈银枝、黄金奋、陈金岩、陈金钻等捐资合计人民币13.6万元，港币12万元，用于县十一次侨代会。

2016年，世界福建青联会（菲律宾分会筹备组捐资人民币20万元，用于永春县"侨爱扶助工程"。）

2019年11月25—26日，县第十二次侨代会暨永春侨联成立70周年庆祝大会举行，旅外侨亲、港澳台同胞53名及菲律宾永春同乡总会、新加坡永春会馆共捐资人民币223.3833万元，详见表4.4.6。

表4.4.6　　　　2019年永春县侨联成立70周年庆典捐资芳名录

名　　称	国家/地区	币　　种	金额（元）
郑少煌	香港	人民币	50000
陈章明	香港	人民币	50000
刘正庆	香港	人民币	10000
黄少江	香港	人民币	20000
刘本全	香港	人民币	10000
邱昆源	香港	人民币	10000
张石麟	香港	人民币	10000
张庆禧	香港	人民币	2000
陈传民	香港	人民币	2000

续表

名　称	国家/地区	币　种	金额（元）
郑清治	香港	人民币	3000
颜如意	香港	人民币	2000
陈华墩	香港	人民币	2000
周长城	香港	人民币	2000
梁　雁	香港	人民币	2000
郑炳辉	香港	人民币	5000
尤裕质	澳门	人民币	200000
郑敬祥	马来西亚	人民币	3000
郑民丰	马来西亚	人民币	500
林国兴	马来西亚	人民币	1000
陈荣助	香港	人民币	50000
陈华亮	香港	人民币	200000
陈华熙	香港	人民币	10000
郑文红	香港	人民币	50000
戴晶晶	香港	人民币	10000
郑宇朋	香港	人民币	200000
洪文良	香港	人民币	2000
洪得志	香港	人民币	2000
陈文渊	香港	人民币	2000
陈榕华	香港	人民币	2000
郑双庆	香港	人民币	3000
陈素芳	香港	人民币	2000
陈德杰	香港	人民币	2000
郑联春	香港	人民币	2000
颜聪华	香港	人民币	200000
周友智	深圳	人民币	50000
林云南	马来西亚	人民币	10000
郑其冠	马来西亚	人民币	1000

续表

名 称	国家/地区	币 种	金额（元）
郑永传	马来西亚	人民币	10000
张信达	马来西亚	人民币	13333
菲律宾永春同乡总会	菲律宾	人民币	20000
孟永刚	菲律宾	人民币	5000
新加坡永春会馆	新加坡	人民币	20000
李清湖	澳大利亚	人民币	50000
郑国强	澳大利亚	人民币	50000
陈丙丁	加拿大	人民币	10000
张宝忠	加拿大	人民币	200000
刘光淮	永春	人民币	200000
郑瑞开	马来西亚	人民币	10000
郭从旺	菲律宾	人民币	5000
颜进沛	菲律宾	人民币	5000
陈义明	新加坡	人民币	5000
郑玉堂	澳大利亚	人民币	20000
潘生强	澳大利亚	人民币	50000
王国栋	台北	人民币	10000
张少波	永春	人民币	200000

第四节　引导设立和管理基金

一、创立县级侨捐基金

自 1984 年开始到 2012 年，永春县级侨捐基金达 34 个（未含乡镇），其中绝大部分为教育事业，计 32 个，占比 94%。

较有影响的县级侨捐基金有：

（一）**郑信顺夫人基金**。1984 年成立、捐资者为永春桃城镇卧龙村人，旅马乡亲郑文尧、资金总额人民币 535.65 万元，用于全县性奖学。

（二）**梁披云教育扶贫基金会，颜秀兰教育扶贫基金会。** 1996 年成立、捐资者为永春吾峰镇吾顶村旅港乡贤梁清辉、梁良斗、颜秀兰伉俪，旅马乡贤梁祖辉，基金总额人民币 220 万元，用于资助全县贫困学生，成立以来至 2023 年，已发放 27 届助学金，总计发放金额 234.1 万元，资助人数累计 5381 名。

（三）**颜彬声老人福利基金会。** 成立于 1998 年，捐资者为永春石鼓社山村旅港著名实业家颜彬声、颜金炜，基金总额人民币 80 万元，用于扶助全县贫困孤寡老人。

（四）**永春县慈善总会侨捐基金。** 成立于 2002 年，捐资者为海外侨亲、基金总额为人民币 3200 万元，用于全县社会救助。

（五）**林世哲扶助贫困学生教育发展协会。** 2011 年，旅台乡贤林世哲捐资 1000 万元建设永春林世哲教育基金大楼、2014 年该协会成立，以大楼出租收入永久性用于扶助品学兼优的永籍贫困学子，至今 10 年共发放助学金人民币 265.5 万元，扶助贫困学子 2451 人次（其中大学生 48 人次），奖励中小学竞赛优秀学生 4150 人次，奖励金 54.89 万元。

表 4.4.7　　　　　　1984—2012 年全县及县直侨捐基金一览表

基金（会）名称	捐赠者	成立时间	金额（万元）	主要用途
郑信顺夫人基金	郑文尧	1984	535.65	全县性助学
陈义明奖学基金	陈义明	1987	5	永春六中奖学
陈义明奖学基金	陈义明	1989	3	永春六中奖学
吴爱惜奖教基金	吴爱惜	1989	5	永春六中奖教
陈修港奖教基金	郑玉环	1989	6	永春侨中奖教
陈修港奖学基金	郑玉环	1989	4	永春侨中奖学
陈日墙奖教基金	郑玉环	1990	10	永春一中教育奖学活动
陈义明奖教基金	陈义明	1990	3	永春侨中奖教
陈义明奖学基金	陈义明	1991	5	永春侨中奖学
新加坡教育基金	陈新荣等	1991	2 万美元	永春六中奖教奖学
棣兰图书基金	郑晋棣	1991	30 万港币	县图书馆
郑振经奖学基金	郑振经	1992	2.5	永春四中奖学
陈文彬、郑秀英奖学奖教基金	郑秀英	1993	20	永春侨中奖学奖教
陈文彬奖学奖教基金	颜章根	1993	10	永春侨中奖学奖教

续表

基金（会）名称	捐赠者	成立时间	金额（万元）	主要用途
陈文彬、郑秀英奖学奖教基金	陈章辉	1995	10	永春侨中奖学奖教
苏永系奖学基金	苏爱群 苏益华	1995	10/年	永春三中奖助学
永春一中教育基金	林纪土 陈传晋等	1996	10	永春一中奖学奖教
梁披云教育扶贫基金会	梁清辉 梁祖辉	1996	200	资助全县贫困生
颜秀兰教育扶贫基金会	梁良斗	1990	20	资助全县贫困生
颜彬声老人福利基金会	颜彬声 颜金炜	1998	80	扶助全县贫困孤寡老人
陈章明、郑亚钦奖学奖教基金	陈章明 郑亚钦	2001	20	永春侨中奖学奖教
永春县慈善总会侨捐基金	海外侨亲	2002	3000	全县社会救助
永春六中奖教助学基金	陈有岳 林　斌	2003	25	奖教助学
林淮泗教育基金会	林清益	2007	18.16	助学
梁良斗奖教基金会	梁良斗	2009	50	永春侨中奖教
陈少煌体育奖教基金	陈少煌	2009	10	永春侨中奖教
永春职校奖教基金	陈章明 郑亚钦	2011	20	奖教
永春一中奖教基金	黄少江 郑佩珍	2011	50	奖教
永春六中奖教奖学基金	陈少忠	2011	50	奖教奖学
永春六中奖教奖学基金	陈少煌	2011	50	奖教奖学
永春六中奖学基金	颜章根 陈丽春	2011	30	奖学
林世哲教育基金	林世哲	2011	1000	全县奖学、奖教、教育事业
永春三中奖学奖教基金	林多地 陈荣助等	2012	50	奖教奖学
新加坡永春乡亲奖教奖学基金	颜彣桦 颜文福 郑桂发 郑建成 陈福裕	2012	25/年	奖教奖助学

二、创立乡（镇）侨捐基金会

乡（镇）侨联组织立足于城镇乡村，广大基层侨联工作者耕耘于侨务战线，充分发挥网点分布广、服务层面宽、侨情了解多、工作方式活的优势，组织发动归侨侨眷积极做好海外侨亲、港澳台同胞工作，引导侨资创立基金会。根据统计，改革开放以来，12个侨乡侨联会共引导侨资设立160个基金会。基金包括奖教助学，也涉及幼儿教育、扶老扶贫、公益慈善等方面。

表 4.4.8 　　　　　　　1986—2016 年各乡（镇）侨捐基金一览表

单位：万元

乡(镇)	基金会名称	捐赠者	成立时间	金额	主要用途
蓬壶镇 (7个)	吕益谦奖学基金	沈美华	1990	8	奖学
	仙岭小学奖学金	沈美华	1990	3	奖学
	美山林氏家族基金	海外侨亲	1994	9.1	老人福利
	蓬壶中学教学基金	林玉书 潘佳浓	1994	14	奖学
	林士寄教育基金	林士寄	1994	3	奖学
	西昌小学奖学基金	林多钊	1995	5	奖学
	苏永系奖学基金	苏爱群	1997	5	奖学
达埔镇 (24个)	叶立贻基金	叶克奏 叶辅翼	1985	100	奖学奖教 公益福利
	许耀华奖教金	许耀华	1987	5.6	奖教
	狮峰校董事会基金	李建生 李原忠 李学礼	1987	0.03 美元/年	奖学奖教
	黄瑞德奖学金	黄瑞德	1989	7.3	奖学
	谢素珍女士奖学金	潘贤期	1993	1	奖学
	洪步小学奖学奖教基金	林子华	1993	6	奖学奖教
	张学增奖学奖教基金	张维哲	1993	0.2/年	奖学奖教
	建国村奖学奖教基金	潘项南 潘金助	1995	1.82	奖学、老人福利
	汉口村奖学奖教基金	刘子健等	1995	18	奖学奖教

续表
单位：万元

乡(镇)	基金会名称	捐赠者	成立时间	金额	主要用途
达埔镇 (24个)	达中后巷郑氏教育基金	吴锦聪 郑正云	1995	2.08	奖学奖教
	东园奖学奖教基金	吴国基等	1996	12	奖学奖教
	达理埔美奖学奖教基金	郑甘霖 吴锦聪	1997	3	奖学奖教
	洑溪小学奖学奖教基金	黄玉书 司徒美金等	1997	12	奖学奖教
	叶云祚基金	叶云祚 叶忠柱	1998	50	奖学奖教 公益福利
	郑甘霖奖学奖教基金	郑甘霖等	1999	7.15	奖学奖教
	叶奇瑛基金	叶奇瑛	2000	16	奖学奖教
	黄诗铁奖学奖教基金	黄诗铁	2000	0.1/年	奖学奖教
	周氏慈善基金	周大焕	2002	45	奖学、老人福利
	前峰村奖学奖教基金	张渊清 张福庆	2003	1.9	奖学、助学、奖教
	黄少江奖学奖教基金	黄少江	2004	1.8/年	奖学助学奖教
	黄文本陈秀玉伉俪教育基金	黄文本 陈秀玉	2005	10	奖学奖教
	桃源潘氏助学基金	海外族亲等	2007	280	奖学奖教
	前峰小学奖学会	张渊清 张福才	2012	0.3/年	奖学
	周氏后崛慈善基金	周大焕	2013	45	慈善基金
介福乡 (6个)	郑华温基金	郑青松	1987	1.5	奖学奖教
	龙津小学教育基金	旅马侨亲	1988	0.4	奖学奖教
	介福紫美基金	郑元孟 郑孝本	1997	19	奖学奖教
	介福龙津基金	郑安业	1997	0.7	奖学
	福东小学基金	林、郑侨亲	2000	3.5	奖学奖教
	福东小学奖学奖教基金	林来英	2001	2	奖学奖教

续表　　　　　　　　　　　　　　　　　　　　　　　单位：万元

乡(镇)	基金会名称	捐赠者	成立时间	金额	主要用途
吾峰镇 (15个)	蓉镜小学校董会基金	张忠超	1986	7	奖学奖教
	南阳学园设备基金	梁清辉 梁祖辉	1987	3	设备维修
	梁披云奖学金	梁清辉 梁祖辉	1988	50	奖学奖教
	蓉镜小学奖学奖教基金	张石麟	1988	8.5	奖学奖教
	吾中小学奖学奖教基金	施宪章	1989	1	奖学奖教
	梅林黄氏宗祠基金	黄金如 黄维诚	1990	7	黄氏宗祠修缮等
	梅林小学奖学奖教基金	梁淑惠 黄金如 黄应举 黄维诚	1990	11.4143	奖学奖教
	梅林小学奖学奖教基金	黄圣举	1990	1	奖学奖教
	梅林小学奖学奖教基金	黄维诚	1990	2	奖学奖教
	梅林祠堂基金	黄金如	1990	5	修缮及宗亲事务
	梅林祠堂基金	黄维诚	1990	2	修缮及宗亲事务
	吾峰中学奖学奖教基金	张石麟	2002	2	奖学奖教
	吾峰中学奖学奖教基金	梁进荣	2003	1	奖学奖教
	吾顶村天成老人基金	梁明瑜	2009	3.88	老人活动
	吾西小学奖教奖学基金	张石麟 张金添 陈巴西 张月貌 张月娥	2009	3.8362	奖学奖教
石鼓镇 (19个)	马峰老人基金	陈墩厚 陈绳润 陈祖晋等	1991	8.556	老人福利
	桃星小学基金	梁义坤等	1996	17.5	奖学奖教
	桃场小学(石鼓中心) 颜振奖学奖教基金	颜林秀琴	1996	20	奖学奖教

续表 单位：万元

乡(镇)	基金会名称	捐赠者	成立时间	金额	主要用途
石鼓镇 (19个)	鲁国小学(石鼓中心)基金	颜声裕	1997	8	奖学奖教
	社山小学校董会基金	梁良斗 颜彬声等	1997	10	奖学奖教
	马峰村陈氏家族会福利基金	陈墩厚 陈绳润	1999	6.2	老人福利
	洑江小学教育基金	郑金炎等	1999	2.4	奖学奖教
	文明中学奖学奖教基金	香港文明 中学校友会	2002	50	奖学奖教
	社山鲁国小学华绣奖学 奖教基金	颜丁己 颜如意 颜亚玲	2002	10	奖学奖教5年
	凤美小学基金	陈联柄	2002	15	奖学奖教
	马峰陈氏四房祖基金	陈墩厚 陈绳润	2002	6	奖学奖教
	文明中学教育基金	郑秀英	2005	50	奖学奖教
	马峰村寨内老人基金	陈墩厚	2006	6.22	老人福利
	东安小学奖学基金	苏琪敏	2006	2.2	奖学
	桃星老人基金	郑国栋	2007	1	老人福利
	石鼓镇教育基金	陈墩厚	2010	5	奖学奖教
	社山鲁国教育基金	颜丁己 兄弟姐妹	2011	港币 60万	奖学奖教
	石鼓社区慈善基金会	王翔鹏	2014	5	慈善基金
	石鼓社区颜章湖助学奖学基金会	颜章湖	2014	5	奖学
五里街镇 (11个)	高垅小学基金	林礼道 林泗水	1990	6	奖学奖教
	儒林小学奖学奖教基金	林开淮 林月英	1993	10	奖学奖教
	儒林小学基金	宋立民	1993	2	奖学
	宋雪芬奖学奖教基金	宋雪芬	2002	0.2/年	奖学奖教
	宋立民奖学奖教基金	宋立民	2002	0.3/年	奖学奖教

续表

单位：万元

乡(镇)	基金会名称	捐赠者	成立时间	金额	主要用途
五里街镇 (11个)	崇贤中学教育基金	王翔鹏	2002	10	奖学奖教
	仰贤小学基金	林曼椿 辜克标	2002	5	奖学奖教
	崇贤中学教育基金	郑秀英	2006	50	奖学奖教
	林世哲教育基金会	林世哲	2008	10/年	奖学奖教
	玉峰奖学基金	陈章星	2010	0.33	奖学
	黄培辉教育扶贫基金	黄培辉	2011	5	奖助学金
桃城镇 (18个)	郑奕定基金	郑兴宗	1985	120	奖学奖教
	卧龙小学基金	郑文尧 郑朝直	1985	60	奖学奖教
	桃溪周氏基金	周卿云	1987	8.5	奖学奖教
	化龙小学奖学奖教基金	黄祖望等	1987	9.65	奖学奖教
	丰山陈氏基金	陈举问等	1987	60	奖学奖教
	化龙小学奖教奖学基金	黄国相	1989	2.2	奖学奖教
	花石小学基金	张石麟	1989	7.5	奖学奖教
	化龙小学奖教奖学基金	李民道 刘梅月	1991	2.2	奖学奖教
	德风奖学奖教基金	旅新、马 侨亲	1991	15	奖学奖教
	张埔奖学基金	李瑞龙 李奎潘	1992	3	奖学
	济川小学基金	廖琴英	1992	11.5	奖学奖教
	长安小学基金	邱瑞宜 蔡炳光	1993	5.5	奖学奖教
	洋上学寓基金	余流水等	1995	64	奖学奖教
	洛阳邱维泗基金	邱维泗	1995	35	奖学奖教
	化龙老人福利基金	旅外侨亲	1995	20.54	老人福利
	外坵小学基金	李文彬等	1996	7.7	奖学奖教
	鹏翔校董会	郑玉环 郑兴宗		35	奖学奖教

续表
单位：万元

乡(镇)	基金会名称	捐赠者	成立时间	金额	主要用途
桃城镇 (18个)	洛阳村教育	旅外侨亲	2010	55.3	奖学奖教
	老人福利基金				老人福利
东平镇 (11个)	太山小学奖学奖教基金	李平福 李思华等	1991	18	奖学奖教
	冷水小学助学基金	李文铨等	1991	11	助学
	冷水小学奖学奖教基金	李文铨等	1991	0.5/年	奖学奖教
	永春八中奖学奖教基金	肇永公 家族会	1992	10	奖学奖教
	云峰小学奖学基金	邱淑霞	1992	3	奖学
	太山小学助学基金	李炎辉 李思华等	1996	20	助学
	永春八中助学基金	黄安荣	2007	7.51	助学
	永春八中教育基金	黄金奋	2009	20	奖学奖教
	东平镇教育基金	黄金奋	2010	10	奖学奖教
	黄安荣大楼基金	黄安荣	2012	300	奖学奖教
	东平冷水小学校董会奖学基金会	李康其	2016	1	奖教奖学
东关镇 (8个)	溪南小学奖学奖教基金	陈后槟 陈后权	1995	15	奖学奖教
	外碧小学奖学奖教基金	德发兄弟 有限公司	1996	9.233	奖学奖教
	东碧中学奖学奖教基金	郑清水	1996	5	奖学奖教
	东碧中学扶贫基金	陈氏公会	2003	5	助学
	东碧中学奖学奖教基金	陈氏公会	2005	2	奖学奖教
	溪南小学奖学奖教基金	陈兆沁	2008	10	奖学奖教
	溪南小学陈后槟教育基金	陈伍强	2012	50	奖学奖教
	东关镇外碧村刘氏基金	刘振福	2016	10	助学奖学
岵山镇 (18个)	银枝超群基金	陈银枝 郑玉花	1986	8/年	奖学奖教
	磻溪小学校董会	黄跨助 颜玉雪 颜章根	1986	90–98 0.6/年 99–2005 0.4/年	奖学奖教

续表　　　　　　　　　　　　　　　　　　　　　　　　　　　单位：万元

乡(镇)	基金会名称	捐赠者	成立时间	金额	主要用途
岵山镇 (18个)	陈贤真教育基金	陈贤真	1988	5	奖学奖教
	永健登山教育基金	台湾乡亲	1989	0.24美元	奖学奖教
	塘溪小学奖学奖教基金	吴爱惜	1989	0.2/年	奖学奖教
	陈新荣教育基金	陈新荣	1990	0.6/年	奖学奖教
	塘溪小学奖学奖教基金	陈秀明 陈锡石	1990	0.35/年	奖学奖教
	陈进策教育基金	陈进策	1991	0.1/年	奖学奖教
	文溪小学教育基金	海外侨亲	1992	15	奖学奖教
	龙阁小学教育基金	旅港族亲	1992	1	奖教
	磻溪老人福利基金	颜玉雪	1993-2008	15	老年人福利等
	北溪小学奖学基金	许世经	1996	1	奖学
	塘溪小学武装基金	李武装	1996	5	奖学
	陈仕田奖学基金	陈金锻	1996	2	奖学
	陈承奕奖学基金	陈新场	1998	15	奖学
	陈新场基金	陈新场	2000	0.05万美元/年	老人福利
	磻溪小学奖学奖教基金	郑秀英	2006	0.2/年	奖学奖教
	磻溪小学奖学奖教基金	陈礼城	2007	11.8	奖学奖教
仙夹镇 (15个)	夹际村老人基金	海外侨亲	1988	70	老人福利
	郑耀楷教育基金	郑耀楷	1988	20	奖学奖教
	陈传词、洪丽珠教育基金	陈建榕昆仲	1990	20	教育经费
	郑泗水教育基金	郑泗水	1990	4.5	校舍维修
	夹际中小学教育基金	郑少坚等	1995	200万菲币	奖学
	龙美小学教育基金	洪碧珠 陈其聪	1995	5.6	奖学奖教
	郑少坚奖学基金	郑少坚等	1999	100万菲币	奖学
	郑维翰教育基金	郑永绵	1999	3	奖学
	东里小学教育基金	郑伟川	1999	10.7	奖学奖教

续表

单位：万元

乡(镇)	基金会名称	捐赠者	成立时间	金额	主要用途
仙夹镇 (15个)	仙夹中心小学教育基金	陈金表等	2001	7.5	奖学
	东里村郑氏宗亲教育基金	旅外侨亲	2001	17	奖学奖教
	陈建绪教育基金	陈建绪	2005	10/年	奖学
	仙夹镇关爱基金会	陈建绪 郭从愿	2008	11	慈善
	夹际小学教育基金	郑翘楚	2009	3	奖学
	东里村"怡发堂"教育基金会	郑鼎埭	2015	15	奖学奖教
湖洋镇 (8个)	仙溪郑氏奖学基金	郑永传 郑建成等	1987	10	奖学
	刘氏奖学基金	彭城公会	1991	10	奖学
	蓬莱黄氏教育基金	黄家田 黄家林	1991	3	奖学
	桃美刘金春奖学基金	刘金春	1991	2.4	奖学
	高坪教育基金	吴东土	1996	30	奖学
	龙山小学奖学基金	旅马侨亲	1996	3.7	奖学
	上坂村教育基金	陈君锟	1997	1	奖学
	成木银幼儿园基金	吴东土	1999	2	幼儿教育

三、参与管理侨捐基金

受海外侨亲委托，至2023年，永春县、乡（镇）两级侨联直接管理和参与管理过的侨捐基金会达16个，资金总额达人民币3275.65万元，菲币600万元。各级侨联委员参与基金会管理也较为普遍，较好地发挥基金会作用，成效有目共睹。

表4.4.9　1984—2023年永春侨联系统组织管理侨捐基金会统计表

单位：万元

基金会名称	管理单位	成立时间	资金总额	捐赠者
卧龙小学奖教奖学基金会	永春县郑信顺夫人 基金会代管	1984	50	郑文尧
郑信顺夫人基金会	永春侨联参与管理	1984	535.65	郑文尧

续表　　　　　　　　　　　　　　　　　　　　　　　　单位：万元

基金会名称	管理单位	成立时间	资金总额	捐赠者
冷水小学教育基金会	永春县东平镇侨联	1985	10	东平镇旅马侨亲
夹际中小学助教基金会	永春县仙夹镇侨联	1986	国内 17 海外 200（港币）	菲律宾夹际宗亲会
郑少坚助学基金会	永春县仙夹镇侨联	1988	400（菲币）	郑少坚
鸿榜陈氏公会奖学基金会	永春县东平镇侨联	1989	8	东平镇旅马侨亲
永春八中奖学基金会	永春县东平镇侨联	1991	10	东平镇旅马侨亲
太山小学奖学奖教基金会	永春县东平镇侨联	1993	10	东平镇旅马侨亲
郑奕定基金会	永春桃城镇侨联	1993	300	郑先生（马来西亚）
太山学校清寒子弟扶助基金会	永春县东平镇侨联	1995	12	东平镇旅马侨亲
梁披云教育扶贫基金会	永春县侨联主管	1996.7	200	梁清辉、梁祖辉、梁良斗
颜秀兰教育扶贫基金会	永春县侨联主管	1996.1	20	梁良斗
永春县侨联侨心扶贫基金会	永春县侨联主管	2003	10	香港永春同乡会
陈建绪助学基金会	永春县仙夹镇侨联	2005	10/年	陈建绪
文明中学奖教奖学基金会	永春县石鼓镇侨联	2005	100	黄少江、郑秀英
林世哲教育基金会	永春县侨联参与管理	2011	1000	林世哲
林世哲教育基金发展协会	永春县侨联参与管理	2014	1000	林世哲

第五节　引导捐资慈善事业

　　旅外永春乡贤对家乡慈善公益事业情有独钟、慷慨捐赠。2002 年永春县慈善总会成立至 2012 年 3 月的十年间就有 89 人次、7 个乡会和公司累计捐资人民币851.56 万元，港币 1015.32 万元，留本取息 5000 万元。其中新加坡侨亲郑仓满、郑志光父子慈善捐款港币 983.2 万元，人民币 191.3227 万元；旅港同胞颜宝玲捐资人民币 100 万元；陈荣助、郑秀英各捐资人民币 50 万元；林励生捐资人民币 45.06万元。

2012 年—2016 年 4 年间，就有 72 人次慈善捐款人民币 1818.1870 万元。其中旅马侨亲李深静捐资人民币 325 万元，旅港同胞郑文红慈善捐款人民币 180 万元，陈义明 110.6 万元、林励生 108.89 万元；8 人次、3 个乡团为梁披云故居文化设施捐款人民币 140.53 万元；85 人次及 3 个宗亲祖团为遭受"莫兰蒂"12 号台风水毁东关桥重建捐款人民币 89.0822 万元；25 人次冠名基金捐赠人民币 1422 万元，有 8 人次冠名基金（留本捐息）捐赠人民币 4500 万元，有 2 人设立侨捐现金基金人民币 240 万元。

表 4.4.10　　　　2002—2016 年县慈善总会侨捐项目一览表

单位：万元

时间	捐赠者（团体）	旅居地	金额	主要用途
2002 年	台北市永春同乡会尤清祖等 321 人	台湾地区	4.64	捐慈善基金
2002 年	马来西亚居銮永春同乡会	马来西亚	0.7	捐慈善基金
2002 年	刘正庆	香港	1	捐慈善基金
2002 年	吴秀芹	马来西亚	0.5018	捐慈善基金
2002 年	郑仓满	新加坡	5	捐慈善基金
2002 年	新加坡永春会馆	新加坡	5	捐慈善基金
2002 年	颜金炜	香港	5	捐慈善基金
2002 年	陈荣助	香港	10	捐慈善基金
2002 年	邱昆源	香港	1	捐慈善基金
2002 年	郑国基	香港	1	捐慈善基金
2002 年	郑国栋	香港	1	捐慈善基金
2002 年	陈敏生	香港	1	捐慈善基金
2002 年	林振发	香港	1	捐慈善基金
2002 年	郑建辉	香港	1	捐慈善基金
2002 年	郑仓满	新加坡	121.3227	12 号热带风暴救灾
2002 年	香港永春同乡会福利基金有限公司	香港	26.190133	12 号热带风暴救灾
2002 年	印尼永春同乡会等 10 人	印尼	11.5555	12 号热带风暴救灾

续表   单位：万元

时间	捐赠者（团体）	旅居地	金额	主要用途
2002 年	沙巴永春会馆	马来西亚	7	捐慈善基金
2003 年	颜宝玲	香港	100	助建永春县老年公寓
2003 年	森美兰永春同乡会	马来西亚	0.2	捐慈善基金
2005 年	张石麟	香港	6	捐慈善基金
2009 年	香港永春同乡会陈荣助	香港	50	助建港永幼儿园
2010 年	福建郑棣电子有限公司		8.5	助建永春桃城鹏翔小学
2010 年	福建郑棣电子有限公司		60	助建永春县文化中心
2012 年	陈章明、郑亚钦伉俪	香港	1200	慈善基金留本取息
2012 年	梁德才	新加坡	400	慈善基金留本取息
2012 年	陈达毅	香港	100	慈善基金留本取息
2012 年	洪文良	香港	200	慈善基金留本取息
2012 年	郑文红	香港	2000	慈善基金留本取息
2012 年	许思政	香港	100	慈善基金留本取息
2012 年	潘宏志、颜家玲伉俪	香港	1000	慈善基金留本取息
2012 年	郑玉堂	澳门	5	慈善捐款
2012 年	许世纪	印尼	6	慈善捐款
2012 年	颜章湖	新加坡	5	慈善捐款
2012 年	郭谨向	新加坡	3	慈善捐款
2012 年	郑建成	新加坡	2	慈善捐款
2012 年	郑桂发	新加坡	2	慈善捐款
2012 年	陈超阳	新加坡	5.032	慈善捐款
2012 年	陈义明	新加坡	10	慈善捐款
2012 年	陈亚树	新加坡	1	慈善捐款
2012 年	尤裕质	澳门	10	慈善捐款
2012 年	郑仓满、郑志光	新加坡	983.32 万港币	慈善捐款
2012 年	郑仓满	新加坡	70	慈善捐款
2012 年	张炳顺	新加坡	0.2	慈善捐款
2012 年	郑秀英	香港	50	慈善捐款

续表   单位：万元

时间	捐赠者（团体）	旅居地	金额	主要用途
2012 年	陈福裕	新加坡	1	慈善捐款
2012 年	林金炉	台湾地区	0.3	慈善捐款
2012 年	陈家顺	新加坡	1	慈善捐款
2012 年	陈春财	新加坡	0.2	慈善捐款
2012 年	许思政	台湾地区	1.5	慈善捐款
2012 年	林台生	香港	18	慈善捐款
2012 年	许永成	越南	0.1	慈善捐款
2012 年	林励生	香港	32 万港币	慈善捐款
2012 年	潘金财、潘 开	新加坡	5	慈善捐款
2012 年	林华强	新加坡	5.8	慈善捐款
2012 年	林吕培绸	香港	41.1	慈善捐款
2012 年	林励生	香港	45.06	慈善捐款
2012 年	林秋生	香港	41.1	慈善捐款
2012 年	林台生	香港	2.23	慈善捐款
2012 年	林昆生	香港	8.23	慈善捐款
2012 年	许金发	新加坡	0.2	慈善捐款
2012 年	李天民	新加坡	0.2	慈善捐款
2012 年	郑国栋	香港	4	慈善捐款
2012 年	颜聪华	香港	2	慈善捐款
2012 年	林秀英	新加坡	0.2	慈善捐款
2013 年	黄茂相	马来西亚	33	石鼓中心幼儿园补助 20 万文明中学电脑添置 13 万
2013 年	郑仓满、郑志光	新加坡	70	永春县仓满幼儿园加层加固工程
2013 年	林励生	香港	59.95	蓬壶壶中小学教学楼建设
2013 年	陈章明	香港	230	慈善捐款
2013 年	陈达毅	香港	11.8	慈善捐款
2013 年	洪文良	香港	8	慈善捐款
2013 年	郑文红	香港	180	慈善捐款

续表

单位：万元

时间	捐赠者（团体）	旅居地	金额	主要用途
2013 年	潘宏志	香港	60	慈善捐款
2013 年	许思政	台湾地区	4	慈善捐款
2013 年	陈义明	新加坡	11	慈善捐款
2013 年	潘金财、潘　开	新加坡	5	永春五中校园建设及奖教奖学等
2013 年	杨华阳	香港	86.4	慈善捐款
2013 年	张志民	澳门	20	苏坑幼儿园建设补助
2013 年	张金海	澳门	50	苏坑幼儿园建设
2013 年	颜彡桦	马来西亚	35.84	永春五中校园建设及奖教奖学
2013 年	李深静	马来西亚	75	湖洋镇美莲村"西莲堂"老人活动中心建设 10 万、东关幼儿园建设 50 万，东平侨联大厦维护装修 15 万
2013 年	郭从愿	菲律宾	20	慈善捐款
2013 年	陈利群	澳门	20	慈善捐款
2014 年	陈荣助	香港	60	环翠亭建设
2014 年	林励生	香港	39.92	蓬壶镇壶中小学教学楼建设
2014 年	陈义明	新加坡	15	岵山镇廊桥建设
2014 年	陈义明	新加坡	12	岵山镇卫生院添置医疗设备
2014 年	林励生	香港	2.8	蓬壶镇丽里小学奖教奖学
2014 年	林励生	香港	1.18	蓬壶镇壶中小学购置桌椅补助
2014 年	王彬成	澳门	12.05	梁披云故居公益文化设施
2014 年	张明星	澳门	12	
2014 年	李天赏	澳门	8.005	
2014 年	曾志龙	澳门	8.03	
2014 年	陈明金	澳门	8.03	
2014 年	刘艺良	澳门	8.03	
2014 年	吴在权	澳门	8.03	

续表

单位：万元

时间	捐赠者（团体）	旅居地	金额	主要用途
2014 年	张志民	澳门	8.03	梁披云故居公益文化设施
2014 年	澳门归侨总会	澳门	40.16	
2014 年	澳门福建学校校基会	澳门	24.1	
2014 年	澳门永春同乡会	澳门	4.02	
2014 年	许世经	印尼	31	慈善捐款
2014 年	林秀英	新加坡	0.1	慈善捐款
2014 年	郑文红	香港	448	冠名基金捐赠
2014 年	陈章明	香港	165	冠名基金捐赠
2014 年	潘宏志、颜家玲	香港	40	冠名基金捐赠
2014 年	潘宏志（富临国际）	香港	20	冠名基金捐赠
2014 年	洪文良	香港	8	冠名基金捐赠
2014 年	陈达毅	香港	5	冠名基金捐赠
2014 年	许思政	台湾地区	4	冠名基金捐赠
2015 年	李深静	马来西亚	150	永春八中教学楼翻建改造
2015 年	陈义明	新加坡	61.8	添置医疗器械、大病救助、老人慰问等慈善公益项目
2015 年	颜彬彸	新加坡	49.73	永春五中奖教奖学金
2015 年	澳门永春同乡会	澳门	25.03	永春县医院医疗卫生事业
2015 年	林励生	香港	5.04	蓬壶镇丽里小学奖教金
2015 年	林励生	香港	3.5	蓬壶镇壶中小学奖教金
2015 年	郭从愿	菲律宾	145	冠名基金捐赠
2015 年	陈章明	香港	145	冠名基金捐赠
2015 年	郑文红	香港	52	冠名基金捐赠
2015 年	潘宏志（富临国际）	香港	40	冠名基金捐赠
2015 年	潘宏志、颜家玲	香港	20	冠名基金捐赠
2015 年	颜丁己、颜如意、颜亚玲	香港	12	冠名基金捐赠
2015 年	洪文良	香港	8	冠名基金捐赠
2015 年	许思政	台湾地区	3	冠名基金捐赠
2015 年	陈达毅	香港	0.5	冠名基金捐赠

续表

单位：万元

时间	捐赠者（团体）	旅居地	金额	主要用途
2016 年	李深静	马来西亚	100	东关镇外碧村道路建设
2016 年	许世经	印尼	76	岵山镇文溪大桥建设、永春一中奖教奖学金
2016 年	周清琦	菲律宾	33.518877	桃溪实验小学
2016 年	颜彬彣	新加坡	25.238396	永春五中"新加坡永春乡亲奖教奖学助学金"
2016 年	陈少煌	香港	20	永春一中奖教奖学
2016 年	颜如意	香港	4	永春一中奖教奖学
2016 年	香港泉州慈善促进总会	香港	18	永春县医院添置血透机
2016 年	陈荣助	香港	4.437	永春六中教育事业
2016 年	林励生	香港	4.102755	蓬壶镇壶中小学、丽里小学奖学金
2016 年	刘永涯	澳门	40	慈善捐款
2016 年	庄哲猛	香港	30	慈善捐款
2016 年	陈义明	新加坡	25.8	慈善捐款
2016 年	香港永春同乡会	香港	34.74	修复水毁东关桥
2016 年	澳门永春同乡会	澳门	16.913233	
2016 年	马来西亚永春联合会	马来西亚	11.574624	
2016 年	张金海、郑密	澳门	2.174	
2016 年	萍萍	澳门	2	
2016 年	张敬文	澳门	2	
2016 年	张志民、陈丽华	澳门	2	
2016 年	郑子洋	马来西亚	2	
2016 年	张志强、陈爱文	澳门	2	
2016 年	尤裕质、李春莲	澳门	1	
2016 年	陈竞江	澳门	1	
2016 年	陈永山	澳门	1	
2016 年	陈利群	澳门	1	
2016 年	陈利民	澳门	1	

续表

单位：万元

时间	捐赠者（团体）	旅居地	金额	主要用途
2016 年	郑建足	澳门	0.5	
2016 年	郑鸿安	澳门	0.5	
2016 年	吴雪芳	澳门	0.434	
2016 年	潘尚礼	澳门	0.434	
2016 年	赵子文	澳门	0.434	
2016 年	陈竞新、陈培英	澳门	0.3	
2016 年	潘秀妹、陈伟君	澳门	0.3	
2016 年	苏志荣、黄玲玲	澳门	0.2	
2016 年	李少新、孙灵灵	澳门	0.2	
2016 年	刘永斌、李燕华	澳门	0.2	
2016 年	刘墩厚	澳门	0.15	
2016 年	刘少黎	澳门	0.109	
2016 年	陈爱清（丰山）	澳门	0.1	
2016 年	陈传煌	澳门	0.1	
2016 年	陈自力	澳门	0.1	修复水毁东关桥
2016 年	曾亚松	澳门	0.1	
2016 年	李建生	澳门	0.1	
2016 年	林祖辉	澳门	0.1	
2016 年	林祖佑	澳门	0.1	
2016 年	温建斌	澳门	0.1	
2016 年	陈永华	澳门	0.1	
2016 年	陈贻义	澳门	0.1	
2016 年	陈爱清（岵山）	澳门	0.1	
2016 年	郑清辉	澳门	0.1	
2016 年	郑荣春	澳门	0.1	
2016 年	李永鹏	澳门	0.1	
2016 年	陈钊哲	澳门	0.1	
2016 年	张秀兰	澳门	0.1	
2016 年	张小军	澳门	0.1	

续表

单位：万元

时间	捐赠者（团体）	旅居地	金额	主要用途
2016 年	温爱霞	澳门	0.1	
2016 年	温建荣	澳门	0.1	
2016 年	张荣枪	澳门	0.1	
2016 年	陈建全	澳门	0.1	
2016 年	刘乐帜	澳门	0.1	
2016 年	林志松	澳门	0.1	
2016 年	刘少能	澳门	0.1	
2016 年	陈隆火	澳门	0.1	
2016 年	张志雄	澳门	0.1	
2016 年	张晓芬	澳门	0.1	
2016 年	陈建平	澳门	0.1	
2016 年	陈良辉	澳门	0.1	
2016 年	张秀明	澳门	0.1	
2016 年	李民益	澳门	0.1	
2016 年	李锦福	澳门	0.1	修复水毁东关桥
2016 年	梁文辉、李巧兰	澳门	0.1	
2016 年	李家宏、李巧美	澳门	0.1	
2016 年	陈传民	澳门	0.1	
2016 年	廖丽音	澳门	0.087	
2016 年	林登科	澳门	0.084	
2016 年	陈培群	澳门	0.084	
2016 年	陈培兰	澳门	0.084	
2016 年	陈培莲	澳门	0.084	
2016 年	陈春英	澳门	0.084	
2016 年	陈金岸	澳门	0.08	
2016 年	陈搏士	澳门	0.05	
2016 年	陈美丽	澳门	0.05	
2016 年	陈华威	澳门	0.05	
2016 年	陈华展	澳门	0.05	

续表 单位：万元

时间	捐赠者（团体）	旅居地	金额	主要用途
2016 年	尤　帅	澳门	0.05	修复水毁东关桥
2016 年	尤　傲	澳门	0.05	
2016 年	郑荣鼎	新加坡	0.05	
2016 年	邓惠娟	澳门	0.042	
2016 年	陈章明	香港	197.26	冠名基金捐赠
2016 年	郭从愿	菲律宾	20	冠名基金捐赠
2016 年	郑文红	香港	20	冠名基金捐赠
2016 年	潘宏志、颜家玲	香港	20	冠名基金捐赠
2016 年	潘宏志（富临国际）	香港	20	冠名基金捐赠
2016 年	颜丁己、颜如意、颜亚玲	香港	12	冠名基金捐赠
2016 年	洪文良	香港	8	冠名基金捐赠
2016 年	尤裕质	澳门	8	冠名基金捐赠
2016 年	许思政	台湾地区	1.5	冠名基金捐赠

表 4.4.11 **侨捐冠名基金（留本捐息）**

单位：万元

设立时间	捐赠人（团体）	旅居地	基金名称	基金总额
2013 年	郭从愿	菲律宾	郭从愿伉俪慈善基金	1500
2013 年	潘宏志（富临国际）	香港	永春富临国际慈善基金	1000
2013 年	陈利群	澳门	利群慈善基金	500
2015 年	陈章明（永春福信置业有限公司）	香港	福信慈善基金	1000
2015 年	颜丁己、颜如意、颜亚玲	香港	华秀慈善基金	300
2016 年	尤裕质	澳门	裕挚慈善基金会	200

表 4.4.12 **侨捐现金基金**

单位：万元

设立时间	捐赠人（团体）	旅居地	基金名称	基金总额
2013 年	郑文红	香港	郑宴居胡秀风夫妇慈善基金	20
2015 年	黄国琛	澳门	黄光尧老师奖教助学慈善基金	220.5

第六节　引导捐资乡（镇）公益事业

中华人民共和国成立以来，特别是改革开放以后，海内外交流联谊热络，永春县乡两级侨联认真贯彻党和政府的侨务政策，在县委、县政府领导下，积极引导海外侨亲，港澳台同胞捐资家乡公益事业，同时参与管理侨捐基金、监管侨捐工作等相关事宜，以热情的服务赢得捐赠者的信任和赞誉。

海外侨亲、港澳台同胞捐资家乡公益事业的善举，既泽被侨乡人民、又造福全县，极大推动了永春经济社会的快速发展。根据永春县侨捐项目汇编（第一辑、第二辑）数字统计、永春县海外侨亲、港澳台同胞捐资蓬壶、达埔、介福、吾峰、石鼓、五里街、桃城、东平、东关、岵山、仙夹、湖洋 12 个侨乡乡镇公益事业就达到人民币 35017.355 万元、港币 777.01676 万元、马币 341.9957 万元、台币 46.5 万元、美元 11.51 万元、新币 11.046 万元、英镑 0.45 万元。其余乡镇侨捐公益事业人民币 836.8 万元。

表 4.4.13　　　**1949—2016 年永春县乡镇侨捐公益事业统计表**

单位：万元

乡镇名称	教育事业	医疗卫生事业	基础设施	其他公益事业
蓬壶镇	人民币：1166.406	人民币：127.04	人民币：2106.622	人民币：976.96
达埔镇	人民币：748.3765 港币：7.3	人民币：136.9	人民币：370.37	人民币：1413.515
介福乡	人民币：493.37		人民币：136.38	人民币：442.09 马币：16.1
吾峰镇	人民币：559.94	人民币：7	人民币：758.4	人民币：901.6383 马币：0.01
石鼓镇	人民币：1230.0125 港币：60		人民币：1174.45	人民币：1142.5036
五里街镇	人民币：1737.3365 港币：35		人民币：99.2406	人民币：896.5892

续表   单位：万元

乡镇名称	教育事业	医疗卫生事业	基础设施	其他公益事业
桃城镇	人民币：1752.5549 港币：8.18 马币：34.98 美元：10.97 新币：0.01	人民币：15	人民币：726.06 马币：7.828 港币：4.63176	人民币：983.6375 马币：54.1536 港币：3.27 台币：13.8 美元：0.48
东平镇	人民币：923.973		人民币：1026.264 马币：4.85	人民币：1123.56 马币：170.9625
东关镇	人民币：271.411		人民币：743.6476	人民币：735.0169 马币：30.235 港币：1.62
岵山镇	人民币：1247.7318 港币：0.22	人民币：323.07	人民币：1619.1925 港币：14.95 新币：4.706 马币：0.136 美元：0.05	人民币：1169.1104 港币：64.359 马币：1.19 台币：22.06 美金：0.01 英镑：0.45 新币：5.05
仙夹镇	人民币：1066.3908 港币：74.04 马币：0.067	人民币：230.3 美金：2	人民币：13448.86 港币：387.76 马币：0.62 新币：0.23	人民币：927.4975 港币：65.826 马币：7.62 新币：0.55
湖洋镇	人民币：258.3057 马币：9.25		人民币：418.1772	人民币：510.9095 台币：10.64
合计：	人民币：12427.8357 马币：44.297 港币：184.7 新币：0.05 美元：10.97	人民币：839.31 美元：2	人民币：10527.6639 马币：20.4866 港币：450.24176 新币：5.436 美元：0.05	人民币：11223.0259 港币：135.075 马币：277.2121 台币：46.5 美元：0.49 新币：5.6 英镑：0.45

备注：1. 本表是根据永春县侨捐项目汇编（第一辑、第二辑）资料统计。
　　　2. 统计时间截至 2016 年底。
　　　3. 侨捐实物未标明价值的未统计在内。

各乡镇海外侨亲、港澳台同胞捐赠公益事业概况

一、蓬壶镇

1. 教育事业

捐赠教育事业人民币 1166.406 万元（不含永春三中），兴建丽里、孔里、魁都、军兜、八乡、魁园、仙岭、都溪、西昌、壶东、壶中、高峰、南幢、高丽、蓬壶中心小学、蓬壶幼儿园、蓬壶中学、汤城中学等 18 所中小学校及幼儿园。

2. 卫生医疗事业

捐赠卫生医疗事业人民币 127.04 万元，兴建蓬壶医院书香楼、崇安楼，添置医疗设备及救护车 2 部。

3. 基础设施

捐赠基础设施人民币 2106.622 万元，兴建蓬壶书香桥（原九板桥）、魁园桥、壶美桥、振荣桥、陈坂桥、壶口桥等 6 座桥梁；铺设孔里丽里水泥路、无极殿水泥路、壶中水泥路、汤城水泥路、美山——普济寺水泥路等交通基础设施；兴建蓬壶镇侨联会所、丽里村部、仙岭科技园等；修建仙洞、普济旅游区、百丈岩旅游景区景观等。

4. 其他公益事业

捐赠公益事业人民币 976.96 万元，兴建老人活动中心 25 座（宗祠），古迹景观 15 处，基督教开放性活动场所 1 处等公益事业。

二、达埔镇

1. 教育事业

捐赠教育事业人民币 748.3765 万元，港币 7.3 万元（不含永春五中）。兴建了延清、延寿、前峰、岩峰、新溪、汉口、红星、洪步、建国、东园、金星、达德、新琼、洑溪、达理、溪西、乌石、狮峰、中心小学、中心幼儿园、延清中学等 23 所中小学校和幼儿园。

2. 卫生医疗事业

捐赠卫生医疗事业人民币 136.9 万元，兴建达埔卫生院综合大楼、病房楼、门诊楼、汉口村医疗站及添置医疗设备。

3. 基础设施

捐赠基础设施人民币 370.37 万元，兴建达德石拱桥、洪步七星桥、蓬莱石拱桥、汉口后溪寨大桥、达埔大桥、达东大桥、莘田石拱侨、新溪田中桥亭、达德神潮桥、狄溪义方桥等 10 座桥梁；铺设达埔街水泥路、儒林角落水泥路、院后水泥路、新溪水泥路、汉口苏坑水泥路、达德新村水泥路；兴建猛虎华侨林果场、建设达埔侨联会所、保护狮峰岩永春佛手老茶树等等基础设施建设。

4. 其他公益事业

捐赠其他公益事业 1413.515 万元，兴建老人活动中心 38 座、宗祠古迹景观 8 处、基督教开放性宗教活动场所 1 处等等公益事业。

三、介福乡

1. 教育事业

捐赠教育事业人民币 493.37 万元。兴建福东、紫美、龙津、介福中心小学、介福陈忠柴中心幼儿园、介福中学等 6 所中小学及幼儿园。

2. 基础设施

捐赠基础设施人民币 136.38 万元，铺设福东村水泥路、紫福水泥路、紫美前洋橡梓水泥路、福东洋尾水泥路；建设镇侨联会所、福东村碾米厂、介福"爱心养殖场"、介福乡农民休闲公园等基础设施。

3. 其他公益事业

捐赠其他公益事业人民币 442.09 万元、马币 16.1 万元。兴建老人活动中心 15 座（宗祠），古迹景观 6 处，基督教开放性宗教活动场所 1 处等公益事业。

四、吾峰镇

1. 教育事业

捐赠教育事业人民币 559.94 万元，兴建蓉镜、南阳、梅林、吾中、候龙小学、吾西幼儿园、吾顶幼儿园、吾峰中学等 8 所中小学及幼儿园。

2. 医疗卫生事业

捐赠医疗卫生事业人民币 7 万元，用于助建吾峰卫生院及添置卫生院设备，捐助日产丰田旅行车一部。

3. 基础设施

捐赠基础设施人民币 758.4 万元，铺设吾顶村灵光水泥路、怡恩水泥路及慈恩亭、及谦水泥路、第恩水泥路、妈养广场、披云水泥路、绳基水泥路、普童街道水泥路、三潭公道水泥路、鸿安堂水泥路、第熙大道水泥路、绳池水泥路、陈怡、陈娥纪念大道水泥路；社汤水泥路、梅林水泥路、吾中水泥路、培民水泥路、候龙村金梅路、枣岭水泥路；修建如意桥、前山桥、铺尾桥、再峰桥、蕉林兜水尾桥；建设吾峰供电所、吾峰电站、农村电网建设等基础设施。

4. 其他公益事业

捐赠其他公益事业人民币 901.6383 万元、马币 0.01 万元；兴建老人活动中心 15 座（宗祠），培民村敬老院 1 座；建设候龙书院等古迹景观 11 处，基督教开放性宗教活动场所 1 处，侨联会所装修、梁披云故居公益文化设施等等公益事业。

五、石鼓镇

1. 教育事业

捐赠教育事业人民币 1230.0125 万元，港币 60 万元、兴建文明、鲁国、半岭小学御兰分校、南湖、石鼓、半龄尚德、大卿、马峰、东安、南湖、凤美、吾江小学、石鼓中心小学；石鼓中心幼儿园、洑江幼儿园、鲁国幼儿园、立芬幼儿园、社山颜秀兰幼儿园、马峰幼儿园、卿园幼儿园；文明中学等 22 所中小学校和幼儿园。

2. 基础设施

捐赠基础设施人民币 1174.45 万元，兴建卿园林及桥亭、桃场社区李亲路亭、桃场大溪桥及诒云亭景观、洑江大桥（大尾桥）及桥亭、吾江村石拱桥、凤美村鲁南桥及桥亭、桃联社区石目桥、桃星社区大溪桥；铺设前田自然村公路、半岭村御兰水泥路、桃星社区水泥路、马峰一、二组水泥路、马峰竹林仑水泥路、马峰乡村水泥路、凤美村水泥路、凤美村云居岩水泥路、洑江水尾水泥路、东安半山自然村水泥路、石鼓社区荣钦水泥路、桃场村水泥路、社山石社水泥路、社汤公路硬化等交通基础设施；建设石鼓魁星岩风景区、侨联大厦会所、卿园村科技大厦、社山、凤美社区、马峰村综合楼等基础设施。

3. 其他公益事业

捐赠其他公益事业人民币 1142.5036 万元，兴建老年活动中心 20 座（宗祠）、修建鼠母宫、水吼宫、瑞峰岩、仙林堂、上场城大将军、卿园菩提宫、灵山岩等古迹景观 19 处，卿园基督教开放性活动场所 1 处。

六、五里街镇

1. 教育事业

捐赠教育事业人民币 1752.5549 万元、港币 35 万元（不含域内县级中学及幼儿园），兴建儒林、埔头、仰贤、大羽、高垅、五里街中心小学、五里街新智幼儿园、高垅小学幼儿园、五里街中学、崇贤中学等10所中小学校及幼儿园。

2. 基础设施

捐赠基础设施人民币99.2406万元。修建吾东岭格水尾桥、大羽圆春桥、西安永济桥；修建万春寨道路，埔头村三组水泥路、大羽公路、吾东金山水泥路、许港水泥路、仰贤路至后庙宫泥路、吾边白云——黑庵水泥路、仰贤村水泥路；修建五里街镇侨联会所，埔头水电站、林世哲教育基金大楼等基础设施。

3. 其他公益事业

捐赠其他公益事业人民币896.5892万元。兴建老年人活动中心（宗祠）16座、修建万春寨、真武殿、义烈殿、凤龙殿、金峰真宝殿、湖安岩、景村宫、五显宫、胡坂宫等古迹景观15处，永春大同基督教开放性宗教活动场所1处，县文化保护单位1处。

七、桃城镇

1. 教育事业

捐赠教育事业人民币1752.5549万元，港币8.18万元、马币34.98万元、美元10.97万元、新币0.01万元（不含域内县级中小学及幼儿园）。兴建桃溪、大坪、和平、姜莲、丰山、鹏翔、洋上、留安、花石、仑山、化龙、卧龙、德风、环翠、上沙、长安、外垵、和平等18所小学和德风幼儿园、卧龙秋华幼儿园、济川幼儿园、桃城镇第二中心幼儿园等4所幼儿园及和平中学等中小学、幼儿园。修建洋上学寓。

2. 卫生医疗事业

捐赠卫生医疗事业人民币15万元，建设卧龙社区合作医疗站，捐赠城郊卫生院丰田小霸王汽车一部。

3. 基础设施

捐赠基础设施人民币1026.264万元、马币7.828万元、港币4.63176万元。修建卧龙社区龙滚桥、外垵社前桥梁、桃东社区东门桥、姜莲村大桥、花石村大桥、留安大桥等5座大桥；铺设卧龙村主干道水泥路、环翠七组水泥路、上沙水泥路、丰山村陈日檬水泥路、洋上村环洋水泥路、洛阳村主干道水泥路、德风环岛到梧洋水泥路、龙山岩山门水泥路、天禄岩水泥路、洛阳北墘水泥路；建设桃城镇侨台联会所、丰山村华侨会馆，桃溪、花石、仑山老人协会大楼等等基础设施。

4．其他公益事业

捐赠其他公益事业人民币 983.6375 万元、马币 54.1536 万元、港币 3.27 万元、台币 13.8 万元、美元 0.48 万元。兴建老人活动中心 25 座（宗祠）；修建外坵社前中寨、尾坂、大坪村鹏风宫、德风梧洋、大鹏岩、龙山岩、上沙西庵、桃溪毗蓝岩、天禄岩、龙山寺、福田寺等古迹景观 16 处；修建桃城、德风、洋上 3 处基督教开放性宗教活动场所。

八、东平镇

1．教育事业

捐赠教育事业人民币 923.73 万元，兴建太山、太平、云美、鸿安、云峰、冷水、霞林、东山、东平中心小学等 9 所小学、冷水村幼儿园、东平幼儿园、东平中心幼儿园 3 所幼儿园和永春八中等。

2．基础设施

捐赠基础设施人民币 1026.264 万元，马币 4.85 万元。修建冷水黄坑桥、鸿安长厅大桥、大坝头桥等 3 座大桥，铺设云峰水泥路、花云公路、冷水村虾岵山水泥路、叻坪角落水泥路、山紫水泥路、山后角落水泥路、昆仑寨水泥路、霞峰公路水泥路、圣公宫水泥路、妙峰岩水泥路、文峰村水泥路、昆仑洞水泥路、云峰岩神峰景观水泥路；建设冷水妙峰岩、云峰岩等古迹名胜；修建东平侨联会所、东平文峰村工业楼、李肇永大厦、黄安荣夫妇基金会大楼等基础设施。

3．其他公益事业

捐赠其他公益事业 1123.56 万元、马币 170.9655 万元，兴建老人活动中心（宗祠）12 座；建设叻坪钱堂、大山心姑宫、昆仑寨、冷水永隆、文峰驾云殿等 11 处古迹景观，建设明代抗倭英雄李中和故居、翻建东平基督教开放性宗教活动场所等公益事业。

九、东关镇

1．教育事业

捐赠教育事业人民币 271.411 万元。兴建东美、东关、内碧、溪南、美升等 5 间小学，建设美升幼儿园、东关中心幼儿园和东碧中学，为东关中心小学添置图书 4650 册。

2. 基础设施

捐赠基础设施人民币 742.6476 万元。兴（助）建外碧村东关大桥、溪南村武功桥、东关刘京吊桥、内碧村燕尾角落桥梁、重修东关桥（2001）、修复水毁东关桥（2016）；铺设外碧村光帮大道水泥路、外碧至东美村村道、内碧村南洋角落水泥路、刘京大道水泥路、内厝角落水泥路、燕尾角落水泥路、外碧村村道、东坂线水泥路等基础设施。

3. 其他公益事业

捐赠其他公益事业人民币 735.0169 万元、马币 30.235 万元、港币 1.62 万元。兴建老人活动中心（宗祠）14 座；修建陈坂宫、吉祥庵、南美、内碧、山城云城宫等 5 处古迹景观；修建开放性宗教场所 1 处等公益事业。

十、岵山镇

1. 教育事业

捐赠教育事业人民币 1247.7318 万元、港币 0.22 万元（不含域内县级中学）。兴建文溪、埔上群力、塘溪、和林、磻溪、南石、龙阁、岵山中心小学等 9 所小学；茂霞村幼儿园、和林村幼儿园、文溪村幼儿园、磻溪村幼儿园、群力小学幼儿园、南石村幼儿园、塘溪村幼儿园、岵山中心幼园、义明幼儿园等 9 所幼儿园。购置中小学、幼儿园教学器材和办公设备。

2. 卫生医疗事业

捐赠卫生医疗事业人民币 323.07 万元，建设岵山卫生院病房、宿舍、办公室、门诊楼、医技楼及添置医疗设备。

3. 基础设施

捐赠基础设施人民币 1169.1925 万元、港币 14.95 万元、新币 4.706 万元、马币 0.136 万元、美元 0.05 万元。修建铺上村岵山第一桥、南石村铺尾石拱桥、铺下村平洋溪桥、文溪中苍惠德桥、铺下大桥、磻溪村金美桥、南石村南石永文桥、岵山廊桥、文溪水库大桥 11 座桥梁、铺设塘溪村水泥路、铺上村至岵山镇政府至铺上村内水泥路、磻溪村机耕路、铺下村水泥路、和林村金龙针织厂水泥路、茂霞村垅来厝至和塘公路水泥路、岵山和塘水泥路、文溪村幸福路、草埔城脚水泥路、铺上村草埔头至朝森厝门口水泥路、磻溪村黄墘岩水泥路、铺下村部至 206 线水泥路、龙阁村塘龙水泥路、岵夹路口至塘溪村喷水坑乡村水泥道路、龙阁村红岭格到白云岩水泥路、北溪村烛台庵公路、文溪村南溪水泥路、墓兜水泥路、仙碇岩水泥路、文溪村水泥路、茂霞"溪内吴"通往"仙洞"水泥路；安装茂霞和塘公路及茂霞4组路灯、文溪村基兜角落灯；铺设和林村至吴坂路段柏油路、磻溪村湾圻至虎碇口柏油路；修建文溪村中苍龟蛇苍大坝、北溪电站、架设塘溪、铺上变压设备等水电设施，修建文溪村中苍、草埔城、黄墩岭人饮工程；建设镇侨联、台联会所、铺下和铺上村部等等基础设施。

4. 其他公益事业

捐赠其他公益事业人民币1169.1104万元、港币64.359万元、马币1.19万元、台币22.06万元、美金0.01万元、英镑0.45万元、新币5.05万元。兴建老年人活动中心（宗祠）25座，虎井宫、黄墩岩、龙泉、文章庵、石城寨、华津亭、龙山庙、西陵宫、南山庵、吾峰岩、白云岩、龙水院、广陵、仙碇岩等14处古迹景观等等公益事业。

十一、仙夹镇

1. 教育事业

捐赠教育事业人民币1066.3908万元、港币74.04万元、马币0.067万元。兴建夹际、龙美、德田、龙湖、龙水、龙美、东里、仙夹中心小学等8所小学，夹际幼儿园、仙夹中心幼儿园，仙夹中学、农业中学、夹际中学；建设仙夹镇文化中心、仙乡公园、龙水村文化活动中心、添置中小学课桌椅及办公设备、教学设施。

2. 卫生医疗事业

捐赠卫生医疗事业人民币230.3万元、美元2万元。兴建夹际卫生院、仙夹卫生院2所，并添置X光机、B超机、生化分析仪等等医疗设备。

3. 基础设施

捐赠基础设施人民币1348.86万元、港币387.76万元、马币0.62万元、新币0.23万元。先后修建岵夹公路、铺设岵夹水泥路、夹际村春桂水泥路及牌楼、银油水泥路、元帅格脚水泥路、世兰水泥路、金佃、礼明水泥路、崇仰水泥路、郑玉冰、洪白雪纪念路、崇洌水泥路、青石水泥路等；东里村中路水泥路及牌楼、顶池水泥路、池头水泥路、庭苍水泥路、水牛垅水泥路等；二房水泥路、洋杆美水泥路、石林水泥路等；德田村水泥路、大石桥水泥路；美寨村灵镇庙水泥路、寨后南庵清水真人水泥路及牌楼、寨后坝头水泥路（县道至八硕祖）、美寨至东里仓满水泥路，侧柏脚水泥路；龙美岭头至仙夹中心小学水泥路、龙美环形路、海腾水泥路（县道至安美格）、灵镇庙路（大桥至庙脚）、安尾湖内水泥路、碧珠径水泥路、林厝水泥路、郭氏宗祠至双埕厝水泥路；龙水村环村水泥路、山后村水泥路、龙湖水泥路等等交通基础设施。

修建东里公路桥、仙夹侨乡桥、夹际友江桥、元帅格脚水泥桥、金喜桥、仙乡长春桥、夹际温良桥、通德桥、东里集庆桥、德田德福桥、夹际村通德廊桥侨乡桥、美寨溪尾廊桥等桥梁。

重建夹际电力粮食加工厂，修建夹际水电站、东里村水尾坝、仙夹溪岸加固、许内桥拱坝等水电设施；镇侨联会所、龙美村部、仙夹人民政府办公综合楼；捐赠镇侨联九座旅行车一部、丰田小车 2 部，镇政府丰田牌旅行车一部等等。

4. 其他公益事业

捐赠其他公益事业人民 927.4975 万元、港币 65.826 万元、马币 7.62 万元、新币 0.055 万元。兴建老年人活动中心 34 座，建设夹际西竺庵、东里仙灵、仙乡龙镇、龙美岭头寒婆宫、仙乡瑞灵宫、仙乡深山、美寨水美等 10 处古迹景观、建设仙夹基督教开放性活动场所等等公益事业。

十二、湖洋镇

1. 教育事业

捐赠教育事业人民币 258.3057 万元，马币 9.25 万元（不含域内县级中学永四中）。兴建清白、吴岭、溪西、白云、溪东、高坪、龙山、桃美、湖洋中心小学澄清楼等 9 所小学、蓬莱幼儿园、玉柱湖侨幼儿园、高坪幼儿园等校舍。设立溪东、溪西、龙山村教育基金。

2. 基础设施

捐赠基础设施人民币 418.1772 万元，兴建龙山桥、桃源雁塔大桥、上坂大桥、济美大桥、桃美村排尾桥等桥梁；铺设美莲后两水泥路、高坪水泥路、蓬莱村水泥路、上坂村水泥路；修筑蓬莱萧爷坝、蓬莱村隘门、湖洋镇侨联大厦。

3. 其他公益事业

捐赠其他公益事业人民币 510.9075 万元、台币 10.64 万元。兴建老年人活动中心 17 座；修建湖洋南门、鼎仙岩、龙山五世亭、蓬莱清泉岩、西峰寺、玉柱溪头、美莲白口、蓬莱蓬湖殿、龙山埯口、高坪昭灵、苏庄古迹、上坂张坂宫、清白云莲堂、桃源祖殿、仙溪古迹、吴岭观音庙、莲花岩等 17 处古迹景观、修建县级文物保护单位庄府、湖洋基督开放性宗教活动场所等等公益事业。

十三、其他乡镇（非重点侨乡乡镇）

1. 下洋镇

2013 年，旅港同胞李德权捐资人民币 5 万元，用于下洋中小学添置 10 台电脑。

2013 年，旅菲华侨庄炳生捐资人民币 11 万元，用于下洋中学添置商务车一部。

2. 坑仔口镇

1991 年，旅台同胞柯达尊捐资人民币 10 万元，用于坑仔口镇电网改造。

3. 玉斗镇

1995 年，旅台同胞萧思田捐资人民币 15 万元，用于建设坑柄小学校舍及设立坑柄育才基金。

2004 年，旅美侨亲许丹青投资人民币 16.5 万元，用于维修玉斗吴田祖厝老年人活动场所；1996—2010 年，每年捐资 0.3 万元，合计人民币 4.5 万元，用于奖教奖学。

2010 年，旅港同胞杨华阳捐资人民币 1.8 万元，购置玉斗中心小学学生书包免费赠送。

2010 年，香港奔达慈善基金向玉斗镇老龄委捐赠 42 寸液晶创维彩色电视机一台。

2010 年，旅居加拿大侨亲康进王捐资 0.5 万元，修建炉地会场。

2010 年，旅港同胞陈荣助、陈华阳及香港泉州慈善促进会捐资人民币 25 万元，建设玉斗中心小学综合楼，建筑面积 838 平方米。

4. 锦斗镇

1994 年，旅港同胞梁良斗捐资人民币 3 万元，建设洪内小学教学楼。

1995 年，旅台同胞李天民捐资人民币 2 万元，设立长坑教育奖学基金。

1996 年，旅马侨亲捐资人民币 5 万元，设立锦斗镇奖学基金。

2005 年，旅新侨亲陈义明捐资人民币 20 万元，建设锦斗卓湖侨心小学。

2006 年，旅港同胞林昌辉伉俪捐资人民币 5 万元，助建锦斗乌髻岩仙景亭景观，旅台同胞林玉书捐资人民币 0.56 万元，用于乌髻岩经费。

2008 年，旅新侨亲陈义明捐资人民币 30 万元，建设锦斗中学义明综合楼。

2010年，香港福建同乡会捐资人民币30万元，建设锦斗珍卿希望小学校舍。

2011年，旅港同胞杨华阳捐资人民币15万元，建设锦斗中心幼儿园。

2013年，旅居新西兰侨亲王全春捐资2万元，用于锦斗中学添置教学设备（英语听力系统）。

5. 桂洋镇

海外侨亲、港澳台同胞捐资人民币89.55万元。兴建桂洋中心小学、助建文太小学教学楼、桂洋中学运动场、图书室、设立桂洋林妙庆教育基金会、文太村教育基金会；铺设桂洋茂春村水泥路、文太村水泥路；建设桂洋岐山大白岩、石狮岩风景区、水美景观；修建林氏宗祠（老人活动中心）等等教育、基础设施及其他公益事业。

6. 呈祥乡

1992年，旅居台湾的释传斌法师捐资人民币100万元，建设呈祥雪山岩。

7. 苏坑镇

1992年，旅居台湾同胞王振文捐资人民币10万元，修建苏坑桥；捐资人民币17万元，修建上洋路，捐资人民币0.26万元维修古迹及修纂姓氏史志。

2014年，旅居澳门的张金海、张志民父子捐资人民币100万元，建设苏坑中心幼儿园。

8. 外山乡

1990年，旅居马来西亚侨亲林秀英、林建仁、林秀爱等人捐资人民币12万元，建设云峰小学校舍。

1995年，旅居马来西亚侨亲林光泉捐资人民币20万元，建设云峰小学校舍。

1985—1993年，旅居马来西亚侨亲林峇捐资人民币2万元，助建永春外山卫生院。

2004年，旅港同胞郑王翔鹏捐资23万元，翻建外山基督教开放性宗教活动场所。

2012年，旅居马来西亚侨亲林国璋捐资人民币10万元，装修云峰小学；林华强捐资人民币0.871万元，资助云峰小学2名贫困学生。

2012年，旅居马来西亚侨亲林国璋捐资人民币20万元、林华强捐资人民币5万元，修建云峰村老年人活动场所（林氏宗祠）。

第七节　2017—2023 年引导海外侨（乡）亲捐赠情况

历年来（截至 2023 年）永春县接受海外侨（乡）亲捐赠约 8.68 亿元人民币，其中 2017 年至 2023 年，接受海外侨亲捐赠总额约 18616.957 万元人民币，占捐赠总额的 21.45%。

2017 年：侨捐总额 4238.6258 万元，其中捐赠文体项目 1635.6315 万元（其中世永联大厦项目 1625.6315 万元）、交通项目 376.5 万元、教育项目 779.6048 万元、卫生项目 172.462 万元、其他公益项目 1274.4275 万元。

2018 年：侨捐总额 1978.802595 万元，其中捐赠文体项目 534.33757 万元（其中世永联大厦项目 518.33757 万元）、交通项目 205.25 万元、教育项目 425.922725 万元、卫生项目 324.7 万元、其他公益项目 488.5923 万元。

2019 年：侨捐总额 3684.680018 万元，其中捐赠文体项目 441.839054 万元（其中世永联大厦项目 431.339054 万元）、交通项目 25.6 万元、教育项目 1039.847254 万元、其他公益项目 2177.39371 万元。

2020 年：侨捐总额 2926.276664 万元，其中捐赠文体项目 167.6991 万元（其中世永联大厦项目 104.1091 万元）、交通项目 25 万元、教育项目 537.253864 万元、卫生项目 364.33 万元、其他公益项目 1831.9937 万元。

2021 年：侨捐总额 3059.4871 万元，其中捐赠教育项目 2479.085 万元、文体项目 347.4021 万元、其他公益项目 233 万元。

2022 年：侨捐总额 1121.095573 万元，其中捐赠教育项目 291.937573 万元、卫生项目 83.3 万元、文体项目 249.138 万元、其他公益项目 496.72 万元。

2023 年：侨捐总额 1607.989 万元，其中捐赠教育项目 683.28 万元、生活设施项目 366.76 万元、文体项目 232.9364 万元、其他公益项目 325.0126 万元。

注：数据资料由永春县侨办提供。

第八节　侨捐荣誉榜

一、福建省人民政府表彰侨胞、港澳台同胞捐赠公益事业芳名录

（一）1999 至 2012 年福建省人民政府立碑表彰的侨胞、港澳台同胞芳名（13 名）：

梁良斗、颜秀兰伉俪、郑文尧、郑仓满、陈秀明、陈锡石、颜彬声、郑景新、陈荣助、李深静、陈建绪、林孝首、林世哲

（二）1949—1996 年侨胞、港澳同胞（团体）捐赠兴办公益事业获福建省人民政府"热心家乡公益事业"奖章奖匾及荣誉证书芳名：

1. 授予"热心家乡公益事业"金质奖章、奖匾、荣誉证书（团体 4 个、个人 70 名）

梁良斗、颜秀兰、郑文尧、吴秀群、颜彬声、郑仓满、郑景新、陈秀明、陈锡石、颜章根、陈超群、陈孙铅、陈公义、陈吴爱惜、陈少煌、郑秀英、陈新荣、许世经、陈章辉、陈荣助、陈明标、黄跨助、颜玉雪、陈金炉、陈义明、郑永传、郑建成、郑兴宗、郑晋棣、郑清治、张恒山、张一铭、李延年、郑玉环、郑宗明姑、周卿云、周公甫、周守仁、余如月、陈墩厚、张石麟、颜添福、颜章湖、林孝首、陈章明、郑亚钦、陈开淮、郑元墩、郑黎德、李深静、巫清活、李炎辉、陈时景、梁祖辉、梁清辉、黄凉素、梁披云、郑少坚、陈传词、陈世华、陈文伊、陈文成、郑耀埍、陈其聪、陈传拔、陈传任、陈传语、陈建绪、郑泗强、林育红

仙溪郑氏宗亲会、鹏翔郑氏家族会、宋氏宗族会、马来西亚肇永公李氏家族会。

2. 授予"热心家乡公益事业"银质奖章、奖匾、荣誉证书（团体 4 个、个人 29 名）。

邱祥坤、李文铨、李清枝、郑立芬、沈美华、吴东土、吴开明、李尚维、李淑卿、张添尧、黄金炼、吴国基、尤扬祖、林子华、林金针、陈章森、陈庆发、郑玉窗、郑金樟、陈承钟、洪月英、陈汉邦、郑光裕、郑玉冰、陈家强、陈龙铨、施金忠、吕振万、郑伟智

永四中海外董事会、吴氏海外宗亲会、旅菲夹际郑氏宗亲会、澳门环宇集团控股有限公司。

3．授予"热心家乡公益事业"铜质奖章、奖匾、荣誉证书（团体 13 个、个人 143 名）

郑玉碧、陈丽春、陈茂源、陈宝凉、许槟、陈孙漠、陈大缔、颜林秀琴、颜尚镇、黄重金、黄连山、颜再福、林光爆父子、郑义坤、郑光耀、林述志、颜挺尧、陈绳润、颜振源、郑金花、陈志强、陈建榕、陈金纳、郑玉镇、陈宗能、郑启芳、郑启芬、郑葆仁、陈家发、郑碧璇、陈礼涓、陈永和、陈宗狮、郑赞足、郑达源、张林秋菊、张忠超、梁祖选、黄燕玉、梁良乙、梁良洽、梁文恒、陈沾濡、陈宝瑾、陈明萱、林英怀、徐恩兆夫人、陈金城、陈友良、陈国才、陈瑞平、卜石亮、陈尚津、陈志强、陈新场、郑振树、薛远征、陈汉明、邱清耀兄弟、郑谦灶、鲍德新、刘玛琍、李万英、黄足足、李思华、郑国川、叶克奏、颜克生、郑大清、吴锦聪、郑甘霖、郑发庚、刘子建、刘文福、张智裕、潘华裕、林江海、郑大年、郑金鑫、曾令书、林中图、林文初、释角定、林秋生、林昆生、林励生、林台生、陈承顺、林礼道、孙赞德、林泗水、陈联炳、林月英、郑德森、尤淑仁、周良记、蔡江良、林启发、张文章、郑晋卓、郑明炽、张许文、张天保、林云实、廖琴英、邱瑞宜、黄祖望、颜挺节、郑琬文、友政夫人、颜新民、郑金炎、颜华寅、郑元禹、颜金炜、李平福、李水生、谢后炎、李正言、陈成普、谢玉冰、李振青、郑江海、郑忠升、刘德敏、郑振经、刘佩钦、刘文炳、郑振瑾、许世良、陈良维、郭景祥、许世湖、陈礼坺、郑金湖、陈公哲、陈志辉、陈公董、林士寄、吕建洲、吕振锦

磻溪村旅星马港侨亲、邱肇基公会、花石郑氏家族会、马来西亚李氏宗亲会、中外合资下洋有限公司、马来西亚大丘头林氏公所、马来西亚永春联合会、郑氏家族会、马来西亚东关陈氏公会、马来西亚郑氏家族会、旅菲陈氏宗亲会、新加坡永春会馆、麻坡彭城公会。

（三）1994 年以来侨胞、港澳台同胞（含团体）捐资兴办公益事业获福建省人民政府表彰芳名录：

1．授予"福建省捐赠公益事业突出贡献奖"金质奖章、奖匾和荣誉证（12 名）

郑仓满、郑景新、陈荣助、李深静、周清楠昆仲、颜纯炯、林孝首、郑兴宗、陈建绪、陈秀明、颜彭桦

2．授予"福建省捐赠公益事业贡献奖"银质奖章、奖匾和荣誉证书（团体 8 个，个人 43 名）

马征远郑秀銮伉俪、郑伟智、黄少江、李文铨、陈义明、梁祖辉、郑建成、郑宗明姑、林金思、许世经、颜宝玲、黄文木、黄跨助、陈建绪、梁良斗、陈振南、陈孙铅、陈永强、李文开、颜金炜、黄忠胜、张石麟、陈时景、洪碧珠、吴秀群、王命福、张志民、王翔鹏、郑永传、郑清治、郑元孟、黄光顺、吴东土、陈玉成、周安达源、陈颜玉雪、陈少煌母子、陈新荣、陈秀明、陈锡石叔侄、李文彬、李文敬

海外庄氏宗亲会、香港永春同乡会、叶立贻基金会、马来西亚肇永公李氏家族会、马来西亚巴生基督教华人卫理公会、雪兰莪叶氏福卿公家族会、溪西颜氏海外联谊会、加州永春叶氏联谊会。

3. 授予"福建省捐赠公益事业贡献奖"铜质奖章、奖匾和荣誉证书（团体8个，个人28名）

陈墩厚、陈建猷、郑孝本、刘文炳、郑少坚、余如月、吕培绸、郑元墙、郭从愿、林振发、苏爱群、王金辉、林泗水、黄美才、李万英、李志勇、邱瑞泗、郑福成、周清琦、颜尚镇、尤淑仁、陈新场、周良晓、郑鸿善、郑伟川、李碧霞、梁金星、郑谦灶

香港湖洋宗亲会、菲律宾夹际中小学校董会、菲律宾新南公司、陈氏伟公公会、马来西亚彭城公会、菲律宾陈氏宗亲会、永春华侨中学香港校友会、永春六中香港校友会。

4. 授予福建省捐资办学金质奖章、荣誉奖状、荣誉证书（1名）

林世哲

（四）2015年福建省人民政府表彰侨胞、港澳台同胞芳名录：

1. 2015年福建省人民政府立碑表彰的港胞（1名）

梁良斗

2. 2015年福建省人民政府表彰2005年至2014年侨胞、港澳台同胞，授予"福建省捐赠公益事业突出贡献奖"奖匾和荣誉证书（4名）

郑文红、陈章明、黄少江、颜彣桦

3. 授予"福建省捐赠公益事业贡献奖"奖匾和荣誉证书（团体1个，个人24名）

黄安荣、陈秀蓉、周清楠昆仲、陈义明、李深静、陈少煌、陈荣助、郭从愿、林金思、许世经、陈建绪、郑怡平、陈秀明、潘宏志、郑景新、颜金炜、陈春草、郑秀英、林励生、张石麟、陈少忠、陈颜玉雪、叶云祚

雪兰莪叶氏福卿公家族会

二、泉州市人民政府表彰侨胞、港澳台同胞捐赠公益事业芳名录：

（一）2011 年泉州市人民政府表彰华侨捐赠公益事业功勋奖芳名（5 名）

梁良斗、郑仓满、郑文尧吴秀群伉俪、陈秀明

（二）2006 年以来侨胞、港澳同胞捐资兴办公益事业受泉州市人民政府立碑表彰、授予"泉州市捐赠公益事业特别突出贡献奖"奖匾和荣誉证书芳名（11 名）

陈荣助、李深静、陈建绪、梁祖辉、梁清辉、林孝首、陈义明、颜彡桦、黄少江、周清楠伍秋玲伉俪

（三）2010 年泉州市人民政府授予"泉州市捐赠公益事业突出贡献奖"奖匾和荣誉证书芳名：（1 名）

黄安荣

（四）泉州市人民政府立碑表彰并授予"泉州市捐资兴办公益事业"奖匾和荣誉证书芳名（1 名）

林世哲

（五）1949—1996 年侨胞、港澳同胞捐资兴办公益事业，泉州市人民政府授予"热心公益事业"奖章、奖匾和荣誉证书芳名（团体 20 个，个人 242 名）

梁良斗、颜秀兰、郑文尧、吴秀群、颜彬声、郑仓满、郑景新、陈秀明、陈锡石、颜章根、陈超群、陈孙铅、陈公义、陈吴爱惜、陈少煌、郑秀英、陈新荣、许世经、陈章辉、陈荣助、陈明标、黄跨助、颜玉雪、陈金炉、陈义明、郑永传、郑建成、郑兴宗、郑晋棣、郑清治、张恒山、张一铭、李延年、郑玉环、郑宗明姑、周卿云、周公甫、周守仁、余如月、陈墩厚、张石麟、颜添福、颜章湖、林孝首、陈章明、郑亚钦、陈开淮、郑元墘、郑黎德、李深静、巫清活、李炎辉、陈时景、梁祖辉、梁清辉、黄凉素、梁披云、郑少坚、陈传词、陈世华、陈文伊、陈文成、郑耀皆、陈其聪、陈传拔、陈传任、陈传语、陈建绪、郑泗强、林育红、邱祥坤、李文铨、李清枝、郑立芬、沈美华、吴东土、吴开明、李尚维、李淑卿、张添尧、黄金炼、吴国基、尤扬祖、林子华、林金针、陈章森、陈庆发、郑玉窗、郑金樟、陈承钟、洪月英、陈汉邦、郑光裕、郑玉冰、陈家强、陈龙铨、施金忠、吕振万、郑伟智、陈玉碧、陈丽春、陈茂源、陈宝凉、许　槟、陈孙漠、陈大缔、颜林秀琴、颜尚镇、黄重金、黄连山、颜再福、林光爆父子、郑义坤、郑光耀、林述志、颜挺

尧、陈绳润、颜振源、郑金花、陈志强、陈建榕、陈金纳、郑玉镇、陈宗能、郑启芳、郑启芬、郑葆仁、陈家发、郑碧璇、陈礼涓、陈永和、陈宗狮、郑赞足、郑达源、张林秋菊、张忠超、梁祖选、黄燕玉、梁良乙、梁良洽、梁文恒、陈沾濡、陈宝瑾、陈明萱、林英怀、徐恩兆夫人、陈金城、陈友良、陈国才、陈瑞平、卜石亮、陈尚津、陈志强、陈新场、郑振树、薛远征、陈汉明、邱清耀兄弟、郑谦灶、鲍德新、刘玛琍、李万英、黄足足、李思华、郑国川、叶克奏、颜克生、郑大清、吴锦聪、郑甘霖、郑发庚、刘子建、刘文福、张智裕、潘华裕、林江海、郑大年、郑金鑫、曾令书、林中图、林文初、释角定、林秋生、林昆生、林励生、林台生、陈承顺、林礼道、孙赞德、林泗水、陈联炳、林月英、郑德森、尤淑仁、周良记、蔡江良、林启发、张文章、郑晋卓、郑明炽、张许文、张天保、林云实、廖琴英、邱瑞宜、黄祖望、颜挺节、郑琬文、友政夫人、颜新民、郑金炎、颜华寅、郑元禹、颜金炜、李平福、李水生、谢后炎、李正言、陈成普、谢玉冰、李振青、郑江海、郑忠升、刘德敏、郑振经、刘佩钦、刘文炳、郑振瑾、许世良、陈良维、郭景祥、许世湖、陈礼垅、郑金湖、陈公哲、陈志辉、陈公董、林士寄、吕建洲、吕振锦

仙溪郑氏宗亲会、鹏翔郑氏宗亲会、宋氏家族会、马来西亚肇永公李氏家族会、永四中海外董事会、吴氏海外宗亲会、旅菲夹际郑氏宗亲会、澳门环宇集团控股有限公司、邱肇基公会、花石郑氏家族会、马来西亚李氏宗亲会、中外合资下洋有限公司、马来西亚大丘头林氏公所、马来西亚永春联合会、郑氏家族会、旅菲陈氏宗亲会、新加坡永春会馆、麻坡彭城公会、马来西亚东关陈氏公会、马来西亚郑氏家族会。

三、永春县人民政府表彰侨胞、港澳台同胞捐赠公益事业芳名录：

（一）1995年永春县人民政府表彰1978年以来为永春社会公益事来作出贡献的海外乡亲（团体）芳名：

1. 授予"热心公益事业特别奖"（团体1个、个人41名）

郑文尧、吴秀群、颜彬声、郑仓满、林玉书、廖花香、陈超群、梁祖辉、梁良斗、梁清辉、陈秀明、陈锡石、黄金如、陈孙铅、颜秀兰、陈吴爱惜、郑少坚、陈传词、林孝首、郑晋棣、黄凉素、余流水、张石麟、郑兴宗、郑元塘、郑黎德、释传斌法师、陈少煌、陈世华、郑景新、郑秀英、陈章辉、梁披云、陈文伊、颜添福、陈新荣、陈文成、张恒山、张一铭、郑耀堦、李延年

菲律宾永春同乡会

2.　授予"热心公益事业金牌奖"（团体8个，个人56名）

陈其聪、林台生昆仲、王超英、郑玉环、林世哲、陈墩厚、李深静、陈传拔、周卿云、陈开淮、林月英、颜章根、施宪章、周公甫、周守仁、陈传任、陈传语、颜玉雪、陈建绪、郑朝胜、郑义燕、黄瑞德、梁文恒、梁文兰、梁文玉、梁文星、潘世艳、郑泗强、陈家强、吴国基、余如月、颜章湖、沈美华、郑光裕、巫清活、尤扬祖、王淑珍、李尚维、张林秋菊、张添尧、陈金炉、陈汉邦、林子华、郑永传、李淑卿、陈龙铨、陈银枝、郑玉窗、陈义明、郑清治、郑宗明姑、林多钊、邱尚坤、林金针、吕振万

永春梅镜海外宗亲会、旅菲夹际郑氏宗亲会、马来西亚宋氏家族会、新加坡新春集团有限公司、马来西亚李肇永公家族会、鹏翔郑氏家族会、澳门环宇集团控股有限公司、泰和堂。

3.　授予"热心公益事业银牌奖"（团体12个，个人131名）

叶克奏、颜克生、颜鸿德、张维哲、刘文章、张裕智、潘克进、潘鹏云、叶立贻、吴锦聪、潘华裕、许耀华、刘文福、鲍德新、刘玛琍、郑谦灶、刘德敏、刘春成、郑振经、刘佩钦、曾令书、陈游记、林中图、林文初、薛远征、陈汉明、邱清耀兄弟、陈清云、郑德森、尤淑仁、郑晋卓、郑明炽、张文章、张许文、张天保、林云实、廖文炳、黄祖望、林惠生、林丽水、林士寄、王玉兰、梁桂如、尤清祖、吕建洲、施金忠、张忠超、陈金柿、梁良洽、梁良乙、黄燕玉、梁祖选、黄重金、颜林秀琴、颜再福、颜挺尧、黄连山、林光爆、颜尚镇、郑光耀、林述志、黄金炼、陈绳润、颜振源、颜挺节、郑义坤、郑琬文、颜有政、陈承钟、洪月英、陈承顺、孙赞德、陈联炳、陈志强、陈建榕、陈金纳、郑玉镇、陈宗能、陈加发、陈礼涓、郑碧璇、郑葆仁、郑赞足、陈宗狮、郑达源、洪炳文、吕忠梁、王藩贵、谢后炎、李水生、邱国政、邱淑霞、李正言、李炎辉、李平福、陈成普、李文铨、谢玉冰、李振青、黄足足、李清枝、林国璋、陈玉碧、陈良维、陈茂源、陈宝凉、陈志辉、陈宝瑾、陈明标、陈沾濡、陈进策、颜金湖、陈大缔、陈孙模、许世良、陈志强、陈尚津、卜石亮、陈瑞平、林怀英、许世经、陈明萱、陈公董、许世湖、徐恩兆夫人、黄跨助、郭景祥、陈荣助、李碧霞、释角定

仙溪郑氏宗亲会、湖洋海外吴氏宗亲会、马来西亚大丘头林氏公所、上沙邱肇基公会、陈云宇基金会、马来西亚大羽郑氏家族会、郑玉冰基金会、旅菲仙乡陈氏

宗亲会、马来西亚永春东关陈氏公会、马来西亚黄堀郑氏家族会、中外合资下洋水泥有限公司、马来西亚永春联合会。

（二）2006 年 12 月永春县人民政府表彰海外侨胞、港澳同胞（团体）捐资兴办公益事业芳名：（团体 27 个，个人 216 名）

郑仓满、陈荣助、梁良斗、李深静、陈建绪、陈秀明、陈锡石、林孝首、陈义明、周清楠昆仲、颜纯炯、林金思、陈秀明、郑兴宗、颜彣桦、颜金炜、梁祖辉、马征远郑秀銮伉俪、李文铨、郑伟智、黄少江、张石麟、郑景新、梁清辉、黄忠胜、黄文木、黄光顺、郑建成、郑宗明姑、陈振南、颜宝玲、余如月、黄跨助、陈永强、陈孙铅、李文开、林天来、刘文炳、王翔鹏、陈时景、洪碧珠、吴秀群、王命福、张志民、颜尚镇、郑永传、郑福成、郑清治、郑元孟、郑元堔、郑秀英、李文敬、吴东土、陈玉成、周安达源、颜玉雪、陈少煌、陈新荣、李文彬、陈墩厚、陈建猷、郑少坚、李万英、郑孝本、周良晓、郑素华、郭从愿、郑黎德、吕培绸、林泗水、黄明发、林振发、苏爱群、王金辉、李志勇、邱瑞泗、黄美才、陈联炳、周清琦、郑添裕、尤淑仁、陈新场、郑鸿善、郑伟川、李碧霞、梁祖愉、李平福、郑谦灶、许世经、梁金星、郑文红、黄光权、陈庆发、郑金樟、郑泗强、吴国基、郑耀揩、郑葆仁、陈宗狮、郑友铭、郑少华、郑志强、周宏财、郑金炎、刘孙贤、刘正添、陈世华、叶云祚、陈孙漠、陈吉星、陈有水、陈秋堂、许世湖、颜丁己、陈志云、陈吴爱惜、陈金炉、李清枝、廖琴英、颜秀兰、陈永友、陈章明、李文恭、林金田、陈游记、刘正庆、许世良、陈汉帮、鲍德新、陈添邦、黄茂桐、郑江水、郑尧楚、颜章湖、陈宝瑾、林灯华、刘庆礼、郑玉堂、郑谦裕、李炎辉、林礼道、林秋生、林台生、林励生、林昆生、吴锦聪、陈宗能、郑继石、许世交、陈忆慈、刘　味、张福庆、陈有锦、梁祖川、黄明治、陈旋波、郑子谨、郑炳辉、林耀阁、陈金赤、陈有岳、黄德和、陈南飞、郑福祥、陈公哲、陈福禄、陈尚津、苏宝英、刘秀明、陈敏生、李光城、陈传杰、陈金扁、李启情、洪丽华、郑尧挺、陈公义、陈茂足、陈清渊、陈志辉、陈公传、陈公明、陈公信、陈嫦诗、陈海宽、陈文闪、郑　成、林多地、郭超英、郑永绵、陈财炎、林多能、薛远征、周良记、余国隆、许白菊、林曼椿、林淑英、孙翠英、潘贤期、林若糖、刘素云、刘焦根、陈章辉、陈章良、陈金炎、许世伟、陈国才、陈友良、陈孙源、李仓梧、李赞水、李德华、陈伍强

马来西亚肇永公李氏家族会、海外庄氏宗亲会、香港永春同乡会、叶立贻基金

会、马来西亚巴生基督教华人卫理公会、雪兰莪叶氏福卿公家族会、溪西颜氏海外联谊会、加州永春叶氏联谊会、香港湖洋宗亲会、马来西亚永春联合会、菲律宾夹际中小学校董会、菲律宾新南公司、新加坡永春会馆、陈氏伟公公会、马来西亚彭城公会、菲律宾陈氏宗亲会、永春华侨中学香港校友会、永春六中香港校友会、马来西亚杨美家族会、菲律宾永春同乡会、永春三中香港校友会、马来西亚龙津家族会、印尼永春同乡会、叶成章堂、新加坡颜氏公会、马来西亚郑氏宗亲会、马来西亚李振青有限公司。

（三）2006—2012 年捐赠 10 万元以上海外侨胞、港澳台同胞（团体）捐资兴办公益事业芳名：（团体 20 个，个人 137 名）

郑仓满、林世哲、梁良斗、陈建绪、黄少江、李深静、黄安荣、颜彣桦、陈荣助、陈少煌、郭从愿、周清楠、颜金炜、郑景新、陈秀明、林台生、林励生、林昆生、林秋生、郑秀英、许世经、陈少忠、张石麟、周大焕、陈义明、叶云祚、陈章明、苏益华、郑福成、陈颜玉雪、周长坑、刘文炳、黄金如、黄跨助、陈周素娥、陈伍强、黄正泉、陈明金、陈永强、陈墩厚、陈新场、郭水池、郭民燕、郭隆生、陈文仁、李文铨、叶鸿发、叶清华、郑尧挺、黄金豹、陈孙铅、颜章根、陈丽春、李德华、林玉书、梁祖瑜、黄文木、周安达源、陈郑玉花、刘本全、林振裕、颜聪华、陈忆慈、邱清耀、林若糖、李平福、陈裕德、陈裕财、颜宝云、陈传杰、黄金奋、郑建国、郑墘坤、郑国栋、郑天辉、郑信业、辜连聪、张忠超、陈进策、刘金备、陈金英、刘正庆、张恒山、郑志强、林述潭、陈永友、陈有岳林斌伉俪、高春青、刘显味、苏根瑞、杨华阳、陈新荣、陈双美、李文开、郑王翔鹏、郭从旺、王爱军、颜培椿、颜玉冰、陈锡石、陈南辉、陈俊杰、郑少坚、黄桂枝、方志昌、陈宝谨、宋立民、陈银枝、郑建辉、盛光用、盛光阳、苏丽玉、郑金案、陈文发、陈玉成、梁德才、郭湖海、郑建成、郑甘霖、陈振南、苏千墅、颜章明、黄光顺、陈兆沁、陈俊槟、黄国深、陈精平、陈志强、许世良、陈礼城、李文敬、李文卿、邱订春、余国隆、廖琴英、梁良乙

澳门永春同乡会、香港永春三中校友会、雪兰莪叶氏福卿家族会、金爵慈善基金会、香港永春六中校友会、美国加州永春叶氏联谊会、叶立贻基金会、乐善行基金会、香港永春同乡会、香港华利贸易行、蓬莱海外尤氏宗亲会、香港福建同乡会、香港一中校友会、香港永春五中校友会、香港骏马纺织公司慈善基金会、香港永春

侨中校友会、香港永春文明中学校友会、潘氏金字面堂海外宗亲会、溪西颜氏海外联谊会、前峰张氏海外联谊会。

（四）2015 年永春县人民政府表彰 2006—2014 年侨胞、港澳台同胞和团体捐资兴办公益事业芳名：（团体 27 个，个人 222 名）

郑仓满、林世哲、梁良斗、郑文红、陈建绪、陈章明、黄少江、颜彡桦、黄安荣、陈秀蓉、郭从愿、陈荣助、陈义明、李深静、陈少煌、林金思、许世经、郑怡平、周清楠昆仲、陈秀明、潘宏志、颜金炜、郑景新、黄瑞德、陈春草、林孝首、郑秀英、林励生、张石麟、陈少忠、陈颜玉雪、叶云祚、杨华阳、颜章根、郑建成、颜文福、郑桂发、苏益华、林天来、刘文炳、张忠超、郑福成、李文铨、郑硕敦、林玉花伉俪、陈伍强、黄金奋、陈郑玉花、黄忠胜、黄金如、张送森、黄光顺、陈墩厚、周大焕、陈周素娥、张金海、黄正泉、陈明金、叶清华、黄跨助、陈新场、郭水池、郭民燕、郭隆生、张天保、林秋生、吕培绸、郑尧挺、李文开、林振裕、陈永强、黄金豹、郑建成、陈建东、黄茂桐、陈孙铅、颜聪华、叶鸿发、邱订春、林国璋、林玉书、黄光权、周安达源、梁祖瑜、黄文木、雷永楠、陈志仁、陈达毅、王振文、盛湧财、陈锡石、刘本全、陈盈栋、李玉昆、郑天送、方志昌、洪文良、叶兴隆、陈新荣、陈文仁、李文敬、颜丁己、郑甘霖、郑少坚、郑正庚、邱清耀、林若糖、李平福、陈裕德、陈裕财、陈其炎、陈祖普、颜宝云、陈传杰、周长坑、郑坚春、洪天恩、郑乾坤、陈利群、张志民、王翔鹏、林光泉、郑国栋、叶鸿鑫、罗清山、郑天辉、郭从旺、林台生、郑信业、郑金炉、郑金智、郑志强、叶登玲、李德华、林多地、郑永传、许丹青、林灯华、刘金备陈金英伉俪、刘正庆、颜章湖、张恒山、许思政、陈有岳、郑黎德、陈进策、庄炳生、涂锦波、林述潭、陈永友、高春青、辜连聪、苏素娥、刘显味、苏根瑞、萧思田、刘　味、郑建辉、刘文财、陈双美、陈忆慈、王爱军、颜培椿、颜玉冰、陈南辉、陈俊杰、宋立民、郑福祥、郑少泉、郑金炎、陈玉成、郭湖海、叶基上、郑万雷、颜纯炯、陈建猷、林秀英、林建仁、周良晓、黄桂枝、陈宝谨、陈武建、陈亚琼、陈银枝、盛光阳、夏永明、苏丽玉、郑金案、陈文发、郑信升、梁德才、陈有水、陈秋堂、陈吉星、林昆生、颜莉莉、林生友、林自力、尤裕质、潘金财、潘　开、柯达尊、赵建河、赵子益、盛光用、陈振南、苏千墅、颜章明、陈兆沁、郑葆仁、陈俊槟、陈精平、陈志强、许世良、陈礼城、李文卿、余国隆、廖琴英、梁良乙、余文和雪兰莪叶氏福卿公家族会、香港骏马纺织公司慈善基金会、金爵慈善基金会、香港永春六中校友会、马来西亚巴生基督教华人卫理会、美国加州永春叶氏联谊会、乐善行基金会、叶立贻基金会、颜子俊基金会、香港华利贸易行、蓬莱海外尤氏宗亲会、香港福建同乡会、香港永春一中校友会、香港永春五中校友会、马来西亚肇永公李氏家族会、香港永春侨中校友会、溪西颜氏海外联谊会、马来西亚大丘头林氏公所、香港永春文明中学校友会、潘氏金字面堂海外宗亲会、前峰张氏海外联谊会、马来西亚彭城公会、叶美安堂、仙溪郑氏家族会、马来西亚洋尾公所、澳门永春同乡会、香港永春三中校友会。

第五章　组织宣传教育

第一节　开展学习培训

1950—1966 年，永春县进入基本完成社会主义改造和开始全面建设社会主义时期，面对复杂严峻的国际形势以及国内遭受"三年严重自然灾害"而出现的暂时困难局面，永春县侨联重视抓好县、乡（镇）两级侨联干部的理论学习和思想教育工作，进而引领侨界群众凝聚共识，共克时艰，开始全面进行社会主义建设。

1950—1955 年，永春县侨联组织侨联干部、侨界群众学习中共七届三中全会精神，学习党和国家恢复国民经济的一系列政策，提高思想认识，参与剿匪反霸、减租支前、民主建政、夏征秋征、土地改革、抗美援朝、镇反普选、发展生产、巩固政权等项工作。

1956—1960 年，组织城关、五里街、岵山、湖洋、蓬壶、达埔 6 个乡镇中的归侨、侨眷工商业者学习中共八大精神；组织附城归侨、侨眷代表 30 多人坚持每星期开展一次时事政策和党的侨务政策学习活动；召开会员代表座谈会，就粮食统购统销、侨务政策等等问题进行学习培训；实地参观省内其他兄弟县市生产建设和参观厦门海堤建设，学习交流侨务工作经验做法。

1960—1966 年，采取多种形式的宣传教育工作。让永春县侨界群众接受反排华斗争的教育，认识到做好接待安置难侨回国工作的重大意义。东平、湖洋公社（今设镇）许多归侨侨眷都自觉腾出房屋，借出床铺桌椅，帮助打扫卫生；永春县侨联还抽调 10 多个侨委、乡镇侨联会主干协助发动群众做好各种接待归难侨的各项准备工作。全年协助安置了 5 批共计 2500 多人的归难侨。组织侨联委员和归侨侨眷代表下放到北硿华侨茶果场与新归侨同劳动共生活，进行"四帮"工作，首批 14 人在侨联副主席郑德郁带领下，下放茶果场 20 天，取得了"四帮"明显成效。

"三年自然灾害困难时期"，永春县侨联组织侨界群众学习党的侨汇政策，争取化肥和粮油副食品政策。三年内，发动归侨侨眷争取侨汇 457.3 万元、化肥 37690 吨、粮食副食品 2000 多吨，一定程度上缓解了三年自然灾害的压力。

1964 年开展的社会主义教育活动中，永春县侨联都安排 1 周学习时间，配合工作组召开 12 次座谈会，侨界受教育达 3785 人次，引领侨界坚定走社会主义道路信心。

1964—1966 年，组织和推动侨委围绕国际国内形势开展时事政策和政治理论学习，提高侨联干部的政策素质。对归侨侨眷和归国侨生开展爱国主义、社会主义和集体主义教育，倡导移风易俗树新风活动。

1979—1984 年，永春县侨联分别召开有县侨联全委，各乡、镇分管侨务的领导，侨务干部，致公党成员参加的侨务工作会议，落实华侨私房政策工作会议精神，进一步学习十二大精神，习仲勋在落实政策大会上的讲话，黄长溪在全省落实华侨私房政策会议上的讲话精神，全国侨代会精神，将思想认识统一到党的十一届三中全会确定的路线、方针、政策上来，团结广大归侨侨眷和海外侨胞，共同为开创侨务工作新局面而奋斗。

1985—1989 年，为适应改革、开放、搞活经济的形势变化，永春县侨联分两批组织侨委参加市侨联组织的到晋江县（时未设市）和鲤城区参观学习，并参加省侨联组织的经济工作培训班学习。同时发动广大归侨、侨眷通过家信、接待出境等机会，向海外亲友宣传党和国家改革开放政策。

1990—2000 年，《中华人民共和国归侨侨眷权益保护法》及其《实施办法》、福建省《华侨捐赠兴办公益事业管理条例》相继颁布实施。永春县侨联第八届委员会组织多种形式的学习宣传活动，翻印法规，利用广播、标语、墙报，广泛宣传，使法规深入人心。同时，每年配合有关部门，深入基层，调查研究，检查"保护法"执行情况，帮助解决基层执法中存在的问题，促进"保护法"的贯彻落实。

2000—2006 年，永春县侨联第九届委员会组织全体侨委学习党的十六大精神，学习中共中央总书记胡锦涛在全国侨务工作会议上的重要指示和温家宝总理会见第三届华侨华人社团联谊大会代表的重要讲话精神，组织学习《中国侨联章程》，促进侨法宣传深入人心。努力办好《桃源乡讯》，坚持办报宗旨，大力宣传党的侨务政策，宣传永春，激起海外侨亲思乡恋根之情。港胞梁良斗在《桃源乡讯》上看到登载介绍华侨教育家林连玉的文章后，决定在永春师范捐建林连玉大楼。许多侨亲，正是看到《桃源乡讯》上介绍侨乡建设新面貌后，激起了思乡恋根之情，决定回来寻根谒祖。

2007—2013年，永春县侨联第十届委员会组织侨委学习党的十七大精神，以科学发展观的科学内涵和精神实质推动侨联工作，并在实践中不断增强掌握和运用科学理论自觉性。以科学发展观为主导，围绕全国第七次侨代会和省、市侨代会提出的各项任务以及县委、县政府的中心任务，在为经济建设服务、为祖国统一大业服务等方面，努力开创侨联工作的新局面。推动基层建设，夯实基层基础，以乡镇侨联换届选举为契机，进一步规范乡镇侨代会会务；把政治素质高，热心为侨服务的优秀人才推荐给乡镇侨代会，使新一届基层侨联组成人员的整体素质有了显著提高。

2013—2019年，永春县侨联第十一届委员会组织全体侨委学习十八大精神，全国第十次侨代会精神，省委、省政府《关于进一步加强和改进新形势下侨联工作意见》精神，全面推进"党建带侨建"工作，推动"组织建设年"工作任务的落实，努力创建学习型、服务型、创新型侨联组织。坚持每年举行1—2次基层侨联工作座谈会制度，增强基层侨联干部的责任感和使命感。先后组织乡镇侨联主席参加市侨联、县委统战部和县侨联举办的业务培训班学习；开展"百侨帮百村·共建美丽乡村"活动，塑造了一批共建美丽乡村建设典型，桃溪、大羽、丰山、东里等村被市侨联评为"百侨帮百村·共建美丽乡村"示范村；德风、仑山、蓬莱、龙水等村被市侨联评为"百侨帮百村·共建美丽乡村"先进集体。

2019年8月，永春县侨联第十二届委员会开展"不忘初心、牢记使命"主题教育活动，举办永春县基层侨联干部培训班，2020年以来，组织全体侨委、基层侨联干部学习十九大、二十大精神，以习近平新时代中国特色社会主义思想为引领，全面贯彻习近平总书记关于侨务工作的重要论述，坚持以党的创新理论武装头脑、拓宽视野、与时俱进。选派5名侨联干部参加市侨联主办的培训班；邀请省侨联党组成员、副主席林俊德，就基层组织建设和侨联专项经费使用管理等内容进行深入解读，为参训干部答疑解惑，组织开展《归侨侨眷权益保护法》《民法典》宣传暨法律法规服务咨询活动，有力促进普法工作落实；开展永春侨界庆祝中国共产党成立100周年系列活动，突出"侨心向党"主题，组织举办"侨与党史"专题讲座，讲好中国故事，华侨故事，认真打造永春华侨精神宣传阵地，建设华侨文化交流基地。

第二节　弘扬华侨文化

1958年4月20日，永春县侨联创办《桃源乡讯》，澳门归侨总会会长、著名书法家梁披云为乡讯题写刊名。乡讯每季一期，每期印刷3000份寄往马来西亚、新加坡、菲律宾、印尼、澳大利亚、越南等国家和港澳台的永春宗亲社团和乡亲的手中、乡讯成为远离祖国、久居他乡的永春乡亲翘盼的"家书"。

1962年，县政协成立政协文史编纂组织机构，开始地方史料征集整理工作，永春归侨侨眷踊跃投稿。截至1994年（其中1966—1981年停刊，1981年12月复刊），共出版14辑262篇文章，其中涉及侨港澳台专题文章20篇；内容涉及华侨人物、归侨侨眷英烈、历史事件的114篇，占总篇目一半以上。既讴歌了华侨"爱国爱乡、拼搏奉献"的精神，又传承发扬光大华侨文化。

1985—1987年，永春县侨联会同有关部门制作反映改革开放后侨乡新貌的刊物、音像制品送往海外侨团和代表性人士，激发"三胞"爱国爱乡热情，促进联谊交流。接待菲律宾国风、长和郎君社等南音代表团，增进华侨文化、南音文化的交流。

1987—1994年，努力办好永春县侨乡建设40周年展览，支持黎明大学在5周年校庆期间举办"梁披云先生书法展览"，协助收集有关资料；在侨联大厦举办中秋赏月联欢晚会，增进"三胞"联谊交往；以中华文化、闽南文化、华侨文化为纽带，增进情感，促进了解。

1991年，台属、政协常委黄福台创作的《鼓队舞》荣获华东六省一市舞蹈汇演优秀创作奖；潘成庙应新加坡永春会馆邀请，在星岛开设"白鹤拳"武术馆，增强对外文体交流活动，传承弘扬"白鹤拳"文化。

　　1999—2003 年，配合有关部门联手开展华侨华裔青少年"夏令营""冬令营"，校际交流、文化交流、"手拉手"等联谊活动。桃城镇侨联配合政协桃城委员联络组与共青团华侨大学委员会联合组织文化下乡活动，为附城群众献演学习、宣传、贯彻十六大精神，弘扬爱国爱乡华侨精神的文艺晚会。2002 年 11 月 19 日，配合有关部门联合举办"侨乡情"大型歌舞晚会，全国侨联副主席、省侨联主席李欲晞，市政协副主席、市侨联主席陈秋菊参加，肯定永春县侨联弘扬华侨文化的做法。

　　2004—2009 年，成功承办福建华昇杯第十四届侨界羽毛球邀请赛。2009 年 10 月 24 日隆重举行永春县侨联成立 60 周年庆祝大会，编纂出版《六十芳华谱新章——永春县侨联成立六十周年纪念特刊》，赠送参会侨亲以及海外宗亲社团，传播华侨文化。

　　2010—2016 年，配合县政协开展华侨根亲文化、闽南华侨古建筑文化、白鹤拳文化、宗教朝圣文化、香文化、醋文化、漆篮文化、纸织画文化专题调研活动，探寻闽南文化、海丝文化与华侨文化之间密不可分的联系、交融关系。编辑出版《海外永春人》，收录 81 位永春著名侨胞、港澳台乡贤的爱国爱乡事迹的文章。主动融入世永联第十一届理事就职典礼、第十四届亚洲艺术节暨第二届海上丝绸之路国际艺术节、世界（永春）白鹤拳大会、第十一届中国泉州国际南音大会唱等活动。成功承办全省"华侨与辛亥革命"论坛。

　　2017 年以来，永春县侨联协助省、市侨联举办"两岸乡愁笔会暨书法作品展""海外南音联谊联唱"；组织捐赠 48 部 465 册各姓族谱参加"两岸同根同源族谱展""两岸家庭老照片及书信珍藏展"；组织永春县白鹤拳交流团赴海外交流。组织永春县白鹤拳师参加"中国梦、华侨情"侨艺节演出；组织 30 篇作文参加"世界华人学生作文大赛"；组织全县侨界基层文娱调演；组织北碴、雪峰、常山等兄弟县市华侨农场"叙侨情，促和谐"联欢晚会；组织归侨侨眷参加"亲情中华在侨乡"健步行并荣获团体冠军。

　　组织开展永春侨界庆祝中国共产党成立 100 周年系列活动，引导侨界学党史，从党的百年奋斗历程中汲取智慧和力量，听党话跟党走；引导侨界知侨史，从侨的百年家国情怀中凝聚侨心和侨力，共圆复兴伟梦；强化涉侨文宣工作，讲好华侨故事，弘扬华侨精神，传播华侨文化。与县融媒体中心、广播电视台联合推出《永春人》《侨魂永春》专题栏目，展示侨界代表人物风采和我县侨务工作成就，创新实践。目前已播出 17 期；在《桃源乡讯》推出"追梦中华，守初心·忆侨史"专栏，已刊发涉侨专题文章 10 篇；在市侨联《海丝侨声》，永春县《桃源乡讯》等刊物上发表永春侨联侨务创新实践经验，保护传承华侨文化、建设华侨文化交流基地文章 5 篇，向中国侨联报送专报件 1 篇。

至 2023 年底，12 个乡（镇）侨联会均有侨情展示馆、侨捐项目展示馆、侨史馆等馆所，以大量的翔实华侨历史资料，记录各个乡镇华侨华人在海外奋斗的历程，展示广大侨亲、港澳台乡亲家国情怀，民族大义，支持家乡建设动人事迹，缅怀华侨华人前辈精英，激励后人传承、弘扬永春县华侨"爱国爱乡、拼搏奉献"精神，以华侨精神为载体，推进华侨文化耕耘传播。

第三节 弘扬爱国主义精神

一、开展爱国主义教育活动

1950—1953 年，永春县侨联在侨界开展爱国主义教育活动，主要集中在教育和发动归侨侨眷支持抗美援朝、购买公债、订立爱国公约及参加各项社会活动等方面，从而扭转了部分归侨侨眷崇美、恐美的思想倾向，培育了爱国主义情操。1950 年 11 月，广大归侨侨眷与全县人民一道掀起轰轰烈烈的抗美援朝、保家卫国运动，县成立抗美援朝分会，先后有 8 万余人参加游行示威，13.364 万人参加和平签名运动。归侨侨眷积极参加捐献购买飞机大炮活动，全县共捐资 12 亿余元（旧人民币）。

1956 年，海峡两岸正处于敌对紧张状态，永春县侨联重点做好去台家属 6000 余人的思想教育工作，配合县政协召开全县性的台属代表和平解放台湾座谈会，13 位台属代表在会上发言，拥护中共和平解放台湾政策，愿意动员其亲属子女参与和平解放台湾工作，成立有 11 名台属代表性人物参加的和平解放台湾工作小组。

1959—1965 年，共召开 4 次台属代表座谈会，台属代表 93 人次参加。组织台属代表人士在内的 61 人参观歼灭小股美蒋特务的巡回展览，庆祝沿海军民 2 次歼灭 18 股美蒋武装特务，空军 2 次击落美蒋 U-2 型高空间谍侦察机的伟大胜利，启发台属加深认识美蒋罪恶面目。

1960 年，根据《国务院关于接待和安置归国难侨的指示》，配合有关部门妥善安置印尼归难侨 2500 多人，召开座谈会，强烈谴责印尼当局反华排华罪行，激发广大归难侨的爱国主义思想，投入到建设新家园中去。

1962年，永春县侨联在侨界中加强爱国主义教育，支持党和国家关于中印边界争端的立场，支持打赢中印边境自卫反击战。

1960—1963年"三年自然灾害困难"时期，广大海外侨亲迸发了强烈的爱国主义热情，伸出援助之手，在外汇、物资等方面给予家乡人民各种支持，帮助家乡人民度过难关。

1979年，永春县侨界以高涨的爱国热情，坚决支持中国政府开展对越自卫反击战，县乡（镇）两级侨联纷纷召开座谈会，拥护中国政府反对霸权主义，维护世界和平的严正立场。

实现祖国统一，才会有真正意义的民族复兴。改革开放后，党和国家领导人高度重视海外华侨华人在推进祖（籍）国统一大业中的重要作用，大力呼吁"海外侨胞、港澳台同胞都是中华民族子孙，要共同努力，实现祖国统一和民族振兴"。广大永春县华侨不负所望、以民族大义为重，以强烈的爱国主义情怀，在涉及国家主权、尊严和领土完整等重大问题面前，旗帜鲜明地支持中国政府的立场与主张，并通过各种渠道积极营造有利于维护和促进祖国统一的国际环境。

1997年7月1日，香港回归。永春县侨胞在内的福建乡亲2万多人在美国纽约游行欢庆，香港永春同乡会在香港采取各种形式庆祝回归。2014年，旅港永春县归侨侨眷、香港同胞踊跃参加香港福建同乡会组织的支持普选、反对占中乱港的游行活动。

1997年5月，永春县侨联召开归侨侨眷座谈会，抗议以美国为首的北约轰炸中国驻南使馆罪恶行径。

2004年，永春县著名侨领，澳大利亚中国和平统一促进会会长、大洋洲中国和平统一促进会会长邱维廉，以强烈的爱国情怀，为"反独促统"大业，向时任全国人大常委会副委员长王兆国递交尽快制定《反分裂国家法》建议书。并参与《反分裂国家法》的起草工作。

二、涉侨爱国主义教育和华侨文化交流基地建设

已获得"爱国主义教育基地"称号有2个：

（一）**仙夹镇辛亥革命纪念馆**。该馆位于仙夹镇东里村，系为缅怀为辛亥革命作出过重大贡献，荣获中国民主革命先行者孙中山颁予临时大总统旌义状的仙夹

旅马著名侨领郑玉指而创办。馆设郑玉指祖厝内，展馆面积 200 多平方米，馆内收集有参加同盟会、中华革命党的永春县华侨名录、像片，以及他们为辛亥革命作出可歌可泣的事迹介绍。该馆自开馆以来，已有社会各界人士 3 万人次慕名前来参观，2017 年 3 月 23 日，永春县委宣传部命名仙夹镇辛亥革命纪念馆为"永春县爱国主义教育基地"。

（二）达埔镇"三侨领"纪念馆。该馆系永春县侨联与达埔镇侨联共建，馆址设在达埔镇达中村颜子俊故居祖厝内。2013 年创办，系为缅怀尤扬祖、颜子俊、李铁民这三位同年（1956）担任中国侨联副主席的著名侨领。馆内设有三位侨领爱国爱乡的事迹介绍及历史文物，开馆以来，省内外参观人数达 4.2 万多人次。2017 年，永春县委宣传部命名达埔镇"三侨领"纪念馆为"永春县爱国主义教育基地"。

已建成华侨文化交流基地的有 2 个。

（三）吾峰镇披云灵光家国情故事馆。馆址设在吾峰镇吾顶村石碧寨梁披云、梁灵光故居重卿堂内。百年来，因地处高海拔，常年受烟雾云雨侵蚀，年久失修，屋体破损，已成危房。2013 年，吾峰镇党委政府、镇侨联倡修梁氏名人故居，打造华侨名人文化品牌，建设"名人故里、美丽吾顶"，故居修缮于 2016 年竣工；家国情故事馆于 2018 年动工，2020 年初竣工，2020 年 1 月 18 日举行开馆仪式，福建省委原常委、秘书长黄文麟为该馆题写馆名，该馆建设过程均得到省、市、县有关领导的重视与支持，得到海内外诸多侨亲、永春县侨联及有关企业的支持。馆内以丰富的历史文物、翔实的文史资料，生动形象地记载和展示了梁披云、梁灵光波澜壮阔的一生，该馆现已成为省、市、县华侨文化交流基地，永春县传统革命和青少年德育教育基地。

（四）吾峰镇碧山寨广场。碧山寨广场系为缅怀梁披云梁灵光兄弟的光辉事迹，在泉州省人大常委会原主任傅圆圆等老领导的关心下，广东省闽南经济促进会、福建匹克集团等社会各界捐献支持下，于 2018 年由吾峰镇启动建设的。该广场距梁披云、梁灵光家国情故事馆 500 米，广场面积 800 平方米，停车场 300 平方米，广场有梁披云、梁灵光石雕像，广场两边 6 根石柱，分别镌刻胡平、黄文麟等老同志及澳门等书法家题写的对联。广场于 2019 年 12 月竣工，2020 年 1 月与梁披云、梁灵光家国情故事馆同时开启，成为华侨文化交流基地、传统革命和青少年德育教育基地。

永春县吾峰梁披云、梁灵光家国情故事馆建设过程中，海内外社会各界踊跃捐资人民币 155 万元，港币 190 万元。碧山寨广场人民币 146.5 万元。

已建成"达埔尤扬祖爱国事迹馆" 1 个。

（五）达埔尤扬祖爱国事迹馆。馆址设在达埔镇蓬莱村尤扬祖故居内。2019年 7 月，永春县侨联在调研中，发现尤扬祖故居因年久失修存在安全隐患的情况，遂倡议修缮尤扬祖故居和修建尤扬祖爱国事迹馆。以此薪火相传，发挥光大尤扬祖爱国爱乡、无私奉献精神，激励后人为祖国统一富强和民族复兴而团结奋斗。倡议得到达埔镇党委、政府和蓬莱村的积极响应，得到尤扬祖亲属、族亲和当地群众的拥护支持。得到省、市侨联的大力支持，形成广泛共识。短短时间内，募集 116万元资金。2019 年 11 月，尤扬祖故居修缮工程动工，2000 年 6 月底竣工，投入资金 60 多万元；2000 年 7 月，挖掘整理尤扬祖爱国爱乡相关资料，着手建设"尤扬祖爱国事迹馆"。2021 年 5 月底完成布馆工作，投入资金 40 多万元。

正在建设中的华侨文化交流基地 1 个

（六）石鼓镇卿园村"登进堂"华侨文化交流基地。"登进堂"始建于明嘉靖二十四年（1545），迄今已近 500 年历史，现状建筑 1800 平方米，是永春县第五批县级文物保护单位，具有较高的历史价值、古建筑文化价值和华侨文化价值。

从"登进堂"南迁出洋的黄氏侨亲已逾 3 万多人，110 年前以"登进"注册成立的黄氏宗亲社团已是马来西亚侨界具有较大影响力的宗亲社团之一，他们尊祖敬宗、报本追远意愿强烈，改革开放以来，疫情前每年均组团率新生代返乡寻根谒祖，规模人数均居全县前列，激励华侨新生代对祖（籍）国的认同感和归属感。

2020 年，永春县侨联决定建设登进堂华侨文化交流基地，得到县政府及有关部门的强力支持。在当地镇、村及社会各界支持下，目前已完成基地文化广场、侨批馆建设，正在抓紧拆迁纳入登进堂文物保护线内 8 户 25 人拆迁安置工作，就近安排至横七线征收安置区。并发动海内外侨亲、乡亲捐资，得到积极响应。

打造"登进堂"华侨文化交流基地得到省、市侨联肯定和支持、中国侨联副主席、省侨联主席陈式海亲临基地视察，给予充分肯定，并对基地建设提出宝贵建议意见。

第六章　开展海内外联谊活动

第一节　与海外联谊交往

20世纪50年代初期，县、乡（镇）侨联受制于时代条件局限，没有单独的会所，不具备接待能力。及至1957年海外侨亲、归侨乡贤慷慨捐资在云龙桥头购地建设一座土木结构二层楼房作为永春县侨联会所开始，永春县侨联在新落成的侨联会所内开设永春县侨联服务社（即侨社），备有少量客房以方便返乡探亲的华侨入住。1963年，永春县侨联在会所两侧扩建石木结构二层楼房及食堂，永春县侨联才初步具备接待侨亲的能力。

一、1950—1966年接待联谊工作

1953年，永春县侨联在县侨务科帮助下，设立一个华侨接待站，计有房间4间，床位8张，先后接待印尼和缅甸华侨回国观光团永春团员2批8人次，接待归侨和出入境侨亲100余人。

1956年，李延年、林邦玲、李家耀等侨亲率星马考察团来永参观考察，并参加侨捐工程——永春县医院门诊楼落成典礼。在县人民委员会指导下专门成立接待委员会。

据不完全统计，1953—1979年，永春县共接待海外侨亲、归侨侨亲、港澳同胞4800人。

整体而言，中华人民共和国成立以后，帝国主义的封锁制裁，东南亚各国对出入境的限制，台湾海峡两岸长期的军事对峙等等原因，福建全省一直处于封闭与半封闭状况，加上1966—1976年华侨接待联谊工作一度停顿，及至改革开放前，永春县侨联海外联谊工作尚处于低水平发展阶段，海外联谊活动并不热络。

二、1979—1988年的接待联谊工作

改革开放伊始，福建省委、省政府就把侨务工作列为福建三大任务（经济建设、侨务、对台）之一，确立了福建对外开放首先是对华侨华人开放的战略思想，并从措施上保证这一战略思想的实施。经过拨乱反正，认真落实各项侨务政策，归侨侨

眷的冤假错案得到平反，一批华侨房屋逐步物归原主。1986 年，中共福建省委对侨务工作提出了"理解侨心、保护侨益、运用侨力、引进侨资"的要求。

县委、县政府贯彻落实党的侨务政策，1978 年 5 月，设立永春县侨办。1984 年，县政协设立三胞委员会。1986 年，县人大常委会设立华侨工作委员会。1991 年，成立永春县女"三胞"联谊会。党的侨务政策深入贯彻，侨务工作得到高度重视，广大侨胞、港澳同胞、台湾同胞更加心向祖国，回乡探亲、旅游、观光、寻根、谒祖逐年增多。1979 年—1988 年，回乡探亲的"三胞"达到 2.49 万人次，接待代表性侨亲的有：

1981 年 3 月，接待菲律宾政府驻新加坡大使周清琦（祖籍永春桃城镇桃溪村），菲律宾马尼拉永春同乡会副理事长、仙乡陈氏宗亲会理事长陈文伊，新加坡著名画家刘抗等 8 人。

1983 年，接待马来西亚雪兰莪中华大会堂会长、吉隆坡永春会馆主席邱祥炽，全马永春联合会主席、前《马来西亚通报》社社长周瑞标、全马永春联合会财政、全马周氏公会会长周卿峰等一行 6 人。

1984 年，多次接待星、马、菲及港澳较有代表性人物郑伟智，周卿云父子，郑耀堦、姚继、梁披云、梁祖辉、颜彬声、陈其聪、周守仁等侨亲及港澳同胞。

1985 年，接待旅菲郑氏宗亲会原理事长郑耀堦，原副理事长郑玉冰率领的首次回乡访问团一行 18 人，接待回乡参加侨捐工程留安塔落成典礼、永春一中"郑信顺纪念堂"落成典礼的香港永春同乡会梁披云、颜彬声、陈其聪、梁清辉、梁祖愉、梁良斗等港胞，接待马来西亚怡保霹雳州永春公会主席郭玉堂及星马侨胞一行 10 多人，接待旅居新加坡著名画家刘抗等人。

1986 年，接待马来西亚拿督郑文尧夫人吴秀群，并努力完成她所委托的事，并陪同参观。接待旅新大建筑商郑东雅、菲律宾永春同乡会原会长周卿云一家 6 人，接待全马永春联合会理事，怡保永春公会总务郭距地夫妇等 8 人，接待回乡参加永春一中校庆的郑泗湖等侨亲，接待首次返乡的马来西亚东甲永春会馆副主席郑明蒋夫妇等。

这一年，接待回乡侨亲、港澳同胞、台湾同胞人数首度突破 3000 人。

1987 年，全县共接待华侨、港澳同胞、台湾同胞 3894 人次，比 1986 年增长 34.83%。

三、1988—2023 年的接待联谊工作

1988 年以来，永春县接待联谊工作呈现"三多一少"特点：

组团回来的多。1991 年 11 月 18 日、1992 年 12 月 4 日、1993 年 11 月 28 日、1995 年 11 月 26 日，永春县分别举行四届芦柑节，来自海外同乡社团、港澳台社团共 1237 人分别组团参加。

1993 年 11 月 18 日，"世永联"在永春县宣告成立，1997 年 10 月 18 日，"世永联"第三届代表大会，2015 年 3 月 20 日，"世永联"第十一届会员代表大会在永春先后召开，来自海外侨亲、港澳台同胞 2000 多人组团参加盛会。

1989 年、1999 年、2009 年、2019 年，永春县侨联分别举行庆祝永春县侨联成立 40 周年、50 周年、60 周年、70 周年活动，来自海内外的侨亲、港澳台同胞 1380 人组团参加盛会。

海外侨亲组团回乡寻根谒祖活动十分活跃，蓬壶林氏、尤氏，达埔潘氏、叶氏、张氏，石鼓黄氏、颜氏，吾峰梁氏、黄氏，介福林氏、郑氏，桃城周氏、余氏、郑氏，东平、东关李氏，湖洋刘氏、郑氏，岵山陈氏，仙夹郑氏、郭氏等宗亲会、家族会纷纷组团回乡探亲谒祖。单次人数 100 人以上的有湖洋仙溪郑氏家族会、介福大丘头林氏家族会；人数在 300 人以上有石鼓卿园黄氏登进堂家族会、世界颜氏宗亲会；人数在 400 人以上的有东平肇永公李氏家族会。

根据统计，1988—2019 年永春县侨联第七届至第十二届委员会期间，县乡两级侨联共接待海外侨亲团组 581 个，63080 人次，接待重点侨亲 7600 人次。

重点社团与人物多。永春县县乡两级侨联热诚接待返乡探亲、观光旅游、投资兴业、捐资公益、参加会议的海外社团。主要有：马来西亚、印尼、新加坡、菲律宾、泰国、越南、柬埔寨、澳大利亚、加拿大、英国等国家和香港、澳门、台湾等地区的永春同乡会及下属的同乡联谊会，以及会务较为活跃的各宗亲会、家族会。

重点人物有：郑仓满、陈建绪、郭从愿、郑耀堦、郑少坚、郑泗强、陈建安、陈玉成、陈传词、陈世华、陈文伊、陈文成、陈传拔、陈传任、陈传语、郑葆仁、陈秀明、陈锡石、许世经、郑文尧、郑景新、郑兴宗、周卿云、周清琦、周清楠、周安达源、李文铨、黄安荣、陈丙丁、李深静、李耀昇、郑建成、吴东土、郑振中、刘抗、邱维廉、颜彣桦、梁祖辉、沈美华、苏永糸、林秋生、林昆生、林励生、林台生等。

华侨华人后裔多。老一辈海外侨亲携带子孙后代回乡拜祖认亲渐成风气，如2004 年 12 月 21 日，由马来西亚肇永公李氏家族会青年团举办的、有 430 人参加的盛大祭祖活动，其中许多家族是几代人参加。2019 年石鼓卿园登进堂黄氏侨亲328 人回乡谒祖，成员中不乏是二、三、四代新生代。

侨联单独组团出访较少。海外侨亲"思本、爱本、固本"的根亲情结浓郁，海外社团、宗亲祖团每次举行庆典活动，总忘不了邀请家乡领导参加，无论邀请人数多少，总忘不了邀请侨联参加，由此可见侨联作为祖国联系华侨的桥梁与纽带，在海外华侨心目中占据格外重的分量。而侨联单独组织出访较少的原因有二：一是20 世纪 80 年代，侨联组织处于恢复发展时期，民间出访探亲渠道尚未通畅，侧重于参与迎来送往活动。二是侨联作为县委、县政府领导下的群团组织，出访必须统筹安排，而每逢海外有重大庆典活动，县里安排人员出访都有侨联名额，随团出访更有利于海外联谊交流工作开展。20 世纪 90 年代以后，4 次单独组团出访。

2000 年以来，海外交流联谊呈现新特点：

搭建海外交流平台。2000 年起，永春县侨联实行侨亲资料管理微机化，收集整理出海外 80 个宗乡社团组织和 30 多个国家和地区的 1000 多名重点永籍人物以及后起之秀的资料存入侨情信息库。

2003 年 12 月，中共中央政治局委员、全国人大常委会副委员长王兆国在中国侨联六届六次会议上提出，要通过不懈努力，使侨联组织真正成为"广大归侨侨眷和海外侨胞之家"，使侨联干部真正成为"广大归侨侨眷和海外侨胞之友。"

2004 年 8 月，省侨联七届三次全委会作出在全省侨联系统开展"创家交友"活动，永春县侨联积极响应，开展一系列丰富多彩的创建活动。2007 年省侨联首批命名 43 个"侨友之家"，泉州市获评 17 个，永春县蓬壶镇侨联榜上有名。嗣后，五里街镇侨联、岵山镇侨联、仙夹镇侨联先后获得"侨友之家"称号。

2014 年 12 月，永春县侨联成立"永春县侨界青年联合会"（简称侨青联），为海外侨界青年、留学的归国人员及留学生家属搭建联谊、交流、发展的活动平台。

2016 年以来，省侨联先后开展创建"侨胞之家""侨胞之家示范点""五好侨胞之家"创建活动。2016 年，吾峰镇侨联被省侨联命名为"侨胞之家"。

2017 年，永春县侨联、石鼓、吾峰、仙夹、湖洋、东平镇侨联被省侨联命名为"侨胞之家示范点"，石鼓、岵山、吾峰镇侨联被省侨联命名为"侨胞之家"。

2019 年，东关镇、达埔镇侨联被省侨联命名为"侨胞之家"。2020 年，蓬壶镇侨联被省侨联命名为"侨胞之家"。2022 年，石鼓镇侨联被省侨联命名为"省级五好侨胞之家"。

参与举办海内外青少年夏（冬）令营。2014 年以来，永春县侨联配合县侨办等有关部门，成功举办三届"与世界对话英语夏令营"、两届"海外永春社团青年精英研习班"，研究班还聘请 36 位海外商务联络员，为家乡企业走出国门发挥桥梁纽带作用。2019 年 11 月，指导湖洋镇侨联首创办好乡镇级"冬令营"，21 位马来西亚华侨青年参加交流活动。2021 年疫情期间，成功承办永春侨联与马来西亚永春联合会青年团"亲情中华、为您讲故事"网上夏令营，119 名马来西亚华侨青少年参加，深耕"亲情中华"活动品牌、不断涵养侨务资源。2022 年，协办第二届海外华裔（小语种国家）跨境电商培训暨寻根之旅夏（冬）令营回营活动。承办马来西亚永春联合会、菲律宾校友会"亲情中华，为您讲故事"网上夏令营，100 多名华裔青少年参加。2023 年，协办"中国寻根之旅"冬令营——福建永春营，来自马来西亚 40 位华裔师生齐聚永春，开启为期 9 天"探索非遗文化，走进桃源永春"的中华文化之旅。

第二节　与港澳台地区联谊交流

一、与港澳地区联谊交流

1982 年至 2023 年，永春县侨联第六届委员会至第十二届委员会均重视，加强与港澳地区联谊工作。1983 年，县长苏中亚、副县长陈赞良率团赴香港考察，为期半个月，永春县侨联主席郑德郁随团考察。1984 年 4 月 28 日香港永春同乡会成立，郑德郁随团前往香港参加庆典活动。此后，永春县侨联均派员参加历届香港永春同乡会换届就职典礼或致电庆贺。1996 年 2 月，副县长刘声洽访问香港。1997 年，县政协主席林玉璧率团赴港访问考察。2004 年 9 月 29 日，县人大副主任辜希平率团赴香港参加"世永联"第六届会员代表大会暨香港永春同乡会成立 20 周年庆典活动。2009 年 3 月澳门永春同乡会成立，11 月 2 日在澳门举行首届理监事会就职庆典，2014 年 11 月，澳门永春同乡会换届，永春县侨联均派员随县庆贺团参加庆典活动，香港永春同乡会成立 15 周年、20 周年庆典，永春县侨联在《桃源乡讯》专版祝贺。

除此以外，永春县侨联还单独组团访问香港。1999 年 4 月 13—17 日，永春县侨联主席颜华煨率团到香港参加"1999 中国（香港）礼品暨工艺品展览会"。2005年，永春县侨联主席陈发源率团访问香港及新、马。

为加强与港澳同胞的联谊工作，永春县侨联自第七届委员会开始至第十二届委员会，共聘请港澳知名人士、社团领导计 18 人为名誉主席，221 人为顾问，15 人为委员，其中第七届聘请名誉主席 1 人，顾问 13 人，委员 15 人；第八届聘请名誉主席、顾问、委员资料缺失；第九届聘请港澳知名人士 4 人任名誉主席，62 人为顾问；第十届聘请港澳知名人士 3 人任名誉主席，74 人为顾问；第十一届聘请港澳知名人士 2 人任名誉主席，71 人为顾问；第十二届聘请港澳知名人士 8 人任名誉主席，1 人为顾问。

1984 年香港永春同乡会成立后，会务活跃，与内地交流往来活动增多。

1985 年 1 月 1 日香港永春同乡会电贺永春县青少年宫落成。

1989 年 10 月 26 日，香港永春同乡会副理事长陈其聪参加县文化中心郑世炎大楼落成庆典，并与省、市、县领导一起剪彩。

1990 年 8 月 31 日，永春县佛教协会成立，特聘香港永春同乡会理事长颜彬声为名誉会长。

1991 年 11 月 18 日，1992 年 12 月 4—6 日，1993 年 11 月 18—20 日，1995 年11 月 26—28 日，永春共举行 4 届芦柑节，香港永春同乡会均组团返乡参加盛会。

1993 年，香港永春同乡会参与省、市、县的交流考察活动，组团参加厦门"9·8"投洽会、泉州"9·9"商交会、泉州旅游节、闽南海丝文化节、世界福建同乡恳谈会、"世永联"首届代表大会。

2000 年 11 月 15—17 日"世永联"第四届代表大会在永春召开，香港永春同乡会组团参加。

2002 年 8 月 17—19 日，永春遭受特大洪灾，香港永春同乡会募集 47.55 万元（其中会长陈荣助个人捐资 10 万元）救灾资金，陈荣助一行 6 人回乡赈灾慰问。

2003 年，香港永春同乡会会长陈荣助率访问团一行 18 人，深入外山、吾峰、桂洋等偏远乡村扶贫助困，为 106 名贫困学生捐助人民币 3.2 万元，同时捐资人民币 10 万元支持永春县侨联成立"侨心扶贫基金会"。

2005 年 9 月 17—19 日，香港永春同乡会在永春举第 11 届理监事会和永春同乡会福利基金会第五届董事会就职典礼活动。

2005 年，香港永春同乡会捐资 212 万元，建设永春港永幼儿园主体建筑。

2008 年 12 月 7 日，香港永春同乡会候任会长刘本全率团参加永安市永春商会成立庆典大会。

2012 年 4 月 30 日，香港福建同乡会理事长颜金炜为团长的访问团一行 40 多人到永春县考察，并为该会捐建的"永春锦斗珍卿希望小学"举行奠基仪式。

2015 年 3 月 21—22 日，"世永联"第十一届会员代表大会暨理事就职典礼在永春举行，香港永春同乡会组团参加。

2015 年，香港永春同乡会、香港永春同乡福利基金会、澳门永春同乡会分别到永春开展慈善捐献活动，香港永春同乡会会长郑文红捐资 100 万元、香港永春同乡福利基金会捐资 500 万元港币，用于建设永春县医院后勤综合楼——慈心楼；澳门永春同乡会捐资 25.03 万元，用于永春县医院医疗卫生事业。

2018 年，香港永春同乡福利基金会慈善访问团到永春开展活动，中国侨联副主席、省侨联主席陈式海参加活动。

改革开放以后，永春县侨联参与或直接接待的港澳地区重要社团有：香港福建同乡会、香港永春同乡会、香港永春同乡福利基金会、澳门福建同乡会、澳门归侨总会、澳门永春同乡会以及港澳地区永春同乡会组织的考察团、观光团、宗亲团、南音交流团等。

重点人士有：颜彬声、颜金炜、梁良斗、颜秀兰、黄凉素、颜纯炯、颜宝玲、郑秀英、陈荣助、陈少煌、林孝首、梁清辉、黄少江、陈其聪、张石麟、刘正庆、颜章根、郑文红、黄国琛、周安达源、林励生、颜聪华、梁披云、梁仲虬、张志民、尤裕质、陈竞红等人。

在开展与港澳地区联谊交流的同时，根据新时期侨务工作的新特点、新任务，2019 年 11 月 25—26 日，经县委统战部批准，永春县侨联第十二届委员会推选 3 名港澳知名人士担任县侨联副主席；2022 年 12 月 31 日，岵山镇侨联第十届委员会推选 1 名香港知名人士担任镇侨联主席。

二、与台湾地区联谊交往

（一）人员往来

1. 寻根谒祖

永春与台湾地区有着地缘、血缘、文缘、神缘、法缘（简称五缘）的密切联系，自从大陆改革开放及台湾解除戒严令以来，永台两地的联谊交流进入一个新的发展时期。据有关部门统计，1987—2007年，永春与台湾两地人员的民间往来达到3万多人次，涉及谒祖、进香、祈福、旅游、投资、婚姻、农业、文化教育交流等领域。其中部分年份曾作统计，永籍台胞探亲人数分别为：1988年535人，1989年548人，1990年580人，1990年580人，1991年472人，1992年324人，1993年450人，1994年253人，1995年340人，其中较为大型的同乡谒祖活动有6次500多人，主要是蓬壶尤氏、高阳（今洋上村）余氏、东平李氏、石鼓颜氏和桃溪周氏。台北市永春同乡会及旅台同胞成为促进两地联谊交往的重要力量，如台湾近现代水墨画大师余承尧、台湾海峡交流基金会董事长辜振甫、台湾文学大师余光中、原台湾警界知名人士王超英，以及旅台同胞郑义燕、陈银枝、林世哲、林玉书、林慧生、黄金如、施宪章、余流水等人多次回乡谒祖，参加家乡举办的4届芦柑节，旅游节等活动。

1988年10月14日，旅居台湾屏东恒春镇尤氏宗亲回大陆谒祖团一行22人，到永春蓬壶魁源寻根谒祖。

1989年11月，台胞余承尧同"汉唐乐府"创办人陈美娥到永春探亲谒祖，到厦门、泉州等地进行访问。

1990年3月24日，台北永春同乡会理事长郑义燕一行9人回永春探亲。5月，台胞郑玉丽及次子章传义回乡探亲。7月，原籍吾峰镇梅林村的旅台同胞黄金如任总领队的"台北市知名人士与工商界考察团"在北京、上海、南京等地考察后回永春省亲谒祖。

1993年8月27日，台湾海峡交流基金会辜振甫致函五里街镇儒林村后庙辜氏乡亲："寻根之心，人皆有之，能逢适当机缘，再卜买悼之举"。10月21日，辜振甫向永春儒林后庙辜氏宗祠赠送其题匾"嘉德祠"。1998年8月2日，辜振甫寄给儒林辜氏宗亲"祖兴祠"和"桃源辜氏宗祠"两幅题字。

2003年9月17—19日，旅台同胞余光中回乡寻根谒祖，2007年8月6日，余光中夫人范我存女士携女儿、女婿、外孙到故乡洋上村探亲谒祖。

2008年10月20日，台湾宜兰县闽南同乡会福建寻根亲善会一行33人到永春访问。

2012年4月4日，台中县、台中市金门同乡会代表一行23人到永春参观访问。

2013年2月25日，台北市永春同乡会副理事长林金炉一行6人回永探亲谒祖。4月20日，台湾庄氏宗亲一行20多人到湖洋庄府谒祖。

2014年3月14—17日，宜兰县闽南同乡会理事长林纪炳一行4人回永探亲谒祖。

2015年5月22日，北美洲台湾乡亲联谊会会长梁义大家族团回乡探亲谒祖。

2016年3月28日—4月1日，台湾新北市福建同乡会副会长陈金鑽回乡探亲谒祖。9月19—20日，旅台乡贤林世哲之子林超俊（台湾东阳制药公司总经理）、林韦成回乡探亲谒祖，参加林世哲教育基金大楼落成揭彩、林世哲扶助贫困学生教育发展协会揭牌和林世哲展馆开馆仪式。

2017年4月19—20日，旅台同胞，知名演员黄建群回达埔镇新溪村探亲谒祖。

2018年4月25日，台北市永春同乡会第十二届、第十三届理事长陈银枝率家族团回乡探亲谒祖。7月6—8日，旅台同胞沈金华家族团回乡探亲谒祖。

2．台胞返永定居

1984—1995年，去台人员回原籍永春定居的有12人。

3．台属赴台探亲

1990年，永春台属赴台探亲、探病，奔丧的有10人，其他年份有统计的赴台探亲、探病、奔丧的人数为1993年29人、1996年291人、1997年320人、1998年650人、1999年680人、2000年662人、2001年547人。

4．台属台籍赴台定居

1988年，有4名回永春探亲的台胞要求带其年迈母亲或妻子去台，均顺利赴台定居。其他年份有统计的赴台定居人数为1990年4人、1991年1人、1992年2人、1993年6人、1994年43人、1995年36人、1996年11人。

二、联谊交流

2009年4月16日，永春县侨联以团体会员身份参加永台民间交流协会第一次会员代表大会暨成立大会，时任县政协副主席、侨联主席陈发源担任协会理事长，20多位永春县台胞参加永台民间交流协会。

2010年，永台民间交流协会组团赴台开展交流考察活动，促成台湾宜兰县"民意机构"与永春县政协、宜兰苏溪镇与玉斗镇结成友好对子；协会领导黄万民赴台开展为期 5 天的经贸联谊活动，争取旅台同胞林世哲捐资 1000 万元兴建林世哲教育基金大楼。

2011 年 5 月 1 日，永春县侨联组织 19 部 345 册族谱参加"泉台百家姓族谱巡展"，5 月 1 日起在台湾高雄开幕。

2012 年 5 月，永春县侨联选送 19 部族谱参加"泉台百家姓族谱暨中华姓氏联墨巡展"，其中高阳余氏族谱入台参展。

2016 年，县委常委、宣传部部长骆春玲率永春永台民间交流协会参访团一行 6 人赴台参访交流。

2017 年，永春县侨联落实中央关于鼓励台湾青年到大陆创新创业政策，与台资农业企业——叙柑园果业有限公司共建"闽台青年创新创业基地"。多次邀请台湾果树专家吕明雄为果农举办技术讲座，促进两岸农业科技交流，推动永春柑橘产业可持续发展。

永春县侨联立足"侨中有台、台中有侨"的特点，在台胞居住较为集中的蓬壶、达埔、岵山等乡镇，侨联会、台联会牌子一并悬挂，在县委台湾工作办公室（简称县委台办）、县政府台湾事务办公室（简称县台办）的领导下，侨台工作同步进行。

蓬壶镇旅台人员占全县 1/3，该镇侨联主席吕孝仁长期兼任永春县台联会副会长、蓬壶镇台联会会长，侨联、台联工作一肩挑。他利用探亲机会，遍访该镇居台乡亲朋友，开展联谊活动。从侨台情普查入手，并在重点村落成立侨台小组、促进侨务对台工作，先后引导台胞林玉书、林慧生捐资 1500 多万元兴办各类公益事业，投资 5000 多万元创办台湾一条街及永壶开发区，捐资兴建镇侨台联大厦。岵山镇引导台商到该镇创办体育用品厂，捐资建设台联活动中心等公益事业。全力协助该镇小岵南山陈氏撰写谱志，委派 1 名副主席专职参与，并腾让办公房间，争取出版资金 10 多万元，该谱志为台湾及海外之寻根谒祖提供方便。达埔镇台胞捐资建设镇侨台大厦、永春儿童医院、达埔医院、中小学、名胜古迹等公益事业。

改革开放以来，永春县乡（镇）两级侨联参与和直接接待的旅台重点乡贤的有：林玉书伉俪、林惠生、郑义燕、黄瑞德、沈金华、沈美华、黄金如、施宪章、林名辅、陈银枝、黄金奋、王超英、余流水、余光中、林世哲、余承尧、释传斌法师、王振文等人。

第三节 与内地侨联联谊交流

一、省内侨联系统内的联谊交流

1957、1958、1959 年，永春县侨联组织部分侨界委员前往泉州、厦门、福州、南平等县市参观考察，先后参观泉州糖厂、面粉厂、集美学校、集美解放纪念碑、厦门海堤、鹰厦铁路、厦门市各界人士加强自我改造展览馆、厦门大学、厦门橡胶厂、厦门通用机器厂、厦门鱼肝油厂、南平水泥厂、南平制纸厂、福州鼓山人民公社和闽侯城关乡人民公社、专区各界人士自我改造展览馆等，并与当地侨联进行联谊互动，探索推动华侨工作的方式方法。

1979 年中共十一届三中全会召开以后，永春县县、乡两级侨联相继成立或恢复活动，市、县两级侨联建立季度工作例会，由县、乡（镇）级基层侨联轮流做东、开展经验交流、现场参观、学习考察活动、通过横向交流活动，密切了永春县侨联与省内各级侨联组织之间的密切联系。

2003 年，永春县侨联与南平市武夷山市结成友好对子，通过开展多种形式的联谊交流活动，达到交流经验、加强联谊、共享资源、互相促进的目的。

2009—2011 年，组织县乡侨联到武夷山侨联、南平市侨联、建阳市侨联学习考察，并接待武夷山市侨联、南平市侨联、建阳市侨联、丰泽区东海街道侨联的来访，通过联谊互动，互相借鉴学习对方的宝贵经验做法，进一步推动永春县侨联工作的开展。

2013—2019 年，泉州市丰泽区东海镇侨联、泉州市华侨历史协会、鲤城区侨联、泉港区侨联、宁德市侨联、安溪县侨联、厦门市梧村街道侨联、晋江市侨联、龙岩市新罗区等兄弟侨联来永考察交流、参观"三侨领纪念馆"、开展"百侨帮百村、共建美丽乡村"调研活动，参加世界永春白鹤拳大会、"记住乡愁、海内外南音汇唱"活动、"诗词连两岸、丹青描乡愁"两岸乡愁笔会暨书画作品展。

2019—2020 年，组织参加永春县华侨农场干部培训班全体学员前往南安市、晋江市、石狮市侨联交流学习；组织侨委分别赴永泰侨联学习文化遗产保护先进经验做法、赴宁德学习侨企对接、华侨农场改制建设的先进经验，广采他乡之长，服务永春发展；组织部分侨委赴福州拜访省侨联，参观三坊七巷、永德会馆旧址，学习在城市建设中妥善保护文化遗产的先进经验。

2023 年，连江县琯头镇侨联到仙夹镇侨史馆参观访问。华侨大学侨联与永春县侨联签署"缔结侨联校地共建协议"。

二、省外侨联系统间的联谊交流

为贯彻落实党中央西部大开发的战略和部署，中国侨联发出沿海地区侨联与西部地区侨联开展"结对子"活动，2001 年，永春县与陕西省渭南市侨联结成友好侨联对子，通过开展多种形式的联谊交流形式，达到交流经验、加强联谊、共享资源、互相促进的预期目的。永春县侨联引导永春旅港实业家颜纯炯先后投资 60 万元，在陕西省渭南市华县、陕西省麟游县、陕西省宝鸡市 3 地各捐建 1 所小学。

2009 年，永春县侨联以庆祝成立 60 周年为契机，邀请结成友好侨联的陕西省陕西渭南市、安徽省、安徽省蚌埠市侨联参加庆典活动，增进联谊联络。

2010 年，永春县侨联组团访问陕西省侨联、渭南市侨联、延安市侨联，加强山海合作，促进优势互补，推动侨联事业向前发展。

2014 年，山西省侨联、山东省东营市侨联先后组团来永考察访问。

2019 年，山西省长治市侨联组团前来参观"三侨领纪念馆"。

2023 年，江西省黎川县侨联组团来永考察访问。

第五篇　人物、先进集体与个人

数百年来，永春华侨华人、归侨侨眷、港澳台同胞中涌现出一批英才俊杰、志士仁人。他们，用艰苦奋斗而又百折不挠的精神诠释着独特的中华情，光耀着中华、影响着世界；他们，情系桑梓心怀家国，一路与祖（籍）国同行，成于坚守，止于至善；他们，秉持"天下兴亡、匹夫有责"的理念，发扬"爱国爱乡、拼搏奉献"的华侨精神，在波澜壮阔的历史进程中，以侨为桥，跨越千山万水，形成构筑人类命运共同体的独特力量。

中华人民共和国成立 75 年来，永春县县、乡两级侨联坚持"以人为本，为侨服务"的宗旨，依据《中华全国归侨华侨联合会章程》，坚持国内海外工作并重、老侨新侨工作并重，拓展海外工作、拓展新侨工作，凝聚侨心、汇集侨智、发挥侨力、维护侨益，拓展海外联谊、积极参政议政、弘扬中华文化，参与社会建设工作职能，忠实履职，涌现了一批先进集体与个人。

第一章　人　物

第一节　人物传

本节收录的人物是对永春经济社会发展中有过较大影响、较大贡献以及在海内外有过重大影响的 107 名永籍华侨华人、归侨侨眷、港澳台同胞。遵循生不入传原则，截止时间为 2023 年（含 2023 年）12 月 31 日前已辞世的华侨华人、归侨侨眷、港澳台同胞。

本节依华侨华人、归侨侨眷、港澳台同胞分类撰写的人物传记计 101 篇 107 名，其中从福建省华侨志、泉州市志华侨志、泉州市侨联志、永春县志华侨志（1990 版、1988—2007 年版）中摘录已入人物传的有 50 篇 53 名，新收录人物传的有 51 篇 54 名。细分为华侨华人 51 名、归侨侨眷 34 名、港澳台同胞 22 名。

本节入传人物以生年为序排列，生年相同者，以卒年为序排列。

一、华侨华人（51 名）

黄际良	陈金声	陈若锦	李清渊	李俊源	郑玉指	郑成快	干德源
李载銮	林光挺	李俊承	陈兴砚	黄重吉	陈承丕	陈新荣	周卿云
李尚维	林连玉	李家耀	刘向仁	李延年	郑振中	郑光汉	辜俊英
刘 抗	林振述	郑晋棣	梁祖辉	周瑞标	郑仓满	陈新民	吴爱惜
郑文尧	邱祥织	邱瑞颇	李文铨	郑耀堦	陈超群	陈秀明	陈振南
陈义明	吴东土	林荣国	周守仁	郑少坚	郑景新	陈锡石	李深静
尤培胜	邱维廉	郑建成					

黄际良

黄际良（1713—1806），字克藏，号豪亭，旅菲侨亲。祖籍永春县石鼓乡（今石鼓镇）卿园村，清康熙五十二年（1713）出生。壮年时到菲律宾经商，颇有积蓄。有一次，乘船途遇飓风，船被飘至菲律宾苏禄岛，全船人和财物尽数遭入侵该岛的西班牙殖民主义者所掠夺。殖民主义者看到船中财物，多为黄际良所有，又看他忠厚老实，决定释放他，但欲将同船百余乡亲驱入山巴垦荒。按照当时殖民主义者的做法，凡被掠获或被卖与的劳力，均需与其订立劳役合同。期限未到而同伴中有人死亡，亡者未完成的劳役期，需由生存者代为完成。故此种劳工，民间称作"猪仔"，他们是难得生还的。黄际良临行前，同船被掳的众乡亲向他哭泣求援，黄际良深怜他们、即竭力向殖民主义者请求宽免，表示愿回家变卖财产，重来此地赎回众人。殖民主义者见有利可图，应允并约定交接日期一手交钱，一手放人。到期，黄际良如约所至，用重金为百余名乡亲赎命。众人喜极而泣，感恩不尽。事后方知际良此次携款近万银圆，均系变卖家产之资。苍天有眼，不久他又致富，家财成倍超过原有。

黄际良乐善好施，每到严冬外出。必穿棉袄，路上遇寒冻而有求之人，立即脱下身上棉袄救济缺衣者,曾经一日三次穿棉袄外出而被穷人所索取。他的善行义举,乡人口碑载道。

清嘉庆十一年（1806），黄际良辞世，享年93岁。

陈金声、陈若锦

陈金声（1805—1864），祖籍永春县桃城镇丰山村，旅新侨亲。出生于马六甲一个华侨家中，系丰山著名侨领陈臣留之孙，为第三代侨生。清嘉庆二十四年（1819），陈金声自马六甲南下新加坡开设金声公司，业务逐渐扩大。其后，购置丰兴号轮船，经营海上运输及开展进出口贸易，并在马六甲及上海开设分行。此外，投资种植业、锡矿业和房地产业，逐渐成为新加坡富商，成为新加坡华侨福建帮领袖。事业有成后，倾心社会公益事业。清道光二十九年（1849），发起创建崇文阁作为师生讲习所，传播中华文化。翌年出资建造横跨新加坡河的金声大桥、铺设大世界游艺场前的金声路，方便人们出行。清咸丰四年（1854），捐资创办萃英书院，华侨子女均可免费入学。捐款支持漳州华侨陈笃生创办医院。清咸丰七年（1857）11月，捐资敦促新加坡政府兴建自来水厂，解决新加坡居民饮水困难问题。

清咸丰元年（1850），陈金声受封为太平局绅。清同治三年（1864），担任陪审员，极力维护华侨正当权益。同年在马六甲辞世。享年59岁，清光绪八年（1882），新加坡政府在福尔敦广场建陈金声喷水池，以纪念陈金声所作的历史贡献。

陈若锦（1859—1917），陈金声之孙，出生于新加坡。幼时受私塾教育，学习中华文化。18岁入其叔父所办公司当学徒，勤谨任事。清光绪十年（1884），与叔父明源和同乡李清渊等8人合作，创立海峡轮船公司。从商之外热心服务社会，清光绪十二年（1886），任新加坡市政委员，清光绪十五年（1889）被选为立法议员，清光绪十六年（1890）新加坡华人咨议局成立，他任华人首席代表。1902年复任立法议员，直至民国4年（1915）因健康原因告退。

清光绪二十七年（1901），陈若锦应邀赴英国伦敦，发表政见，支持成立海峡侨生公会。回到新加坡后，适逢侨生义勇军成立，即送其子思敏入伍。清光绪三十年（1904），参加发起创设新加坡医学院，该医学院后更名为爱德华七世医学院，1967年再命名为新加坡大学（即现在新加坡国立大学的前身）。带头捐献巨款并出任该校校务委员。第一次世界大战期间，发动新加坡华侨支持同盟国对德国的战争，独资捐赠英国战斗机一架，命名为陈若锦号。

在立法委员任内，陈若锦对华侨利益无不力争。如商店注册案、所得税案、取缔双座人力车案。由于广行善事和政绩显著，获英王乔治五世三等勋章。并与祖父金声、父亲宪章一样，受封为太平局绅。逝世以后，新加坡总督特地把当地一条街命名为"若锦街"以示纪念，并在新加坡维多利亚纪念堂悬挂其画像。

李清渊、李俊源

李清渊（1841—1911），祖籍永春县桃城镇化龙村，出生于马六甲。17 岁时在新加坡亚逸街经营小生意，后创设清渊公司，经营出入口贸易，继之从事多元化经营，成为有名的金融和房地产投资商。并参与创办新加坡海峡轮船有限公司。

清光绪十五年（1889）华人参事局成立后，李清渊出任该局委员，该局成员由福建（闽南）帮 5 名、潮州帮 4 名、广府帮 2 名、海南帮 1 名组成，以讨论与华人有密切关系的礼仪、庆典、教育、社会福利和其他有关立法的社会问题。李清渊代表福建帮长达 21 年之久，任内极力争取华人福利。他在笼岗路创设风裕义学，又是颜永成（后称"英华"）义学的信托人与道南学校董事。他热心新加坡永春会馆会务，筹资为会馆购置新会址。清宣统三年（1911）在新加坡辞世，享年 70 岁。

李俊源（1868—1924），李清渊之子，出生于新加坡。幼年受私塾教育，长大后在其父公司里当助手。父亲过世后，他继承父业，任实德力轮船公司董事多年，还担任南英保险公司（马来亚分行）董事。民国元年（1912），邀集闽籍人士创办新加坡华商银行，出任董事长。

他热心教育事业，捐助美以美学校经费和莱佛士学院建校基金，并创办俊源学校。第一次世界大战期间，与林秉祥合捐飞机一架，支持英国对德战争。民国 13年（1924）在新加坡病逝，享年 56 岁。

为表彰李清渊父子对社会的贡献，新加坡殖民政府将两条街道命名为"清渊街"与"俊源街"，以为纪念。

郑玉指

郑玉指（1851—1929），字绳摇，永春县仙夹镇东里村人，清咸丰元年（1851）年生。早年侨居马来亚的槟榔屿。

清光绪三十二年（1906）9月，槟榔屿成立中国同盟会分会，郑玉指是该会的第一批会员。他多次参加孙中山亲自主持的重要会议，聆听了孙中山"鼓其勇气、秉此良机、共谋大举"的教导，在孙中山革命思想影响下，坚定推翻帝制、建立共和的意志，带头并发动广大华侨捐款，为筹措革命经费作出贡献。清宣统二年（1910），孙中山眷属到槟榔屿避难，郑玉指及当地华侨给予多方照顾，并负责其全部生活费用，使远在美国开展革命工作的孙中山免除后顾之忧。由于郑玉指积极支持革命，清宣统三年（1911），广州"三·二九"起义前夕，孙中山为筹款购买和运送武器的方便，将起义的准备会议，选择在福建侨胞最集中的槟榔屿召开，得到了郑玉指在内的当地华侨的积极支持。

民国元年（1912）3月，孙中山为表彰郑玉指对革命的贡献，特颁发旌义状。全文是："郑玉指于中华民国开国之始，宣扬大义，不遗余力，特给予优等旌义状，奕代后民，永多厥义，此旌。"该旌义状被勒于石碑之上。立于东里村头，供后人瞻仰。

民国18年（1929），郑玉指病逝于马来亚槟榔屿，享年78岁。

郑成快

郑成快（1873—1929），又名捷登，字奕良，号宏业，清同治十二年（1873）出生于永春县桃城镇桃东村。少年即南渡马六甲，起初靠种菜养猪、砍柴烧炭度日。19世纪末，开始致力于种植业。先是向殖民当局申请开垦荒山种植木薯。过后响应陈齐贤、曾江水（均为厦门人）发起的种植橡胶运动，与友人合资在柔佛拉美士垦荒种植橡胶与木薯，建立木薯粉厂。至20世纪初，在柔佛拉美士及拉美以北丁郎等地的柔佛河以及支流两岸开辟泉兴山、泉成山橡胶园和木薯园上万（英）亩，又在丰盛港北区首栽油棕上万（英）亩。建立橡胶加工厂、棕油厂，成为马来亚橡胶、油棕种植先驱之一。由于他的率先开发，使柔佛东部海岸这块荒地成为名闻遐迩的丰盛港，并被当地人民推崇为港主。

清光绪三十二年（1905），郑成快参加同盟会，并被推选为马六甲支会副会长，前后捐助革命经费五、六万叻币。孙中山就任民国临时大总统时，授予他二等奖章。民国二年（1913）反对袁世凯窃国的二次革命失败后，黄兴、许崇智等数十人到马六甲避难，郑成快安排他们避居泉兴山橡胶园一个多月，并为他们设法领得护照转赴日本。还继续筹款支持国内反袁斗争，先后获云南都督府颁发的"拥护共和纪念章"和国民政府财政部授予的"热心爱国"三等奖章。

郑成快热心兴教育才，在侨居地先后捐资参与创办培风、培德、育民、平民等学校。曾任培风学校总理财政 10 余年，对培风中小学倾注大量资金和心血。民国 7 年（1918）捐资泉州培元中学建校舍，该校将一座教学楼命名为"郑成快楼"。同年，他带头捐资 1 万银圆，在永春东门倡办鹏翔小学。此外，还先后捐款给永春育贤中学，新加坡俊源中学和马来亚昔加挽培正中学作为办公经费。民国 18 年（1929），他在马来亚辞世后，俊源中学特建"成快馆"以为纪念。

干德源、李载銮

干德源（1875—1940），字其渊，永春县内碧村（今属东关镇人），生于清光绪元年（1875）。少年时爱好武术，拜其姑夫李俊仁为师，潜心学习，取五祖（太祖、白鹤、昌汉、达尊、行者）拳艺之精华，合而为一。后南渡马来亚谋生，自民国 5 年（1916）起，先后创办麻坡国术体育社、马六甲国术馆、新加坡国术馆、南宁医学研究社、担任主任、馆长之职。宣传国术强身自卫、祛病延寿之妙益，向广大华侨青年传授五祖拳术，并设伤科，为群众医伤治病，蜚声马来半岛。民国 29 年（1940）在马来亚辞世，享年 65 岁。他所授门徒甚多，较负盛名者有李载銮、林宝山等人。

李载銮（1893—？），乳名德锵，东平乡（今东平镇）冷水村人，清光绪十九年（1893）7 月生。民国初年即到南洋谋生。他体魄强健，好拳击，拜干德源为师，学有所成，他对少林、武当刚柔两派兼收并蓄，并继承和弘扬中医伤科治病之术。对西方拳击之术，也做过专门研究，深明中西技击之秘要。曾作腹部重压石条 3000

斤及汽车辗腹表演,因而被群众称为李大力士。曾任柔佛麻坡国术馆总教授、彭亨劳吻华人体育国术主任、毗叻江沙福建公会国术主任,著有《李载銮治伤验方药册》。民国38年(1949)春,曾回家乡探亲,后在南洋辞世。

林光挺

林光挺(1877—1940),旅马侨亲,永春县五里街镇埔头村人,清光绪三年(1877)生。幼年随父南渡马来亚谋生,是永春人在瓜拉庇朥拓荒开埠的领导人物,为瓜拉庇朥垦殖业作出重大贡献。是瓜拉庇朥永春公所创办人之一,曾任瓜拉庇朥中华商会会长,树胶商会会长。曾获马来西亚元首颁赐的"宝星勋章",赋予代表皇室签署文件的权力。清宣统元年(1909)春,孙中山与黄兴到瓜拉庇朥开展革命活动,成立中国同盟会瓜拉庇朥分会。林光挺成为首批会员和重要骨干,积极为辛亥革命捐输经费。民国13年(1924)孙中山亲自到瓜拉庇朥授予二等"嘉和"奖章和捐款兴学甲等奖状。

林光挺是坚贞的爱国志士,抗战期间,不遗余力援助祖国、救济家乡,赢得各方尊敬。他60寿辰恰逢结婚40周年,时任中共中央副主席的周恩来为其题词:"散财济国、仁被遐方,允矣眉寿,俪福永康。"孙科为其题词:"聚财能散只为公,磊落襟怀孰与同。四秩婚辰六秩寿,双修福慧著家风"。

民国29年(1940)3月,林光挺在马来亚病逝,享年63岁,临终仍以抗战为念,遗言丧事从简,省下上千银圆助赈家乡,充分体现浓郁的家国情怀。国民党元老于右任为其题赠挽轴"尽忠祖国",当时在新加坡的著名文学家郁达夫为其题赠挽轴"星殒天南"。

李俊承

李俊承(1888—1966),乳名贤,清光绪十四年(1888)生于永春县五里街镇仰贤村。17岁随父到马来亚芙蓉经商。其父去世后,他在新加坡先后创办太兴有限公司,太安实业有限公司,收购泰丰饼干厂,在马来亚森美兰洲垦殖橡胶园数千亩。

民国20年(1931)经济危机中,应聘出任和丰银行总理,与陈延谦等协议,将和丰、华侨、华商三家银行合并为华侨银行，任副董事长。民国 22 年（1933）起，任华侨银行董事长、董事主席，直至去世。

李俊承一生热心公益事业。民国初年，遵照母亲意愿，独资修葺永春通仙桥（东关桥）；民国 16 年（1927），独力负担新编《永春县志》全部印刷经费；民国 19 年（1930），又捐资 1 万银圆助建永春云龙桥。

"一·二八"事变后，在新加坡发起成立救济上海伤兵难民筹赈委员会，任主席。民国 26 年（1937）祖国抗战爆发，捐款救济祖国、家乡出征军人家属和难民。民国 27 年（1938）6 月，出资 10 万元购买救国公债。"新加坡筹赈会"成立，他任副会长。其后，又出任"南侨总会"执委和第二届常委。民国 29 年（1940）陈嘉庚率南洋华侨慰劳视察团回国，他一度任"新加坡筹赈会"代会长，勤恳履职。同年，新加坡总督汤姆斯特在立法院颁授勋章，以表彰他对社会的贡献。日军占领新加坡后，他曾被拘禁 7 天，获释后发动佛教徒施粥施药，收容难民 500 多人，70 岁以上男女老人，每月发给 10 元救济金。

李俊承信奉佛教。民国 14 年（1925），他回国观光，前往南海普陀山参谒印光法师，获赐法号慧觉。返新加坡后，刊行佛门经籍与通俗警世书画，分赠各方。民国 27 年（1938），又专程赴印度佛教圣地礼佛，在鹿野苑独资建中华寺、雇请专人管理，按月汇给经费，后又在新加坡建报恩寺。

历任新加坡中华总商会会长、福建公馆产业信托人、新加坡佛教总会主席、新加坡佛教居士林林长、永春会馆会长、陇西李氏总会名誉会长、新声诗社名誉社长、菩提学校董事主席、弥陀学校董事局名誉董事长，暨新加坡、马来亚不少社团、学校要职。1966 年在新加坡辞世，享年 76 岁。遗著有《觉园诗集》《觉园诗存》《佛国游记》等。

陈兴砚

陈兴砚（1889—1969），字体研，清光绪十五年（1889）生于永春县岵山镇塘溪村。弱冠南渡马来亚槟城，20 多岁转赴印尼雅加达。初时当店员，后经营咸鱼生意及经营其他商品。设立雅加达万源号出入口商行，后扩大为万源公司，经营土产和咸鱼出入口业。20 世纪 30 年代，发迹后投资房地产业，在雅加达孟加勿杀街附近拥有大量房地产。在中国香港和新加坡合资设公司，在印尼还拥有快乐世界、中华游泳池、5 家电影院、纺织厂和橡胶园。至太平洋战事爆发前，已成为拥资千万印尼盾的富商。

陈兴砚热心社会活动，20 世纪 20 年代起，历任椰城（雅加达）福建会馆副主席、主席，中华商会主席。民国 26 年（1937）祖国抗战军兴，历任吧城捐助祖国慈善委员会（俗称雅加达筹赈会）常务委员、副主席。民国 30 年（1941）3 月参加"南侨总会"第一次会员代表大会，被选为候补常委。民国 31 年（1942）初，日军占领印尼，被拘捕入狱 3 年 6 个月。

战后，陈兴砚历任雅加达中华总会、福建会馆、中华商会主席，吧城中学、华侨公立高级商业学校董事。国民党驻雅加达直属支部常务委员。

陈兴砚热心公益事业，1951 年与陈湧略、陈云雄、陈甘杞等人发起创办家乡岵山私立新星中学（现永春六中），并曾捐巨款兴建永春县医院院舍。

1969 年，陈兴砚在印尼辞世，享年 80 岁。

黄重吉

黄重吉（1892—1966），永春县石鼓镇卿园村人，清光绪十八年（1892）生。16 岁随父南渡马来亚雪兰莪巴生，后迁居吉隆坡文良港。民国 9 年（1920），在文良港创办吉利板栈，经营板料五金。随后投资橡胶园、农场、茶山，设立黄重吉有限公司，进军工业制造业。至 20 世纪 40 年代，黄重吉公司已拥有树脂加工厂、尾布加工厂、椰油制造厂、化学油加工厂、花生油厂、鞋靴轮胎制造厂、饼干厂、糖果厂、织布厂、酿酒厂、电池厂、机器厂、锯木厂、综合农场、高原茶厂等 18 家企业，产品远销东南亚、北美、印度、南非等地，成为马来亚工业制造业先驱。

黄重吉是马来亚华侨社会著名领袖之一。民国 8 年（1919），参与发起创办雪兰莪巴生共和学校，任董事。同年，捐款献地参与创办文良港中华学校，任司理。并任雪兰莪福建会馆理事。民国 13 年（1924），参与发起创办吉隆坡永春会馆，历任该会副主席、主席。民国 14 年（1925），参与创办吉隆坡中华女校，任董事。20 世纪 20 年代后期，捐资接办由菲律宾华侨黄振明兄弟创办的永春石鼓卿园村文明小学。20 世纪 30 年代，出任吉隆坡中华总商会董事，福建会馆主席等要职。民国 28 年（1939），又捐资献地参与将文良港中华学校改办为雪兰莪中华中小学（后易称为吉隆坡中华中小学）。

民国 26 年（1937）"七七"事变后，参与发起召开吉隆坡抗日总动员大会，成立筹赈会，任常委兼财政。民国 27 年（1938）和民国 30 年（1941），两次被选为"南侨总会"常委，积极参加筹赈祖国伤兵难民活动。马来亚沦陷后，拒绝出任雪兰莪参事及伪华侨协会、招安会等机构副主席。并暗中资助当地抗日游击队，接应掩护盟军空投部队人员，获英国皇家颁赐奖章。

抗战胜利后，与李孝式在吉隆坡创办《中国报》。并致力于复办华文学校，任吉隆坡中华中小学董事主席，参与创办吉隆坡中国公学、吉隆坡国民小学，任两校和吉隆坡尊孔中学以及诸多华文学校董事、副董事长；历任吉隆坡福建会馆、永春会馆及雪兰莪中华大会堂、同善医院等社团副主席、主席等职。

民国 35 年（1946），黄重吉在香港设立贸易公司；在厦门收购平安油厂、南兴酒厂、光化电池厂；参与发起创办福建经济建设公司，任筹委会副主任、董事。翌年春，将在马来亚购进的橡胶制造、棕油、糖果饼干、酿酒、机器修配等设备及卷烟机、印刷机、载重汽车运往厦门码头，计划在厦门创办一个工业区。不料却遭到国民党政府种种刁难与限制，汽车被海关扣留，机器设备堆放在码头上任凭风吹雨打，后经多方交涉，拖了三个多月才获准搬迁安装。计划设立 12 家企业，因国民政府控制外汇，原材料和燃料无法满足进口需求，实际只有电池厂、酱油厂、烟厂、酒厂、汽水厂、糖果饼干厂、铁工厂投产，但不久均先后停产。直到中华人民共和国成立后，在人民政府大力支持下，各厂才全面投入正常生产。1956 年公私合营后，黄重吉将历年所得股息 7 万余元悉数用于家乡创办文明中学。

1966 年 3 月，黄重吉病逝于马来西亚吉隆坡，享年 74 岁。

陈承丕、陈新荣

陈承丕（1896—1964），祖籍永春县岵山镇南石村，光绪二十二年（1896）生。其父益谦，为清末拔贡，道德与文章素为邻里尊崇。民国初期与乡贤鼎力创办私立南石明新小学，率领乡民造桥修路，获得公众赞誉。

民国 13 年（1924），陈承丕为避匪乱而南渡谋生，初在雪兰莪叻沙任书记，后到新加坡组创永建昌商行，兼营汇兑生意。民国 23 年（1934）自创振昌号，专营土产出入口生意。1959 年因应时代要求，组织陈承丕有限公司成为投资商及建屋发展商，奠下稳固的商业基础。

陈承丕商余常常为社会服务，20 世纪 50 年代河水山大火，他目睹灾民惨况，就毅然捐赠巨款救济灾民，以免流离失所。20 世纪 60 年代，复以"无名氏"委托南洋商报长期捐助社会贫苦无依之老人，其宅心仁慈，由此可见一斑。

陈承丕深得侨界拥戴，战后不久，即为旅新陈氏宗亲拥戴为保赤宫陈氏宗祠总理，1957 年起，历任新加坡永春会馆主席，任内发动筹资翻建新加坡厦门街永春会馆会所，大厦于 1959 年落成。为谋会员团结，积极倡导组织互助金，借以联络乡谊。1962 年互助会注册成立，他荣膺永春互助会第一及第二届主席。

陈承丕身居海外，心系故园，20 世纪 50 年代得悉家乡永春六中确定增设高中部，十分高兴，本人乐捐经费并发动侨亲捐款，集资捐建"星马院"教室。随后又独资捐建岵山南石小学礼堂和教室，并亲自命名为"益谦堂"，以弘扬先父办学精神，原全国人大常委会原副委员长何香凝女士亲自为其题写堂名和校名。20 世纪 60 年代再独资修建被洪水冲毁的岵山铺尾石拱桥等。为家乡教育公益事业作出贡献。

陈新荣（1934—2017），生于新加坡，系陈承丕之子。曾在中正中学、颜永成英文中学就读，后负笈英国伦敦大学深造，1959 年考获土木工程系学位，1961 年返回新加坡，任职建屋发展局。1964 年，其父承丕不幸辞世，他呈函当局辞职，辅佐兄长襄理业务。

陈新荣于 1969 年创立首邦实业有限公司，担任董事经理，经营建筑、房地产业务。他不仅是一位成功的商人，且对社会公益和教育事业，一向不遗余力，热忱支持，深受公众器重和拥戴，曾任新加坡永春会馆第三届会长。1983 至 1984 年，担任新加坡中华总商会董事，1985—1986 年被选为外贸组副主任，1987—1988 年，担任总务主任之职。1987—1988 年，任新加坡永春会馆执行委员，积极协助推广会务，对会馆作出贡献，深得侨亲拥戴，被选任 1989—1990 年度正会长之职。此外，还担任新加坡宗乡总会理事、中正中学和南洋初级学院董事、新加坡永春会馆会务顾问暨产业信托人、"世永联"名誉会长、永春六中校董会名誉董事长等社团职务。

陈新荣继承和发扬先辈奉献精神，从 20 世纪 80 年代开始，先后捐款与族亲合资重修马头洋祖厝和尖尾山祖厝，与其兄长合资翻建岵山南石小学教学楼。1990

年他率新加坡永春会馆"中国观光暨探亲团"回国，捐资翻建南石小学礼堂，命名"陈承丕纪念堂"。以后又独资捐建南石小学厨房，捐资设立南石小学奖教教学基金，添置教学设备等等。他还关心支持永春六中办学，20世纪90年代先后捐赠办学经费和课桌椅等用具，捐资设立永春六中奖教基金和奖学金，从1992年开始，每年凡考入大专本科的学生，每人奖励人民币一百元，至2023年，捐资总额已逾人民币百万元，泉州市政府和永春县政府授予他"热心公益事业特别奖"，以褒扬他对桑梓所做出的贡献。

陈新荣哲嗣志伟、志明，兄弟2人于1997年合捐人民币38万元，捐建南石幼儿园"新荣楼"，以昭世代爱乡之心。

2017年9月9日，陈新荣在新加坡辞世，享年83岁。

周卿云

周卿云（1898—1990），祖籍永春县桃城镇桃溪村，清光绪二十四年（1898）生，旅菲侨亲。15岁即赴菲律宾谋生，后经营数万亩甘蔗园。二战后，迁居菲律宾第二大城市宿务，发展木材业、钢索厂、绣花厂、塑料厂、糖厂和水泥厂等工业，成为菲律宾著名实业家。

周卿云热心公益慈善事业，在菲各地捐建校舍30多座及建设宿务护士大楼、体育馆等，中菲人士均誉其为慈善老人。宿务市议会通过决议案授其为"义子荣誉"，其住宅街被当地政府命名为"周氏街"。

周卿云治家教子有方，一门出了3位外交官。其中四子周清远任菲律宾驻斯里兰卡名誉总领事，五子周清琦曾任宿务市菲华商会理事长、菲华商联总会常务理事，为地区理事入选为常务理事第一人。1986年菲律宾科拉松·阿基诺就任该国总统后，委任周清琦为菲律宾驻新加坡大使，后又先后出任菲律宾驻巴西、加拿大大使，2005年12月2日，宣誓就任菲律宾外交部副部长之职。六子周清瑜任菲律宾驻比利时名誉领事。

周卿云身处异域，心系桑梓。早在20世纪40年代，就曾捐建前溪（今桃溪）小学"卿云图书馆"，1984年独资捐建桃溪小学图书楼、永春华侨中学"周福谦科学楼"，捐助创办桃溪幼儿园。1987年与周氏侨亲捐建桃溪小学大礼堂及校门口溪坝数百米，创立桃溪周氏奖学奖教基金会；捐资翻建桃溪周氏宗祠、营内祖厝、三舍祖厝等；赠送县侨联丰田旅行车一部。周卿云曾任永春侨中名誉董事长、桃溪周氏海外联谊会永远会长。

周卿云热心家乡公益事业，家族历年累计捐资数达 870 万元，得到海内外侨亲赞赏和敬佩，1983 年，族亲为其特制"造福桑梓"金字牌匾并悬挂于宗祠正厅之内，以表彰其对家乡的重大贡献。省政府授予"热心家乡公益事业"金质奖章、奖匾和荣誉证书；泉州市政府授予"热心公益事业"奖章、奖匾和荣誉证书。

1990 年，周卿云在菲律宾宿务市辞世，享年 92 岁。

李尚维

李尚维（1899—1983），乳名淑姜，永春桃城镇张埔村人，旅新华侨，清光绪二十五年（1899）生。父祖丰，原在永春县城经商，后南渡新加坡谋生。尚维幼年丧母，由继母抚育，8 岁入私塾读书，聪明颖达。民国 5 年（1916）在家乡结婚后出洋，帮助其父料理商务，精明善算，并自觉安排业务时间学习英文。不久，其父去世，尚维子承父业。民国 18 年（1929），新加坡经济萧条，他关店停业，转而从事橡胶经纪，赚取佣金维持家计。

民国 34 年（1945），日寇投降。新加坡光复之初，民主独立之说盛极一时。尚维向往民主，反对殖民政策，即创办《新报》，宣传民主自由和民族独立思想，引起英殖民当局注意，被勒令关闭停刊。并捕去编辑、记者 4 人，关押达二、三年之久，对被捕编辑、记者，尚维继续按月发工资给其家属。此一事件，尚维前后损失 40 余万元。《新报》被封后，尚维即通过 2 名英国人向当局购得该报印刷所，并扩办为大型印刷工厂。日后，他创办利联股票公司，从事股票经营，得心应手，积有资财。

1956 年秋，星马侨胞组织回国观光考察团，他报名参加。临行之前，殖民当局竟对他采取种种刁难手段，不予放行。尚维态度坚决，据理力争，终得获准成行。回到北京，周恩来总理接见并设宴招待考察团时，称赞尚维为"先进资本家"，引得满堂欢笑。尚维无限欣慰。每对人谈及此事，引以为荣。他为人耿直敢言，热心社会公益。历任新加坡永春会馆主席、桃源俱乐部总理多年，声誉卓著。

李尚维关爱桑梓，对故土亲人及家乡教育事业，一向关心。1956年，他在新加坡带头捐款1.7万元，与济川、丰山两村侨胞共同在家乡创办和平小学和上沙分校。1962年，他自海外购买面粉、花生油、奶粉两批，分赠乡亲1000多人。1963年捐资兴建一座砖窑，购买化肥20吨支援家乡农业生产。又捐资2万元，参加兴建永春华侨中学校舍。

1978年，年近八旬的他获悉和平小学将扩办中学，即捐款32万元，建设中学教学大楼及教工楼各一座。大楼取名"丰维楼"，以表示自己秉承其父生前遗训，为家乡兴学育才的夙愿。

1982年6月，正当大楼紧张施工中，李尚维痼疾复发，入院治疗，在病危之际，嘱其孙李光纯即日续汇10万元，以凑足认捐之数。同年9月，李尚维辞世，享年84岁。

1984年12月大楼落成，福建省人民政府追授予他捐资兴学荣誉奖状和银质奖章一枚。同年，福建省教育厅决定把和平中学改办为永春和平师范，为永春、安溪、德化等县培育小学师资。

林连玉

林连玉（1901—1985），乳名皇敬，字采居，永春县蓬壶镇西昌村人，清光绪二十七年（1901）七月初六生。幼从祖父，父亲读家塾，并习算术、代数。民国8年（1919）考入集美高等师范。民国13年（1924），以最优成绩毕业，受聘母校师范部国文教员。民国14年（1925）冬，南渡马来亚，在安顺爱大华国民学校代课。民国15年（1926），往印尼泗水，先后任抹埠中华学校教员、校长。民国20年（1931），任马来亚巴生共和学校教员，加影育华学校教务主任。两年后，返乡奔母丧，先后在永春太平小学、厦门大同小学任教。民国24年（1935）秋，应聘往吉隆坡尊孔中学执教，历任小学部主任、教务主任、校长，直至1961年。

民国30年（1941）底，日军侵入马来亚，他与著名医学家伍连德组织雪兰莪医药辅助队，奔赴前线，救治伤员，曾参加新加坡保卫战。马来亚沦陷后，曾任士拉央侨民学校校长半年，后将学校关闭，避往巴生以北面榄养猪。

抗战胜利后，出任吉隆坡尊孔中学复校委员会主席。两年间，为复办尊孔中学耗尽战时养猪的积蓄。民国 35 年（1946），发起成立吉隆坡华校教师福利基金。民国 38 年（1949），发起组织吉隆坡教师公会，翌年底起，连任该会主席 10 年。1951 年，发起成立马来亚联合邦华校教师总会（简称教总），并自 1953 年起连任该会主席 8 年，为争取华校和教师的平等地位与待遇而积极奋斗。1952 年，他掀起华文教育界反对英殖民地政府官员巴恩主张消灭方言（主要指闽、广方言）学校的《马来教育报告书》运动，促成雪兰莪州华校董事联合会召开马来亚全国华校董教代表大会，执笔起草战后马来亚华文教育运动第一篇重要文献《全国华校董教代表大会宣言》，会议期间并由华校教师、董事和马华公会代表三方组成马华教育中央委员会。1954 年，他在托妻寄子之后，以教总名义发布《反对改方言学校为国民学校宣言》，领导反对马来亚殖民（地）议会将华校蚕食变为英文学校的《1954 年教育白皮书》的斗争。1955 年 1 月，率董教总代表团与马华印联盟代表团举行"马六甲会谈"，获得联盟若执政将取消 1952 年教育法令，并重新厘订各民族平等合理的教育政策的诺言，奠定董教总代表华文教育的地位。1956 年起，领导反对马来亚政府排挤华文中学的《拉萨报告》斗争。至此，成为马来亚华族最高领袖之一。1960 年 8 月 4 日，马来亚政府公布《拉曼达立教育报告书》。他再次挺身而出，反对华文中学改制为英文中学，号召开办独立华文中学。为此，1961 年 8 月 22 日，马来亚教育部长宣布吊销他的教师注册证。1964 年 10 月 23 日，马来西亚政府正式取消他的公民权。但他不屈不挠，仍坚持继续为华文教育事业奋斗，受到全马华族敬仰。

1985 年 12 月 18 日，林连玉在吉隆坡辞世，享年 84 岁。马来西亚 15 大华人团体为追念其功绩，联合组成治丧委员会，其灵柩破例被安放在雪兰莪中华大会堂大厅，设灵堂致祭吊唁。出殡之日，街头万人执绋，极尽哀荣。马华校董总、教总两会发起创办"林连玉基金会"，将其逝世纪念日定为"华教节"，尊其为"华教族魂"。

李家耀

李家耀（1901—1995），永春县桃城镇人，著名画家。

清光绪二十七年（1901），李家耀出生于书画世家。祖父、父亲均擅长丹青，尤工花鸟人物。家耀从小受到熏陶，展露绘画天资。中学毕业后考入燕京大学理科。当时燕京大学成立绘画研究室，家耀参加研究室活动，颇得当代画家陈师曾、汤定之、陈半丁、胡佩衡、李毅士的赏识和指导。民国8年（1919），转入上海美专专攻习西洋画，获刘海粟、汪亚尘、王济远等名师指教，绘画技艺大进。

民国11年（1922），上海美专毕业返回永春，先后任省立十二中学（今永春一中）、省立十三中学（今厦门双十中学）美术科主任。10月间，其父遭地方民军杀害，家耀遂举家避往厦门，在厦门、联合永春归侨名流郭其祥、郑世鼎、郑兼三等乡亲创办《迫击周刊》，揭露民军祸永罪行，报道家乡实情，邮寄南洋各地乡亲，颇具影响，旗帜鲜明反对民军统治。

民国15年（1926），家耀携家人与郑兼三一起南渡，受厦门永春会馆所托，向南洋诸乡会提出筹组"永春旅外联合会"，以便进行救乡工作。受到热烈欢迎，诸海外同乡会乡亲对民军罪行无不痛心疾首，大家都赞同由新加坡永春会馆召开联席会议，共谋救乡事宜。

代表大会议决成立第一届"南洋永春同乡总会"，选派王肃丹、李铁民、郑兼三、李家耀四人为联合会议代表，回国向福建省政府请愿，促派正规军入永剿匪，以舒民困。除李铁民因事未能成行外，家耀等三人联袂启程返闽。经多方联络，准备晋见方省长面陈请命。未料巨匪陈国辉已接受安抚改编，其时陈上福州与家耀3人同住一间旅社，家耀等人速离福州返回新加坡复命。过后十九路军入闽，家耀及海外侨胞纷纷函电十九路军控诉陈国辉祸永罪行，陈旋被十九路军拘押处决，匪患至此方平，救乡工作初见成效。

第二次世界大战前夕，教员工资菲薄不足养家糊口。民国29年（1940），他弃教从商，创办同利商行，经营树胶业。民国31年（1942），日寇南侵，商业停顿，家耀闭门习画。民国34年（1945）日本投降，家耀另组万利栈有限公司，继续从事橡胶生意，时达12年之久，略有积蓄后弃商转入书画研究，直至晚年。

家耀好游历，饱览世界风光，丰富创作源泉，拓展书画视野。认真观赏，潜心研究，其画独树一帜，题材丰富。他举办过各次画展。民国10年（1922）、1962年、1970年、1980年分别在厦门、吉隆坡等地举办个人书画展。此外，多次参加各国艺术馆或其他团体主办的集体书画展。

家耀的人生哲学是："我喜丹青，与世无争。"以画会友，从不卖画，而是把美好的书画艺术佳作送给师友，赠送国际友人，捐赠给马来西亚国家艺术馆和高等院校及母校永春一中。

家耀书画作品颇丰，著有《家耀书画集》《家耀书画近作集》《继美堂书画选集》《若墅堂书画选》《家耀书画选集》，（李家耀作画 55 周年回顾纪念册）（80 老人李家耀书画集）等。

1995 年 1 月 20 日，李家耀在马来西亚吉隆坡辞世，享年 94 岁。

刘向仁

刘向仁（1904—1985），又名冬葵。永春县湖洋镇桃源村人，清光绪三十年（1904）生于湖洋桃源。旅马华侨，民国 6 年（1917）就读永春街尾梅峰书院小学，民国 7 年（1918）转学永春崇实小学，后读省立十二中学（今永春一中），成绩优异。民国 8 年（1919）考入集美师范学校，常得杨梅先教授（中华人民共和国成立后任北京大学中文系主任）教诲，向往五四运动发源地北京，参与领导集美学潮，民国 12 年（1923）赴北京，民国 13 年（1924）考入北京大学。

民国 13 年（1924）拥护孙中山联俄、联共、扶助农工三大政策，加入国民党，追随孙中山，致力国民革命。民国 14 年（1925）3 月孙中山病逝于北京，举国哀悼，刘向仁参与守灵尽哀，时因西山会议派反对孙中山三大政策，暗中进行分裂活动。刘向仁愤而放弃党籍。民国 15 年（1926），北京"三一八"惨案发生，刘向仁参加示威游行，抗议日本等八国通牒。群情激愤，惨遭军警镇压。民国 16 年（1927），北大校政为军阀所左右，他痛心疾首郁郁成疾。民国 18 年（1929）因肺病休学疗养，民国 21 年（1932）病情痊愈，再回北大续学，民国 22 年（1933）夏毕业。

民国 23 年（1934）出任厦门鼓浪屿中山园书馆编目，工作之余，为新加坡《商洋商报》撰稿，文笔犀利，才华横溢。

民国 24 年（1935）8 月携新婚夫人林淑三前往印尼万鸦佬中华中学任教。民国 26 年（1937）7 月抗日战争爆发，他逐夜收听祖国新闻广播，编成小报，印发当地侨胞，所得款项均捐给新加坡南侨筹赈总会，支援祖国抗战大业。

民国 28 年（1939）6 月到印尼泗水华侨小学任教。民国 19 年（1940）6 月，日寇南侵，形势危急，刘向仁辞职北返，住上海法租界，9月返永，为《永春日报》作义务编辑。

民国31年（1942）在永春中学任教。民国32年（1943）秋受聘为南安国光中学校长。民国33年（1944），永春湖洋力行中学创办，被乡亲礼聘兼任校长。民国34年（1945）秋专主力行中学校政，多方延聘名师任教，教学效果良好，历届毕业生升学考试名列前茅，为各界所称颂。

民国37年（1948），受聘印尼雅加达江牌光明学校校长。1950年初任职峇厘陵中华学校校长。1950年中华人民共和国和印尼建立了外交关系。他时任茂物华侨公学校长，欢迎中国首任驻印尼大使王任教，在学校悬挂五星红旗表示支持祖国新生人民政权。

1952年—1965年，刘向仁任印尼苏甲巫眉中华学校校长，创办高中部，组织教师进修提高素质，回国观光，汲取祖国教育的优良传统和经验，努力培养学生，使之成为有用之才，并把子女一个个送回祖国深造。1959年，刘向仁应邀回国观礼，参加国庆庆典。

1965年9月30日，印尼苏哈托发动九卅政变，华校关闭。1966年刘向仁搭机经金边回到广州。投入祖国怀抱。1968年定居香港。1970、1972、1977年3次访问星马，沟通海外，增进乡谊。1980年，与海外侨亲议建家乡桃源雁塔大桥，荣任筹建会荣誉顾问。1982年大桥落成通车，代表马来西亚彭城公会返乡主持庆典，并倡议恢复永春四中校董会，荣任董事长。1984年4月再次访问星马，为永春四中劝募资金，并主动捐资20万元人民币作为建校经费。

1985年3月15日，刘向仁在香港九龙广华医院病逝，享年81岁。

李延年

李延年（1906—1983），永春县县城北门内人，生于清光绪三十二年（1906）。父李宜守，曾任德化县丞，擅长丹青。李延年幼时在家乡读书。民国11年（1932），其父遭民军头子王闪杀害。他随在永春中学任教的二哥李家耀（马来西亚著名画家、古董收藏家）及母亲辗转迁居泉州、厦门。民国15年（1926），举家南渡新加坡投靠长兄李世通。

李延年到新加坡后，在振兴栈任书记。民国 18 年（1929），与二哥迁居吉隆坡。初起在乡亲店中任书记。后任夏霸义利洋行书记、买办。民国 24 年（1935），向长嫂借款创办万利公司，经营橡胶业，交其兄弟管理。

民国 30 年（1941）底，日军南侵，万利公司陷于半停顿状态。日本投降后，他在吉隆坡购买地皮，营建李延年大厦，扩大橡胶业。经营范围逐渐扩展到房地产、出入口贸易、旅游业、锡矿和工厂等。建立李延年集团有限公司，在新、马、香港等地拥有 14 家公司、商行。成为著名的亿万富豪。

1956 年、1976 年、1980 年，他三次参加马来亚联邦工商考察团，马来西亚贸易代表团到中国考察会谈，并到祖籍地永春县会见乡亲。先后捐建永春华侨中学教学楼、永春县医院病房"宜守楼"和门诊大楼"延年楼"各一座。

他本着取之社会用之社会的原则，成立李延年基金会，热心支持社会公益事业。对马来亚大学、拉曼学院、国家防癌中心、同善医院、精武体育会和各中小学的捐助达 500 万元；无论故交新知、远近亲疏、凡有困难求助者均能相助，各界尊为"慈善老人"。并曾于 1968 年与沈慕羽领导轰轰烈烈的创办华文独立大学的请愿运动。

他历任马来西亚中华工商联合会（简称马华工商联会）会长、雪兰莪中华总商会会长、雪兰莪中华大会堂总理、福建社团联合会和雪兰莪福建会馆、大马永春联合会吉隆坡同善医院主席等数十个社团和学校职务，是当地华人社会著名领袖。

由于李延年对马来西亚的建设和公益事业贡献巨大，获马来亚最高元首封赐丹斯里勋衔，雪兰莪苏丹授予拿督勋衔、马来西亚大学授予名誉法学博士学位，马来西亚卫生部长颁赠金盾，以表彰其贡献。

1983 年 3 月 7 日，李延年在吉隆坡辞世，享年 77 岁。马来西亚最高元首伉俪，中国驻马来西亚大使馆等，分别致电与送花圈致哀。他留下遗嘱将遗产的 51% 纳入李延年基金会，使所得用于公益事业。该基金会成为拥资上亿美元的慈善机构。

郑振中

郑振中（1908—1963），字天漪，清光绪三十四年（1908）生于永春县湖阳仙溪乡（今湖洋镇溪西村）。早年肄业于厦门大学。民国 14 年（1925），奉父命南渡马来亚柔佛龙引。初起协助父亲垦殖、经商，后在苔株巴辖正修学校任教。

民国 26 年（1937）以前，历任笞株巴辖男女篮球远征队领队，柔佛中华总商会体育主任。民国 26 年（1937）抗战爆发，致力筹赈工作。日军南侵，被日军搜捕，幸得黄玉成医生多方营救，幸免于难。日军占领期间和战后初期，因受挑拨、新加兰、文律和龙引三个地方华、巫两族不断发生仇杀，郑振中不顾个人安危多方奔走调处，感动众心，使事态平息。

民国 34 年（1945）11 月，出任龙引区复兴侨教校董筹备会主任，推行土产教育捐，充裕经济来源。民国 35 年（1946）1 月，将战前当地分立的育群、晨光、育才和育华小学 4 家华文小学合并为龙引中华学校，出任董事长。民国 36 年（1947）12 月，他获准经营电力供应，却将经营权转让给龙引中华公会，所得盈利用作教育经费。因原校舍分散不易管理，且不够应用，于民国 37 年（1948）1 月发起筹建中华学校新校舍，被公推为建校委员会主席，翌年建成新校舍。1950 年，新加兰、文律、龙引三个区热心教育人士，为解决当地华文小学毕业生升学问题，确定健全三区小学，创办中学，公推振中出任新文龙中华中学三区华校联合董事会董事长。对三区华文小学统筹统办，并于 1951 年创办新文龙中华中学。此外，还先后受教育部委托，开办高等师范班，日间师训班。

战后，历任柔佛新山永德会馆名誉总理、柔佛篮球总会会长、龙引中华公会主席。因大力提倡华校童军运动，世界童军总会于 1953 年赠予感谢金章，1963 年马来西亚联合邦童军总会赠以童军最高奖章。他将办学作为自己的事业，毕生辛勤所得都用于教育、体育和社会公益，以及赈恤贫穷。1963 年 3 月 15 日辞世，享年 55 岁，出殡之日，上千人从新加坡、柔佛各地前来执绋。新文龙中华中学在校园内建有"振中亭"一座，并于每年 3 月 15 日放假一天，以志悼念。

郑光汉

郑光汉（1909—1971），乳名荣复，永春县石鼓乡桃星村人，清宣统元年（1909）生。童年就读于南湖小学，毕业后升入省立第十二中学（现永春一中）和厦门集美中学，曾任永春南湖中学教员，后再进入上海东吴大学法律学院深造。在学期间，对美术有浓厚兴趣，遂潜心钻研，对漫画、速写画、中国画、书法等，均有一定成就。民国 18 年（1929），张光宇、张正宇兄弟创办上海美术刊行社，邀请他和叶浅予、鲁少飞、黄文农主编《上海漫画》周刊。这是中国最早的一个漫画刊物，内容大部分是暴露上海十里洋场公子儿哥纸醉金迷的生活丑态，反映底层平民穷困潦倒形象，生动幽默，销量多，影响很大。"一·二八"事变后，《上海漫画》休刊，郑光汉遂南渡新加坡。

民国23年（1934），郑光汉在新加坡主编《南洋商报》画刊，他在传播中华艺术、发展南洋文化的同时，还陆续给叶浅予在上海创办的《时代画报》寄稿，他的漫画，大多以南岛风物、南洋生活为题材，这类题材在当时中国漫画刊物上是富有新意的。他在运用中国书法和中国画独特风格的基础上，融合西洋画技法，创造了独具一格的速写画。民国36年（1947），他返回永春期间，对故乡的一草一木，无不寄予深情，创作了许多速写画，其中《鹏峰晓雾》《绿荫》《山阿》《熹微》《激湍》均收入《郑光汉速写》画集中，于1965年由新加坡中华书局出版。

郑光汉也善诗文书法。在日寇占据新加坡期间，与一些文人墨客蛰居斗室，借诗文以倾泻胸中正气，并名其斗室为"思汉斋"。中国艺术大师刘海粟曾作《思汉斋图》以赠。这些诗文，大多收入他编著的《兰花集》里。他的书法也如其画，体现出他讲骨气、重气节的高尚品质。

郑光汉虽久居新加坡，但对祖国有深厚的感情，曾多次回国。1971年，中国美术家协会副主席叶浅予通过香港《文汇报》发表文章，希望他再度回国观光。他喜出望外，未料却在办理回国护照过程中突发疾病而辞世，享年62岁。

辜俊英

辜俊英（1910—1981），又名辜芳炽，洪涛，旅马侨亲，永春县五里街儒林村人。民国18年（1929）加入中国共产党，民国19年（1930）任中共永春县委军事委员。同年参与领导永春吾峰抗捐斗争失利后，南渡马来亚，加入马共。民国34年（1935）年与粘文华（鲤城人）、王宣化（南安人）、苏同影（同安人）等发起成立"马来亚华侨救国会"，民国26年（1937）更名为"马来亚华侨各界抗战后援总会"简称"抗战会"），被称为新马抗日"四君子"。

西安事变后，辜俊英与许侠夫合编《文化丛报》，宣传抗日救国思想。民国26年（1937）9月，他受马共中央书记亚烈指派，参加宋庆龄、蔡廷锴等在新加坡组织的"中华民族解放同盟"。同年 11 月，为加强同祖国的联络，及时报道祖国各族军民痛击日寇的消息，激发华侨积极援助祖国抗日的热情，该盟发起组织"南洋华侨战地记者通讯团"（简称"记者团"），回国采访、慰问将士，宣传、支援祖国抗战，参加的有马来亚、暹罗、仰光等地几家进步报馆的记者。

民国 26 年（1937）12 月 5 日，辜俊英担任记者团领队，携带有马共总书记给毛泽东主席亲笔信和"抗总"对他们回国联络活动的五项具体任务（包括向祖国人民报告华侨救亡活动的经过和要求；促进国内各党派真诚合作，共同抗日；推动国内各党派在马来亚的组织在华侨救亡统一战线底下团结起来，领导广大华侨作为政府抗日的后盾；推动政府组织"华侨义勇军"回国参战；与全国各地救亡团体取得密切相连），从新加坡出发到达香港，在八路军驻港办事处的具体安排下，于 12 月 22 日搭小船离港入广州，途经长沙、武汉、郑州、西安、洛川，于民国 27 年（1938）2 月 10 日下午顺利抵达延安。

在延安期间，辜俊英得到毛泽东主席两次单独接见，他向毛主席介绍了马来亚开展抗日救亡运动的情况，并就海外华侨抗日救亡运动如何开展等问题向毛主席请教。当时国际形势非常复杂，毛主席对马来亚华侨热情支持八路军抗日的义举表示衷心感谢，并希望马来亚侨胞更广泛地建立抗日民族统一战线，加强对祖国的支援，扩大对国际的宣传，争取更多的朋友，孤立日本法西斯。

在延安期间，辜俊英聆听毛泽东、周恩来、刘少奇等的报告，参观了中央机关、抗日军政大学、陕北公学、鲁迅艺术学院，还参加了边区妇代会、工代会等活动。3 月 18 日，毛主席接见辜俊英时，辜俊英请毛主席为马来亚侨胞和马来亚各界抗敌后援总会准备创办的《南国日报》题词，毛主席欣然答应，挥笔写下两幅题词："马来亚的侨胞用一切力量援助祖国，为中华民族的独立解放而斗争。南国日报毛泽东廿七年三月二十八日。""全体华侨同志应该好好团结起来，援助祖国，战胜日寇。共产党是关心海外华侨的，愿意与全体侨胞建立抗日统一战线。毛泽东。"

记者团完成延安访问后，于民国 27 年（1938）5 月离开，6 月返抵新加坡。在记者团整个联络采访过程中，除了整理专篇文章向海外报道外，辜俊英以洪涛笔名执笔写下采访《日记》一本，长达 10 万多字，真实记录了记者团在革命圣地延安活动的概况。

毛主席为记者团题词的两件真品，辜俊英视为珍宝，一直珍藏着。毛主席逝世后，中央向全国各地广泛征集毛主席的手书、文稿等文物。辜俊英于 1977 年将毛主席这两幅珍贵题词上交给中央。中央收到这两幅手书后，十分感谢辜俊英的贡献，特意制作两件十分逼真的复制品交给辜俊英保存，以作纪念。1981 年辜俊英辞世后，这两幅手书复印件由其子辜诗鸿保存。1996 年，泉州市侨联和华侨历史学会为筹建泉州华侨历史博物馆，征集泉州华侨历史资料和实物，辜诗鸿将这两幅手书复制件及记者团照片，以及其父的那本《日记》捐献出来，成为不可多得的爱国主义和革命传统教育的好材料。

刘 抗

刘抗（1911—2004），永春湖洋镇锦凤村人。曾任新加坡艺术家协会会长，新加坡文化部美术咨询委员会主席，著名画家。

刘抗出生于一个贫苦农民家庭。6 岁时随母到马来西亚麻坡与父亲团聚，就读麻坡小学、星洲中华学校，成绩均名列前茅，尤其展露出美术天资。民国 16 年（1927）到上海暨南大学附中求学，再入上海新华艺术大学专攻绘画，成为著名画家刘海粟的得意门生。

民国 18 年（1929）刘抗随刘海粟赴欧洲各地考察美术，并在巴黎留学。期间，他饱览欧洲风光，流连山水民情，触发创作意境，积累创作素材，他的作品多次入选法国艺术家协会在巴黎举办的画展。

民国 22 年（1933），刘海粟鉴于刘抗在巴黎学有成就，聘他为上海美术专科学校西洋画教授。

民国 26 年（1937），抗战爆发，刘抗返回星马在当地中化中学任教。民国 31 年（1942）定居新加坡。1946—1958 年，担任新加坡中华美术研究会会长。刘抗是新加坡艺术家协会创办人之一，1968—1969 年，担任新加坡艺术家协会会长。1969—1977 年，连续 8 届每年担任新加坡国庆美术展工作委员会主席，成为新加坡第一代著名画家。20 世纪 70 年代，他两次率新加坡美术考察团回国观光，对中新两国的文化交流，起了促进作用，影响深远。

刘抗扎根东南亚后，在美术园地勤奋耕耘，收获颇丰。推出了系列美术作品"巴里系列""沙芭系列""印度民族系列""华族系列"等等，开了"南洋画派"的先河。1981年，新加坡文化部暨国家博物院为刘抗主办"绘画创作回顾展览"，展出他早、中、近期的水墨画、油画、粉彩画等作品230多幅；新加坡国家电视台专门为画展拍摄纪录片，还出版《刘抗画集》；由于他对新加坡艺术事业的卓越贡献，新加坡总统颁赐他"1970年新加坡共和国公共服务星章"，1996年，获新加坡卓越功绩服务勋章。1949—1998年近半个世纪里，新加坡国家博物馆等举办7次刘抗个人画展；1928—1997年，在法国巴黎，苏联莫斯科、澳洲、马来西亚、日本等举办国际展览；还到中国台湾、中国香港举办画展，广受社会各界赞赏。

刘抗绘画技巧独特，把国内外各种文化源流、各种艺术风格及其绘画技巧，熔为一炉，形成自己独特的艺术风格。刘抗对艺术、音乐、舞蹈等艺术理论及其发展史，也很有造诣。他在各地报刊发表数百篇评论文章，作过多次讲演，对世界著名画家、诸如西班牙毕长索、法国马谛斯、东南亚李曼峰、中国刘海粟、徐悲鸿都有专门的研究和论述，新加坡教育出版社专门为他出版《刘抗文集》。

刘抗有很深的家乡情绪。1985年8月，他偕同夫人陈人彬、女儿刘道纯一起回到出生地——锦凤村万美堂，环观祖房，拍照留影，捧起泥土，闻了又闻，用嘴亲吻，并送给夫人、女儿共同闻吻，朴素乡情，溢于言表。途经东关，见到南宋古迹东关桥时，非常激动，说道："6岁那年，离乡南渡，曾在东关桥上歇息，这长廊屋盖梁式桥至今记忆犹新。"思乡爱乡，情深意长。

2004年6月1日，刘抗辞世，享年94岁。

林振述

林振述（1912—1996），讳纲作，字庶进，笔名林蒲、艾山，英文名林保罗，永春蓬壶镇美中村人。美国南方大学哲学系博士、教授、著名诗人、文学家、哲学家。

林振述少年时就读泉州中学初中，后就读泉州黎明中学高中、上海立达学园、集美高中。高中毕业后考上北京大学攻读英文和哲学。北大就学期间，始终把自己的命运与祖国的命运、民族的命运紧密联系在一起，表示出强烈的爱国情怀。他在"一二·九"学生运动中的英勇无畏，就是其爱国情怀的突出表现。抗战期间，北大、清华、南开三校组成长沙临时大学,后迁入昆明,改名国立西南联合大学。民国 27 年(1938)林振述成为西南联大首届毕业生。次年在贵州省贵阳市花溪清华中学任教,民国 36 年(1947)经胡适写信推荐,次年初赴美国哥伦比亚大学学习深造。1955 年获美国哥伦比亚大学博士学位。1957 年起先后在美国克莱夫林大学、路易斯安那州南方大学任英文和哲学教授,曾任台湾师范大学教授。1965 年,任美国南方大学哲学系主任。1989 年退休,美国南方大学赠予他"终身荣誉哲学教授"光荣称号,并聘他为该校顾问。

林振述文学造诣功底深厚。抗战之前就在朱光潜主编的《文学杂志》上发表小说,在巴金主编的《文学丛刊》上发表中篇小说《苦旱》,在重庆烽火社的《烽火小丛书》发表短篇小说《二憨子》,在香港《大公报》文艺副刊上发表 5 万余字的长篇文学通讯《湘西行》。在美国发表游记随笔《美国大烟山纪行》等作品。振述成长道路上得到许多大师的指导,他说:"指导他学习方向的是中学时代的业师是梁披云,影响他的哲学思想的是熊十力,汤用彤,指导他文体的是沈从文"。

林振述不单在文学颇有成就,在诗词方面也颇具特色,他写的许多诗在香港、澳门、台湾相继结集出版,引起广泛反响。1956 年,第一部诗集《暗草集》由香港人生出版社出版;1960 年《埋沙集》由台湾文星书店出版;1994 年,《艾山诗选》由澳门国际名家出版社出版。

20 世纪 50 年代,林振述发起组织纽约白马(文艺)社,任副社长。胡适称该社为中国新文学运动海外第三中心。20 世纪 80 年代,林振述加入欧洲华人学会和菲律宾菲华文艺协会。

中国的《老子》被《纽约时报》列为世界十大经典名著。林振述用 10 年时间,首次英译《老子道德经暨王弼注》,被许多大学选作教材或主要参考书。

1968 年,中国留学生发起保卫钓鱼列屿领土主权运动周年之际,林振述以强烈的爱国情怀,满怀激情写下脍炙人口的长诗《钓鱼台之歌》,以朴素有力的语言,阐明了钓鱼岛与祖国母体不可分离的渊源,港台地区和美国报纸纷纷转载。

1972 年,在美国总统尼克松第一次访华之后,林振述偕夫人陈三苏教授应中国政府邀请,作为美籍华人保卫钓鱼岛第二团成员,返回祖国观光访问。访问北京期间,受到周恩来总理亲切接见。

1996 年 3 月 23 日,林振述在美国辞世,享年 84 岁。

郑晋棣

郑晋棣（1913—1994），祖籍永春县桃城镇桃东村，旅马侨亲，民国2年（1913）出生于桃东村，17岁南渡马来亚，起初跟人打工，没有工钱，只提供三餐及住宿，然后他在一间叫做成春布庄的公司工作。后来，他在士毛月自立门户，创办美记树胶。然后又与好友颜端友合营美盛公司，成为树胶二盘商。

民国29年（1940）初，他在万挠涉入锡矿业，开采锡矿，并与他人合资搞建筑业，企业走向多元化经营，吉隆坡中心著名的中南商业区就是他经手开发的。

二战以后，百废待兴，郑晋棣掌握商机，在马来亚雪隆地区购置了许多树胶园、矿地，如武吉加里、京那拉等黄金地段。

20世纪70年代，郑晋棣开始投资金融业，担任新加坡华联银行副董事主席、华联企业董事。以后担任吉隆坡合众银行董事，合众金融及合众保险公司董事。又涉入酒店业，曾任新加坡文华酒店执行董事。

20世纪80年代，他敏锐看到棕油业的发展前景，大力向此方面发展。与其子郑景新在东海岸开发大片油棕园，大量生产棕油，将初炼棕油供应国内外棕油炼油厂。

郑晋棣事业有成后热心公益，被推举为吉隆坡永春会馆馆长，对华文教育贡献最多。曾献巨资兴建吉隆坡中华独中、黎明小学、同善医院等公益事业。同时，心系桑梓，饮水思源，1974年起担任马来西亚郑氏家族会第六任会长，连任20年至1994年逝世为止。1960—1962年，国内因"三年自然灾害"，物资缺乏，他为首组织侨亲寄回大量面粉、食油等应急物资分发家乡族亲，帮助乡亲度过难关。20世纪80年代，捐资175万元兴建永春文化中心"郑世炎大楼"，竣工时，时任福建省省长王兆国亲临剪彩。之后又捐10万元添置中外名著古籍，设立"棣兰图书馆"。

郑晋棣生前决定为家乡兴建一座体育馆，身后由其长子郑景新捐资850万元，于1995年建成。据不完全统计，1985—2007年期间，郑晋棣家族已捐资1350万元，为家乡公益事业作出重大贡献。

为表彰郑晋棣对家乡公益事业的贡献，省政府授予"热心家乡公益事业"金质奖章、奖匾、荣誉证书；泉州市政府授予"热心公益事业"奖章、奖匾和荣誉证书；永春县政府授予"热心公益事业特别奖"。

1994年，郑晋棣在马来西亚辞世，享年81岁。

梁祖辉

梁祖辉（1914—2000），祖籍永春县吾峰镇吾顶村，生于民国3年（1914），旅马侨亲。少时刻苦求学，就读于永春润中公学、泉州黎明高中，后毕业于上海立达学园农科，并在北京大学攻读一年。踏出校门后与兄长在上海、宁波经商。民国34年（1945）抗日战争胜利后，即前往台湾，与梁清辉等创办南光公司，分行遍布台南、基隆等地。

1952年前往英属北婆罗州（今沙巴州）斗湖埠，创立启南实业公司，向英政府购得一昔日本人经营的名为"甲坡打"椰园及树胶园，面积2200多英亩。又于1959年开发斗湖果园山可可园，为斗湖最早期种植可可的企业家之一，于1967年创设梁实业公司。

梁祖辉一生俭朴自律，乐于助人，热心社会公益，致力于华人教育事业。与其长兄于1964年共同捐献15英亩土地充作巴华中学之校产。梁祖辉因德高望重，备受当地华人社会尊敬，先后担任斗湖福建会馆永久名誉主席、公民小学暨巴华中学永久名誉董事长。

梁祖辉身居海外，心系桑梓，慷慨解囊捐资兴办公益，先后捐建永春吾峰南阳学园绳温楼、辉碧楼、梅镜楼、南阳幼儿园等公益事业，历年累计捐资604.30万元。省政府授予"热心家乡公益事业"金质奖章、奖匾和荣誉证书，授予"捐赠公益事业贡献奖"银质奖章、奖匾和荣誉证书；泉州市政府授予"捐赠公益事业特别突出贡献奖"奖匾和荣誉证书，并在吾峰南阳学园内给予立碑表彰，授予"热心家乡公益事业奖章、奖匾和荣誉证书"；永春县政府授予"热心公益事业特别奖"，"捐资兴办公益事业"奖。

2000年10月23日，梁祖辉在沙巴州斗湖辞世，享年86岁。

周瑞标

周瑞标（1916—1992），永春县桃城镇人，旅马侨亲。民国 5 年（1916）生，著名报人，马来西亚永联会第二任会长。

民国 8 年（1919），年仅 4 岁的他随亲属南渡马来亚，早年在森州经营多种行业，后在雪兰莪与森美兰两地成为《南洋商报》的代理，他亲力亲为，以家族方式独资经营报业而获得成功。

周瑞标到吉隆坡闯天下时，开设南钟派报社，后来报纸代理权被终止，于 1956 年自创《钟声报》三日刊，但数月便遭到封禁的厄运，他经此打击，并不气馁，次年再申请到一张出版准证，再创办《马来亚通报》三日刊。1967 年改为二日刊，次年再变为四日刊而发展成为第三大报。

《马来亚通报》后来二度易主，先是卖给马华所属的华仁控股（1981），后又落在新协利集团手中（1992）。1986 年，他的家族曾把负债累累的《中国报》承顶过后，周瑞标以 76 高龄仍任该报社长，在他的领导下，在短期内由亏转盈，跃居马来西亚第三大报。周家也是大马办华文小型报与杂志最成功的家族。生活报有限公司属下的《新生活报》《风采》《先生》《新潮》等报刊拥有众多读者。

周瑞标办报成功的同时，不忘回馈社会，其办报不忘慈善的具体表现在 1970 年在《马来亚通报》增辟（善庆团）版面，每周出版 2 次，以筹募救贫济苦为目的，也是《马来亚通报》首创特色之一。24 年来，筹募到数以百万令吉的慈善基金，惠及无数贫病孤苦人士与灾民。此外，《马来亚通报》还设立乐育大学奖学金为基金，直到 1976 年为止。

周瑞标在事业成功的同时，也积极参与社团活动，他曾任雪兰莪精武体育会副会长，同善医院常务理事、雪兰莪中华大会堂执行董事，1984 年众望所归当选为马来西亚永联会第 14 届主席。

1992 年 10 月 11 日，周瑞标在吉隆坡辞世，享年 76 岁。

郑仓满

郑仓满（1916—2013），永春县仙夹镇夹际村人，民国5年（1916）10月生。旅新华侨，著名实业家、慈善家。曾任新加坡百龄麦国际集团董事主席，新加坡永春会馆名誉会长。

民国13年（1924），9岁的郑仓满即背井离乡，南渡印尼谋生。最初居住在锡江，因家困难，青年时期就辍学务工，从小商小贩起步，几经拼搏，开设雅加达华兴公司，后又创设觉醒公司，凭借经营有道及诚守商业诚信，事业蒸蒸日上，继之把业务做到国外。由于胆识过人，获得成功。1961年在新加坡创办第一间面粉厂——百龄麦有限公司，时任新加坡财政部长吴庆瑞亲自为面粉厂剪彩，并被新加坡政府授予"新兴工业"称号。该厂建成10层高的工业大厦，实现面粉生产自动化，成为当时新加坡最具规模的现代化工厂之一，日产面粉750吨。之后，又先后在印尼锡江和斯里兰卡多伦多投资兴办两间面粉厂，这两间面粉厂产量更大，分别为日产1100吨和2500吨。

郑仓满具有强烈的爱国爱乡情结，在他事业获得巨大成功以后，念念不忘助力家乡经济社会建设，在捐资兴办教育、医疗卫生、道路桥梁、慈善公益等领域成绩卓著。20世纪50年代以来，先后捐资建设永六中校舍、独资捐建夹际中学礼堂，捐资永春华侨补习学校、独资捐建永春仓满幼儿园等教育事业；捐建永春县医院门诊楼、病房楼、捐资建设永春县医院（新院）铭善综合楼、捐赠永春医院奔驰救护车一部及一套彩色多普勒B超设备；捐资铺设岵夹水泥路3.32千米；20世纪50年代与尤扬祖等永春县侨胞一起入股福建省华侨投资公司，支援祖国经济建设，以华兴公司名义与永春侨亲合办天马山农场。改革开放以来，与山东烟台食品公司合资创办面粉厂，即山东省新烟食品有限公司。独资建设仓满体育场、灯光球场等体育事业。累计各个领域投资项目30多个，捐资总额达5200多万人民币。

1992年，时任国家主席杨尚昆到新加坡进行国事访问时，亲临百龄麦公司访问，并与郑仓满亲切会谈并合影留念。福建省政府先后授予"热心家乡公益事业""福建省指赠公益事业突出贡献奖"金质奖章、奖匾和证书，并在永春仓满体育场、仓满幼儿园、永春医院新院等处立碑表彰；泉州市人民政府先后授予"华侨捐赠公益事业功勋奖""热心家乡公益事业奖"奖章、奖匾和荣誉证书；永春县人民政府授予"热心公益事业特别奖"。以表彰其对家乡公益事业作出的巨大贡献。

2013年7月7日，郑仓满在新加坡辞世，享年97岁。

陈新民、吴爱惜

陈新民（1917—1976），永春县岵山镇塘溪村人，民国6年（1917）生。家贫童年失学，13岁往印尼谋生，从做苦工到当学徒，奋力拼搏几十年，在印尼、香港拥有行交公司，创下不俗业绩。他身居异域，心系故国，帮助家步发展教育事业是他毕生最大的愿望，从20世纪50年代开始，他先后捐资参加兴建永春六中"椰茂院"教室、教师宿舍、科学楼、大礼堂及捐助部分学校经费；捐款资助岵山私立启新小学民办公助经费，捐资增办附属幼儿园等。1976年他在香港辞世、享年59岁。香港及家乡各界纷纷送挽联发唁电深表哀悼。香港福建同乡会送了"致力公众利益，爱国爱乡，痛惜贤才于今世；热心教育事业、出钱出力，亦留典范在人间"挽联，以表彰他的高风亮节。

吴爱惜（1921—2006）早年毕业于名牌大学，陈新民辞世后，她继承夫业，出任香港新中行绸布有限公司董事长。继承先夫遗愿，热心家乡教育公益事业。她从20世纪80年代开始，先后捐赠永春六中奖教金，独资捐建永春六中"新民科学楼"、学校围墙和东大门及西大门彩楼、配备学校电脑室和语音室全套设备，为永春六中和周年校庆献礼等，合资捐建岵山塘溪小学"培英楼"，独资捐建塘溪小学"育贤楼"，捐赠小学电化教学设备，率先捐资设立塘溪小学奖教奖学基金；捐资永春县医院医疗仪器设备、捐资参与重建永春县城"留安塔"；捐资安装岵山镇政府自动电话，铺设"和塘"公路和塘溪村道水泥路面等公益事业，据统计，捐资总额达人民币240多万元。

陈新民、吴爱惜伉俪的无私奉献精神，深受家乡人民的赞誉和敬佩，永春县政府授予"乐育英才"金匾。

郑文尧

郑文尧（1917—1993），永春县桃城镇卧龙村人，旅马侨亲，著名实业家、慈善家。

民国6年（1917）仲秋，郑文尧出生于县城东郊卧龙（今桃城镇卧龙村）一户贫苦农家。少时，其父郑信顺为其祖父患病求医四处奔劳不幸辞世，祖父也在第三天不治身亡。文尧只好辍学，与慈母幼弟相依为命，饱尝人间辛酸苦辣。在其摘孝之年，随叔父出洋到马来亚谋生。

郑文尧幼年饱经风霜，自当奋力拼搏，事业终有成就。饮水思源，不忘故土养育之恩，不时汇款周济乡亲，自20世纪50年代，他先后为卧龙村添置拖拉机、建医疗合作站、修村道、建凉亭、造桥梁、装电灯，反哺桑梓，改善故乡生产条件和生活环境。

1981年郑文尧捐60万马币折合48万元人民币，为永春一中兴建第一座新校舍，建筑面积2000多平方米，具有集会活动等功能，命名为"郑信顺纪念堂"，得到省政府表彰，授予"乐育英才"的奖匾和银质奖章。1984年，郑文尧又捐资100万元新币，以纪念堂四楼为会址，创立"郑信顺夫人基金会"，纪念先慈。郑文尧以"关怀桑梓、奖励学子、为国育才、造福家乡"为宗旨，至2002年颁奖18届，有1283名学子（其中留学生研究生350人，高考优秀生943人），获得270万元奖学金。许多获奖的学生从各级各类学校毕业，走上建设国家和服务社会的工作岗位，奖学金效应面广而深远。

1990年，郑文尧在永春一中捐献30万元港币建设东校门。1991年，永春一中建校85周年校庆时，他赠给每位教职员工一套西服作为礼物，以此慰问辛勤教学的教职员工。1992年，他捐资150万元港币新建家乡卧龙学校，后又再捐献50万港元作为学校基金，创立"卧龙学校基金会"，奖励教师和学子。1993年，他把原存在新加坡中国银行的100万元新币基金折汇带回的150多万元港币，添足整数为500万元港币，增入郑信顺夫人基金会，存入永春中国银行，每年取出利息发放奖学金。1993年2月，他回到阔别40多年的故乡，毅然承诺捐献1000万元港币（折合人民币1200万元），择址卧龙山麓，新建永春师范学校。为筹此款，他在家乡仅住两个星期即匆匆返回马来西亚。6月10日，不幸辞世，享年76岁。

郑文尧辞世后，其夫人吴秀群、儿子郑两承继承他的遗志，于1994年5月，将1000万港币献交给永春县人民政府，永春师范学校巍然建成，并投入使用，完成郑文尧生前一大心愿。

郑文尧热心家乡教育事业的善举多次荣获福建省人民政府颁授的金质奖章和奖匾。1985年，永春一中"郑信顺纪念堂"落成庆典，时任省长胡平亲临剪彩。1990年，时任国务院总理李鹏出访马来西亚时特地接见郑文尧。1994年，郑文尧已是全省华侨捐资办学超过2000万元的23位之一。1997年，其妻儿又捐60万元在永春一中建一幢梯形教室楼，助力永春一中省一级达标学校建设，命名为"郑世唐大楼"。此外他们还向永春县政协大厦、永春县侨联大厦分别捐资20万元和10万元，后又捐资50万元兴建一条卧龙村路。至此，郑文尧在家乡累计捐献人民币2500多万元。1999年，福建省人民政府立碑表彰。

邱祥炽

邱祥炽（1918—2008），永春县五里街人，旅马侨亲，民国7年（1918）1月20日生。幼年醉心于艺术，毕业于厦门美术专科学院。毕业后执过教鞭，于民国32年（1943）开始从商。白手起家，拼搏奋斗，从当经纪到海上督运与销售，从经营杂货到树胶买卖而成为成功的企业家。

事业有成后，邱祥炽积极参加华团活动。1951年加入吉隆坡永春会馆为会员，1952年开始担任董事，尽心履职，服务侨亲，赢得侨心，开始担任华团要职。1961年出任马来亚永联会总务至1975年，长达14年之久。1982年—1986年代表吉隆坡永春会馆出任雪兰莪中华大会堂会长。

邱祥炽致力于推动中华文化，在担任雪兰莪中华大会堂会长期间，为拟定一整套的文化纲领以回应大马当局的国家文化政策，从1982年开始访问大马各州华团领导机构，探讨起草《国家文化备忘录》，并筹备召开马来西亚全国华人文化大会。1983年3月27日，马来西亚全国华人文化大会在槟城召开，邱祥炽担任大会主席。槟州首席部长林苍佑参加开幕式以示支持。

1983年9月20日，邱祥炽率15个华团代表将《国家文化备忘录》呈交当时的文化青年体育部。虽然大马政府拒绝华团文化备忘录，但在华人社会已激起推动维护华人权利、弘扬华族文化活动的热潮，邱祥炽因此成为继永春县华侨精英林连玉后致力于维护华族文化的华侨领袖。

邱祥炽曾任华总顾问、林连玉基金顾问、雪隆华堂顾问、雪莪中华工商总会顾问、华社研究中心管理委员会主席、马来西亚艺术学院发起人之一暨名誉会长、雪彭树胶公会副主席等要职。

2008年10月5日，邱祥炽在吉隆坡辞世，享年90岁。

在他逝世后，共有16个团体于雪隆中华大会堂联办追思会，缅怀这位对华人社会作出重大贡献的侨领。

邱瑞颇

邱瑞颇（1919—？），祖籍永春县桃城镇洛阳村，旅新侨亲，生于马来亚森美兰州波德申市。其先祖早年南渡谋生，移居至森美兰州波德申市，从事橡胶种植。其父邱廉耕，宅心仁厚，平生热心社会福利教育事业，战前在森美兰州，历任华侨筹赈会、福建会馆与永春会馆主席等职，同时也是波德申中华中小学马来西亚邱肇基公会创办人之一。邱廉耕1955年曾捐资建设家乡和平小学，仁风义举受到家乡父老乡亲尊崇。

邱瑞颇为第三代华裔，在波德申完成小学教育后，民国24年（1935）就读新加坡华侨中学，寄宿学校，民国30年（1941）6月高中毕业，是该校第二届高中毕业生。后又到英校进修英文，奠定精通中英文的基础，星马光复以后，举家南下新加坡定居。自幼深受其父影响的他，举凡公益事业或社区工作，皆全力以赴做好工作。

1963年，新加坡总理李光耀下乡访问，他参与实利基路各行业联合组织欢迎李总理下乡访问委员会工作，开始踏上社区服务的第一步。1964年7月至10月间，新加坡发生2次华、巫种族冲突事件，为平息事态及化解民族矛盾，经禧区成立亲善委员会，邱瑞颇义不容辞加入该委员会，并随该区议员林金山部长，深入马来村进行逐户访问，以消除种族间的猜忌，对促进种族的和谐，消除对立尽了自己的一份责任。

1965年经禧区公民咨询委员会宣告正式成立，邱瑞颇被委以主席职务，前后达 20 余年。他热心社区公益事业，任劳任怨。1986 年 11 月 14 日，新加坡全国 79 个选区公民咨询委员会庆祝成立 21 周年纪念庆典大会上，他被推选为大会主席，还被新加坡国防部委为防务与民众联系咨询委员会理事之一。新加坡政府为表彰他对国家社区所做出的贡献，1970 年，新加坡总统薛尔思颁赐公共服务星章 BBM 一枚，1984 年颁赐公共服务勋章〔勋条 BBM（L）〕，1989 年，荣膺太平局绅 JD 勋衔。

邱瑞颇从小深受其父栽培，秉承先父遗志，热爱祖籍故园，积极推进中新友好往来，做了许多有益之事。1956 年，新加坡华、巫、邱、西四商会，受中华人民共和国国际贸易促进委员会邀请组成新加坡工商业贸易考察团，共 59 位各民族代表，他是代表团团员之一，为运输保险组副组长，赴华考察。并借此机会，与马来亚工商业贸易考察团 6 位永籍同乡代表，返梓探亲，受到家乡党政热情接待。他与李尚维 2 人应邀前往正在建设中的和平小学访问，全校师生夹道欢迎。

邱瑞颇创办泰来私人有限公司，专营英澳美日各种汽车机件批发零售兼出入口商。商余热心慈善工作，担任善济医社主席，善济医社是 1901 年成立的悠久历史的慈善团体，任内颇有建树。此外，他还担任蒙克山中学学校咨询委员会主席、永春会馆总务、永春会馆互助会主席和新加坡车商公会会务顾问兼名誉主席等要职。

李文铨

李文铨（1920—？），祖籍永春县东平镇太平村，旅马侨亲。17 岁赴马来西亚谋生，历经沧桑，筚路蓝缕，凭借自己勤奋好学，吃苦耐劳的精神，事业有成。他将侨居地视为自己的第二故乡，热心于当地的公益事业，举凡华教、华社、华侨寺院等公益事业，他都慷慨解囊，无私资助，主动参与，正是因为具有善于助人的慈悲心肠，积累了深厚的人脉关系，也为日后能够带领侨亲返乡捐资支援家乡建设奠定了良好基础。

李文铨曾任马来西亚肇永公李氏家族会会长、顾问等职，不仅本人慷慨捐资，还发动海外侨亲参与东平云峰岩景区、昆仑寨景区；永春八中、冷水小学、霞林小学、冷水幼儿园等校舍建设，并设立冷水小学助学基金、奖学奖教基金、永春八中奖学奖教基金；同时，个人出资并带动侨亲募款修筑东平镇吉祥水泥路、长厅大桥、山仔、云峰岩水泥路。此外，捐资支持镇村老人事业。

李文铨历年捐资 617 万元，先后获得省政府授予"热心家乡公益事业"银质奖章、奖匾、荣誉证书，"福建省捐赠公益事业贡献奖"银质奖章、奖匾和荣誉证书；泉州市政府授予"热心公益事业"奖章、奖匾和荣誉证书；荣获永春县政府授予"热心公益银牌奖"等荣誉称号。

郑耀埼

郑耀埼（1922—2003），祖籍永春县仙夹镇夹际村，民国 11 年（1922）生。早年到菲律宾谋生，勤奋打拼，创办纺织厂，事业有成，曾任广士纺织印染厂董事，永隆商业总理。热心公益，曾任菲律宾永春同乡会第 24、25 届理事长，世界郑氏宗亲会副理事长、菲华各宗亲联合会常务理事、菲华商联总会咨询委员、光洭纪念学校名誉董事长、荥阳郑氏宗亲会理事长等职。

1979 年后，大陆实施改革开放政策，1981 年，思乡心切的已是菲律宾永春同乡会第 25 届理事长的郑耀埼，率侨亲一起踏入离别多年的故土。他了解到村里只有一所小学，学子升初中要到 20 多公里外的县城就读，很不方便，倍感改善家乡教育条件的迫切性，当得知村里早有兴建中学计划，只是因缺乏资金而无法付之实现时，旋即向村干部拍板承诺愿发动海外侨亲捐赠，并立即与村干部一起勘测校址，设计建校蓝图。

郑耀埼怀揣建校方案，返菲后立即动员几位热心家乡公益事业侨亲带头捐资，并且分工赴新加坡、印尼、台湾等地筹集建校资金。由于郑耀埼德高望重，在侨亲中具有感召力，很快筹集到 46.5 万元建校资金。学校施工期间，郑耀埼不顾年事已高，频繁往返家乡和菲律宾操劳建校事宜，历经 3 年努力，夹际中学屹立在天柱山麓。2001 年，菲律宾夹际中学校董会捐资 15 万元用于维修学校。

郑耀埼认为，要保证建校质量，除了拥有良好的教学设施设备外，关键在于教师，为了吸引素质较好的教师到这偏僻的山村中学任教，激励学子勤奋学习，带头且由数位侨亲轮流每年提供 3 万元作为中学的奖教奖学金。后来，考虑到使奖教奖学金能长期固定下来，又捐赠 4.2 万元给村里开发 30 亩山地种植柑橘；耗资 13 万元在夹际村通往南安市蓬华镇华美村的主要道路旁兴建 8 间崇书商场，收益作为学校的奖教奖学基金。

郑耀堦除了关心家乡夹际的教育事业外，还慷慨捐资13.8万元建设仙夹镇夹际卫生院慈恩楼；还慷慨捐资修建村水泥路，修建西笠庵文物古迹及老人活动中心；修葺县文庙、捐资县儿童基金会，设立仙夹镇郑耀堦教育基金。据统计，历年捐赠数达260万元。

郑耀堦的热心家乡公益事业义举得到各级政府的表彰。省政府授予"热心公益事业"金质奖章、奖匾、荣誉证书；泉州市政府授予"热心公益事业"奖章、奖匾和荣誉证书；永春县政府授予"捐奖兴办公益事业奖"。

为了让后代报本追远、增强对祖国的认同感和归属感，郑耀堦特意在家乡兴建一幢楼房，自1981年起，返乡20多次，每次都带着儿孙一同回来居住，培育他们尊祖敬宗之念。

2003年，郑耀堦在菲律宾辞世，享年81岁。

陈超群

陈超群（1926—1994），祖籍永春县岵山镇铺上村，民国15年（1926）生。因家境贫苦，少年时即远渡重洋前往印尼谋生，为人豪爽慷慨，讲求信义，爱国爱乡。

陈超群从打工者至事业有成，直至临终，时刻关注家乡的建设与发展。20世纪50年代，积极倡议并动员侨亲捐资促成永春六中增设高中部，本人鼎力捐资参加兴建"椰茂院""树人院""跃进院"高中部教室和大礼堂，赠送收音机等。20世纪60年代，独资捐建"岵山第一桥"，赠送岵山公社（今岵山镇）解放牌汽车2部。20世纪70年代以后，先后与旅外族亲陈良维合资捐建岵山群力小学育才楼、独资创办群力幼儿园、独资捐建群力小学教学楼、大礼堂、教师宿舍楼及购置室内设备、建筑学校围墙；独资捐建铺上村老人协会会址，购置设备，创办铺上村柑橘基地，独资修筑铺上、铺下村水泥路，捐资修建岵山"和塘"公路，捐资修建"南山陈氏宗祠"和陈氏宗祠左边小宗等公益事业，累计捐资数达人民币370多万元。

陈超群淡泊名利，他所捐赠的项目和馈赠的物品，从不为自己或亲属树碑署名。生活俭朴，平日吃的是家常便饭，穿的是普通衣料，吸的是便宜的烟丝，出门安步当车，从不接受欢送宴请。一生造福桑梓，尽显高尚品德，口碑载道。

为表彰陈超群对家乡的贡献，省政府授予"热心家乡公益事业"金质奖章、奖匾、荣誉证书；泉州市政府授予"热心公益事业"奖章、奖匾和荣誉证书；县政府授予"热心公益事业特别奖"。

1994年，陈超群在印尼辞世，享年68岁。

陈秀明

陈秀明（1926—2015），祖籍永春县岵山镇塘溪村，民国15年（1926）生于塘溪，印尼侨亲。19岁就远涉重洋到印尼谋生，先当店员、略有积累后离开公司与其三兄陈秀峰创办双珠有限公司，从经销日本染料到自己办厂生产助染剂，供纺织染布之用，业务十分红火，继而创办海鲜加工，出口西欧等地区。20世纪末期，他瞄准印尼丰富的旅游资源，开始发展房地产开发和酒店经营，旗下所属万豪大酒店和五星级丽嘉大酒店，是椰城知名度和房价最高的酒店。

陈秀明白手起家，事业有成后，热心华社建设，为尽早建立印尼永春同乡会组织而四处奔走，联络同乡，率先慷慨解囊，并得到许多永春同乡的鼎力支持，在雅加达繁华市区购买地皮，兴建了一幢建筑面积600多平方米的三层会馆，红墙碧栏，内部装修典雅，配有先进设备，能适应会议和娱乐等多功能活动，是社区中最新最有特色的建筑。为了增添会所内部文化气息，陈秀明还捐出自己珍藏已久的十几幅中国古代著名书画布置会所。历经3年多努力，印尼永春同乡会终于在2004年6月6日正式成立，陈秀明被选为第一届会长，从此印尼华社新增1个成员，永春侨亲有了一个共同的新家。

陈秀明倾心于家乡公益事业，他与夫人黄梅兰，三兄陈秀峰，侄儿陈锡石为家乡公益事业作出很大贡献。20世纪50年代就与印尼侨亲合资捐建永春六中礼堂、教师宿舍楼，塘溪小学培英楼外，又于20世纪80年代，先后捐建塘溪小学陈承有纪念堂、永春六中明石教学楼，先后捐建岵山峰明影剧院和永春县南音大楼；捐赠永春县人大常委会、永春县医院、岵山卫生院丰田小汽车各1辆，捐赠永春县医院彩色X光机1台，岵山卫生院X光透视设备1套，捐资设立岵山卫生院药用基金；此外，捐资修建和塘水泥路，拓宽长潭桥至县城公路、捐建塘溪田头角落机耕路，吴坂至喷水坑机耕路。

另外，陈秀明还资助北京中华中学经费、捐建安溪兰溪中学、捐助福建音乐院、资助泉州市侨联、永春县侨联经费，捐资赈济安徽灾民等，历年来，陈秀明、陈锡石捐赠家乡公益事业金额达 2018 万元，善举得到各级政府表彰。省政府授予他俩"热心家乡公益事业"金质奖章、奖匾和荣誉证书，并在岵山中心小学校园内立碑表彰；泉州市政府授予陈秀明捐赠公益事业功勋奖，授予陈秀明、陈锡石"热心公益事业"奖章、奖匾和荣誉证书；永春县政府授予"热心公益事业特别奖"，给予"捐资公益事业奖"。

2015 年 5 月 14 日，第七届"世永联"总会长、印尼永春同乡联谊会创会会长暨永远荣誉会长陈秀明在雅加达因病辞世，享年 89 岁。

陈振南

陈振南（1926—2018），祖籍永春县桃城镇丰山村，生于马来亚吉隆坡，在商业、体育和文化诸领域，颇有建树，获封拿督勋衔。

他在马来西亚开创现代房地产业，是马来西亚陈与陈发展有限公司及怡保花园（1GB）机构的创办主席，是著名的发展商，1992 年就荣获由国际房地产协会马来西亚分会颁予的"年度产业人"荣誉称号。

在他多年担任 1GB 董事长期内，主持了世界上最大的城市开发项目之一（谷中城）的建设。此外，其他著名的房地产项目包括在新加坡建设的香格里拉大酒店和百汇广场购物中心以及维多利亚女王大厦，在墨尔本的科英酒店和购买中心、创建米卡萨国际酒店及度假村，吉隆坡鹰图医疗中心等。

20 世纪 60 年代和 70 年代，他在成为富豪后，开始参与公共事务，服务社会。加入马来西亚的工业仲裁委员会及马来西亚二线住房咨询委员会。担任两届的住房开发商协会主席和三届马来西亚大学医院的董事，随后有好几年成为马来西亚商务理事会和战略与国际研究所的活跃成员，并曾担任太平洋盆地委员会和大太平洋经济合作委员会的副会长。

陈振南致力推动国际象棋运动，是 20 位棋牌人士获得国际棋联特级大师荣誉的其中一位。曾担任国际棋联副主席、世界象棋联合会永远名誉会长，在中国中央电视台第四套连续 12 年每年出资 100 万美元举行陈振南世界象棋比赛。他热心家乡公益事业，捐资建设"陈日檬"水泥路、兴建丰山华侨会馆，资助和平中学建立电脑室、兴建丰山村部、设立丰山奖学奖教金等公益事业，历年捐资数达1045万元。

陈振南热心公益事业善举得到各级政府表彰。省政府授予"福建省捐赠公益事业贡献奖"银质奖章、奖匾和荣誉证书；永春县政府授予"捐资兴办公益事业奖"。

2018年，陈振南在吉隆坡辞世，享年92岁。

陈义明

陈义明（1927—2023），祖籍永春县岵山镇文溪村，旅新侨亲。生于新加坡。幼时家境贫寒，父亲以农为生。日据时期，生活更加困苦，迨至光复后，他出外谋生，初任职于泉建发公司习商，打下日后事业发展基础。初起与友人合创勤成公司，1967年间独资创办陈义明私人有限公司，并投资南洋金融有限公司及其属下公司等机构，在商界渐露头角。为扩展业务，他在新加坡设立陈义明船务投资私人有限公司，统一粮油食品私人有限公司、华义贸易投资有限公司和永华实业有限公司；此外，他还在福建省德化县经营电力工程及矿业，在苏州经营木业、并在新西兰成立陈义明置地私人有限公司，向房地产进军；业务趋向多元化，成为知名殷商。

陈义明在事业取得成功之际，热心于支持家乡公益事业。他捐资建设岵山陈义明幼儿园、永春六中世纪义明楼、设立永春六中、华侨中学和文溪小学奖教奖学基金，建设老年人活动中心、岵山镇老人公寓等等公益事业；他还以扶贫济困为己任，捐资修建锦斗镇卓湖村侨心小学、锦斗镇中学义明综合楼；除此之外，他还慷慨捐助泉州、德化、安溪等地教育事业或慈善事业。

陈义明历年捐赠家乡永春公益事业金额总数692万元，为表彰其乐善好施的义举，永春县政府、泉州市政府先后授予热心家乡公益事业奖、奖匾和荣誉证书，泉州市政府授予"泉州市捐赠公益事业特别突出奖"奖匾和荣誉证书，在岵山镇陈义明幼儿园内立碑表彰；福建省政府授予"捐赠公益事业贡献奖"银质奖章、奖匾和荣誉证书。

陈义明热心社会活动，先后出任新加坡永春会馆主席、会务顾问暨产业信托、福建会馆董事、南舜同宗会会长、中华医院名誉院士及多间陈氏宗亲团体的会务顾问和名誉会长等要职，同时还担任"世永联"名誉主席。

2023年10月29日，陈义明在新加坡辞世，享年96岁。

吴东土

吴东土（1928—2011），祖籍永春县湖洋镇高坪村，生于马来亚柔佛州居銮。15 岁便为生计而奔波，48 岁时创办居銮咖啡粉厂有限公司，经过多年苦心经营，靠良好的人缘和诚实信用，赢得一个个发展良好机会，在经营种植业上取得成就基础上，又创办东土发展有限公司、光辉石厂有限公司，事业稳步发展。

在辛苦拼搏，事业有成的同时，吴东土致力华教事业，他任銮中董事会理事超过 30 年，任副董事长、署理董事长长达 20 年。他与永春侨亲贤达郑子谨局绅、王成宗、陈诗圣等胼手胝足，慷慨投入，倾注满腔热忱，把銮中建设成一流的独中，在陈诗圣任校长后 16 年内，他发动侨亲捐资，筹集到 1600 万令吉建成 4 幢大楼，銮中为了表彰他及永春侨亲的贡献,成立了全马首间独中文物馆——居銮中华中学"吴东土文物馆"。

吴东土乡贤是一名积极的社会工作者，先后担任中华独中副董事长、中华公会副会长、马来西亚永春联合会副会长、"世永联"名誉会长、柔佛州永春总会副会长、居銮永春公会会长、桃源俱乐部财政、銮中校友会副主席、柔佛中华总商会正会长、商业俱乐部副总务，博爱学校、加雅学校、中华一小、二小家教协会顾问、中华三小董事、东天宫顾问、篮总居銮分会及乒总居銮分会名誉顾问等职。

吴东土热心公益,在筹办其次郎婚礼时节约 25000 令吉捐给居銮中华独中作为筹建科学大楼基金；捐献永联会教育基金 15000 令吉。他有浓郁的桑梓情结，慷慨捐资人民币 37300 元资助永春县侨联大厦建设。1999 年 9 月 29 日永春侨联大厦落成典礼上，吴东土代表海外乡亲致词。

2011 年 8 月 26 日，吴东土辞世，享年 83 岁。其家属治丧不忘公益，将节省下来的 10000 令吉捐作永联会经费。

林荣国

林荣国（1928—2021），永春县蓬壶镇美中村人，新加坡华人原子科学家，国立新加坡大学物理系教授、系主任。

其父林祖培，民国15年（1926）从天津南开大学毕业后，回乡担任永春润中公学校长。因抨击民军残暴统治，遭县长江炼如拘捕，后在社会各界强太压力下获释，被逼辞去润中公学校长职务。翌年偕夫人刘佩钦南渡印度尼西亚，先后担任安顺中华学校、麻坡中华学校校长。

民国18年（1929），永春县人民驱逐民军尤赐福出境，公推林祖培归国担任永春县县长一职，主政得人心。后南安民军陈国辉攻占永春，林祖培不敌率众退守湖洋，求援省府无果后辞职以示明志。民国20年（1931），应永春县印尼侨领尤扬祖之邀，偕夫人再度前往印尼，先后担任万鸦佬中华学校校长、吧城福建会馆学校校长。

林荣国系林祖培之长子，随父母南渡后先后在南洋老华、龙华、吧城等地华侨学校读书，民国37年（1948）高中毕业后，回国考入上海交通大学，后转入澳大利亚墨尔本大学，攻读物理学。1953年大学毕业，获理学士学位。随即从事宇宙线研究，1955年获物理学硕士学位。1959年获博士学位。此后，一直在大学从事教学工作。曾任职于马来西亚大学、新加坡大学、美国伊利诺伊大学与波士顿以马内利学院。后任新加坡大学物理系主任、教授。

林荣国博士通晓中、英、法、德、俄数种语言，这对于他的科学研究和学习交流非常有益。

林荣国博士牢记父亲林祖培生前嘱咐：在适当时候和取得较大成就时，要报效祖国。学有所成后，多次来华访问。1975年来华访问交流学术成就。1987年4月到上海参加亚太地区表面物理学术会议，并应中国国际友好联合会山西分会邀请，到山西作《钢的氧化》《高能碰撞产生带电粒子之数目分布》学术报告。1992年偕同母亲刘佩钦，弟印尼华人工商企业家林匡国，弟澳大利亚皇家放射科学院院士林许国，弟印尼华人电脑专家林善国，弟印尼华人林正国，弟山西省人民政府外事办公室调研员、副研究馆馆员林卫国，妹冶金部鞍山冶金热能研究院技术顾问、高级工程师林仪媛，及侄女山西省运城市侨联林红，组成"科技考察团"，访问福建，回永春故乡探亲谒祖。

2021年，林荣国在新加坡辞世，享年93岁。

周守仁

　　周守仁（1931—2000），永春桃城镇桃溪社区人，民国20年（1931）生。父周公甫，乃永春旅港同胞、著名实业家。周守仁中学毕业后，随父母移居上海，考进苏州东吴大学，修读文学，经济两系毕业，获学士学位。1958年移居香港，随父经商。1972年移居加拿大温哥华，与其弟弟创办温哥华东风贸易有限公司，经营出入口贸易，为永春县华侨在加拿大较大企业之一。

　　周守仁继承其父周公甫爱国爱乡、热心公益之光荣传统，1983年与梁披云、梁清辉、颜彬声、林孝首、陈其聪等人四处奔走，筹组香港永春同乡会。并主持召开座谈会，顺利成立由17人组成的筹备机构，他与颜彬声、林孝首、陈其聪、梁清辉、张石麟、陈汉明等7人担任常务委员，陈其聪兼任召集人，负责筹备工作。1984年4月28日，香港永春同乡会正式成立，周守仁历任同乡会名誉会长、永远名誉会长。"世永联"成立后，曾任第二届名誉会长。1996年至2000年，历任旅港福建商会理事，在促进香港宗乡社团与家乡的密切联系作出积极贡献。祖国实施改革开放国策后，他积极为大陆引进设备、引进资金、为开拓大陆食品及其他国货的外销作了许多有益工作，推动中加两国人民友好往来与合作。

　　周守仁热心家乡公益事业，对桃溪小学、华侨中学的发展作出积极贡献，1978年他捐资人民币7万元，兴建桃溪小学后排教学楼二层共12间；1983年捐资人民币9万元兴建永春华侨中学围墙；1985年捐资人民币36.7万元兴建华侨中学周公甫纪念大礼堂，1984—2000年，连任华侨中学董事会董事长。

　　为表彰周守仁热心家乡公益事业义举，省人民政府授予"热心家乡公益事业"金质奖章、奖匾、荣誉证书；市政府授予"热心公益事业奖章"、奖匾和荣誉证书；县人民政府授予"热心公益事业金牌奖。"

　　2000年，周守仁在温哥华辞世，享年69岁。

郑少坚

郑少坚（1932—2018），祖籍永春县仙夹镇夹际村，旅菲侨亲。民国21年（1932）生于夹际村。13岁随其父郑崇仰到菲律宾经商，从小就表现出卓越的商业才能，18岁便担任家庭企业面粉厂厂长。资金周转困难时，曾经面临四处求告无门的绝境，这引发了郑少坚创建一家不仅为了盈利，更能够为企业发展提供帮助的银行的理想。

1962年，郑少坚在其父郑崇仰支持下，与章肇鹏等人集资合创拥资52亿菲币的首都银行。他用心经营，广纳贤才，至1975年，已成为分行遍布台湾、香港、关岛、加州、纽约、旧金山、休斯敦等地的跨国银行集团。同时，集团业务不断向多元化发展，相继进入汽车制造、房地产开发、保险、医院、教育、电力、酒店和旅游业，并在这些领域占据龙头地位。

郑少坚身在异国他乡，却心系祖国和家乡，一直致力于推动菲律宾首都银行在中国的发展，希望以多年在国外辛勤努力的硕果和积累的丰富管理经验来回报祖国。1992年，菲律宾首都银行在上海设立了代表处。此后，情系祖国的他频繁奔走在这片让他心潮澎湃的热土上。1997年以来，他每年都有一半的时间在中国。2010年4月，江苏南京首家外资法人银行总行——首都银行（中国）有限公司成立，支持当地经济和金融发展。2012年9月，泉州首家外资银行——首都银行（中国）泉州分行开始试营业，2013年4月26日正式举行开业庆典。

此前，郑少坚还在首届"国际华媒大奖评选"活动中获得"十大杰出华人奖"，成为首次在全球范围内评选出的十大杰出华人奖得奖人之一。此次"十大杰出华人奖"评奖活动由来自世界五大洲20多个国家和地区的53家海外华文媒体的100位高层，秉承客观、公正的态度投票选出。

郑少坚热心家乡公益，1993年以来先后捐建家乡水泥路、设立夹际中小学教育基金、郑少坚奖学基金，累计捐资人民币356万元。省政府授予"热心家乡公益事业"金质奖章、奖匾、荣誉证书，授予"福建省捐赠公益事业贡献奖"铜质奖章、奖匾和荣誉证书；泉州市政府授予热心公益事业奖章、奖匾和荣誉证书；永春县人民政府授予"热心公益事业特别奖"，以表彰其对家乡的贡献。

2018年11月23日，郑少坚在菲律宾辞世，享年86岁。

郑景新

郑景新（1934—2017 年），祖籍永春县桃城镇桃东村，旅马侨亲。生于马来西亚。其父亲郑晋棷为马来西亚工商翘楚，事业有成，热心公益，为家乡经济发展、社会进步作出重大贡献。郑景新在 20 世纪 80 年代。以敏锐的商业眼光看到棕油业发展前景，在马来西亚东海岸开发大片油棕园，大量生产棕油，将初炼棕油供应国内外棕油炼油厂。

郑景新出任马来西亚郑晋棷集团主席兼董事总经理以后，瞄准中国实施改革开放以后的巨大商机，进入中国市场，不断开拓创新，拓展业务。1991 年、2008 年先后在福州创办水产品加工出口型企业——福建联合冷冻食品有限公司、福建合众食品有限公司、福建合众国际贸易有限公司从事鳗制品加工，并在仓山盖山投资区建成 1.6 万平方米，符合欧盟和美国 FDA 质量标准的鳗鱼及水产品深加工专业厂房，从日本和中国台湾引进成套先进的水产品生产线及急速冻结设备。1995 年在福州创办万马集团有限公司、福建郑晋棷电子有限公司，2000 年创办福建永特农业综合开发有限公司，总投资 4105 万美元。

郑景新热心家乡公益事业，慷慨捐建永春县文化中心大楼、棷兰体育馆和棷兰广场；捐建鹏翔小学大礼堂、兴建世唐夫人纪念楼；捐资拓宽永春云龙桥、捐资装修永春侨联大厦前楼、捐助永春县贫困母亲基金等公益事业。捐资总数达人民币1500 多万元，先后荣获永春县政府、泉州市政府热心家乡公益事业奖、奖匾和荣誉证书；福建省人民政府授予"捐赠公益事业突出贡献奖"金质奖章、奖匾和荣誉证书，并在棷兰体育馆广场给予立碑表彰。

郑景新热心社团工作，为旅马侨亲谋福祉，连任四届（1997—2007）马来西亚鹏翔郑氏家族会主席，历任吉隆坡永春会馆会长、名誉会长，马来西亚吉隆坡合众保险董事、马来西亚保险董事、吉隆坡中华独中董事，同善医院副主席、名誉主席，马来西亚雪兰莪福建会馆董事等要职。

2017 年 2 月 14 日，郑景新在吉隆坡辞世，享年 83 岁。

陈锡石

陈锡石（1935—2018），祖籍永春县岵山镇塘溪村，民国 24 年（1935）生于塘溪。印尼侨亲。少小远离故乡南渡印尼谋生，随家父秀峰、叔父秀明潜心经商，执着奋斗，经营印尼雅加达双珠有限公司，事业有成。他为人乐观豪爽、爱好艺术、喜爱音乐、民乐弹奏、丝竹管弘精通。虽身居异域，却心系桑梓，慷慨捐资兴办家乡公益事业，爱国爱乡义举为家乡父老乡亲所称道。

其父秀峰 20 世纪 50 年代就先后捐资参加兴建永春六中"群众院""椰茂院"教室和大礼堂等。其父辞世后，他赓续父愿，自 20 世纪 70 年代以来，他与叔父秀明先后合资捐建岵山峰明影剧院、永春南音大楼"陈秀峰纪念堂"、永春六中明石教学楼、岵山塘溪小学陈承有纪念堂；合资参加捐建永春六中教师宿舍楼、塘溪小学培英楼；合资设立永春六中、塘溪小学、岵山中心小学奖教奖学金、岵山卫生院茂物福利基金；合赠永春县医院、岵山卫生院、永春县人大常委会丰田汽车各一辆；合赠永春县医院 X 光机 1 台，岵山卫生院激光机 1 架、塘溪村变压器 1 台、峰明影剧院座式电影放映机 2 套等；合资捐助泉永德公路岵山路段改道工程，合资参加修建岵山和塘水泥路、塘溪喷水坑水泥机耕路；合资捐助福建音乐院、安溪兰溪中学、泉州市侨联、永春县侨联经费；合资赈济安徽灾民等等。他与叔父秀明合资捐赠故园公益事业达人民币 2018 万元，先后荣获省政府授予"热心家乡公益事业"金质奖章、奖匾、荣誉证书，"捐赠公益事业贡献奖"银质奖章、奖匾和荣誉证书，并在岵山中心小学校园内立碑予以表彰；泉州市政府授予"热心公益事业"将章、奖匾和荣誉证书；县政府授予"热心公益事业特别奖""捐资兴办公益事业奖"。

陈锡石还热心社团工作，曾任"世永联"名誉会长、印尼东方音乐基金会主席、泉州市第四届海外联谊会名誉会长、永春南音社名誉主席等海内外社团职务，尽责尽力，在弘扬中华优秀文化和服务侨亲等方面成效显著。

2018 年 1 月 7 日，陈锡石在印尼辞世，享年 83 岁。

李深静

李深静（1939—2019），祖籍永春县东平镇外碧村（1998年划归东关镇管辖），生于马来西亚雪兰莪州巴生县。兄弟姐妹10人，在7个兄弟中排行第五。虽出生于华侨家庭，但小时家境清寒，全家靠其父在巴生一偏僻地方经营小杂货店谋生，启蒙教育在当地华文小学，念至三年级辍学。

年仅11岁的李深静，为减轻家庭负担，辍学后骑着自行车沿户兜售冰激淋补助家计，四年内饱经风霜，在其心灵中深刻认识到读书的重要性。四年后又重回校园，发奋学习，一直到高中毕业后，因为家中无法负担就读大学费用，只好作罢。

从此李深静便踏上社会，开始为生计奔波。期间，当过汽油销售商，做过园丘管理员，经历坎坷。而一次求职种植园工作，却因学历太低被拒之门外。这次经历，深深刺激了李深静学习的决心，一边工作一边学习，通晓英语及印度语。数年后终于被重视、被擢升为园丘经理。以后曾管理位于巴生附近的油棕园，又曾经营过一家汽油站。他联合数位巴生商家，向丹斯里李莱生购买柔佛数千英亩园丘，从中获利上百万令吉，赚得事业第一桶金。此后他回到巴生与朋友合资经营屋业发展，亦后自创南顺发屋业发展私人有限公司，在加影发展屋业，接着在儿打灵发展美阳花园，从此一帆风顺，收购上市公司"工业氧气"，1993年把工业氧气业务重心转向种植业，并改名为IOI集团（TOJCORP，1961，主板种植），任集团执行主席。IOI集团拥有250万公顷的棕油园坵，营运管理良好。马来西亚油棕种植水平是每公顷产出4吨，他的油棕园可以达到6吨，增产秘诀在于管理。他的棕油加工业，特种油脂生产产品销售全球85个国家，每年为世界上约1亿3千万人口提供棕油产品。成为马来西亚营运效率最高，盈利表现最好的油棕种植公司。

李深静不但涉足种植业、棕油业、油脂化工业、炼油工业，尤其在食油及油脂化工、房地产业、娱乐休闲业业绩卓然，又胸有成竹，挺进中国经济市场。2012年，他在厦门刘五店南部港区8井泊位建设5万吨级散杂货码头，在翔安投资建设棕榈油深加工项目，同时一举斩获集美420亩的综合体地块，三大项目总投资达100亿元人民币，于集美动工建设的IOI棕榈城项目有购物中心、五星级酒店、高端办公楼等。

1981年，马来西亚雪兰莪苏丹封赐他为太平绅士；1983年，雪兰莪苏丹封赐他为拿督；1993年，马来西亚最高元首封赐他为丹斯里勋衔。

2002年，李深静获得马来西亚国立博特拉大学（前称农业大学）颁发名誉农业博士衔；2006年获得大马种植人协会颁授院士衔；2008年获得马来西亚棕油科技学家协会颁予荣誉院士衔；2015年获马来西亚棕油委员会颁予2015棕油企业领导人奖。

李深静，多年来名列大马十大富豪榜，但却是一位处世低调的实业家。

1993年，李深静首次踏上故土，从此与故园结下了割舍不断的情缘，除了早年捐资兴建外碧小学教室、食堂和永春八中教学楼、东碧中学教学楼外。1993年，他捐资70万元人民币建设"丹斯里李深静大厦"，作为东平镇侨联会所；1999年，捐资208万元人民币修建长6公里、宽6米的乡村水泥路——"光邦水泥路"和"刘京大道"；紧接又慷慨捐资人民币100万元修葺省级文物保护名胜——东关桥；又捐资人民币150万元在东关桥上游200米处兴建一座铁索桥，减轻东关桥的交通压力。

2004年，李深静回到故乡，捐资150万元人民币、兴建永春二中"刘京科技楼"、捐资150万元人民币建造永春职业中专"光邦科技楼"。2008年，李深静再度捐资50万元人民币兴建永春八中校园中心景观广场。据统计，李深静各类捐资额达人民币3000多万元。

为表彰李深静热心家乡公益事业义举，省政府授予"热心家乡公益事业"和"捐赠公益事业突出贡献奖"金质奖章、奖匾和荣誉证书，并在东关桥头立碑表彰；泉州市人民政府授予"泉州市捐赠公益事业特别突出贡献奖"奖匾和荣誉证书。并给予立碑表彰。永春县政府授予"热心家乡公益事业"奖章、奖匾和荣誉证书。

2019年6月1日，李深静在马来西亚辞世，享年80岁。

尤培胜

尤培胜（1943—2013），旅马侨亲，祖籍永春县达埔镇，生于马来西亚柔佛昔加末利民达。他从峇株巴辖华仁中学毕业后，进入新加坡南洋大学深造，考获理学士，毕业后从事化学师工作，为政府注册化学师。

尤培胜从青年时代就热心于社会活动，任马来亚南大校友会理事。1979年开始担任吉隆坡会馆理事，服务社团35年。1984年开始历任马来西亚永春联合会（简称为永联会）董事、副秘书、总秘书至副总会长等职，协助拿督黄美才、拿督林国璋、拿督郑孝洁、丹斯里郑福成、拿督郑永传5任马来亚永联会总会长，积极推动会务发展。推动永联会成为马来西亚最活跃，最有影响的华社之一。

1989年，尤培胜和诸位同仁创办永联会会讯，又于1993年、1997年和2004年，先后出版3本教育基金专辑"马来西亚永春联合会40及50周年纪念特刊"。

作为永联会总秘书，他积极配合总会长，提出成立世界永春社团联谊会的倡议，得到永春县政府全力支持。他与家乡永春和各社团紧密联系，与拿督吴国基一起负责草拟"世永联"章程，促进"世永联"的成立。倡议得到各地永春宗亲社团的积极响应，形成以马来西亚永联会、新加坡永春会馆、台北市永春同乡会、菲律宾永春同乡总会、香港永春同乡会等社团为团体会员并轮值"世永联"，其他国家和地区的永春代表为个人会员的世界永春社团联谊会。永春县政府侨务办公室负责第一届代表大会的具体筹备和联络工作，1993年11月8日上午在家乡永春举办第三届芦柑节期间，宣告成立"世界永春社团联谊会"并召开首届代表大会，来自世界各地46个社团400多名海外乡亲出席会议推选马来西亚永联会会长林国璋局绅为首任会长。

尤培胜1993—1994年、2004—2006年分别任"世永联"第一届、第六届秘书长，并于1994年出版了"世永联"的第一本手册"乡贤通讯/工商资讯录"。2006年又出版了"2004—2006第六届"世永联董事手册，2006年编印了"世永联"第一本纪念特刊，为联络世界各地同乡架起了一道桥梁。

尤培胜既不是大企业家，也非商界翘楚，但却是一位"服务名家"。他担任第七届"世永联"、永联会、吉隆坡永春会馆三大社团的秘书长、长期为社团、为旅外乡亲、为家乡服务。2007年永联会庆祝50周年，总会长拿督郑永传颁给其长期服务奖，以资鼓励。

2013年1月13日，操劳成疾的尤培胜不幸病逝，享年70岁。

邱维廉

邱维廉（1947—2015），祖籍永春县东平镇，后祖上迁居五里街，旅居澳大利亚侨亲，著名实业家、社会活动家。

邱维廉生于马来亚吉隆坡。其父邱祥炽系当地著名华商，因热心公益和社团活动而深受当地侨胞拥戴，曾任雪兰莪中华大会堂总理、会长，吉隆坡永春会馆副会长，并被马来亚政府授勋。

1960年—1971年，邱维廉前往澳大利亚和新西兰求学，并获得化学、工商管理两个硕士学位。他在新西兰读大学时曾担任新西兰全国学联主席。为反越战、反种族歧视，曾组织大规模游行示威，并走在游行队伍最前头，被警察殴打，导致右耳永远失聪。

1972年—1974年，邱维廉返回马来西亚管理家族企业。1975年在瑞士银行学习金融系统管理。1976年—1977年任法国雷诺集团顾问，1978年任美国汤姆逊航天集团顾问、英国皇家威斯兰公司顾问。1982年他创立香港金晖国际有限公司并任董事长。1987—2010年任北京八达岭索道有限公司董事长，上海家畜遗传开发有限公司董事长。2000年5月任澳州中国和平统一促进会创会会长，2001年起任全国侨联第六、第七、第八、第九届常委。中国侨商联合会创会会长，2003年任中华海外联谊会常务理事，全国政协第十、十一、十二届委员会委员，2004年4月起兼任大洋洲中国和平统一促进会主席。2005年担任澳州永春同乡会永远名誉会长。2006年任第五届世界福建同乡宗亲大会主席，2008年至逝世时任香港侨界社团联会主席。

邱维廉生前在多个领域作出了重要贡献。

20世纪80年代以来，他关注并积极投身中国经济建设，为了让更多的人瞻仰、游览并保护好长城，他提出在八达岭长城修建索道，义正词严拒绝日本商人要求转接工程的要求，1991年，他投资545万美元建成的八达岭长城索道正式投入使用。他的大学同学，时任新西兰总理帕尔默出席八达岭长城索道的签字仪式，并意味深长地说："在以往的中国历史上，总是外来侵略者强迫中国在长城上签署使中华民族倍受屈辱的不平等条约，今天，我在这里参加签署的是一个和平友好、合作的合同，长城的历史又翻开了新的一页。"八达岭长城索道的建成，结束了古老长城几千年来只能徒步攀登的历史，不仅增加了八达岭长城的旅游资源，有利于保护长城，还使老人和儿童，特别是残疾人实现登上长城的夙愿。八达岭索道营运至今每年接待数百万中外游客。八达岭索道有限公司也多次获得北京市政府的奖励。1998 年 5 月，邱维廉代表公司领取在柏林荣获的欧共体第十九届管理服务优秀奖和技术创新奖。1999 年 6 月，他又前往美国纽约领取世界优质服务美国金质奖，中国只有八达岭索道公司一家获此两项殊荣。

之后，邱维廉还与上海、广东合资兴办种牛场，把这些体长 3、4 米，体重 1000 多公斤的澳大利亚"南德温种牛"引进中国，改良了国内肉牛品种的基因。

邱维廉多年来致力于推动中国和平统一与世界和平。2000 年 7 月，邱维廉在悉尼创立"澳洲中国和平统一促进会"。2002 年，为打击"台独"分裂势力，他带领澳洲和统会举办"中国和平统一与世界和平——悉尼大会"，费雷泽、霍克两位澳洲前总理出席大会，美国前总统克林顿到会并作演讲。这次盛会云集了 70 多个国家和地区的 1000 多位华侨华人代表。开创了海外侨胞把促进两岸和平统一的事业融入侨居国主流社会中去，让侨居国政府及政界人士了解、理解乃至支持的先例。

2004 年，他向时任全国人大常委会副委员长王兆国递交要求尽快制定《反分裂国家法》建议书，并应邀参加《反分裂国家法》立法小组起草工作。前后 15 年，矢志不移推动中国和平统一大业工作。

邱维廉热心澳大利亚和中国的慈善公益事业，不遗余力地支持中澳两国的教育、医疗、文化和赈灾扶贫事业。他在澳洲设立智障残疾中心、妇女中心等，为需要帮助的当地居民提供免费疗养和治疗。他倾力支持中国申奥，带头出钱出力，他是倡议华侨捐款修建奥运标志性运动场馆"水立方"的第一人。2008 年，他代表澳洲华侨华人社会向四川汶川大地震灾区捐赠 1000 万元人民币，并在一日内将在全澳收购的 2700 顶救灾帐篷紧急空运到四川灾区，此后 3 年内，多次前往灾区，带去大量援助物资和医疗救助。

此外，他领导澳洲中国和统会为中国贫苦地区捐建了 40 多所学校，其中个人捐助人民币 600 多万元建立 20 所小学，2 所中学。而有些落成的小学希望以他的名字命名，他都拒绝了。他十分关心中国华侨历史博物馆的筹建工作，带头捐款 500 万元人民币。

基于他对社会的重要贡献，他先后荣获新南威尔州政府授予"梅光达社区服务终生成就奖"；国际狮子会"亲善大使"奖章；2014 年，荣获中国国务院侨办颁发的"服务华社荣誉人士"荣誉博士，荣膺西悉尼大学荣誉博士。

2015 年 5 月 26 日 11 时，邱维廉在北京辞世，享年 68 岁。

郑建成

郑建成（1947—2023），祖籍永春县湖洋镇溪西村，旅新侨亲，生于马来西亚麻坡的斑伞小乡村。自小家境贫穷，更为不幸的是 3 岁丧母，9 岁父亡，家中顶梁柱轰然倒塌，郑建成不仅失去了父母的关爱，更失去了经济来源，一日三餐难继，家庭的不幸使小小年纪的他无法享受同龄人的教育与欢乐，而是早早就在橡胶园从事艰辛的割胶工作。

告别了不堪回首的童年岁月，14 岁的郑建成离开故乡只身到新加坡谋生，他在新加坡的第一份工作是在钢铁厂当烧焊学徒，赚取每天 1.5 元新币的微薄工资藉以糊口，从小在艰苦的环境中养成面对困难绝不低头的他毫无怨言，吃苦耐劳、勤奋耕耘，刻苦学习，深得钢铁厂老板信任而在 5 年后提拔为管工，他在这一行业服务了 15 年，建立了良好的人际关系和联络网，为其日后事业的发展打下良好基础。

1980 年，郑建成与友人合创保险公司、代理保险业务，由于他重视信誉，忠诚为公司服务，使业务蒸蒸日上。1995 年在仰光路自置大厦，子公司分布中国台湾、马来西亚和新加坡每个角落，并计划把业务开拓至海外各地，成为新加坡保险业的龙头老大。

在保险业务走上轨道后，胸怀大志的他便把公司业务推向多元化，成立"得集团投资有限公司"，投资房地产和酒店生意，计有马里酒店和马六甲的胡姬酒店。

郑建成在苦心经营自己的事业外，还投身于社会活动和公益事业，曾任新加坡桃源俱乐部副主席、新加坡永春互助会主席，2013 年荣任新加坡永春会馆第 73 届会长一职，任内会务活跃，2014 年分别成立永春会馆青年团、妇女组，加强与祖（籍）国联络交流，经常组团回国寻根谒祖、参观访问，敦睦乡谊。

郑建成痛感幼时家贫无法读书，故对子女教育非常重视和关注，并热心捐助家乡教育事业，1995 年他随新加坡永春会馆回永参加第四届芦柑节，顺途回故里探亲。目睹溪西村小学校舍破旧,慷慨捐资人民币60万元兴建教学大楼,以其先父炳辉之名命名,孝思可嘉,并设立奖教奖学基金,推动家乡教育事业发展。

1997年初,郑建成回永办理芦柑出口业务,知悉永春第四中学三位优秀学生家庭贫困,毅然捐助每人每年人民币2500元,直至完成学业,此外,与数位友人一道,于1997年后,定期送粮油和经费给养老院,发扬中华民族敬老美德。

为表彰郑建成热心家乡公益事业所作贡献,省人民政府授予"热心家乡公益事业"金质奖章、奖匾和荣誉证书,授予"福建省捐赠公益事业贡献奖"银质奖章、奖匾和荣誉证书;泉州市政府授予"热心公益事业"奖章、奖匾和荣誉证书;县政府授予"捐资兴办公益事业"奖。

鉴于郑建成在新加坡公益事业中的突出表现,2011年8月9日,在新加坡国庆日当天受到了总统封赐的公共服务奖章的殊荣。

2023年7月,郑建成在新加坡辞世,享年76岁。

二、归侨侨眷（34名）

郑翘松　颜穆闻　宋渊源　颜子俊　郑玉书　尤扬祖　郭其祥　李铁民
林祖培　曾天民　苏克惠　郑揆一　陈其挥　颜步青　李南金　梁披云
李剑光　林东汉　林一心　梁清辉　梁灵光　刘义标　陈　沫　陈　明
李金发　陈大明　郑清贻　郑德郁　陈　光　林多速　刘文湖　梁仲虬
陈章太　郑文泰

郑翘松

郑翘松（1876—1955）,字奕向,号苍亭,晚号卧云老人,永春县桃城镇大坪村人,旅新归侨。清光绪二年（1876）生。光绪二十八年（1902）,考中举人。宣统元年（1909）赴吏部考试,分配浙江省试用知县,以为母守孝未出任。后与宋渊源、郑子荣等倡办永春州中学堂,并任中学堂教员。辛亥革命后,被推为永春县光复代表,赴南京参加中华民国开国大典。又在广东汕头任《汉潮报》主笔。民国5年（1916）回永春,先后任县立永春中学、侨办鹏翔小学、省立十二中学（今永春一中）学校校长。其间曾二次前往新加坡、马来亚等地筹募教育经费。民国14年

（1925）与侨胞李俊承等倡修《永春县志》，任主编，历时 2 年编成，为永春县唯一民间纂修的地方志书。

民国 16 年（1927），地方军阀曾推举他任永春县县长，郑翘松坚辞不就，乃南渡新加坡。归国后，先后任职南安县诗山图书馆馆长、泉州昭昧国学讲习所教师。民国 21 年（1932），倡办永春县图书馆，再次渡洋募集图书馆建设经费，并担任永春县图书馆馆长长达 7 年之久。公余时间，倡办永春县图文讲习所和桃谷诗社。抗日战争时期，任集美中学高中教员 2 年。中华人民共和国成立初期，郑翘松被选为永春县各界人民代表大会代表。1955 年聘选为福建省文史馆馆员，著有《卧云诗草》。

1955 年 12 月，郑翘松在永春辞世，享年 79 岁。

颜穆闻

颜穆闻（1880—1923），原名玉辉，永春县东平乡（今东平镇）人，马来亚归侨。清光绪十年（1880）生。少年时，南渡至马来亚雪兰莪，起先在亲戚店中当伙计，后到当地一所中学做杂工。他为人忠厚诚实，勤劳俭朴，好学善问，在校工作 3 年，增长了不少知识。清光绪二十六年（1900），他离开学校，开设福美杂货商店。由于经营得当，又善待顾客，所以生意兴隆。他诚信为人，有一次到汇丰银行领取存款，回店重新清点时发现银行出纳多给了 50 元，立即返回银行退还多出款项。没想到银行出纳不承认差错反而训斥颜穆闻，恰好被银行经理发现，问清事情缘由后，银行经理称赞他忠厚老实、品德高尚，问清他的姓名住所，后来即为他介绍担任英美烟草公司自行车牌香烟和英国石油公司马来亚总代理商。颜穆闻善于经营管理，信誉卓著，逐渐成为富商。

颜穆闻虽身居海外，但却心系祖国。孙中山在海外创立同盟会，开展民主革命斗争，他慷慨解囊，支援革命。清宣统二年（1910），他前往英国参观，看到当时英国资本主义工业的兴旺发达，决心回国创办实业。这一年秋天，他聘请工程师、技术员一同回永春考察。永春天湖山矿藏丰富，颜穆闻即前往勘察，并与拥有铅坑山地权属的当地周姓洽谈，以白银 500 元买下该地开采权。北硿山地自然条件好，可以垦荒办场，兴建水电站、创办织布厂，颜穆闻就向东关陈姓买下大片山地，期限 100 年。

宣统三年（1911），他开始在北碿溪东兴建农场场部和宿舍，同时规划逐步在溪西兴建水电站和织布厂。荒芜的山地经过数年开垦，很快成为一个面积约2000亩的农场。先后种上杉木、油桐、油茶、水果、棉花、杭菊以及从马来亚引种的木薯等作物。其后，水电站和织布厂厂房也建成，机器设备全都从国外引进，颜穆闻往返奔波于国内外，历经艰辛。民国8年（1919）冬，织布厂机器安装完毕，时值农历过年，人员放假回家欢度春节。谁料除夕之夜，当地一些人以北碿山地产权仍在纠纷之中为借口，不由分说，将厂房和机器捣毁，财物被洗劫一空。颜穆闻前后10年倾注的心血和投资，在行将见效之时，竟毁于一旦，饱受打击的他忧愤成疾。

民国9年（1920），颜穆闻自永春移居香港，曾因精神失常，闯进巡捕房，被巡捕押送关进精神病院。这时刚好他的内弟在香港学医，闻知姐夫失踪，四处查询，最后才从精神病院领出，派人护送回家治疗。民国12年（1923），颜穆闻与其妻及子华隆前往厦门，准备重返马来亚。因其精神尚未恢复正常，船主不让登船，即留居厦门德日新客栈，等候南渡。但病情没有好转，却越来越重，医治无效，终于在厦门病逝，终年43岁。

颜穆闻开发北碿，创办实业，虽在民军时代地方不靖，归侨合法权利得不到保障的情况下壮志未酬，事业未竟，但他却是永春归侨开发建设家乡的先驱。

宋渊源

宋渊源（1882—1961），字子靖，永春县五里街儒林村人，生于清光绪8年（1882）。其父如勖，曾经营侨信款的业务（俗称水客），恪守信用。宋渊源自幼聪敏好学，18岁参加县学生员（秀才）考试，名列榜首。清光绪三十一年（1905），到福州全闽师范学堂学习，毕业后东渡日本，肄业于东京体育会兵事科，并参加孙中山领导的同盟会。学成回国，与邑人倡办永春中学堂，设书报社，介绍西方资产阶级民主革命思想和科学知识，同时倡办州立高等小学堂和新智小学堂，任州立高等小学堂堂长。宣统元年（1909），宋渊源再度赴日，肄业于明治大学。

辛亥武昌起义，宋渊源奉派返闽协助孙道仁、彭寿松等光复闽省。11月19日在福州举义，擒斩清将朴寿成。福州光复后，宋渊源任都督府参事，共理闽政。后奉派到厦门、漳州、泉州、惠安、南安、安溪、永春等地，安抚军民。

民国元年（1912），宋渊源任福建省议会议长，并当选为国会参议员。翌年 7 月，李烈均在江西发动"二次革命"，讨伐袁世凯，闽省响应"二次革命"失败后，宋渊源离开福州，转赴南洋各地，发动讨袁，并在香港成立讨袁军事统筹部。民国 4 年（1915）秋，回国参加领导讨袁斗争，并奉孙中山令，与叶青眼、许卓然等在厦门成立中华革命党福建支部，任支部政治委员。讨袁斗争结束后，宋渊源到北京参加国会工作。民国 6 年（1917），张勋复辟，解散国会，孙中山在广州发动护法战争，宋渊源立即奔赴广州参加，并派王荣光、赵光、宁益生等回闽南组织新军（俗称民军）。粤军入闽后，永春、德化、安溪、仙游等地民军组织闽南护法军，公推宋渊源为总司令。民国 8 年（1919），桂军陆荣廷派方声涛入闽，策动张贞、许卓然另组靖国军。宋渊源为避免冲突，于民国 9 年（1920），宣布取消护法军。后因病离闽赴粤疗养。

民国 11 年（1922）6 月，粤军总司令陈炯明叛变，宋渊源谒孙中山于永丰舰，建议先入闽收编闽省民军为讨贼军，在闽省立足后再回师讨贼，建议为孙中山所采纳。宋渊源即委派王荣光负责收编闽南民军。在收编过程中，王荣光为部属出卖遭害，宋渊源急忙赶回福建安抚王荣光旧部。继任粤军总司令许崇智率军援闽，闽南各地民军拥宋渊源为东路讨贼军第八军军事委员长。10 月，北洋军阀战败退出闽省，孙中山委任宋渊源为闽南宣慰使，让其统领闽南各地民军。

民国 15 年（1926）冬，何应钦率领东路北伐军入闽，宋渊源建议改编各地民军为福建国民军，参加北伐。何应钦采纳其建议，并设参谋团负责统筹接应，委任宋渊源为参谋团主任。北伐军统领福建全省后，宋渊源辞去军旅职务，就任国民政府委员。民国 17 年（1928），兼任侨务委员会常务委员，发动华侨捐资创办福州三民中学。

十九路军"闽变"期间，蒋介石任命宋渊源为宣抚特派员。十九路军"闽变"失败后，宋渊源任福建省顾问，协助省保安处将各地民军整编为保安团。抗日战争开始，宋渊源由上海辗转经香港至新加坡，参加南侨代表大会，并在南洋各地宣传抗日，发动华侨支援祖国抗战。民国 28 年（1939），回国赴重庆，就任国民参政员。抗日战争胜利后，回上海定居。民国 35 年（1946），被圈定为国民政府"国大"代表，参加"国民大会"。1950 年，宋渊源自福州经香港赴台湾，任台湾国民党的"光复大陆设计委员会"委员，1961 年在台湾辞世，享年 79 岁。

颜子俊

颜子俊（1887—1959），名福黎，字篆佑，永春县达埔镇达中村人，越南归侨。著名企业家、爱国侨领、社会活动家。

清光绪十三年（1887），颜子俊生于达中村。幼年贫苦，十岁丧父，辍学打工补贴家用。清光绪二十八年（1902），经同乡吴清云引荐，前往越南谋生。

初到越南，先任店员，后因勤奋肯干被提升为经理。略有积蓄后，先与他人合资经营商业，继而独资创办启华英布店，任经理和董事长。其后担任陶业商行董事长兼总经理，堤郡中国大戏院董事长和匡店书报社长、越南中华总商会主席。

清光绪三十三年（1907），孙中山到越南西贡，并在河内设立同盟会分会。颜子俊接受孙中山的爱国民主革命思想，加入同盟会，捐助辛亥革命和反袁斗争。颜子俊热心公益事业，独资在家乡下荇创办鼎新小学，为达埔最早的侨办学校之一。在西贡，他资助的华人学校有福建中学、小学和暨南中学，并担任这三所学校的董事长。他还捐资办医院，任西堤福善医院董事会主席。民国20年（1931），知悉家乡达埔乡连续数年鼠疫流行，捐资购买鼠疫疫苗，供家乡民众免费注射。

"九一八"事变后，颜子俊发起组织并出任越南侨商组织华商经济联合会主席，募捐巨款支援东北抗日义勇军。上海"一二八"事变后，他组织并主持越南华侨抗日救国赈济总会和南圻华侨救济总会，募款购买药品，支援十九路军抗日。民国22年（1933），十九路军在闽成立人民政府，他发动越南华侨捐款购买飞机两架献给十九路军。

民国26年（1937）抗日战争爆发，颜子俊任越南中华总商会主席，组织旅越华侨缩食救济祖国兵灾慈善会，号召华侨商店每日节省菜金两成为救济金，每星期收集一次，汇回祖国。倡建"越南华侨抗日救国航空委员会"，购买10架飞机支援祖国抗战。"南侨总会"成立后，颜子俊发动越南华侨积极响应侨领陈嘉庚号召，全力以赴主持越南华侨筹赈工作。

太平洋战争爆发后，日寇占领西贡。威逼利诱颜子俊出任"维持会"会长，颜子俊严守民族大义，坚决拒绝。为免被害，遂乔装成水手潜赴香港。香港沦陷，避往家乡，后被聘为福建省顾问。他回到家乡之时，正值抗日战争进入最困难阶段，侨眷生活极其困苦，遂联系其他归侨，共同创办达理、湫江、凤美三个农场。还组织归侨合作社，经营商业，帮助广大归侨侨眷解决生产、生活困难。

第二次世界大战结束后，颜子俊返回西贡，重整旧业。暗中支持越盟（越南共产党前身）和越南人民反对保大傀儡政权的革命斗争。发起组织华侨救济总会，担任主席，一视同仁帮助华侨和越南民众共渡难关。民国36年（1947）闽粤两省发生粮荒，颜子俊以越南华侨救济总会名义，募捐大米3000吨运回祖国，并随船回国监赈。因越南当局正在调查其与越盟关系，意欲加害，遂定居国内。

1954年8月，颜子俊上京参加中侨委扩大会议。10月，当选二届全国政协委员，在全国政协二届一次会议上，周恩来总理亲切会见了他，当知道他是同盟会会员时，称他是革命老前辈。

1955年3月，颜子俊被任命为福建省华侨事务委员会副主任。1956年10月当选为全国侨联副主席，1957年被任命为国务院华侨事务委员会委员，在参加全国政协二届三次会议时，列席了最高国务会议。

1959年2月25日，颜子俊因患喉癌病逝于永春医院，享年72岁。

郑玉书

郑玉书（1887—1965），原名郑瑞麟，字崇瑞，永春县仙夹镇夹际村人，旅菲归侨。清光绪十三年（1887）出生于夹际村一个侨商家庭，父亲在菲律宾宿务开设了一家振东商行，生意颇为兴隆。少年时期，郑玉书曾赴菲律宾，一边读书，一边辅佐父亲生意。

清光绪二十九年（1903），郑玉书回国，进入永春州学学习，之后转往厦门中学堂学习，再到北京攻读医科、颇通西医。1911年10月，武昌起义爆发。郑玉书投身革命，后加入福建北伐军，任军医长、随军开赴上海、烟台。民国3年（1914）起，先后担任驻宜昌陆军第十三团医务所主任、驻厦门第十混成旅军医官、福建陆军第一师正军医官，闽浙援粤军卫生部部长。

民国7年（1918），郑玉书再度返菲经商。民国10年（1921），为实现自己"达者兼济天下"的人生理想，接受邀请回乡参加政务。秋，任永春工务局局长，主持修建永春至泉州的公路。民国12年（1923），任厦门道道尹，得孙传芳赏识，先后出任福建省省长公署高等顾问、联军总部咨议、联军总部财政秘书兼江苏烟酒事务局局长、安徽财政厅厅长，以及国民政府财政参议、民国政府外贸参议等职。

民国 15 年（1926），郑玉书返闽，脱离军旅生活，重返菲律宾，与其弟郑崇瑜等继承父业，并在马尼拉设立南通、兴华公司，经营出入口贸易。民国 19 年（1930），郑玉书偕弟郑崇儒发起在福州投资设立福峡长途汽车股份公司。同年，参与投资设立福州复兴汽车公司，经营福州市区公共交通业。

抗日战争爆发后，郑玉书担任国民政府海外劝募救国公债专员，赴印度尼西亚与当地侨领组织了一系列抗日募捐动员大会，共募得法币 989 万元抗日义款。上海"八一三"淞沪抗战打响，他认购了 2 万法币的救国公债，还将其在上海房产每月房租 3794 元按月如数上缴政府。民国 27 年（1938），日军占领厦门，大量难民涌入香港，他与菲律宾、香港乡亲组织难民救济会，被推为会长，收容逃港难民 2217人。后福建发生粮荒，他与爱国侨胞捐款购运大米 9 万余包回闽平粜；疟疾成灾，他两次向印尼侨胞募集"金鸡纳霜"（奎宁）入闽施赠。

10 月，郑玉书代表在香港的南洋华侨，前往新加坡参加南洋各属华侨筹赈祖国难民代表大会，并被选为南洋华侨筹赈祖国难民总会委员。民国 28 年（1939），为更好凝聚香港闽籍乡亲抗日力量，郑玉书与胡文虎、庄成宗等人发起组建福建旅港同乡会，出任首届副主席和第二届主席，发动捐款赈济祖国伤兵和难民等抗日救亡活动。倡组福建华侨建设公司，投资祖国、家乡建设。

民国 30 年（1941），太平洋战争爆发，香港沦陷，郑玉书回闽，受聘为省政府参议、顾问，居住永安，组织华侨兴业公司，从事垦殖与贸易，任常务董事。民国 31 年（1942），发起并参与创立福建归侨合作社，集合华侨资金兴办企业，垦荒发展农业，解决战时福建百姓粮食紧张困难问题。

民国 34 年（1945）8 月 15 日，日本宣布无条件投降，郑玉书留在百废待兴的家乡，参与复兴建设。与儿子郑揆一参与发起投资福建经济建设公司。民国 37 年（1948）6 月，福建发生严重水灾，郑玉书捐款法币 10 亿元，其妹郑金草亦捐献法币 1 亿元，赈济灾民。1957 年，郑玉书往菲律宾定居，因身体不佳脱离工商界，长期在菲律宾碧瑶市休养并著述，先后著有《中菲文物关系》和《郑成功传》等书。同时，他还出任菲律宾荥阳郑氏宗亲会顾问，潜心研究，完成三修夹际郑氏族谱。

20世纪50年代曾汇款在家乡设立中学生助学金，捐建夹际小学校舍一座，私宅借办保健站和幼儿园。此外，还捐资助修永春县医院。

1965年，郑玉书在菲律宾辞世，享年78岁。

尤扬祖

尤扬祖（1892—1982），名逢春，字扬祖。永春县达埔镇蓬莱村人，印度尼西亚归侨。著名企业家、爱国侨领、社会活动家。

清光绪十八年（1892）生于达埔镇蓬莱村。幼年家贫，早年丧父，只读过三年私塾，被迫辍学，帮母亲做豆腐，卖豆腐维持生计，并先后在本县一都、县城当学徒，补贴家用。清光绪三十年（1904）到印度尼西亚马鲁古省首府安汶市谋生。初为同德栈店员，做事勤勉诚实，升任勿赖分栈司理。民国12年（1923）与同乡合资在万鸦佬开办协丰公司，任经理。主营进出口贸易，因诚信经营，生意日见兴隆，成为当地经营土产出口第一大户。

民国20年（1931）"九一八"事变爆发后，尤扬祖挺身抗日，意图救国。联络当地华侨，倡建抗日救国组织，担任印尼万鸦佬抗日筹赈会主席，发动华侨抵制日货，有力打击日寇的经济扩张。民国26年（1937）"七七"事变后，出任印度尼西亚捐助祖国慈善事业委员会万鸦佬分会主席。民国27年（1938），南洋华侨筹赈祖国难民总会在新加坡成立，尤扬祖筹组并出任万鸦佬分会主席，发动华侨捐款捐物支持祖国抗战。民国24年（1935）尤扬祖认为抗日战争时期祖国经济发展非常重要，是抗战取胜的重要条件。遂投资3万元于天津华北实业股份有限公司，发展实业，生意兴隆，至民国26年（1937）七七事变后被迫停业。民国29年（1940），尤扬祖带巨资携眷回国，在上海经商。民国32年（1943），参与发起创办福建华侨兴业公司，先后任董事、监察人。该公司为当时福建滨海仅有的一家侨资公司，主营种植业。

抗战胜利后，尤扬祖于民国34年（1945）率全家重返印度尼西亚万鸦佬，集中了协丰、永盛太、益兴、英洛、大成、锦兴六家公司的资本与人员，成立了协丰永乐公司，任总经理。同期，被选为望加锡中华总商会主席，捐资赞助印尼人民捍卫独立成果的武装斗争。中华人民共和国成立后，尤扬祖欣欣鼓舞，让出宅院供国家在望加锡设立领事馆，为发展中印尼友谊作出贡献。

尤扬祖 1952 年参加印尼华侨回国观光团，任副团长。1953 年回家乡永春定居。先后投资 10 亿元（旧人民币）到福建和广东华侨投资公司。投资 2 万元创办永春猛虎山华侨垦殖场，在全县率先开展山地柑橘成片栽培科学试验，获得成功，为永春大规模山地种植芦柑作出历史贡献。1950 年与邱清秀等归侨合资创办永春侨新酒厂，生产老醋。该厂 1956 年公私合营后改名永春酿造厂，所产"永春老醋"发展成为全国四大名醋之一。1955 年与邱清秀等几位归侨集资在永春天马山上办起华侨垦复公司和果林场，同年协助创办永春北硿华侨茶果场，安置来自十几个国家的 2000 余名归侨。个人捐资 4 万元，发动其他华侨捐资建成拥有 200 余张病床的永春县医院病房大楼。独资建设达埔卫生院门诊楼。1958 年捐资 20 万港币专门从香港购进大型机床 14 台赠送永春通用机械厂，促进水轮机生产，为该厂发展成为专业的水电设备厂打下坚实基础。1965 年，尤扬祖捐款 1.5 万元帮助蓬莱村建立果林场，出资修建蓬莱石拱桥、水电站。

尤扬祖关心家乡教育事业发展，持续 50 年捐资兴学育才。民国 18 年（1929），派侄儿尤俊芳回永创办五保小学，每年捐助教学经费 1300 块银圆，学生全部免费就学，一直至民国 23 年（1934）才停止。民国 38 年（1949）8 月，投入 4.7 万元兴建延清小学，中央人民政府华侨事务委员会主任何香凝亲题校名。延清及周边五个村合在一起，所有学生的学杂费全部由尤扬祖负责交付，直至 1960 年。同年尤扬祖参与创办永春达理中学（1953 年改为永春第五中学），十年间共捐资人民币 3 万余元。此外，他还倡办华侨子女补习学校、永春华侨中学、资助厦门华侨博物馆、华侨大学陈嘉庚纪念堂。1978 年，病卧在床的尤扬祖，还挂念家乡的教育事业，决定将在福州的三座房产捐赠给延清小学。

尤扬祖回国后，历任二届、三届、五届全国人大代表。1956 年 10 月当选为全国侨联副主席。1957 年当选为福建省副省长。1954 年任二届全国政协委员。1959 至 1982 年，历任二届、三届、四届福建省政协委员。1962 至 1982 年，历任二届、三届、四届福建省政协副主席。

1966 年 4 月，尤扬祖移居北京。1982 年 5 月 17 日，尤扬祖在北京医院辞世，享年 90 岁。

郭其祥

郭其祥（1894—1936），乳名发，字仁长，永春县仙夹镇龙湖村人，马来亚归侨。生于清光绪 20 年（1894）。父信春，擅长白鹤拳术，在厦门开馆授武教徒，创办春生堂疯伤药酒行、该酒精选三十余种名贵地道药材和优质陈年高粱酒或米酒配制而成，对疯伤疾病有良效，远近闻名，畅销国内外。其祥少年就读乡中私塾，性豪爽，好交游。民国 2 年（1913）南渡马来半岛，在新加坡，麻坡等地经商。为当地侨胞所称赞。民国 6 年（1917）在麻坡参加孙中山创立的中华革命党，资助和参与民主革命。民国 8 年（1919），回国与堂兄仁斋、堂侄礼宗整顿春生堂药酒行，营业有所发展，春生堂药酒遂发展为名牌产品。

郭其祥好交友，重义气，凡革命党人及青年求学到厦，均热情接待，经济上有困难的还给予资助，他对长年遭受兵匪蹂躏的家乡十分关心。民国 15 年（1936），与家乡旅外青年及海外侨胞组织永春旅外联合会，设总会于厦门，任主席，主持救乡运动。出版《迫击报》，揭露民军祸永罪恶，反对民军统治。民国 16 年（1927），他获知永春县县长江炼如至厦门，即亲到寓所，指责江炼如任意勒派、鱼肉人民之罪。民国 17 年（1928），与泉州秦望山组织泉永二地民团联合办事处，任副处长。随后，永春成立民团总局，他任副局长。民国 19 年（1930），军阀陈国辉占据永春县城，派兵勒收苛捐杂税，血洗吾峰乡，复进攻湖洋民团。郭其祥闻讯后，从厦门急奔仙游，求援于海军陆战队林寿国旅长。船至秀屿，改乘小艇，遇风艇覆，郭其祥在海中飘浮达二个时辰之久。遇救后，抵达仙游，林寿国应其所请，派兵驰援。至鹁鸪岭方知民团已散。湖洋被劫掠甚惨，难民数千人逃至仙游等县。郭其祥见此惨状，即致电省府请求救济，省府令林寿国就莆田、仙游、惠安三县收容安置难民、湖洋民众深感其德。民国 21 年（1932），郭其祥任永春保卫团副团长。民国 23 年（1934），十九路军"闽变"失败后，国民党整顿闽省党务，他任思明县（今厦门）党务整顿委员。稍后，永春旅外联合会结束，成立永春旅厦同乡会，任常务理事。郭其祥办理民团，不但未领公家俸给，且捐垫救乡费用达万余元。对家乡人民贫困境况，也多关注，曾倡导乡亲种油桐数万株，并计划逐步推广至全县。他在最后数年，因积劳咯血，每届秋令时节即行发作，民国 25 年（1936），在厦门辞世，终年 42 岁。

李铁民

李铁民（1898—1956年），本名鏪，字原周，永春县达埔镇岩峰村人。新加坡归侨，著名报人、侨领。

清光绪二十四年（1898）生于达埔镇岩峰村一个商人家庭。幼读私塾，12岁进其父经营商店学习记账写信。民国4年（1915）随其父到新加坡，在其父任经理的"南春"公司任职，专营橡胶生意。同年秘密加入孙中山组织的中华革命党。民国5年（1916）奉父命回乡成婚。民国8年（1919）春天，重返新加坡，民国10年（1921）转为中国国民党党员，民国10年至12年（1921—1923），先后在永春会馆所办的鼎新学校、南洋工商补习学校、中南学校、南洋平民学校和初级师范兼任中文教师。

民国15年（1926）李铁民进入新闻界工作，最先担任三日报《消闲钟》主编。为抗议日本侵略者制造"济南惨案"，著名爱国侨领陈嘉庚在新加坡组织山东惨祸筹赈会。应筹赈会之邀，李铁民为大会撰写宣言，深得陈嘉庚欣赏，认为是难得的好文、檄文，遂热情邀请李铁民担任筹赈会文牍主任。民国17年（1928），李铁民应聘担任新加坡《叻报》总编辑兼督印人，并兼任陈嘉庚橡胶制造厂广告部文牍主任。

民国16年（1927）春，蒋介石发动"四一二"政变，破坏国共合作，疯狂屠杀共产党人。李铁民对蒋倒行逆施深感失望，在《叻报》上发表反蒋檄文，抨击南京国民政府，引起国民党反动派忌恨，施压《叻报》解除李铁民在《叻报》的职务，并秘密开除李铁民的国民党党籍。

民国20年（1931），李铁民联合新加坡一批名流创办《民众报》，任主编，继续坚持反蒋。民国21年（1932）应陈嘉庚之聘担任《南洋商报》督印人，主管编辑部、后任副刊编辑，民国26年（1937）重返商界，到巴生埠华侨橡胶制造厂任副经理。

民国27年（1938）10月，应著名爱国侨领陈嘉庚之邀，担任南洋华侨筹赈祖国伤兵难民总会秘书，全力协助陈嘉庚领导南洋华侨抗日救国。在李铁民参与策划、组织下，南洋华侨筹赈祖国伤兵难民总会在短短五年多时间内为祖国筹得约合4

亿多元国币的款项。他参与组织募集南洋机工，不辞劳苦，宣传动员，组织训练，安排交通，为祖国输送了急需的 3000 余名优秀汽车驾驶员（其中永春籍机工 50 余名）。

民国 29 年（1940）初，为鼓励中国军民抗战到底，著名爱国侨领陈嘉庚有意组织回国慰问团，李铁民精心策划并参与组团。同年 3 月，陈嘉庚亲自率领南洋华侨回国慰劳团一部从新加坡启程，前往战火中的祖国慰问抗战军民。李铁民担任慰劳团秘书，并担任陈嘉庚的国语翻译，先到重庆等国统区，紧接着北上延安。

李铁民不但促成了陈嘉庚北上延安，同时对陈嘉庚认识和了解中国共产党发挥了重要作用。5 月 31 日，陈嘉庚率南洋华侨回国慰劳团抵达延安访问，受到延安军民热烈欢迎。延安之行，不但促使陈嘉庚政治思想的重大转变，李铁民也为中共真诚团结抗日所感动，拥护共产党的态度更加明朗和坚决。10 月 23 日，李铁民回到永春故乡，民国 30 年（1941）1 月，李铁民重返新加坡。

民国 30 年（1941）太平洋战争爆发，日寇侵占新加坡，李铁民协助陈嘉庚组织新加坡华侨抗敌动员总会，参与组织星华义勇军。新加坡沦陷后，避难于印度尼西亚苏门答腊叻班让，民国 33 年（1944）秋在巫乳被日军抓捕，关押进武吉丁宜监狱，遭受严刑拷打，始终坚贞不屈，大义凛然，未吐露半点实情，直至年底获释。日寇投降后，陈嘉庚任新加坡福建会馆主席，李铁民任委员兼秘书，后又当选教育科主任。民国 35 年（1946）任《南侨日报》督印人，并参加胡愈之等人组织的中国民主同盟马来亚支部，任支部常务委员兼组织部主任，同年 6 月任民盟新加坡临时工作委员会主任。

民国 38 年（1949）3 月，李铁民到香港，创立开平有限公司香港分行，经营橡胶进出口业务，自任经理。9 月，以华侨代表身份到北京出席中国人民政治协商第一届全体会议。中华人民共和国成立后，李铁民被任命为中央人民政府华侨事务委员会副主任，是二届全国政协委员，1956 年 10 月，当选为全国侨联副主席。

1956 年 11 月 30 日，李铁民因肝癌病逝于北京，终年 58 岁，葬于北京八宝山革命公墓。周恩来总理、陈云副总理等党和国家领导人都敬献花圈，国务院、全国政协、中侨委、中国侨联和各民主党派代表 200 余人参加追悼会，陈嘉庚特地发来唁电："铁民先生在洋共事抗日，情感难忘，惊闻谢世，无任哀悼。"

林祖培

林祖培（1903—1961），字有衿，号谪君，永春蓬壶镇美中村人，生于清光绪二十九年（1903）。祖辈均务农为生，其父为清末秀才，后毕业于福建省政警学堂。民国4年（1915），林祖培随父亲到厦门，就读于永春会馆创办的桃源学校。翌年升入省立十三中学（厦门），因其聪慧好学，每次考试，均列榜首。尤擅文学，他的作文曾被收入全国中学生作文选。

民国10年（1921），林祖培报考唐山交通大学，学习铁路工程。第二年转入天津南开大学，以攻读生物为主，兼修中国文学和日语、英语。他关心国家大事，积极参加学生爱国运动，信仰孙中山的三民主义。他是《南开周刊》的编委之一，经常发表文章。

民国15年（1926），奉直军阀混战期间，林祖培参加国民党。这一年，他大学毕业，获文学士学位，回乡担任永春润中公学校长。他对永德一带民军的骚扰争夺，派捐派饷，经常予以抨击，并参与国民党左派的民主革命活动，因此被永春县县长江炼如拘捕。后经数百名群众、学生及各界人士到县府请愿，江炼如怕引发众怒，才不得不释放了他。林祖培被逼辞去校长职务，于次年偕夫人南渡马来亚，先后担任安顺中华学校、麻坡中华学校校长。

民国18年（1929），长期盘踞永春的民军尤赐福被驱逐出境。县内一时找不到合适的人主政，各界人士公推林祖培出任县长。并报请福建省主席方声涛批准委任。鉴于乡亲们盛情难却，林祖培于春初自南洋返永就职。这时县府吏员甚少，林祖培事必躬亲，廉明自守，日夜操劳。他积极推行地方民主自治，把全县划分为六个自治区，力图用孙中山的三民主义改造社会。他倡导兴办学校、鼓励农耕，维护农民正当权益；受理民事纠纷案件，能主持正义，不为邪恶势力所左右；当时县库空虚，连整修县衙也无钱支付，他不但薪金分文未取，还将自己在南洋执教的积蓄取出来公用。这一年秋天，南安民军陈国辉攻占永春，林祖培率众退守湖洋，与陈国辉对抗，并向省政府求援，当时省政府鞭长莫及，林祖培自叹回天乏力，悲愤辞职。省政府主席方声涛器重其才学，欲委任他职，他婉言辞谢，言明："我为救乡而来，并非贪图当官领取俸禄"。翌年，前往厦门，重执教鞭于同文书院。

民国 20 年（1931），林祖培在厦门适遇印尼侨领尤扬祖，应尤扬祖极力邀约，林祖培夫妇遂到印尼把礁中华学校任教，后接任万鸦佬中华学校校长、吧城福建会馆学校校长。抗日战争期间，积极参加筹赈募捐，支援祖国。日寇侵入东南亚，大肆迫害华侨，林祖培全家避难于西爪哇山村苏甲尼加拉。后来林祖培为日寇侦骑所捕，囚禁于集中营中，备受折磨，直到日本投降后才获释。此后，经朋友劝告，乃弃教从商，并任吧城中华商会干事及襄理福建会馆工作。

中华人民共和国成立，他自制并在自己家居的华侨社区中升起了第一面五星红旗。1950 年，他将女儿锡媛、仪媛送回祖国，分别进入复旦大学和浙江大学就学，并勉励她们要学好中文，学好科学、报效祖国。

1954 年，林祖培宣布脱离国民党，断绝与国民党的一切关系。此后，他在夫人与次子协助下，专心经营商业，颇有成就。1957 年，他捐助永春三中建校舍，获永春县人民政府三等奖状。同年，长子荣国学成，获物理学博士学位，受聘为新加坡大学教授，他嘱咐荣国，在适当时候和取得较大成就时，要报效祖国。次女仪媛大学毕业后，在鞍山热能研究所从事科研工作，成绩斐然，被选为五、六、七、八届全国人大代表。

林祖培原计划 1959 年参加印尼华侨回国观光团并在上海治病，因办出境手续受阻未能成行，1961 年病逝于印尼亚庇，终年 58 岁。

曾天民

曾天民（1905—1955），号翰笙，永春县城西门内人，旅马归侨，清光绪三十一年（1905），生于湖洋乡一刘姓贫苦农民家庭，襁褓时即过继给曾家。三岁时随母南渡马来亚吧双寻父，童年时就开始帮助其父经营小咖啡店。每天送其弟入学时，渴望知识的他经常站在教室外听课，校长朱某（佚名）看他有求学愿望，考虑招他入学。但因家境贫寒无法缴交学费，校长决定雇他为校工，以工资代学费。曾天民感念校长知遇之恩，发奋攻读，学习成绩优异，小学毕业后，留校任教。民国 13 年（1924）回国，在福州跟随朱校长学习中学课程，后半工半读于厦门大学教育学院，主修教育，辅修理科，文理兼长，毕业之后均能胜任中学各科教学。

民国 19 年（1930）曾天民大学毕业后，应上海泉漳中学之聘，任教务主任。

民国 21 年（1932），淞沪抗战爆发，学校停课，乃回福建，先后担任国民党厦门市党部整理委员、执委和仙游县教育科长。民国 22 年（1933）应好友，时任永春初级中学校长苏克惠诚聘，出任该校教务主任。民国 26 年（1937）参加国民党特务组织复兴社的外围忠义救国会，任小组长，并出任国民党永春县党务指导员。抗日战争发生，他组织抗敌后援会和战时服务团，训练消防救护队员，劝募救国公债，慰问征人家属。1938 年，任永春中学校长。民国 28 年（1939），因日寇飞机经常空袭永春县城，永春中学被迫搬迁至达埔乡，当时，学生患疟疾病者甚多，他延聘庄志烈、黄贞明为校医，并购备大量金鸡纳霜（奎宁）等药物，做好医疗防治工作。

民国 30 年（1941），曾天民在福建战时省会永安参加三民主义青年团，先后担任该团闽南分团部筹备干事，永春中学分团筹备主任、后被派送到重庆国民党中央训练团受训。民国 31 年（1942）夏季，永春中学回迁原址。秋季，省教育厅批准永春中学增办高中，他呼请地方热心教育人士捐资，发动学生利用课余时间挑沙抬石，建教室 5 座 10 间，三层宿舍楼 1 座。

曾天民担任永春中学校长，前后 11 年。成绩比较显著，虽历经抗日战争与解放战争两个特殊时期，他以"精毅诚朴"校训律己育人，养成良好学风，在全省历届毕业生会考及投考大专院校的录取率，都位居前列。永春中学与福州高中、长汀中学、莆田哲理中学并列八闽四大名校之一。学校声誉日隆，南安、惠安、安溪、德化、大田等县学子，纷纷负笈来学，生源发展至 1000 余人，成为全省规模较大的中学之一。

他信奉"严师出高徒""名师无差生"，广聘名师连家瑶、余逢仁、杨绪宝、施天岘、陈房文、林鹤龄、辜泗水、林筱波、陈礼锐、翁不倒等，以诚待人，教职员工均爱岗敬业，安贫乐道，淡泊名利，无私奉献。他还关爱学生，爱惜人才，因材施教，循循善诱，对经济上有困难的学生或出校后找不到工作的，他都尽力帮助。

民国 38 年（1949）8 月永春解放，印尼侨领尤扬祖约聘曾天民赴印尼万隆任中学校长，他以永春中学校务未移接婉谢。1951 年，永春中学定名为"福建省永春第一中学"。同年初，曾天民在上海同乡周公甫处，遵照上海市公安机关的规定办理反动党团特登记。1954 年初，晋江地区中级人民法院判处他有期徒刑 20 年，剥夺政治权利 5 年，遣送内蒙古劳动改造，于 1955 年病故。1984 年 6 月，晋江地区中级人民法院以曾天民中华人民共和国成立前所任反动职务和活动，1951 年初经主动向上海市公安机关办理自首登记，有悔罪表现，根据"坦白从宽"的政策，以原判定罪科刑不妥，撤销 1954 年原判，重新宣判无罪。

曾天民育有子女 11 人，除长子，次女于中华人民共和国成立前参加革命外，其余均大学毕业，并在各有关部门工作。

苏克惠

苏克惠（1905—1984），又名德恭，县城北门内人，清光绪三十一年（1905）生，印尼归侨。其父智贞，青年时南渡印尼安汶，与邑人郑世凡、尤扬祖创办公司，经营商业。平时对桑梓教育及其他公益事业都热心支援，曾出资并发动侨胞捐款，修建永春中学校舍及赞助学校经费。抗日战争期间，受星马侨亲委托，办理本县赈灾平粜工作。

苏克惠幼年随父出洋，民国 5 年（1916）回国就学，民国 18 年（1929）毕业于厦门大学数理系，随即应聘为县立永春中学校长。他诚恳朴实，事事以身作则，经过数年的苦心经营，颇有成绩。后学校收为省办，历届毕业生参加会考，成绩均居全省前列。

民国 27 年（1938），苏克惠调任龙溪中学校长。翌年，又调任龙溪简易师范学校校长，该校校址在南靖县，当时划为抗日前线，为了该校师生安危起见，省教育厅决定将该校迁往闽西北山区建宁，在时年交通极其不便的情况下，他率领学生，翻山越岭，徒步行走 18 天，行程上千里，终于把闽南沿海地区一所简易师范学校搬迁到闽西北山区，为该地区培养小学师资作出贡献。

民国 31 年（1942），苏克惠调任内迁在德化县的省立晋江中学校长。他生活朴素，吃苦耐劳，赢得全校师生的敬佩，形成了良好的学风。

抗日战争胜利后，他又奉调担任厦门市民众教育馆馆长。第二年，又调任仙游师范学校校长。民国 36 年（1947），调省立厦门中学校长直至解放。

中华人民共和国成立后，任厦门第一中学教研组组长，勤勉教学，为学生所欢迎。1956 年被评为省、市先进工作者。先后任厦门市政协第二、三、四届常务委员，第五届委员。1979 年退休，1984 年辞世，享年 79 岁。

郑揆一

郑揆一（1905—1994），永春县仙夹镇夹际村人。清光绪三十一年（1905）生。民国18年（1929），毕业于日本早稻田大学政治经济系。在日本留学，结识画家唐蕴玉。民国19年（1930），同赴法国巴黎留学。同年在巴黎结婚，由何香凝证婚。

民国26年（1937），郑揆一获巴黎大学博士学位，其撰写的以揭露当时日本侵华野心的博士论文在巴黎出版，为其作序的是时任中国驻法大使顾维均博士。民国27年（1938），郑揆一回到香港，民国29年（1940），返回上海，担任国民参政会驻会参政员，立法院候补立法委员。

民国29年（1940），永春华侨郑玉书、尤扬祖等人发起集资在福建创立华兴公司，郑玉书任董事长、郑揆一任总经理。抗战期间，胡文虎、许志笙等海外巨商，在南平创立华侨兴业股份有限公司，委郑揆一任总经理。抗战胜利后，总公司移至福州，并在上海、厦门、香港、台湾设立分公司，成为集农、商、外贸为一体的大型企业。

郑揆一还任过厦门大学教授、青年军少将教官、全国侨务委员会委员，并曾应黄维的邀请，为青年远征军演讲世界史，为抗日战争作出贡献。

中华人民共和国成立后，郑揆一曾任全国侨联一、二届委员、上海市侨联一、二届常委；政协上海市长宁区常委、长宁区民革筹委主任。

郑揆一为人坦荡磊落，乐善好施，定居上海30余年，曾长期资助家乡夹际小学，并捐资创办一家米粉厂，把该厂的收入作为小学的奖学金。1985年郑揆一将其父的购置的《永乐大典》《古今图书集成》捐赠给永春夹际中学，今完好寄存在永春县档案馆。

1981年郑揆一由沪赴美定居，在美期间不忘祖国安危，1992年大陆水灾时，由美汇款赈灾。家乡夹际的许多侨捐工程，也离不开他的努力促进。

1994年12月12日，郑揆一在美国洛杉矶市辞世，享年89岁。

陈其挥

陈其挥（1906—1987 年），永春县吾峰镇侯龙村人。马来西亚归侨，著名社会活动家。清光绪三十一年生于永春县吾峰镇侯龙村一户贫苦农家，幼年失父，与母亲相依为命，生活极其凄苦。含辛茹苦的母亲省吃俭用供其上学。从本村小学毕业后进入永春崇实学校就读，兼任扫地、敲钟等工作，赚取微薄酬劳以资学业。民国 14 年（1925）到莆田哲理中学就读高中，加入中共党员教师陈国柱领导的国民党支部。在陈国柱老师指导下，渐渐接受马克思主义，并担任学生会会刊编辑，宣传反帝、反封建和改革社会的革命思想。民国 15 年（1926）11 月，国民革命军东路军北伐入闽，驱逐北洋军阀在福建的统治。提前从哲理中学毕业的陈其挥，进入东路军总政治部办的党政干部培训班。

民国 16 年（1927）2 月，陈其挥回到永春，受聘在城关鹏翔小学执教，任教务长。时值国共合作时期，陈其挥还被省里委派为国民党永春县党部筹备员，陈其挥充分利用这一有利时机，在自己家乡侯龙村成立农民协会，开展农民运动。1927 年，蒋介石发动"四一二"反革命政变，陈其挥立即脱离国民党。奉中共党组织指示，转入地下斗争。民国 18 年（1929）6 月，陈其挥加入中国共产党。

民国 18 年（1929）11 月，中共永春县委在后庙秘密召开扩大会议，会议决定在吾峰建立革命武装根据地，派陈其挥争取当地民军，开展抗捐反匪斗争。民国 19 年（1930）3 月，军阀陈国辉派 5 名士兵到吾峰勒收鸦片捐，共产党员林菁领导群众把他们缴械赶走。4 月 18 日深夜，陈国辉又派兵约 200 人侵入吾峰、陈其挥和林菁组织农会会员，并在驻当地民军配合下，把来犯之敌赶走。5 月 3 日，恼羞成怒的陈国辉派兵 1000 余人再犯吾峰，陈其挥、林菁领导农会武装奋起反抗，终因力量过于悬殊，经两日苦战而失利。群众大多退入德化避难，陈其挥携家人退往仙游。同年冬天，一边是敌人继续搜捕，一边是与中共党组织失去联系，12 月，陈其辉被迫下南洋。

民国 20 年（1931），陈其挥辗转来到马来亚霹雳州巴力中华学校，担任校长。民国 21 年（1932），日寇疯狂进攻上海，"一·二八"抗战打响，陈其挥以学校为阵地，将抗日救国作为学校最重要课程之一，组织学生抗日宣传队，发动华侨起来抗日。并与当地侨领取得联系，担任霹雳州福建公会秘书、霹雳州华侨筹赈分会常委。民国28年（1939）2月，陈其挥加入马来亚共产党。

陈其挥一边奔走发动华侨捐款抗日，一边深入发动工人组成工会，使之成为抗日重要力量。先后参与并促进霹雳州布先矿业工会（后改为"霹雳州近打矿业工会"）、霹雳州华侨胶工工会、霹雳州华侨机器工会、怡保市华侨店员互助社、怡保市华侨卷烟女工工会、怡保市华侨印刷工会等成立，工会成员合计达到4万余人，开展抵制日货、捐款抗日等活动。

同时，组织开展"援四援八"活动，为八路军、新四军募款募物，并参与领导著名的怡保反对贩卖日货的"黄豆风潮"。民国30年（1941）12月，太平洋战争爆发，日寇进攻马来亚，陈其挥参与组织马来亚人民抗日军第五独立大队，杀敌奋战。

第二次世界大战结束后，陈其挥任马来亚共产党领导的霹雳州分部人民委员会副主席。民国35年（1946）加入中国民主同盟（简称民盟），任民盟霹雳州分部常委兼组织部部长，一方面领导反帝反殖斗争，一方面反对蒋介石发动的内战和支持中国共产党领导的解放战争，后被英国殖民当局逮捕关押，于民国38年（1949）2月被驱逐出境，定居香港。

1956年，陈其挥在广州参加中国致公党，翌年调任致公党福建省工作委员会，任委员兼办公室主任。1968年后，历任五届、六届全国政协委员，四届福建省政协委员、全国侨联委员，致公党七届中央委员、致公党福建省委员会副主委、主委，福建省人大常委会委员、福建省教育工会主席。

1987年9月24日，陈其挥在福州辞世，享年81岁。

颜步青

颜步青（1907—1931），原名登梯，又名金皆，永春东平乡东山村（今东平镇东山村）人。清光绪三十二年（1907）生。因地方匪乱，幼随父逃往南洋。13岁回国，先后在县内冷水、鹏翔小学读书。民国十三年（1924）春季小学毕业，到福州三牧坊中学（现福州第一中学）学习。在校期间，参加共产党组织的活动，并加入共青团，利用寒暑假回乡，向群众宣传国内形势和革命道理。

民国 15 年（1926）11 月，东路北伐军入闽，颜步青受厦门共青团和工会的派遣，同蔡铁佛、余更生等人，先后到永春开展革命活动。发动乡亲创办东山村第一所小学——启明小学，自任校长。聘余更生等任教员，并介绍蔡铁佛到润中公学教书。他们以学校为阵地，很快建立起觉民社和农民协会。觉民社是进步农民的秘密组织，拥有 10 个分社，会员 250 多人；东山村农民协会则是公开的、全县最早建立的农民组织之一，颜步青任主席。他在会址大门门楣上题"藏器待机"四个大字，表达实现革命的策略思想。

农民协会成立后，颜步青等人通过学校集会和访贫问苦，揭露封建阶级剥削压迫的罪恶，指出革命翻身的道路，并编印《桃溪》刊物，传播马列主义和报道各地革命活动情况。东山村土豪劣绅颜楼骑在人民头上作威作福，群众恨之入骨。村农会组织会员进行说理斗争，狠狠打击其嚣张气焰，群众拍手称快，农会声威大振，东区（东平乡）各村纷纷成立农会。

民国 16 年（1927），永春县政务委员会成立，步青被选为委员。3 月，在县农民协会筹委成立时又任筹委。同年 13 日，民军营长涂飞凤派兵征收捐税，开枪打死寡妇邱爱婶。颜步青发动东山等村农会会员和群众千余人，抬着邱的遗体到县城游行示威，要求严惩凶手。11 月，颜步青被推选为东区农民协会负责人。翌年 2 月，在中共永春县委领导下，东区农民协会组织一次声势浩大的示威游行，颜步青、李文墨、邱廉回、林诗必等人率领农会会员 2000 多人浩浩荡荡向县城进军，驻军尤赐福部一百多人闻风逃往德化。示威群众打开监狱，释放因抗捐而被关押的无辜群众。9 月，中共永春县委派颜步青收集太平街商户购买的枪支，成立由共产党领导的第一支人民武装——东区民团。10 月 18 日，在东平太平寺广场召开的公审大会上，颜步青亲手枪决了二名破坏农运的恶霸爪牙。

东区农民运动，引起了国民党的忌恨，暗中密谋扑灭东区农民运动烈火。民国 17 年（1928）11 月 9 日，在湖洋民团刘子宽带兵包围东区民团事件中，颜步青等 9 人被捕。步青先被押解至泉州，后转至漳州监狱，受尽严刑拷灯，坚贞不屈。东区群众千方百计设法营救，其父颜柴在南洋不惜倾家荡产，最后在华侨团体及舆论压力下，省政府才不得不将奄奄一息的颜步青交保释放。颜步青出狱后，虽经国内外医院抢救，终因伤势过重，医治无效，于民国 20 年（1931）去世，年仅 24 岁。

李南金

李南金（1907—1932），原名世混，学名果，永春县达埔镇岩峰村人，越南归侨。清光绪三十三年（1907）生。其父李原灯是晚清秀才，以教书、行医为业。重视对子女教育，南金在永春读完小学后，又到泉州上中学，学习成绩优异。他博览群书，尤好文学、勤习书法，在《闽星》等杂志上发表不少言志文章。课余搜寻医书，辑录秘方，想为贫苦百姓排除病痛。又苦练武术，希望能帮助贫苦百姓抗击各种邪恶势力。

民国15年（1926），李南金前往法属越南教书。民国17年（1928）秋，回国进入共产党创办的上海中华艺术大学读文科班。这时期他如饥似渴地阅读大量进步书刊，开始接受马列主义真理，积极投身爱国运动和反帝反封建斗争。民国18年（1929），加入中国共产党。

民国19年（1930），李南金大学毕业。党组织派他回白色恐怖的故乡开展革命工作，任中共永春县委宣传部部长，负责在城关建立活动据点。利用与县建设局局长黄文标的同学关系，打入建设局任职员，并主编《建设月刊》。他以"觉因"为笔名，揭露旧社会的黑暗，宣传革命真理。利用公务活动，与社会各界进步人士交朋友，开展革命宣传，培养积极分子，秘密发展党员。这时期被吸收入党的李晓山、李永康、林多奉、郭节等人，后来都成为革命骨干。

同年冬，李南金任中共永春县委书记。当时因《建设月刊》的进步言论受到军阀陈国辉的查究，党组织为了隐蔽精干，将其转移到达新小学（现岩峰小学）任教，他以学校为据点，奔走联络附近小学，在教员和农民群众中秘密开展宣传发动工作，不到半年时间，就在达埔建立儿童团、农协会、互济会、妇女会等组织，建立中共达埔支部，为后来创建安（溪）南（安）永（春）游击根据地培养一批骨干力量，他还亲自主编党的秘密刊物《磨砺》，播撒革命种子。

同年底，党组织派他到安溪、南安、永春三县边界开辟游击根据地。他扮成猎手，翻山越岭，依靠群众，在东溪、佛子格、山后、贞洋、小溪等地建立革命据点，使三县边区连成一片，建立以安溪佛子格为中心的安南永特区，并任特委书记。他通过特区所辖的5个党支部和各种群众组织，提出抗租、抗捐、抗税、抗粮、抗债的口号，领导贫苦农民对反动派展开斗争，受到广大农民的拥护。他在开展"五抗"斗争的基础上，组织一支有 40 多人，用火枪土炮武装的游击队。亲自率领这支队伍奇袭东溪祠堂，活捉豪绅陈忠晨，首战告捷，使特区人民深受鼓舞。他加紧收集枪支弹药，派出骨干到漳州游击队学习军事，使安南永武装斗争得到发展。

特区人民的革命活动引起敌人的恐慌，民国 20 年（1931）初，陈国辉所部到处搜捕革命人士，李南金的家 9 天内被抄 11 次。为保存革命力量，省委调他到漳州、石码一带工作，随后任命为中共同安特支书记。工作环境虽然十分艰苦，但他始终意志坚定，为党的事业努力奋斗。厦门中心市委书记王海萍对他十分赞赏。

民国 20 年（1931）1 月，李南金被任命为中共厦门中心市委特派员，重回永春，领导安南永特区党的活动，巩固发展游击根据地。他在安溪佛子格，召开党的会议，传达厦门中心市委指示，成立中共安南永临时中心县委并任书记，恢复发展党组织与农会，搜集民间武器，发动群众打土豪，着力扩大政治影响，建立以佛子格为中心的安南永边区游击根据地。

民国 21 年（1932）3 月，李南金和厦门中心市委派来加强领导工作的陈凤伍从东溪到佛子格开会。途经芸美时，由于反动地痞告密，遭到护路局（烟苗捐局）驳壳枪队的伏击，他英勇还击，本已脱险。但同行的陈凤伍是外地人，地形不熟悉，陷入敌人包围之中。为救战友，李南金不顾个人安危，返身突入敌阵，掩护陈凤伍突围脱险。在子弹打光，敌人步步进逼情况下，李南金赤手空拳与敌搏斗，终因寡不敌众，不幸被捕。

4 月 24 日，李南金在安溪县城英勇就义，年仅 25 岁。

梁披云

梁披云（1907—2010），原名梁龙光，乳名衮，号雪予，永春县吾峰镇吾顶村人。马来西亚、印度尼西亚归侨、著名侨领、诗人、教育家、社会活动家。清光绪三十三年（1907）3 月 15 日生于永春县蓬壶镇鳌顶村（现为吾峰镇吾顶村）一个亦儒亦商家庭。其父梁仍绪，字绳基，中过秀才，又是福建省法政学堂毕业生，极为重视子女教育。梁家家学深厚，披云幼承庭训，6 岁入村塾，9 岁转入新式学校，入读永春崇贤小学，17 岁以第一名成绩考入上海大学文学系。

上海大学是由国共两党联合创办于民国 11 年（1922），校长为于右任，教务长为瞿秋白。著名共产党人邓中夏、恽代英等都在这里任职任教。在这所被誉为"武有黄埔、文有上大"的革命学校里，梁披云在此先后受业于右任、瞿秋白、沈雁冰、郑振铎、陈望道、邓中夏、恽代英等，阅读了大量进步书籍，确立了反帝反封建革命思想，开始参加进步学生活动，表现积极。民国 14 年（1925）上海发生"五卅"惨案后，梁披云参加上海全市反对帝国主义的总罢工、总罢课、总罢市，走上街头演讲，撰文进行反日反英宣传，曾被反动巡捕投入监狱，出狱后继续参加反帝斗争。曾奉上海学联之命，与陈伯达一起赴福建、广东进行反日、反英宣传活动，号召人们起来声援"五卅"运动。

民国 15 年（1926），梁披云从上海大学毕业后，东渡扶桑求学，在东京日语补习学校、早稻田大学学习。民国 17 年（1928）从日本回国，先在厦门参与编辑《民国日报》，业余时间著述《世界社会运动史》。民国 18 年（1929），开始其教育家生涯。这年春天，年仅 22 岁的他在著名教育家蔡元培、马叙伦的倡议下，与国民党元老许卓然、泰望山、张贞、陈清机、叶青眼、杨逢年一起，组成董事会，联合在泉州创办黎明高级中学，梁披云出任校长。民国 21 年（1932）6 月，十九路军入闽，坚持反蒋抗日的梁披云被任命为惠安县县长、永泰县县长。民国 22 年（1933），"福建事变"，梁披云被任命为中华共和国兴泉省顾问。民国 23 年（1934），"福建事变"失败，梁披云南下马来亚（今马来西亚），在吉隆坡尊孔中学任教兼办当地《益群报》，任总编辑，进行抗日反蒋宣传。

民国 25 年（1936）春天，梁披云因反复受到英殖民当局刁难，并有缉捕传言，被迫转往印度尼西亚苏门答腊岛的棉兰市，出任苏东中学校长。梁披云任上锐意改革创新，苏东中学迅速成为棉兰名校，全市八所小学和一所幼儿园都由苏东中学统筹统办，华文教育各个阶段得到很好衔接，教育水平得到提升。任上还创办《苏门月刊》，助力当地华侨社会建设，他因而在侨界享有威望。

由于梁披云是当地抗日骨干，加上在学校开展热爱中华民族、热爱中华文化为主的爱国主义教育，为当地荷兰殖民政府所不容。民国 27 年（1938）7 月，梁披云只好带着几位同仁，回到马来亚吉隆坡尊孔中学。回到吉隆坡后，参加马来亚华侨抗敌后援会、马来亚华侨抗敌后援会，成为骨干，并参与推动南洋华侨筹赈祖国难民委员会吉隆坡分会成立。民国 28 年（1939），与马来亚侨领及尊孔中学部分同仁发起创办中华中学，兼任校长，使该校成为马来亚华侨抗日救国后备人才的重要培养基地。引起英国殖民当局忌恨，强行施压学校董事长，梁披云被迫辞职。

民国30年（1941），梁披云因宣传民主思想、反对蒋汪亲日，被柔佛州英国殖民当局逮捕，经著名爱国侨领陈嘉庚多次向英督交涉、多方营救始得释放。吉隆坡沦陷前夕，与吉隆坡尊孔中学原校长黄重吉、橡胶制造厂总经理黄光饶等人乘船一路辗转到重庆，创办华侨建设公司并任常务董事，投资实业，壮大祖国经济。同年，应朱家骅之邀，任国民党中央组织部特约编纂，兼任国民政府军事委员会政治部设计委员。

民国32年（1943），梁披云回到福建战时省会永安县，先后出任国民党福建省党部筹备委员、国民党福建省党部书记长、国民参政会参政员、福建省教育厅厅长等职。民国37年（1948），梁披云因不满国民党黑暗统治，同情营救进步学生，加之其胞弟梁灵光已成为解放军高级干部，特务头子毛森下达暗杀梁披云命令，幸得到厦门警备司令李良荣、厦门机场经理林汝良和海内外拥有较大影响力的菲律宾巨商林珠光（永春蓬壶人）的掩护，梁披云成功离开厦门，转赴香港，逃过一劫。

1950年，梁披云转赴印度尼西亚，担任印度尼西亚永春同乡会理事长。任上协助中国驻印度尼西亚使馆的侨务工作，推进当地华文教育。1952年担任《华侨导报》总编辑，兼任印度尼西亚雅加达中华侨团总会常务委员兼文化部副主任、永春公会主席。1960年，印度尼西亚发生排华事件，协助中国使馆安排华侨归国工作。1966年，梁披云移居澳门，1968年创立澳门归侨总会并被公推为主席，连任终身。还创立澳门福建同乡会，并任会长。梁披云还先后担任澳门特别行政区筹备委员会委员、澳门特别行政区第一届政府推选委员会委员、澳门各界庆祝澳门回归祖国活动委员会主席团副主席。

2001年，澳门特区政府授予梁披云首届莲花勋章。2007年，澳门特区政府又授予大莲花勋章。

梁披云一生除创办泉州黎明中学、马来亚吉隆坡中华中学、福建海疆学校外，还创办了不少学校。1946年，受菲律宾华侨之托，创办石狮石光中学。1952年，赴印度尼西亚创办雅加达中华中学并办附设中学教师进修班。1990年；创办澳门福建学校。1981年，在泉州创办黎明学园，聘请巴金为名誉董事长。1984年，在泉州创办黎明职业大学（今公立福建省黎明职业技术学院）亲任校长兼首届董事会董事长，直至逝世前，仍担任福建省黎明职业技术学院名誉校长。

梁披云长期关心家乡永春教育事业发展，1987年，撰写《对于永春教育的窥测》一文，提出"思本、爱本、固本"的倡议，发动海外侨亲捐助家乡教育事业，为家乡教育事业发展作出重大贡献。1989年10月，福建省政府、泉州市政府分别授予"乐育英才"和"师风可范"匾额。

1983年6月至1998年3月，梁披云历任六届、七届、八届全国政协委员，中国侨联顾问。

2010年1月29日，梁披云在澳门辞世，享年103岁。

李剑光

李剑光（1911—1935），永春县达埔镇岩峰村人，清宣统三年（1911）生。旅越侨眷，家庭世代贫苦，至其父世辑到越南谋生，生活才逐渐好转。幼就读于岩峰达新小学。

民国19年（1930），李剑光经李南金介绍加入共产党，很快成为革命骨干，他平时好打鸟，练就一手好枪法。这一年冬天，李剑光率一支三四十人的游击队，成功地袭击了国民党驻守东溪的部队，同时通过打土豪筹款，积极扩大游击队武装。第二年，他被选派到漳州游击队学习。回永春后，面对强大的敌人，屡次克敌制胜，成为出色的军事领导骨干。在李南金因身份暴露调往漳州工作时，接任安南永特区书记。

民国21年（1932）4月，中共安溪县委成立，李剑光任书记。11月，厦门中心县委决定成立安溪中心县委，领导安（溪）南（安）永（春）德（化）四县游击战争，李剑光担任中心县委书记。民国22年（1933）8月，改任安南永苏淮埃主席。当时，厦门中心市委曾多次指示开展争取土匪工作，以打击敌人，壮大自己。中心县委个别领导急于求成，丧失警惕，导致"青云楼事件"发生，中心县委书记李实等12人被捕杀害。事变前，李剑光曾数次写信给李实，叫他不要过分相信土匪的话，要警惕。李实反而写信催他和翁成金（二支队政治部主任）速往伪装接受收编的匪首王观澜驻地参加"结拜"。他和翁成金对这种轻率的做法深为疑虑，并紧急改变游击队驻地，才避免遭受更为严重的损失。事变后，敌人气焰嚣张，对东溪根据地进行八路围攻，妄图一举剿灭革命力量。面对如此险恶的局势，李剑光召开中心县委扩大会议，重新组建领导机构。他临危受命，代理中心县委书记和红二支队政委，采取对策，挫败敌人的围攻，扭转"青云楼事件"后的危急局势。

李剑光一向以身先士卒，英勇善战著称。民国23年（1934）年3月，红二支队夜袭夹际泰和堂民团，刚一交火，泰和堂的守望队就缩进炮楼，李剑光登梯从二楼破窗而入，迅速解决战斗，缴获枪支20余支，白银2万元，游击队装备得到大量补充。8月4日，国民党驻守达埔的一个营奉命开拔，游击队设伏截击，毙敌20多人。敌人慌忙逃窜，李剑光率队出击，直逼敌巢，乘胜解放了国民党"剿共"的主要据点达埔。后来敌人探知此事系李剑光率队所为，就查封了他的家。

经过三年艰苦奋战，红二支队粉碎国民党的中央军和地方武装的反复"围剿"，队伍日益发展壮大。至民国23年（1934），已发展到4个大队500余人，开辟3000平方公里、拥有30多万人的游击根据地。这一年10月，中央红军长征后，国民党从闽西调来李延年第九师第二十六旅，驻扎在仁庄村（今石鼓凤美村），与永春特区区委的驻地新溪村（今达埔镇新溪村）仅隔数里。在10多倍于游击队的敌兵围困下，红二支队频繁作战。民国24年（1935）3月，李剑光率队在达埔仙洞山与敌激战后，与支队长尹利东带领精干手枪队30多人，从安溪转战晋（江）南（安），计划从同安打通至漳州的路线，与红三团取得联系。但由于敌人封锁严密，无法通过，只得回师安南永根据地。4月18日晚，队伍分两批从同安出发，李剑光在前、尹利东在后。午夜过后，行至梧峰虎根山顶，叛徒苏天时假装腹痛，发难不走，拉长行军距离。李剑光闻讯，从队伍前头折回，正待查看究竟，不幸被苏天时开枪击中，待尹利东赶到时，他已倒卧在血泊之中，牺牲时年仅24岁。

林东汉

林东汉（1911—2008），永春县蓬壶镇美山村人，清宣统3年（1911）生于蓬壶美山村一个贫苦农民家庭。旅马归侨。历任永春县侨联副主席、县工商联主委、县政协首届副主席、第一至第九届县政协委员、县人民政府委员会委员等职。

林东汉因家境窘迫，仅在永春南湖学校念完初中即在家乡启智学校教书，暗中支持共产党员林多奉开展革命活动。民国24年（1935）9月林多奉不幸被捕英勇就义，林东汉为避迫害南渡马来亚，在吡叻州宣力小学任教。民国 26 年（1937），他任"南侨筹赈会宣力分会"主任，积极组织抗日义演，进行抗日宣传，发动华侨捐款捐物，支援祖国抗战。星、马沦陷后，日寇四处搜捕抗日分子，林东汉被迫辗转吡叻、安顺、宜礼等地，最后定居雪兰莪经商。民国 34 年（1945）日本无条件投降后，他任雪兰莪"农商会"会长。时年英国殖民主义者为扼杀各民族的反抗，挑拨马来人与华人的矛盾，煽动个别土著大搞反华排华的白色恐怖活动。他多次聚会，号召华人团结一致与英国殖民者抗争，直至骚乱风波平息。

民国 35 年（1946），林东汉回国定居。经商任"永春绸布行"经理。1950 年任永春县工商联主委，福建省工商联常委及执委，先后兼任县中纺公司、百货公司以及水电公司诸多部门副经理等职务。1957 年加入中国致公党永春支部。

1957—1958 年，"反右派"斗争扩大化，林东汉被错划为"右派"，撤销政协副主席职务。1984 年得以平反。他虽蒙受冤屈，却从无怨言，矢志不移走与中国共产党风雨同舟的道路。

1950 年朝鲜战争爆发，他积极组织永春县工商业者踊跃捐款支援抗美援朝；20 世纪 50 年代中期，积极配合党和政府进行资本主义工商业社会主义改造，逐步实现全行业公私合营；同时在"认购公债、救灾赈济"等社会活动中作出贡献。

1979 年，退休后的他积极奔走，参与组建蓬壶侨联会，任副主席。热心侨联工作，在凝聚侨心、维护侨益等方面做了许多有益工作。创办酱油厂、饮食店、照相馆、棕竹加工厂等侨联企业；2 次越洋，协助政府做好招商引资兴办企业与公益产业工作；1989 年，他参与筹资 50 多万元兴建蓬壶侨联大厦，创办侨乡招待所，使之成为联络乡谊、接待侨亲的重要平台；寿登耄耋，仍受聘蓬壶侨联顾问及永春三中校董会副董事长、永春三中艺术馆筹建委员会副主任等社会职务，不遗余力关心支持家乡建设。

1989 年，省侨办、省侨联授予林东汉"福建省侨务工作先进个人"荣誉称号；2003 年 11 月，省委统战部、省工商联颁予林东汉"风雨同舟、肝胆相照"荣誉证书，以表彰其在侨务及工商战线上所作的突出贡献。

2008 年，林东汉辞世，享年 97 岁。

林一心

　　林一心（1912—2010），曾用名林多王，永春蓬壶镇西昌村人，马来亚侨眷，国务院侨务办公室原党组副书记、副主任（部长级待遇）。

　　民国 18 年（1929），林一心加入中国共产党领导的中国反帝大同盟，开展学生运动。后转赴上海开展工运工作，民国 20 年（1931）加入中国共产党。民国 20 年至 27 年（1931—1938），在上海从事党的秘密工作，先后担任上海青年反帝大同盟负责人和国难教育社党的负责人。由于工作环境复杂，党组织两次遭到敌人破坏，他在身患重病，条件极其艰苦的情况下，仍然坚持开展工作，继续开展群众运动，发展党员。"八一三"事变后他参加上海难民工作委员会，担任组织部部长，领导开展救国救亡工作。民国 27 年（1938）4 月，调任中共浙江省金华县委书记，后出任金衢特委宣传部部长、组织部部长、特委书记，浙江省委候补委员，领导当地对敌斗争，为抗战时期浙江党的基层组织建设和发展作出了贡献。民国 28 年（1939）7 月，他在中共浙江省第一次代表大会上被推选为中共七大代表，后作为领队率浙江代表组奔赴延安，出席中共七大会议。民国 30 年（1941）1 月至民国 34 年（1945）10 月，在延安中央党校参加整风学习，任中央党校一部秘书科科长，华中干部大队中队长。

　　民国 34 年（1945）11 月，林一心赴东北任黑龙江省军区政治部主任，黑龙江省委委员。随后担任黑河地委书记兼军分区政委、他领导黑河土地改革运动，贯彻全国土地会议精神，为当地黑河的农业发展奠定了基础。

　　民国 38 年（1949）8 月，林一心南下担任中共福建省厦门市委第一任书记，1951 年起任中共福建省委组织部副部长、部长、省委委员，1956 年后任省委副书记、省委书记处书记兼省纪委书记、省检察院检察长、省政协副主席，兼任华侨大学党委书记。他认真落实党和国家的决策部署，尽心竭力忘我工作，为福建省的建设与发展发挥了重要作用。

　　1965 年，林一心担任中华人民共和国华侨事务委员会副主任、党组副书记。1966—1975 年受迫害，被监护审查、监督劳动，下放干校。1975 年恢复工作后，任中共福建省委书记、省政协副主席。1979 年 2 月，林一心调任国务院侨务办公室党组副书记、副主任。他认真贯彻党的侨务政策、拨乱反正，并积极开展民间外交和维侨、护侨工作，在为侨服务和为国家大局中发挥了积极作用。1994年，林一心经中央批准离职休养。离休后，他担任中国侨联顾问、中国海外交流协会常务理事等职，继续关心党和国家以及家乡的建设。

林一心是中共七大、十二大代表、十二届中央纪律检查委员会委员，是第一、二、三届全国人大代表，第五届全国政协常委。

林一心在长达半个世纪的革命生涯中，为中国人民解放事业，为福建的建设和发展，为国家改革开放、经济建设和侨务事业的发展作出重要贡献。他廉洁奉公，顾全大局、光明磊落、淡泊名利、胸怀坦荡、作风正派，严格要求家属和子女，始终保持人民公仆的本色。

2010年3月6日，林一心在北京逝世，享年98岁。

梁清辉

梁清辉（1915—1990），乳名炎，字忠炳，永春县吾峰镇吾顶村人。民国14年（1915）生。曾就读南阳小学，永春中学。肄业后，应聘为南阳小学教员。抗日战争期间，先后在五里街为店员，继任县商会职员，后与亲友筹办南光公司。

抗战胜利后，南渡新加坡，任南光公司总经理。与梁祖辉等宗亲股东，把每年花红充作南阳小学在南光公司的专门股份。民国36年（1947）与梁祖辉合建南阳小学教室一座。

1949年后，他奔波于印尼、新马和港澳地区之间，以推销国货、联络乡情为己任，是香港新中行绸布有限公司创始人之一。

1950年，他回北京参加国庆观礼，得知南阳小学校舍不足，经费困难，遂独资捐建教室、办公宿舍楼各一座，还捐建小水电站、加工厂，解决南阳小学照明及经费来源。20世纪60年代初，他为社队捐汽车、办农场，寄赠家乡化肥、食品，协助乡亲渡过困难时期。20世纪60年代中期，又捐建南阳小学礼堂、教室各一座。20世纪70年代，帮助吾顶村建水电站，独资捐建南阳幼儿园园舍，资助家乡贫苦子弟读高中、大学。

20世纪80年代，他辞去商职，从事家乡公益事业。捐建南阳小学办公宿舍楼武中楼、教学大楼光辉楼、社汤公路养路工房、泉州黎明大学俭德楼、清风楼、永春一中教师宿舍楼武中楼、永春汤城中学综合楼尤珪楼；助建吾峰中学教学楼。并与梁良斗、梁披云促成永春海外梅镜梁氏宗亲集资兴建南阳中学、梁氏祖祠和德化春美梅镜小学、罗升祖宇。与亲友合捐永春一中理科教学楼披云楼，设立梁披云奖教奖学基金，全面修建家乡蓬莱巷校路、村路 7 条 4 公里和曲溪平桥 2 座。多次获泉州市（晋江地区行署）和福建省人民政府颁发的"乐育英才"奖匾，以及省颁金质奖章。

他先后被推选为香港永春同乡会、永春海外联谊会、永春商会名誉会长、永春华侨中学、南阳中小学名誉董事长。

1990 年 3 月 18 日，于香港辞世，享年 75 岁。亲友和受惠学校师生在蓬莱巷美芹山建清辉纪念堂，在南阳中小学和永春一中设清辉纪念室，立碑刻像，以为纪念。

梁灵光

梁灵光（1916—2006），原名梁涵光，乳名湛，曾用名梁建屏，永春县吾峰镇吾顶村人，马来西亚归侨。民国 5 年（1916）11 月 3 日，出生于永春县吾峰镇吾顶村一个亦儒亦商家庭。其父梁仍绪中过秀才，又是福建法政学堂毕业生，极为重视子女教育。民国 9 年（1920），4 岁的梁灵光进入本村进化小学读书，后进入泉州聚德小学读初小，毕业后再进泉州培元高小。民国十七年（1928）夏天，梁灵光随大哥梁披云前往上海，考入上海立达学园初中部。民国 23 年（1934），梁灵光在厦门担任《平话》杂志编辑，在刊物上大力宣传抗日救国。民国 24 年（1935），梁灵光在上海参加"一二·九"学生运动，投身抗日救亡工作。翌年 2 月参加党的秘密组织上海抗日青年团。在带领学生进行抗日救国活动时暴露身份，在哥哥梁披云帮助下，6 月赴马来亚吉隆坡尊孔中学任教，组建"雪兰莪反帝大同盟""华侨抗日救国会""左翼作家联盟"三个进步团体并任主席。

民国 26 年（1937），"七七"事变后回国，与上海党组织取得联系，奔赴苏北参加抗战，任江苏省战时动员委员会视察委员。民国 29 年（1940）8 月加入中国共产党。历任苏中三分区如皋县县长兼警卫团长、苏州军区四分区游击指挥部政治部主任、南通县抗日民主政府县长兼保安旅旅长、警卫团团长、四分区专署专员。解放战争期间，参加淮海、渡江、上海、福建等战役。历任新四军华中九分区司令员兼专员，华东野战军第十一纵队三十三旅旅长、中国人民解放军第二十九军参谋长、军党委常委。

中华人民共和国成立后，梁灵光历任厦门市第二任市长、市委书记。后调往省会福州，出任福建省工业厅厅长兼财委副主任、中共福建省委工交部部长。1956年3月任福建省副省长、省委常委、书记处候补书记、书记，主持省政府常务工作，并兼任省计委、物委、编委和省支前委主任。梁灵光在担任厦门市及福建省领导期间，为厦门市区医治战争创伤、恢复生产以及福建工业、交通建设和全省经济发展做了大量工作，是福建地方工业的重要奠基者之一。

1975年，任中共福建省委常委、省革委会副主任。1977年11月，调任国家轻工业部部长、党组书记。负责轻工业部的重组工作。1980年11月调任广东省委书记兼广州市委第一书记、市长。1983年3月任省委书记、省长。任职期间，致力改革开放，在国家四个现代化建设中发挥了广东省的核心作用。1983—1991年，兼任暨南大学校长。1985年7月，任广东省顾问委员会主任，兼任香港中旅集团第一任董事长。同年5月被选为第七届全国人大常委会委员、人大侨委副主任。任内关心华侨工作，多次出访美、日、东南亚、与当地华侨建立紧密联系，推动侨务工作开展。

梁灵光担任过中共第十二大代表委员，是中共十三大代表，全国人大二、五、六届代表。离休后发挥余热，兼任泉州黎明大学董事长、广州新四军研究会会长、中国新四军研究会名誉会长等职。

2006年2月25日，梁灵光于广州辞世，享年90岁。

刘义标

刘义标（1917—2001），原名刘易标，永春县溪安乡溪南村（今桃城镇南星村）人。民国6年（1917）2月27日出生于一个农民家庭，民国17年（1928）随父母旅居印度尼西亚棉兰市，民国24年（1935），年仅18岁的刘义标在印尼棉兰市有关报刊中得知自己的祖国遭受日本铁蹄的践踏，国家民族处于危难之中，顿时萌生了回国参加抗日救国的念头。

民国24年（1935）10月，刘义标决定瞒着父母自行回国参加抗战，临行前约上一位要好的邻居朋友，一起走到码头，紧紧拉着朋友的手说："我要回国参加抗战，请待我离开后再转告我父母"。说完，义无反顾登上前往厦门的轮船。

11月，刘义标在上海加入中共外围群众组织——上海社会科学者联盟，积极参与抗日救亡活动。不久，由于国民党对共产党的围剿。刘义标、杜伦（晋江人，原晋江地委、三明地委副书记）等一批联盟成员被国民党政府逮捕。

民国26年（1937）8月13日，日寇大举进攻上海（八一三事变），南京直接受到威胁，且迫于中共的压力，国民党政府只好无条件释放所谓的"政治犯"，9月，刘义标、杜伦等人得以出狱。

出狱后，刘义标带着浑身伤病回到永春老家疗伤。待伤情有了好转，10月底，刘义标匆匆离开家乡，一边寻找组织，一边从事抗日救亡活动。民国28年（1939），刘义标参加了新四军，同年5月加入了中国共产党。历任新四军二师四旅团部参谋、营部文书、连副指导员、华东二纵二师四旅四团政治处宣教股副股长等职。

民国38年（1949）4月21日，渡江战役打响，人民解放军百万雄师横渡长江，战斗中一枚炮弹落在刘义标身旁，身边的战友全部牺牲，刘义标受了重伤，其体内的炸弹碎片直到去世前也不能全部取出。

渡江战役结束后，伤愈归队的刘义标又跟随陈毅、粟裕转战南北，后转入军队后勤部门工作。刘义标作战勇敢，荣立一等功，多次受到部队的表扬。

1955年，刘义标被授予少校军衔，转业地方后历任浙江省手工业管理局机关党委副书记，浙江省轻工业厅政治处、服装组、工艺美术公司负责人、浙江省家具杂品公司副经理。1983年离职休养（享受厅局级待遇）。

晚年因患纵隔淋巴瘤住院治疗，立下遗嘱：丧事处理从简，不开追悼会，不送花圈，不设灵堂，不向遗体告别，向党组织再缴纳1000元党费。

2001年9月2日，刘义标在杭州辞世，享年84岁。遵其遗愿，单位及亲属为其举行了简单的树葬仪式。

陈　沫

陈沫（1918—2007），原名颜阳良，永春县石鼓镇人，马来西亚归侨。民国7年（1918）出生于永春县石鼓镇一个农民家庭。民国8年（1919），因家贫难以生存，其父带着全家南渡马来亚谋生。民国 12 年（1923），阳良就读于吉隆坡尊孔学校，学习成绩优异。民国 20 年（1931）"九一八"事变爆发后，13 岁的阳良开始投身抗日救国活动。民国 22 年（1933）夏，阳良回国，在厦门集美中学读完中学，之后考入上海暨南大学。

民国 26 年（1937），"七七"事变后，中国进入全面抗战，目睹日寇对上海的野蛮轰炸，许多同胞倒在血泊之中的惨状，坚定了阳良置个人生死于度外，抗日救亡的决心。同年"八一三"淞沪抗战打响后，阳良和同学一起上前线抬担架，送弹药。战事日紧，上海暨南大学南迁福建闽北山城建阳，阳良没有随校迁徙，转入广西大学。

在校期间，中国共产党的抗日救亡主张深深影响了阳良，认定中国共产党是坚定不移打日本鬼子的，要抗日救亡，非找中国共产党不可，萌发了投奔延安实现抗日救亡理想的坚定信念。民国二十七年（1938）8 月，他与另外一位德化籍归侨学生罗浪相约一起前往陕北。为了不连累亲友和保护自身安全，从母姓改"颜阳良"之名为"陈沫"。途中在武汉遇到陈敏（陈日雪）从马来亚带来的 8 位华侨学生（其中有女侨生曾焕深），也要奔赴陕北。于是 10 人结伴同行，历经艰辛，终于到达陕甘宁边区旬邑县看花宫村，进入位于村中的陕北公学学习。

民国 28 年（1939）夏天，中共中央为训练培养抗日骨干，将陕北公学、延安鲁迅艺术学院、安吴堡战时青年训练班、延安工人学校等 4 所学校合并后成立华北联合大学（简称华北联大），穿过敌占区，到晋冀鲁豫边区办学。7 月 12 日陈沫与 1500 余名师生一道，在八路军 120 师 758 旅两个主力团掩护下，突破敌人层层封锁线，历尽艰辛，长途行军于 9 月抵达晋察冀边区政府所在地——河北灵寿县的陈庄。10 月中旬，华北联大正式开课。

民国 28 年（1939）9 月，陈沫光荣地参加了中国共产党。12 月，陈沫自华北联大毕业，分配到八路军 120 师工作，曾任参谋、副官、科长等职，跟随贺龙师长转战山西、河北、绥远，屡立战功。

解放战争时期，陈沫先后在晋绥军区和第一野战军工作，曾任副处长、大队长、大队党委书记。在贺龙司令员和李井泉政委带领下，陈沫随部从山西临汾出发向大西南进军，参与解放四川之战。

中华人民共和国成立后，1949 年 12 月—1965 年 9 月，陈沫在四川省人民政府任科长、处长、办公厅副主任（其间，1960 年 11 月至 1965 年 7 月在中共中央党校攻读研究生至毕业），1956—1960 年任成都市政协委员、归侨通讯联络组负责人，为全国政协第一、二届委员。

1965 年 9 月，陈沫调入中国对外友协任办公室主任。1979 年 4 月—1983 年 10 月任我国驻缅甸大使馆政务参赞，临时代办，1983 年 10 月离休，正司局级待遇。1985 年，当选外交部归国华侨联合会主席。

2007 年 10 月 16 日，陈沫在北京辞世，享年 89 岁。

陈　明

陈明（1919—1999 年），曾名张沛、颜金麻，马来西亚归侨。民国 8 年（1919）出生于永春县苏坑乡嵩山村一户张姓贫苦人家。5 岁时因家贫被卖至永春县石鼓镇桃场村一颜姓人家，更名为颜金麻。6 岁即随养父前往马来亚（今马来西亚）谋生。养父待金麻甚好，将之送入当地华文学校读书。就读华文中学时，永春籍著名教育家梁披云、林连玉均是其老师。在进步师长引导下，培养了他对祖国强烈的爱，盼望民族复兴的爱国情怀。

民国 25 年（1936），颜金麻遵父命回国，就读上海暨南大学附中。就学期间，他积极参加各种抗日救亡活动，很快成为学校抗日宣传骨干。民国 26 年（1937）七月卢沟桥事变爆发，养父担心金麻安危，连发多封电报催其速返南洋。同年 11 月，金麻回到马来亚槟榔屿，一边读书，一边从事抗日宣传活动，参加当地的读书会、时事研究社、歌咏团等华侨抗日组织，并很快成为骨干。

民国 27 年（1938）5 月，一心思念回国参加八路军，实现抗日救国愿望的颜金麻更名为"陈明"，瞒着养父，毅然渡海回国。辗转数千里，跋涉到宝塔山下，进入陕北公学学习，同年 8 月，因表现优秀加入中国共产党。自陕北公学毕业后，陈明进入中共中央党校深造。毕业后到陕北公学任教，不久调入中央党校任教员，后任中央党校俱乐部主任。

民国 29 年（1940）5 月，时任著名侨领陈嘉庚秘书兼普通话翻译的李铁民因不慎碰伤住进延安医院，陈明被临时请来担任陈嘉庚的普通话翻译。在延安，陈明受到毛泽东等中央首长的多次接见，毛主席还把签有亲笔题字的照片送给他。

民国 29 年（1940）12 月后，陈明先后担任中共固林县委宣传部部长，中共延属地委委员。中华人民共和国成立后，出任中共咸阳地委宣传部部长，陕西省委政策研究室副主任。1952年出任陕西省统计局首任局长、陕西省地震局局长、陕西省计委副主任。

1980年，陈明调任陕西省人民政府秘书长，之后升任陕西省副省长，又任陕西省人大常委会副主任。1984年，兼任西安统计学院首任院长。作为统计专家，陈明曾任中国统计学会副会长，作为归侨，陈明曾任陕西省西安市侨联第一至第七届委员会主席、陕西省侨联主席、名誉主席。全国侨联第三、四届委员会副主席、第五届委员会顾问等职。

改革开放后，陈明引导侨胞投资内地建设，在西安市先后创办"新世界""古都"等一批外资企业。

1999年，陈明在西安辞世，享年80岁。

李金发

李金发（1919—？），永春县桃城镇外垵村人，马来西亚归侨。生于马来亚柔佛州麻坡一个侨商家庭，家境良好。在当地华文小学读书时，深受从厦门集美学校前往麻坡任教的陈永固老师的赏识，接受中华文化的启蒙教育，向往祖国，渴望为国效力。

民国25年（1936）6月，因受抗日救亡运动的影响，李金发不顾父母反时，独自前往新加坡、经陈永固老师相助，取得陈嘉庚公司介绍信，直接回到厦门，凭借自己优异学习成绩，考入集美中学初中46组。入学后，刻苦学习，成绩优良，追求进步，立志报国。

民国26年（1937）7月7日，卢沟桥事变爆发，日军开始全面侵华。李金发和同学们一起投入抗日救亡活动中，上街宣传抗日，组织捐款援军。10月，厦门作为沿海重要港口城市，不断遭到日军轰炸，集美中学内迁至安溪山区。此时的李金发已萌生强烈的投笔从戎之心，他和陈耕国、林有声、林步梯等几位侨生经过商议，决定北上延安，投奔八路军。

民国26年（1937）底，李金发与陈耕国、林有声等人收拾行装，离开学校，辗转到达香港，又到广州，李金发设法让父母寄来交通费。在遭受日寇狂轰滥炸的广州城内寻找八路军驻广州办事处，费尽周折，总算如愿以偿。在八路军驻广州办事处的指导下，他们持介绍信，开始了奔赴延安的征程。一路上，历尽艰辛，在渡过渭河到达咸阳时，差点被国民党宪兵扣下，李金发急中生智，假称自己是和同学一起去报考北联大的，才侥幸过关。后改为步行，八、九天后，进入八路军管区，到咸阳旬邑县陕北公学学习。同年12月毕业，转入延安抗日军政大学，被编入抗大第五期第四大队第一队，不久因表现优异被提升为班长，民国28年（1939）5月光荣加入中国共产党。

民国28年（1939）底，李金发从抗大毕业后，要求从事军事工作，被分配到八路军第一二〇师独立第一旅第一团。先后任二营五连副排长、营特务长、团粮科员、粮科会计。参与部队开展一次又一次反"扫荡"血战。曾被调至驻地武工队，协助地方政府发动群众开展"二五"减租、征粮、征兵、打杀汉奸、袭击日寇斗争。民国29年（1940）下半年重回部队，随部参加百团大战。民国30年（1941）担任团供给处生产股股长，奉派去三边大草原以物资换羊毛和羊皮运回部队，发给指战员捻毛线，打毛衣，制手套过冬。任上时常组织人员到敌占区去运盐背煤、打破敌人经济封锁，供应部队柴米油盐等生活必需品。民国31年（1942），李金发随部队驻防瓦窑堡一带，参加边区大生产运动。民国32年（1943）参加整风运动，民国33年（1944），回团担任军需股长。

抗日战争胜利后，国民党政府发动内战，李金发随部参加了延安保卫战和解放大西北之战，还曾在青海、宁夏边境参加剿匪反霸和镇压反革命暴乱等重大战斗，战功累累。历任解放军西北野战军第一纵队独立第一旅营教导员、团政治处副主任、解放军第一军第二师政治部组织科科长等职。

1953年1月22日，李金发随部自吉林辑安（今集安）入朝，开赴抗美援朝前线，任志愿军总部政治部组织科长。参与1953年夏季反击战役。停战后，暂驻朝鲜执行维护停战协定实施任务，参加朝鲜经济恢复和建设，帮助朝鲜人民重建家园，1958年回国，任团政委。1963年，调解放军总部驻广州联络局，1970年任广州军区联络部正师级副部长，后以副军职离休。

李金发在抗日战争和解放战争中屡立战功，1957年获三级独立自由勋章和三级解放勋章。1988年7月15日，中华人民共和国中央军事委员会又授予他独立功勋荣誉章。

陈大明

陈大明（1920—1987），永春县仙夹镇美寨村人，菲律宾归侨。民国9年（1920）生于华侨家庭。幼年同父亲失联，随母艰难度日。民国23年（1934），年仅14岁的他远涉重洋谋生，途经澳门到菲律宾坻里拉布投奔其叔父，在叔父店里当店员。他在民国24年（1935）就接受了革命思想的影响，民国25年（1936）在菲律宾首都参加了党的外围组织华侨民族武装自卫队，华侨劳工联合会。民国26年（1937）至民国28年（1939）年，他在菲发起华侨店员救亡协会，任执行委员，开展抗日救亡工作，在条件极其艰苦的情况下，白天做工，晚上参加革命活动。民国29年（1940）至民国37年（1948）在菲南省游击区、北甘马仁省那牙社、南甘马仁省淡描戈社、坻里拉市做地下工作，历任党支部宣传委员、党支部书记等职务。民国37年（1948）12月奉命回国，1949年至1954年先后在广东潮汕游击区、闽粤赣边区机关，福建省龙溪专署支前司令部、龙溪专署粮食局、龙溪专区供销总社、手工业管理局工作，历任供应科长、税务站长、调保股长、业务科长、供销社副主任、党组成员；福建省政协委员，1955年任中央华侨事务委员会归侨司归侨科副科长，同年7月由中侨委派驻菲律宾工作。1957至1959年任郑州市华侨事务委员会副主任，1959年至1961年任郑州市供销社副主任，并被选为市人大代表、政协委员；1962年任郑州市旧货公司经理，1963年至1978年任市储运公司经理，公司党委委员、河南省政协委员；1978至1983年，历任郑州市侨务处副处长、郑州市侨务办公室副主任、郑州市侨联主席，并被选为全国侨联委员、省侨联副主席、市人大常委、市政协委员。

1966—1976年，陈大明遭受冲击和折磨，身体被打残，但他革命意志不减，积极为党工作，从不计较个人得失，把毕生精力献给党的事业。

1982年10月，陈大明离休，1985年3月在郑州辞世，享年67岁。

郑清贻

郑清贻（1921—2013），旅菲归侨，永春县仙夹镇夹际村人，民国10年（1921）4月出生。幼年随父南渡菲律宾，他思想进步、积极投身革命。民国29年（1940）

3 月加入中国共产党。民国 27 年至 34 年（1938—1945），先后担任菲律宾救亡协会委员、菲共华侨委员会店员委员会委员、菲共中吕宋游击区华侨支队指导员、菲共马尼拉市委委员、菲共华侨委员会怡朗区委书记、菲共华侨委员会南岛中心区委书记、马尼拉华侨劳联会常委等职，积极从事抗日救亡工作，为抗日战争胜利贡献了自己的力量。

民国 35 年（1946），菲律宾政局变化，当局开始抓捕共产党人和进步人士。郑清贻在党组织安排下转移到香港，任香港中共华南统战支部委员；1949 年 10 月—1954 年 5 月在广东财政厅人事科、地方财政科、中山县车路公司历任科长、副经理。1954 年 5 月—10 月，在武汉重型机床厂筹备处从事审干工作，1954 年 10 月—1956 年 8 月在沈阳第一机床厂会计科任科长。1956 年 9 月至 1982 年 12 月，进入一机部工作，先后担任一机部二局财务计划处副处长、处长；一机部漯河仓库主任、党委书记；一机部材料公司办公室主任；一机部机床工具工业局财务处长。1982 年 12 月离休，享受司局级待遇。

郑清贻 1947 年回国后从事统战工作，为全国解放战争贡献了自己的力量，中华人民共和国成立后先是从事地方财政方面的工作，后又投身到机械工业的建设和发展工作中，为中华人民共和国的机械工业特别是机床工业的建设和发展，倾注了大量心血，做出了自己的贡献。

2013 年 12 月 18 日，郑清贻在北京病逝，享年 92 岁。

郑德郁

郑德郁（1923—2003），永春县桃城镇桃东村人，泰国归侨。民国 12 年（1923）生于桃东村，其祖父及父亲均在马来西亚经营橡胶园、家境殷实。郑德郁于民国 19 年（1930）7 岁时入读鹏翔小学，1 年后转读私塾，14 岁入崇贤中学。17 岁，考入永安福建师范。民国 32 年（1943），他前往泰国勿洞投奔兄长郑德铸。从事华文教育，参与勿洞中华学校筹建工作，曾任勿洞中华学校代校长、校长之职，致力中华文化传承。

民国 30 年（1941），太平洋战争爆发，日寇大举南侵，不堪忍受侵略压迫的东南亚各国纷纷发起抗日救亡活动，民国 32 年（1943）"泰南反日大同盟勿洞支盟"成立，郑德郁担任负责人，秘密开办《晨曦》小报，秘密宣传抗日救亡斗争成效，鼓舞人心、激励斗志。民国 33 年（1944），泰国各地抗日组织联合成立"泰国反日大同盟"，郑德郁担任勿洞地区负责人。随后担任泰国抗日义勇队勿洞联络员，承担起保护和引导义勇队过往成员、保管武器弹药以及传递消息等任务。

抗战胜利后，参加泰国建国救乡会，组织成立救乡联合会勿洞分会、勿洞青年协进会。反对蒋介石发动内战，拥护中国共产党和平统一主张。民国 36 年（1947），郑德郁在泰国加入中国民主同盟。随后，还参与组织"勿洞中华公会"，与国民党把持的"中华商会"争夺勿洞社区领导权。其鲜明立场和爱国义举，受到当地反动势力的迫害，上了当地政府的黑名单。

就在当地政府决定出手逮捕郑德郁前夕，挚友、旅泰乡贤李成兴、周文炳及时通报险情，并协助郑德郁和 20 多位进步学生逃离勿洞，历尽艰辛，终于在 1951 年春回到祖国。

郑德郁回国后，迅即投入建设中华人民共和国的历史大潮中。1951 年 11 月，当选为永春县侨联会副主席，在侨联的领导岗位上，为归侨、侨眷谋利益，做实事。1952 年，因投身土地改革运动成绩卓著，荣立二等功一次。1953 年协助创办北硿华侨垦殖场，协助该场安置难侨 2500 余人。引导归侨投资创办酒厂、织布厂、炼铁厂、碾米厂等及猛虎山、天马山、石鼓尖山、石竹棋、山埤头、醒狮等 6 处华侨垦殖场，充分照顾投资人意愿，投资总额达 20 万元以上。

1954 年，郑德郁为解决华侨子女就学问题，倡议创办"华侨子女补习学校"（即永春侨中前身，收有华侨子女 304 人。）1956 年，引导李延年等永春华侨，捐资兴建永春县医院，设有内外科、小儿科、妇科、牙科、针灸、五官科、产科、透视室等科室，拥有病床 95 张，惠及德化、大田、安溪等邻县病患者。1958 年 4 月 20 日，创办《桃源乡讯》。

自 1951 年回国后，郑德郁历任永春县侨联副主席、主席；县政协委员、常委、县政协副主席；县人大代表、县人大副主任；致公党永春县支部主委，泉州市政协委员；泉州市侨联委员、常委、副秘书长、顾问；福建省侨联委员、常委、顾问。1986 年定居香港后，历任香港永春同乡会名誉会长、副监事长、监事长、总顾问等职。

2003 年 5 月 21 日，郑德郁在永春病逝，享年 80 岁。

陈 光

陈光（1924—2005），旅菲归侨，永春县仙夹镇龙美村人，民国 13 年（1924）出生。仙夹镇在第二次国内战争期间是红色苏区之一。陈光自小受到"唐叔"进步思想的影响（"唐叔"时任当地苏维埃领导，后被国民党杀害），担任儿童团团长，组织本地儿童为农会活动站岗放哨。后为躲避国民党政府的迫害，在家乡亲人的安排下漂洋过海远渡菲律宾。

民国 32 年（1943）5 月，陈光在马尼拉与组织取得联系，并加入菲律宾共产党组织。抗日战争期间，他参加"菲律宾华侨抗日支队"，并担任抗日锄奸行动队队长，多次不顾生命安危，深入敌营杀敌锄奸，圆满完成了组织交给的各项任务，为抗日战争的海外战场作出了贡献。

民国 35 年（1946）时局变化，菲律宾国内开始抓捕共产党员和进步人士。陈光在党组织安排下转移到香港，等待接受新的任务。同年，他被安排回国参加伟大的解放战争，担任"闽粤赣边区"纵队闽南支队第 19 团团政委，先后参加了解放厦门、漳州战役；中华人民共和国成立后，他还参加著名的"东山岛保卫战"，为新中国的建设和巩固流过血、负过伤。

1954 年，陈光转业到广州，先后担任广东省归国华侨接待站、华侨宾馆、华侨大厦、广东省华侨旅行社、广东省中国旅行社等单位领导，为中国旅游业发展开创先河，奠定基础。1989 年底离休前，他担任广东省工商联秘书长。在周恩来、廖承志、庄希泉等领导的指示下，他亲自带队建立深圳、珠海、汕头三个接待海外人士、归国华侨的"口岸社"；参与筹备闻名国际的"广州中国商品进出口交易会"。改革开放初期，参与筹建白天鹅宾馆，华侨酒店等项目。陈光不断为祖国的经济建设添砖增瓦，付出毕生精力。

陈光一生年少离家，身在羊城却心系家乡，一直关注家乡的建设和发展，他参与梁灵光等领导创办的"广东省闽南经济促进会"，为家乡的建设发挥了重要桥梁和纽带作用。在划时代的改革开放进程中，长期推进广大海外侨亲、港澳台同胞回福建家乡探亲谒祖，努力推动广大华侨回闽经商、投资家乡建设，为广大归侨侨眷和海外侨胞施展抱负，报效祖国做出贡献。

2005 年 3 月 9 日，陈光在广州辞世，享年 81 岁。

林多速

林多速（1929—2005），永春县蓬壶镇人，马来亚归侨，生于马来亚，民国 23 年（1934）回国定居。

民国 36 年（1947）10 月参加闽西南地下活动并加入中国共产党。先后担任厦门侨师支部特别小组组长、宣传委员、同安地下党支部宣传委员、区、县工委宣传委员、文教科长和第六区区长等职务。

民国 38 年（1949）9 月同安县解放，任该县支部第六工作队队长。1952 年 10 月调往永春县人民银行工作。先后任人事股长、副行长兼党支部书记；1954 年 8 月调到永春县委工作，历任统战部副部长、宣传部副部长、部长兼体委主任、城关区第一书记；1966 年 7 月调任惠安二中党支部书记；1973 年 2 月调任晋江地区第二医院党支部书记、革委会主任；1981 年 2 月任福建医学院附属二院党委书记、侨联主席。曾任泉州第六届政协常委、市医学伦理学会副会长、省卫生系统政治思想工作研究会理事。1991 年 3 月离休，享受副厅级待遇。

林多速一生勤恳工作，廉洁奉公，曾被评为福建省优秀党务工作者。离休后继续发挥余热，担任福建医大关工委委员、泉州市老区促进会常委、侨乡开发协会常务理事、院离退休协会顾问及特邀监督员。曾被福建医大评为"关心下一代工作"先进工作者和"老有所学、老有所为"先进个人。

2005 年，林多速病逝于泉州，享年 73 岁。

刘文湖

刘文湖（1930—1992），永春县湖洋镇人，马来西亚归侨。生于马来亚。早年在马来亚、新加坡读书。

1951 年 6 月，刘文湖回国到北京大学物理系学习，1952 年加入共青团，毕业后留校任教。1958 年 8 月调到福建师范大学物理系工作，1963 年评为讲师，1979 年晋升为副教授，1987 年晋升为教授。历任福建师大物理系普通物理教研室副主任,校学术委员会委员、福建省物理学会理事、省教育工会主席、全国教育工会委员、中国光学学会全息和光信息处理专业委员会委员、中国光学学会基础光学专业委员会委员、致公党福建省委主任委员、致公党中央委员会常委、全国侨联第四届委员会委员、全国政协第六、七届委员等职。

刘文湖业务精湛,治学严谨、教学有方,为教育界、光学界培养出一批杰出的专业人才,为福建省光学科研及光学工业的发展作出奉献。

其主要学术活动:1976年参加国家计委、四机部、中央广播事业局召开的"全国投影电视技术攻关会议",介绍优质投影镜头研制技术。1979、1981年分别参加第一、二届全国高校光学教学讨论会,介绍教学经验。在国内发表10多篇学术论文。

其主要科研成果:1963—1964年,主持研制成功"三米光栅摄谱仪"。1971—1977年,主持研究优质投影电视镜头,实测分辨率达到国内先进水平,获得全国科学大会成果奖。主持研究"光学假彩色编码技术及其临床应用"课题,达到国内先进水平,1986年通过省级技术鉴定。

1992年1月29日,刘文湖因病逝世,享年62岁。

梁仲虬

梁仲虬(1931—2021),祖籍永春县吾峰镇吾顶村,民国20年(1931)生,系著名爱国侨领梁披云之长子,旅马归侨,定居澳门。

梁仲虬曾任第九届全国政协委员,第八至九届中国侨联顾问,第六至第七届中国侨联常委,澳门特区第一届政府推委会委员,第十至十二届澳门特区全国人大代表选举会议成员,福建省政协常委、第五届福建省侨联副主席、厦门市政协委员、澳门归侨总会第十三届会长、永远会长、第十至十一届澳门福建同乡会会长,以及辽宁省侨联副主席、第五届福建省海外交流协会荣誉顾问、第一届重庆华商会海外顾问、辽宁省三胞联谊会副会长、厦门市海外联谊会名誉会长、澳门仁协之友联谊会会长、澳门永春同乡会永远会长等诸多社团职务,积极参政议政、建言献策,团结侨胞,服务侨亲,为推进祖国发展,促进澳门与内地交流合作竭尽所能。关注中国教育事业,曾任澳门中华职业教育社理事,澳门福建学校执行校董、鞍山钢铁学院校董、厦门集美大学常务校董、泉州黎明大学副董事长等职务。2011 年厦门市政府向其颁授"厦门经济特区建设 30 周年杰出建设者"荣誉，2012 年澳门特区政府向其颁授"银莲花荣誉勋章"。

2021 年 7 月 31 日，梁仲虬在澳门辞世，享年 90 岁。

陈章太

陈章太（1932—2021），永春县仙夹镇美寨村人，民国 21 年（1932）生于美寨一家贫苦归侨家庭。小时家境贫寒，吃苦耐劳，勤奋读书，品学兼优。在崇贤中学就读时任学生会和县学联干部，在福州大学中文系学习时，任学生会副主席。1953 年全国高校院系调整，转入厦门大学中文系学习，担任学生会副主席，并加入中国共产党，毕业后留校任教。1956 年调至北京中国科学院语言研究所工作，后任副所长和《中国语文》杂志编辑，1997 年该所改属中国社会科学院。

陈章太历任中国社会科学院语言文字应用研究所学术委员会主任、教授、研究员、博士生导师。中国社会科学院研究生院应用语言学系主任、教授。国务院国家语言文字工作委员会委员、常务副主任、秘书长、党组副书记。国家社会科学基金会规划语言、文学学科评审委员会委员。中国社会科学院系统学位委员会文学、语文组委员。中国地名委员会副主任、中国地名学研究会副理事长。北京语言学会顾问、北京广播学院现代语言学系顾问、香港城市大学当代中国研究中心顾问，是我国著名语言学家，享受国务院政府特殊津贴。

陈章太在国家语言科学研究殿堂，师从著名语言学家吕叔湘、丁树声、李荣、王力、吕晓玲诸教授。40 多年来，在中国社会科学院，以一般语言学、地方语言学（方言学）、社会语言学为主攻方向，成就显著。参与创办《中国语言学报》，并在第一、二期发表重要论文。1983 年调任中国文字改革委员会秘书长。1984 年担任副主任，主持常务工作，主持研究、草拟国家新时期语言文字工作方针、政策。重建并加强语言出版社。创办全国性学术刊物《语言文字应用》。

陈章太刻苦研究，学习专著颇丰。出版专著有 8 种：1963 年出版的《福建省汉语方言概况》（上、下册）；1985 年出版的合著《语言美和精神文明》；1989 年出版的合著《永春方言志》；1991 年出版的合著《闽语研究》；1993 年出版的

《邵武方言志》；1996 年参编出版《普通话基础方言基本词汇集》（共 5 卷，1000 万字）；1999 年出版的《语言文字应用研究丛书》（共 8 种）；2001 年出版的《大学应用语言集系列教材》（共 10 种）。发表社会语言学、应用语言学、语言文字学理论研究方言等方面论文百余篇，其中有 10 多篇论文被译成英、日、俄、韩文等在国际上发表。

陈章太对我国语言学的建设和发展作出了重大的贡献，受到国内外学术界的高度重视，《中国现代语言学家》《中国当代知识学者辞典》《中国当代社科精英》《中华英才荟萃》《中国教育报》《光明日报》、香港《世界名人录》、英国剑桥《国际名人录》、日本国家电视台、韩国《东南日报》、新加坡《海峡时报》等 20 多家报纸、电台、电视台、杂志、辞典、名人录对他进行专文或专条介绍。并被收入美国自传研究中心（ABI）《国际有影响的 500 位学科领导人》等人名辞书。

2021 年 10 月 17 日，陈章太辞世，享年 89 岁。

郑文泰

郑文泰（1945—2022），永春县仙夹镇夹际村人。印度尼西亚归侨，著名企业家，曾任海南省兴隆热带花园董事长、总经理。

郑文泰生于印度尼西亚一个华侨富商家庭，为家中独子，其父极为重视对其进行中华文化教育，他在印尼华文小学、中学完成学业后，萌生回到祖国读书、效力之愿。1960 年，郑文泰回到祖国，先进入北京华侨补习学校读书。1963 年夏天，以优异成绩考入泉州华侨大学，就读于亚热带经济作物系。1964 年，第一次到海南岛实习，毕业时就近分配在万宁兴隆华侨农场。

1971 年，郑文泰赴香港打拼。1972 年考入香港大学土木建筑系，1975 年又转到台湾中华文学院（今中国文化大学）建筑系读了一年，此后，他开始在建筑设计和酒店经营管理方面发展。

1984 年，应海南政府之邀，郑文泰主持重新设计修建海南第一家酒店——海口华侨大厦。在海南，他抓住中国改革开放时机，从事酒店业和地产业，迅速成长为广东第一代富豪。20 世纪 90 年代，旗下的企业总资产在广东能排到第五。

1991 年，郑文泰在海南万宁兴隆，目睹当地乱砍滥伐使雨林地生态遭受破坏，遂立下修复热带雨林之志。这个决定，彻底改变了郑文泰的人生轨迹。他不但拒绝了父亲要他回南洋继承庞大家业的要求，还结束了房地产和酒店生意，带着巨资回到万宁兴隆。1992年，与时任国营兴隆华侨农场场长黄炳松签署了一份协议，农场出地，他出资人民币1个亿，将农场内一片5800亩的荒地打造成一片热带雨林。合作70年，期满后，所有建筑物和种植的作物均归属国营兴隆华侨农场。

协议签订后，郑文泰给农场取名为"兴隆热带花园"。他立刻与国内20多名植物专家取得联系，招募了1000多名员工，培育从国内外收集来濒临灭绝的各种树种，等到种苗成型后，再根据其生长的特性择地移栽，而最初在园区，苗圃就占了十多亩。

1996年，海南遭受12级台风，郑文泰热带花园内所有植物和建筑物几乎全数被毁，有人劝他算了，但郑文泰意志坚定，再变卖家产投入。

1997年，亚洲金融风暴席卷而来，参与郑文泰热带雨林建设已5年的合作伙伴纷纷撤资。而此时正是大量需要资金投入之时，而热带雨林修复工程又无回报，郑文泰的资金链濒临断裂。就在这时，当初并不支持他这项事业的父母，看到郁郁葱葱的林木和被晒得黝黑的郑文泰后彻底感动了，果断出手资助自己的儿子。

热带雨林的建设，资金投入是惊人的，即使这样，郑文泰果断拒绝不少房地产商的划地请求。而是开始不断承接工程绿化项目，通过从这些项目赚到的钱，来贴补园区的建设，据不完全统计，截止到2013年，郑文泰投入园区的资金就高达人民币5亿多元。

到2018年，郑文泰打造的热带雨林已经到了第二个恢复阶段——繁殖附生植物，他将大棚中培育的兰花放在雨林的树木上繁殖，兰花品种已超过300个，如今，郑文泰的兴隆热带花园拥有4000多个特有物种，珍稀濒危物种65株，许多特有树种、珍稀濒危植物如海南苏铁、桫椤、琼棕、海南龙血树、降香檀、青皮树、长叶竹柏等，都是郑文泰几番周折从国内外收集来的，育化后被移植到园内的，热带雨林面积从5000多亩扩大到12000多亩，郑文森还集合专家学者，开展热带雨林学术研究，每年都以各种形式邀请国内、国际专家进行学习研究和科技攻关。

2009年，郑文泰被评为全国归侨侨眷先进个人，2013年，获评中国"侨界杰出人物"、2014年，当选"感动万宁——2014十大年度人物"、2015年，郑文泰被评为敬业奉献"中国好人"，2018年，当选"感动海南——2017十大年度人物。"

郑文泰倾资保护热带雨林珍稀品种的行动得到党和国家领导人的肯定与支持，江泽民、胡锦涛、朱镕基等领导人都曾莅临该场参观指导。

2022 年，郑文泰在海南辞世，享年 77 岁。

三、港澳台同胞（22 名）

余超英　余承尧　林庶应　刘澄清　沈逢源　周公甫　林孝首　辜振甫
王超英　余流水　颜彬声　林世哲　陈其聪　林玉书　廖花香（女）
梁良斗　颜秀兰(女)　余光中　郑秀英　黄金如　陈颜玉雪　郑清治

余超英

余超英（1895—1992），永春县桃城镇洋上村人，旅台同胞，清光绪二十一年（1895）生于洋上。就读省立第十二中学（今永春一中前身），学业优异。毕业后在县立第二高初两等小学任教。后因第二高小校长与部分教员意见分歧，致酿成学潮。余超英并未卷入，虽竭力疏导无效。学校被县公署勒令停办，学生归并第一高小就读，县署指定余超英负责安置工作，由于其尽心履职，对学生爱护备至，深得家长及社会赞誉。不久，余超英应马来亚马六甲育民华校敦聘为校长，又再创办益智华校，培育不少华侨英才。

任满回国，适遇各县教育科升格为教育局，众望之下，担任永春县教育局首任局长。任内筹建教育局新址于县府内侧，系二层楼房，后该址拨给县司法处，成为执法庄严场所。其任内大力推行普及教育，采取奖励优秀青少年进修深造（凡外出求学学生，每名每季补助银圆 20 元）。改良社会风气，添置大批社教设备，教学成效显著。

北伐战争时期，国民革命军东路总指挥何应钦督师入闽。余超英认为报国之机已至，乃投笔从戎，入何部政治处工作，转战闽、浙直至定都南京。得国民党元老吴铁城赏识，提携转任中央海外部处长，并被委任为安溪县县长。卸任后，改调入侨务委员会，担任常务委员，此后任至退休。

抗战爆发后，随国民政府入川，长期从事动员华侨捐款捐物支援祖国抗战工作，并一度参加南洋华侨慰劳团返闽慰劳。民国 34 年（1945）日本无条件投降后，受国民政府委派赴南洋群岛宣慰侨胞。

台湾光复后，永春县旅台同胞人数渐增，惟缺乏乡团组织，不能互济共助。余超英遂发起筹组台北永春同乡会，众望所归当选为第一届理事长，婵连多届。与常务理事潘世燕、潘世艳、王超英、郑义燕等人同心协力，建树良多。先后建立永久性会址于西宁北路，购碧潭山场辟为永春公墓，建立祠堂，设置学生奖助学金。及仁爱救助基金专款，惠及永春县旅台同胞和归侨侨眷。

余超英夫人孙秀君，系出江苏名门望族，知书达礼，曾任永春县立女子学校校长，其子余光中，乃海峡两岸闻名的文学大师。

1992 年 2 月 4 日，余超英在台北辞世，享年 97 岁。

余承尧

余承尧（1899—1993），号自舜，别号承尧，永春县桃城镇洋上村人，旅台著名画家，原国民党退役中将。

清光绪二十五年（1899）3 月 29 日，余承尧生于桃城镇洋上村阪内厝。父母早逝，家境贫寒，12 岁到一家木器社当学徒。13 岁才入私立福阳（今介福）初等小学就学。17 岁考入省立十二中（今永春一中）就读。少年时就喜爱南音、书法与写诗，诗作名传乡里。

民国 6 年（1917），余承尧投笔从戎。民国 8 年（1919），返乡娶妻，到五里街仰贤村湖窟蒙养学校当教员。民国 12 年（1923）到厦门经商。民国 14 年（1925）8 月，东渡日本入早稻田大学攻读经济，次年转入东京陆军士官学校步兵科攻读战略。民国 18 年（1929），毕业后回国任黄埔军校中校战术教官，不久晋升上校。民国 20 年（1931），晋升陆军少将。民国 26 年（1937），奉命巡查平津、平汉地区部队考察军风纪。次年调任国民党军事委员会委员，第三战区军风纪视察专员。此后到西南、西北战区视察。抗战胜利后，民国 35 年（1946）请辞获准以国府军事参议院中将参议退役。还乡后先经营运输公司，后经营布匹，药材生意，往来于厦门、新加坡之间。民国 38 年（1949）滞留台湾，只好一边从商、一边读书写诗自娱，以期回归故里。

余承尧自小酷爱南音。1952 年，在台北成立古乐组研究推广南音。1954 年，余承尧生意失利后，遂潜心诗书画乐，绘画与南音研究日益精进，1992年发表《南音音乐问答》于《中国乐刊》，陆续著有《五音弦管（南音）源流考》《李亚仙诗酒曲江池》《琵琶记》等。1983年，台湾南音名家陈美娥在台北创办"汉唐乐府"，因仰慕余承尧遂拜为师，并拜为义父，此后"汉唐乐府"蜚声海外。1987年2月，余承尧获台湾"教育部"颁发的"民族艺术薪传奖"。1989年，余承尧偕"汉唐乐府"到北京、厦门、泉州等地访问，与北京中央民族乐团同台演出。

1955年，余承尧56岁才开始作画，无师自通。其笔法凭借素有之书法功力，运用细密的点线勾勒，构造丰富而紧密的层次，构图则取之台湾山水和以前几十年军旅生涯名山大川的阅历以及家乡奇峰峻岭的念想。1966年其画作被国际著名的中国艺术史家李铸晋等发现，并邀请参加"中国山水画的新传统"联展，在国外多所大学和博物馆巡回展出两年。1968年再度受邀参加《中国绘画的新办法》联展并在美国巡展两年。1977年9月在纽约中华文化中心举办个展，1986年10月在台湾举办个展并出版画册。1990年，作品《群峰为剑断云开》为台湾省立美术馆永久典藏。1992年其山水画《山水四连屏》在拍卖会以台币682万元（200.5万港元）拔得山水画头筹，2002年其《大江忆写图》画作在台北拍立得拍卖会以3120万台币成拍。一时声誉鹊起，享誉海内外。

余承尧除绘画无师自通外，且工于诗词，精研音韵学，文学素养很高，书法也不学他人而自成一格，其真书质朴拙厚，草书婉转纷披，气势高立流畅。凝练概括了其独树一帜的艺术特色。

1989年，余承尧返大陆探亲，1991年定居厦门，次年中秋返洋上村祭祖还愿。1993年4月4日，余承尧在厦门辞世，享年94岁。

林庶应

林庶应（1906—1970），名纲答，字庶应，号松青，永春县蓬壶乡（今蓬壶镇）美中村人，生于清光绪三十二年（1906），旅台同胞。少年时家境贫寒，入私塾不久，即弃学从商。民国15年（1926），因地方土匪骚乱，全家搬至泉州谋生。初由兄庶明购来一架织袜机，以庶应为主专织袜，其母及大嫂负责纺纱、缝袜，其父负责把成品拿到街头摆摊售卖。稍后，转行当店员后自己经营文具业，进而在泉州开设源美商行，专营纱布批发业务。他善于运筹，遂成为商界后起之秀，分支商行逐渐发展至厦门、莆田、福州、柳州、台湾，更扩展到海外如日本等国。先后被选为永春旅泉同乡会主席、泉州商会常务理事、福建省商会联合会常务委员、福建省出席全国商联会代表和全国商会联合会理事。

随着商务的发展，他本着"取于社会、用于社会"的宗旨，先后在家乡和泉州分别倡办毓斌中学（今永春三中）和建国商校。抗战初期，泉州培元中学疏散内迁蓬壶，当地不少青年得以进入该校学习。民国31年（1942），该校迁往南安九都，蓬壶一些贫困学生无法随校就读，庶应乃与家乡父老倡办毓斌中学，被推为校董会董事长，后来又捐资和医生万年丰在泉州创办建国商校，培育商业人才。毓斌中学的经费开支，自开办起至1949年止，他均负责半数以上，建筑费、设备费则全由他独立负责。

林庶应成为商界闻人之后，他出资支持当时的国民党福建省党部主任，同时参加了国民党中央调查统计室组织，又结交福建省第四行政督察专员，但他对一些遭受国民党迫害的青年却施以援手。民国35年（1946），毓斌中学教师、中共地下党员林伯祥被国民党政府逮捕，他以学校董事长身份，多次向省有关当局力保。伯祥在莆田狱中患病，来信请学校救济，他立即汇去法币2000元，请莆田中山中学代理校长吴景完转交，另一教师陈伟顺因参加中共组织被捕，关在泉州看守所，他多次前往探视，并向第四专署专员力保获释。他的长子文琼在集美中学读书时，思想进步，参加中共地下组织。他曾对人表示："信仰自由，人各有志，我不干涉他。"他为人豪爽，又富于感情，人有所求，都能努力以应。有些乡里人曾有"庶应、庶应，有求必应"之评论，他人在泉州，却卷入永春地方派系的"黑白派"争权夺利之争，被选为县参议员和被聘为省政府参议，有人说他是基于与"白派"主要成员的族亲和友情关系，身陷其中而不能自拔。

民国38年（1949）夏，林庶应离开厦门，到香港继续经营布业，后与人创办文成船务公司，由于太过相信他人，结果上当受骗，手头资金及家中存款亏蚀殆尽，从此一蹶不振。他怏怏不乐，迁居台湾，于1970年辞世，享年64岁。

刘澄清

刘澄清(1906—1981),乳名冬水,永春湖洋镇锦凤村人,清光绪三十二年(1906)生。旅台同胞。童年在乡中读书,民国 14 年(1925)毕业于厦门桃源工业中学,回乡任教,加入国民党。民国 16 年(1927),由国民党福建省党部保送入南京国民党党务学校受训,一年后毕业,任国民党永春县党部筹备处常务委员。不久调任国民党福建省党部组织部干事,民调科长。

民国 25 年(1936),刘澄清出任明溪县县长。明溪是个山区县份,交通不便,各项工作都较落后。当时有属于封建性质的大刀会暴动,社会秩序混乱。刘澄清接任伊始,即与其首领协议,互不侵犯。继而推进建设,健全县府人事制度,建筑县堂,发展小学教育。民国 27 年(1938),调任上杭县县长,适逢抗日战争后开始征兵,家乡湖洋有些应征青年相率到上杭避役。刘澄清晓以"保家卫国,人人有责"之义,劝导他们回乡应征,抗击日本侵略者。民国 29 年(1940)调任邵武县长。任内奉令办理公沽局。因事先未征求当地绅士、国民党中央委员丁超五之弟丁德义的意见,丁即煽动群众起来闹事,使各项工作变得复杂难办,澄清只好辞职,改任省府顾问。

民国 31 年(1942),刘澄清在永春参加国民党军事委员会调查统计局(简称"军统")组织,出任三民主义青年团永春分团筹备处主任、分团主任。民国 33 年(1944),先后兼任永春县临时参议会、县参议会议长。自此卷入国民党地方派系——"黑白派"斗争,成为"黑派"的头面人物。

民国 37 年(1948),刘澄清任国民党立法院科长。翌年春,即南京解放前夕,携眷去台湾。与旅台乡亲余超英、周达民、黄昇辉、潘世燕、潘世艳、宋廷瑜、王超英、章子惠等人发起筹组台北永春同乡会。嗣后为争取马来亚永春侨胞与台北永春同乡会的联络联谊,经常来往于马来西亚与中国台湾之间。曾任台湾永春文献社发行人,1981 年辞世于台湾,享年 75 岁。

沈逢源

沈逢源（1907—1966），讳地泉，字振渊，永春县蓬壶镇仙岭村人，清光绪三十三年（1907）生，旅台同胞。自小就比同龄人聪慧好学，少年时就读厦门集美师范，毕业后不久，年仅19岁的沈逢源即随父赴上海经商。在略有积蓄后，即与友人李武宗、梁祖选等人一起创办"永顺兴行"，规模扩大后易名"鸿荣行"，并在香港、广州、柳州、宁波、温州、南通、厦门、泉州等地设立连锁分行。民国35年（1946）自立门户，在上海创建"南成行"，分行遍及台北、基隆、泉州、厦门等地。1954年，又在香港创立丰织绸厂股份有限公司，在台湾新竹投资兴办"新竹玻璃公司"，实现由商业向工业的产业转型，带动当地轻工产业的发展。

沈逢源事业有成后，不忘桑梓，即回乡修建"德兴堂"（即沈家大院），所需材料均从外地购买，如木料从台湾购入，石料从泉州丰州石砻采购，再由人工肩扛由山间小路抬进村里。

沈家大院自民国26年（1937）始建，民国30年（1941）落成，历时4年，占地面积1334.13平方米，建筑面积1068.51平方米，为典型的闽南特色古民居。结构讲究，精雕细刻，充分体现了民国时期永春古民居建筑文化雕刻绘画等工艺的最高水平。其中"德兴堂"由国民政府主席林森所题，楹联多为当时文人高官所撰，名人之多，质量之高，首屈一指，充分体现了中国传统道德思想和深厚的文化内涵。如今沈家大院被评为泉州十佳古民居和省重点文物保护单位。

沈逢源乐善好施，热心公益事业，曾为家乡仙岭捐建学校，奖学助学，重修宗祠做过不少好事，深得当地民众和族亲的敬重与钦佩。1964年，其太夫人八秩大寿华诞，他将祝寿节省费用连同捐款，汇寄家乡创办仙岭小学，乐育英才，泽被桑梓。

沈逢源于1966年不幸辞世，享年59岁。

沈逢源有子女18人，其中学有所成者沈金华获学士学位，沈少华、沈钟华、沈泽华均获得硕士学位，从商者多有成就，且热心公益，承父志，尊母训，在台北碧潭墓园兴建"永春祠堂"，捐献给台北永春同乡会，以资纪念。

1986年，旅居香港的沈美华（沈逢源之长女）秉承父志，率众弟妹捐资人民币21万元建设蓬壶军兜小学益谦楼，建筑面积700平方米；1989年，又捐资32.3

万元人民币，重建仙岭小学三层楼教学楼，命名为"逢源楼"；2011 年，其子沈少华捐资人民币 2.8 万元用于添置仙岭小学教学设备。

为表彰沈逢源家族对家乡公益事业的贡献，福建省政府授予沈美华"热心家乡公益事业"银质奖章、奖匾和荣誉证书；泉州市政府授予"热心公益事业"奖章、奖匾和荣誉证书；永春县政府授予"热心公益事业金牌奖"。

周公甫

周公甫（1909—1966），永春桃城镇桃溪村人，旅港实业家。生于清宣统元年（1909）。10 岁时父亲去世，家贫辍学。12 岁，母亲又去世，独自到泉州做杂工。14 岁，在乡亲创设的新协兴信局当学徒，晚上除抄录登记信件外，即自学文化，每每坚持至深夜。他做事认真勤谨，诚实可靠，甚得店主人的器重。民国 15 年（1926），新协兴信局因受南洋联号信局影响而停业，他用数年来之积蓄与乡亲林邦师等合资，创办永通公司，专售汽车零件。当时地方民军互相火并，汽车零件是交通工具所必需，所以无论那一支民军得胜，都来赊取配件，往往血本无归。鉴于汽车配件难于经营，即抽出部分资金与乡亲林煌谋合营土产粮油。抗日战争爆发后，永通公司和土产粮油公司先后停业，周公甫就与乡亲李武宗、梁祖选、沈逢源、郑文良等人合资在省内经营布匹生意。不久，厦门、福州被日寇占领，他们即往香港，星洲分别开设华隆行。民国 30 年（1941）12 月香港沦陷，华隆行濒于破产。翌年，周公甫与一些同事从陆路逃回泉州，在泉州重新经营棉布匹业务。抗战胜利后，同乡李武宗来泉邀公甫同往上海商议发展计划，不幸船到吴淞口触礁沉没，武宗遭不幸，公甫在寒冷风浪中漂浮数小时获救生还。后与沈逢源等合资在上海开设建德行，在福州、厦门、泉州、台湾、香港、星洲设立分行，业务蒸蒸日上。

周公甫深感幼年失学之苦，对家乡教育事业情有独钟。桃溪小学原为县立小学，抗战胜利后，国民党货币不断贬值，学校经费发生困难，难以维持。族亲周国栋写信给周公甫，详告情况要求支持。周公甫乃于民国 37 年（1948）春把桃溪小学改为私立，学校经费全部由他负责。后又委托族亲周卿章回乡筹建校舍，建筑费用除周卿森、周卿章捐助部分外，均由他一人负责。

1950 年，周公甫在香港参加工商界回国观光团，回港后与黄长水、陈君冷等合组广东省华侨投资公司。这时，北京旅馆不足，投资公司即拨部分资金兴建北京新侨饭店，他被推常驻北京进行筹建事宜。1956 年，他到印尼、星、马等地，筹募创办永春华侨中学资金。1960 年被推选为福建旅港同乡会理事长。在职期间，筹建会所，发展会员，团结在港福建同乡，卓有成效。对香港福建中学及培侨中学扩建校舍，亦尽力支持。

1964 年，他与一些侨胞集资在香港创办华丰国货有限公司，并被推选为第一任董事长。任期内勤勤恳恳，任劳任怨，积劳致病。后回国治疗无效，于 1966 年 11 月 17 日辞世，享年 57 岁。临终之时，嘱咐家属将其在广东投资公司的资金捐给桃溪小学，到 1979 年股金利息 8.5 万元。

林孝首

林孝首（1916—2009），永春蓬壶镇丽里村人，民国 5 年（1916）生。旅港著名实业家、慈善家。

林孝首自幼秉性聪明，勤奋好学，但因家境贫困，少年辍学，离家经商。抗战胜利后去台湾经商，20 世纪 50 年代到香港，就聘于新中绸布行董事经理，新风服装公司董事长及多家公司董事之职。他带头营销国货，又多次在华润公司发表演讲为营销国货作出贡献。1983 年参与香港永春同乡会的筹建工作，当选首届名誉会长及常务理事。

林孝首事业有成，情系故土，热爱家乡，竭心尽力推动家乡经济社会事业发展。早在民国 31 年（1942）就捐资建设家乡丽里小学。1972 年捐资及肥料支持家乡农业生产，修桥造路。1978 年与港胞合捐 16 万元物资支持县侨联建会所（前楼），1995 年资助县侨联兴建综合楼，资助《桃源乡讯》及蓬壶侨联经费。捐助修族谱等公益事业。林孝首尤其重视家乡教育事业的发展，先后捐资 1100 多万元，建设丽里、高峰、高丽、八乡小学；建永三中鸿标教学楼、教师宿舍楼、教学楼、综合楼、大礼堂、体育场、综合教研室、多媒体教室、网络控制中心等；为家乡丽里小学设立奖学奖教基金。此外，又捐巨资修建丽里至壶口桥至高峰的水泥路。虽已 90 多岁高龄仍捐资 70 万元建设丽里村办公大楼、丽里村老人会和环村公路，捐资总额达人民币 2000 多万元。

林孝首历任泉州黎明大学董事会董事、永春对外文化交流协会名誉会长、香港永春同乡会永远名誉会长、香港永春三中校友会名誉会长、永春华侨中学校董会名誉董事长、永春三中校董会董事长。先后荣获福建省人民政府"乐育英才"奖匾，泉州市教委"兴学典范，重教楷模"奖匾，永春县人民政府"热心公益事业特别奖"。永春三中在校园内建"孝首亭"勒石永久纪念；丽里村两委会，特在村部设立"林孝首先生慈善事迹展览馆"。

2009年6月18日，林孝首在香港辞世，享年93岁。

辜振甫

辜振甫（1917—2005），字公亮，祖籍永春县五里街镇儒林村后庙。台湾最具影响力的企业家，原台湾海峡交流基金会董事长。

据民国元年（1912）《桃源儒林辜氏宗谱》记载："桃源儒林13世奇军字二：辜肇聪、辜肇琴，属'肇'字辈，注明外迁。"经考证，清乾隆年间，辜奇军携子迁泉州打锡巷，再迁台湾鹿港。其子辜肇琴传15世辜显荣，16世辜振甫、辜宽敏。1994年底，福建省新闻采访团赴台湾，原籍永春的采访团团长，时任福建日报社副总编辑颜振育曾拜访辜振甫，问及其先祖是永春还是泉州，辜振甫说："祖先由永春迁泉州，再由泉州打锡巷迁台湾鹿港已有五、六代了"，因泉州已无此支辜氏，永春就成为其近祖的祖籍地。

辜振甫1917年出生在台湾一个显赫的豪门富家，由于幼时聪明伶俐，深得其父宠爱。日本侵占台湾时期，日语成了官方语言，也是学生的必修课，为传承中华文化，其父就专门聘请汉学老师教授辜振甫汉语，故其古文基础相当深厚。辜显荣还从大陆请来戏班子，辜振甫从小耳濡目染，对国粹京剧产生了浓厚的兴趣，这也是他后来成为颇有造诣的京剧票友的原因。另外，辜显荣又聘请了一位犹太籍的英语老师教授辜振甫英语，故而辜振甫又能说一口流利的英语。优裕的家庭环境和良好的教育，为辜振甫日后的成长和发展奠定了坚实的基础。

民国29年（1940），辜振甫毕业于中国台北"帝国大学"（今中国台湾大学）政治系，后到日本"帝国大学"（东京大学前身）做财政及工商管理研究。1964年台"国防研究院"第六期结业。1975年获韩国高丽大学荣誉经济学博士。1992

年 5 月获美国宾夕法尼亚大学荣誉法学博士学位。同年 8 月，他当选世界管理理事会下属学术机构国际管理学院院士。

1990 年 11 月，辜振甫当选"台湾海峡交流基金会"董事长。1993 年 4 月 27 日，辜代表台湾海基会与祖国大陆海协会会长汪道涵在新加坡举行了"汪辜会谈"。

辜振甫认同"一个中国"，使海峡两岸的交流与对话有了基础，并借此促成"九二共识"。"汪辜会谈"，这是辜振甫一生最辉煌的业绩。在许多场合，他多次发表有利于两岸关系和平发展的谈话。例如：1993 年 4 月 29 日，首次"汪辜会谈"后，他在新加坡机场满怀激情对祖籍也是永春的新加坡总理吴作栋说："海峡两岸不仅有地理、历史、文化的渊源，更有血浓于水的民族感情，台湾与整个中华民族的关系是切不断的。"

2001 年 2 月初，他在一次茶叙会上表示，希望能在当年的上半年创造重新开启两岸恢复对话的契机。3 月，他在海基会举行的记者会上表示：两岸要打破僵局，必须回归"九二共识"。

1998 年，永春辜氏后人重建"桃源辜氏宗祠"，他亲笔题写匾额，写上"裔孙辜振甫敬书"，辜振甫心系祖籍地，已成两岸一段佳话。

2005 年 1 月 3 日，辜振甫在台湾辞世，享年 88 岁。全国政协主席贾庆林及海协会会长汪道涵发去唁电。

颜彬声

颜彬声（1919—2000），永春石鼓镇社山村后厝仔人，民国 8 年（1919）生。旅港著名实业家、慈善家。

民国 17 年（1928）起，颜彬声先后在社山鲁国小学、底新厝书房仔、华岩公学读书。民国 24 年（1935），因家乡治安不靖，随兄长颜文烈到泉州瑞泰百货批发商店做店员，再转厦门美德堂酒店当店员，后又转上海鸿荣行当店员。民国 32 年（1943），曾与越南华侨雷鉴卿合作经商。民国 34 年（1945）5 月，在厦门与人合作开设联谊行，出任经理。民国 35 年（1946），联谊行与人合作改为永联行，连任经理。民国 36 年（1947），厦门永联行决定与上海南光公司联合，以上海南光公司为总公司，厦门、香港、台湾设分公司，颜彬声出任厦门分公司经理。

1952 年，联合商界同仁筹资 35 万多元，筹建上海天享化工厂。1954 年试车成功，生产国家急需的合格葡萄糖粉，他出任厂长至 1956 年公私合营。1957 年，他前往香港定居，初在香港成立新棉有限公司，经销国产棉布，出任董事经理。1977 年，在新棉有限公司基础上筹建联诚棉业有限公司。1978 年，在香港华润公司经理张庆富的支持下，将新棉公司与联诚公司的股东重新组合，出任联诚棉业有限公司董事总经理。1984 年，筹建亿裕有限公司，专门经销国产麻棉纱布。1982 年，创办香港联华电影有限公司，与河南开封合作拍摄影片《少林寺弟子》，后又创办惠基电影有限公司，在山东拍摄《浪子燕青》，在国内外放映后受到观众好评。1983 年，创办汉联公司。在美国、加拿大合作创办千金国际集团有限公司、利华有限公司、益华有限公司和联益地产发展有限公司。1985 年，创办广东深圳南春经济贸易开发公司。1988 年，投资海南省，在三亚市、儋州市那大兴建综合性农贸市场。1989 年，香港新中行绸布有限公司股东重新组合，颜彬声被选为副董事长，其商务范围扩大至美国、加拿大，国内有广东、湖南、福建、江苏、宁夏、黑龙江等省区。

1984 年，颜彬声应邀出席福建省政协会议，同年受聘为福州商会顾问，并被推选为香港永春同乡会理事长。以后又担任福建省政协委员、厦门市政协委员、福建省文学基金会副会长、海南省三亚市政协委员、北京中华文学基金会理事、福建省儿童基金会理事，在国内与香港地区担任多种荣誉职务。

颜彬声关心家乡建设，担任县侨联顾问，捐款购买教学、医疗设备，兴建中医院办公大楼、建设儿童医院；恢复修缮永春文庙、魁星岩桃陵祠及城隍庙等文物古迹，合资重建留安塔；设立永春颜彬声科技教育基金会和永春县老人基金会，资助南音社、永春五中、社山小学、西安幼儿园等，县内捐款总额人民币 1500 万元。2001 年，获福建省人民政府立碑表彰，授予金质奖章、奖匾、荣誉证书。

2000 年 6 月，颜彬声在香港辞世，享年 81 岁。

王超英

王超英（1919—2005），永春县桃城西门人，民国 8 年（1919）生于永春。旅台同胞，曾任台北永春同乡会会长。

王超英的父亲系印尼侨商。他自幼接受良好教育，由华侨育贤小学而至福州三民高中学业，后考入中央陆军军官11期深造。抗战期间，先后担任永春国民抗日民团督炼员、团副、军训部第13期补训处少校处员，莆永师管区中校股长。民国34年（1945）抗战胜利后，奉命赴台湾参与接收警察工作，历任台湾省警察学校教官、台南分班主任、保警总队大队长、台湾省警务处科长、台湾省盐务警察总队长，以及担任台湾成功大学和远东工业专科学校副教授。

王超英退休后致力于社团工作。他是台北市永春同乡会的创会理事，曾连任三届台北市福建同乡会常务监事和台北市福建同乡会顾问，并四次连任台北市闽南同乡会常务理事。1977年4月至1985年11月，连任两届台北市永春同乡会理事长。

王超英是永春华侨中学校董会名誉董事长。1994年，他捐资60万元人民币兴建永春华侨中学"英兰图书馆"。他将个人珍藏的213幅名画珍品和201件文物古董捐赠给学校设立"艺藏馆"，并成功举办《海峡两岸书画展》。

1995年，王超英获悉财团法人台湾农村发展基金会与农业部海峡交流协会开展交流协作的信息后，多次与家乡永春沟通联系，并通过自己与基金会董事长王友钊的亲密关系，促成台湾农业专家到永春县考察，促使永春县芦柑综合技术改造项目被列入国家农业部两岸农业交流五大合作项目之一。

1996年后，王超英推动并受旅台乡贤林世哲的委托，为兴建永春崇贤中学行瑞综合楼，五里街世哲幼儿园等，多次往返于海峡两岸，进行周密策划，精心指导。

2005年10月3日，王超英在泉州辞世，享年86岁。

余流水

余流水（1920—2001），祖籍永春县桃城镇洋上村，民国9年（1920）生。旅台同胞，医学博士。

幼年坎坷，出生后仅20天，其父在南洋巴奴病逝，余流水在家排列老四，上有3个哥哥，大哥原随其父经营杂货店，父逝后大哥经营不善竟至杂货店倒闭，出走10年无音讯。家中无恒产，经济来源断绝，一家陷入困境，全家生计仅靠其母替人织布、采茶、养猪聊以为生。家境贫寒致余流水勉强读完小学后无力续学，幸得叔父相助，由五里街贫儿院收容继读崇实中学。所幸是其二哥也在极其困难情况下，自莆田省立高中毕业后担任小学教员，家庭经济稍有好转，其二哥勉其努力向学，终入莆田哲理高中学习，毕业后到岫山南石村任教一年后，转考入省立医学院。

毕业后接受军政部征召，入伍进入远征军 208 师，担任上尉军医。一年后复员，随师入台进修，在省立台北医院从助理驻院医师、内科驻院总医师到主治医师，历时 6 年。1952 年由台湾省政府资助前往美国深造。1954 年获得医学博士学位后返台，就任基隆市立医院内科主任。1955 年自设圣光诊所行医。

1951 年，余流水与崇中、省立医学院同班同学又是同乡的周淑安结婚，育有三女一男，均在台大毕业后，赴美进修。长女获工业工程和工业管理两个硕士学位，次女获流行性病医学博士学位，三女是电化教育硕士，小儿子获得链球菌基因工程博士，儿媳则为小儿麻痹基因工程博士。

台湾开放探亲以后，余流水夫妇多次返乡，为洋上家乡做了许多善事，捐修宗祠 9000 美元，捐建洋上学校 8 万美元，校庆添制员工制服捐 1 万元人民币。

因职业原因，余流水对永春县医院建设甚为关心，捐资港币 10 万元建设永春县儿童医院，捐资人民币 40 万元建设永春县医院附加传染病院大楼、捐资台币 60 万元添置血液分析仪一组，捐资港币 11.4 万元购置奥林匹克牌纤维胃境全套。

为表彰余流水对家乡公益事业的贡献，永春县政府授予"热心公益事业特别奖"。

2001 年，余流水在台湾辞世，享年 81 岁。

林世哲

林世哲（1920—2017），又名林克城，永春县五里街镇儒林村人，民国 9 年（1920）11 月 12 日生。旅台著名实业家，慈善家。

林世哲童年坎坷，5 岁丧母，15 岁丧父。与祖母为命，历尽艰辛，饱尝人世间酸甜苦辣。自幼聪敏过人，幼年就读五里街新智小学（今五里街中心小学前身），初中就读于崇实初级中学（今崇贤中学前身），后来转读福州三民高中。抗战时期，三民中学疏散至闽北尤溪，他就地考入延平师范学校，毕业后当了几年教师。由于日本发动侵华战争，他毅然投笔从戎，参加抗日战争。

1945 年 8 月 15 日，日本投降后，林世哲弃甲从商，先后在厦门、上海、香港经商。20 世纪 40 年代到台湾，定居在台南市。他秉承先父林行瑞的遗愿，潜心研习中华传统医药学。1950 年率先在台湾创立首家中国药物研究所，网罗各地行家，礼聘专家、学者，集中力量从事中药科学研究，取得卓著成绩，奠定了台湾中药科学化的基础，被誉为"首创科学中药之祖"。他担任过高雄荣民总医院住院医师，专长于血液、癌症疾病治疗。担任高雄荣总血液肿瘤科主治医师兼总医师，是台湾内科医药会专科医师、台湾癌症医学会、台湾血液病学会会员。

民国 34 年（1954），林世哲创立"中国药物行"，以中药提炼液剂、粉剂、淀剂、糖衣淀等剂型供应全台湾中医界使用，深获好评和赞誉。他创办实业，任"东阳制药股份有限公司"董事长，该公司生产了全台湾独特的糖制剂。东阳制药自创立以来，秉持"发扬韩康志业，弘扬济世精神"的经营理念，本着关怀人民健康的神圣使命，提供高浓度、高品质的优良药品。他所办的中药药厂，从最初的几家，增至 30 多家，并且通过行政卫生部门，把中药带入更高的品质与管理。他著书立说、撰写《现代中药指南》《科学中药处方药览》等多部专著。

林世哲素有"让想读书的永春贫困学子有书读"的愿景及乡愁情结，悬壶济世事业有成后不遗余力支持家乡的教育事业和公益事业。

他慷慨捐资兴建五里街世哲幼儿园、中心小学综合楼、行瑞综合楼、崇贤中学行政综合楼、华侨中学英兰艺藏楼，黎明大学林世哲教学大楼、五里街林世哲教育基金大楼、捐资额达人民币 1300 多万元。

2011 年，已九旬高龄的林世哲又捐资人民币 1000 万元兴建永春县林世哲教育基金大楼，大楼坐落永春县工业园区，占地 6.5 亩，建筑面积 1.3 万平方米。

林世哲先后成立永春县林世哲扶助贫困学生教育发展协会，五里街镇林世哲教育发展研究会，以"扶助贫困学生、圆贫困学生读书梦"为宗旨，将大楼出租收益永久性用于帮助贫困学生，奖励优秀学生和改善薄弱学校办学条件。

为昭扬林世哲热爱桑梓教育事业的崇高精神，1995 年，永春县政府授予"热心公益事业"奖；2005 年 12 月，福建省人民政府授予"乐育英才"奖匾、金质奖章，"捐资兴学"荣誉证书；2006 年 9 月，泉州市人民政府在世哲幼儿园内为其设立"兴办公益事业纪念碑"；2009 年 3 月，省政府授予捐资办学金质奖章、荣誉奖状、荣誉证书，并在五里街中心小学立碑表彰。2014 年再次荣获省政府授予的捐资办学荣誉证书；同时，在永春县林世哲教育大楼给予立碑表彰；永春县也分别在世哲幼儿园、五里街中心小学和留安桥头绿地公园建"世哲亭"纪念。

2017年12月7日，林世哲在台南辞世，享年97岁。

陈其聪

陈其聪（1924—1994），祖籍永春县仙夹镇，民国13年（1924）生。任香港永春同乡会副理事长兼总务主任，他并不富有，但凭着一颗赤诚之心，不辞辛劳为家乡公益事业尽心尽力，赢得海外乡亲的信赖和家乡人民的赞誉。

陈其聪曾在家乡、新马和香港等地居住过，对海外侨亲、港澳乡亲炽热如火的爱国爱乡的家国情怀深有了解。因此，在20世纪50年代他再度到香港定居后，许多朋友劝他"干一番事业"，就连洋行的外国商人也对他说："凭你的广泛联系和见识，你是可以发财的。"但是，陈其聪放弃了这些想法，而把主要精力放在促进香港同胞公共福利事业及海外侨亲的联谊交往上，他被推举为香港福建商会常务理事兼康乐主任。1984年，香港永春同乡会成立时，他担任副理事长兼总务主任。从此，陈其聪更加热心于家乡的公益事业，鼓励同仁将香港永春同乡会当作家乡与海外联系的桥梁与纽带，密切与家乡联络联谊关系。他陪同著名教育家、全国政协委员梁披云等好友，3度到南洋各地，拜会同乡会馆、旅外贤达人士，不仅促进了海外梁氏宗亲的团结，而且促进了海外乡贤踊跃捐资，用于家乡的建设。在香港，他忠实履职，几乎每个星期日中午，都与香港永春同乡会乡亲好友相约茶饮，互相沟通信息，商讨如何为家乡办好公益事业。为及时沟通海外联系，特别是家乡来的音讯，他及时告知有关乡亲；凡是海外需要传给家乡的信息，或写信、或电告、及时与家乡相关部门联系沟通。

陈其聪为家乡公益事业尽心尽力，还表现在对每个侨建工程的高度负责，凡香港永春同乡会引建的每一项侨建工程，从定点、设计、动工、施工、验收至剪彩，都尽力做到事必躬亲，根据捐资者意愿做好工作。为缅怀著名侨领尤扬祖，他与梁披云、梁良斗3人倡议捐建永春侨中尤扬祖大楼，由梁良斗乡贤负责出资120万元。1994年，永春华侨中学尤扬祖大楼举行奠基仪式，陈其聪特地从香港赶回参加奠基仪式。陈其聪、梁披云、梁良斗一起合力捐建尤扬祖大楼，体现的是一种家国并重的根亲文化。

为表彰陈其聪对家乡公益事业的贡献，省人民政府授予"热心家乡公益事业"金质奖章、奖匾、荣誉证书；泉州市政府授予"热心公益事业"奖章、奖匾和荣誉证书；县政府授予"热心公益事业金牌奖"。

1994年，陈其聪在香港辞世，享年70岁。

林玉书、廖花香

林玉书（1924—2012），祖籍永春县蓬壶镇美山村，旅台同胞。民国3年（1924）生。幼年家境贫寒，父亲林多约，秉性忠厚，以农为生，艰难维持一家生计。林玉书14岁就辍学到五里街当童工，19岁走街串巷卖水果、土烟，赚取微薄收入补贴家用。民国35年（1946）告别双亲，从惠安崇武乘船出海，前往台湾谋生。途中遇惊涛骇浪，同行5船中有4船沉没，唯独其所乘之船幸免于难，化险为夷，安然飘浮至台中梧萋港。登岸后，劫后余生的林玉书感慨万千，暗立宏愿：他日若能如愿，必将报效桑梓。

初到台湾，先任职铁路警察队。民国38年（1949）与出生于民国20年（1931）3月6日的漳浦女子廖花香（1931—2018）结为伉俪，相敬如宾。1951年，林玉书申请退役转入商界，先经营永成冷饮，惨淡经营，略有积余后，在杭州南路首次置产开设建营土木行、南永建材五金行，承包修缮工程。事业有成后即创设鸿庆建设有限公司，出任董事长。在林玉书、廖花香女士精心经营下，公司宏图大展，成为台岛建筑行业一颗璀璨新星。

1987年，台海两岸紧张对峙局势缓和，两岸开放，林玉书得以返梓省亲，然双亲已带着盼儿回归的未能如愿遗憾撒手西归。

1987年开始，林玉书、廖花香伉俪独资重建"桃源佛刹"普济寺、拓建仙洞景区景观、修建美普路（美山至普济寺）、普天路两条公路。为游人朝圣、休闲、旅游、避暑提供方便。2000年又捐资新建建筑面积达2000余平方米的慈孝寺，金宝山公园、净化堂、无极殿、天后宫，使普济仙洞连成一线，成为蓬壶旅游风景区的主要景观。

林玉书、廖花香伉俪还捐资兴建蓬壶中学。自1994年至1998年5年间，先后捐建总建筑面积达5888平方米的书香教学楼、书香综合楼、育德楼、校门楼等，并捐资设立奖教奖学金。此后，他带头捐资并发动旅台乡亲捐资，于 1991 年 5 月建成建筑面积达 1450 平方米的壶西小学南教学大楼，1993 年捐资建成蓬壶医院建筑面积 2400 平方米的博安门诊大楼。1994 年又捐建建筑面积 2400 平方米的书香住院楼，并发动旅台乡亲捐资购置病床 100 套及其他设备。又捐资兴建书香桥（原九板桥），时任县长陈金榜书赠"书香桥"。

林玉书、廖花香伉俪历年捐资人民币 2000 多万元，为家乡公益事业作出贡献，省政府授予"兴医利民奖"；永春县政府授予"热心公益事业"特别奖。

2012 年农历五月初三，林玉书辞世，享年 88 岁。2018 年 12 月 18 日，廖花香辞世，享年 87 岁。

梁良斗、颜秀兰

梁良斗（1927—2018），永春县吾峰镇吾顶村人，旅港同胞。民国 16 年（1927）出生于吾顶村，天资聪颖，学习成绩优异，机敏多才，擅长数学，先后就读于培元、崇贤初中和集美商校，都是越级升学。民国 34 年（1945）抗战胜利，集美商校尚未毕业，就随父到泉州经商，从此离开学校进入商界。

1952 年起奉亲携幼移居香港经商。翌年 6 月父亲不幸病逝。从此，他只好独立奋斗。在香港他做过店员，经记，也和朋友开过小型塑胶工厂。但当时香港商界云谲波诡，他孤军奋战，商场受挫。为长远计，乃于 1958 年徙居偏僻的长洲，和夫人颜秀兰（1927—1999）同甘共苦，一家十二口在小岛上生活了十年，经历了他人生最艰困的阶段，但也磨炼了不骄不躁、百折不挠的斗志。1968 年，转而专营股票，开始一展雄才。

梁良斗在香港，既不是大实业家，也非大商人，却是股市奇才。他一生捐给家乡和祖国各地的各项公益事业款项累计 4500 多万元人民币，堪称奇迹。

1985 年，梁披云创办泉州黎明大学，创办之初，只有一座教学大楼和一座旧楼修葺的办公楼，梁良斗即慷慨捐资 100 万元港币兴建桃源楼（实验楼）和校园门楼，随后又捐建梅镜楼（图书馆、办公楼）和锡雍楼，总计捐资 522 万元。他还鼓励宗亲梁清辉和梁祖辉为黎大捐建教师宿舍、学生宿舍和专家楼。后来又与其兄弟共同把位于泉州鲤城中山街南路的祖业，一幢建筑面积 900 平方米，价值 250 多万元的当街大楼捐赠给黎大，作为学校的产业。黎明大学杨翔翔校长在《身居香江唐屋、心系黎大事业》一文中，称赞他是"梁老创办黎大的得力助手和无私奉献者，而且是创建黎大的奠基人之一。"

1986年以来，梁良斗慷慨捐建永春一中鸿钧楼（图书馆）、披云楼（理科教学楼）、聚青楼（男生宿舍）、锡雍楼（女生宿舍），捐资10万元，助建校友楼。1996年，捐资50万元兴建永春一中新东大门，同时捐资25万元，辟建梅镜亭和梅峰广场。永春一中由此从三级达标中学晋升为二级，1999年成为永春第一所一级达标中学。

1994年，梁良斗捐资252万元，在永春华侨中学兴建尤扬祖大楼，纪念已故永春爱国侨领尤扬祖；兴建郑苍亭大楼，纪念永春先贤宿儒郑仓亭；兴建陈其聪大楼，纪念永春旅港知名人士陈其聪。三座大楼落成，永春侨中亦被晋升为三级达标中学。1995年，梁良斗又再捐资252万元，兴建绳基教学楼、披云科学楼、宿舍楼。1997年，继续捐资兴建梁灵光大楼，还出资美化环境。四年时间，共捐资569万元，永春侨中也由三级达标中学晋升为二级达标中学。

1995年底，梁良斗捐资152万元，为永春五中兴建科学楼和图书馆，科学楼命名为颜子俊大楼，图书馆命名为李铁民大楼，以纪念这两位著名侨领。1996年和1997年，又捐资186万元，为永春五中兴建绳基大礼堂和科教学楼，还捐建一座美观大方的新校门。永春五中于1997年5月通过省三级达标中学验收。

1991年，梁良斗为母校永春崇贤中学捐建教学大楼、大礼堂、科学楼、图书馆、教室和宿舍，并年年捐赠奖学奖教金，累计捐资500万元。

此外，梁良斗于1996—1997年两年间，捐资300万元为永春师范添建体育馆、学生宿舍和教学大楼，为培养师德，梁良斗特意将捐建的一座大楼命名为"林连玉大楼"，以纪念永春蓬壶籍已故华文教育家、全马教师总会主席、被誉为"华教族魂"的林连玉。梁良斗还从1988年起，先后捐建永春职专震声楼、崇贤楼和校门。1996年，永春职专迁新址，他又以子女名义捐建一座办公大楼——颜秀兰大楼。

1988年，当得知永春县政府着手解决小学"一无两有"（校校无危房、班班有教室、人人有课桌椅）资金困难时，梁良斗即捐出50万元，明确表示这笔款由县政府统一安排到最需要的地方，他不要什么名义。县政府用这笔钱加上县政府的一部分投入，帮助兴建了边远山区13所小学。以后，梁良斗又继续捐赠，至1996

年，共捐资 210 万元，帮助 70 所小学、幼儿园，解决"一无两有"（校校无危房、班班有教室、人人有课桌椅）问题。1997 年，永春跨入全国"两基"（即基本普及九年义务教育、基本扫除青壮年文盲）先进县行列，梁良斗功不可没。

梁良斗经营股票，尽其所得，奉献于家乡教育事业，股市风险人所共知，个中艰辛，非常人所能承受。1987 年 10 月，香港股市受美国股市影响，恒生指数一天之内狂跌 1200 点，香港联交所立即宣布休市 4 天，星期一开市又狂跌 1700 点，股市一片哀号。而梁良斗正值返乡察看捐资工程，来不及回港救市，几乎全军覆没，损失惨重。而家乡捐建工程均已动工，急需工程费用 200 多万元，梁良斗处于两难境地，家乡党政领导见状对他说："你有困难，捐建工程可以慢点进行，等渡过难关再说。"可梁良斗却明确表示，他的夫人和儿女媳婿都支持他。已作出的承诺一定要兑现。1997 年，金融风暴席卷东南亚，这时他捐建的 9 项工程正在建筑中，需要资金数百万元。而此时，他的夫人正抱病就医，双重打击之下，梁良斗仍坚忍不拔，一再表示，即使借贷，也要实践诺言，完成捐献。在家人支持下，挫折并没难倒他，1998 年 10 月 22 日，9 项工程全部竣工，落成剪彩。

梁良斗淡泊名利，不求闻达，高风亮节，令人赞佩。他为大中小学建筑了那么多的高楼大厦，却从来没有参加过捐建项目的落成剪彩仪式，更回避新闻媒体的采访，不论政协、社团和同乡会等机构，邀请他担任职务，他都一一婉辞。他生活十分俭朴，居港 60 多年，至今没买房子，居住唐屋，出门坐公共汽车，甘之如饴。这种忘我无私的崇高精神境地，确实令人肃然起敬。

为表彰梁良斗伉俪对教育作出的重大贡献，福建省人民政府于 1999 年在永春华侨中学建筑一座"秀兰亭"立碑表彰，碑文为："香港同胞梁良斗、颜秀兰伉俪，祖籍福建省永春县。情系桑梓，兴学育才，为颂扬功德，激励学子奋发进取，特立此碑。福建省人民政府。一九九九年四月一日"。

永春一中于 1999 年在校园中敬建一座"良斗亭"。梁披云撰写楹联，其中一副联文为"倾资业绩陈校主，化俗情同蜀文翁。"认为良斗捐资兴学的功绩可以继承陈嘉庚，道出了永春人民的心声。

1999 年 5 月 31 日，颜秀兰女士在香港辞世，享年 72 岁。2018 年 12 月 19 日，梁良斗在香港辞世，享年 91 岁。

余光中

余光中（1928—2017），祖籍永春县桃城镇洋上村，旅台同胞。父余超英，毕业于省立十二中（今永春一中），先在永春县立第2高初两等小学任职，后应南洋马六甲育民华校聘为校长，另再创立益智学校，回国后历任永春县教育局局长，国民党中央党部海外部处长、安溪县县长、中央侨务委员会常务委员等职。渡台后发起创办台北永春同乡会，连任四届理事长。母孙秀君，出身江苏武进望族，曾任永春县女子学校校长。

余光中于民国17年（1928）9月9日出生于江苏南京，童年在南京度过，就读于崔八巷小学（今秫陵路小学）。抗战初期随母亲逃到上海，民国27年（1938）辗转至四川重庆与父亲团聚。民国29年（1940），余光中就读于设在四川江北县的南京青年会中学，在学期间打下坚实的中文和英文根基。民国36年（1947）从中学毕业后，分别考取北京大学和金陵大学，因内战北方不宁，民国38年（1949）转入厦门大学外文系就学。民国38年（1949）7月，随父母迁居香港，1950年5月到台湾，1951年毕业于台湾大学外文系。1959年获美国爱荷华州立大学艺术硕士，先后任教于中国台湾、香港和美国等多家大学，应聘为南京大学、同济大学等高校客座教授，任过高雄市中山大学教授，兼任文学院院长及外文研究所所长。系台湾著名学者、诗人和散文家，已出版专著50余种，在大陆亦出版20多种，诗文多篇选入海峡两岸大、中学课本，尤以"乡愁"系列流传最广。2003年荣获"华语文学传媒大奖"散文家奖，被称为"中国现代十大作家"之一。

余光中推动两岸文化交流活动，1995—2001年间，先后应聘厦门大学、吉林大学、东北大学、华中师范大学、山东大学客座教授，并在大陆许多高校演讲。

余光中文学影响力深远，"乡愁"成为大陆年轻学子广为传诵的绝唱佳篇，为缅怀其贡献，家乡永春建有余光中文学馆。

2017年12月14日，余光中在台湾辞世，享年89岁。

郑秀英

郑秀英（1931—2020），出生于永春县石鼓镇，旅港乡贤。其夫陈文彬，永春岵山镇人，原永春县医药公司副经理。子陈章明，旅港著名实业家，曾任香港永春同乡会第十二届、十三届会长。

郑秀英自从永春县百货公司退休以后，拥有其子陈章辉创办的福信集团、民生银行股份分红，退休金以及文彬商业城楼店出租收入，完全可以颐养天年、安享清福。然而就是这样一位克勤克俭、素食礼佛的退休老人，传承和弘扬了中华民族的传统美德、爱国爱乡、热心公益，做出了许多让人们敬佩的贡献。

郑秀英每年将前述可观收入中拿出 10—20 万元的额度用以支持家乡公益事业。至辞世时，历年捐资金额累计达到人民币 400 多万元。

2005 年，她捐赠 1 部小车给母校崇贤中学使用，并将原先设立的郑秀英奖学奖教基金额度从人民币 15 万元增至人民币 50 万元；1993—2009 年，共捐资人民币 105 万元设立永春侨中陈文彬、郑秀英奖教奖学基金，2000 年捐资人民币 10 万元，兴建永春华侨中学学生阅览厅一层，建筑面积 260 平方米；2004—2006 年，捐资 6 万元，用于添置永春华侨中学 6 套多媒体教学设备；2005 年捐资人民币 30 万元建设永春文明中学郑秀英教学楼，建筑面积 2500 平方米；2012 年，捐资人民币 33 万元，用于建设永春文明中学体育运动场，同年，向永春慈善总会慈善捐款人民币 50 万元；1995—2006 年，向永春一中捐资 40 万元，用于助学金。此外，还捐款支持永春县侨联会所建设、石鼓凤美村综合楼建设、永春郑成功研究会、宗教场所等等公益事业。

郑秀英热心公益，贡献卓著。历任福建省海外妇女联谊会理事、永春县妇女三胞联谊会名誉会长、永春县政协委员、永春佛教学会名誉会长、永春侨中校董会名誉理事长、崇贤中学校友总会名誉会长等社团要职。

为表彰郑秀英对家乡公益事业的贡献，省政府授予"热心家乡公益事业"金质奖章、奖匾和荣誉证书，授予"福建省捐赠公益事业贡献奖"奖匾和荣誉证书；泉州市政府授予"热心公益事业"奖章、奖匾和荣誉证书；永春县政府授予"热心公益事业特别奖""捐资兴办公益事业奖"。

2020 年，郑秀英辞世，享年 89 岁。

黄金如

黄金如（1932—2019），旅台同胞，民国21年（1932）出生于永春县吾峰乡梅林村。幼年在家乡小学就读，后考取德化师范。民国34年（1945），抗战胜利，台湾光复，赴台投考台湾警察学校及中央警官学校，从事警察职业18年，由警员升至刑事组长。1965年辞去警官职务，投入商界发展，先后创立瑞山砂石工厂、江安建设公司、大三元酒楼、太阳城夜总会、完福证券、东兴及世界保龄球馆等，事业有成。

1984年，当选台北市第五届市议员，此后连任二届，担任台北市议员3届达13年之久。并连任国民党第14、15、16、17届中央委员、政治小组委员、市议会党团书记。他热心社团工作，担任过台北市永春同乡会理事长、"世永联"第四届会长。

1987年，台湾开放大陆探亲，两岸民间往来活络，黄金如携眷陈英鸾女士返乡寻根谒祖，除首先修建父母坟墓、修缮黄氏宗祠外，还捐资铺设梅林村淑勤路、修建如意桥、永辉亭、捐建梅林小学教学楼及设立奖助学金，捐建永春儿童医院、永春伟纶游泳池、捐建变电所及碾米厂等公益事业，历年捐资人民币600多万元。1995年获永春县政府授予"热心公益事业特别奖"，2015年获县政府"乐育英才奖"。

黄金如为促进海峡两岸联谊交流做了许多有益工作。1989年，他率领台北市议会10多名议员到祖国西安、北京、兰州、上海、杭州、福州等地参观访问，均受到当地政府热烈欢迎与盛情接待，抵达永春后更受到家乡领导、父老乡亲的热烈欢迎。任台北永春同乡会理事长及"世永联"第四届会长时，积极推动旅台乡亲加强与家乡联谊活动，亦对家乡侨联会所建设作出贡献。

2019年，黄金如在台北辞世，享年87岁。

陈颜玉雪

陈颜玉雪（1934—2017），出生于永春县石鼓镇桃场村，夫家岵山镇磻溪村，旅港乡贤。她教子成材，其子少煌，永春六中高中毕业后，于1973年往香港定居，受聘为公司职员，忠厚诚实、工作勤勉，升为部长。后辞职自涉商海，拼搏进取，以锐利的眼光瞄准国际市场，以过人的胆识先后创办宏达贸易公司、宏辉纺织有限公司、宏通纺织公司、宏达货仓有限公司等企业。专营棉布生意，业绩斐然，成果丰硕，成为享有盛誉的优秀实业家。

陈颜玉雪，宽厚仁慈，乐善好施，倾心支持家乡公益事业，频兴义举，先是独资兴建磻溪幼儿园、老人会，设立磻溪小学奖教奖学金，捐资铺设磻溪村柏油公路；独资在娘家桃场兴建鲁国幼儿园大楼；1992年返乡，耗资人民币数十万元，分赠全村每位老人和各户族亲、近邻和岵山磻溪小学全体师生；1996年村民陈建国遇车祸夫妇双亡，遗下年仅8岁的儿子和76岁母亲，生活无依。陈颜玉雪深表同情，伸出援助之手，表示每年给予祖孙每人捐助人民币1200元，直至老人享尽天年，小孩至18周岁，善举深受乡亲敬佩。据统计，历年陈颜玉雪捐资家乡公益事业达人民币240多万元。

陈颜玉雪善行义举得到各级政府表彰，省政府授予"热心家乡公益事业"金质奖章、奖匾和荣誉证书，授予"福建省捐赠公益事业贡献奖"银质奖章、奖匾和荣誉证书；泉州市政府授予"热心公益事业"奖章、奖匾和荣誉证书；永春县政府授予"热心公益事业金牌奖""捐资兴办公益事业"表彰。

2017年，陈颜玉雪辞世，享年83岁。

郑清治

郑清治（1946—2022），永春县桃城镇桃城社区人，旅港同胞。民国35年（1946）生于桃城一个华侨世家，祖父及父亲均侨居马来西亚。母亲勤劳朴素，与人为善，对郑清治疼爱之余，严格教育，最早的人生启蒙，塑造了他的正直善良、积极向上的性格本色。

1965年，高中毕业的他虽成绩优异，却因家庭成分不好而未能进入大学深造。1969年，家乡掀起上山下乡的大潮，郑清治带着新婚妻子到永春横口公社（今横口乡）上西坑村插队落户，辛勤劳作，度过了一段难忘的知青时光。

20世纪70年代，他携家眷赴港定居。从一个打工仔做起，做过服装加工、房地产代理，历10余年努力，终于在20世纪80年代创建了属于自己的房地产公司，苦心经营，不断发展壮大，事业有成。

郑清治心怀故里，热心公益。他在曾插队落户的上西坑投资数百万元开发数百亩茶园，开发种植金山寨生态有机铁观音及佛手茶，任金山寨茶叶公司董事长，并成功地举办茶艺班和"知青杯"茶王大赛活动，并在横口乡闹市区建造一个多功能茶叶市场，力促当地经济发展。

郑清治致力社团工作，先后担任香港永春同乡会永远名誉会长、香港慈善基金会副会长、世界郑氏宗亲会常委、主席、泉州市政协委员等职。他热心家乡公益事业，历年捐献永春一中、永春侨中、桃东鹏翔小学、湖洋中心小学、横口西坑小学、县政协、县侨联、鹏翔郑氏家族会、福建省郑氏委员会、世界郑氏宗亲会、县城隍庙、桃源殿、西峰寺、华岩室、天禄岩、天龙寺、天竺禅寺等公益事业逾500万人民币。

郑清治热心家乡公益事业义举得到家乡人民的赞赏，得到各级政府表彰。省政府授予"热心家乡公益事业"金质奖章、奖匾和荣誉证书，"福建省捐赠公益事业贡献奖"银质奖章、奖匾和荣誉证书；泉州市政府授予"热心公益事业"奖章、奖匾和荣誉证书；永春县政府授予"热心公益事业金牌奖"。

2022年6月6日，郑清治在香港辞世，享年76岁。

第二节 人物表

本节设立 6 表,分别收录民国时期任县、团长级及以上职务 15 名永春归侨;1949 年后任永春县副(处)级职务 6 名永春归侨;1949 年后任永春县副(处)级职务 16 名永春侨眷;1949 年后任外地(处级)及以上职务 23 名永春归侨;1949 年后任外地副(处)级及以上职务 41 名永春侨眷;高级及以上职称 17 名永春归侨;高级及以上职称 45 名永春侨眷。

注:因资料收集原因,未能完整收录永春归侨、侨眷人物担任的职务、职称。

表 5.1.1　　　民国期间任县、团级及以上职务永春归侨侨眷一览表

姓名	生卒年份	籍贯	曾任职务	侨居地
宋渊源	清光绪八年至 1961 年(1882—1961)	永春五里街	福建省议会会长、民国元年(1912),闽南宣慰使、民国 11 年(1922)	日本
郑玉书	清光绪十三年至 1965 年(1887—1965)	永春仙夹	福建省参议员,民国 30 年(1941)	菲律宾
郑兼三	清光绪十三年至?年(1887—?)	永春桃城	永春县县长,民国 17 年(1928)	马来亚
郭其祥	清光绪二十年至民国 25 年(1894—1936)	永春仙夹	永春县县长,民国 21 年(1932)	马来亚
刘子宽	清光绪二十九年至 1950 年(1903—1950)	永春湖洋	国民党上校团长,民国 19 年(1930)	马来亚
林祖培	清光绪二十九年至 1961 年(1903—1961)	永春蓬壶	永春县县长,民国 18 年(1929)	马来亚
郑淑麟	清光绪二十九年至 1990 年(1903—1990)	永春仙夹	永春县县长,民国 22 年(1933)	日本
刘澄清	清光绪三十二年至 1980 年(1906—1980)	永春湖洋	上杭、明溪、邵武县县长,福建省政府顾问,民国 25–30 年(1936–1941)	马来亚
郑揆一	清光绪三十二年至 1994 年(1906—1994)	永春仙夹	国民政府参议员,民国 29 年(1940)	法国
梁披云	清光绪三十二年至 2010 年(1906—2010)	永春吾峰	永泰县、惠安县县长,民国 25 年(1936),福建省教育厅厅长,民国 36 年(1947)	马来亚

续表

姓名	生卒年份	籍贯	曾任职务	侨居地
李南金	清光绪三十三年至1932年（1907—1932）	永春达埔	中共永春县委书记，民国19年（1930），中共厦门市委特派员，民国20年（1931）	越南
郑正言	清宣统元年至？年（1909—？）	永春湖洋	福建省省长机要秘书	马来亚
李剑光	民国元年至24年（1912—1935）	永春达埔	中共安溪中心县委书记，民国21年（1932）	越南（侨眷）
林士带	民国5至32年（1916—1943）	永春蓬壶	中共泉州中心县委委员、中共福建省闽南（闽中）特派员	马来亚
林刚中	民国5年至35年（1916—1946）	永春蓬壶	东北民主联军团长	马来亚

表5.1.2　　**1949年后任永春县副处级职务永春归侨一览表**

姓名	生年	籍贯	毕业院校	曾任职务	侨居地
林东汉	清宣统三年（1911）	永春蓬壶	永春南湖学校初中部	首届县政协副主席（1956—1958）永春县侨联副主席（1950—1957）	马来亚
李华鼎	民国元年（1912）	永春	侨校	一至五届永春县政协副主席（1956-1966），一至四届永春县侨联主席（1959-1966）	越南
郑德郁	民国12年（1923）	永春桃城	永安福建师范	九届县人大副主任（1980-1984），七届县政协副主席（1984-1987），五、六届县侨联主席（1979-1982）	泰国
郑永仁	民国21年（1932）	永春桃城	郑州粮食学院	十届、十一届县人大副主任（1984-1991），九届、十届县政协副主席（1991-1999），七届县侨联主席（1988）	马来亚
王大贞	民国22年（1933）	永春五里街	福建师范学院	八、九、十届县政协副主席（1987-1999），致公党永春县委主委	新加坡
陈友经	民国32年（1943）	永春湖洋	暨南大学	十届、十一届县政协副主席（1924-2004），八届县侨联主席（1994）	马来亚

续表 5.1.2　　**1949 年后任永春县副处级职务永春侨眷一览表**

姓名	生 年	籍贯	毕业院校	曾任职务
王 一	民国 19 年（1930）	石鼓社区	厦门师院	永春县检察院副检察长
陈赞良	民国 20 年（1931）	永春东平		永春县委常委、副县长
李其水	民国 20 年（1931）	永春东平		永春县委副书记、永春县人大主任
刘声洽	民国 26 年（1937）	桃城留安	厦门大学	永春县副县长
颜华煨	民国 33 年（1944）	石鼓社区	崇贤中学初中部	永春县政协副主席
谢雪芳	民国 35 年（1946）	永春东平	晋江专区农校	永春县委副书记、永春县人大副主任
郑子琪	1957 年	石鼓社区	泉州师院	永春师范书记、校长
郑福南	1957 年	仙夹夹际	泉州师院	永春县人大副主任（正处）
张传统	1958 年	永春桃城	泉州师范学校	永春县副县长、政协副主席
陈发源	1960 年	达埔达理	泉州师专	永春县政协副主席、人大副主任
颜松龄	1962 年	石鼓桃场	江西陆军学院	永春县人大副主任
颜一鹏	1963 年	石鼓社区	厦门大学	永春县副县长
梁文光	1963 年	吾峰吾顶	宁德农校	永春县政协副主席（正处）
黄万民	1962 年	石鼓卿园	厦门大学	永春县政协副主席
郭赐福	1967 年	横口贵德	浙江第二人民警察学院	永春县政协副主席
林铭东	1975 年	永春石鼓	福建物资学校	永春县政协副主席

表 5.1.3　　**1949 年后任外地处级及以上职务永春归侨一览表**

姓名	生 年	籍贯	毕业院校	曾任职务	侨居地
颜子俊	清光绪十三年（1887）	永春达埔		福建省侨务委员会副主任（1953），全国侨联副主席（1956），国务院华侨事务委员会委员（1957）	越南
尤扬祖	清光绪十八年（1892）	永春达埔		全国侨联副主席（1956），福建省副省长（1957），福建省政协副主席（1962-1982）	印尼

续表

姓名	生年	籍贯	毕业院校	曾任职务	侨居地
李铁民	清光绪二十四年（1898）	永春达埔		中央人民政府华侨事务委员会副主任（1949.10）全国侨联副主席（1956）	新加坡
陈其挥	清光绪三十二年（1906）	永春吾峰	莆田哲理中学	1968年后担任致公党福建省委员会主委，福建省人大常委会委员、教育工会主席。	马来亚
梁灵光	民国5年（1916）	永春吾峰	上海立达学园	福建省省委常委、副省长（1956），轻工部部长（1977），广东省委书记（1980）	马来亚
刘义标	民国6年（1917）	永春桃城	侨校	浙江省手工业管理局机关党委副书记（1955）享受司局级待遇。	印尼
郑梅粧（女）	民国6年（1917）	永春仙夹	福建农校	福建省人事厅厅长（1955）	印尼
陈沫	民国7年（1918）	永春石鼓	华北联大	驻缅甸参赞、临时代办等职（1979–1983）正司局级待遇	马来亚
陈明	民国8年（1919）	永春苏坑	陕北公学	1980年后担任陕西省副省长、陕西省人大副主任等职	马来亚
李金发	民国8年（1919）	永春桃城	延安抗日军政大学	广州军区联络部正师级副部长、副军级待遇（1963）	马来亚
陈大明	民国9年（1920）	永春仙夹	侨校	郑州市侨务处副处长、河南省侨联副主席。（1978–1983）	菲律宾
许寒冰（女）	民国9年（1920）	永春石鼓	侨校	外交部干部司、非洲司、领事司副司长、中国人民外交学会副会长	马来亚
郑清贻	民国10年（1921）	永春仙夹	侨校	一机部机床工具工业局财务处长等职，享受司局级待遇	菲律宾
郑仕照	民国10年（1921）	永春湖洋	吉隆坡中华学校	泉州市中旅社副书记、经理（1976）	马来亚
陈光	民国11年（1922）	永春仙夹	军校	闽粤赣边区纵队闽南支队19团政委（1947）广东省工商联秘书长（1989）	菲律宾
郑竞辉	民国13年（1924）	永春仙夹	侨校	上海市侨联副主席	印尼

续表

姓名	生　年	籍贯	毕业院校	曾任职务	侨居地
郑亚天	民国 14 年（1925）	永春湖洋	人民公安学校	厦门集美侨校校长（副厅级）	马来亚
林多速	民国 18 年（1929）	永春蓬壶	马来亚侨校	中共永春县委宣传部部长、统战部长、泉州附属二院党委书记（1981）	马来亚
刘文湖	民国 19 年（1930）	永春湖洋	北京大学	致公党中央委员会常委、致公党福建省主委（1980 年后任职）	马来亚
颜文礼	民国 23 年（1934）	永春	东北大学	华侨大学化学系主任（正处）	马来亚
郑志成	民国 24 年（1935）	永春仙夹	厦门大学	厦门大学副校长	菲律宾
林卫国	民国 29 年（1940）	永春蓬壶	厦门大学	山西省侨办主任	印尼
林水湖	1956 年	永春	泉州市委党校	丰泽区公安局局长、泉州市公安局副局长（2002）	印尼

表 5.1.4　　**1949 年后任外地副处级及以上职务永春侨眷一览表**

姓名	生年	籍贯	毕业院校	曾任职务
黄渊洋	民国 16 年（1927）	石鼓卿园	崇贤中学	厦门市工商联主席、总商会副会长
杨德其	民国 20 年（1931）	岵山塘溪	北京煤炭学院	福建省煤炭工业厅副处长
陈章太	民国 21 年（1932）	仙夹美寨	厦门大学	中国科学院语言研究所所长
郑冬斯	民国 21 年（1932）	仙夹夹际	华东师大	厦门大学党委副书记
陈祯柏	民国 22 年（1933）	仙夹美寨	福建师范学院	经贸委主任、福州市委常委
刘长城	民国 22 年（1933）	湖洋清白	永春一中	省汽运公司泉州分公司副经理

续表

姓名	生年	籍贯	毕业院校	曾任职务
陈俊义	民国 23 年（1934）	岵山茂霞	永春一中	解放军某部团长、享受副师级待遇
郑崇强	民国 23 年（1934）	仙夹夹际	崇贤中学	中央军委政治部副师级军官
郑智聪	民国 23 年（1934）	仙夹夹际	厦门双十中学	南海舰队湛江基地训练处处长
郑仲琪	民国 23 年（1934）	仙夹夹际	厦门大学	厦门市交警支队政委
黄志文	民国 23 年（1934）	石鼓卿园	厦门财经学院	龙岩市长汀县县长
陈新丁	民国 24 年（1935）	岵山茂霞	广东暨南大学	南平市人大常务副主任
郑素文（女）	民国 25 年（1936）	仙夹夹际	中央党校	省委台工办副主任、巡视员
陈昌图	民国 26 年（1937）	岵山茂霞	清华大学工程化学系	机械部桂林电器科研所绝缘材料分析所副所长
郑九如	民国 26 年（1937）	仙夹夹际	福建农学院	福建省农科院稻麦研究所所长
陈清渊	民国 28 年（1939）	仙夹美寨	厦门大学	江西省外贸专科学校校长
郑福树	民国 28 年（1939）	仙夹夹际	福建农学院	省农业厅经济作物处处长
陈文建	民国 29 年（1940）	仙夹美寨	厦门大学	陕西省西安远东机械厂处长
陈昆山	民国 30 年（1941）	岵山塘溪	永六中	厦门市武装部长、厦门商业集团公司党委书记、董事长
陈炉辉	民国 32 年（1943）	岵山南石	永六中	三明钢铁厂质检处处长
郑金贵	民国 38 年（1949）	仙夹东里	福建农学院	福建农林大学校长

续表

姓名	生年	籍贯	毕业院校	曾任职务
陈志铭	1952年	岵山磻溪	南京大学	解放军空军报社社长、正师级、副军级待遇
陈华珍	1952年	仙夹龙美	军校	福建省国土资源厅副厅级干部
郑子琪	1953年	石鼓桃星	泉州师专	永春师范书记兼校长
郑建树	1954年	岵山铺下	泉州师专	晋江地委组织部副部长、晋江市政府副市长、泉州市教育局局长
陈志忠	1954年	岵山磻溪	福州大学	省国土资源厅副厅长
陈亚琼	1956年	岵山塘溪	永六中	香港特别行政区文体部副部长
许礼哲	1959年	石鼓社区	文明中学	泉州市政府副秘书长
吴长枝	1962年	岵山塘溪	郑州解放军测绘学院	总参作战部测绘研究所高工、享受军级待遇
郑一贤	1962年	仙夹东里	福建师大	福建省台湾事务办公室处长
陈笃钦	1962年	仙夹美寨	福州大学	福州大学学生处处长
郑苇夫	1962年	仙夹夹际	福建师大	国家派驻缅甸孔子学院院长
郑进德	1964年	仙夹东里	厦门大学	福建海峡之声电台主编、上校
郑敏捷	1964年	仙夹美寨	厦门大学	深圳市安全局处长（副厅级）
林庆丰	1964年	石鼓大卿	同济大学	晋江市副市长
黄驾森	1965年	仙夹夹际	永六中	厦门边防支队副支队长
陈式海	1966年	岵山龙阁	北京大学	中国侨联副主席、福建省侨联主席
陈江生	1967年	仙夹美寨	中央党校	中央党校国际经济研究所副所长
郑京东	1968年	仙夹夹际	福建省高等建筑工程专科学校	福建省农业厅计划财务处副处长
郑煜铭	1978年	仙夹夹际	中国科技大学	中科院厦门城市环境研究所副所长
郑玮斯	1986年	仙夹夹际	北京大学	教育部研究生司学位处副处长

表 5.1.5　　　　　　　　**高级及以上职称永春归侨一览表**

姓名	生年	籍贯	毕业院校	职称	工作单位及职务	侨居地
陈赐振	民国 19 年（1930）	永春岵山	福建农学院	高级农艺师	广西钦州荣光农场场长	马来亚
刘健民	民国 19 年（1930）	永春湖洋	华东水利学院	教授级高级工程师	南京水文水资源研究所	印尼
陈中北（女）	民国 20 年（1931）	永春介福	哈尔滨工业大学	研究员	山西省科技发展战略所	印尼
林金枝	民国 21 年（1932）	永春蓬壶	厦门大学	教授、博士生导师	厦门大学南学研究所历史研究室主任	马来亚
郑志坚	民国 21 年（1932）	永春仙夹	杭州医学院	主任医师	厦门中医院、副院长	菲律宾
林仪媛（女）	民国 22 年（1933）	永春蓬壶	浙江大学	教授级高级工程师	冶金部鞍山热能研究所	马来亚
陈礼阳	民国 24 年（1935）	永春岵山	永春六中	高级教练	福建省体工队	马来亚
郑天宝	民国 25 年（1936）	永春湖洋	北京大学	教授	香港文艺家协会主席	马来亚
王建士	民国 25 年（1936）	永春	厦门大学	副教授	华侨大学学报社科版编辑部主任	马来亚
刘兴土	民国 25 年（1936）	永春湖洋	东北师范大学	研究员、博士生导师	中国科学院东北地理与农业生态研究所	马来亚
陈文德	民国 28 年（1939）	永春	华东师大	高级讲师	泉州市教育局教育科长	马来亚
洪昭光	民国 28 年（1939）	永春东平	上海第一医学院	研究员、教授	首都医科大学附属北京安贞医院副院长	马来亚
李秀治	民国 29 年（1940）	永春湖洋	厦门大学	副教授	厦门大学历史系	柬埔寨
王德明	民国 30 年（1941）	永春	福建师范学院	高级教师	泉州培元中学	印尼
刘秀珍	民国 30 年（1941）	永春湖洋	福建师院	高级教师	同济大学第一附属中学	新加坡

续表

姓名	生年	籍贯	毕业院校	职称	工作单位及职务	侨居地
林淑珍	民国 35 年（1946）	永春蓬壶	广东琼台师范	特级教师	广东省珠海市秀州区第一小学校长	越南
郑双穗	民国 37 年（1948）	永春桃东	沈阳通讯兵学院	高级经济师	鹏通皮革有限公司董事长	泰国

表 5.1.6 　　　　　　　　**高级及以上职称永春侨眷一览表**

姓名	生年	籍贯	毕业院校	职称	工作单位及职务
黄清雍	民国 16 年（1927）	石鼓卿园	南京工学院	高级工程师	南京东南大学
郑烟全	民国 19 年（1930）	湖洋溪东	南京水利学院	高级工程师	河南三门峡水利部
陈贻煌	民国 19 年（1930）	仙夹美寨	复旦大学	教授	厦门大学
郑国绮	民国 20 年（1931）	仙夹夹际	人民大学	正编审	中国社会科学院、台湾经济研究所
黄清用	民国 20 年（1931）	石鼓卿园	厦门大学	教授	西北工业大学
郭成蛟	民国 21 年（1932）	仙夹龙美	福建师大	中学高级教师	仙夹中学校长
郭文炼	民国 21 年（1932）	仙夹龙美	南京药学院	主任药师	福建华闽集团公司药材部经理
郑达欣	民国 22 年（1933）	仙夹夹际	复旦大学	教授	福建师范大学
陈淑喆	民国 23 年（1934）	仙夹美寨	厦门大学	总工程师	邯郸市轻工业公司经管主任
钱聚英	民国 24 年（1935）	石鼓卿园	哈工大	教授	西北工业大学
郑川永	民国 24 年（1935）	仙夹夹际	复旦大学	教授	辽宁大学历史系教授
陈清汶	民国 24 年（1935）	仙夹美寨	浙江大学	主任医师	浙江省金华医院

续表

姓名	生年	籍贯	毕业院校	职称	工作单位及职务
郑文衍	民国24年（1935）	仙夹龙美	南京大学	高级工程师	国防工办江苏无线电厂
郑田瑞	民国25年（1936）	湖洋溪东	福建农学院	高级农业经济师	闽台经促会农业分会副秘书长
郭超文	民国25年（1936）	仙夹龙美	复旦大学	教授	安徽师范大学
郑锦益	民国25年（1936）	仙夹龙美	厦门大学	中学高级教师	仙夹中学副校长
陈庆顺	民国26年（1937）	仙夹东里	福建机电学院	高级工程师	福建省水利厅综合管理处
陈敬寿	民国26年（1937）	仙夹东里	福建机电学院	高级工程师	福建省计量所
陈友桢	民国26年（1937）	湖洋玉柱	南京工学院	高级工程师	顺昌县科委主任
陈海澄	民国27年（1938）	岵山南石	浙江医学院	副军级主任医师	解放军180医院
陈其锐	民国28年（1939）	岵山茂霞	北师大	中学高级教师	永春六中副校长
陈义侃	民国28年（1939）	岵山塘溪	上海同济大学	教授级高级工程师	福建省建筑设计院
郑同心	民国28年（1939）	湖洋龙山	山东大学	中学高级教师	永春四中
郑波光	民国29年	仙夹夹际	华东师院	教授	集美大学
吴诗池	民国30年（1941）	湖洋桃美	厦门大学	教授	厦大历史系
郑金纯	民国30年（1941）	湖洋溪东	清华大学	高级工程师	北京汽车工业总公司技术处长
陈友铨	民国30年（1941）	湖洋玉柱	福州大学	高级工程师	四川109研究所
陈象狮	民国31年（1942）	岵山磻溪	清华大学	中学高级教师	永春六中
郑河山	民国31年（1942）	仙夹夹际	漳州师院	中学高级教师	福州市第五中学

续表

姓名	生年	籍贯	毕业院校	职称	工作单位及职务
郑省执	民国33年（1944）	仙夹夹际	南京大学	中学高级教师	江西省南昌铁路第一中学
黄礼民	民国36年（1947）	石鼓卿园	福州大学	高级工程师	永春县水利局
黄汤民	民国36年（1947）	石鼓卿园	台北大学	高级工程师	台北大学
郑成举	民国36年（1947）	仙夹夹际	厦门大学	中学高级教师	永春六中
郭金众	1950年	仙夹龙湖	泉州师院	中学高级教师	仙夹中学
郑志有	1962年	仙夹东里	福州大学	高级工程师	厦门市环保局
郑良标	1963年	仙夹夹际	泉州师院	中学高级教师	永春二中
陈冠三	1963年	仙夹美寨	广州中山大学	副教授	广州中山大学电子系主任
郑文琛	1964年	仙夹东里	泉州师院	中学高级教师	永春二中
杨晓霞	1964年	仙夹东里	泉州师院	中学高级教师	永春二中
陈江生	1967年	仙夹美寨	中央党校	研究员	中央党校国际经济研究所
郑志刚	1968年	仙夹东里	福建医科大学	主任医师	福州第二医院外科
王 晓	1970年	仙夹美寨	北京医学院	主任医师	北京市天坛医院
黄宏德	1972年	石鼓卿园	厦门大学	教授	厦大经济学院经济系
黄健雄	1973年	石鼓卿园	西南政法大学	教授	厦大法学院
郑超瑜	1979年	湖洋龙山	华东理工大学	副教授博士生导师	厦门集美大学轮机工程学院

第二章　先进集体与先进个人

第一节　永春县侨联机关先进集体名录

表 5.2.1　2007—2023 年永春县侨联获国家、省、市、县表彰情况表

获奖时间	单位	荣誉称号	授奖机关
一、国家级表彰			
2009 年	永春县侨联	全国先进基层组织	中国侨联
2021 年	永春县侨联	2018—2020 年度全国侨联系统优秀"侨胞之家"	中国侨联
2023 年	永春县侨联	全国侨联系统先进组织	中国侨联
二、省级表彰			
2007 年	永春县侨联	全省侨联系统先进单位	福建省侨联
2012 年	永春县侨联	2008—2012 年度全省侨联系统先进集体	福建省侨联
2012 年	永春县侨联	侨友之家	福建省侨联
2013 年	永春县侨联	全省侨联系统组织建设示范点	福建省侨联
2014 年	永春县侨联	全省侨联系统组织建设年活动先进集体	福建省侨联
2015 年	永春县侨联	巾帼文明先进单位	福建省侨联
2015 年	永春县侨联	侨胞之家	福建省侨联
2017 年	永春县侨联	侨胞之家示范点	福建省侨联
2017 年	永春县侨联	全省侨联系统先进单位	福建省侨联
2020 年	永春县侨联	全省侨联系统先进单位	福建省侨联
2020 年	永春县侨联	2019 年度全省侨联系统信息转播工作先进单位	福建省侨联

续表

获奖时间	单位	荣誉称号	授奖机关

三、市级表彰

2014 年	永春县侨联	2011—2014 年度信息工作先进集体	泉州市侨联
2014 年	永春县侨联	对台文化交流示范点	泉州市侨联
2016 年	永春县侨联	信息工作先进集体	泉州市侨联
2020 年	永春县侨联	2019 年度信息传播工作先进集体三等奖	泉州市侨联
2022 年	永春县侨联	2021 年度信息传播工作先进集体三等奖	泉州市侨联

四、县级表彰

2009 年	永春县侨联	永春县统战侨台先进单位	中共永春县委统战部
2010 年	侨联机关党支部	先进五好党支部	中共永春县委县直机关党工委
2011 年	侨联机关党支部	先进五好党支部	中共永春县委县直机关党工委
2012 年	侨联机关党支部	先进五好党支部	中共永春县委县直机关党工委
2013 年	侨联机关党支部	先进五好党支部	中共永春县委县直机关党工委
2013 年	永春县侨联	2010—2012 年度机关党建工作先进单位	中共永春县委 永春县人民政府
2014 年	永春县侨联	2011—2013 年度精神文明建设先进集体	中共永春县委 永春县人民政府
2014 年	侨联机关党支部	先进五好党支部	中共永春县委 县直机关党工委
2014 年	永春县侨联	永春县统战侨台先进单位	中共永春县委
2015 年	永春县侨联	学习型党组织	中共永春县委宣传部
2017 年	永春县侨联	2014—2016 年度精神文明建设先进单位	中共永春县委 永春县人民政府
2020 年	永春县侨联	2017—2019 年度精神文明建设先进集体	中共永春县委 永春县人民政府

第二节　各乡镇侨联先进集体名录

表 5.2.2 1989—2023 年各乡镇侨联获国家、省、市、县级表彰情况表

获奖时间	获奖单位	荣誉称号	授奖机关
一、国家级表彰			
2013 年	仙夹镇侨联	全国侨联系统先进组织	中国侨联
2023 年	仙夹镇侨联	2021—2022 年度全国侨联系统"侨胞之家"典型先进单位	中国侨联
二、省级表彰			
1989 年	蓬壶镇侨联 仙夹镇侨联	福建省侨联工作先进单位	福建省侨联
1999 年	岵山镇侨联	福建省侨联系统先进集体	福建省人事厅 福建省侨联
2002 年	桃城镇侨联	福建省侨联工作先进单位	福建省人事厅 福建省侨联
2004 年	东平镇侨联	福建省基层侨联组织建设先进单位	福建省侨联
2007 年	达埔镇侨联	福建省侨联系统先进集体	福建省人事厅 福建省侨联
2007 年	蓬壶镇侨联 五里街镇侨联	侨友之家	福建省侨联
2009 年	岵山镇侨联	侨友之家	福建省侨联
2012 年	仙夹镇侨联	侨友之家	福建省侨联
2016 年	吾峰镇侨联 仙夹镇侨联 东平镇侨联 湖洋镇侨联 岵山镇侨联	侨胞之家	福建省侨联
2017 年	石鼓镇侨联 吾峰镇侨联 仙夹镇侨联 东平镇侨联 湖洋镇侨联 岵山镇侨联	侨胞之家示范点	福建省侨联

续表

获奖时间	获奖单位	荣誉称号	授奖机关
2018 年	达埔镇侨联 东关镇侨联	省级"侨胞之家"	福建省侨联
2019 年	五里街镇侨联	省级"侨胞之家"	福建省侨联
2020 年	蓬壶镇侨联	省级"五有"侨胞之家	福建省侨联
2022 年	石鼓镇侨联	省级"五好"侨胞之家	福建省侨联
2023 年	湖洋镇侨联	全省侨联系统先进集体	福建省人社厅 福建省侨联

三、市级表彰

2002 年	仙夹镇侨联 蓬壶镇侨联	泉州市侨联工作先进单位	中共泉州市委 泉州市人民政府
2007 年	湖洋镇侨联 五里街镇侨联 介福乡侨联 石鼓镇侨联	泉州市侨联工作先进单位	中共泉州市委 泉州市人民政府
2007 年	蓬壶镇侨联	市侨情普查先进集体	泉州市侨联
2011 年	湖洋镇侨联	侨友之家	泉州市侨联
2011 年	石鼓桃星社区侨联小组	侨友之家	泉州市侨联
2016 年	吾峰镇 侨联党支部	市级先进基层党支部	中共泉州市委 泉州市人民政府

四、县级表彰

1996 年	蓬壶镇侨联	永春县文明单位	中共永春县委 永春县人民政府
1997 年	蓬壶镇侨联	永春县文明单位	中共永春县委 永春县人民政府
2002 年	介福乡侨联	统一战线工作先进单位	中共县委统战部
2005 年	石鼓镇侨联 仙夹镇侨联	永春县侨务工作先进集体	中共永春县委 永春县人民政府
2006 年	桃城镇侨联 介福乡侨联会	永春县侨务工作先进集体	中共永春县委 永春县人民政府

续表

获奖时间	获奖单位	荣誉称号	授奖机关
2006 年	五里街镇侨联 岵山镇侨联 仙夹镇侨联 石鼓镇侨联 吾峰镇侨联	永春县重点侨情普查先进单位	中共永春县委 永春县人民政府
2009 年	蓬壶镇侨联 达埔镇侨联	统战侨台工作先进单位	中共永春县委 永春县人民政府
2009 年	蓬壶镇侨联 桃城镇侨联 东关镇侨联 东平镇侨联 岵山镇侨联 仙夹镇侨联	永春县基层侨联工作先进集体	中共永春县委 永春县人民政府
2009 年	达埔镇达德村 侨务小组 五里街儒林社区 侨务小组 介福乡福东村 侨务小组 吾峰镇吾顶村 侨务小组 湖洋镇龙山村 侨务小组 石鼓镇坑园村 侨务小组	永春县基层侨联工作先进集体	中共永春县委 永春县人民政府
2013 年	达埔镇侨联 吾峰镇侨联 东平镇侨联	2009—2012 年度永春侨联系统 先进单位	中共永春县委 永春县人民政府
2013 年	仙夹镇侨联	永春县侨联先进集体	中共永春县委 永春县人民政府
2015 年	仙夹镇侨联	全县学雷锋活动示范点	中共永春县委宣传部

第三节 永春县侨联系统先进个人名录

表 5.2.3   1982—2023 年获国家、省、市、县表彰先进个人情况表

颁奖时间	姓　名	荣誉称号	颁奖单位
一、国家级表彰			
1983 年	张建光、杨本钟	全国侨务工作先进个人	国务院侨办 全国侨联
1986 年	林士琦、郑德郁、郑梓敬	全国侨联工作积极分子	全国侨联
1994 年	郑梓敬、郑双穗	全国侨联先进个人	中国侨联
1995 年	郑流年	全国侨报侨刊工作 优秀工作者	中国侨联
1999 年	吴国柱	全国华侨农场 优秀归侨侨眷科技人员	中国侨联
2004 年	郑梓敬、郑永仁	全国归侨侨眷先进个人	国务院侨办 中国侨联
2009 年	郑文泰	全国归侨侨眷先进个人	国务院侨办 中国侨联
2013 年	苏丽玲、叶沧江	全国侨联系统先进个人	国务院侨办 中国侨联
2018 年	郑志民	全国侨联系统先进个人	国务院侨办 中国侨联
2018 年	张少波	全国归侨侨眷先进个人	国务院侨办 中国侨联
2023 年	颜聪法	全国归侨侨眷先进个人	国务院侨办 中国侨联
二、省级表彰			
1982 年	张建光、杨本钟	福建省侨务工作先进个人	福建省侨办 福建省侨联

续表

颁奖时间	姓　名	荣誉称号	颁奖单位
1989 年	陈惠疆、林东汉、郑德郁、李保定、郑梓敬、张鸿儒	福建省侨务工作先进个人	福建省侨办福建省侨联
1994 年	郑梓敬、郑双穗	为"八五"计划和十年规划作贡献活动先进个人	福建省侨联
1998 年	郭家添、吴国柱	福建省侨务系统先进工作者	福建省人事厅福建省侨办
1999 年	梁黎玲	福建省侨务系统先进工作者	福建省人事厅福建省侨联
2002 年	颜华煀	福建省侨务系统先进个人	福建省人事厅福建省侨办
2005 年	梁黎玲	福建省侨务系统先进个人	福建省人事厅福建省侨办
2007 年	陈发源	福建省侨联系统先进工作者	福建省人事厅福建省侨联
2020 年	刘光淮	非公有制经济优秀建设者	福建省人民政府

三、市级表彰

2002 年	潘长安、陈惠疆、叶沧江	泉州市侨联工作先进工作者	中共泉州市委泉州市人民政府
2002 年	郑流年、李新民、陈碧海、陈金钩	泉州市归侨侨眷先进个人	中共泉州市委泉州市人民政府
2005 年	吕孝仁、黄光尧、陈惠疆、李新民	泉州市侨务工作先进个人	中共泉州市委泉州市人民政府
2007 年	吕孝仁、潘长安、吴国柱、苏丽玲、陈金龙、叶沧江	泉州市侨联工作先进工作者	中共泉州市委泉州市人民政府
2007 年	陈小书、尤希圣、陈惠疆、吴修饰、刘锦城	泉州市归侨侨眷先进个人	中共泉州市委泉州市人民政府
2014 年	尤希圣	2011—2014 年度信息工作先进个人	泉州市侨联

续表

颁奖时间	姓　名	荣誉称号	颁奖单位
2016 年	王贵星	2016 年全市侨联系统信息宣传工作先进个人	泉州市侨联
2020 年	陈珊妹	2019 年信息传播先进个人一等奖	泉州市侨联
2020 年	黄万民	2019 年信息传播先进个人二等奖	泉州市侨联
2020 年	施由森	2019 年信息传播先进个人三等奖	泉州市侨联
2023 年	郑梓敬	最美基层侨联工作者	泉州市侨联
2023 年	林雪英	最美基层侨联工作者提名奖	泉州市侨联

四、县级表彰

颁奖时间	姓名	荣誉称号	颁奖单位
2006 年	郑　军、郑卯忠	2004—2005 年度精神文明先进工作者	中共永春县委永春县人民政府
2006 年	林雪英	文明市民	中共永春县委永春县人民政府
2009 年	林忠祥、林文雷、叶沧江、林民权、吴修饰、黄清对、颜章成、尤希圣、宋廷欣、陈敏政、郑名潭、郑志南、张祖凉、郑国相、黄声阔、刘德荣、李新民、李锦成、吴国柱、刘文波、陈惠疆、陈耕爱、郑梓敬、陈文波、郑志强、刘金杯	永春县基层侨联工作先进个人	中共永春县委永春县人民政府
2013 年	王贵星	2009—2012 年度永春县侨联工作先进个人	中共永春县委永春县人民政府
2017 年	王贵星	文明市民	中共永春县委永春县人民政府
2020 年	陈珊妹	文明市民	中共永春县委永春县人民政府

表 5.2.4　　　　**五、从事侨联（侨务）工作 30 年人名表**

颁奖文件依据	所在单位	颁领荣誉证人员
国务院侨办（89）第 048 号文通知（1 名）	永春县侨联（1 名）	黄温秋
全国侨联（90）035 号通知（23 名）	永春侨联（5 名）	郑德郁　林士琦　郑朝炳　李玉掞（女）颜雨露
	东平侨联（6 名）	颜成锻　陈忆志　陈富提　张玉水　颜妙便（女）　李保定
	岵山侨联（2 名）	陈德丰　刘诗耳
	桃城侨联（4 名）	叶金英（女）　刘良槐　王芳泵　张鸿儒
	吾峰侨联（1 名）	陈其留
	五里街侨联（1 名）	汤亚明
	达埔侨联（1 名）	郭修文（女）
	蓬壶侨联（1 名）	林东汉
	湖洋侨联（1 名）	郑求东
	仙夹侨联（1 名）	郑双喜
中侨发（1996）080 号文通知（2 名）	岵山侨联（1 名）	陈惠疆
	石鼓侨联（1 名）	黄少华

表 5.2.5　　　　**六、从事侨联（侨务）工作 20 年人名表**

颁奖文件依据	所在单位	颁领荣誉证书人名
2006 年中国侨联成立 50 周年庆祝大会文件（26 名）	县侨联（5 名）	郑永仁　颜顺治　潘国均　张清杰　郑振星
	蓬壶侨联（3 名）	吕孝仁　吕金阶　林忠祥
	达埔侨联（6 名）	潘嘉钦　李世山　潘瑞鑵　李荣枝　潘朝枝　陈玉泉
	五里街侨联（1 名）	汤亚明
	岵山侨联（2 名）	陈惠疆　刘诗耳
	桃城侨联（2 名）	张鸿儒　郑莘沧
	仙夹侨联（4 名）	郑梓敬　陈文波　郑修历　陈财旺
	东平侨联（2 名）	李新民　李鸿恩
	东关侨联（1 名）	宋佛平

表 5.2.6　　　　　　　　**七、从事基层侨联工作 15 年人名表**

文件依据	所在乡镇侨联	获颁荣誉证书人员			
中共永春县委县人民政府永委〔2009〕46号（76号）	蓬壶侨联（12名）	吕孝仁	林忠祥	林文雷	吕金阶
		林绥国	王生铿	尤逸民	颜金炎
		郑宝桂	林季钦	郭鸿图	林士才
	达埔侨联（15名）	郭修文（女）	李世山	潘瑞鑨	陈玉泉
		李荣枝	叶建基	潘朝枝	吴子阁
		郑元生	潘嗣俊	林奋权	张维欣
		刘连登	林金堆	潘克铸	
	五里街侨联（9名）	林华墩	方其锦	洪培贤	陈福坤
		林章笃	宋延欣	林松涛	陈自清
		陈永生			
	吾峰侨联（2名）	陈其留	张礼鲁		
	桃城侨联（8名）	张鸿儒	郑萃沧	郑淑贞（女）	周尔泰
		陈金声	邱江山	陈清快	余炳辉
	东关侨联（3名）	宋佛平	吴国柱	傅美金（女）	
	岵山侨联（8名）	陈惠疆	刘诗耳	陈其琶	陈南灿
		陈振民	陈贻便	陈振板	陈武林
	仙夹侨联（13名）	郑梓敬	陈文波	郑修历	陈财旺
		陈炫焜	郑庆祝	郭金座	郑清松
		郑黎明	郭占森	陈贻欣	郭双针
		许淑玲（女）			
	石鼓侨联（3名）	黄光尧	王伟琦	章为雄	
	东平侨联（3名）	颜妙便（女）	李鸿恩	李新民	

附　录

永春县行政区划设置与变迁

　　永春自北宋以来的行政区划共划分为 5 乡 17 里 25 都。这一行政区划沿袭了近千年，直至民国 18 年（1929）才被打破重新设置为区、联保、保、甲，中华人民共和国成立后行政区划又有许多变化。所以，民国 18 年前出国的华侨华人对家乡行政区划的概念大多停留在 5 乡 17 里 25 都上，对现今的行政区划知之甚少。从改革开放后许多华侨华人回乡谒祖实践看，老一辈华侨华人持有的寻亲寻根信息基本上多以此为基础。交付子孙回乡寻根信息由于年代久远，有些信息残缺不全，加上家乡亲人对昔时行政区划概念已经模糊，故一些侨亲寻根寻亲过程并非顺利，往往一波三折，费尽周章。据此，了解掌握昔今行政区划和地名变迁知识对于侨联工作者显得十分必要。

一、宋至清永春行政区划

　　北宋（960—1126）全县共分 5 个乡，下辖 17 个里。元（1280—1367）置 25 都，明永乐（1403—1424）并为 14 都，清康熙二十九年（1690）又恢复为 25 都。这就是 5 乡、17 里、25 都的由来。

　　5 乡、17 里、25 都分辖情况：

　　（一）宣和乡：辖 4 个里 7 个都

　　1. 民苏里辖：一都草洋、顶三乡、栖榔、黄沙、堂贤、黄坂、陈踝、莲坑；二都田中、碧溪、福鼎、西溪、贵德、溪塔、岐兜、姜埕。

　　2. 善化里辖：三都吴畲、兴洋、厚洋、曲斗、芷坑、下洋；四都黄沙、坑安、湖丘头、龟洋、赤水、里坑、徐山、横路、徐坑、陈坑、湖上、锦斗、卓湖。

3．福德里辖：五都田地、蓬山、魁斗、景山、五斗、芦地、洋头、青园、吴田、白岩；六都割边、坑柄、云台、谢内、溪边。

4．升平里辖：七都汤洋、陈坂、西昌、高丽、南桐、许平。

（二）里仁乡：辖3个里4个都

1．招集里辖：八都东瓜仑、周坑、莘田、安林、前坂、万代、苏坂。

2．安仁里辖：九都吴堡、洋头、白荇、御史格、白芒坑、乌石、龟地；十都后溪、卓坂、卓口、羊角、东园、㳘溪。

3．始安里辖：十一都卿园、陈庄、小边、山门、大边、㳘江、龙塘、上场堡、菩萨格、石玉。

（三）集庆乡：辖3个里4个都

1．安平里辖：十二都小姑、吴坂、夹际、西向、苦坑、南无石、文章、埔尾、檬仔林、龙窟。

2．迎福里辖：十三都前溪、探花山、湖尾、坂头、花石、大榜、马洋、旦岭、梧洋、金龟山。

3．和风里辖：廿四都院后、后山洋，廿五都后坡、董埔、湖窟、后格、后庙、产贤、卿美洋、大羽、大鹏、白马垄。

（四）善政乡：辖4个里6个都

1．昭善里辖：十四都龙卷、留安、肖坂、大路头、罗口、洛阳、丰山、北墘、合平、坂上、张埔、下埔头、石门。

2．和平里辖：十五都太平、冷水亭、水磨安、店上、山城、金冬洋、尧口、许坂；十六都内八坑、外八坑、内碗窑、外碗窑、小乌洋。

3．桃源里辖：十七都美墘、云峰、白云；十八都仙溪、尾坂、涂桥、黄内、湖洋、尾寮。

4．清白里辖：十九都西莲、仑头、龙交沙、排楼、东山、吴崎岭、姜莲坑、陈岭。

（五）民康乡：辖3个里4个都

1．鸣琴里辖：二十都洋上、乌庵、周田、上山、金墘、羊岭、龙头、梅坂、大坪、西嵩、岭格、石牌、外蒋、内蒋、介福洋、坑头、龙津、山紫美、四班、大坵头、洋尾。

2．**常安里辖：**廿一都东临、后垄、割竹、枣岭、桥头埔；廿二都张格、蓬莱巷、溪碧、垄内、坑头、白鹳、洋平、苏坑、呈上、东坑、西村、蓬壶。

3．**慕仁里辖：**廿三都埔头、徐山、山前、吴坑、徐前、石鼓、马垵、小林、前田、磁灶。

二、民国时期行政区划

民国18年（1929）4月，全县划分为荣义（一都）、武陵（蓬壶）、大同（五里街）、和平（太平）、桃林（岵山）、锦绣（湖洋）6个区，设区公所。民国23年（1934）编保、甲户籍。民国25年（1936）5月，设立区署：第一区署设在街尾，第二区署设在汤城，第三区署设在湖洋，第四区署设在福鼎。按10户为甲，10甲为保（城区25甲），5至7保组成联保。全县计设4个区署，54个联保，354个保，3348个甲。民国26年（1937），调整机构，2000户左右设区署办事处，裁撤部分联保。次年，撤销区署办事处，充实联保。民国28年（1939），撤销联保，设乡（镇）公所。民国31年（1942）4月，实行新县制，整编乡（镇）保、甲，至次年春划分为2个镇、25个乡、250保、2675甲。

（一）2个镇

1．**桃城镇辖：**卧龙、迎晖、云龙、中山南、中山北、中正、明伦、兴隆、青云、产贤、万春、新智、义烈。

2．**西安镇辖：**梅峰、高殿、钦德、中前、民生、中央、龙源、迴龙、霞溪、溪龄、霞山、霞边、社山、顶山、领江。

（二）25个乡

1．**桃清乡辖：**桃源、桃中、济美、桃美、湖溪、龙墘、西莲、美坂。

2．**仙溪乡辖：**龙溪、登瀛、溪园、瀛政、溪岭、仑山、姜莲。

3．**福阳乡辖：**前洋、洋上、外垟、紫美、高阳、龙津、内垟、扬美。

4．**云赤乡辖：**墘溪、溪寨、峰左、峰右、石厝、芸岸、山坂。

5．**桃安乡辖：**榜头、梧洋、镇永、留西、留东、前西、前东。

6．**湖蓬乡辖：**锦凤、湖街、湖城、湖龙、美瑶、蓬东、蓬中、蓬西、高坪、锦溪。

7．**壶西乡辖：**中心、土楼、军兜、美山、西昌、儒林、大泉、幢山、八乡、后垄、丽山、宫坝、孔里、溪尾。

8.**玉坑乡辖**：竹溪、云山、炉地、玉斗、诗元、魁斗、西山、玉坂、西平、凤溪、橘地。

9.**达西实验乡辖**：达新、琼华、达美、霞山、楚安、玉树、溪山、井琼、院后、溪源、琼美、钱山、蓬莱、新楼。

10.**仙夹乡辖**：仙岭、仙水、仙寨、仙溪、仙坑、夹际、通德、吉际。

11.**鳌峰乡辖**：鳌边、藻岭、桥铺、溪碧、候龙、砻内、蓬莱巷、张格。

12.**壶东乡辖**：壶中、七都、桃溪、魁园、汤城、洋中、万斗、格斗、鹳山、南鹏、檬轩、苏坂、美坡、溪前。

13.**苏坑乡辖**：东熙、古德、扬鹏、马埯、宫口、溪心、嵩林、洋田、呈祥、西村。

14.**一都乡辖**：黄坂、西洋、黄沙、仙友、山头、龙坑、洋坪。

15.**达东乡辖**：洪步、官林、岭边、达里、院前、东园、阳深、阳谷、泮洋、中洋、湫溪。

16.**桃园乡辖**：石东、鼓南、乡西、桃南、桃北、桃东、城中、桃西、大卿、湫江、仁庄、满卿、卿南、少卿、马峰。

17.**和平乡辖**：科美、东山、历山、太霞、池亭、太平、冷水。

18.**东碧乡辖**：万山、彩赖、山后、顶池、内碧、外碧。

19.**福德乡辖**：内洋、外洋、贵德、姜埕、岭峡、玉田。

20.**桂洋乡辖**：桂东、桂西、桂南、新金、重岐、壶永。

21.**阳斗乡辖**：岱瀛、涂山、银庄、充阳、矿山、洋头。

22.**锦斗乡辖**：锦中、洪内、溪坝、东埯、卓湖、长坑、珍卿、云路。

23.**达山乡辖**：上石、下石、五乡、御万、桂地、珩山。

24.**岵山乡辖**：龙阁、磻溪、塘溪、铺上、铺下、茂霞、檬林、南石、碧溪、文章。

25.**合作乡辖**：化龙、长安、云峰、鸿榜、花石、济川、丰山、洛阳。

民国32年（1943）7月，裁撤区署，缩编为2个镇、13个乡。次年8月，再缩为2个镇、8个乡、127个保、1589甲，另设宣和区辖锦桂、玉坑、荣义三乡。民国34年（1945）8月，废宣和区，调整为2个镇、13个乡、144个保。

（一）2个镇

1．**西安镇**：驻五里街，辖中正、华岩、霞陵、社山、石鼓、桃场、卿园、凤美、马峰、洑江。

2．**桃源镇**：驻留安，辖桃东、中山、儒林、环翠、桃溪、德风、溪安、卧龙、化龙、长安、济川、丰山、洛阳、花石、仰贤。

（二）13个乡

1．**一都乡**：驻仙阳，辖龙山、光山、仙阳、仙友、玉三、三岭。

2．**福鼎乡**：驻福鼎，辖福鼎、大荣、曲斗、上姚、涂山、云贵。

3．**锦斗乡**：驻锦中，辖锦中、溪坝、洪内、长坑、珍卿、云路、卓湖。

4．**桂洋乡**：驻桂洋，辖新金、桂东、桂西、桂南、壶永、重岐。

5．**玉坑乡**：驻玉斗，辖凤溪、竹溪、石峰、玉斗、炉地、诗元、玉版、魁斗、西山、西平、景阳。

6．**蓬壶乡**：驻杰头，辖壶中、军兜、美山、美中、西昌、南幢、八乡、丽山、壶口、苏坂、鹳山、东安、汤城、溪都、双溪。

7．**常安乡**：驻溪心，辖呈祥、溪心、东熙、宫口、新民、扬鹏、鳌西、鳌顶、鳌江、梅林、鳌中。

8．**达埔乡**：驻达中，辖乌石、达山、达理、达中、光烈、洑溪、岩峰、狮峰、达德、新琼、延寿、清源。

9．**岵山乡**：驻塘溪，辖龙阁、磻溪、塘溪、茂霞、铺上、铺下、南石、文溪、檬林。

10．**仙夹乡**：驻龙美，辖龙美、龙水、美寨、夹际、东里、德田。

11．**东平乡**：驻太平，辖太平、太山、霞林、鸿安、文峰、冷水、东关、山后、外碧、内碧、东山。

12．**湖洋乡**：驻锦凤，辖云峰、墘溪、白云、玉柱、湖城、蓬莱、锦凤、桃源、清白、仙溪、鼎山、连山。

13．**福阳乡**：驻紫美，辖鳌边、福东、龙津、紫美、洋上、外坵、姜仑。

三、中华人民共和国成立后的行政区划

（一）1949—1950年永春县行政区划设置及调整

1949年6月，永春县人民民主政府在达埔成立，全县划分为4个区，15个乡

（镇）；一区辖一都、福鼎、锦斗、桂洋、玉坑5个乡；二区辖蓬壶、常安、达埔3个乡；三区辖桃源、西安2镇和岵山、仙夹2个乡；四区辖东平、湖洋、福阳3个乡。同年11月1日，全县调整为6个区：第一区人民政府驻福鼎、后迁仙阳，辖一都、福鼎2个乡；第二区人民政府驻锦溪，辖锦斗、桂洋、玉坑3个乡；第三区设中壶，辖蓬壶、常安、达埔3个乡；第四区人民政府驻华岩，辖西安、桃源2镇；第五区人民政府驻塘溪，辖岵山、仙夹2个乡；第六区人民政府驻锦凤，辖湖洋、福阳、东平3个乡。1950年下半年，区人民政府改为区公所，增置第七区、第八区。第七区驻达中，辖原第三区达埔乡；第八区驻桥头埔，辖原第三区常安乡吾江、吾顶、吾西、吾中及原第六区福阳乡。同时将原114个保划分为121个乡（镇），后扩为129个乡，2个镇：

1. **第一区**：驻仙阳，辖光山、龙山、仙阳、玉三、云贵、福鼎、曲斗、涂山、上姚。

2. **第二区**：驻锦溪，辖云路、卓湖、洪内、锦溪、珍卿、壶永、重岐、桂洋、新金、长坑、诗元、玉西、西坪、福地、景阳、魁斗、玉斗、炉地、竹溪、白荇、云台、凤溪。

3. **第三区**：驻壶中，辖丽里、南幢、八乡、西昌、鳌南、鹳山、东安、汤城、魁都、美中、壶中、美山、军兜、双溪、呈祥、东熙、嵩溪、嵩山。

4. **第四区**：驻华岩，辖洛阳、丰山、长安、卧龙、化龙、花石、济川、溪安、桃东、桃溪、德凤、桃场、环翠、儒林、仰贤、华岩、社山、石鼓、卿园、凤美、洑江、马峰、霞陵、西安（镇）、桃城（镇）。

5. **第五区**：驻茂霞，辖夹际、东里、美寨、龙美、龙水、龙阁、磻溪、塘溪、茂霞、铺上、铺下、檬林、南石、文溪。

6. **第六区**：驻锦凤，辖太山、太平、东山、冷水、霞林、鸿安、文峰、东关、山后、外碧、内碧、仙溪、清白、锦凤、桃源、玉柱、蓬莱、白云、云峰、墘溪、湖城。

7. **第七区**：驻达中，辖洑溪、乌石、达山、达理、达中、延清、达德、新琼、狮峰、岩峰、光烈。

8. **第八区**：驻鳌中，辖鳌中、鳌西、鳌顶、鳌边、鳌江、福东、外坵、姜仑、洋上、紫美、龙津。

（二）1952—1954 年永春县行政区划设置及调整

1952 年 2 月，根据政务院指示和省人民政府"关于缩小区乡行政区划的决定"，全县增划为 12 个区，162 个乡（镇），这次划分注重按人口数、忽视自然条件及经济、历史等基本情况。9 月根据省的指示，又调整为 141 个乡（镇）。1954 年下半年，有些乡镇区域辽阔，村落分散、交通不便，再调整为 12 个区，153 个乡、5 个镇：

1．**第一区：**驻仙阳，辖光山、龙山、鲁山、仙友、仙阳、玉三、三岭、云贵、大荣、福鼎、贵德、含春、曲斗、涂山、上姚。

2．**第二区：**驻锦溪，辖锦溪、云路、卓湖、珍卿、桂洋、壶永、重岐、新金、金湖、长坑、洪内、芳坂。

3．**第三区：**驻玉西，辖玉西、景山、杏阳、洋头、福地、炉地、玉斗、白荇、新荇、云台、坑卿、魁斗、西坪、诗元、竹溪、凤溪。

4．**第四区：**驻美中，辖呈祥、汤城、嵩山、嵩溪、魁都、南幢、八乡、美中、美山、西昌、军兜、仙岭、鹳山、鳌南、丽里、东溪、西村、熙里、东熙、都溪、壶中（镇）。

5．**第五区：**驻岩峰，辖岩峰、汉口、达德、狮峰、新琼、清源、延寿、达理、达富、达山、达桂、乌石、洑溪、新溪、光烈、达中（镇）。

6．**第六区：**驻卿园，辖洑江、凤美、东安、大卿、马峰、石鼓、社山、卿园、桃场、鳌江。

7．**第七区：**驻桃东，辖桃溪、桃东、环翠、仰贤、德凤、化龙、卧龙、长安、溪安、花石、济川、丰山、洛阳、姜仑。

8．**第八区：**驻茂霞，辖夹际、东里、美寨、龙美、龙水、龙阁、磻溪、塘溪、铺上、铺下、檬林、茂霞、南石、文溪。

9．**第九区：**驻太平，辖东山、太平、太山、霞林、鸿安、云峰、云美、冷水、东关、溪南、山后、外碧、内碧。

10．**第十区：**驻锦凤，辖清白、龙溪、仙溪、桃源、锦凤、蓬莱、玉柱、白云、洋岭、云峰、墘溪、湖城（镇）。

11．**第十一区：**驻霞陵，辖鳌西、鳌中、鳌边、龙津、紫美、福东、洋上、外坵、梅林、鳌顶、霞陵。

12．**第十二区：**驻儒林，辖儒林、华岩、西安（镇）、桃城（镇）。

（三）1955 年至 1956 年永春县行政区划设置及调整

1955 年 10 月，贯彻中央精简机构、紧缩编制、厉行节约和加强农业合作化领导的精神，根据省人民委员会及晋江专员公署指示，撤销第七区和第十二区，第七区的桃东、桃溪、环翠、仰贤和第十二区的（乡）镇归县直辖，划德风归第八区，其余划第九区。保留 11 个区，并冠以地名。第一区称一都区，第二区称锦斗区，第三区称玉斗区（12 月改称玉坑区），第四区称蓬壶区，第五区称达埔区，第六区称石鼓区，第八区称岵山区，第九区称东平区，第十区称湖洋区，第十一区称霞陵区。

1956 年 6 月，农业合作化迅速发展，社会经济发生巨大变化，全县调整为 6 个区、73 个乡、3 个镇：

1. 一都区：驻仙阳，辖龙山、云贵、涂山、光山、大荣、仙阳、曲斗、三岭、福鼎、上姚、玉三。

2. 锦斗区：驻锦溪，辖洪内、新金、珍卿、坑卿、竹溪、玉斗、长坑、桂洋、锦溪、玉版、壶永、白芹、景阳、重岐、炉地、福地。

3. 蓬壶区：驻壶西，辖壶西、壶东、壶南、苏坑、东坑、呈祥、鳌顶、鹳山、延清、汉口、达埔、岩峰、乌石、达山、南幛、八乡、蓬壶（镇）。

4. 城关区：驻儒林，辖凤美、桃园、鳌峰、鳌江、东安、石鼓、介福、姜仑、桃东、儒林、丰山、化龙、文峰、东平、东关、霞陵、鳌边、西安（镇）、桃城（镇）。

5. 岵山区：驻小姑，辖小姑、南石、和林、西向、夹际、洑溪。

6. 湖洋区：驻湖城，辖湖城、桃源、仙溪、洋上、墘溪、白云、碧卿。

（四）1958 年至 1959 年永春县行政区划设置及调整

1958 年 3 月，撤区并乡，调整为 28 个乡，2 个镇。乡镇名称、驻地和所辖原小乡，详见《1958 年行政区划情况》。

1958 年 10 月，全县合并为 6 个乡 2 个镇，随即实行人民公社化，改为 8 个人民公社，政社合一。公社下设 148 个生产大队。

1. 一都公社：驻仙阳，下设仙阳、曲斗、仙友、上姚、三岭、涂山、玉三、大荣、福鼎、新村、云贵、光山、龙山 13 个生产大队。

2. 锦斗公社：驻锦溪、下设诗元、玉西、锦溪、福地、炉地、珍卿、洋头、凤溪、魁斗、玉斗、壶永、桂洋、竹溪、新金、西坪、长坑、洪内、卓湖、白珩、云路、重岐、杏春、景山 23 个生产大队。

3．**蓬壶公社**：驻美中，下辖美中、孔里、吾南、丽里、美山、嵩山、溪园、嵩溪、南幢、西昌、鹳山、汤城、都溪、仙岭、东熙、熙里、西村、八乡、呈祥、东溪、壶中 22 个生产大队。

4．**达埔公社**：驻岩峰，下辖汉口、金星、红星、达理、光烈、红旗、建国、岩峰、达德、蓬莱、延寿、达中、新溪、溪园、洑溪、前峰、新琼、楚安、达山、乌石 20 个生产大队。

5．**城关公社**：驻华岩，下辖桃东、桃城、儒林、环翠、华岩、仰贤、西安、桃场、东安、霞陵、卿园、马峰、洑江、鳌峰、鳌江、鳌顶、凤美、石鼓、桃溪、大卿、德风、鳌边、洋上、介福、外坵、社山 26 个生产大队。

6．**岵山公社**：驻茂霞，下辖茂霞、塘溪、夹际、龙水、东里、德田、美寨、龙美、和林、龙阁、南石、文溪、铺上、铺下、磻溪 15 个生产大队。

7．**东平公社**：驻太平，下辖化龙、花石、卧龙、济川、溪安、洛阳、姜仑、霞林、鸿安、长安、太平、东关、冷水、山后、太山、东山、溪南、文峰、内碧、外碧 20 个生产大队。

8．**湖洋公社**：驻锦凤，下辖仙溪、桃源、锦凤、湖城、蓬莱、玉柱、塅溪、白云、云峰 9 个生产大队。

（五）1959 年至 1987 年永春县行政区划设置及调整

1959 年，东平公社与城关公社合并为东风公社。1961 年，全县扩为 22 个公社，219 个生产大队。1962 年，划出东平公社的内碧和南村归北硿华侨茶果场，仍为集体所有制生产大队。1971 年，化龙公社并入城关公社。1980 年，划出城关公社的桃城、环翠和五里街公社的西安、华岩、儒林等生产大队成立城关镇，设 2 个居民委员会，4 个生产大队，36 个生产队。1981 年 5 月，城关公社更名为城郊公社。

1984 年 10 月 1 日，政社分开，公社改为乡，设立乡人民政府，改生产大队为村民委员会。全县计有 21 个乡、1 个镇、1 个场，226 个村（居）民委员会。1985 年，曲斗乡改为下洋镇。1986 年，撤销城关镇、五里街乡和城郊乡，成立桃城镇（包括原城郊乡和城关镇的桃城、环翠）和五里街镇（包括原五里街乡和城关镇的五里街、华岩、西安、儒林），1987 年全县共有 18 个乡、3 个镇、1 个场、228 个村（居）民委员会，2870 个村（居）民小组。

（六）1988年至2023年永春行政区划设置及调整

1988年7月，蓬壶、湖洋、岵山3个乡改为镇的建制。1991年11月，一都、达埔、石鼓、吾峰、东平5个乡改为镇建制。1992年7月，锦斗、坑仔口、玉斗3个乡改为镇建制。1998年9月，新设东关镇，以北硿茶果场的区域为东关镇的行政区域，其中垵口管理区划归湖洋镇管辖，从东平镇划出东关、溪南、美升、东美、外碧5个村委会归东关镇管辖。2000年7月，桂洋、苏坑两个乡改为镇建制。2001年2月，仙夹乡改为镇建制。

至2023年，永春县辖一都、下洋、坑仔口、玉斗、桂洋、锦斗、苏坑、蓬壶、达埔、石鼓、吾峰、五里街、桃城、岵山、仙夹、东平、东关、湖洋18个镇，横口、呈祥、介福、外山4个乡，共22个乡镇。共辖209个村民委员会，27个社区委员会，共236个村（社区）委会，下设3001个村民小组。

1958年永春县行政区划情况表

乡（镇）	驻地	辖1956年小乡（镇）名称	辖1954年小乡（镇）名称
龙山	龙山	光山、龙山	光山、龙山、鲁山
一都	仙阳	仙阳、玉山、三岭	仙阳、仙友、玉山、三岭
福鼎	福鼎	福鼎、云贵	福鼎、云贵、贵德
曲斗	曲斗	曲斗、上姚、涂山、大荣	曲斗、上姚、涂山、大横、含春
桂洋	桂洋	桂洋、重岐、壶永、新金	桂洋、重岐、壶永、新金、金湖
锦斗	锦溪	锦溪、洪内、长坑、珍卿	锦斗、卓湖、洪内、珍卿、云路、长坑、芳坂
玉坑	玉版	玉版、坑卿、景阳、福地	玉西、诗元、魁斗、坑卿、西坪、杏阳、景山、洋头、福地
玉斗	玉斗	玉斗、竹溪、炉地、白荇	玉斗、竹溪、凤溪、炉地、白荇、新荇、云台
南幢	南幢	南幢、八乡	南幢、八乡

续表

乡（镇）	驻地	辖 1956 年小乡（镇）名称	辖 1954 年小乡（镇）名称
蓬壶	美中	蓬壶（镇）、壶西、壶东及东坑乡的都溪村	壶中、军兜、美中、美山、西昌、汤城、魁都、都溪、仙岭、鹳山2 个生产队
壶南	鳌南	壶南、鹳山	鳌南、丽里、鹳山
苏坑	嵩山	苏坑、呈祥、东坑	嵩山、嵩溪、呈祥、东溪、西村、东熙、熙里
达山	达山	乌石、达山	乌石、达桂、达山
达埔	达中	达埔、延清	达中、达里、延清、清源、新琼、达德一部分
汉口	汉口	汉口及岩峰乡的岩峰村	汉口、狮峰、岩峰、达德、新琼的新星村
光烈	光烈	洑溪及岩峰乡的光烈村	洑溪、新溪、光烈
岵山	茂霞	小姑及和林乡的铺下、和林二村	茂霞、铺上、铺下、塘溪、磻溪、龙阁、和林
仙夹	美寨	西向、夹际	龙美、龙水、美寨、东里、夹际
南石	南石	南石	南石、文溪
湖洋	锦凤	湖城、桃源、仙溪	湖城、锦凤、蓬莱、玉柱、桃源、清白、仙溪、龙山
外山	云峰	墘溪、白云	云峰、墘溪、白云、洋岭
石鼓	石鼓	桃园、石鼓、凤美、东安、鳌江	桃场、卿园、社山、凤美、洑江、东安、大卿、马峰、鳌江
城关镇	华岩	桃城（镇）、西安（镇）、儒林、霞陵	桃城、西安、霞陵、儒林、华岩、仰贤、过路仙
化龙	化龙	化龙、丰山	化龙、卧龙、溪安、花石、长安、丰山、洛阳、济川
桃东	桃东	桃东及和林乡的德风村	桃东、环翠、桃溪、德风
鳌峰	鳌中	鳌峰、鳌顶	鳌中、鳌西、鳌顶、梅林
鳌边	鳌边	鳌边、介福	鳌边、龙津、紫美、福东

续表

乡（镇）	驻地	辖 1956 年小乡（镇）名称	辖 1954 年小乡（镇）名称
东平	太平	东平、文峰	东山、太平、太山、霞林、冷水、鸿安、文峰、云美
东关	东关	东关、碧卿	东关、溪南、山后、内碧、外碧
洋上	洋上	洋上、姜仑	洋上、外垵、姜仑

1961 年行政区划情况

公社	驻地	生 产 大 队									
一都	仙阳	光山 玉山	吴坪	三林	黄沙	龙山	仙阳	南阳	鲁山	仙友	黄田 三岭
横口	横口	云贵	福德	贵德	姜埕	福联	福中	环丰			
曲斗	曲斗	曲斗	下洋	大荣	涂山	上姚	长溪	含春	新村		
坑仔口	玉西	玉西	诗元	魁斗	福地	洋头	杏村	景山	西坪		
玉斗	玉斗	玉斗	玉美	竹溪	凤溪	洪山	白珩	新珩	云台	炉地	
桂洋	桂洋	桂洋	岐山	茂春	新岭	壶永	文太	库湖	黄沙		
锦斗	锦溪	锦溪	卓湖	洪内	长坑	珍卿	云路				
呈祥	西村	呈祥	西村	东溪							
苏坑	嵩溪	嵩溪	东坑	熙里	洋坪	后垄子	嵩山	嵩安			
蓬壶	美中	联星 军兜	八乡 壶中	南幢 汤城	高峰 魁都	高丽 魁园	鹏溪 东星	吾南 仙岭	鹳山 丽里	西昌 孔里	美山 都溪 美中
达埔	岩峰	新溪 达中	溦溪 达德	光烈 楚安	金星 建国	岩峰 前峰	东园 蓬莱	汉口 溪园	狮峰 延寿	红星 乌石	达德 达山 新琼
吾峰	吾中	吾中	枣岭	吾西	后垄	择水	吾顶	培民	梅林		
介福	紫美	龙津	紫美	福东							
五里街	华岩	大羽	仰贤	儒林	华岩	西安	埔头	高垄	吾东	吾边	

续表

公社	驻地	生　产　大　队									
城关	桃东	桃东	桃溪	环翠	大坪	桃城	德风	洋上	外坵	留安	榜头	南星
石鼓	石鼓	石鼓 大卿	社山 东安	卿园	桃场	桃联	桃星	吾江	半岭	马峰	凤美	洑江
化龙	化龙	卧龙	长安	化龙	花石	济川	星光	洛阳	上沙	丰山	姜莲	仑山
东平	太平	东山 溪南	太平 外碧	太山 内碧	冷水	霞林	鸿安	文峰	云美	店上	东美	东关
岵山	茂霞	岭头	龙阁	磻溪	铺上	铺下	茂霞	和林	南石	北溪	文溪	塘溪
仙夹	龙美	山后	水路	夹际	东里	德田	美寨	龙美	龙湖			
湖洋	锦凤	上坂 蓬莱	龙山 吾旗岭	溪西 高坪	溪东 玉柱	清白 白云	美莲 石厝	桃源	桃美	锦凤	锦溪	湖城
外山	墘溪	云峰	墘溪	草洋	福溪							

1987 年永春县行政区划情况表

乡(镇)	驻地	村(居)委 会名称	村(居)民 小组数	所属自然村
桃城镇	桃东(原 东岳庙)	桃城	7	八二三东路、环城路（东风路）、桃源路（跃进路）、桃城路水关路、中境路、衙口街（解放路）、许内街、后路街（光明路）、北门街（人民路）、通政巷（红卫路）和仁巷、水门巷（防修路）、边芝巷（少先路）、祖厝巷（群众巷）、巡更巷、考房口（民主路）、打石黄（团结巷）、高楼陈、下边林（友谊路）、后田池（儿童路）、下东坑（红光路）、顶东坑（红星路）、大窟墘
		环翠	8	北门外、后埔、北较场、白马垄、草埔墘、上埔坑
		桃东	18	东岳、土内坝、塔脚厝、网寮尾、岳后、溪墘厝、大溪厝、丘湖坝
		桃溪	19	东头、湖尾、盛畔、割函、营内、顶洲、埔兜、下宅
		德风	17	寨尾、牛坪寨、曾厝、梧洋、狮耳、蜈蚣牙、田中央、湾岛、内树垵、五佛塔、镇岭（旦岭）

续表

乡(镇)	驻地	村(居)委会名称	村(居)民小组数	所属自然村
桃城镇	桃东(原东岳庙)	留安	10	中部、后炉
		榜头	7	榜头、马厝、下新厝、田中李
		南星	6	下厝仔
		花石	10	上坂、因后、大割
		济川	13	罗口（光口）、下宫林（一甲林）、格脚、桥亭
		化龙	11	大路头、杉仔林、李厝、肖满亭（心满亭）、桥仔头、顶山兜、汤洋垄、下山兜、山仔余
		卧龙	15	下埔头、龙滚、新辽、石门头、石卒洋
		长安	11	狮头丘、东园蔡、六青、外丘、新辽李、尾墘
		张埔	6	坑内、坑外
		丰山	8	丰山兜、塘内
		洛阳	9	石坊脚、罗厝、吴厝后、坑坂、仙锋垄
		上沙	10	龙蛟沙、亭岭、草垄仔、八斗、八斗份
		姜莲	10	历山、凤翔、宫垄、顶寨、风碇、顶厝、广源
		仑山	11	仑头、山上、南坪头、火烧桥
		外坵	15	大丘头、田中、田英尾、社前（岭边）、北山、桥头
		洋上	26	下池、洋头、南墘、位坤、大安（大湾）、横洋、下新厝、楼脚
		大坪	6	外堀、内堀
一都乡	中坂	光山	11	山头、南山、苏坑、叻坪、大墘、长坑仔、下坑、埔沙墘、内洋、冬坑仔、郭坑湖
		龙卿	8	洋坪、路兜、龙坑、洋仔当、半山、尾林、寨兜、后头坪、吉坪
		林山	6	三林坂、庵借坑、垵头、湖丘岐、上湖仔、风枫垵
		鲁山	6	鲁光墘、八甲、上林顶、竹仔前、湖厝前、大坪、古格

续表

乡(镇)	驻地	村(居)委会名称	村(居)民小组数	所属自然村
一都乡	中坂	仙友	16	仙友、任田、上林、洋头、双溪、下兴、凤墘、乌洋、后垵、七斗、唐前宫、房坑内、王厝垵、鹧鸪兜、白玉、横洋坂
		黄田	7	黄田、玉池、中洋、中墘、陈山
		仙阳	11	中坂、王柏洋（黄柏洋）、溪尾、黄坂街、后格头、后垵垄
		南阳	7	南阳、官林兜、官铺、福平山、溪仔美
		黄沙	6	黄沙、草洋、山殊、黄中、黄山、黄坑、黄加垄
		三岭	12	岭脚、大坂、高垵、尾林（美林）、苏合、龙蛟厅、下口坂（霞口坂）
		美岭	4	美岭、灯山、草山尾
		玉山	8	田中、堪南山、春头坪（苏地）、大坂
		吴殊	6	吴殊、吴漈、上后坪、下后坪
横口乡	福中	云贵	10	横口、小平、宅内、格丘山、草山、中墘、岐兜、半岐、荒田町、后坪岭、厝内坂、南坪、鸟坑、金山寨
		福德	8	福德头（苦竹头）、墓林、房坑
		姜埕	7	姜埕、后山、仙联旗、下窟、横坑
		贵德（割德）	9	洋中、后村、大岭头、格后
		福联	8	内洋、许村
		福中	7	外洋、坑尾、雄仔柄
		环峰	6	东尖峰脚、后寮、产坂头
		下西坑	6	下西坑、上村、抽庵
		上西坑	5	上西坑、坑尾
下洋镇	下洋	下洋	6	下洋、铅坑
		上姚	18	洋中、洋头、内洋、草坂、半山、水尾、张垄、金钩仔、横洋、琼林（杉林头）、格丘仔
		曲斗	8	曲斗、内坑、打鼓洋、内宅、寨仔、坑口尾、上宅寮

续表

乡(镇)	驻地	村(居)委会名称	村(居)民小组数	所属自然村
下洋镇	下洋	涂山	12	爱门街、加垄、和山、上对洋、打鼓洋、苏村、草田、铗仔垵、陈长、芳草格（粪朝格）、杜长垄、新店路
		新坂	4	北山坂、山当、上南湖、下南湖、南湖
		大荣	11	金钩洋、凤山洋、西坑坂、后洋头、草坑、双溪、土楼、纸坑、南山头、狮嘴口、门口湖、大丘宅、暗淡坑、牛舌仑
		长溪	6	溪塔、长汀、大母岭、白秋湖
		新村	2	墘头溪、官殊、下尾寮、蕨殊
		含春	4	上含春、下含春、上山
坑仔口乡	玉坂	玉西	21	玉坂、坂中、地榜、含村仔、林前、玉阶、金钩、毫光、西山
		魁斗	14	下溪口、大园、后尾、上坝、官埔、上溪口、双溪口
		诗元	16	青园、溪坂洋、曾墘、下房、大埔、洋山仔、横洋、竖路头、车路
		西坪	13	西坪、蛇头、洞口、寨头、丙丁棋、外苏坑、内苏坑、后格垄、荷殊
		福地	10	蕉地、山后厝、茶山、皇古（横古）、田治、外洋（迎兜）、内洋、殿兜、东坪
		洋头	3	洋头
		杏村	4	洋中、后坪、乌垵（呈祥乡所辖）、杏村
		景山	6	中洋（中堀）、外洋（外堀）、内洋（内堀）、湖丘
玉斗乡	玉斗	玉斗	21	玉斗（五斗）、坑柄、下厝坂、后林、陈珩、田中墘、洪内坂（蓬莱坂）、蕉坑、大南坑
		玉美	13	草埔尾、八坑、梅山洋、八坑口
		竹溪	13	竹林兜、官林边、下水尾、新口
		凤溪	10	溪边、大坂、福德垵、苦村（许村）、新楼
		红山	4	红山（凤山）

续表

乡(镇)	驻地	村(居)委会名称	村(居)民小组数	所属自然村
玉斗乡	玉斗	白荇	20	华铺、官坑、吴田、弯田、垵仔、道隆、三垵、龟后山（达埔镇所辖）
		新珩	7	新和（新犁）、暗林、下科
		云台	9	云台（云题）、漈内、斗仔、格头、土楼寨
		炉地	21	炉地、坑头坝、炉地寨、葫芦头、后垵、顶洋、黄坑坂
桂洋乡	桂洋	桂洋	30	桂洋（贵阳）、下岸、肥垄
		文太	10	后垵、垵中、上太（上漈）、长殊、文石（儒锦石）、洋尾仑、朴籍、井垄、格后
		壶永	8	壶山、湖垱头、园龙、加唐、福坪、深坑、东山、苦宅、永水、永水口、岭脚、前山、暗坑
		岐山(坑垵)	10	上坑垵（上岐山）、山腰、黄厝后、白土、祖厝、尾洋、下坑垵（下岐山）、美中、产格、大榜、洋条厝
		茂春	11	长春（丁春）、茂林（墓前垄）、水头、冷水坑、南洋、上殊、长春坂（丁春坂）、仑头、祖厝、寨格、狗母坪
		金沙	6	美洋（尾洋）、黄沙（赤水大池）、赤水
		库湖	7	内库湖、新庵、君田、湖洞坑、炉借坂、矿坑、外库湖、柯树仑、炉兜坪
		新岭	11	新岭、新岭头、含地洋、下坂、前山格
锦斗乡(九斗)	五美	锦溪	26	五美、锦中、南山、溪路、内外街、杏坑、大坂、外洋、方厝、大坋、虎珩、格后、大草北、后亭、格口（碗边洋）
		卓湖	11	后埔、北墘、跷脚仑、祖厝、下大垵、松柏墘、三落、黄殊仑、后亭、大贡
		洪内	14	深洋（尾墘）、石马坂、张宅、大池、五埕、新田、草山、中山、湖坪、新村（阔格）、后坂仔、乌髻口
		长坑	17	中窟、外窟、底窟、水沟洋、半山、白丘珩、大湖山
		珍卿(陈坑)	22	陈坑、西口、堀内、湖丘、珍卿口、湖上、新庵、交垄
		云路(横路)	12	石璧、杉林、大坑、西山、中路、下炉、内洋、大坪、后垵仔、岩上、美洋、鳌水头、七埕

续表

乡(镇)	驻地	村(居)委会名称	村(居)民小组数	所属自然村
呈祥乡	村仔尾	呈祥(呈上)	19	祖厝堀、大湖、后林、火烧林、瓦窑头、新垄、坝头湖、吉林、乌垵（坑仔口境内）、福丘林
		西村	16	村仔尾、田头、寮角（龙阁）、路头、漈头仔、珩头寨、大坋、丘山头、寨后、和堀、后溪坂、南湖
		东溪	13	坂尾洋、苦裕坑、东溪寨、漈兜、漈头、顶墘、尾仑仔、珩兜
苏坑乡	大溪坂	嵩山	26	大溪坂、宫口、珩内、东山、庵后、后坑、洋田墓、洋尾桥、东山墘、溪下、坑西
		嵩溪	30	新云、湖坑、半林、洋田、路昌、洋埔、三落、塔边尾、溪坂
		光明	4	庵茶林（后垄墘）、柴坑坡、青山
		洋坪	6	洋坪（扬鹏）
		嵩安	13	大坂、马鞍、大山、草垵、亭后头
		东坑	7	堀内（东坑堀）、东坑寨（万古寨）
		熙里	17	白叶（白鹤）、院后坑、大畲、连地（龙治）、湖格、坑内、古德格（苦竹格）、溪下夯
蓬壶乡	陈坂	八乡	11	苦坪、龙坑、岭头、竹林旗、高山头、格后、苦坑、东湖、佛仔格、内湖
		联星	14	葫芦丘、刘坪、英溪、万代、圳尾、后洋（与达埔同辖）
		南幢	20	幢山、香丘、福仑、深洋、大泉、苏饭、东头、井口、香山（张山）、幢石、高垵、后垄
		美林	8	儒林、大坪
		高峰	6	新池、新墘、上高丽
		高丽(高犁)	7	安仁、横路下、斗仔、四旁、溪头、后寮、下高丽（下高犁）
		丽里	18	长枝洋、墓头、孔内寮、内坑、圳后、苦竹墘、官坝头、南边洋、会明、大坝口、高墘、官坝
		孔里	15	孔内、井垄、东埔

续表

乡(镇)	驻地	村(居)委会名称	村(居)民小组数	所属自然村
蓬壶乡	陈坂	壶南(吾南)	19	宫边、山头、大坂（美垄）、后吴、吴田头、垵垄、桥仔头、鳌山脚、碣瑶、洋头、盐村坂、下坂洋、上苏坂
		鹏溪	14	壶口桥内、程边（鹏轩）、石笋尖、后埔、溪前、下苏坂
		观山	27	南鹏、林前、朝阳、巷口、路兜、鸟仔坑、石狮寨、高垵（石鼓乡境内）
		西昌	23	军田坂、大崩洋、田螺山、丰南、山仔、锦坑、坑仔边、逊山、西林、草兜、长脚林
		美中	22	龙墩（赞美）、溪尾仔、鸪坑、店仔厝、溪心、瓦窑口（坑柄）、墓后、陈坂、埔脚（永美）五公堂
		美山(山尾)	21	下深、土楼、李仔坪、洋档、官圳垄、过垄尾、上深、埔面、埔脚、五丘、仙洞垵、石牌口、崩山
		军兜	20	草堀（鲁堀）、庭围、漈兜内、漈溪桥、后溪洋、大路下、军兜桥、溪西、石佛仔、鸡母庄、柴桥头
		壶中	9	旧街（董前街）、杰头（溪头格）、三清边、官村、格丘、三角街（新街）
		魁都	15	七都街、白山岭、埔尾、湖堀、坑内华、暗前垄、宅角坑
		都溪	13	都溪（外厝）、长埕、石鼓林、盖德、新楼、罗厝、望坂
		汤城	30	城内、坑头、埔内、石坊、垄船丘、车对坂、虎榜头（化头）、新田、长垄、三晃、上埔垄、深泉
		仙岭	10	小岭、长边、万斗（芒斗）、新开、枣岭
		魁园	12	溪园、中坂、溪福、大房
		东星	6	半岭、松柏剧、下林垄、清前
达埔乡(卓埔)	院前	岩峰	12	院前、卓口
		延寿	12	大路后、坂垄、院后、西坪、道场
		溪源	9	溪后头、路内桥、董厝头、社坂头、湖坪、学堂（青峰）

续表

乡(镇)	驻地	村(居)委会名称	村(居)民小组数	所属自然村
达埔乡(卓埔)	院前	蓬莱	9	祖厝脚、尾庵（美安）、洋中、海坡、内岭脚、扶内坪、五保庵
		前峰	14	外钱山、备同、内钱山
		建国	10	新楼、葛头、茂林、倒桥、凤山
		新琼	22	下尾垅、坳坑、黄墘、尾路、九空、内井、外井、墘尾、石碑仑
		红星	20	外洪步（外洋簿）、内洪步（内洋簿）、茶仔仑、岩山、山仔洋、虎尾寮、大坪
		达德	23	玉树垄（柿树垄）、七房、石碎、蕉溪、山后、溪西、许坑、东洋、杉坡
		楚安	17	大坂路、后格、顶洋、石牌
		达山	24	御史格、平地洋、后洋、桂地、上卓、龟后山、加池、大坑内
		达理	18	后洋、埔尾、过溪、吾园、发花、洋头、山寮、万古坪
		达中	21	旧街、下珩、田内、周头、后坑、新街
		汉口	14	后溪寨、清前、清源、岭边、苏坑、大丘路
		狮峰	13	官林、后垵、巷头、芹菜垄、顶页、狮峰
		金星	19	水后垄、深坂、大坑、溪墘（报腰墘）、蒋厝（溪朝路）、尾份、坑尾墘、天马、磨石坑、达墘
		光烈	14	旸谷、祖厝边、山兜、中站、长房、庵内、深坡
		东园	14	下吴、顶吴、高坂、后山
		洑溪	17	泮洋、圳古、大仓、炙德、北坑、后埔林、丘厝
		乌石	25	乌石、富厚、黄坑坂、水窑头、草埔仑、白芒坑、高坪、新田、林头、大昌
		新溪	19	中洋、岱山、溪园、湖丘、内洋、半山、丰后、草埔、舟山

续表

乡(镇)	驻地	村(居)委会名称	村(居)民小组数	所属自然村
吾峰乡	桥头埔	吾中	17	桥头埔（埔街）、新寨、路水坂、内厝、水尾、石墓脚、路西、陈仔口、陈墓、埔尾、前山、小山腰、园丘
		后垄	12	内洋、山腰、园坑林、赵埔、德垵、马头斜、和厝角、外洋
		择水	7	大水路、墓林、大垄头
		吾西	18	图川（溪碧）、东林（东临）、水源、下坂洋、田头溪、太平垄、横山
		枣岭	12	岭坪、龟仔寨、顶吴坑林、下吴坑林、内湖、格头、下六脚、田治
		梅林	13	垄内、冷水亭、苏田、后吴、水堀垵、对山墘、下治、新田垵、蕉林兜、上治
		吾顶	21	蓬莱巷（包括岭边、中堀、坑边山、大坂）石碧寨（包括深洋、石对、垵仔、杉林头、下份子）下寨
		培民	11	寨仔、垄头、后灶、张格（包括山斗尾、樟兜、下科）
介福乡	大草埔	紫美	16	大草埔、前洋、曲尺洋、当墘、印厝、旗杆脚、山仑、吴坝山、尾山
		龙津（陈真）	16	七斗、长垄、后泽、内坑、西墘、庵尾、半尾溪（坂尾溪）、九丘、陈真
		福东	17	扬美（包括中科、顶科、尾洋）过溪尾、大丘头（包括南洋、后格、内村、坑园口）
五里街镇	华岩新路头	大羽	4	大羽、槽内、蕉堀、高坑、五房、粪仔口
		仰贤	16	山美、湖堀、莘厝、内莘、董埔
		埔头（霞陵）	13	古路头、溪埔洋、香洋庙、后山洋、园陆莘、大草埔、叶墘、半月、船厝、龙垵、石内、坪墓、宫仔口、养贤脚
		高垄	11	高垄街、保栳堀、九府巷、过路仙、树林仔、墘仔兜、埔头厝、陈下埔、飞凤寨、土墘、横洋、龟山
		吾东	22	梅坂、金墘、山上、洞园、长下垄、周田、柳墘、龙头、金山、岭格（包括大墘东林仔、岭头、山仔垵）

续表

乡(镇)	驻地	村(居)委会名称	村(居)民小组数	所属自然村
五里街镇	华岩新路头	吾边	7	外厝（石牌）、过溪、碣仔兜、后坑、白芸、湖安、后坑仔、石牌岭脚、坑头
		蒋溪	5	外蒋、内蒋、罗厝、三友、五七场
		儒林	13	街尾、旧医院边、小车路、宋厝、坑尾城、石坊脚、溪州、吴显宫、瓦窑吴
		西安	7	阔庭巷、后房、溪仔坂、许港、新亭、新街
		华岩	9	玉塘、新路头、宫口、店前陈、高田洋、大堀头、后格
		五里街居委会	9	八二三西路、西安路
石鼓乡	石鼓	卿园	19	下洋、少卿、祖厝边、庄内湾、卿园寨、南峰、扬美、下坂、下少卿
		半岭	7	上半岭、龙旗寨、水碓、御兰
		吾江	17	外吾坑、张林、土龙、下半岭、内吾坑、万字墓、岭兜桥、黄官林
		东安	18	宅兜、格头、前田、坑头、灵峰、地后、寨格、半山、坪尾
		马峰（马埯）	12	大伙、吃饭石、傀儡后、池兜、中寨、竹林山、竹林仑、山门
		社山	7	社山（徐山）、溪埔、小溪仔
		石鼓	16	深中洋、石鼓尾、汤头厝、石鼓寨、苏坑埯、横灶
		大卿	17	内大卿、外大卿、青林、美道
		桃星	9	城内、城外、山寮（梅林）
		桃场	17	城内、乌沙坑、石桥头、鬼仔碇、菩萨格
		凤美	17	陈庄、满厝、南边、田中坑（中卿）、古山、泥垄、洋头、西埔
		桃联	4	石玉（石目）、芸内、产墘、坑内
		洑江	8	洑江、下页

续表

乡(镇)	驻地	村(居)委会名称	村(居)民小组数	所属自然村
东平乡	太平街	东关	12	顶池、衙内、大路、潭仔婴
		东美	6	铺口、桥尾
		溪南	8	彩濑（柴濑）、七斗、南美宫、许坂、马甲、山兜
		美升	8	莲内、山后、黄墘
		外碧（外八坑）	14	坑尾、大山、陈坂（柴桥头）、加蓬埔、后厝、田中、岭兜、盛溪、汤洋、左厝、梨树脚、林口、墓庵
		东山	19	中洋、仙峰、科美、尾埔、顶洋、排楼、上茅、田中央、牛心石、花井垄、宅兜、东山（宫边）、宝缸（破缸）
		太山	15	山仔美、山后、溪口、叻坪
		太平	14	太平街（店口街）、坑尾、柒厝圳、石门厝、宫后头、金后田、港头、社坛、杏园、池亭、下路蔡、砖埕口
		霞林（下林）	15	亭尾园、格头、太平寺、太平亭、下丘、李仔园、樟树
		冷水	22	中亭、蛟口、石牌、小墘、水磨、乌石、五斗座、永隆、岑庄、下坑、山仔、黄坑、桐积林、蔡尾（沙州尾）、大新厝、新按、港头寨
		鸿安	17	鸿榜、下山磨、宫后、大墘头、水万安（水磨垵）
		文峰	7	寨仔后、湖上、风吹垄
		店上	5	店上
		云美	6	马洋、当洋、下雾庭、室前、土畲
岵山乡（小姑）	东山园	岭头	5	墓庵、狮头园、乌篮边、民篮贡
		龙阁	9	洋中、内田、墩头、东墘、村内、二甲、官坑
		磻溪	13	青砖、窑边、北山、岭边、后坪、黄墘岭、庙口、粉壁
		塘溪	14	新市场、后埔深、班上里、喷水坑、后壁、吴坂、田头、阴当、德春、长春

续表

乡(镇)	驻地	村(居)委会名称	村(居)民小组数	所属自然村
岵山乡(小姑)	东山园	铺上	13	顶大路、西洋、杀牛墩、大祖边、南山下、下大路、五内、寨仔口、新兴、岭脚盛
		茂霞	9	东山园、下灶、典当、太平砖、后头寨、坂尾铺、岭仔、长尾埔
		和林	11	和林街、内树坡、山茔坑、早墩、洋顶、湖上楼、埔尾、陈厝店
		铺下	12	深中、草埔城、前垄、南岩、洋尾、东山、顶溪埔、美树、大山、铺尾、下三
		南石(南无石)	14	洋中、北溪、田头、吾镇洋、岭头、北墩、马头洋、石桥、东岭、丘厝、长岸
		文溪	15	墓兜、大垵寨、桥尾、大垵、中仑、林兜、南溪、寨脚
		北溪	4	顶北溪、烛庵、苦菜垄
仙夹乡	田墘	夹际	20	夹际（乞蔗）、赤竹墩、山母头、仓园、横洋、巷内、岭脚、九百级
		东里	14	下巷、后门坑、内寮、厅前、田堀、祖厝边
		德田	6	坝田坑、占厝
		美寨	17	溪尾、寨后、圳古、南山埔、下许、旗北
		龙美	15	田墘、围内、庵尾、岭头、社内、巷仔口、长坑坂、杜宅垵、竹蓝前
		龙水	5	龙水（水路）
		龙湖	6	岭后、莲湖、龙林头、新路
		山后	6	山后、路尾
湖洋乡	清白	吴岭	5	吾旗岭、上罗
		龙山	7	下厝、祖厝顶、溪口
		上坂	5	上坂、深丘、楼仔、下坂
		溪西	17	墩兜、埕边、新坂厝、虎山兜、仙溪寨、大畲湖、凤池、田头、青砖厝、祖厝、塔尾墩、新田、东林

续表

乡(镇)	驻地	村(居)委会名称	村(居)民小组数	所属自然村
湖洋乡	清白	溪东	17	溪边、内新厝、祖厝、新垱、四世、宫边、下坂、土库、陈厝尾、格口、垄尾、吴田、店口厝、西坑园
		清白	15	龙墩、溪口、三落厝、曾垱厝、中厝、许水尾、下湖（湖丘）、洋坑厝
		姜莲	18	美坂、西莲、土楼、白口、尾池、下楼、美林仔
		桃源	15	大路洋、月城、二舍厝、岭口、金龟桥、上寮
		桃美	12	排尾、桥头、馆厝、下新厝、应菜厝、白溪、金厝、北山、中窑、古井、溪尾
		锦凤	15	桥仔头、大垄头、石牛头、宫边、草埔、落垄、坝脚、尾坪
		锦龙	10	湖坑、坑内、西公厝、黄栏、坂头、大坑内、太保、和厝、宋厝、溪仔、锦龙
		湖城	22	城东南、城内、对面厝、万全、留后
		蓬莱	20	长沙、长胜、坑尾、巷口、长垄、洋头、小溪、双港、溪东、高际、大坂、洋中
		高坪	6	高坪、格头、釉窑
		玉柱	20	土桥、西坡、苏厝、青砖厝、和枫厝、下池厝
		白云	15	洋岸、山岭、内洋、芹菜垄、井仔、新厝垄、后垄
		石厝	9	蔗模、石城、梅坑岭、垵平洋、半山、牙口、梅坑洋
外山乡	松溪	云峰	24	云峰、后马园、前楼、山母头、苏厝、尾宅、下坑尾、后洋、坑园、埔坪、四帮院、庵墓
		垱溪	17	松溪、美垱、肖田、下村洋、白土、马仑寨、大垄头、马路头、猛虎
		草洋	6	东山、墓前、坂尾、内寮、西坑
		福溪	5	东溪
北硿华侨茶果场	东关	内碧（内八坑）	7	祖厝、燕尾、大丘后、东坑仔、尾厝路、南洋、双过濑
		南村	3	南村、塔尾、后垄

续表

乡(镇)	驻地	村(居)委会名称	村(居)民小组数	所属自然村
北硿华侨茶果场	东关	东关	3	冷水、溪南、山后、山头尾
		坂口	4	坂口、西峰寺、龙尾
		小湖洋	4	小湖洋（小姑洋）、桃树坂
		北硿	6	北硿（险珩）、虎巷
		龙坑	3	龙坑、内碧、田头、墙围内
		山城	2	山城、湧边
		金冬洋	2	金冬洋

注：1. 北硿华侨茶果场的东关、坂口、小湖洋、北硿、龙坑、山城、金冬洋系该场的管理区。
2. 1998 年 9 月 1 日，福建省民政厅批复，同意设立永春县东关镇，新设立的永春东关镇以国营永春北硿华侨茶果场的区域为东关镇的行政区域，其中坂口管理区划归湖洋镇管辖，从东平镇划出东关、溪南、美升、东关、外碧 5 个村委会归东关镇管辖。

2023 年永春县乡镇、村（居）分布情况表

乡镇名称	村（居）委会名称	与历史上的乡、里都对应		
		乡	里	都
桃城镇	桃城社区、桃东社区、桃溪社区、化龙社区、环翠社区、德风社区、留安社区、榜头社区、南星社区、花石社区、济川社区、卧龙社区、长安社区、张埔社区、丰山村、洛阳村、上沙村、姜莲村、仑山村、外垵村、洋上村、大坪村	善政民康集庆	昭善迎福鸣琴	十三都十四都十九都二十都
五里街镇	五里街社区、儒林社区、仰贤社区、西安社区、华岩社区、蒋溪村、吾边村、吾东村、高垅村、埔头村、大羽村	集庆民康	和风鸣琴慕仁	二十都二十三都二十五都
一都镇	光山村、龙卿村、鲁山村、林山村、仙友村、黄田村、仙阳村、南阳村、黄沙村、三岭村、美岭村、苏合村、玉三村、吴殊村	宣和	民苏	一都

续表

乡镇名称	村（居）委会名称	与历史上的乡、里都对应		
		乡	里	都
下洋镇	下洋村、上姚村、曲斗村、新坂村、涂山村、大荣村、溪塔村、长汀村、新村村、含春村	宣和	善化	二都 三都
蓬壶镇	八乡村、联星村、南幢村、美林村、高峰村、高丽村、丽里村、孔里村、壶南村、鹏溪村、观山村、西昌村、美中村、美山村、军兜村、壶中村、魁都村、汤城村、仙岭村、魁园村、东星村	里仁 宣和 民康	升平 常安 招集	七都 八都 二十二都
达埔镇	新溪村、洑溪村、光烈村、金星村、东园村、岩峰村、汉口村、狮峰村、洪步村、达德村、新琼村、达中村、达理村、楚安村、建国村、蓬莱村、前峰村、延寿村、溪园村、乌石村、达山村	里仁	安仁	八都 九都 十都
吾峰镇	枣岭村、吾中村、吾西村、后龙村、梅林村、吾顶村、培民村、择水村	民康	常安	二十一都 二十二都
石鼓镇	石鼓社区、社山社区、桃场社区、桃星社区、桃联社区、卿园村、吾江村、半岭村、马峰村、凤美村、洑江村、大卿村、东安村、	民康 里仁	始安 慕仁	十一都 二十三都
岵山镇	岭头村、龙阁村、磻溪村、塘溪村、铺上村、茂霞村、和林村、铺下村、南石村、文溪村、北溪村	集庆	安平	十二都
东平镇	太平村、东山村、太山村、鸿安村、冷水村、下林村、文峰村、云美村、店上村	善政	和平 清白	十五都 十九都
湖洋镇	吴岭村、龙山村、上坂村、溪西村、溪东村、清白村、美莲村、桃源村、桃美村、锦凤村、锦龙村、湖城村、蓬莱村、高坪村、玉柱村、白云村、石厝村	善政	桃源 清白	十八都 十九都
坑仔口镇	玉西村、诗元村、魁斗村、西坪村、福地村、洋头村、杏村村、景山村	宣和	福德	五都
玉斗镇	玉斗村、玉美村、竹溪村、凤溪村、江山村、白珩村、新珩村、云台村、炉地村	宣和	福德	五都 六都

续表

乡镇名称	村（居）委会名称	与历史上的乡、里都对应		
		乡	里	都
锦斗镇	锦溪村、卓湖村、洪内村、长坑村、珍卿村、云路村	宣和	善化	四都
东关镇	东华社区、龙坑社区、北硿社区、南美村、内碧村、外碧村、东关村、东美村、溪南村、美升村、山城村、金城村	善政	和平清白	十六都十九都
仙夹镇	夹际村、东里村、德田村、美寨村、龙美村、龙水村、龙湖村、山后村	集庆	安平	十二都
桂洋镇	桂洋村、文太村、壶永村、岐山村、茂春村、金沙村、库湖村、新岭村	宣和	善化	四都
苏坑镇	嵩山村、光明村、洋坪村、嵩安村、嵩溪村、熙里村、东坑村	民康	常安	二十二都
横口乡	云贵村、福德村、姜埕村、贵德村、福联村、福中村、环峰村、上西坑村、下西坑村、横坑村	宣和	民苏	二都
介福乡	龙津村、紫美村、福东村	善政	鸣琴	二十都
呈祥乡	呈祥村、西村村、东溪村	民康	常安	二十二都
外山乡	云峰村、墘溪村、草洋村、福溪村	善政	桃源	十七都

文　献

中华全国归国华侨联合会章程

（2023 年 9 月 3 日第十一次全国归侨侨眷代表大会通过）

总　则

中华全国归国华侨联合会（简称中国侨联），是中国共产党领导的由归侨、侨眷组成的全国性人民团体，是党和政府联系广大归侨侨眷和海外侨胞的桥梁和纽带。

归侨侨眷和海外侨胞为中华民族的进步和昌盛作出了巨大贡献，是建设中国特色社会主义、推进祖国完全统一、实现中华民族伟大复兴中国梦的一支重要力量。

中国侨联以《中华人民共和国宪法》为根本的活动准则，坚持以人为本、为侨服务的宗旨，在维护全国人民总体利益的同时，依法代表和维护归侨侨眷和海外侨胞在国内的合法权利和利益，关心海外侨胞的正当权利和利益。

中国侨联以马克思列宁主义、毛泽东思想、邓小平理论、"三个代表"重要思想、科学发展观、习近平新时代中国特色社会主义思想为指导，高举爱国主义和社会主义旗帜，全面贯彻党的基本理论、基本路线、基本方略，坚定不移走中国特色社会主义群团发展道路，立足新发展阶段、贯彻新发展理念、构建新发展格局、推动高质量发展，增强政治性、先进性、群众性，根据本章程，坚持国内海外工作并重、老侨新侨工作并重，拓展海外工作，拓展新侨工作，坚持和加强党的全面领导，加强基层组织建设，加强基础建设，建设侨联组织内部自上而下的组织网络，建设侨联与其他部门、其他群团组织之间的工作网络，构建和完善工作机制。凝聚侨心、汇集侨智、发挥侨力、维护侨益，积极主动、独立自主地开展工作，履行服务经济发展、依法维护侨益、拓展海外联谊、积极参政议政、弘扬中华文化、参与社会建设工作职能，广泛团结归侨侨眷和海外侨胞在全面推进我国经济建设、政治建设、文化建设、社会建设、生态文明建设中发挥积极作用，为振兴中华、统一祖国、维护世界和平，为全面建设社会主义现代化国家、全面推进中华民族伟大复兴而奋斗。

第一章　任务

第一条　引导和组织归侨侨眷努力学习马克思列宁主义、毛泽东思想、邓小平理论、"三个代表"重要思想、科学发展观、习近平新时代中国特色社会主义思想，坚持解放思想、实事求是、与时俱进、求真务实，做好归侨侨眷的思想政治工作，最大限度把广大归侨侨眷和海外侨胞团结起来，最大限度把他们爱国爱乡的积极性调动起来，最大限度把他们促进改革开放和社会主义现代化建设的独特优势发挥出来，自信自强、守正创新，奋力推进中国特色社会主义伟大事业。

第二条　广泛团结和动员归侨侨眷和海外侨胞投身改革开放和社会主义现代化建设；积极为引进海外人才、资金、技术和智力服务，促进海内外经贸合作和科技交流；努力为归侨侨兴办企事业和海外侨胞来华工作服务；引导侨资侨智在参与共建"一带一路"、服务高水平对外开放，构建以国内大循环为主体、国内国际双循环相互促进的新发展格局中发挥积极作用；办好侨联所属企事业。

第三条　参与国家政治、经济、文化和社会事务活动，参与社会管理和公共服务，反映归侨侨眷和海外侨胞的意愿和要求；参与政治协商，发挥民主监督作用；参与协商和推荐人民代表大会归侨侨眷代表人选，提名政治协商会议的归侨侨眷委员人选；参与起草修订有关法律、法规草案，促进社会主义民主政治建设。

第四条　宣传贯彻党和国家关于侨务工作的方针、政策和法律、法规；推动《中华人民共和国归侨侨眷权益保护法》的实施，推动涉侨法律法规的制定和实施；加强对归侨侨眷的法治宣传教育；发挥法律顾问委员会的作用，为归侨侨眷和海外侨胞提供政策咨询和法律服务；加强与各方面工作协同，多元化解涉侨纠纷，提高依法护侨的能力和水平。

第五条　密切与海外侨胞、留学人员及其社团的联系，履行海外侨胞社团联谊等职责，促进海外侨胞关系及社团和谐健康发展，加深乡谊亲情，鼓励他们融入和回馈当地社会，同居住地人民和睦相处，为居住地的繁荣和发展作出贡献，为促进我国人民同各国人民的相互了解和友谊，推动构建人类命运共同体贡献力量。加强同香港、澳门特别行政区归侨侨眷及其社团的联系，支持他们为香港、澳门长期繁荣稳定发挥积极作用；积极宣传贯彻"和平统一、一国两制"方针，密切与台湾地区归侨侨眷及其社团的联系，推动两岸关系和平发展，为实现祖国完全统一贡献力量。

第六条　引导和鼓励归侨侨眷弘扬以爱国主义为核心的民族精神和以改革创新为核心的时代精神，践行社会主义核心价值观，维护各族人民大团结，积极开展群众性社会主义精神文明创建活动，不断提高思想道德素质和科学文化素质，做有理想、有道德、有文化、有纪律的公民。弘扬中华优秀传统文化，推进海外华文教育，传播中国声音，讲好中国故事，开展海内外文化、学术交流，协助归侨侨眷和海外侨胞在国内兴办科教文卫体事业，支持、引导归侨侨眷和海外侨胞参与发展公益事业。

第七条　加强侨联自身建设，发扬民主，廉洁奉公，面向基层，面向群众，深入开展调查研究，全心全意为归侨侨眷和海外侨胞服务。加强侨联系统党的政治建设，深刻领悟"两个确立"的决定性意义，增强"四个意识"、坚定"四个自信"、做到"两个维护"，自觉在思想上政治上行动上同以习近平同志为核心的党中央保持高度一致。加强侨联组织党的建设，增强党组织政治功能和组织功能。重视培养、推荐和选拔德才兼备的归侨侨眷干部。开展表彰先进集体、先进个人和典型选树等工作，进一步激励侨界人士和侨务工作者干事创业。努力建设一支政治坚定、业务精通、作风优良、纪律严明、服务热情的高素质干部队伍。把侨联建设成为归侨侨眷和海外侨胞之家，使侨联干部成为归侨侨眷、海外侨胞的贴心人和侨务工作的实干家。

第二章　会员

第八条　各级侨联实行团体会员制。

凡在民政部门注册登记或经各级侨联批准成立的归侨侨眷组织的联谊会、校友会、学会、协会、商会等团体，承认本章程，可成为所在地侨联的团体会员。

第九条　县以下侨联可实行个人会员制。

第十条　会员有权参加所属侨联的有关活动，享受侨联提供的各项服务，对侨联工作提出建议和批评，并对侨联工作人员进行监督。

第十一条 会员有义务遵守侨联章程，维护侨联声誉，贯彻执行侨联的决议，完成侨联布置的工作任务。

第三章 组织制度

第十二条 侨联实行民主集中制。

第十三条 各级侨联的领导机关是各级归侨侨眷代表大会及其选举产生的委员会。

第十四条 各级归侨侨眷代表大会的代表应当具有归侨侨眷身份，由各级侨联和其他有关方面经民主协商或者通过选举、特邀方式产生。各级侨联委员会由同级归侨侨眷代表大会选举产生。候选人名单事先要充分酝酿讨论。选举采取无记名投票方式。

第十五条 各级侨联可以设立荣誉职务。

第十六条 省、自治区、直辖市，设区的市、自治州，县、自治县、不设区的市和市辖区，可以按本章程规定成立地方侨联组织。在归侨侨眷较多的企业、农村、机关、学校、医院、科研院所、街道社区、社会组织和其他基层单位，可以成立基层侨联组织。

第十七条 各级侨联具有法人资格，其机构受法律保护。根据工作需要，县级以上（含县级）和重点侨乡的乡、镇、市区的街道侨联可以下设办事机构，其人员编制、经费，按同级人民团体统一管理。根据国家规定，干部参照国家公务员制度管理。

第十八条 各级侨联要密切与会员的联系，定期组织活动，支持他们的工作，协助他们解决困难。

第四章 全国组织

第十九条 侨联的全国组织是中华全国归国华侨联合会。

第二十条 中国侨联的最高领导机关是全国归侨侨眷代表大会及其选举产生的中国侨联委员会。

全国归侨侨眷代表大会的代表由各省、自治区、直辖市侨联和其他有关方面经民主协商或者通过选举、特邀方式产生。

第二十一条　全国归侨侨眷代表大会的职权是：

一、审议和批准中国侨联委员会的工作报告；

二、讨论和决定中国侨联的工作方针、任务；

三、修改中国侨联章程；四、选举中国侨联委员会；

五、根据需要聘请海内外热心侨联事业的社会著名人士担任中国侨联顾问、海外委员、荣誉委员等职务；

六、表彰先进集体、先进个人；

七、决定中国侨联其他重要事项。

第二十二条　全国归侨侨眷代表大会每五年召开一次，由上一届中国侨联委员会负责召集。在特殊情况下，可以提前或者推迟召开，原则上时间不超过一年。

全国归侨侨眷代表大会闭会期间，由中国侨联委员会贯彻执行全国归侨侨眷代表大会的决议并决定工作中的重大问题。

第二十三条　中国侨联委员会全体会议每年召开一次，由常务委员会负责召集。常务委员会认为有必要或者有三分之一以上委员的建议，可以提前或者推迟召开。

第二十四条　中国侨联委员会每届任期五年。在全国归侨侨眷代表大会提前或者推迟召开时，其任期相应缩短或延长。

中国侨联委员会全体会议必要时可以补选、增选、卸免或者罢免委员、常务委员，但增选名额不得超过本届委员总数的五分之一。委员的补选、增选、卸免和罢免，授权常务委员会会议审定。常务委员的补选、增选、卸免和罢免，由委员会全体会议审定。

委员会、常务委员会中的专职侨联干部退休或离任后，其委员、常务委员职务按程序及时卸免，并进行相应增补。

第二十五条　中国侨联委员会委员应当具有归侨侨眷身份。

中国侨联委员会全体会议选举主席一人、副主席若干人、秘书长一人及常务委员若干人，组成常务委员会。·

中国侨联委员会全体会议闭会期间，由常务委员会行使其职权。

常务委员会会议每年召开两次，由主席会议负责召集。

主席会议由主席和副主席、秘书长组成。主席会议每年至少召开两次，由主席负责召集。

第二十六条 主席、专职副主席、秘书长组成主席办公会议，根据常务委员会的决议处理日常工作。主席办公会议可以聘任副秘书长若干人。

第二十七条 全国归侨侨眷代表大会及其选举产生的委员会、常务委员会必须有应出席会议过半数的成员出席方能召开；有应出席会议过半数成员的同意，才可以通过决议。

第二十八条 担任中国侨联荣誉职务的人士可以应邀列席有关会议。

第五章 地方组织

第二十九条 地方各级侨联的领导机关是地方归侨侨眷代表大会及其选举产生的委员会。地方各级归侨侨眷代表大会的代表由该地各级侨联及其有关方面经民主协商或者通过选举、特邀方式产生。

第三十条 地方各级归侨侨眷代表大会的职权是：

一、审议和批准本级侨联委员会的工作报告；

二、讨论和决定本级侨联的工作任务；

三、选举本级侨联委员会；

四、制定、修改本级侨联的工作细则；

五、根据需要，聘请海内外热心侨联事业的社会著名人士担任本级侨联荣誉职务；

六、表彰先进集体、先进个人；

七、决定本级侨联其他重要事项。

第三十一条 地方归侨侨眷代表大会每五年召开一次，由上一届地方侨联委员会召集。在特殊情况下，可以提前或者推迟召开，原则上时间不超过一年。

地方归侨侨眷代表大会闭会期间，地方侨联委员会贯彻执行地方归侨侨眷代表大会的决议并决定工作中的重大问题。地方侨联委员会全体会议每年至少召开一次，由常务委员会负责召集。

地方侨联委员会全体会议闭会期间，由其常务委员会行使其职权。

地方各级侨联委员会每届任期五年。在地方归侨侨眷代表大会提前或者推迟召开时，其任期相应缩短或者延长。

委员会、常务委员会中的专职侨联干部退休或离任后，其委员、常务委员职务按程序及时卸免，并进行相应增补。

第三十二条　地方各级侨联委员会选举主席一人、副主席若干人、秘书长一人及常务委员若干人，组成常务委员会。常务委员会会议由主席会议负责召集。主席会议由主席和副主席、秘书长组成，由主席负责召集。

第三十三条　专职主席、副主席、秘书长组成主席办公会议，处理日常工作；也可以根据当地实际情况，另定主席办公会议组成人员。主席办公会议可以根据工作需要聘任副秘书长。

第三十四条　地方各级侨联委员会委员应当具有归侨侨眷身份。

主席、副主席、秘书长应当由归侨侨眷担任，其候选人名单须征求上一级侨联的意见，选举结果报上一级侨联备案。

第三十五条　地方各级侨联受同级党委领导，接受上一级侨联的指导，享受同级人民团体待遇。地方侨联选举产生的主要领导成员实行届别任期制；其职务如在任期内变动，应当提交本届委员会讨论决定并征求上一级侨联组织意见。

第六章　基层组织

第三十六条　基层侨联的领导机关是基层归侨侨眷大会或代表大会及其选举产生的委员会。基层归侨侨眷大会或代表大会每三至五年召开一次，由上一届基层侨联委员会召集。

基层归侨侨眷大会或代表大会的代表及其选举产生的基层侨联委员会委员应当具有归侨侨眷身份。

基层侨联选举主席一人，副主席若干人，负责日常工作。有条件的基层侨联应当设立办事机构，配备专职干部，保障工作经费。

第三十七条　基层侨联组织是侨联事业发展的重要基础。基层侨联在同级党组织的领导下开展工作，接受上一级侨联的指导。

第七章　经费

第三十八条　中国侨联和地方各级侨联的经费来源：

一、侨联的行政经费、业务活动和事业发展经费由同级政府列入财政预算，并随着财政收入的增长和工作需要逐步增加；

二、侨联兴办企业、事业的收益；

三、海内外人士和单位的捐赠。

第八章　资产

第三十九条　侨联资产包括国家拨给的动产和不动产、侨联接受海内外人士和单位捐赠的财物、侨联在所属企事业拥有的资产。各级侨联应当依法管理、使用、保护所拥有的资产，任何组织或者个人不得侵占、挪用，未经批准，不得任意调拨。

第九章　会徽

第四十条　中华全国归国华侨联合会会徽由五枚相连的黄色心形环绕红五角星图案和中国侨联的中英文全称组成。象征五大洲侨胞心向祖国，侨联联系和团结归侨侨眷和海外侨胞，为实现中华民族伟大复兴而奋斗。

中国侨联会徽按照规定使用。

中华全国归国华侨联合会英文译名是"All—China Federation of Returned Overseas Chinese"，缩写为"ACFROC"。

第十章　附则

第四十一条　各级侨联可以根据本章程制定实施细则，报上一级侨联备案。

第四十二条　本章程的解释权属中华全国归国华侨联合会。

中华人民共和国归侨侨眷权益保护法

（1990 年 9 月 7 日第七届全国人民代表大会常务委员会第十五次会议通过 1990 年 9 月 7 日中华人民共和国主席令第三十三号公布　根据 2000 年 10 月 31 日第九届全国人民代表大会常务委员会第十八次会议《关于修改＜中华人民共和国归侨侨眷权益保护法＞的决定》第一次修正　根据 2009 年 8 月 27 日第十一届全国人民代表大会常务委员会第十次会议《关于修改部分法律的决定》第二次修正）

第一条　为了保护归侨、侨眷的合法的权利和利益，根据宪法，制定本法。

第二条　归侨是指回国定居的华侨。华侨是指定居在国外的中国公民。

侨眷是指华侨、归侨在国内的眷属。

本法所称侨眷包括：华侨、归侨的配偶，父母，子女及其配偶，兄弟姐妹，祖父母、外祖父母，孙子女、外孙子女，以及同华侨、归侨有长期扶养关系的其他亲属。

第三条　归侨、侨眷享有宪法和法律规定的公民的权利，并履行宪法和法律规定的公民的义务，任何组织或者个人不得歧视。

国家根据实际情况和归侨、侨眷的特点，给予适当照顾，具体办法由国务院或者国务院有关主管部门规定。

第四条　县级以上各级人民政府及其负责侨务工作的机构，组织协调有关部门做好保护归侨、侨眷的合法权益的工作。

第五条　国家对回国定居的华侨给予安置。

第六条　全国人民代表大会和归侨人数较多地区的地方人民代表大会应当有适当名额的归侨代表。

第七条　归侨、侨眷有权依法申请成立社会团体，进行适合归侨、侨眷需要的合法的社会活动。

归侨、侨眷依法成立的社会团体的财产受法律保护，任何组织或者个人不得侵犯。

第八条　中华全国归国华侨联合会和地方归国华侨联合会代表归侨、侨眷的利益，依法维护归侨、侨眷的合法权益。

第九条 国家对安置归侨的农场、林场等企业给予扶持，任何组织或者个人不得侵占其合法使用的土地，不得侵犯其合法权益。

在安置归侨的农场、林场等企业所在的地方，可以根据需要合理设置学校和医疗保健机构，国家在人员、设备、经费等方面给予扶助。

第十条 国家依法维护归侨、侨眷职工的社会保障权益。用人单位及归侨、侨眷职工应当依法参加当地的社会保险，缴纳社会保险费用。

对丧失劳动能力又无经济来源或者生活确有困难的归侨、侨眷，当地人民政府应当给予救济。

第十一条 国家鼓励和引导归侨、侨眷依法投资兴办产业，特别是兴办高新技术企业，各级人民政府应当给予支持，其合法权益受法律保护。

第十二条 归侨、侨眷在国内兴办公益事业，各级人民政府应当给予支持，其合法权益受法律保护。

归侨、侨眷境外亲友捐赠的物资用于国内公益事业的，依照法律、行政法规的规定减征或者免征关税和进口环节的增值税。

第十三条 国家依法保护归侨、侨眷在国内私有房屋的所有权。

依法征收、征用、拆迁归侨、侨眷私有房屋的，建设单位应当按照国家有关规定给予合理补偿和妥善安置。

第十四条 各级人民政府应当对归侨、侨眷就业给予照顾，提供必要的指导和服务。

归侨学生、归侨子女和华侨在国内的子女升学，按照国家有关规定给予照顾。

第十五条 国家保护归侨、侨眷的侨汇收入。

第十六条 归侨、侨眷有权接受境外亲友的遗赠或者赠与。

归侨、侨眷继承境外遗产的权益受法律保护。

归侨、侨眷有权处分其在境外的财产。

第十七条 归侨、侨眷与境外亲友的往来和通讯受法律保护。

第十八条 归侨、侨眷申请出境，有关主管部门应当在规定期限内办理手续。

归侨、侨眷确因境外直系亲属病危、死亡或者限期处理境外财产等特殊情况急需出境的，有关主管部门应当根据申请人提供的有效证明优先办理手续。

第十九条 国家保障归侨、侨眷出境探亲的权利。

归侨、侨眷职工按照国家有关规定享受出境探亲的待遇。

第二十条　归侨、侨眷可以按照国家有关规定申请出境定居，经批准出境定居的，任何组织或者个人不得损害其合法权益。

离休、退休、退职的归侨、侨眷职工出境定居的，其离休金、退休金、退职金、养老金照发。

第二十一条　归侨、侨眷申请自费出境学习、讲学的，或者因经商出境的，其所在单位和有关部门应当提供便利。

第二十二条　国家对归侨、侨眷在境外的正当权益，根据中华人民共和国缔结或者参加的国际条约或者国际惯例，给予保护。

第二十三条　归侨、侨眷合法权益受到侵害时，被侵害人有权要求有关主管部门依法处理，或者向人民法院提起诉讼。归国华侨联合会应当给予支持和帮助。

第二十四条　国家机关工作人员玩忽职守或者滥用职权，致使归侨、侨眷合法权益受到损害的，其所在单位或者上级主管机关应当责令改正或者给予行政处分；构成犯罪的，依法追究刑事责任。

第二十五条　任何组织或者个人侵害归侨、侨眷的合法权益，造成归侨、侨眷财产损失或者其他损害的，依法承担民事责任；构成犯罪的，依法追究刑事责任。

第二十六条　违反本法第九条第一款规定，非法占用安置归侨的农场、林场合法使用的土地，有关主管部门应当责令退还；造成损失的，依法承担赔偿责任。

第二十七条　违反本法第十三条规定，非法侵占归侨、侨眷在国内私有房屋的，有关主管部门应当责令退还；造成损失的，依法承担赔偿责任。

第二十八条　违反本法第二十条第二款规定，停发、扣发、侵占或者挪用出境定居的归侨、侨眷的离休金、退休金、退职金、养老金的，有关单位或者有关主管部门应当责令补发，并依法给予赔偿；对直接负责的主管人员和其他直接责任人员，依法给予行政处分；构成犯罪的，依法追究刑事责任。

第二十九条　国务院根据本法制定实施办法。

省、自治区、直辖市的人民代表大会常务委员会可以根据本法和国务院的实施办法，制定实施办法。

第三十条　本法自 1991 年 1 月 1 日起施行。

中华人民共和国归侨侨眷权益保护法实施办法

第一条 根据《中华人民共和国归侨侨眷权益保护法》的规定，制定本办法。

第二条 归侨、侨眷的身份，由其常住户口所在地的县级以上地方人民政府负责侨务工作的机构根据本人申请审核认定。

与华侨、归侨有长期扶养关系的亲属申请认定侨眷身份的，应当提供由公证机构出具的扶养证明。

第三条 华侨、归侨去世后或者华侨身份改变后，其国内眷属原依法认定的侨眷身份不变。

依法与华侨、归侨及其子女解除婚姻关系，或者与华侨、归侨解除扶养关系的，其原依法认定的侨眷身份丧失。

第四条 县级以上地方各级人民政府应当重视和加强归侨、侨眷合法权益保护工作。

县级以上人民政府负责侨务工作的机构应当组织协调有关部门做好保护归侨、侨眷合法权益的工作，并组织开展本行政区域内归侨、侨眷权益保护的法律、法规执行情况的监督、检查。

县级以上人民政府有关部门应当在各自的职责范围内做好归侨、侨眷合法权益的保护工作。

第五条 华侨要求回国定居的，按照国家有关出入境管理的规定核发回国定居证明。

第六条 地方人民政府和有关部门对回国定居的华侨，按照国家有关规定给予安置。

第七条 中华全国归国华侨联合会以及地方归国华侨联合会按照其章程开展活动，维护归侨、侨眷的合法权益。

归侨、侨眷有权依法申请成立其他社会团体，进行适合归侨、侨眷需要的合法的社会活动。

归侨、侨眷社会团体的合法权益以及按照章程进行的合法活动，受法律保护；

其依法拥有的财产，任何组织或者个人不得侵占、损害。

第八条　各级人民政府核拨给安置归侨的农场、林场等企业的专项经费应当专款专用，任何组织和个人不得挪用、截留或者私分。

地方人民政府应当对安置归侨的农场、林场等企业给予扶持。

第九条　安置归侨的农场、林场等企业合法使用的土地、山林、滩涂、水面等资源，企业依法享有使用权，其拥有的生产资料、经营的作物、生产的产品，任何组织或者个人不得侵占、损害；国家依法征收或者征用安置归侨的农场、林场的土地的，依法给予补偿。

第十条　在安置归侨的农场、林场等企业所在的地方设置的学校、医疗保健机构，应当纳入地方人民政府的教育、卫生规划，统一管理。

第十一条　国家依法维护归侨、侨眷的社会保障权益。用人单位和归侨、侨眷应当依法参加当地的社会保险，缴纳社会保险费。参加社会保险的归侨、侨眷依法享受社会保险待遇。

地方人民政府对生活确有困难的归侨、侨眷，应当给予救济，并对其生产、就业给予扶持；依法保障丧失劳动能力又无经济来源的归侨、侨眷的基本生活。

第十二条　归侨、侨眷依法投资开发荒山、荒地、滩涂，或者从事农业、林业、牧业、渔业生产，有关地方人民政府应当给予支持。

第十三条　归侨、侨眷在国内兴办公益事业，各级人民政府及其有关部门应当给予支持，其合法权益受法律保护。

归侨、侨眷境外亲友捐赠的物资用于国内公益事业的，依法减征或者免征关税和进口环节的增值税。

归侨、侨眷及其境外亲友在境内投资的企业捐赠的财产用于公益事业的，依法享受所得税优惠。

归侨、侨眷境外亲友向境内捐赠财产的，县级以上人民政府负责侨务工作的机构可以协助办理有关入境手续，为捐赠人实施捐赠项目提供帮助，并依法对捐赠财产的使用与管理进行监督。

第十四条　国家依法保护归侨、侨眷在国内私有房屋的所有权。归侨、侨眷对其私有房屋，依法享有占有、使用、收益和处分的权利，任何组织或者个人不得侵犯。

第十五条　租赁归侨、侨眷的私有房屋，须由出租人和承租人签订租赁合同，并到房屋所在地的房产管理部门登记备案。租赁合同终止时，承租人应当将房屋退还出租人。

第十六条　依法拆迁归侨、侨眷私有房屋的，拆迁人应当按照国家有关房屋拆迁管理的规定给予货币补偿或者实行房屋产权调换。按照政府规定的租金标准出租的归侨、侨眷的私有房屋被拆迁的，补偿安置的办法由国务院建设主管部门会同有关部门规定。

第十七条　华侨子女回国就读实施义务教育的学校，应当视同当地居民子女办理入学手续；归侨学生、归侨子女和华侨在国内的子女报考国家举办的非义务教育的学校，教育等有关部门应当按照国家有关规定结合本地区实际情况给予照顾。

第十八条　侨汇是归侨、侨眷的合法收入，其所有权受法律保护，任何组织或者个人不得侵占、延迟支付、强行借贷或者非法冻结、没收。

第十九条　归侨、侨眷需要赴境外处分财产或者接受遗产、遗赠、赠与的，有关部门和我国驻外国的外交（领事）机构或者外交部授权的其他驻外机构，可以根据归侨、侨眷的请求提供必要的协助。

第二十条　归侨、侨眷的通信自由和通信秘密受法律保护，任何组织或者个人不得非法开拆、隐匿、毁弃或者盗窃归侨、侨眷的邮件。归侨、侨眷的给据邮件丢失、损毁、内件短少的，邮政部门应当依法赔偿。

第二十一条　归侨、侨眷申请出境的，有关主管部门应当在规定的期限内依法办理手续。

归侨、侨眷因境外直系亲属病危、死亡或者处理境外财产等特殊情况急需出境的，有关主管部门应当根据申请人提供的有效证明优先办理。

第二十二条　归侨、侨眷按照国家有关探亲规定享受出境探亲待遇。

第二十三条　按照国家规定退休（离休）的归侨、侨眷获准出境定居的，按照国家规定享受的退休（离休）待遇不变。其养老金可以委托他人领取，但需每年向原工作单位或者负责支付养老金的社会保险经办机构提供由我国驻其所在国的外交（领事）机构或者所在国公证机构出具的本人生存证明文件。

归侨、侨眷退休（离休）后出境定居又回国就医的，按照当地有关规定享受相应的医疗待遇。

不符合国家规定退休条件的归侨、侨眷职工获准出境定居的，按照国家有关规定办理辞职、解聘、终止劳动关系手续，按照国家有关规定享受一次性离职费及相关待遇，已经参加基本养老保险、基本医疗保险的，由社会保险经办机构按照国家有关规定一次性结清应归属其本人的费用，并终止其基本养老保险、基本医疗保险关系。

归侨、侨眷获准出境定居，出境前依法参加前款规定以外的其他社会保险的，按照国家有关规定享受相应的社会保险待遇。

第二十四条　归侨、侨眷在获得前往国家（地区）的入境签证前，所在工作单位或者学校不得因其申请出境而对其免职、辞退、解除劳动关系、停发工资或者责令退学，并且不得收取保证金、抵押金。

归侨、侨眷按照国家有关探亲规定获准出境探亲的，在批准的假期内，其工作、租住的公房应当保留。

第二十五条　归侨、侨眷出境探亲或者定居的，按照规定可以兑换外汇；出境定居的，其领取的社会保险金、住房公积金可以按照规定兑换外汇汇出或者携带出境。

第二十六条　我国驻外国的外交（领事）机构根据我国缔结或者参加的国际条约或者国际惯例，保护归侨、侨眷在境外的合法权益。

归侨、侨眷在境外有养老金、抚恤金等需要领取的，我国驻外国的外交（领事）机构可以根据其请求提供必要的协助。

第二十七条　归侨、侨眷的合法权益受到侵害的，有权要求有关主管部门依法处理，或者向人民法院起诉。对有经济困难的归侨、侨眷，当地法律援助机构应当依法为其提供法律援助。各级归国华侨联合会应当给予支持和帮助。

第二十八条　经办侨务专项经费的机构、人员，违反本办法规定，挪用、截留、私分侨务专项经费的，对直接负责的主管人员和其他直接责任人员依法给予行政处分或者纪律处分；构成犯罪的，依法追究刑事责任。被挪用、截留、私分的侨务专项经费，由其主管部门责令追回。

第二十九条　国家机关工作人员滥用职权、玩忽职守、徇私舞弊，致使归侨、侨眷合法权益受到损害的，对直接负责的主管人员和其他直接责任人员依法给予行政处分或者纪律处分；构成犯罪的，依法追究刑事责任。

第三十条　本办法自 2004 年 7 月 1 日起施行。1993 年 7 月 19 日国务院发布的《中华人民共和国归侨侨眷权益保护法实施办法》同时废止。

福建省实施《中华人民共和国归侨侨眷权益保护法》办法

（1992 年 8 月 29 日福建省第七届人民代表大会常务委员会第二十九次会议通过 2002 年 3 月 28 日福建省第九届人民代表大会常务委员会第三十一次会议修正 2006 年 9 月 28 日福建省第十届人民代表大会常务委员会第二十五次会议修订 根据 2010 年 7 月 30 日福建省第十一届人民代表大会常务委员会第十六次会议通过的《福建省人民代表大常务委员会关于修改部分地方性法规的决定》修改）

第一条 为了保护归侨、侨眷的合法权益，根据《中华人民共和国归侨侨眷权益保护法》和《中华人民共和国归侨侨眷权益保护法实施办法》，结合本省实际，制定本办法。

第二条 归侨是指回国定居的华侨。华侨是指定居在国外的中国公民。侨眷是指华侨、归侨在国内的眷属。侨眷包括：华侨、归侨的配偶，父母，子女及其配偶，兄弟姐妹，祖父母、外祖父母，孙子女、外孙子女，以及同华侨、归侨有长期扶养关系的其他亲属。

归侨的身份，不因其回国时年龄的大小和何时回国而改变。

侨眷的身份，不因华侨或者归侨的死亡以及华侨身份的改变而消失。依法与华侨、归侨及其子女解除婚姻关系的，其因婚姻关系形成的侨眷身份丧失。

同华侨、归侨有七年以上扶养关系的其他亲属，申请认定侨眷身份时仍保持扶养关系，且提供公证机构出具的扶养证明，应当认定其为侨眷身份。解除扶养关系的，其原依法认定的侨眷身份丧失。

第三条 地方各级人民政府应当重视和加强归侨、侨眷合法权益保护工作。

县级以上地方人民政府负责侨务工作的机构应当组织协调有关部门做好保护归侨、侨眷合法权益的工作，组织开展本行政区域内归侨、侨眷权益保护的法律、法规执行情况的监督、检查。

地方各级人民政府有关部门应当在各自的职责范围内做好归侨、侨眷合法权益的保护工作。

第四条　本省各级归国华侨联合会是归侨、侨眷依法成立的人民团体，按照章程开展民主监督，反映归侨、侨眷的合理要求，提出保护归侨、侨眷的意见和建议，维护归侨、侨眷的合法权益。

各级归国华侨联合会和归侨、侨眷依法成立的其他社会团体，其合法拥有的财产，任何组织或者个人不得侵犯；其依法开展的适合归侨、侨眷需要的社会活动，地方各级国家机关应当予以支持。

第五条　省人民代表大会和归侨、侨眷人数较多的设区的市、县（市、区）、乡（镇）人民代表大会应当有适当名额的归侨、侨眷代表。县级以上地方人民政府负责侨务工作的机构和各级归国华侨联合会参与归侨、侨眷代表候选人的推荐工作。

县（市、区）、乡（镇）人民代表大会代表选举期间在本省的华侨，可以参加原籍地或者出国前居住地的选举。

第六条　归侨、侨眷的身份由其户籍所在地或者经常居住地的县级以上地方人民政府负责侨务工作的机构确认。

申请认定归侨、侨眷身份的，应当提供书面申请、档案资料或者有效证件、亲属关系证明等有关材料。县级以上地方人民政府负责侨务工作的机构对符合条件的申请，应当在十日内出具归侨、侨眷身份认定书；对不符合条件的申请，应当及时书面告知申请人。

出国、出境人员凭其持有的中华人民共和国护照，在本省从事民商事活动时，其本人护照与国内居民身份证具有同等证明效力，有关部门和单位应当予以认可。

第七条　鼓励归侨、侨眷引荐和支持华侨专业人士以兼职、讲学、咨询、科研和技术合作、技术入股、投资兴办企业等形式，服务本省经济和社会建设。县级以上地方人民政府有关部门应当落实国家和省的各项优惠政策。

华侨专业人士可以依法被录用或者聘任（用）为国家工作人员；符合公开选拔领导干部条件的，可以按照有关规定参加公开选拔；在本省就业的，依法参加社会保险，享受住房公积金，其子女入学入托与当地居民子女享受同等待遇。

第八条　归侨、侨眷以及各级归国华侨联合会依法兴办的企业或者事业组织，其合法权益和正当的经营活动，受法律保护。

第九条　地方各级人民政府应当重视扶持贫困归侨、侨眷生产、经营和就业，并在政策、资金、技术、信息等方面给予扶持。

对失业的归侨、侨眷，地方各级人民政府和有关单位应当在就业培训、择业指导和职业介绍等方面提供服务。

第十条　地方各级人民政府依法维护归侨、侨眷的社会保障权益。

地方各级人民政府应当将符合当地居民最低生活保障条件的归侨、侨眷，纳入当地城乡居民最低生活保障范围；应当将安置归侨的农场和其他企业中符合当地居民最低生活保障条件的归侨及其子女，纳入当地城市居民最低生活保障范围。

地方各级人民政府应当将归侨、侨眷纳入当地城乡居民医疗保障范围；应当按照国家有关规定将安置归侨的农场和其他企业中的职工，逐步纳入城镇职工基本医疗保险范围。

地方各级人民政府对生活确有困难的归侨、侨眷应当给予救助，用于救助的专项经费应当专款专用、及时拨付，任何组织或者个人不得挪用、截留或者私分。

第十一条　地方各级人民政府应当把安置归侨的农场和其他企业的发展纳入当地国民经济和社会发展规划。

安置归侨的农场和其他企业应当有归侨、侨眷参与管理，重大事项应当由职工大会或者职工代表大会依职权决定，或者事先征得职工大会或者职工代表大会的同意。

第十二条　县级以上地方人民政府应当按照尊重历史、维护稳定、促进发展的原则，依法确认安置归侨的农场和其他企业的资源权属，发给使用权证书。

安置归侨的农场和其他企业对其合法使用的土地、山林、滩涂、水面等资源，依法享有使用权；其合法拥有的生产资料、经营的作物、生产的产品，任何组织或者个人不得侵占、损害。

确因国家建设或者公共利益需要，依法征收或者征用安置归侨的农场和其他企业的土地等资源的，应当严格控制征收或者征用的规模，依法办理审批手续，并依法支付补偿费用。补偿费用优先用于保障归侨、侨眷的基本生活。

第十三条　地方各级人民政府对安置归侨的农场和其他企业应当在政策、资金等方面给予扶持，对核拨给安置归侨的农场和其他企业的专项经费应当加强监督。侨务专项经费应当及时拨付，任何组织或者个人不得挪用、截留或者私分。

第十四条　归侨、侨眷及其依法成立的社会团体在省内兴办公益事业，或者接受境外亲友、团体捐赠款物，用于公益事业的，参照《福建省华侨捐赠兴办公益事业管理条例》执行。

第十五条 归侨、侨眷对其合法拥有的私有房屋，享有占有、使用、收益、处分的权利。

归侨、侨眷对其合法拥有的庭院地、宅基地，享有使用权。

第十六条 归侨、侨眷私有房屋租赁权益的保护，参照《福建省保护华侨房屋租赁权益的若干规定》执行。

第十七条 拆迁城市华侨房屋，适用《福建省城市房屋拆迁管理条例》。本办法另有规定的，适用本办法。

本办法所称华侨房屋包括：华侨、归侨的私有房屋；依法继承的华侨、归侨的私有房屋；中华人民共和国成立之日起至 1994 年 12 月 31 日止，用侨汇购建的私有房屋。华侨身份改变后，其在国内的房屋视同华侨房屋。

地方各级人民政府负责侨务工作的机构参与华侨房屋拆迁安置补偿等工作的协调。

第十八条 拆迁华侨房屋，应当由拆迁人将拆迁公告的内容书面通知被拆迁人。定居境外的被拆迁人，自接到通知之日起至拆迁期限届满不足三个月的，可以在接到通知之日起三个月内与拆迁人协商拆迁补偿安置事宜。

拆迁华侨房屋，对被拆迁人合法拥有的房屋天井和庭院地，拆迁人应当与被拆迁人协商或者按照房地产市场评估价给予补偿。

拆迁无产权证明、产权人下落不明、暂时无法确认产权和其他产权不清的涉及华侨的房屋，县级以上地方人民政府负责管理房屋拆迁工作的部门在审核拆迁人提出的补偿安置方案时，应当征求县级以上地方人民政府负责侨务工作的机构的意见。拆迁前，拆迁人应当将被拆迁房屋的有关事项向公证机关办理证据保全。

拆迁本条第三款所指的涉及华侨的房屋，拆迁人应当将华侨房屋的货币补偿金或者所置换的房屋，交县级以上地方人民政府负责管理房屋拆迁工作的部门或者县级以上地方人民政府指定的部门妥善保管。被拆迁人提供证明材料并经有关部门核实后，负责保管的部门应当及时返还。

第十九条 拆迁已落实侨房政策，但尚未退还使用权的华侨房屋，拆迁人应当与房屋所有权人依法签订补偿安置协议。

第二十条 定居境外的被拆迁人，对以评估价格确定的货币补偿金额有异议，无法与拆迁人达成协议的，可以向原评估机构申请复核，也可以在接到评估报告之日起三十日内，委托具有相应资格的其他评估机构另行评估，或者向县级以上地方人民政府负责管理房屋拆迁工作的部门申请裁决。另行评估的费用由申请人承担或者由裁决机构依法裁定。

定居境外的被拆迁人在收到评估报告之日起三十日内拒绝与拆迁人协商、不另行委托评估，也不申请裁决的，拆迁人可以依法申请裁决。

第二十一条 经依法批准需要拆迁在农民集体所有土地上的华侨房屋及其附属物的，应当按照原建筑面积的标准给予安置或者折价补偿。

被拆迁人经依法审批在村镇自建住房的，其宅基地面积在法定标准内给予照顾。

第二十二条 因国家建设或者公共利益需要必须迁移华侨祖墓的，应当由建设单位告知华侨或者侨眷，并给予合理补偿。

按照国家有关规定需要保护的华侨祖墓应当予以保护。

第二十三条 寄住在本省的华侨子女，需要就读实施义务教育学校的，应当视同居住地居民子女办理就学手续。

对学校用于培养华侨子女的经费，地方各级人民政府应当比照所在学校的学生经费标准予以安排。

归侨学生、归侨子女和华侨子女报考国家举办的非义务教育的学校，按照有关规定给予照顾。

第二十四条 鼓励有条件的各类学校积极参与海外华文教育。地方各级人民政府及其有关部门应当在政策、资金、师资、教材等方面扶持海外华文教育。

第二十五条 归侨、侨眷与境外亲友的正常联系和通信往来，受国家法律保护，任何组织或者个人不得限制和干涉。严禁毁弃、隐匿、盗窃和非法开拆归侨、侨眷的邮件。

归侨、侨眷的给据邮件丢失、损毁、内件短少，邮政部门应当依法赔偿损失。

第二十六条 归侨、侨眷申请出境，公安出入境管理等有关主管部门应当在规定的期限内依法办理手续。

归侨、侨眷确因境外直系亲属病危、死亡或者限期处理境外财产等特殊情况，要求出境且符合出境条件的，公安出入境管理等有关主管部门应当优先办理。

对回国定居需要恢复户口的，华侨子女回国需要办理居留、签证等手续的，公安出入境管理等有关主管部门应当依法及时办理。

公安出入境管理等有关机构对入境的回国人员，应当提供优质的通关服务。

第二十七条　在国家机关和国有企业、事业单位工作的归侨、侨眷出境探望父母、配偶的，其探亲假期和工资、旅费待遇，按照国家及本省有关规定办理；出境探望子女，以及在父母死亡后出境探望兄弟姐妹的，比照已婚归侨、侨眷出境探望父母的规定给予相应探亲假期；出境探望其他亲友或者出境就医的，由所在单位按照有关规定给予假期。

第二十八条　归侨、侨眷的合法权益受到侵犯时，有权向有关部门提出控告，或者依法向人民法院提起诉讼。

受理部门对归侨、侨眷提出的投诉应当在法定期限内作出答复。各级人民法院对归侨、侨眷提出诉讼的案件，应当依法受理。

第二十九条　任何组织或者个人损害归侨、侨眷合法权益的，地方各级人民政府负责侨务工作的机构有权向有关部门提出处理意见，有关部门应当依法处理，并将处理结果自接到处理意见之日起三十日内告知同级人民政府负责侨务工作的机构。

第三十条　违反本办法第六条第二款规定，未按照规定期限出具归侨、侨眷身份认定书的，对直接负责的主管人员和其他直接责任人员依法追究责任。

第三十一条　违反本办法第十条第四款、第十三条规定，挪用、截留、私分侨务专项经费的，由其主管部门或者行政监察部门对单位主要负责人、直接负责的主管人员和其他直接责任人员依法给予行政处分，被挪用、截留、私分的侨务专项经费，由其主管部门责令追回；构成犯罪的，依法追究刑事责任。

第三十二条　本实施办法自 2007 年 1 月 1 日起施行。

侨联资产界定与管理暂行办法

第一条 为了明确各级归国华侨联合会（以下简称各级侨联）的资产属性，合理地对侨联资产的产权进行界定，规范管理，保护侨联的合法权益，根据有关法律、法规和政策的规定，制定本办法。

第二条 本办法所称侨联资产包括国家拨给各级侨联的国有资产、各级侨联及其所属单位接受捐赠和兴办企、事业单位的各类资产。

第三条 本办法适用于各级侨联及其所属单位资产的界定和管理。

第四条 侨联资产的界定，应坚持"实事求是，尊重历史，照顾现实"的原则，既要明确侨联资产中的国有资产，又要明确各级侨联作为社团法人对其资产所拥有的财产权利。

第五条 各级侨联接受国家财政拨款所形成的资产及无偿使用国家或者国有单位的资产界定为国有资产。

侨联资产中的国有资产，由侨联享有使用权，并应当到同级财政、国有资产管理部门办理国有资产产权登记。

第六条 各级侨联接受资助和捐赠等形成的资产，应当遵循自愿捐赠和尊重捐赠人意愿的原则，按照资助、捐赠时的约定确定产权归属；没有约定或者约定不明的，界定为侨联资产。

第七条 各级侨联依法兴办的企业、事业单位，其产权归出资者所有；不能明确出资者的，归侨联所有。

第八条 对于因情况复杂，一时难以界定清楚产权关系的资产，要专门记账备案，待进一步查实处理。在依法做出产权界定前，由使用单位继续占用，任何单位和个人不得自行处置。

第九条 侨联的财产、经费和侨联依法使用的不动产，任何组织和个人不得侵占、挪用和任意调拨。

第十条 各级侨联及其所属单位应当按照国家财务会计制度，对所管理、使用的资产登记造册，做到账实相符，账账相符。

第十一条　各级侨联及其所属单位，应当加强对侨联资产的管理，指定专门机构或者人员负责侨联资产的管理工作。

各级侨联应当建立预算、决算制度，其经费和资产的使用和管理应当接受财政、国有资产管理部门、审计部门和社会的监督。

第十二条　各级侨联兴办的企业、事业单位在人、财、物等方面应当与各级侨联依法明确相互权利义务关系。侨联应当依法加强对所办企业、事业单位的管理、监督和检查。

第十三条　根据"取之于侨，用之于侨"的原则，侨联可以依法从所办企业、事业单位获取投资收益，用于补充侨务活动经费。侨联从所办企事业单位中获得的投资收益应当纳入侨联的预算，实行专款专用。

第十四条　侨联与其他单位、个人之间所产生的涉及侨联资产所有权的争议与纠纷，可以由侨联与有关当事人协商解决，或者通过政府有关部门协商解决。协商解决不了的，按照国家有关司法程序处理。

第十五条　任何组织或者个人侵害侨联资产的合法权益，造成侨联资产损失的，应当依法承担责任；构成犯罪的，依法追究刑事责任。

第十六条　中华全国归国华侨联合会根据本办法制定资产管理的具体办法。

第十七条　本办法自 2003 年 4 月 1 日起施行。

福建省永春县 侨务办（转发）

永侨发〔1982〕011 号

转发仙夹公社夹际大队《关于保护华侨房屋、祖坟以及社员申请盖房、觅地定茔的规定》

各侨乡公社、生产大队管委会、公社侨联会：

省侨办《侨情反映》第 124 期刊登我县仙夹公社夹际大队《关于保护华侨房屋、祖坟以及社员申请盖房、觅地定茔的规定》。这个乡规民约制定得好，值得提倡。它有利于保护华侨的合法权益和爱乡热情；有利于推动群众自觉遵守国家法律和社会公德；有利于社会主义新侨乡精神文明的建设；有利于促进侨乡安定团结，是实现社会风气根本好转的有效措施之一。希望各侨乡大队，在党支部领导下，以传达贯彻党的十二大文件精神为指针，结合四、三、二教育，根据各侨乡的实际，有针对性地制定一些必要的乡规民约，解决一些较突出的问题，以促进侨乡社会风气的根本好转，为创建"文明村"的活动做出贡献。

现将省侨办《侨情反映》第 124 期转发如下：

永春县侨务办

一九八二年十月廿八日

抄送：省、地侨办，省、地侨联、县府办公室、县委统战部、县侨联、
　　　余副书记、陈副县长、李部长、存档。（印 190 份）

侨 情 反 映

（第 124 期）

福建省人民政府侨务办公室　　　　　　　　　　1982 年 9 月 28 日

福建省人民政府信务办公室《侨情反映》（第 124 期）按语：

永春县夹际大队从实际情况出发，由群众商量，共同订立了《关于保护华侨房屋、祖坟，以及社员申请盖屋、觅地定茔的规定》乡规民约。尽管，这个乡规民约还要在实践中不断完善，但制定这样一类的乡规民约是值得大力提倡的，因为它有利于保护华侨的合法权益和爱乡热情，有利于推动群众自觉遵守国家法律和社会公德，有利于社会主义精神文明的建设，有利于促进侨乡的安定团结。乡规民约是国家法律的补充，是实现社会风气根本好转的有效措施之一。当前，在侨乡群众自觉的基础上，订立一些包括不搞封建买卖婚姻、不搞封建迷信、不搞铺张浪费、不准赌博、不准向华侨募捐、不要向华侨装穷叫苦索钱要物等内容的乡规民约，是很有好处的。希望各地侨办、侨联能够协同侨乡党委，结合"四、三、二"教育，创建"文明村"的活动中，搞一、二个点，抓出成效来，再加以推广，以促进侨乡的社会风气的根本好转，用实际行动贯彻党的十二大精神。

关于保护华侨房屋、祖坟，以及社员申请盖屋、觅地定茔的规定

我队旅居海外的侨亲有数千人之多，素来以爱国爱乡著称于县内外。他们虽身

居海外各地，但心却惦念家乡的房屋和祖坟。为此，我们必须根据"一视同仁，不得歧视，根据特点，适当照顾"的原则和各级领导同志讲话精神，对侨亲在乡的房屋、祖坟加以保护和照顾。至于社员群众申请盖房以及觅地定茔，也应依照政策加以规定，避免侨农之间产生不必要的矛盾，以巩固安定团结的大好局面，进一步调动在乡群众与海外旅亲同心同德，建设祖国家园的积极性。物作如下规定：

一、华侨的私人房屋、祖坟应由居住国内的直系亲属看管照顾。如国内无直系亲属者，由大队征求海外侨亲的同意，指定一名堂亲作为代管人。

代管人对受委托的华侨房屋、坟墓必须认真照管，定时巡视。如发现有受破坏、侵占的现象，有权制止，并应及时向大队汇报，以便及时处理。

二、对于个别社员以往由于各种原因在华侨祖厝的秀土、祖坟的范围内开荒种植的，应于本月廿二日前清理所种作物，恢复厝、坟的原貌。

今后，若非经过大队统一规划和允许而私自开荒种植，以致损坏华侨祖厝、祖坟的原貌者，视情节轻重除处以罚款三十元至一百元外，还应负恢复原貌的责任。

三、今后凡觅地定茔者，应严格执行先后的原则，后者不得损害前者的利益。

如欲在华侨的祖坟周围定茔，应先听取代管人的意见；如有争议应及时汇报大队正确处理。倘若事先不征求代管人的意见又未经大队同意而强行建墓的，对仵作（土公）先行罚款三十元，墓主除罚款五十元而外（后果严重的加倍罚款），还要追究责任，迁徙费全部由墓主自行负责。

四、私自在华侨祖坟边"荫风水"而公众认为有损伤原利益者。除处罚款五十元外，还应负责恢复原貌。

五、"地理师"受雇"找风水"而损害他人利益造成纠纷的，视情节轻重处以罚款五十元至一百元。如"地理师"已外逃，雇主应付罚款并负完全责任。

六、任何人盖屋都应依法办理申请，非经大队批准而擅自动工、损害华侨和他人的房屋、祖坟者，除予以拆除外，（拆除费由新房主自负）并处以罚款一百元至二百元。

以上规定自今年七月二十日起执行，希全体社员群众切实遵守。

夹际大队管理委员会

一九八二年七月二十日

修志参考书目资料

1.《共和国历程》（上、中、下卷）

2.《全国人大会华侨界代表画册》

3.《共和国归侨（福建卷）》

4.《福建华侨抗日名杰列传》（上、中、下册）

5.《国外闽籍社团汇编》

6.《港澳台闽籍社团汇编》

7.《福建省华侨志》（上、下册）

8.《泉州市志》（第五册）

9.《泉州侨联志》

10.《泉州政协志》

11.《泉州市侨批业史料》

12.《中共泉州地方史》

13.《泉州市华侨农场史》

14.《永春县人大志》

15.《永春县政协志》

16.《永春县志》（1990 年版）

17.《永春县志》（1988—2007 年版）

18.《永春苏区资料汇编》

19.《永春县侨捐项目汇编》（第一、二辑）

20.《永春县文史资料》

21.《永春科技人员》

22.《海外永春人》

23.《马来西亚永春社群志》

24.《吉隆坡永春社群史略》

25.《菲岛抗日风云》

26.《菲律宾永春同乡会金禧纪念特刊》

27.《历史之城——马六甲》

28.《中国和平统一与世界和平》

29.《香港永春同乡会成立十五周年》纪念特刊

30.《香港永春同乡会成立二十周年》纪念特刊

31.《香港永春同乡会成立三十周年》纪念特刊

32.《世永联一家亲》

后 记

永春县侨联于 2023 年 1 月启动编纂《永春县侨联志》工作，成立《永春县侨联志》编纂委员会和编辑组，着手拟定编纂大纲。通过耐心细致查阅海内外大量涉侨资料和文书档案，精心梳理编录相关文字和图片资料，在时间紧、任务重的情况下，编辑人员历经两年时间，齐心协力，分工合作，如期完成编纂任务，为庆祝中华人民共和国成立 75 周年、庆祝永春县侨联成立 75 周年献上一份薄礼。《永春县侨联志》的编纂付梓，是永春县侨界一件值得庆贺的事。

本志共约 58 万字，收入图片 59 幅，翔实记述了永春县千百年来华侨华人、归侨侨眷这两大群体形成的历史成因及家国情怀，翔实记录了港澳台地区永春归侨侨眷及社团组织心系桑梓，推动家乡经济社会各项事业发展的历史贡献；同时记述了永春县、乡（镇）两级侨联不忘初心、牢记使命，认真贯彻落实党和政府的侨务政策，数十年如一日，认真服务华侨华人、归侨侨眷、依法维护侨益，紧密联系港澳台地区永春归侨侨眷及其社团组织，共图中华民族复兴伟业的履职过程及取得的工作成效。

本志在编纂过程中，得到省侨联、市侨联的关心和指导，省侨联、省华侨历史学会为本志作序；市侨联、市华侨历史学会对本志编纂提出许多宝贵的建议意见，泉州华侨历史博物馆协助提供历史资料及图片；县委党史和地方志研究室对本志的编写原则、体裁要求、文字规范表述等方面提出许多指导性意见建议；县委统战部、县委台办、县政府侨办、县档案馆等单位，及永春县侨联历届老领导、老侨联工作者和乡（镇）侨联给予大力支持，为《永春县侨联志》的成功编纂提供鼎力帮助。在此，谨向关心、支持，为本志编纂提供宝贵意见建议的单位和个人致以崇高的敬意，表示衷心感谢！

　　鉴于年代久远，加上永春县侨联办公场所屡次搬迁，凡资料收集不全或因故阙如的，本志均以文字作简要说明。以备参考。

　　本志因编纂时间紧、任务重，编纂人员首次承担修志任务，缺乏经验，水平有限，错漏之处在所难免。为此，敬请读者谅解和赐教指正。

《永春县侨联志》编辑组

2024 年 10 月